HOW TO DRAW MANGA

Perfekte Proportionen im Manga

Hikaru Hayashi

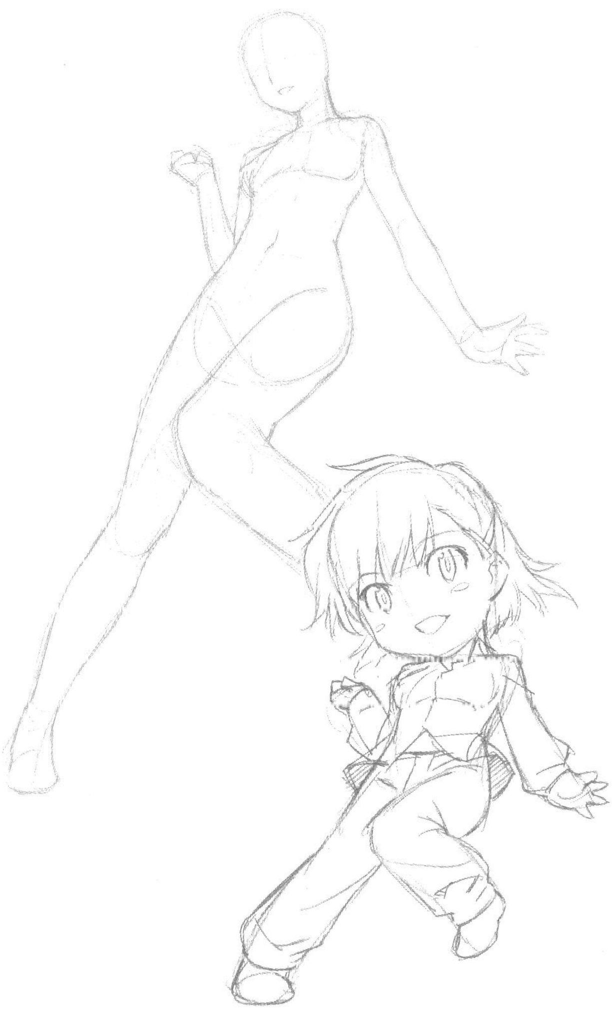

CARLSEN MANGA!

Vorweg:

»Das Erstellen einer Illustration beginnt mit dem Festlegen, was man zeichnen möchte.« (Kazuaki Morita)

Beim Zeichnen ist man ständig auf der Suche. Eine der wichtigsten Fragen ist, was auf welche Art und Weise gezeichnet werden soll. Grundlegend dafür ist, dass der Künstler selbst entscheidet, was er zeichnet und wie er es zeichnet. Sowohl das Konzept des Kopf-Körper-Verhältnisses als auch die Proportionierung sind Elemente, die daraus entstanden sind.

Das Skizzieren ist eine wichtige Technik, die einem auf dem Weg hilft von der ersten Entscheidung, was man zeichnet, bis hin zur Fertigstellung der Illustration.

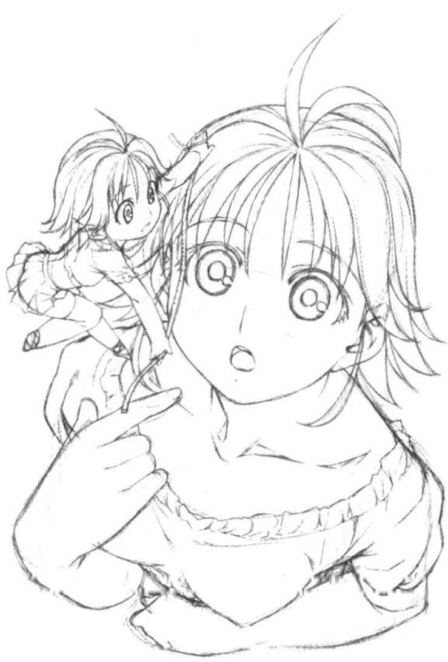

Inhalt

Kapitel 1

Ein Blick hinter die Kulissen: Das Skizzieren der richtigen Proportionen

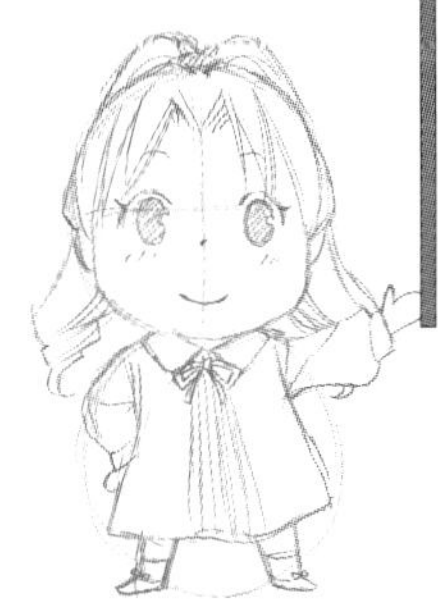

Indem man die Proportionen und das Kopf-Körper-Verhältnis des Charakters sorgfältig wählt, kann man eine Vielzahl von Charakteren der verschiedensten Genres und Schauplätze erschaffen. Die Grundlage dafür ist das Zeichnen von Manga-Skizzen. In diesem Kapitel lernen wir, wie man mit Hilfe der Manga-Skizzen-Technik die Proportionen eines Charakters bestimmt.

Hierzu wird Kazuaki Morita, der sowohl als Charakterdesigner als auch als Art Director erfolgreich ist, eine kleine Einführung geben.

Das Verzerren des Kopf-Körper-Verhältnisses ist eine Grundlage des Manga

Das Kopf-Körper-Verhältnis bestimmt den Grad der Stilisierung.

Manga sind voll von Dingen, Bewegungen und lustigen Szenen, die in der Realität unmöglich wären. Diese unterhaltsame Manga-Welt entsteht aus stilisierten Darstellungen unterschiedlicher Kopf-Körper-Verhältnisse.

Veränderung des Kopf-Körper-Verhältnisses: Chibi-Charaktere

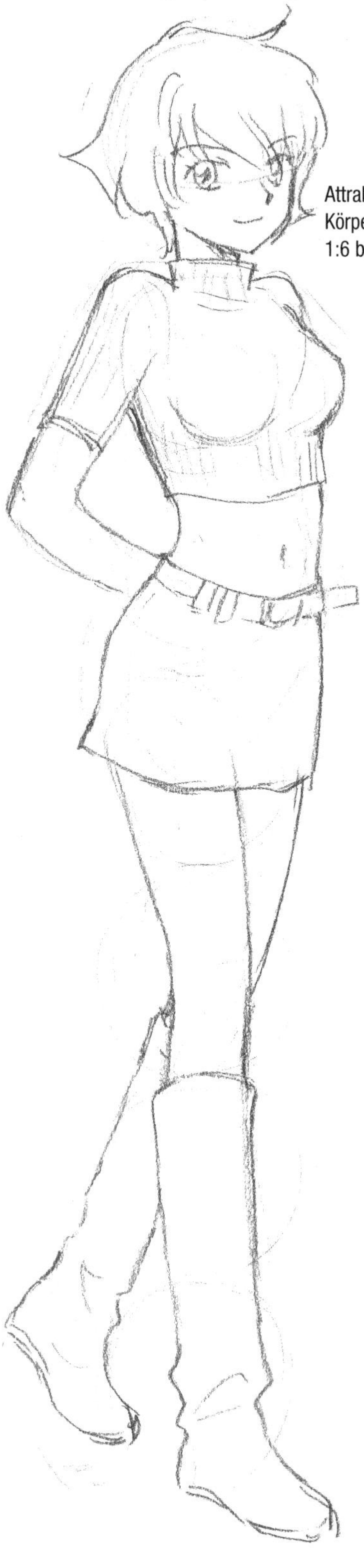

Attraktives Kopf-Körper-Verhältnis: 1:6 bis 1:8

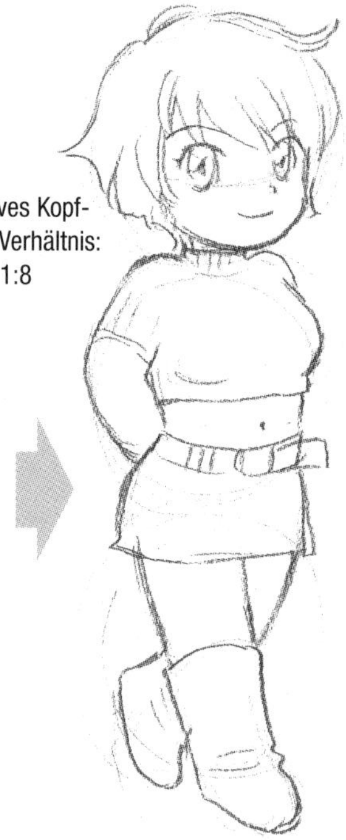

Chibi-Kopf-Körper-Verhältnis: 1:2 bis 1:4

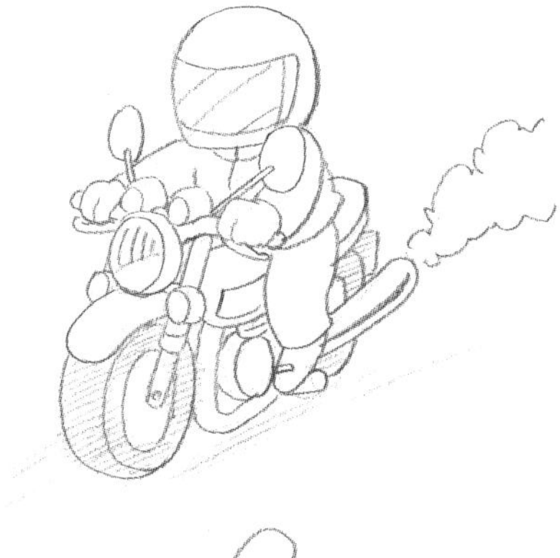

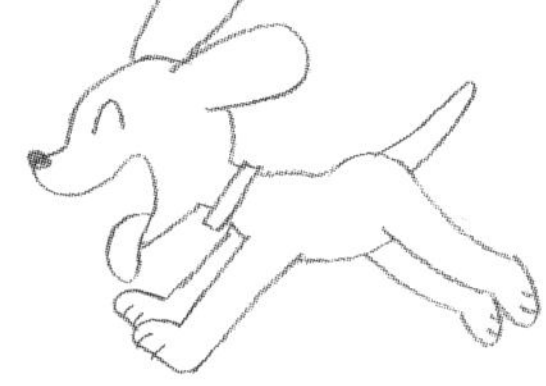

Zeichne auch Maschinen und Tiere in einem verniedlichten, geschrumpften Stil.

Zwei Charaktere mit unterschiedlichem Kopf-Körper-Verhältnis in einem Bild

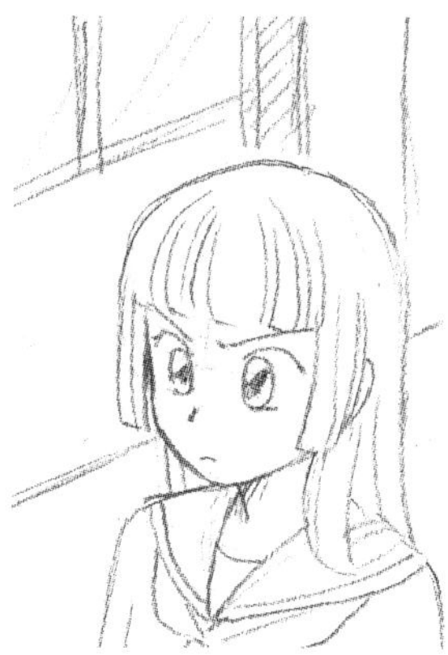

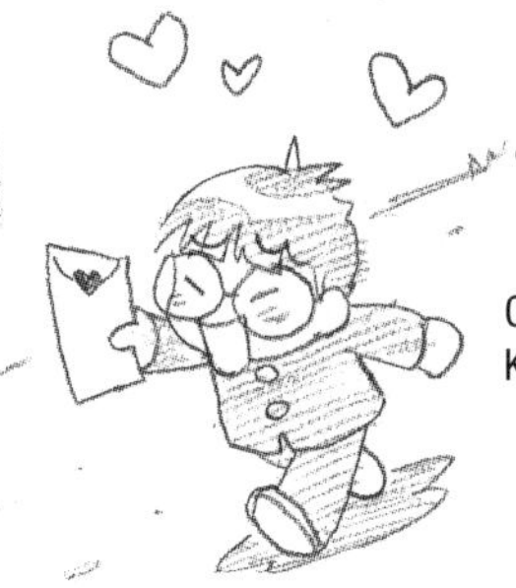

Charakter mit einem Kopf-Körper-Verhältnis von 1:2,5

Normaler Charakter auf Chibi-Format geschrumpft

Fantasy-Charakter mit ausgedachten Proportionen

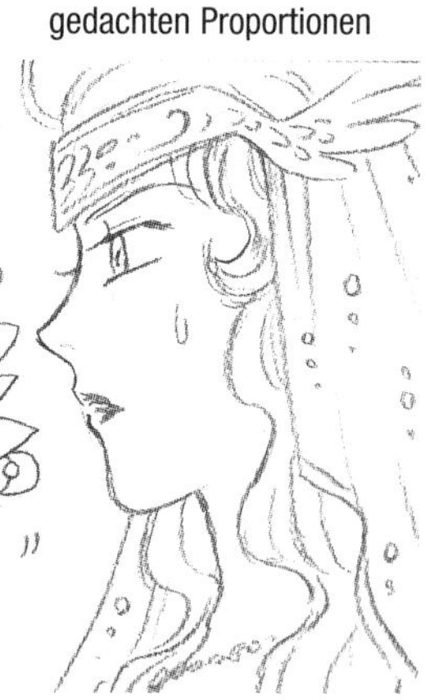

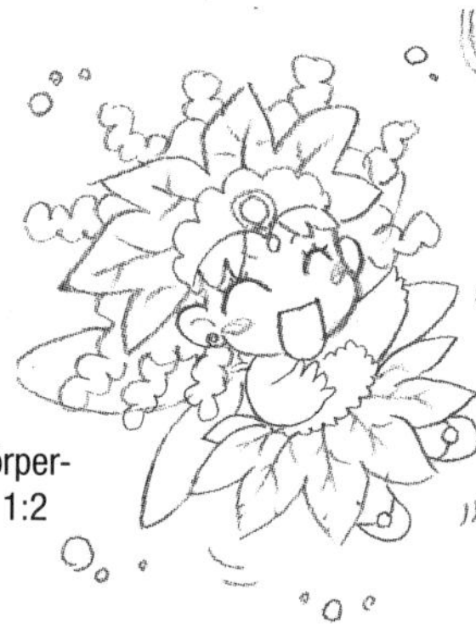

Charakter mit einem Kopf-Körper-Verhältnis von 1:2

Verschiedene Ausdrücke durch Stilisierung

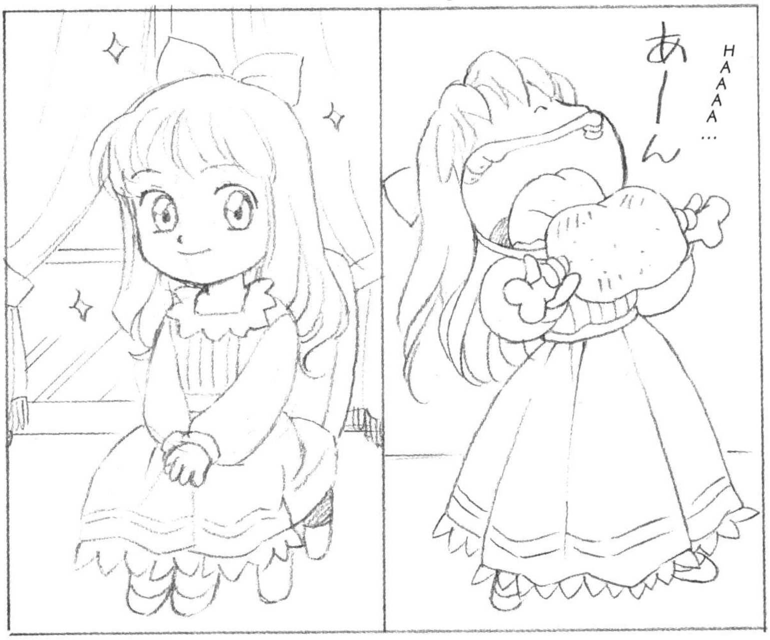

Stilisierung des Gesichts (Verformung und extreme Vergrößerung des Munds)

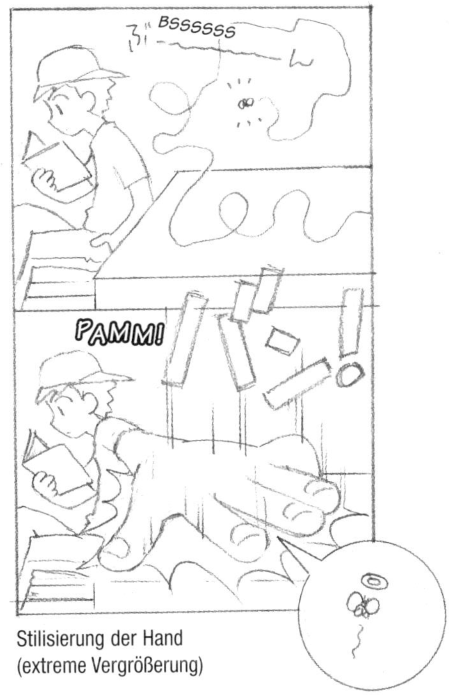

Stilisierung der Hand
(extreme Vergrößerung)

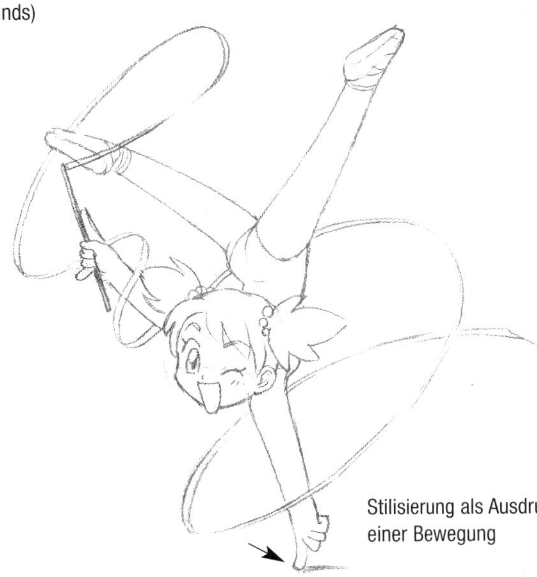

Stilisierung als Ausdruck
einer Bewegung

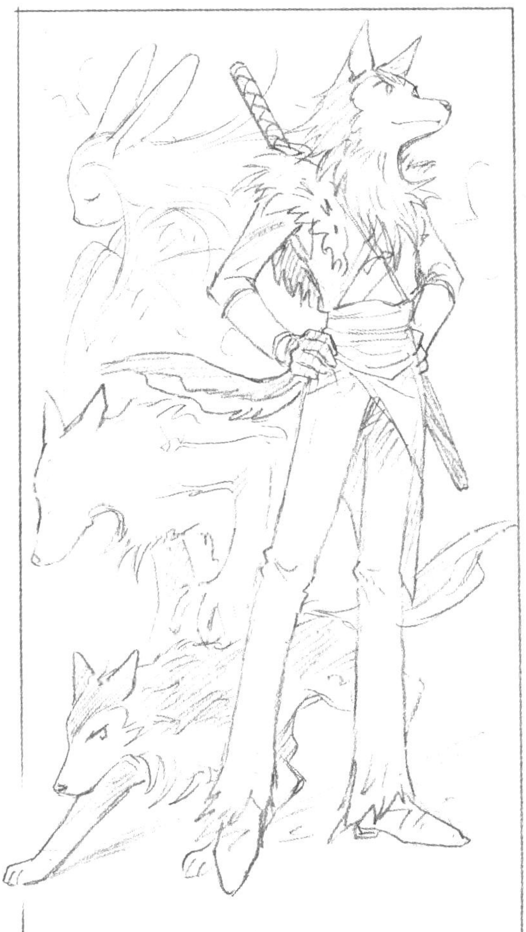

Anthropomorphe Tiere (Furrys)

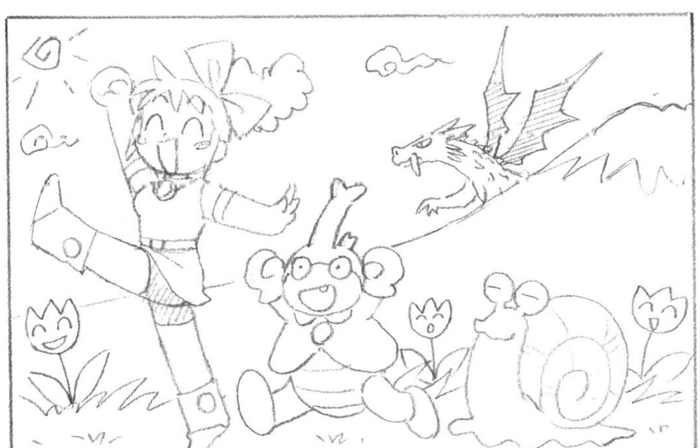

Stilisierung zur Darstellung einer Fantasy- oder Märchenwelt

Ein niedliches Kopf-Körper-Verhältnis für Chibi-Charaktere

Ein charakteristisches Merkmal bei den Proportionen von Chibi-Figuren ist der große Kopf, der die Figur kindlich und niedlich erscheinen lässt.

Kopf-Körper-Verhältnis 1:2

Diese Proportionen werden häufig zur Darstellung von Maskottchen oder für kleine Illustrationen verwendet.

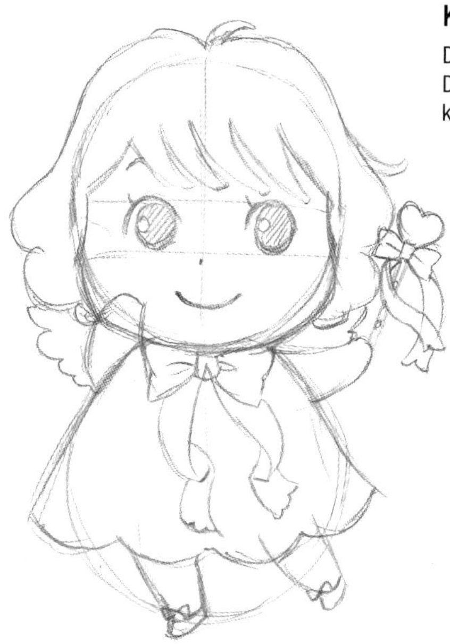

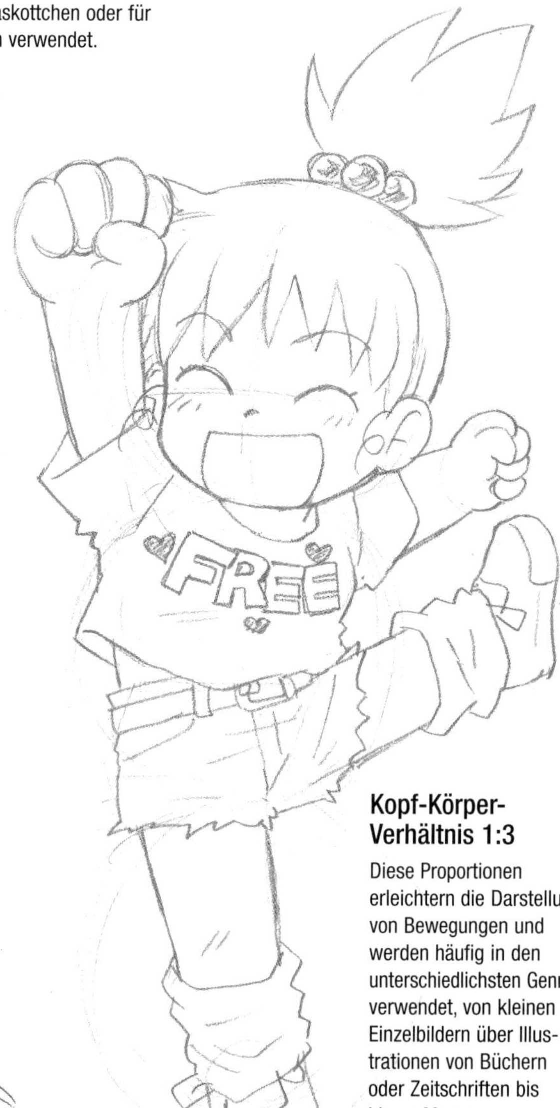

Kopf-Körper-Verhältnis 1:3

Diese Proportionen erleichtern die Darstellung von Bewegungen und werden häufig in den unterschiedlichsten Genres verwendet, von kleinen Einzelbildern über Illustrationen von Büchern oder Zeitschriften bis hin zu Manga.

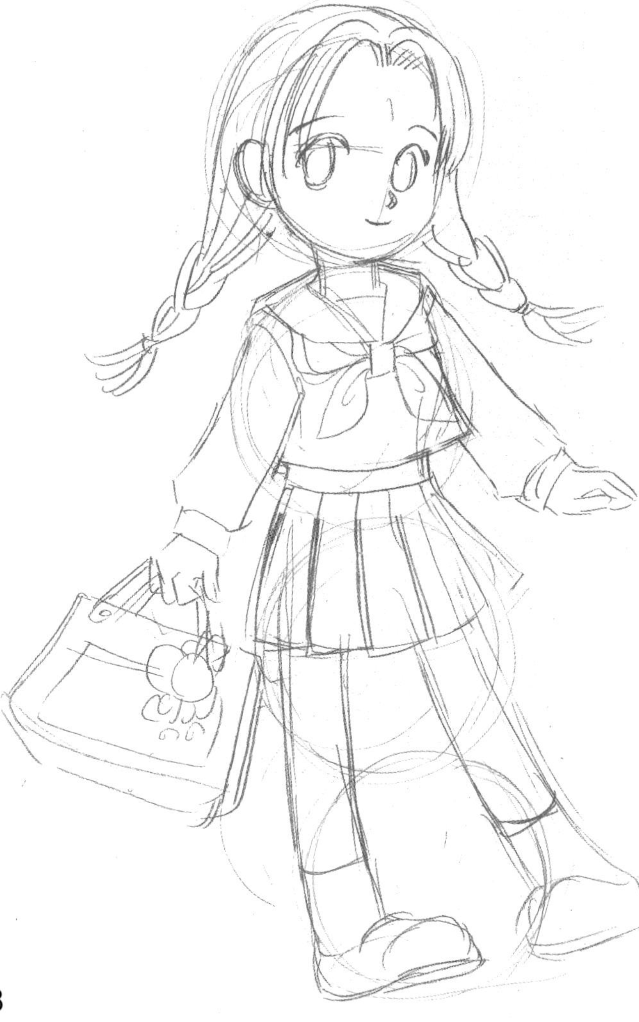

Kopf-Körper-Verhältnis 1:4

Diese Proportionen werden häufig für Charaktere in Jido-Manga* verwendet. Man kann damit gut Kinder vom Grund- bis zum Mittelschulalter darstellen.

*Manga für junge Kinder

Ein attraktives Kopf-Körper-Verhältnis für coole Charaktere

Die Proportionen dieser Charaktere orientieren sich an der Realität und an idealisierten Maßen. Sie werden häufig für die Hauptfiguren in Manga und Anime eingesetzt.

Typischer Look von Jido-Manga oder Shonen-Manga*.

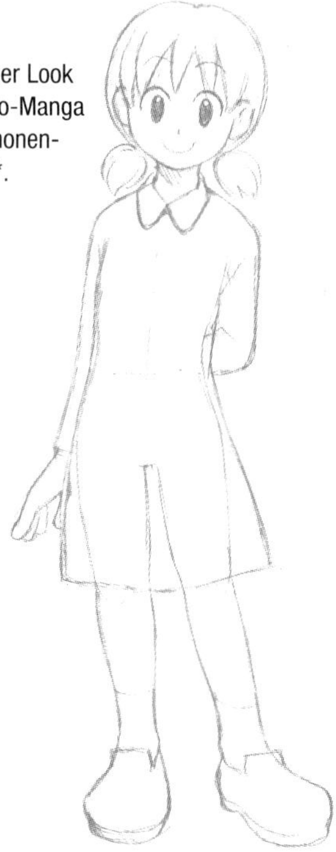

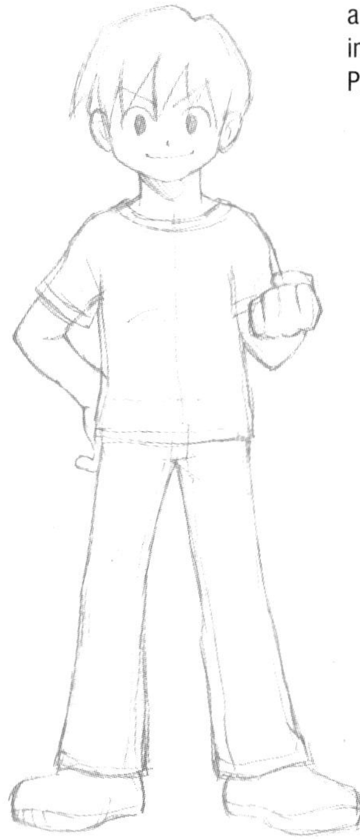

Kopf-Körper-Verhältnis 1:5

Diese leicht zu zeichnenden Proportionen haben die größte Spanne an unterschiedlichen Darstellungsmöglichkeiten und tauchen daher häufig im Manga auf. Zeichnet man allerdings Erwachsene mit diesen Proportionen, wirken sie leicht kindlich.

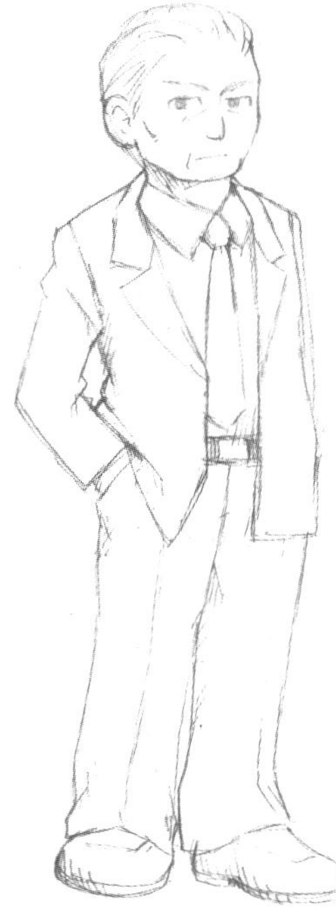

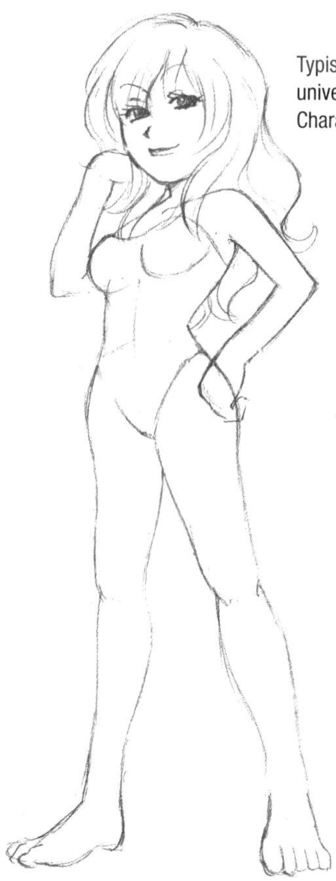

Typische Illustration, universeller Manga-Charakter

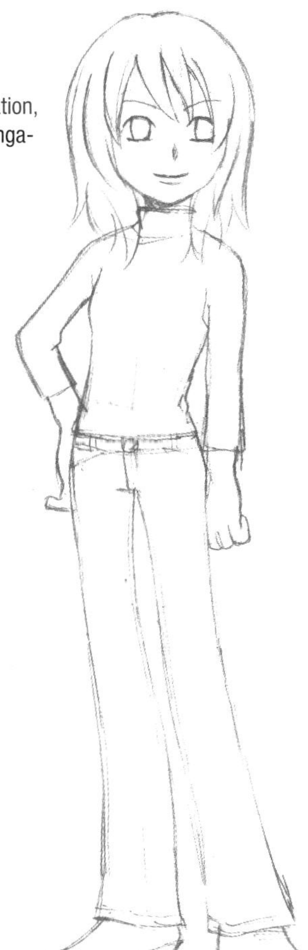

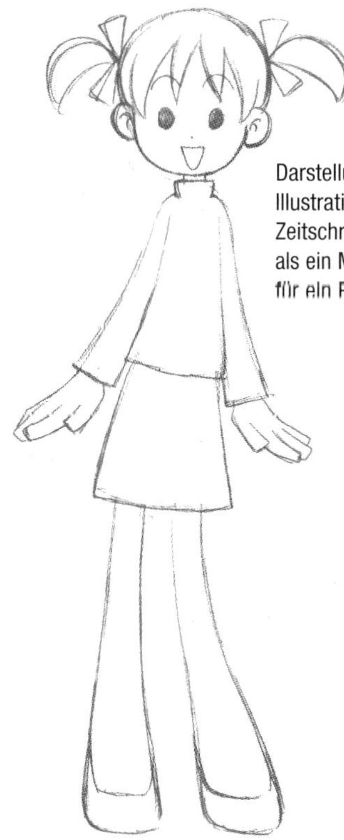

Darstellung in Illustrationen von Zeitschriften oder als ein Maskottchen für ein Produkt.

*Manga für Jungs

Kopf-Körper-Verhältnis 1:6

Diese Proportionen werden vor allem für jugendliche Charaktere zwischen 15 und 18 Jahren verwendet.

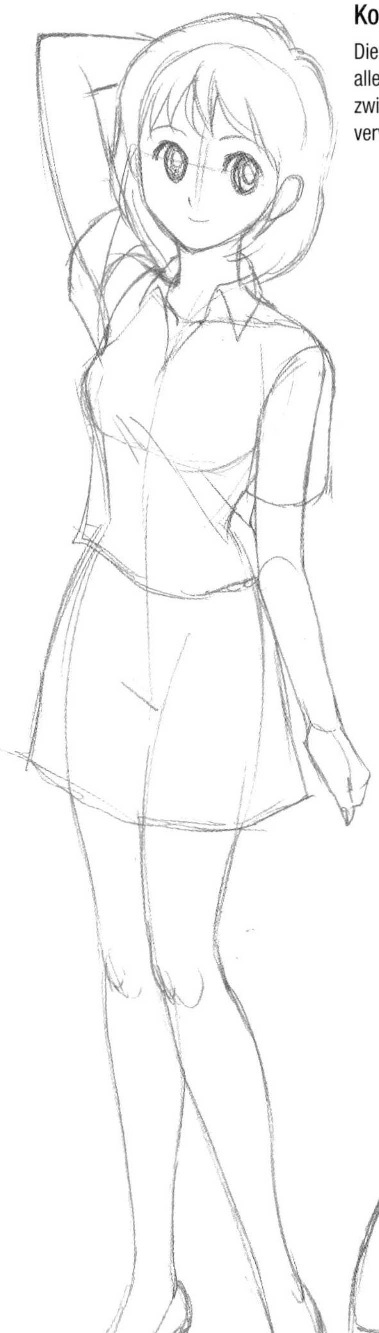

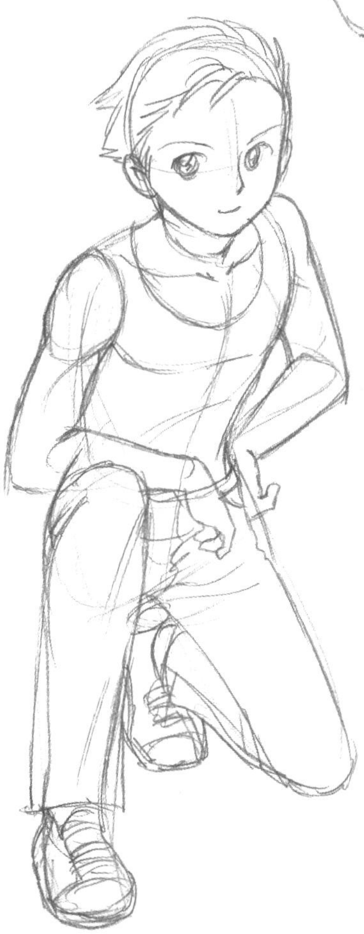

Kopf-Körper-Verhältnis 1:7

Diese Proportionen benutzt man für Charaktere, die erwachsen, aber trotzdem jugendlich wirken sollen. Sie passen zu einem Alter zwischen 17 und 20 Jahren.

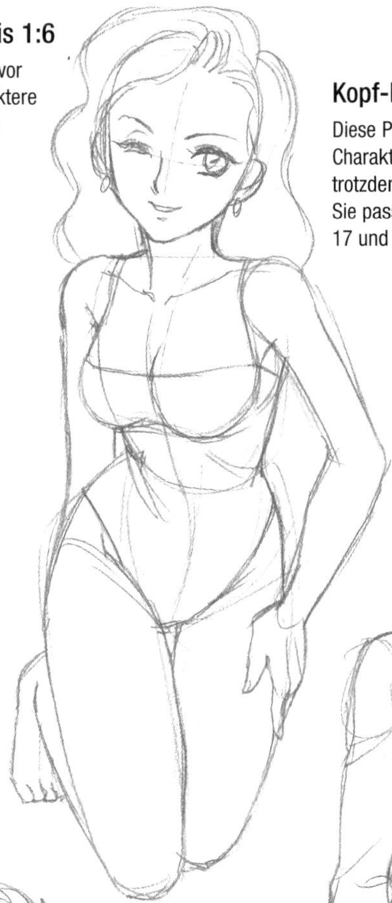

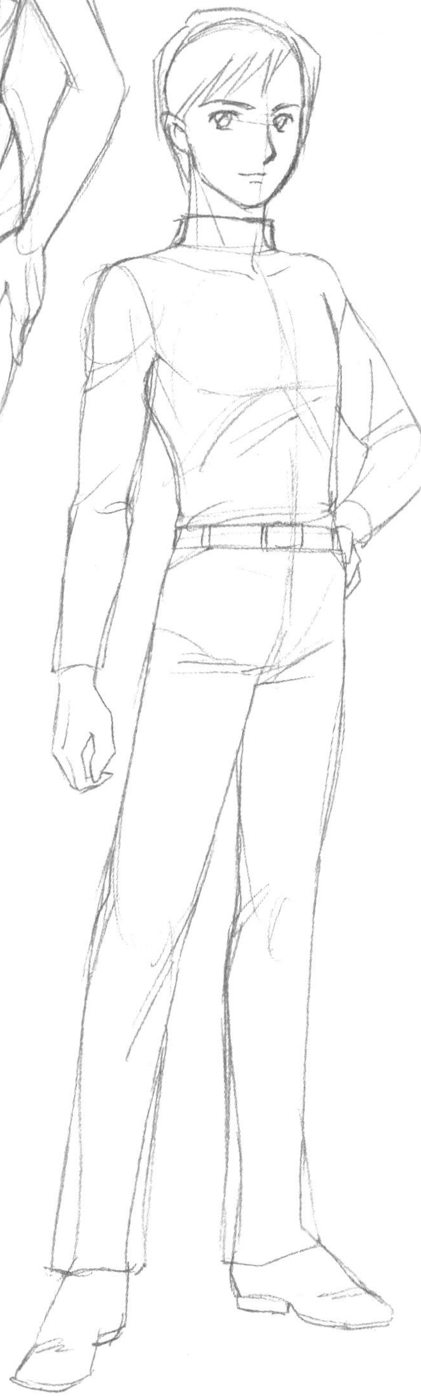

Kopf-Körper-Verhältnis 1:8

»Erwachsene« Proportionen

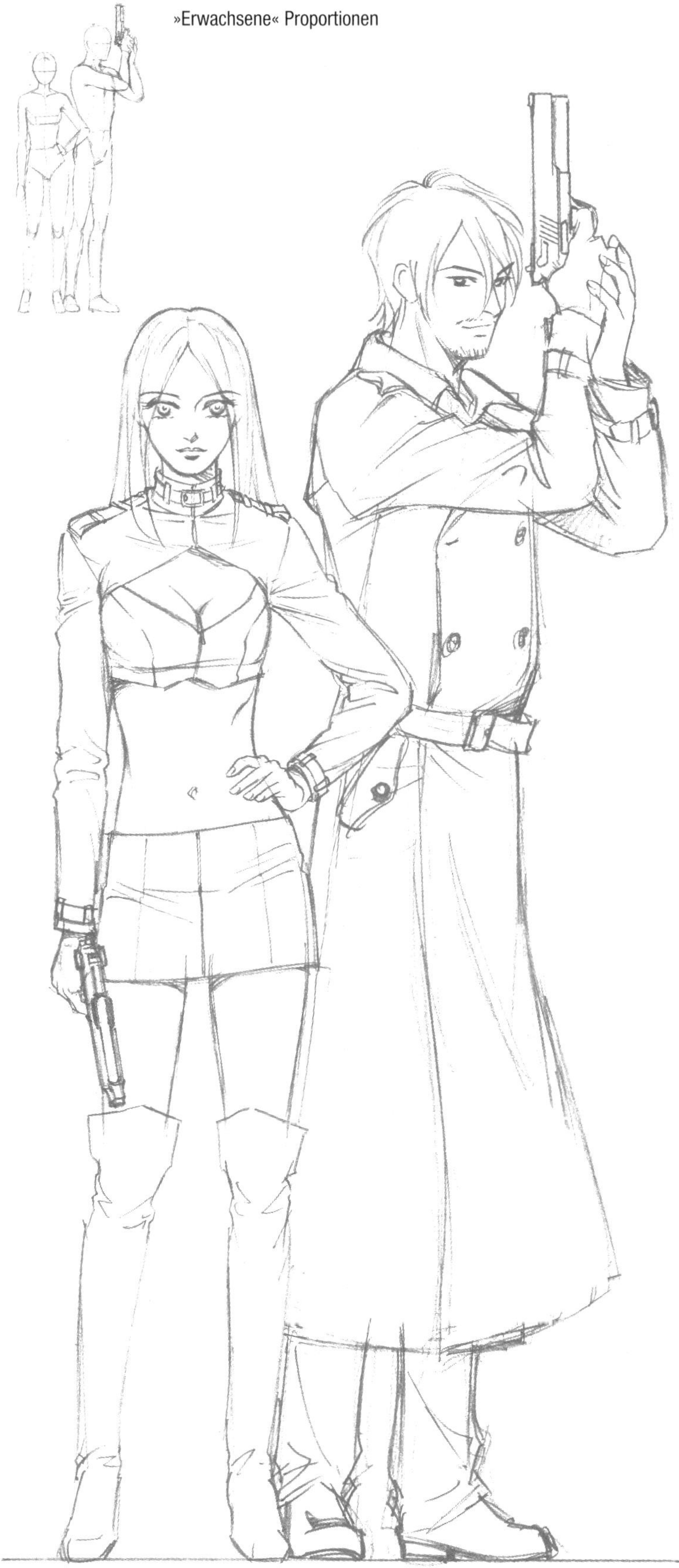

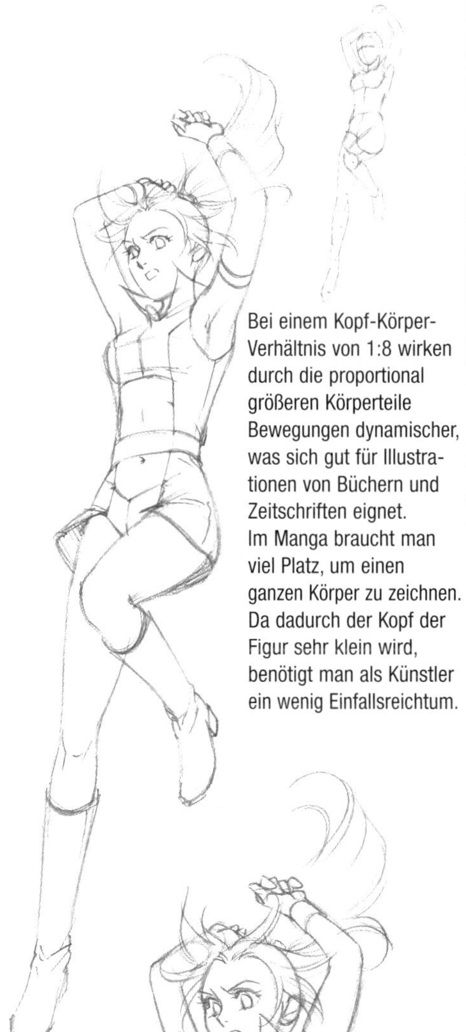

Bei einem Kopf-Körper-Verhältnis von 1:8 wirken durch die proportional größeren Körperteile Bewegungen dynamischer, was sich gut für Illustrationen von Büchern und Zeitschriften eignet.
Im Manga braucht man viel Platz, um einen ganzen Körper zu zeichnen. Da dadurch der Kopf der Figur sehr klein wird, benötigt man als Künstler ein wenig Einfallsreichtum.

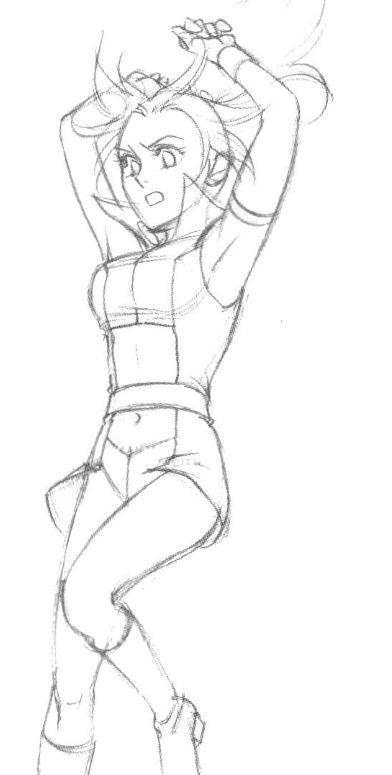

In einer Szene, in der der Kopf eines Charakters mit einem Kopf-Körper-Verhältnis von 1:8 sehr klein werden würde, kann man ein Kopf-Körper-Verhältnis von 1:6 oder 1:7 verwenden, damit der Gesichtsausdruck der Figur leichter zu erkennen ist.

Ein Blick hinter die Kulissen mit Kazuaki Morita

In diesem Abschnitt wird gezeigt, wie ein professioneller Manga-Künstler Chibi-Figuren und Charaktere mit unterschiedlichen Proportionen zeichnet. Die Schritte, um eine Zeichnung zu erstellen, sind grundsätzlich gleich.

Einen Charakter in Sportkleidung zeichnen: Kopf-Körper-Verhältnis 1:2

1. Der Grundriss des Kopfes und den Hals zeichnen (Schulterbreite)

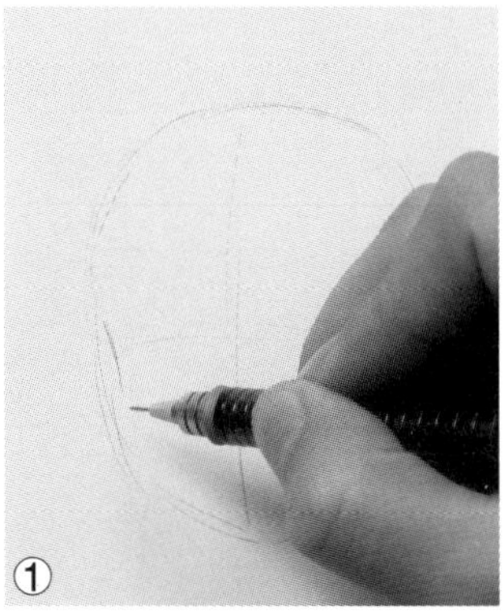

①

Herr Morita zeichnet den Grundriss des Kopfes aus Kreis und Kreuz. Beginn beim Zeichnen einer Manga-Skizze immer mit dem grundlegendsten Schritt.

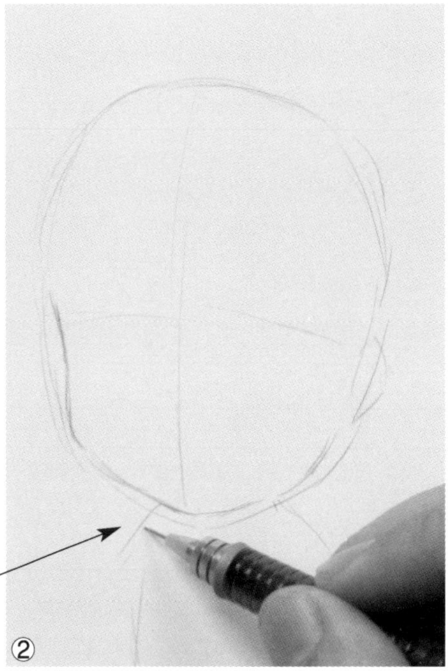

②

Hier bestimmt Herr Morita die Breite der Schultern. Dies ist ein wichtiger Punkt, um das Kopf-Körper-Verhältnis eines Charakters festzulegen.

Die Schritte

1. Zeichne den Grundriss des Kopfes aus Kreis und Kreuz und bestimm die Breite der Schultern.
2. Zeichne die Umrisse der gesamten Figur und füg grobe Konturen des Gesichts hinzu.
3. Zeichne die Linien nach und nimm dabei immer wieder kleine Korrekturen vor.
   - 3.1 Pass die Umrisslinien des Körpers an.
   - 3.2 Pass die Umrisslinien des Gesichts an.
   - 3.3 Korrigier vorsichtig die endgültigen Umrisse der ganzen Figur.
   - 3.4 Mach dich an die Feinarbeit im Gesicht und füg kleine Details hinzu.

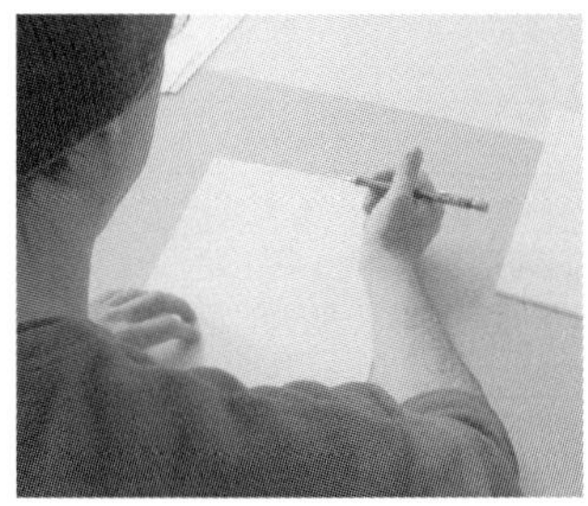

Beginn erst mit dem Zeichnen, wenn du im Kopf ein klares Bild davon hast, was du zeichnen möchtest.

2. Die Umrisse der gesamten Figur und die Konturen des Gesichts zeichnen

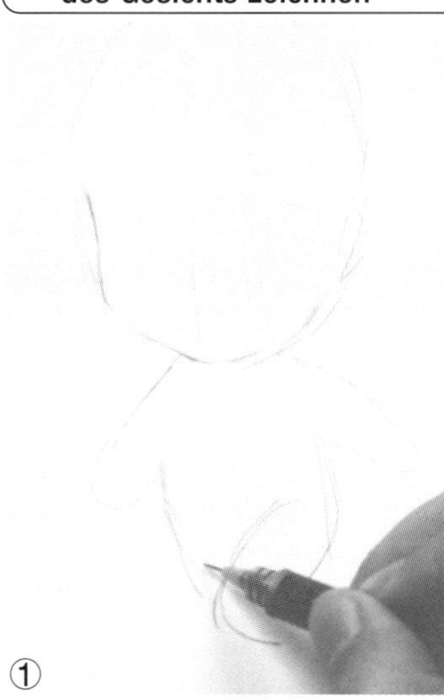

①

Herr Morita zeichnet die groben Umrisse der Pose mit dünnen Strichen.

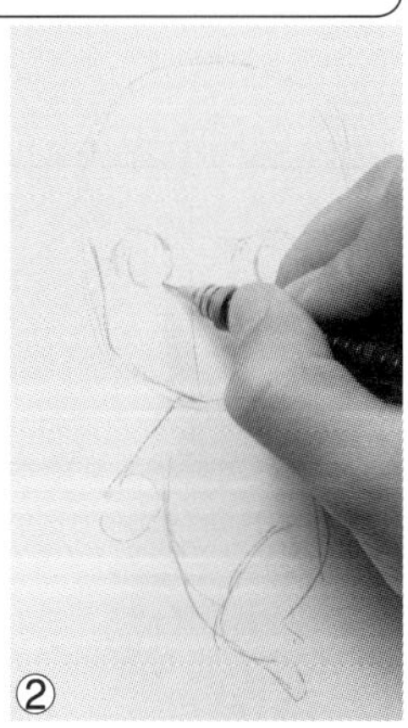

②

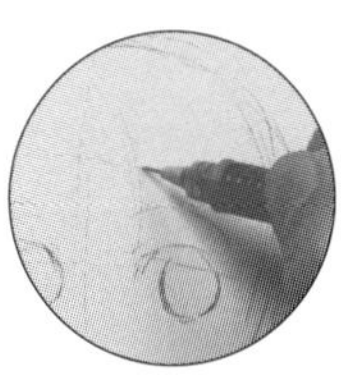

Umrisse des Stirnbands

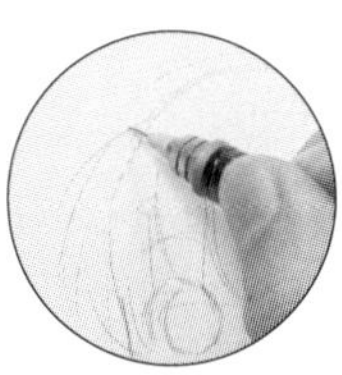

Herr Morita fügt Haarsträhnen hinzu, während er die Umrisse des Kopfes korrigiert.

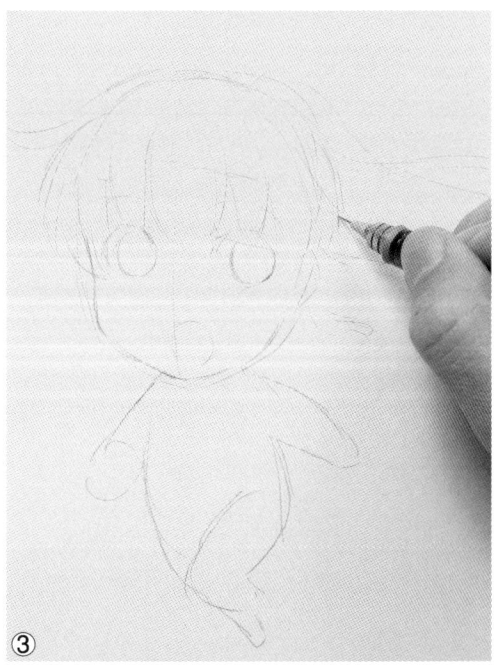

③

Während er die groben Umrisse von Kopf und Gesicht zeichnet, fügt Herr Morita in feinen Strichen die Umrisslinien des Gesichtsausdrucks und der Haare hinzu.

3. Die Linien beim Reinzeichnen anpassen

3.1. Der Körper

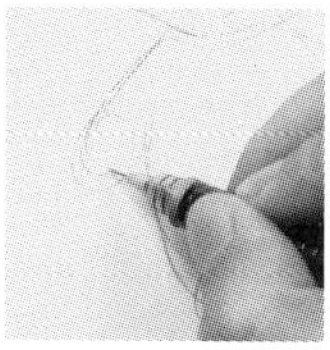

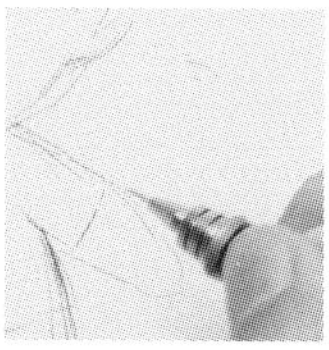

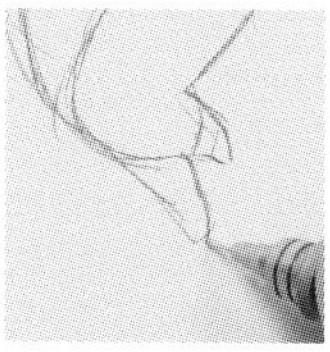

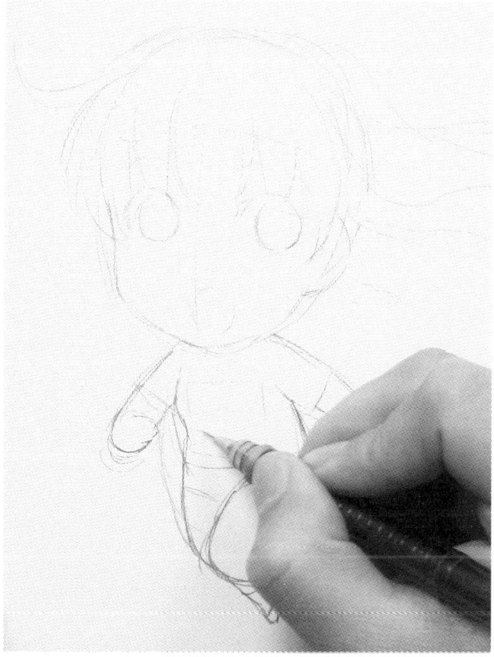

Während er die Hände und Füße deutlicher herausarbeitet, fügt Herr Morita Details der Sportkleidung hinzu.

3.2 Das Gesicht

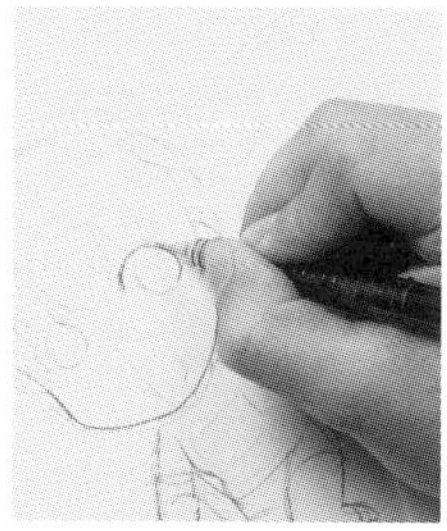

Wenn der Umriss des Gesichts bis zu einem gewissen Grad deutlich herausgearbeitet ist, zeichne die Form der Augen ein.

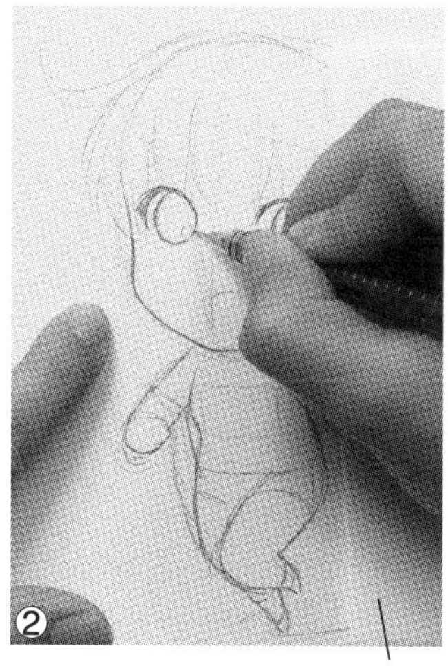

Schutzpapier

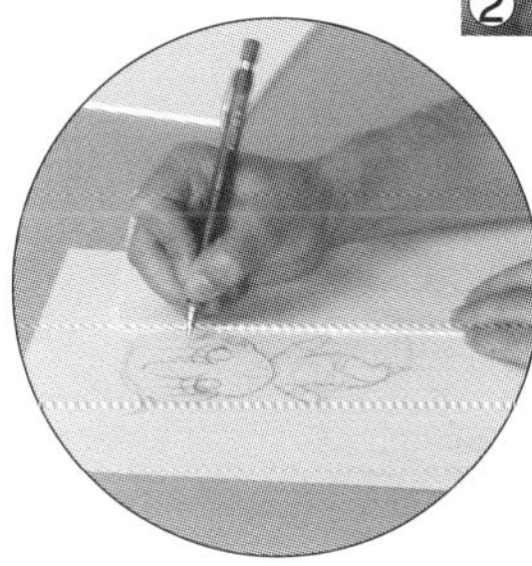

Benutz ein Schutzpapier (z.B. Löschpapier), wenn deine Hand leicht zu schwitzen beginnt.

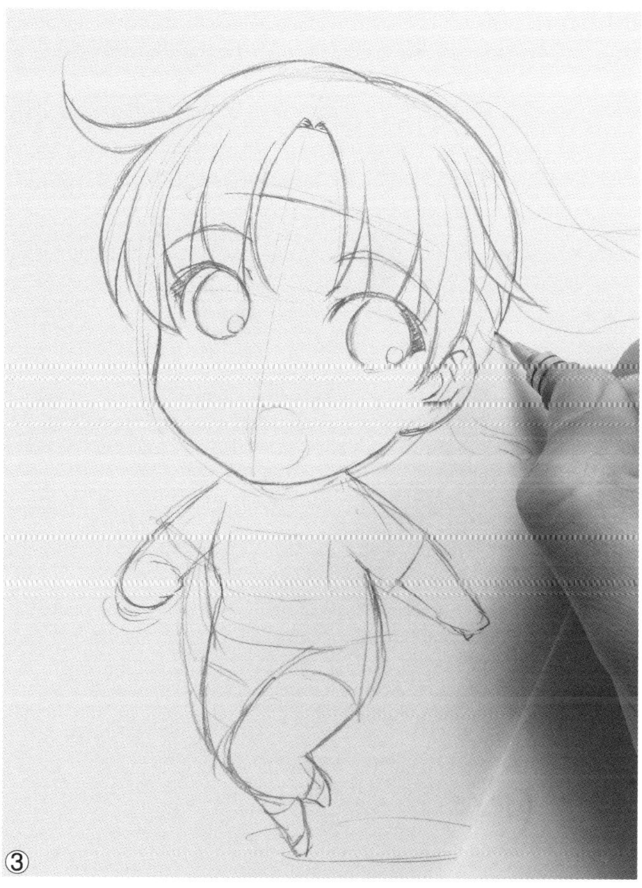

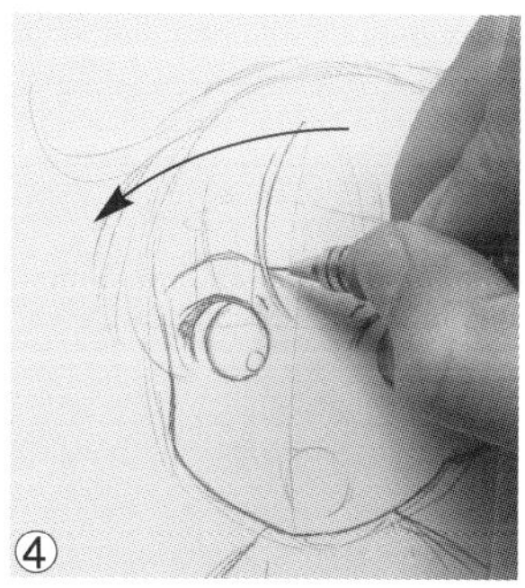

Herr Morita zeichnet die Haare in Pfeilrichtung.

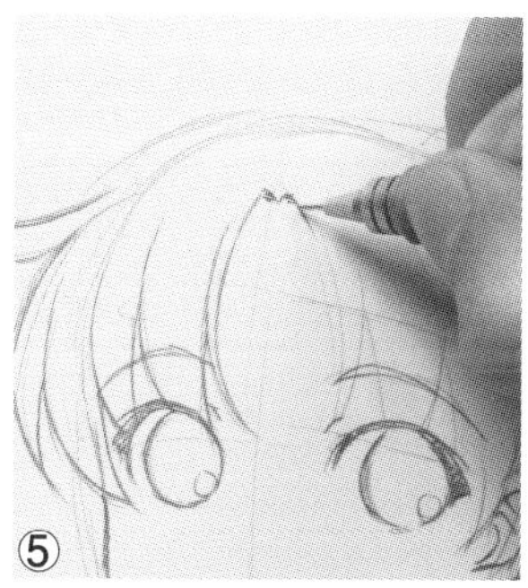

Als Letztes zeichnet er den Haaransatz.

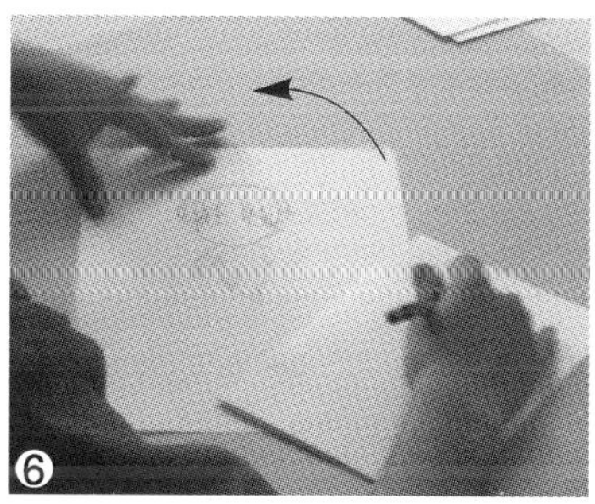

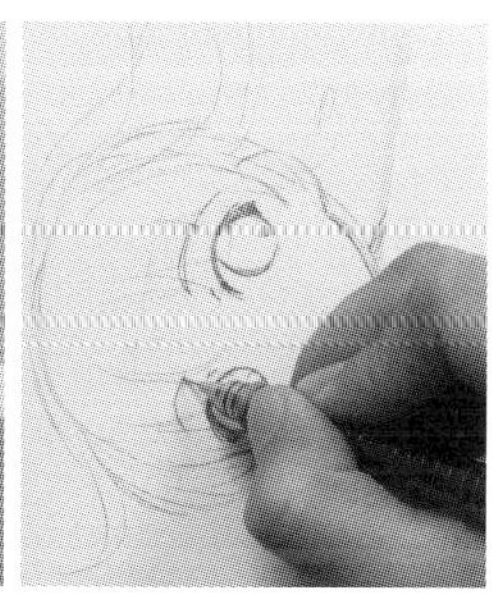

Wenn du fließende, saubere Linien zeichnen möchtest, dreh dir das Papier so, dass sich die Linien am einfachsten zeichnen lassen.

3.3 Die endgültigen Umrisslinien anpassen

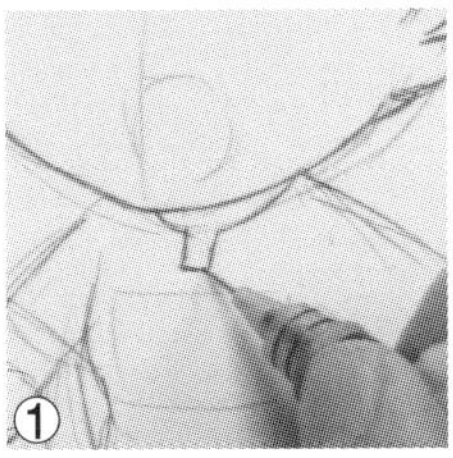

①

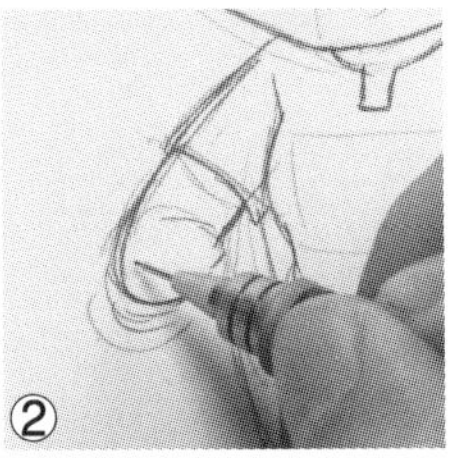

②

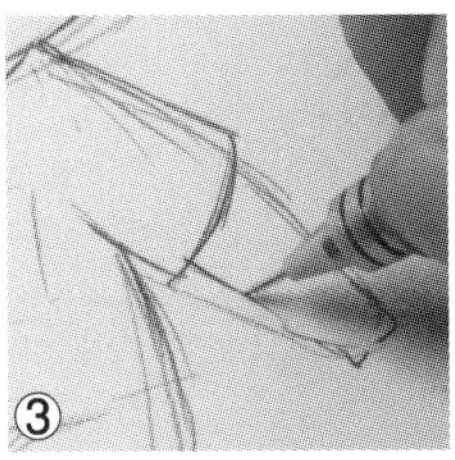

③

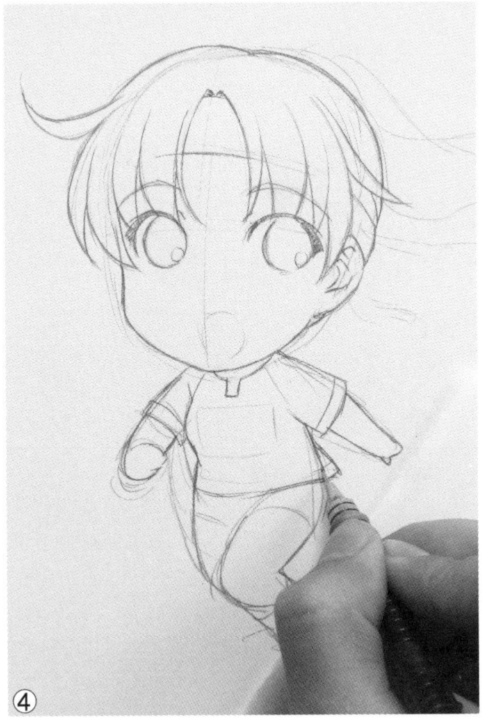

④

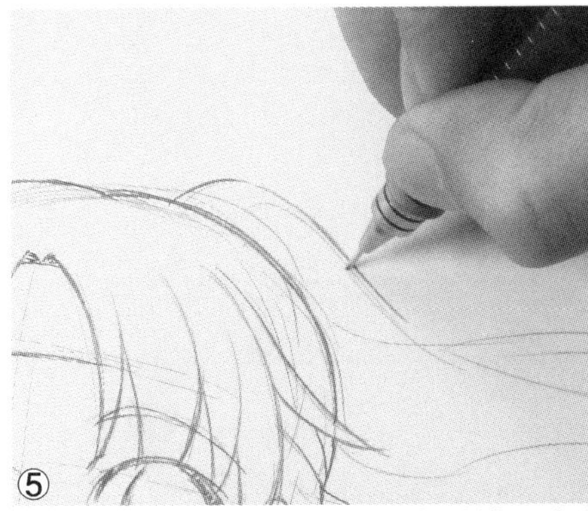

⑤

Nachdem er die Umrisslinien von Kopf und Körper fertig angepasst hat, fängt Herr Morita mit der Reinzeichnung der Frisur an.

Da er für den Pferdeschwanz lange, flüssige Linien zeichnen muss, bleibt Herr Morita so konzentriert wie beim Anpassen der Umrisslinien. Er nimmt sehr vorsichtig Korrekturen vor.

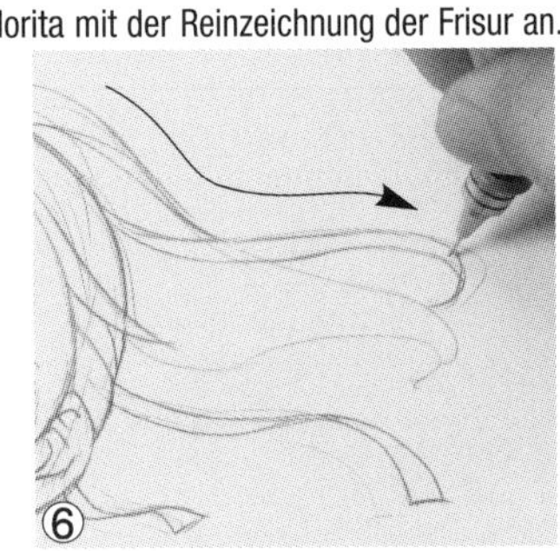

⑥

3.4 Kleine Details und Gesichtszüge hinzufügen

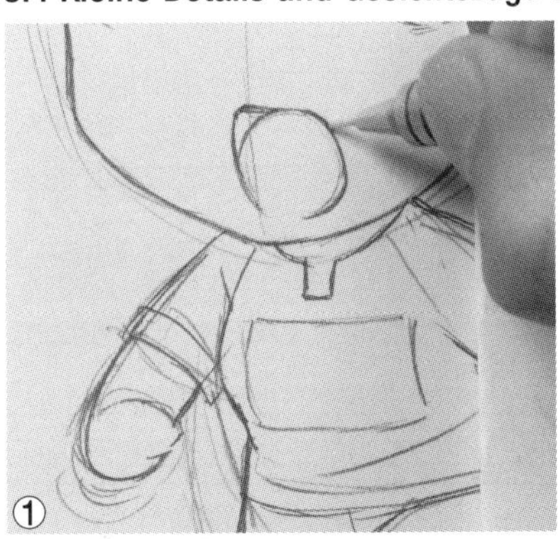

①

Da sich die Gesichtszüge deutlich verändern, wenn die Ecken des Mundes abgerundet werden, ist Herr Morita beim Zeichnen des Mundumrisses besonders sorgfältig.

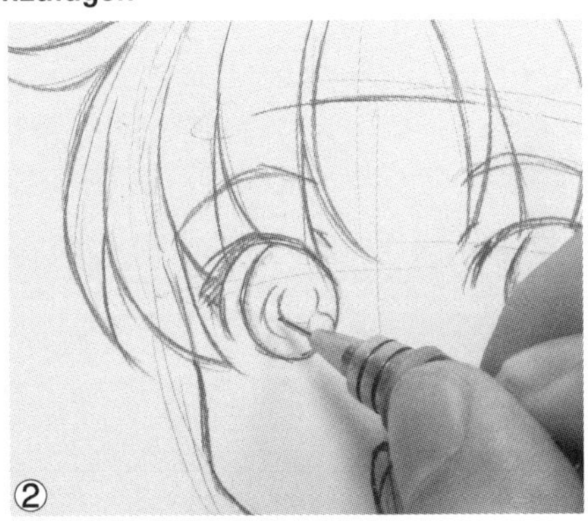

②

Er fügt die Umrisse für Iris und Pupille sowie die Lichtreflexionen im Auge hinzu.

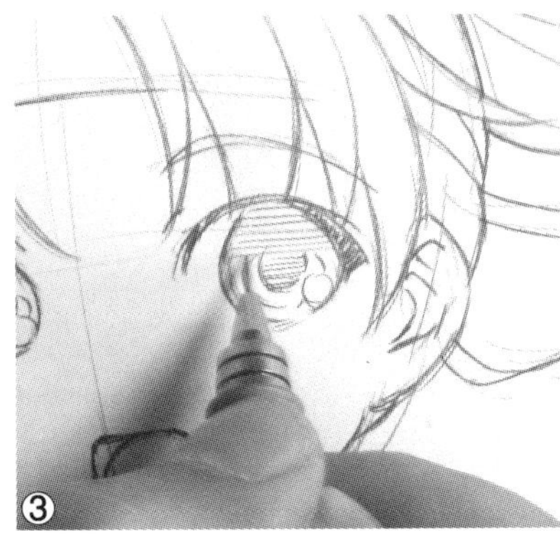

③

Hier verwendet Herr Morita gestrichelte Linien, um die Schattierungen des Auges darzustellen.

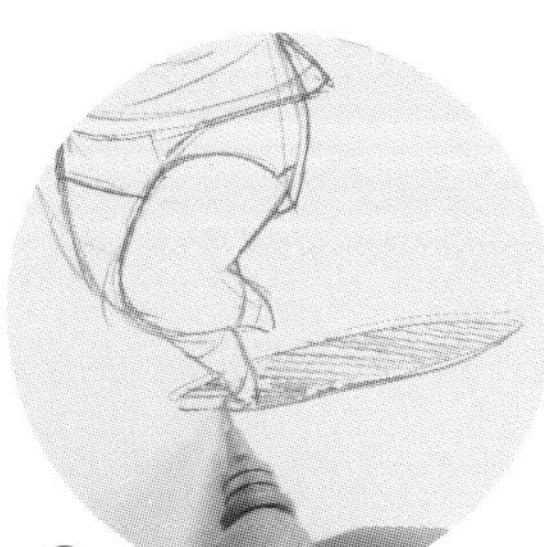

④

Er malt den Schatten unter den Füßen des Charakters aus.

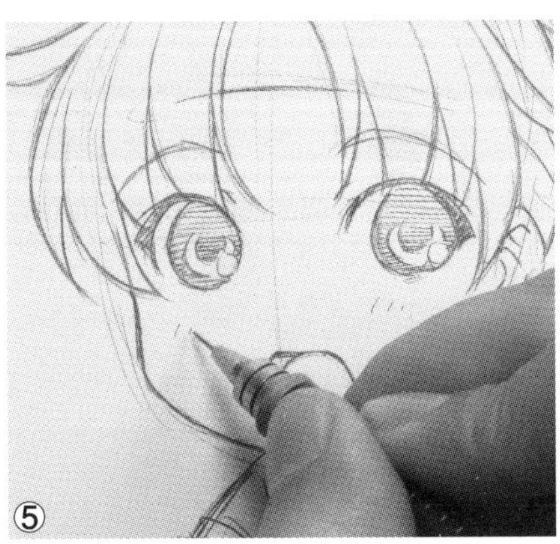

⑤

Als einen der letzten Feinschliffe fügt Herr Morita ein paar schräge Striche auf den Wangen hinzu.

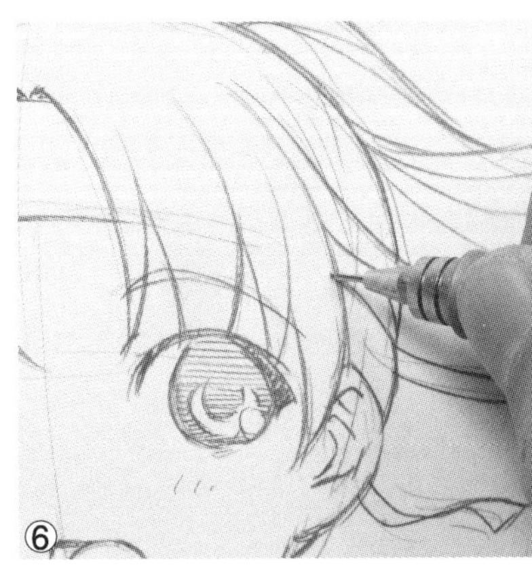

⑥

Während er die Balance der gesamten Figur betrachtet, verändert Herr Morita hier und da die Strichstärke.

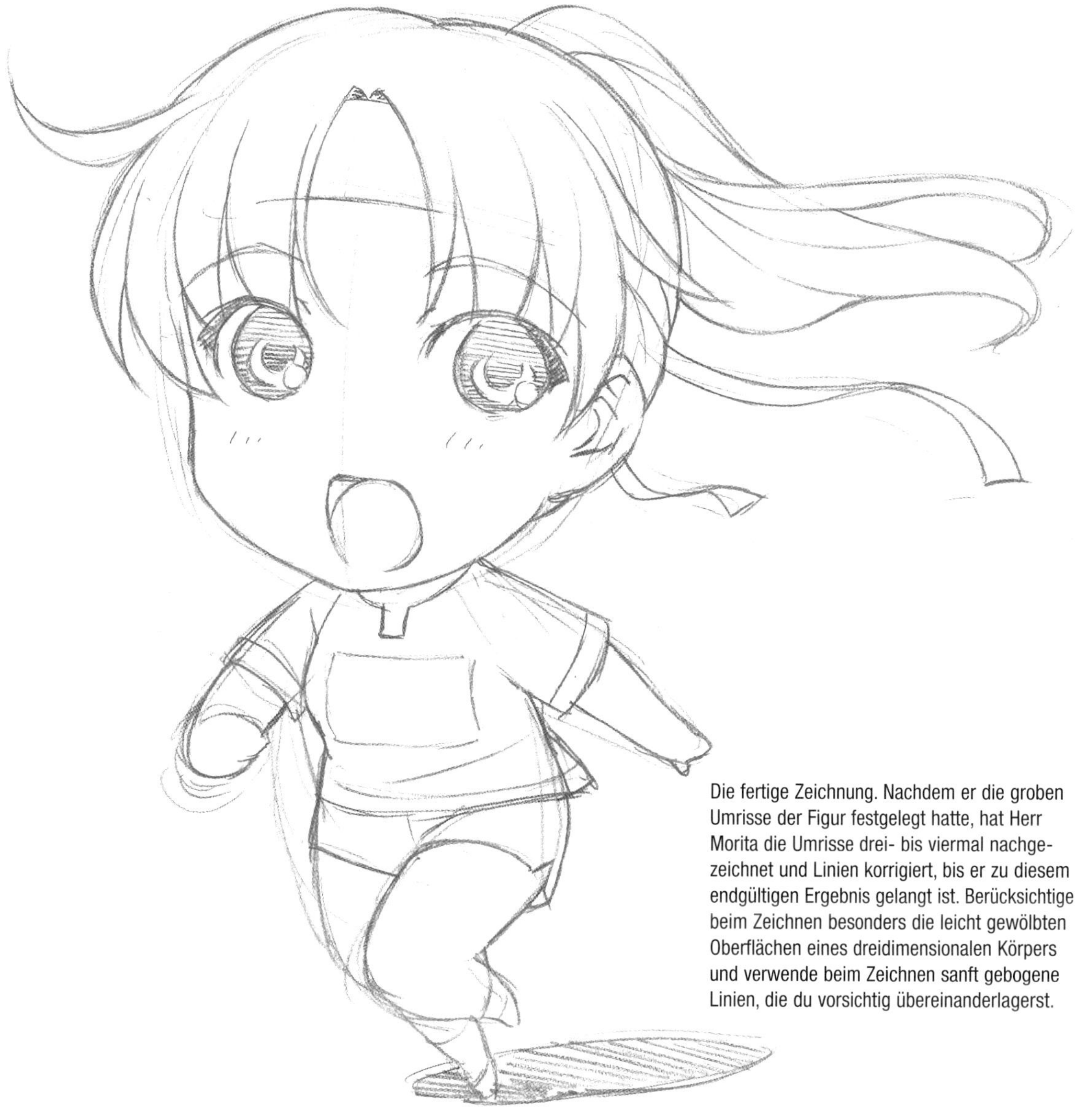

Die fertige Zeichnung. Nachdem er die groben Umrisse der Figur festgelegt hatte, hat Herr Morita die Umrisse drei- bis viermal nachgezeichnet und Linien korrigiert, bis er zu diesem endgültigen Ergebnis gelangt ist. Berücksichtige beim Zeichnen besonders die leicht gewölbten Oberflächen eines dreidimensionalen Körpers und verwende beim Zeichnen sanft gebogene Linien, die du vorsichtig übereinanderlagerst.

So wird aus der kurzen Hose ein Rock:

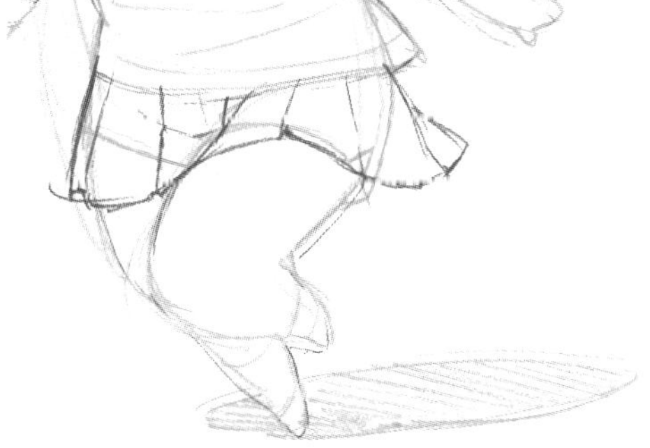

Hier hat Herr Morita einen Rock an Stelle der kurzen Hose gezeichnet. Dafür hat er transparentes Papier verwendet. Obwohl der Charakter ein Kopf-Körper-Verhältnis von 1:2 besitzt, hat Herr Morita den Körper sehr gründlich gezeichnet, so dass die Kleidung wie angegossen sitzt, auch wenn der Charakter etwas anderes angezogen bekommt.

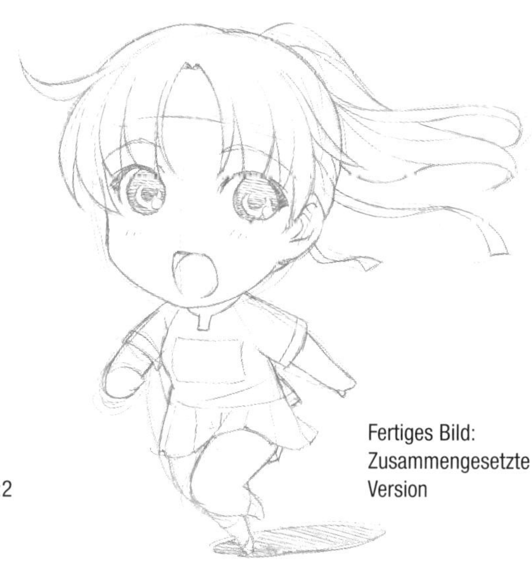

Fertiges Bild: Zusammengesetzte Version

Einen Charakter mit Rock zeichnen: Kopf-Körper-Verhältnis 1:2,5

1. Den Grundriss des Kopfes und den Hals zeichnen (Schulterbreite)

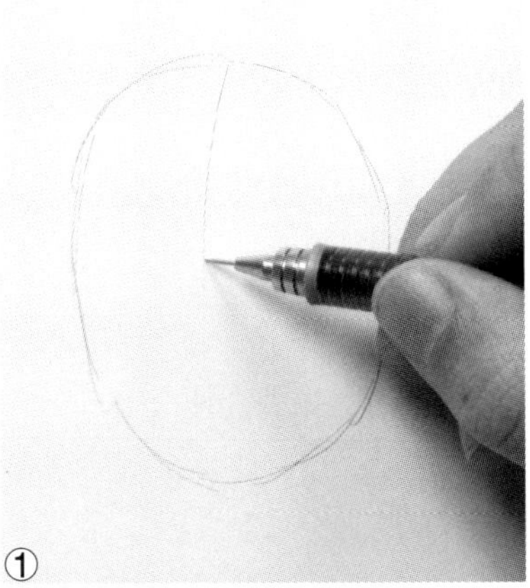

① Zuerst zeichnet Herr Morita die groben Umrisse des Gesichts mit einem Grundgerüst aus Kreis und Kreuz.

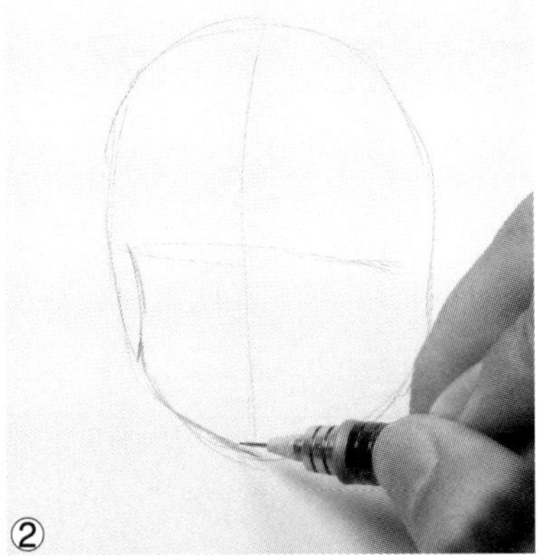

② Als Nächstes zeichnet er einfache Umrisslinien, um die Form des Gesichts deutlicher zu definieren.

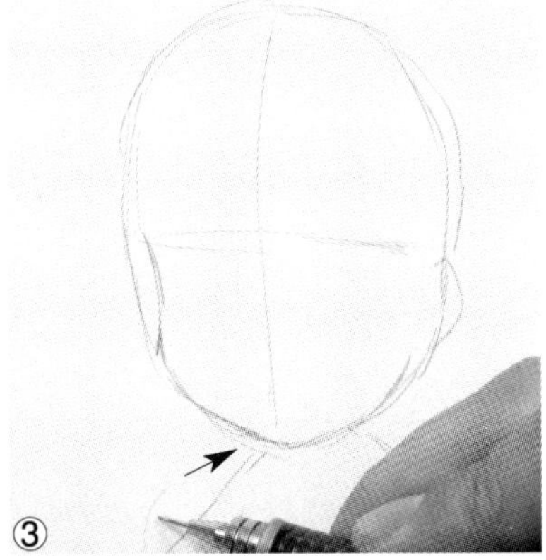

③ Zeichne bei einem Chibi-Charakter keinen Hals, sondern lass die Schultern direkt an den Kopf angrenzen.

2. Die Umrisse der gesamten Figur und die Konturen des Gesichts zeichnen

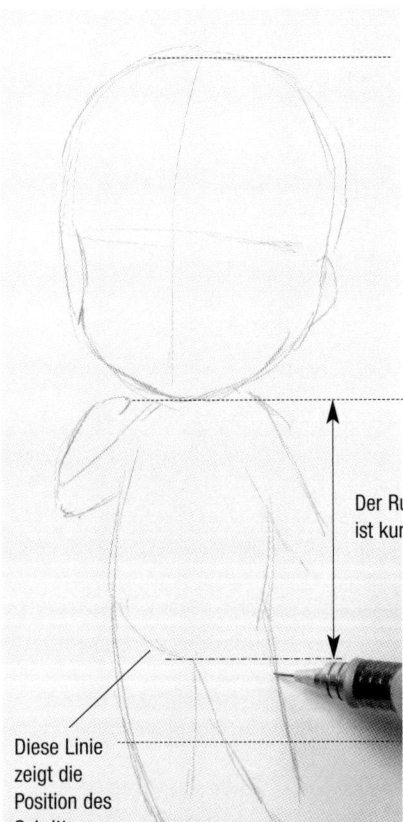

Bei einem Kopf-Körper-Verhältnis von 1:3 haben Kopf und Körper ungefähr die gleiche Länge. Bei einem Kopf-Körper-Verhältnis von 1:2,5 wäre der Rumpf etwas kürzer und somit auch kürzer als der Kopf. Die Länge der Beine ist ausschlaggebend für die Niedlichkeit des Charakters, daher ist es besonders wichtig, die Position des Schritts exakt zu bestimmen.

3. Die Linien beim Reinzeichnen anpassen

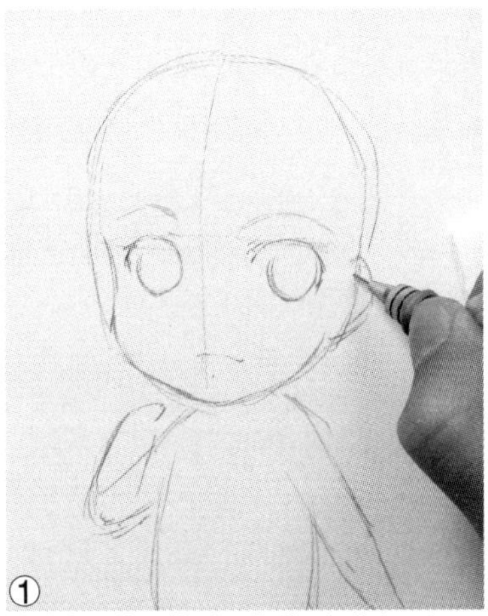

① Nachdem Herr Morita die Umrisslinien des Körpers fertig gezeichnet hat, wendet er sich dem Gesicht zu.

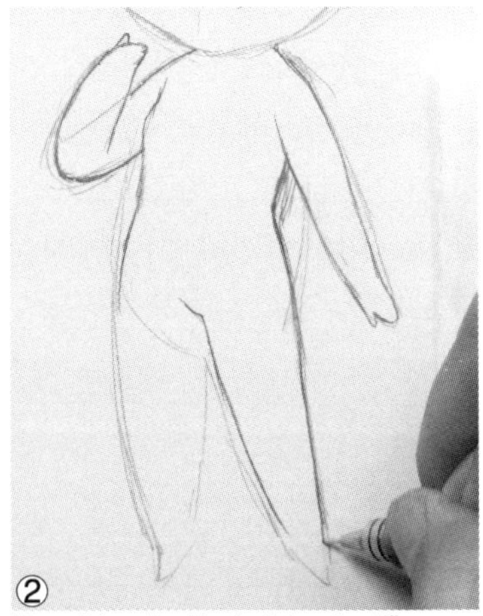

② Hier gibt er den Umrisslinien des Körpers eine klare Form.

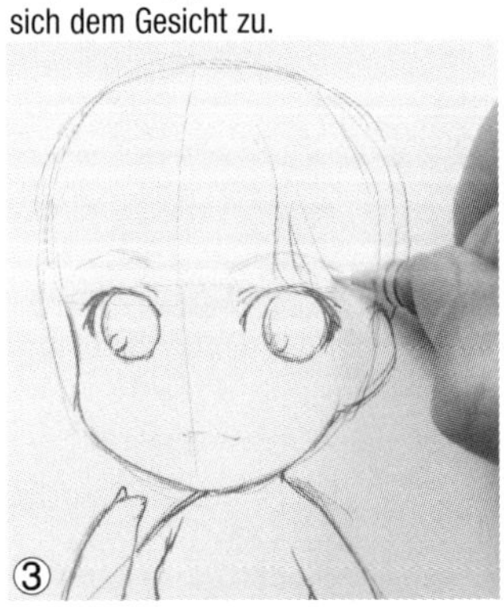

③ Wenn der Körper fertig gezeichnet ist, kümmer dich um das Gesicht und die Frisur.

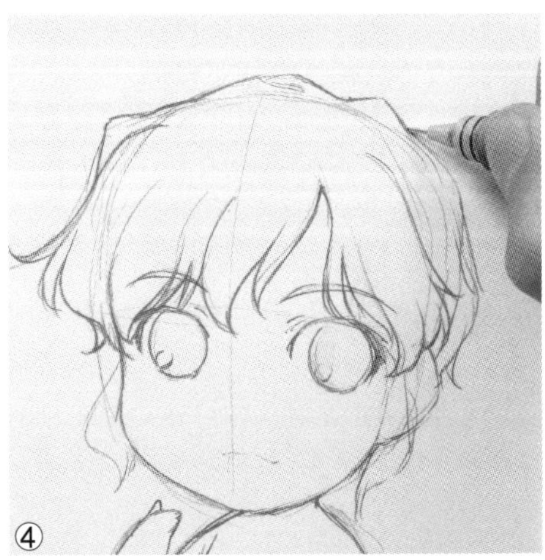

④

Die Kleidung zeichnen

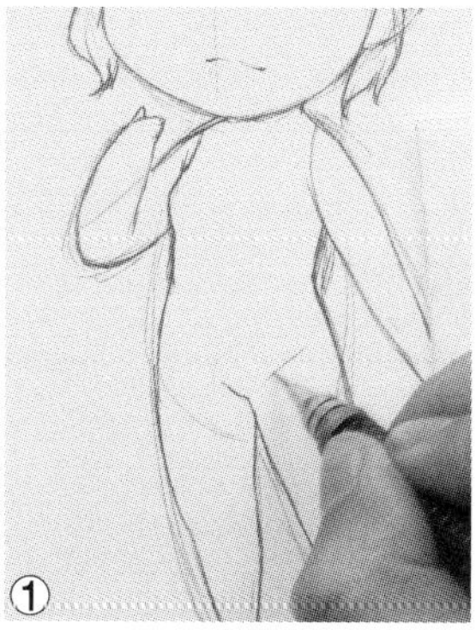

Nachdem Herr Morita den Körper fertiggestellt hat, zeichnet er die Kleidung des Charakters. Indem er zunächst eine Unterhose zeichnet und so den Bereich des Schritts ganz genau bestimmt, ist es für ihn einfacher, die Balance des gesamten Körpers zu erfassen.

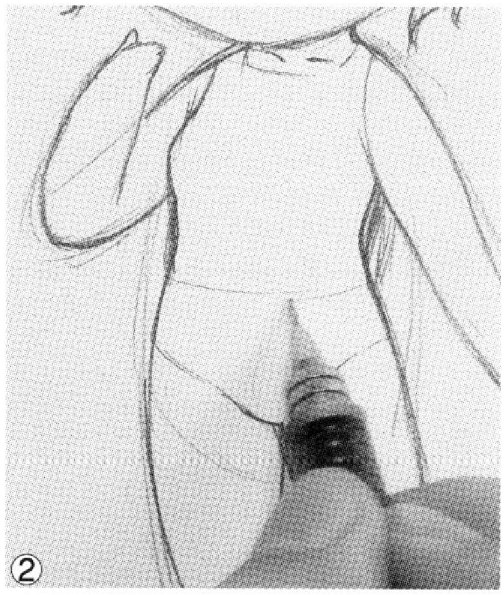

Als Nächstes zeichnet er eine Linie für die Taille. Die Taillenlinie ist der Dreh- und Angelpunkt für die Balance beim Zeichnen von Kleidung.

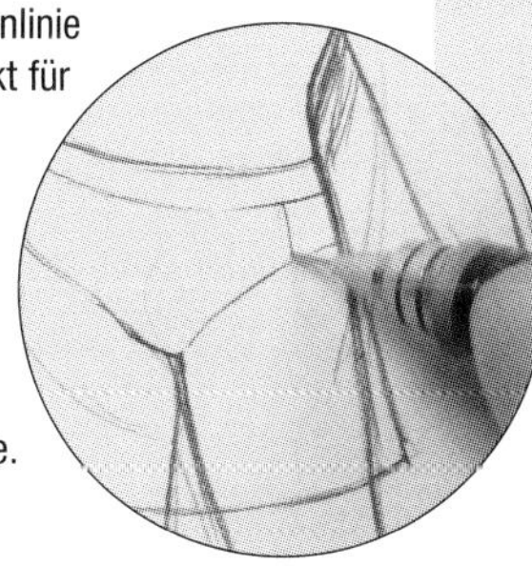

Herr Morita orientiert sich auch beim Zeichnen von Gürtel und Reißverschluss des Rocks an der Taillenlinie.

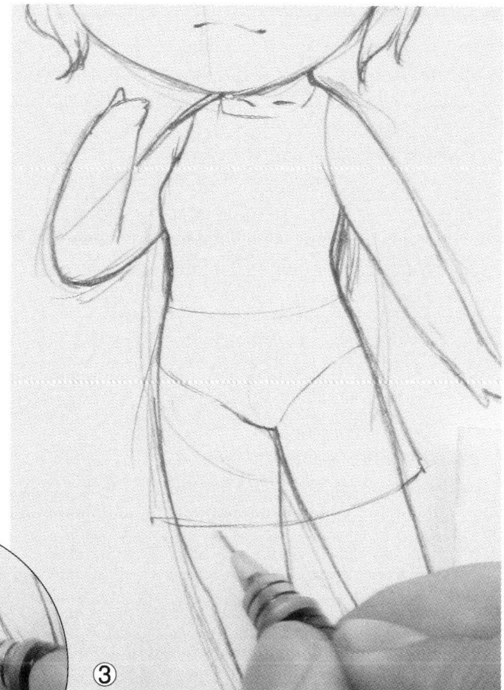

Jetzt zeichnet er die Umrisse des Rocks. Er verwendet dafür eine Trapezform, die sich über die Beine erstreckt. Indem er den Saum mit einer gebogenen Linie zeichnet, entsteht der Eindruck von Dreidimensionalität.

Die Augen zeichnen

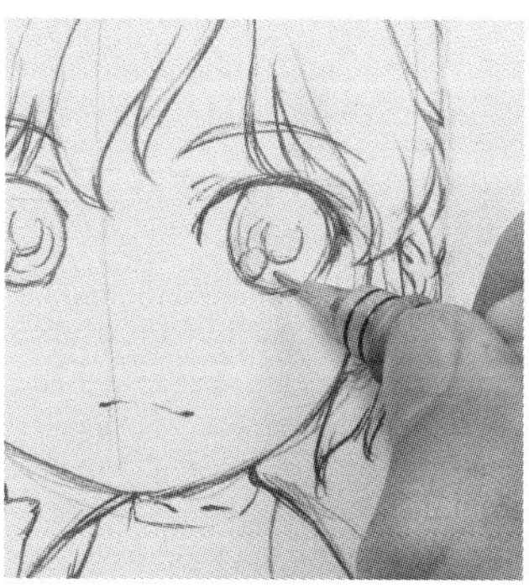

Herr Morita zeichnet die Augen ein, um das Gesicht zu vervollständigen.

Den Pferdeschwanz zeichnen

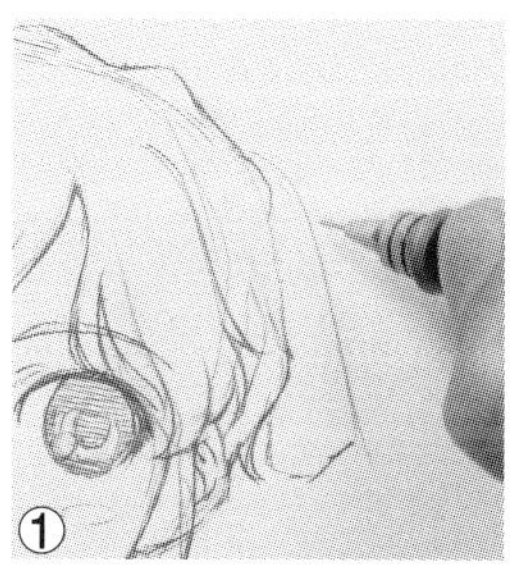

Nachdem der gesamte Körper fertig gezeichnet ist, arbeitet Herr Morita an dem Pferdeschwanz. Verwende zunächst feine Linien, um die Umrisse des Zopfs zu zeichnen.

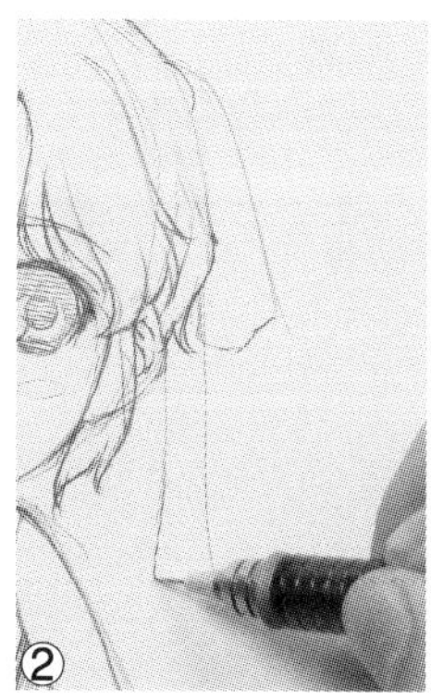

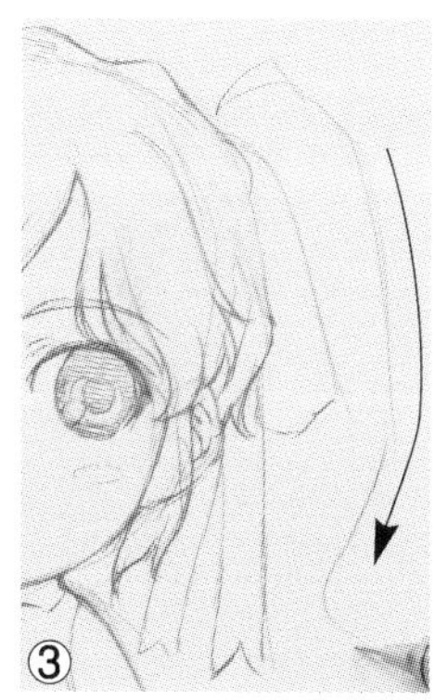

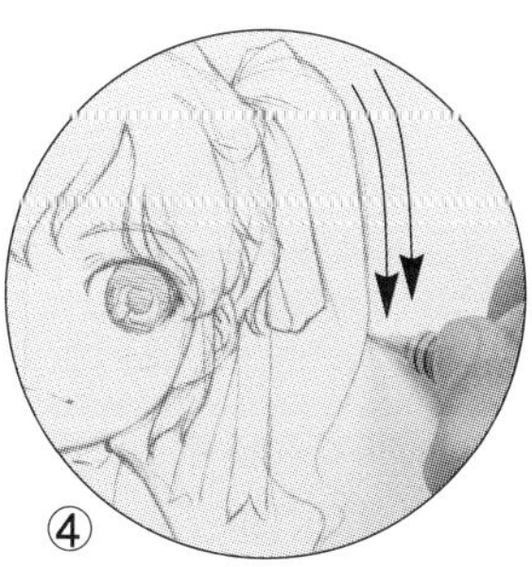

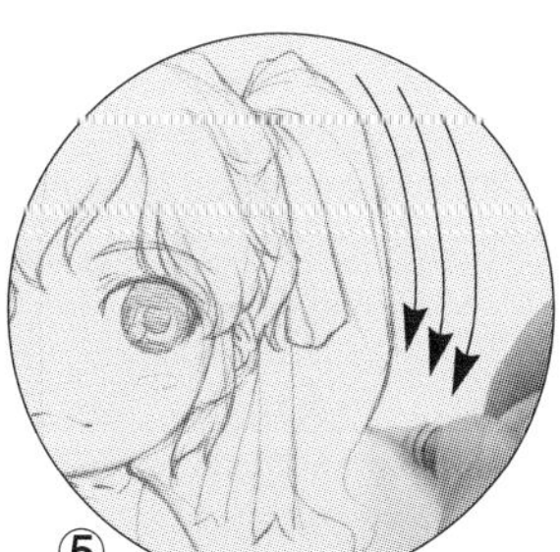

Während er die gesamte Balance der Zeichnung im Blick behält, fügt Herr Morita dünne Linien hinzu und zeichnet zwei, drei Lagen von Strichen übereinander, bis nach und nach kräftige, genau definierte Linien entstanden sind.

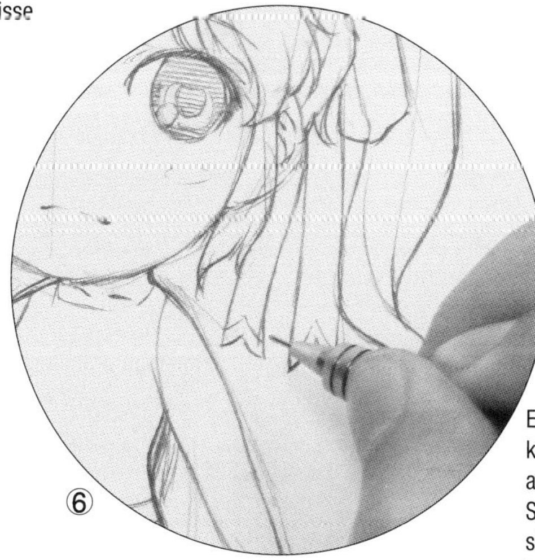

Er zeichnet ein kleines Detail am Ende der Schleife ein und stellt damit die Zeichnung fertig.

Fertige Zeichnung

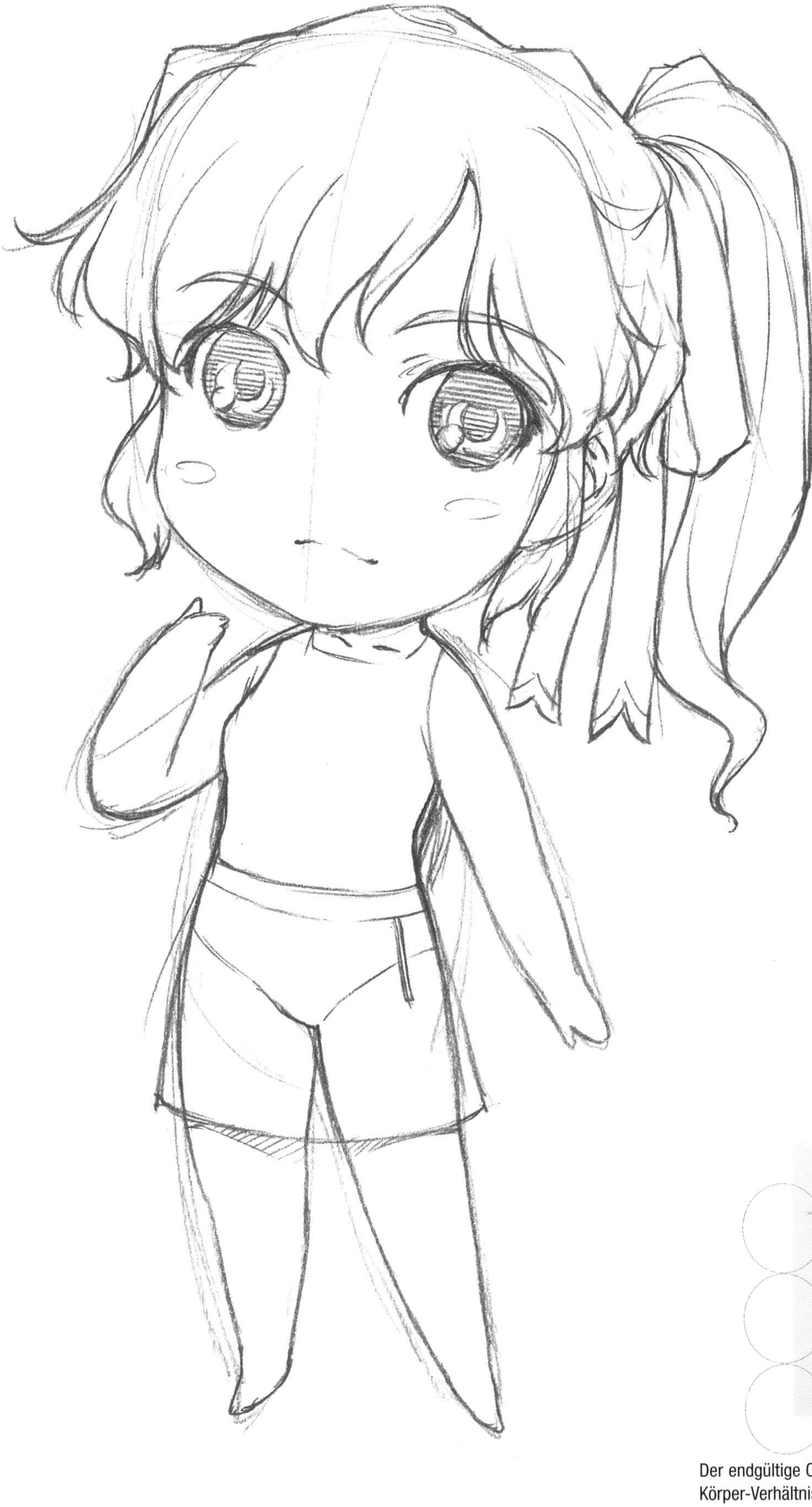

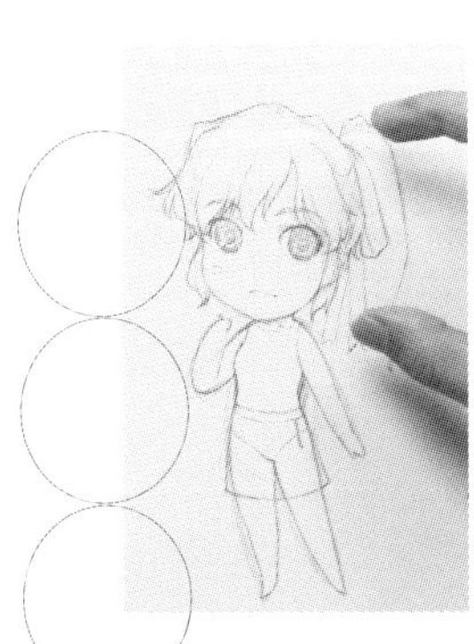

Der endgültige Charakter hat ein Kopf-Körper-Verhältnis von ungefähr 1:2,5.

Den Körper verändern

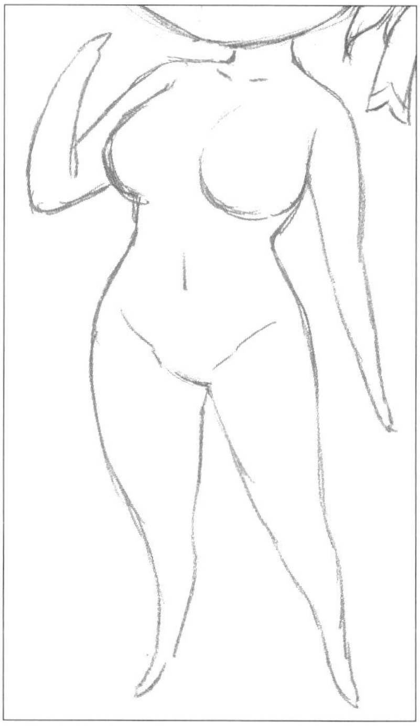

Hier sind die Rundungen des Körpers verstärkt und Arme und Beine schlanker gezeichnet worden.

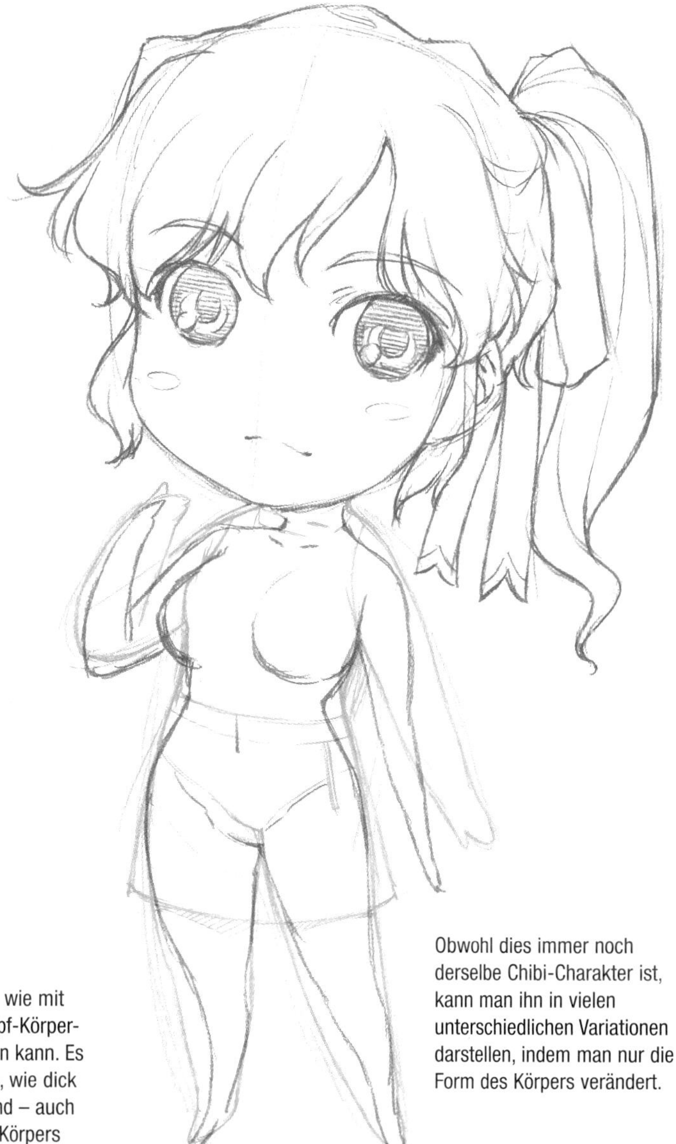

Obwohl dies immer noch derselbe Chibi-Charakter ist, kann man ihn in vielen unterschiedlichen Variationen darstellen, indem man nur die Form des Körpers verändert.

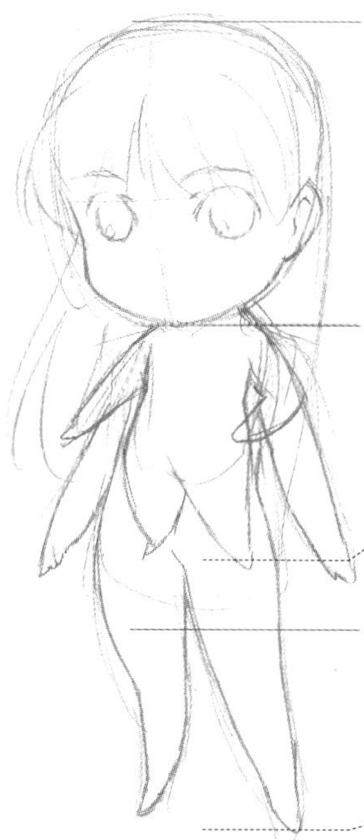

In dieser Studie sieht man, wie mit demselben Gesicht das Kopf-Körper-Verhältnis verändert werden kann. Es kommt nicht nur darauf an, wie dick Rumpf, Arme und Beine sind – auch indem man die Länge des Körpers variiert, kann man den Ausdruck und die Atmosphäre eines Charakters komplett verändern.

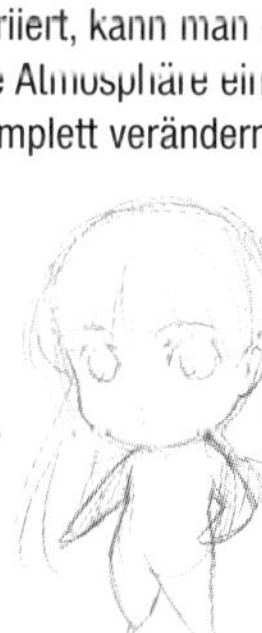

Kopf-Körper-Verhältnis 1:2

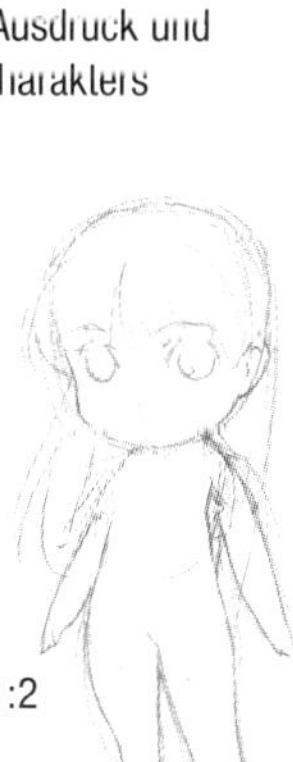

Kopf-Körper-Verhältnis 1:3

Einen stämmigen Charakter zeichnen: Kopf-Körper-Verhältnis 1:2,5

1. Der Grundriss des Kopfes und den Hals zeichnen (Schulterbreite)

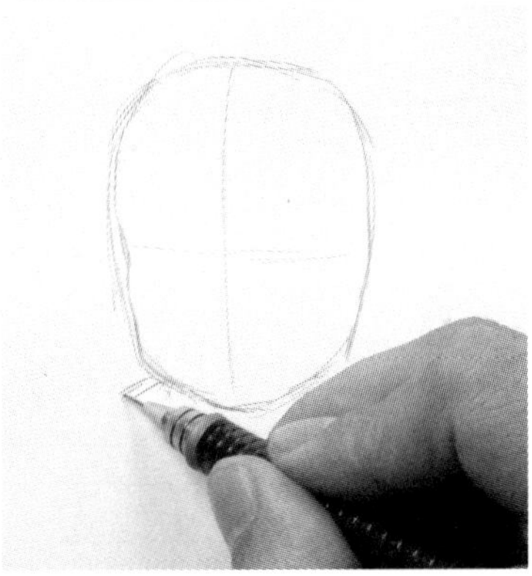

Herr Morita zeichnet den Oberkörper direkt an den Kopf.

2. Die Umrisse der gesamten Figur und die Konturen des Gesichts zeichnen

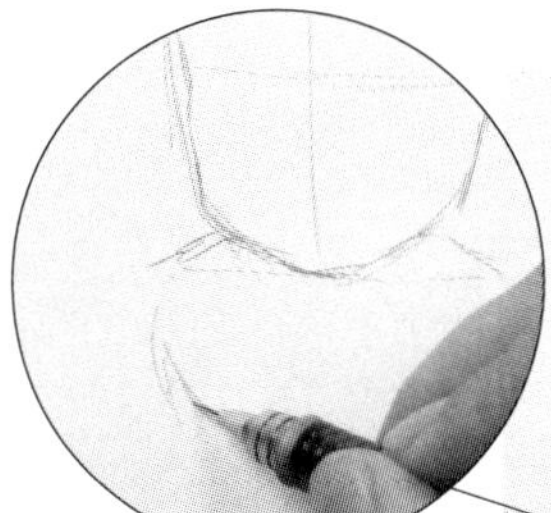

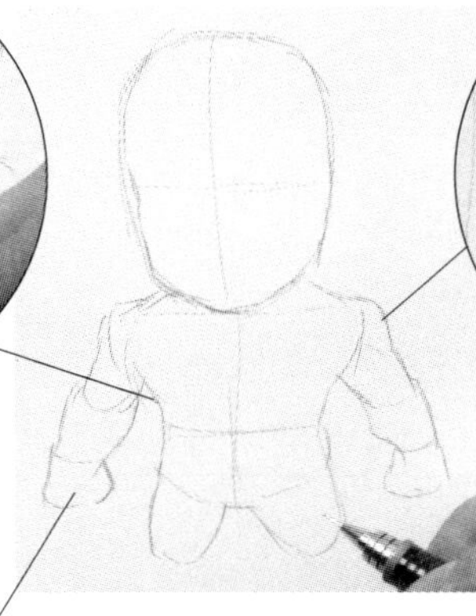

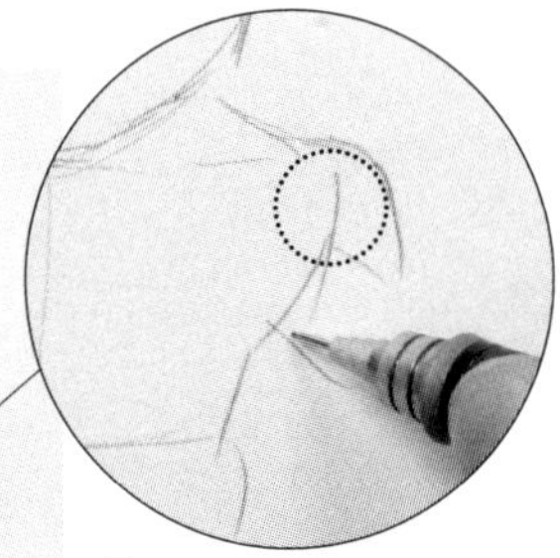

① Hier zeichnet Herr Morita viele kurze, »suchende« Linien, um zu einer vereinfachten Darstellung einer muskulösen Brust zu gelangen.

② Er zeichnet die Schultern ein, indem er sich die Schultergelenke als runde Kugeln vorstellt.

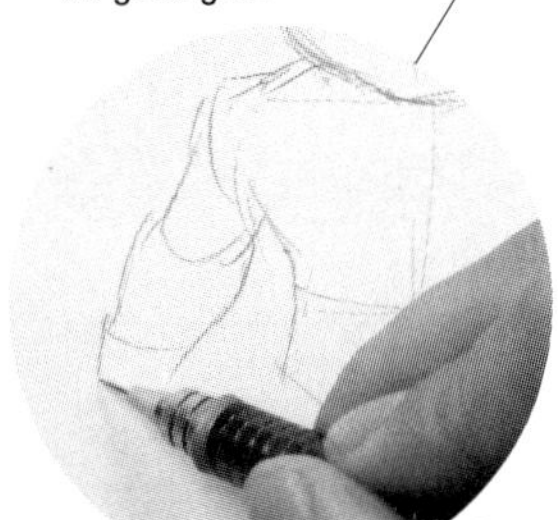

③

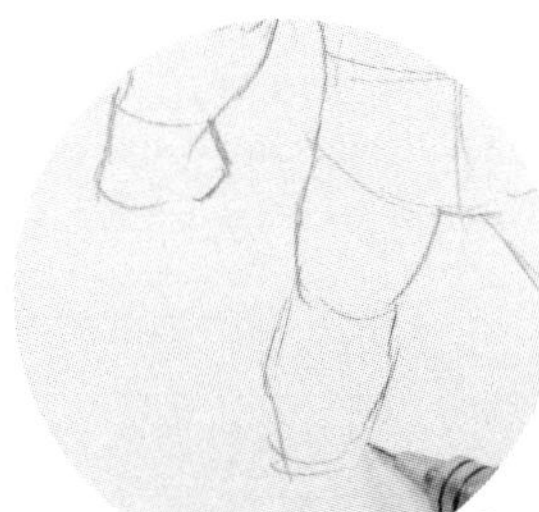

④

Zeichne für die groben Umrisse einer Figur die Muskeln der Arme und Beine als geometrische Blöcke, die aufeinander aufgebaut werden.

3. Die Linien beim Reinzeichnen anpassen

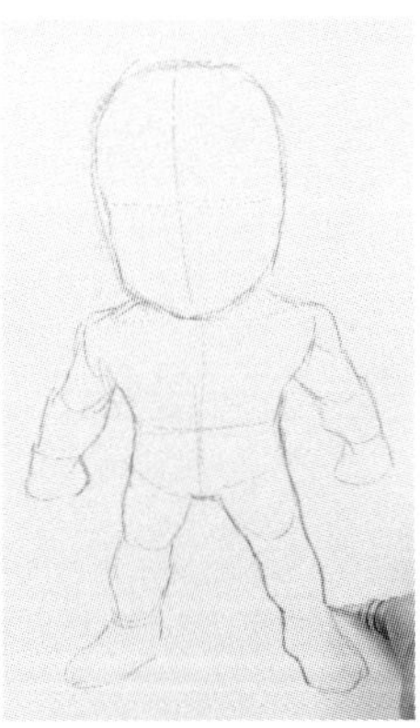

Herr Morita verwendet geometrische Blöcke, um die besonderen Körperkonturen hervorzuheben, die solch einen muskulösen Körper auszeichnen.

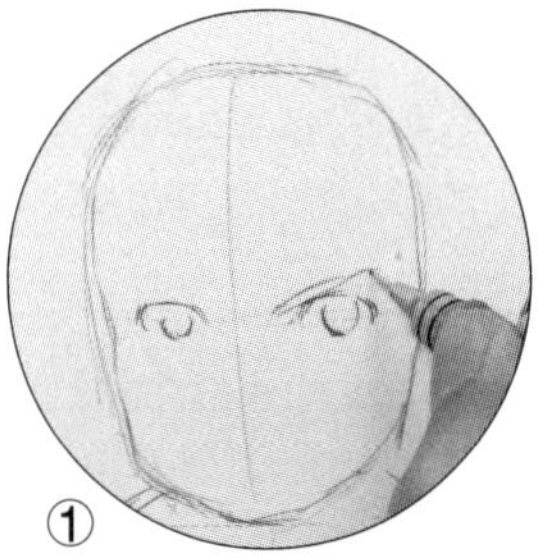

① Er zeichnet die Augenbrauen, nachdem er die groben Umrisse der Augen festgelegt hat.

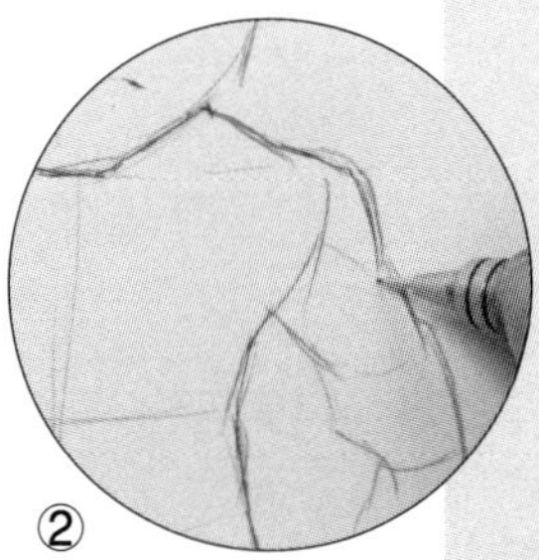

② Für die endgültigen Umrisslinien zeichnet er mehrere kurze Striche übereinander.

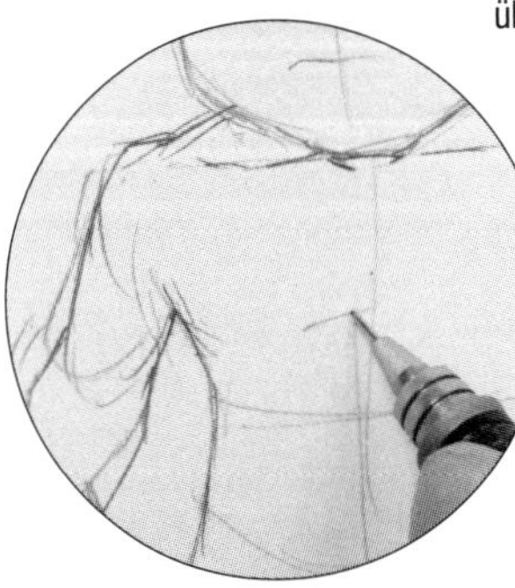

③ Herr Morita verwendet eine bogenförmig geschwungene Linie, um die Brustmuskulatur vereinfacht darzustellen und nicht übermäßig zu betonen.

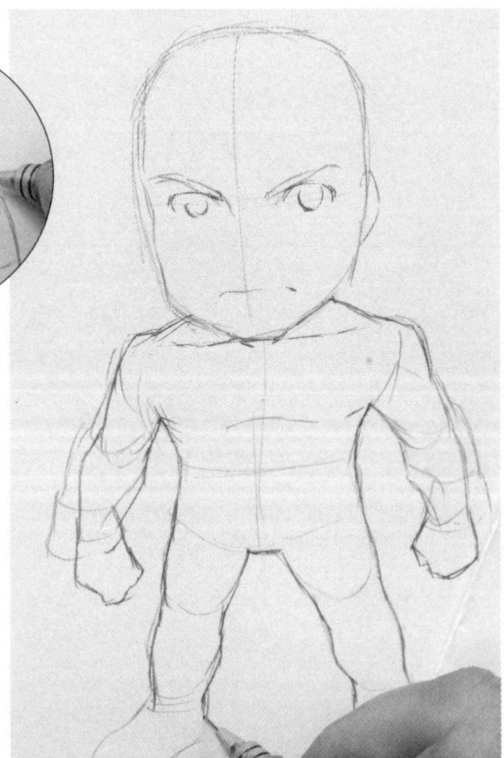

④

Hier passt er die Umrisslinien des gesamten Körpers an.

Haare und kleine Details hinzufügen

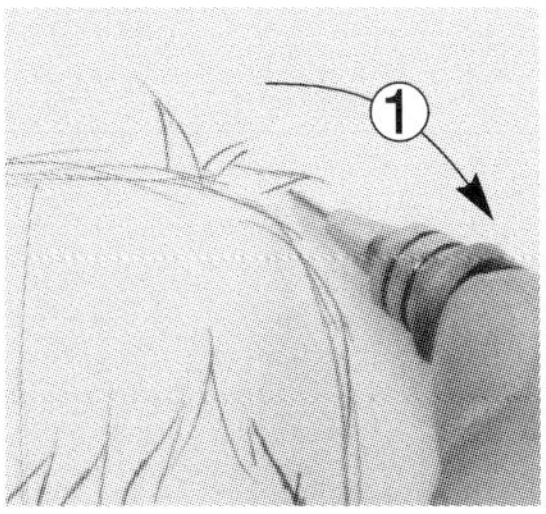

Herr Morita bestimmt zunächst die Stelle für den Haarwirbel und zeichnet ihn dann dort ein.

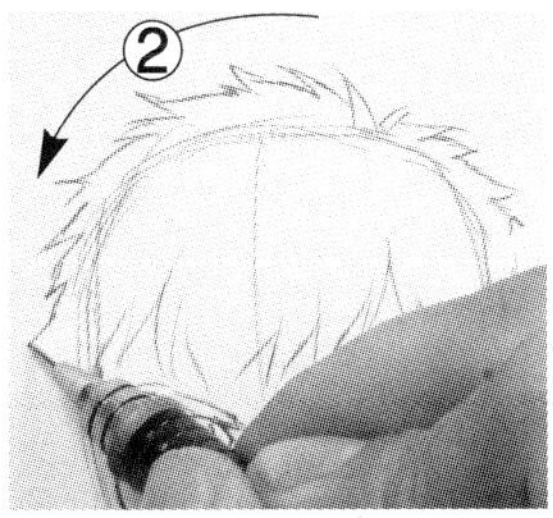

Zeichne die Haare entlang der groben Umrisse des Kopfes.

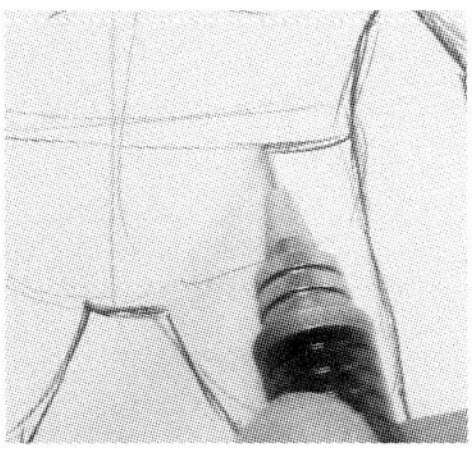

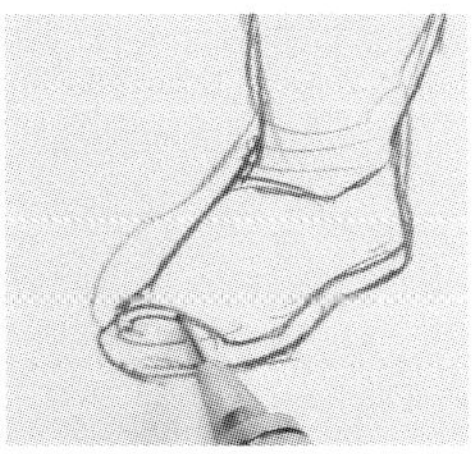

Arbeite dich an Stellen wie der Hüfte oder den Füßen von oben nach unten vor.

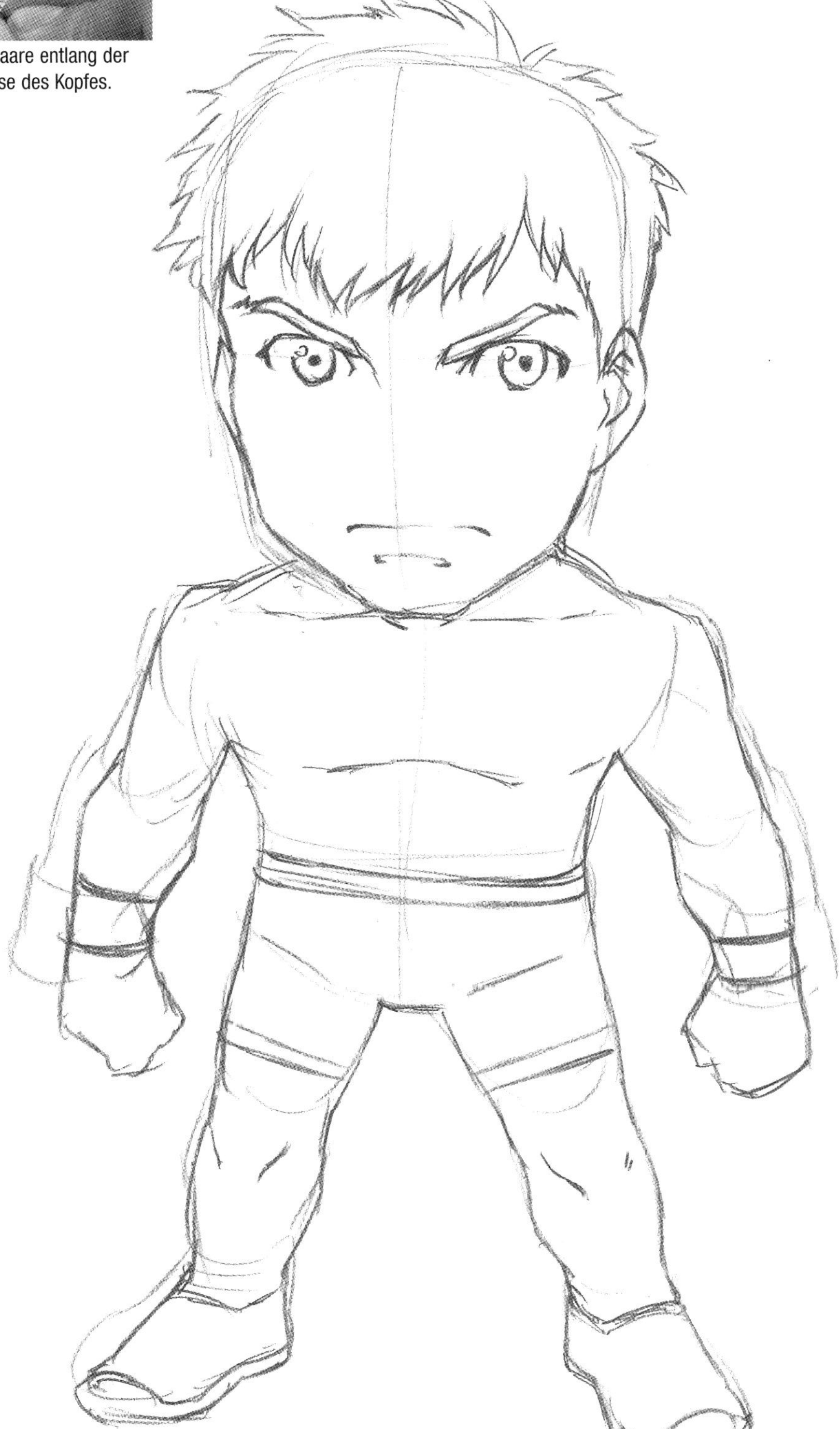

Letzter Feinschliff

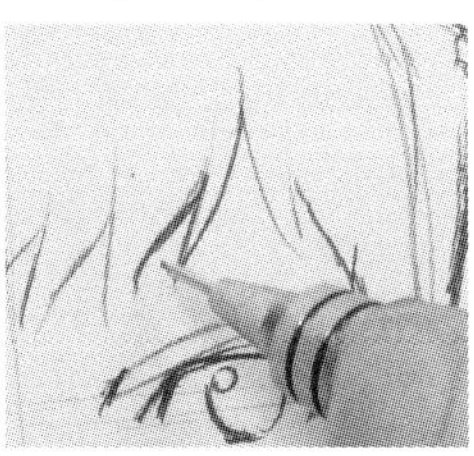

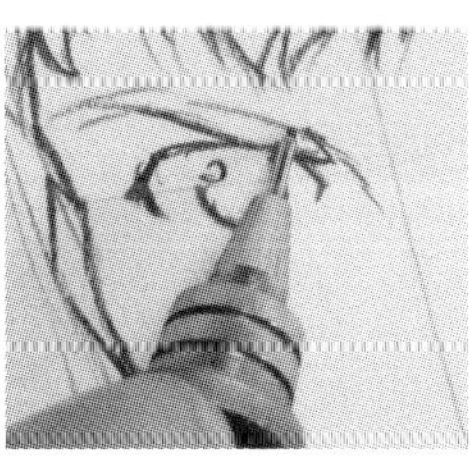

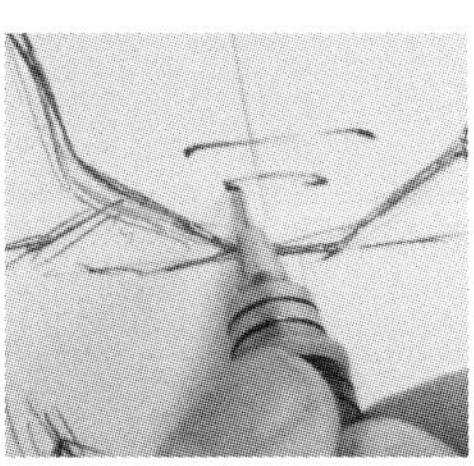

Als Letztes arbeitet Herr Morita die Gesichtszüge noch einmal deutlich heraus.

Einen Charakter im Badeanzug zeichnen: Kopf-Körper-Verhältnis 1:3,5

1. Der Grundriss des Kopfes und den Hals zeichnen (Schulterbreite)

Der Hals wird eingezeichnet.

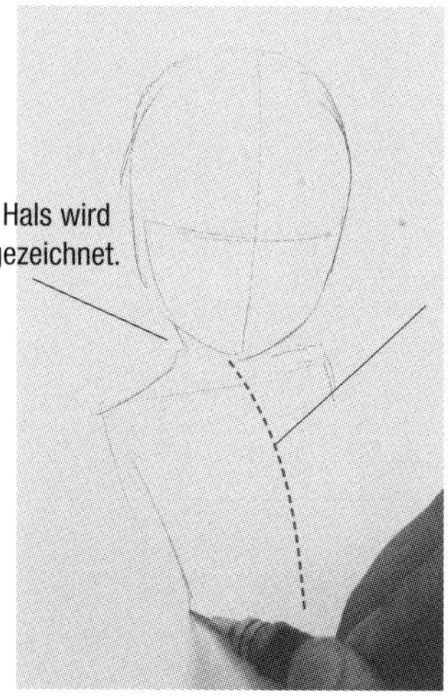

Imaginäre Linie für die Wirbelsäule

Herr Morita berücksichtigt die Position der Wirbelsäule, während er die groben Umrisse des Körpers zeichnet.

2. Die Umrisse der gesamten Figur zeichnen

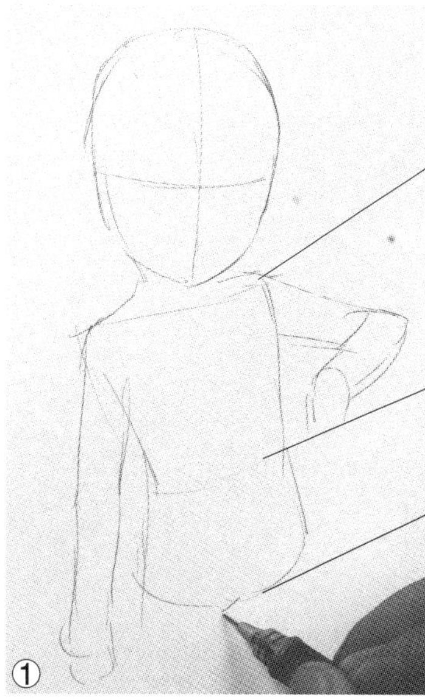

Richtlinie für das Schlüsselbein

Richtlinie für die Taille

Richtlinie für den Schritt

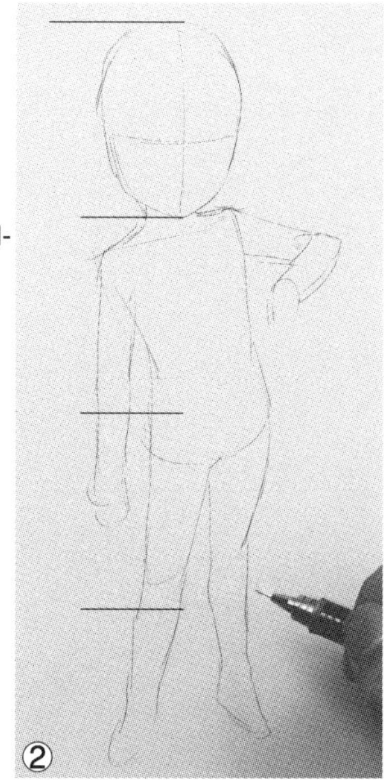

Die Beine sind relativ kurz, was die Figur niedlich wirken lässt.

3. Die Konturen des Gesichts zeichnen und Linien korrigieren

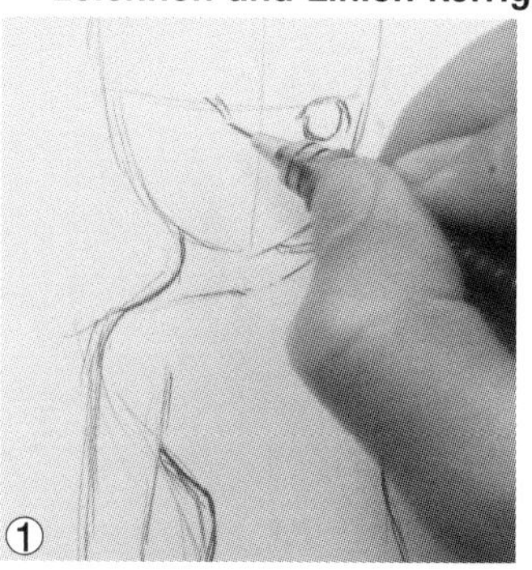

Herr Morita arbeitet die Umrisse des Körpers bis zu einem gewissen Grad deutlich aus, um der Pose eine klare Form zu geben. Anschließend beginnt er, die Gesichtsmerkmale einzuzeichnen.

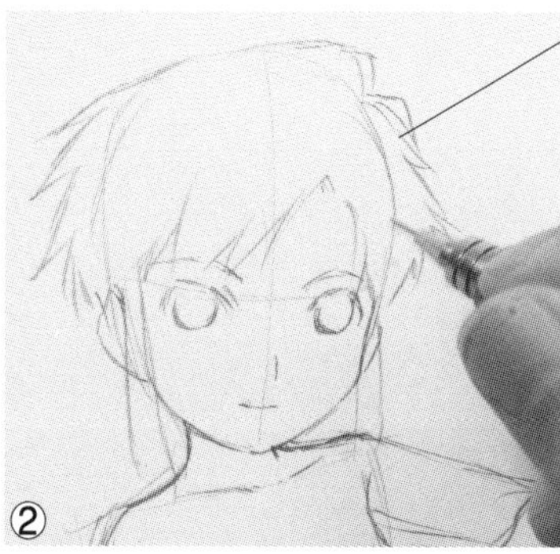

Während er den Haaren mehr Volumen gibt, achtet Herr Morita auch auf die Umrisslinien des Kopfes.

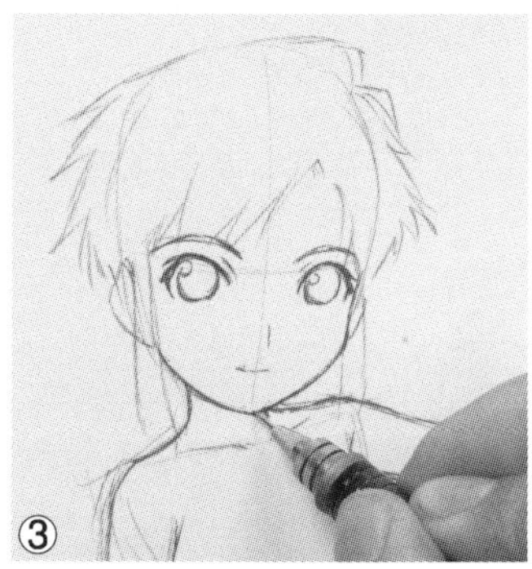

Der Charakter nimmt immer mehr Form an, während Herr Morita den Körper, die Gesichtszüge und die Konturen des Kopfes weiter ausarbeitet.

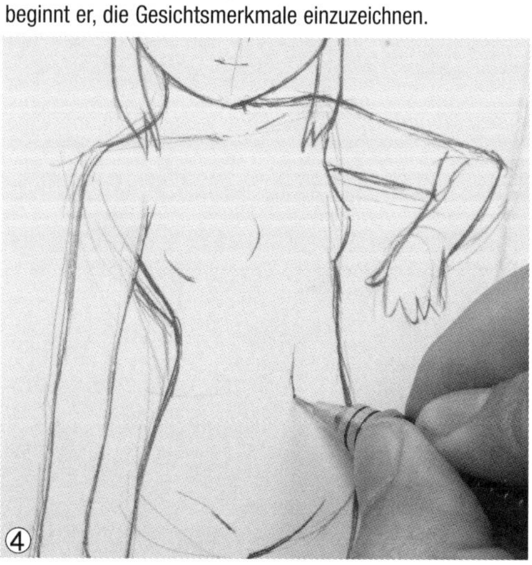

Um die unbekleidete Figur fertigzustellen, fügt er nur noch Striche für die Brust und den Bauch hinzu.

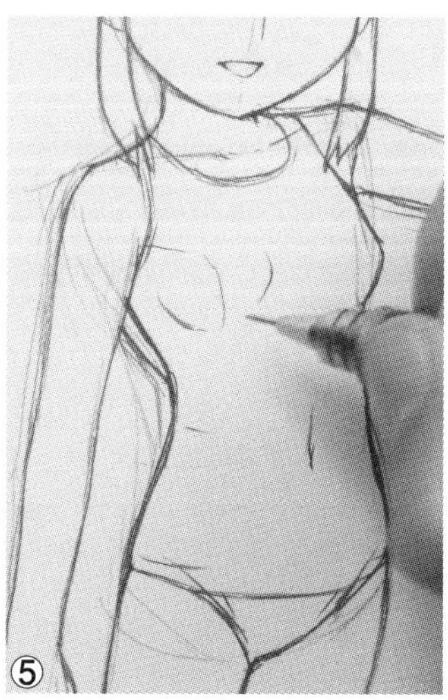

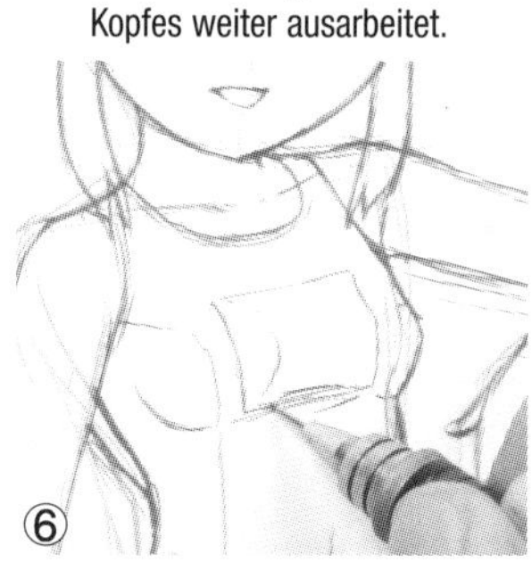

Als Letztes zeichnet Herr Morita die Umrisse und kleine Details des Badeanzugs ein. Da die Kleidung eng am Körper anliegt, ist hier die unbekleidete Vorzeichnung besonders wichtig.

4. Fertige Zeichnung

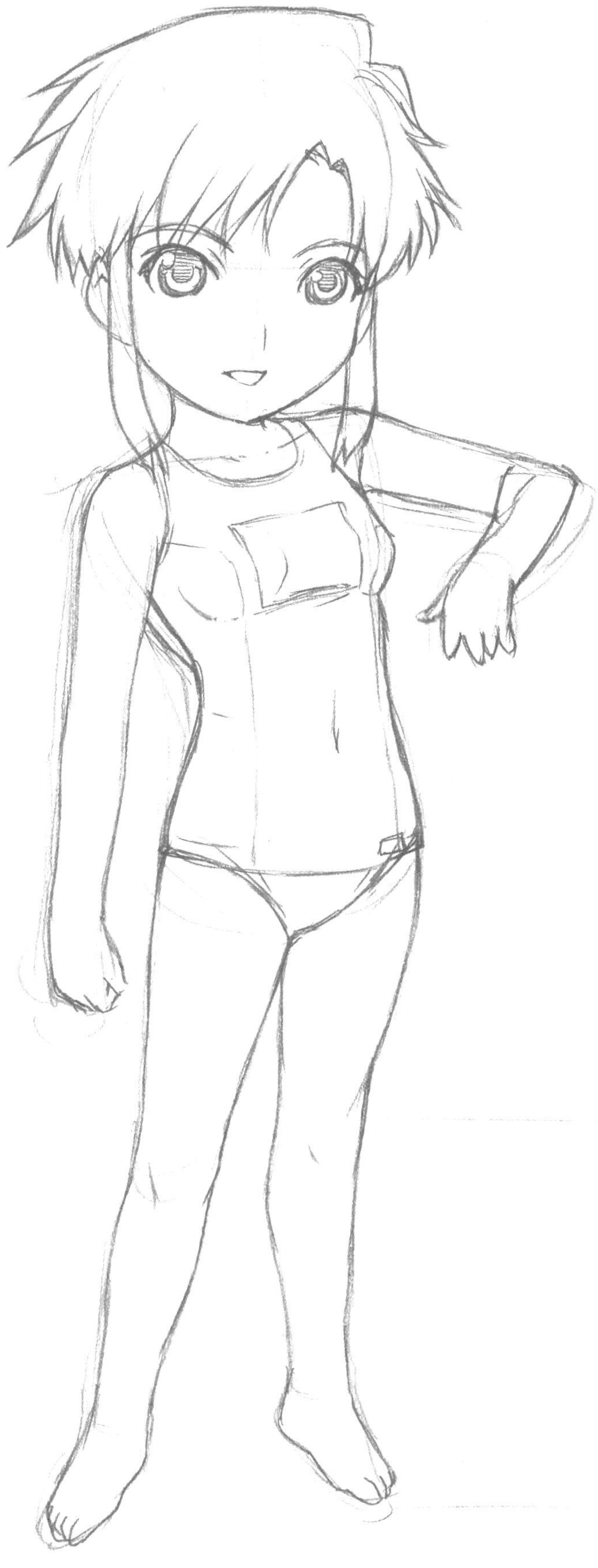

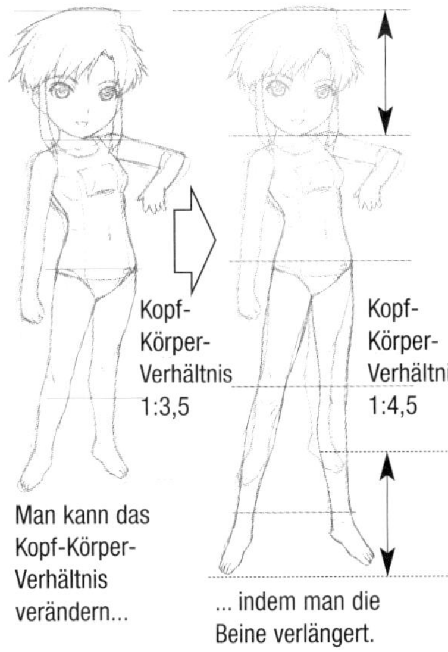

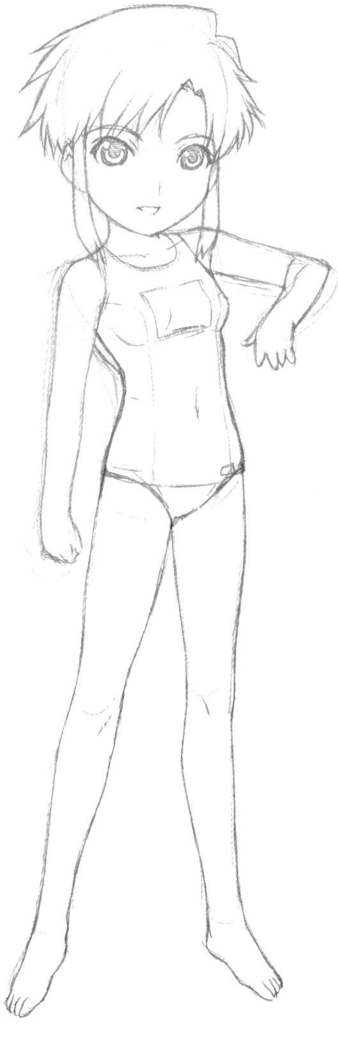

Einen Charakter in Schuluniform zeichnen: Kopf-Körper-Verhältnis 1:4

1. Der Grundriss des Kopfes und den Hals zeichnen (Schulterbreite)

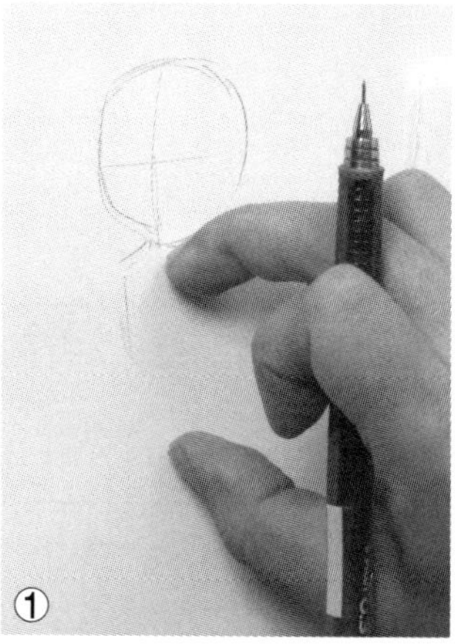

Zuerst zeichnet Herr Morita den Kopf mit dem Grundgerüst aus Kreis und Kreuz. Anschließend misst er mit den Fingern die ungefähre Position von Taille und Schritt ab.

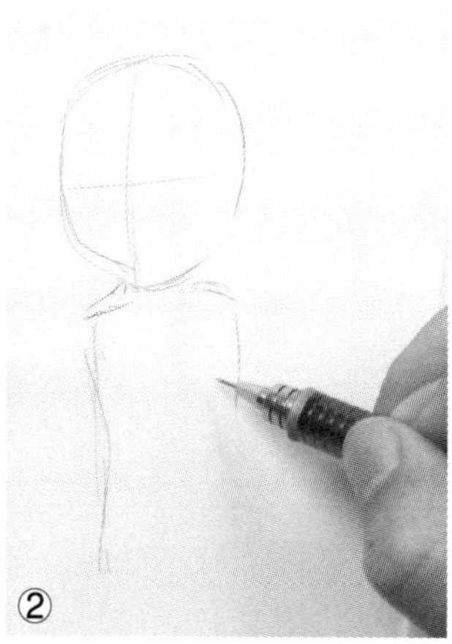

Er zeichnet die Umrisse des Rumpfs.

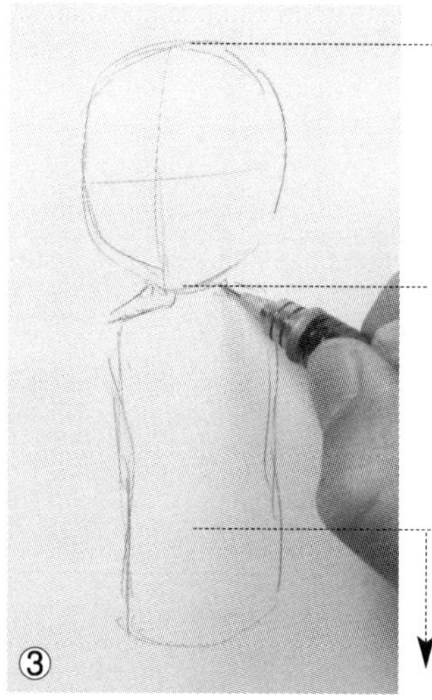

Beim Zeichnen des Halses ist er besonders vorsichtig.

Normalerweise würde sich bei einem Kopf-Körper-Verhältnis von 1:4 der Schritt an dieser Stelle befinden. Man kann erkennen, dass Herr Morita den Rumpf in den groben Umrissen ziemlich lang gezeichnet hat.

Je weiter man den Schritt ab dieser Linie nach unten verschiebt, desto länger wird der Rumpf des Charakters und desto kürzer werden seine Beine. Je weiter man den Schritt nach oben verschiebt, desto länger werden die Beine.

2. Die Umrisse der gesamten Figur und des Gesichts zeichnen: Linien korrigieren

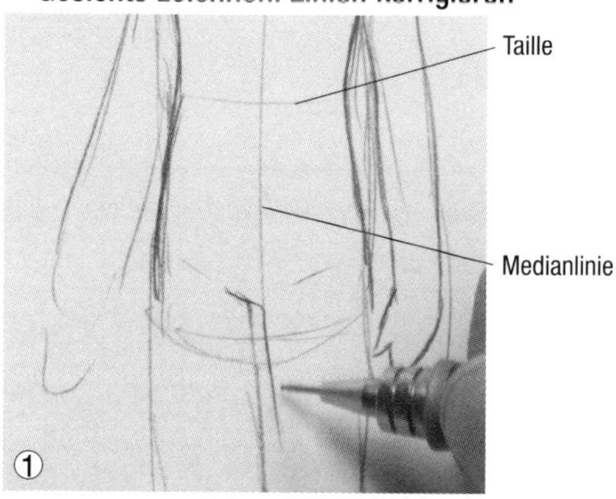

Während er die Linien des Rumpfes anpasst, bestimmt Herr Morita die endgültige Position des Schritts und zeichnet die Beine ein. Außerdem fügt er die Medianlinie hinzu, die die Wirbelsäule auf der Vorderseite des Körpers abbildet.

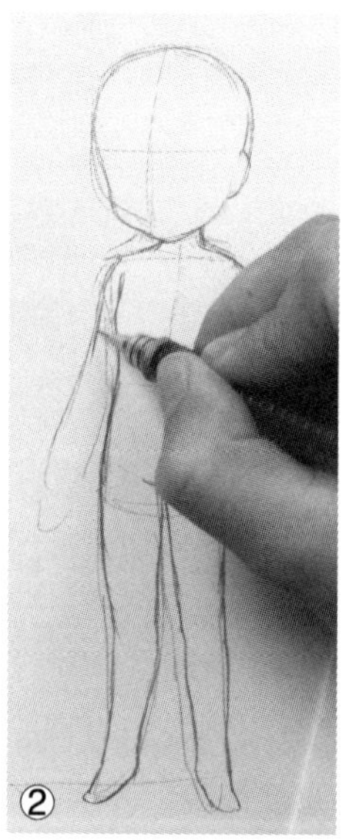

Hier gibt Herr Morita den Armen eine genauere Form. Vorher waren die Arme nur als lange Streifen angedeutet.

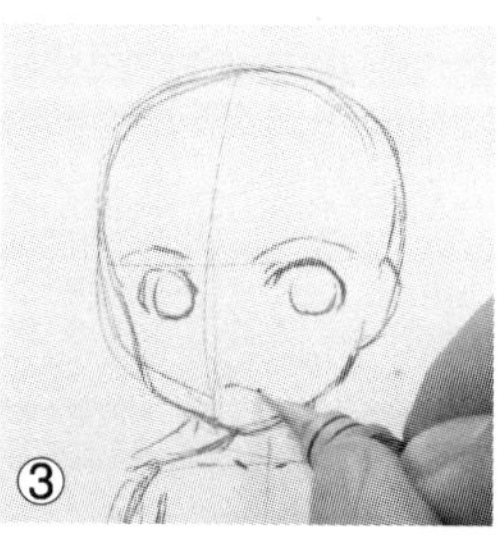

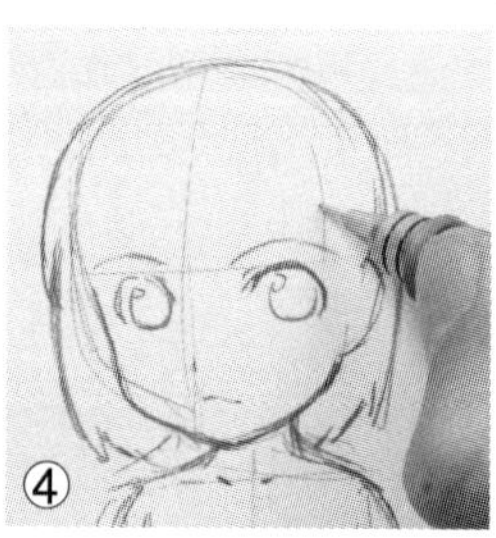

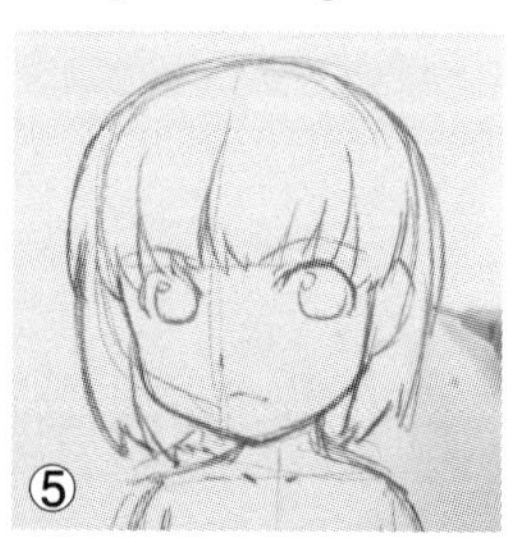

Hier zeichnet er Augen, Nase und Haare ein.

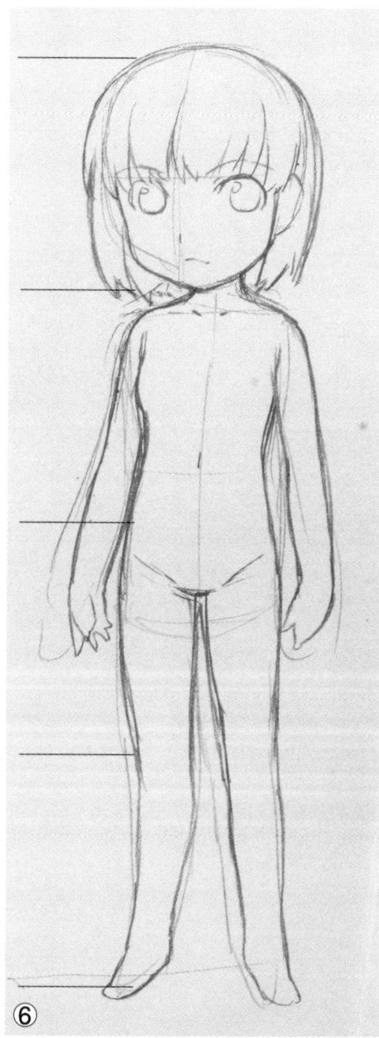

Die Umrisse des Körpers sind fertig. Wenn man eine gründliche Vorzeichnung des Charakters ohne Kleidung erstellt, ist es wesentlich einfacher, ihn anschließend »anzuziehen«.

3. Die Kleidung zeichnen

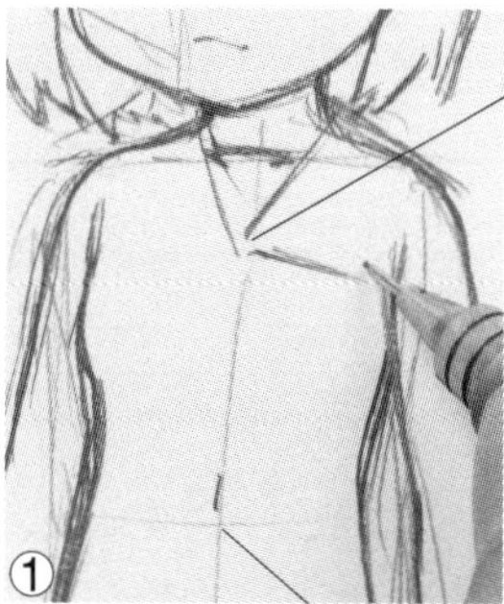

Herr Morita verwendet die Medianlinie als Richtlinie für den Verschluss auf der Vorderseite der Bluse.

Position der Medianlinie

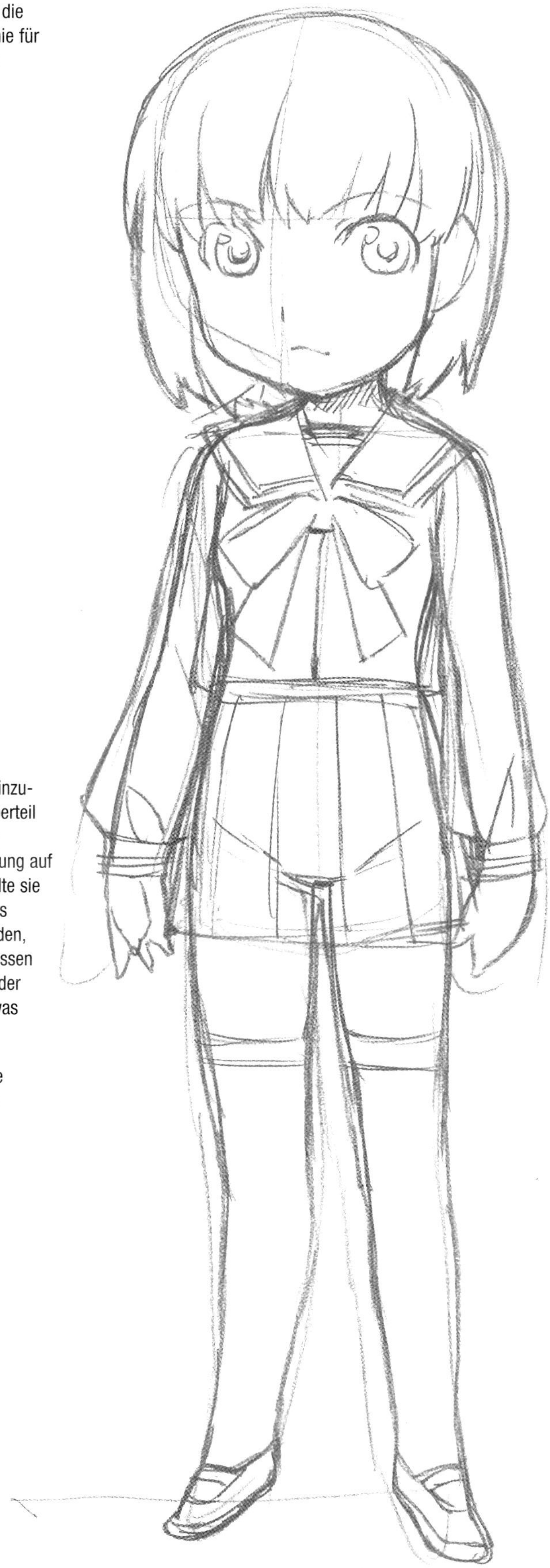

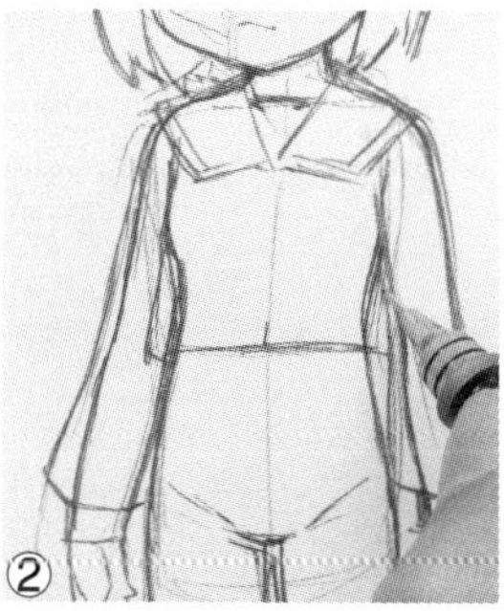

Hier zeichnet Herr Morita die Umrisslinien der Bluse und der Ärmel. Die Matrosen-Schuluniform sieht cooler aus, wenn sie an der Taille etwas lockerer sitzt.

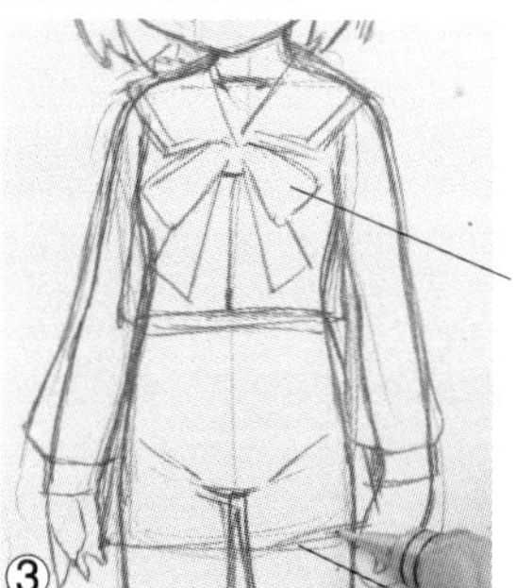

Nachdem die Schleife hinzugefügt ist, hat er das Oberteil der Schuluniform fertig gezeichnet. Da die Kleidung auf dem Körper aufliegt, sollte sie entlang der Konturen des Körpers gezeichnet werden, aber zwischen den Umrissen des Körpers und denen der Kleidung sollte noch etwas Platz sein.

Herr Morita zeichnet die groben Umrisse für den Saum des Rocks ein

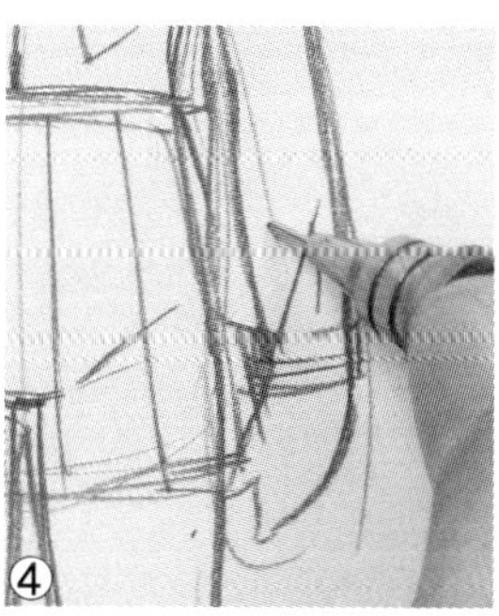

Zuletzt fügt er weitere Linien am Rock hinzu und zeichnet an den Ärmeln Falten ein, um das Bild fertigzustellen.

Skizzen mit dem Kopf-Körper-Verhältnis 1:5

Für die Wirkung des Kopf-Körper-Verhältnisses spielt der Hals eine wichtige Rolle. Ein Kopf-Körper-Verhältnis von 1:5 ist die Grenze, ab der sich die Balance des Körpers extrem verändert. Daher sind Übung und Erfahrung wichtige Elemente, um das Bild, das man sich vorstellt, auch zu Papier bringen zu können. Studien, wie sie hier gezeigt werden, sind hilfreich, um seine Fähigkeiten zu verbessern.

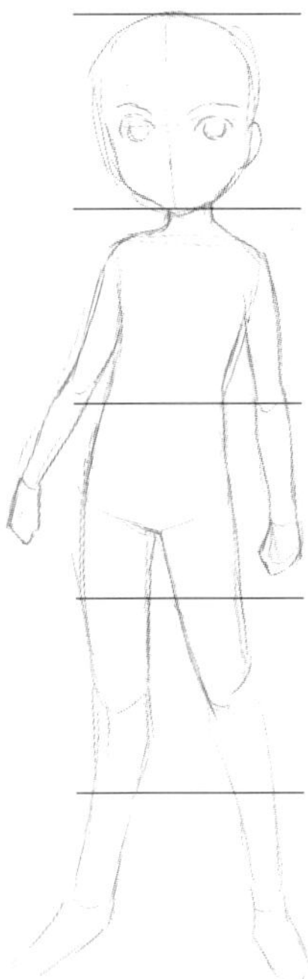

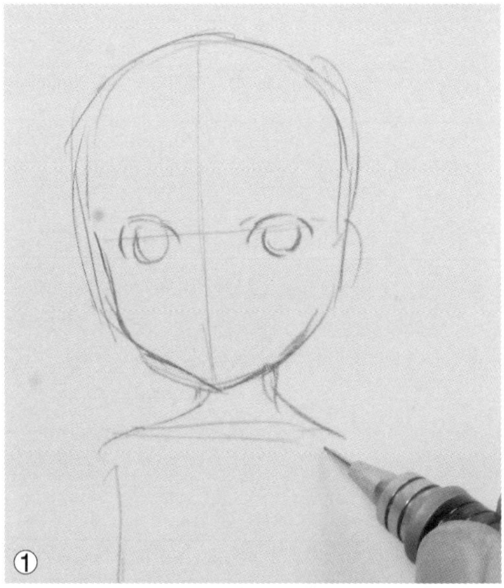

Hier zeichnet Herr Morita das Grundgerüst für den Kopf aus Kreis und Kreuz sowie die Schulterpartie. Anders als bei einer Chibi-Figur zeichnet er bei diesem Charakter einen schmalen Hals.

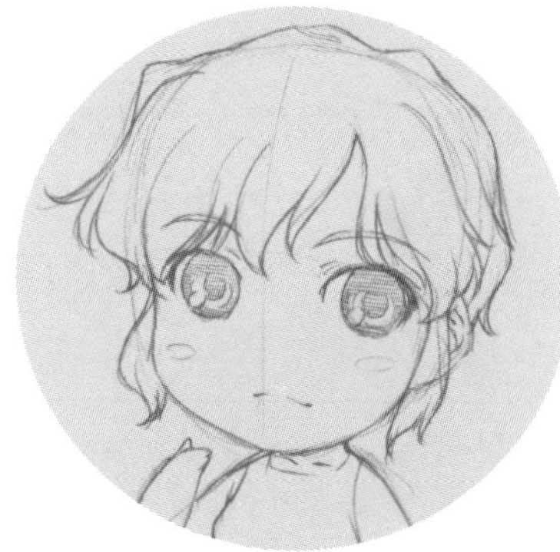

Der Chibi-Charakter von Seite 18 mit dem Kopf-Körper-Verhältnis von 1:3 hat quasi gar keinen Hals.

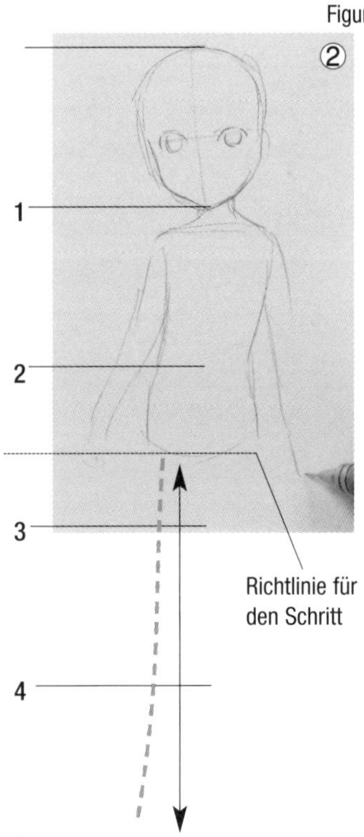

Die Position des Schritts sollte sich ungefähr in der Mitte der Figur befinden. Das bedeutet bei einem Charakter mit einem Kopf-Körper-Verhältnis von 1:5, dass der Schritt sich auf einer Höhe von 2,5 Kopflängen befindet. Wenn du dich einmal an das Zeichnen unterschiedlicher Proportionen gewöhnt hast, wirst du ganz von alleine den Schritt an die richtige Stelle zeichnen, die zu deinen gewählten Proportionen passt.

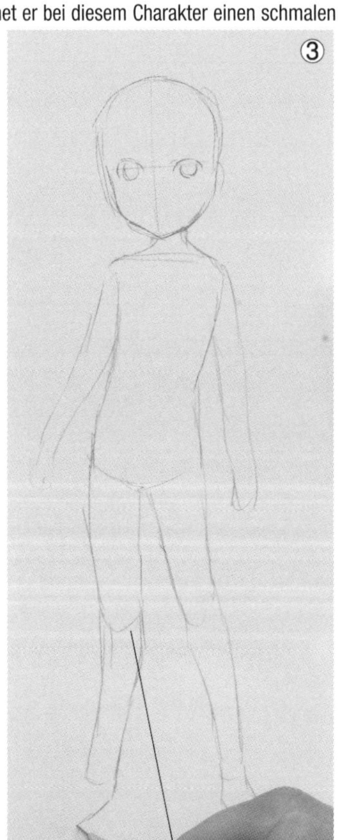

Während er die groben Umrisse der Beine zeichnet, fügt Herr Morita Orientierungspunkte für die Knie hinzu.

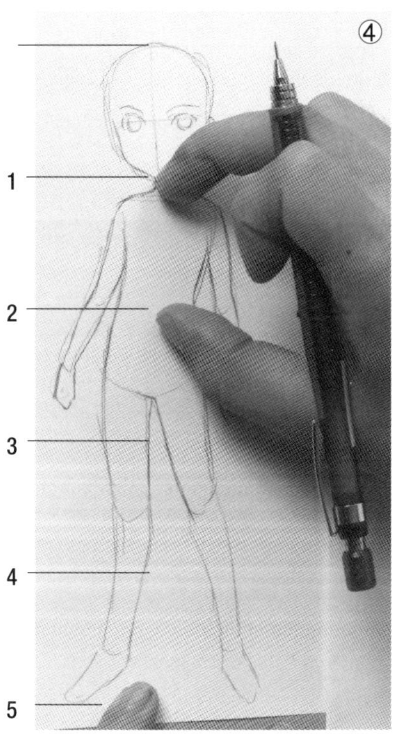

Herr Morita überprüft die Proportionen mit seinen Fingern. Ein Kopf-Körper-Verhältnis von 1:5 wird sehr häufig für Charaktere in Shonen- und Shojo*-Manga für zehn- bis zwanzigjährige Leser verwendet.

*Manga für Mädchen

Einen Charakter in Sweatshirt und Jeans zeichnen: Kopf-Körper-Verhältnis 1:5

1. Der Grundriss des Kopfes und den Hals zeichnen (Schulterbreite) – anschließend den Körper skizzieren

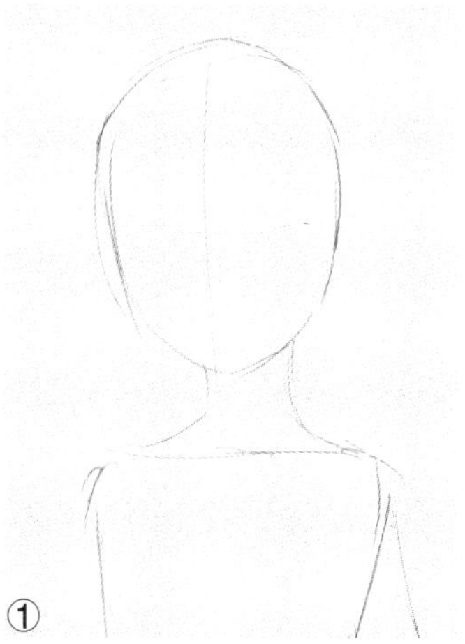

①

Da Herr Morita einen Charakter zeichnen möchte, der nicht ganz so jung wirkt, gibt er der Figur einen langen, schmalen Hals.

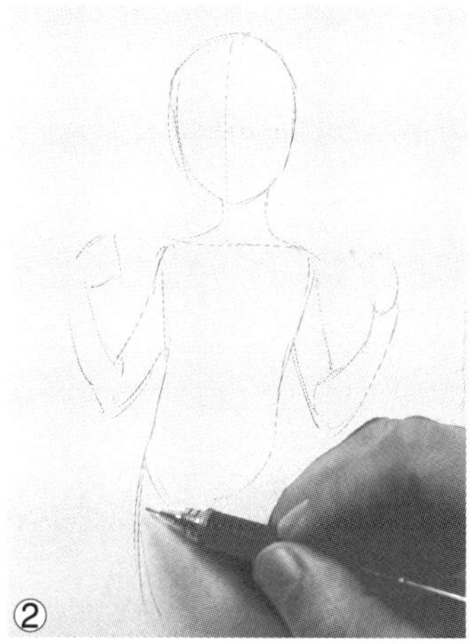

②

Stell dir die Wirbelsäule als eine S-förmige Kurve vor, wenn du einen Charakter in leicht gebeugter Pose zeichnest. Sei beim Zeichnen der groben Umrisse der Figur besonders aufmerksam.

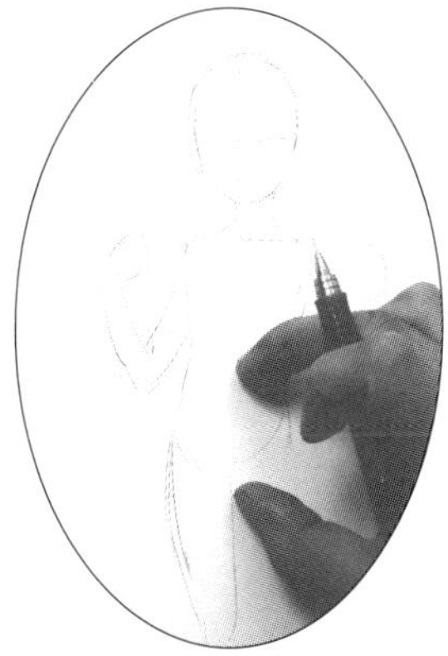

Nachdem Herr Morita die Figur so weit fertiggestellt hat, dass er die Richtlinie für den Schritt eingezeichnet hat, überprüft er die Proportionen noch einmal mit den Fingern.

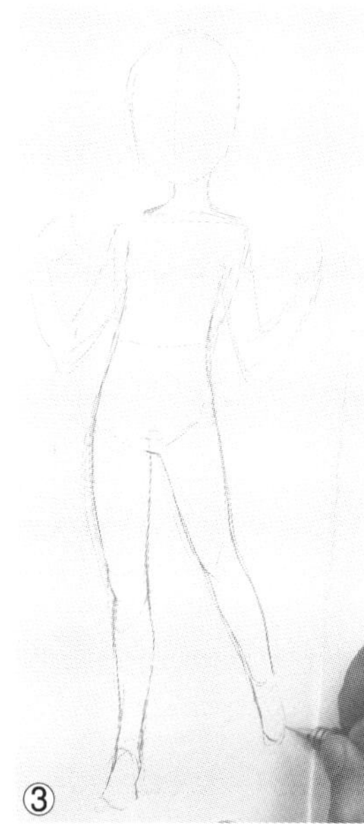

③

Die Pose des Charakters ist fertig gezeichnet.

2. Die Konturen des Gesichts zeichnen und Linien korrigieren

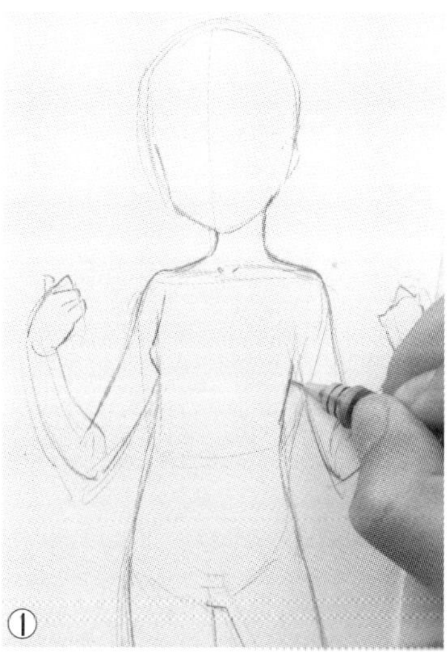

①

An diesem Punkt ist das Erscheinungsbild des Charakters bereits festgelegt worden. Um es klar zum Ausdruck zu bringen, zeichnet Herr Morita zunächst genauere Umrisslinien, bevor er mit den Details des Gesichts beginnt.

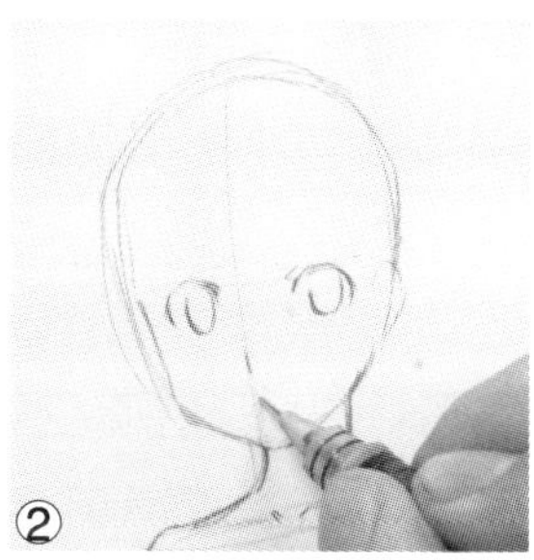

②

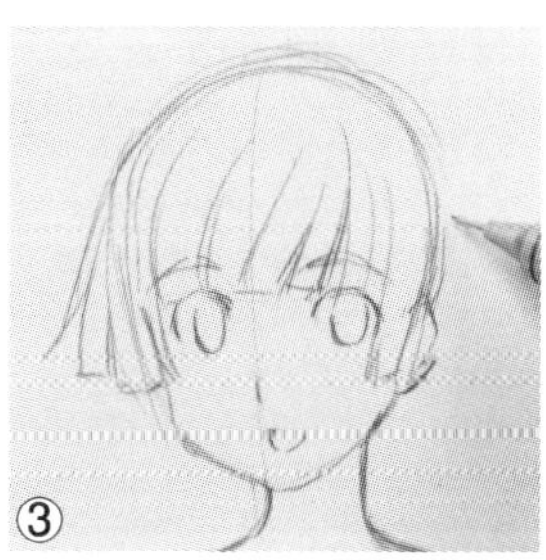

③

Hier zeichnet er die groben Umrisse für die Details im Gesicht und die Frisur.

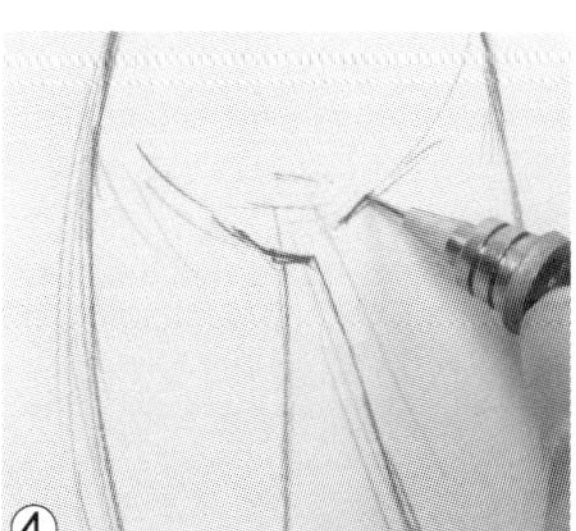

④

Die Position des Schritts ist der Dreh- und Angelpunkt für die Balance der Proportionen.

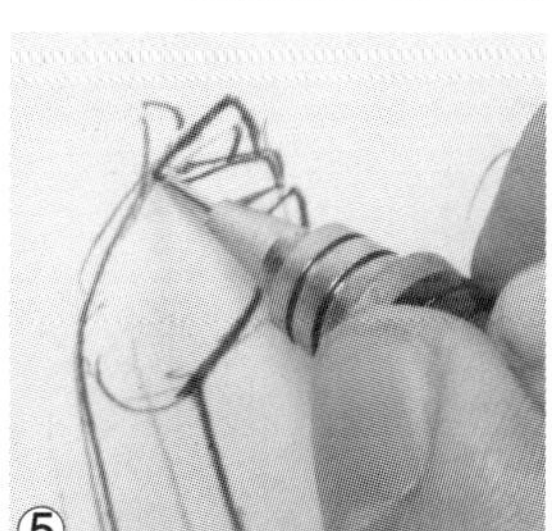

⑤

Als Nächstes korrigiert er Details an kleinen Stellen wie den Fingern.

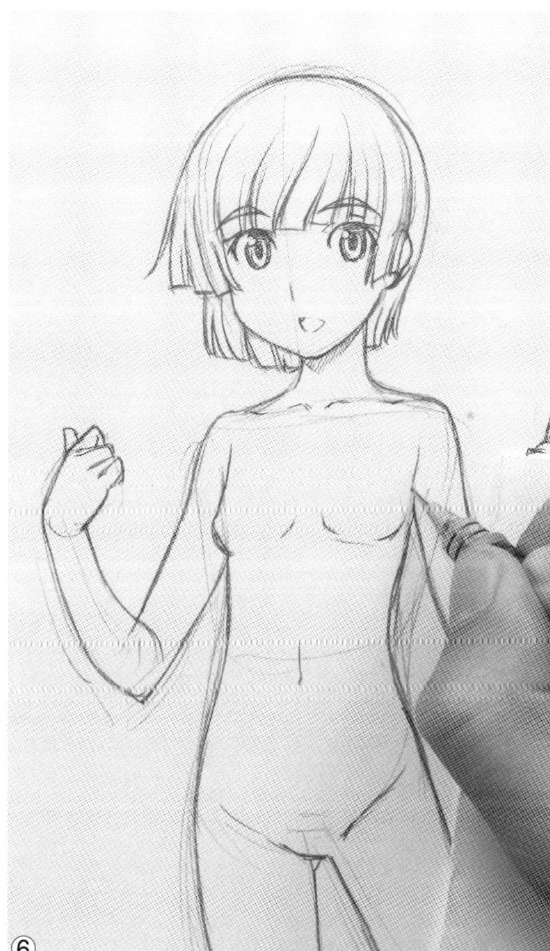

⑥

Um die unbekleidete Vorskizze fertigzustellen, fügt Herr Morita nur noch letzte Details ein wie die Pupillen in den Augen oder die Umrisse der Brüste.

3. Die Kleidung zeichnen

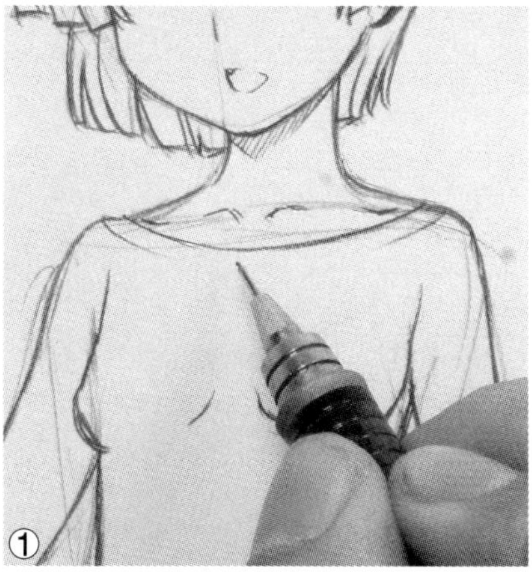

Zeichne die Kleidung von oben nach unten und beginn mit dem Bereich um den Hals herum.

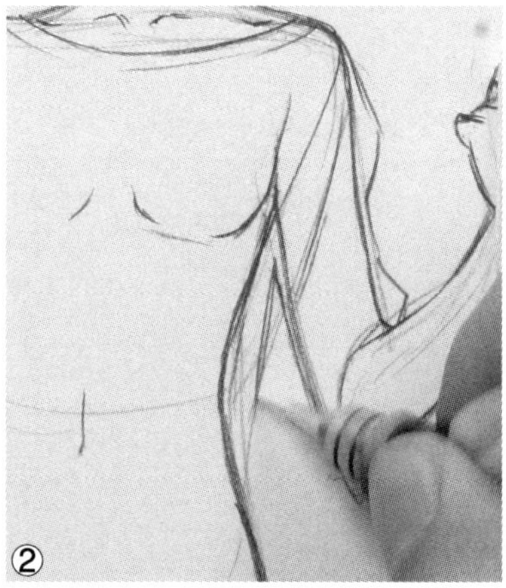

Lass eine Lücke zwischen dem locker sitzenden Sweatshirt und der Haut. Skizzier mit vielen kurzen Linien und orientier dich beim Zeichnen genau an den Konturen des Körpers.

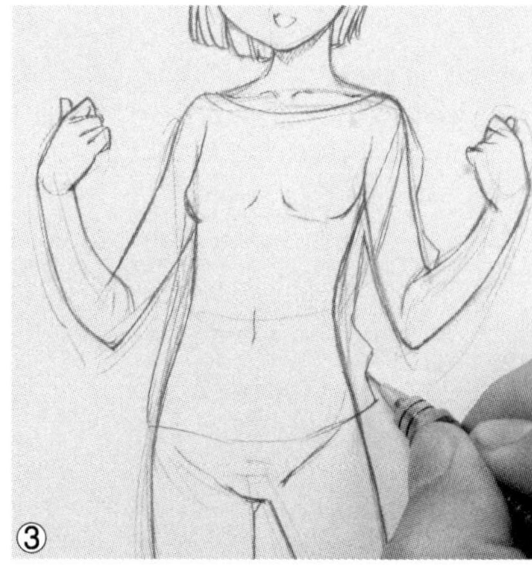

Beim Zeichnen von Kleidung beginnt man grundsätzlich mit den groben Umrisslinien.

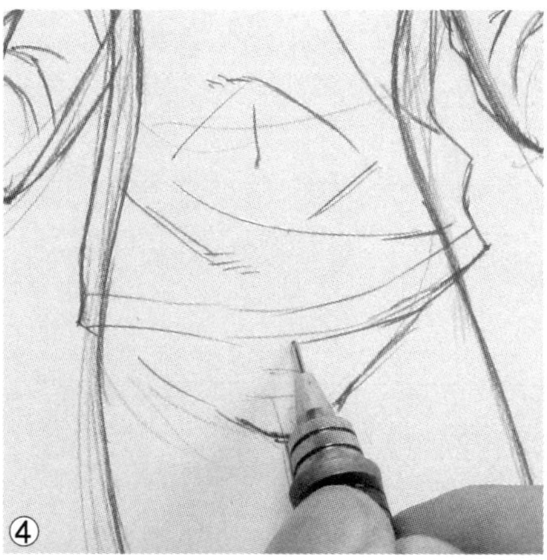

Hier zeichnet Herr Morita die Falten und Unebenheiten auf der Vorderseite des Sweatshirts ein und korrigiert die Linien im Bereich des Saums.

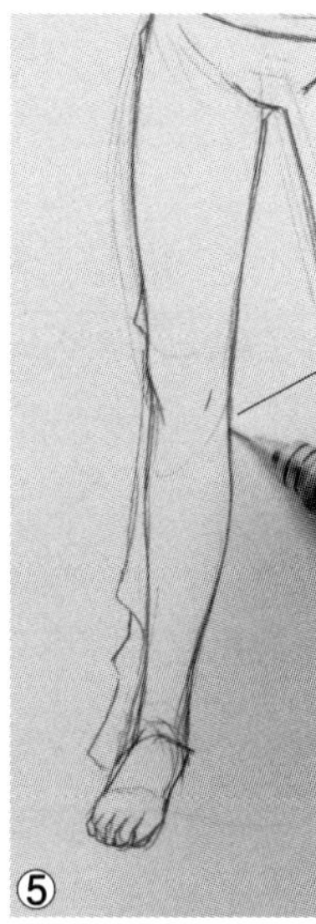

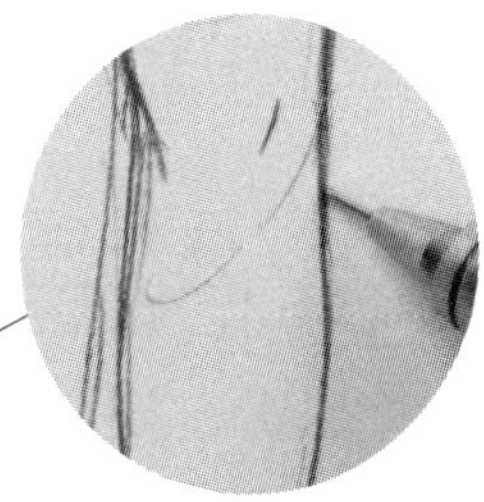

Herr Morita zeichnet vorsichtig die Umrisslinien für die Jeans ein und berücksichtigt dabei auch die Dicke des Jeansstoffs.

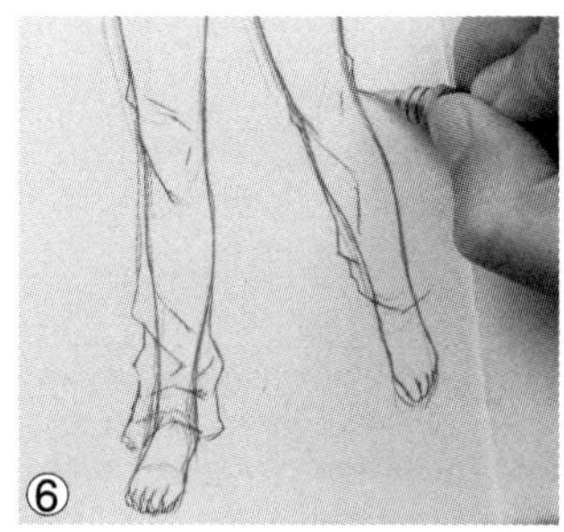

Als Nächstes zeichnet er nacheinander die Umrisslinien für die Beine ein.

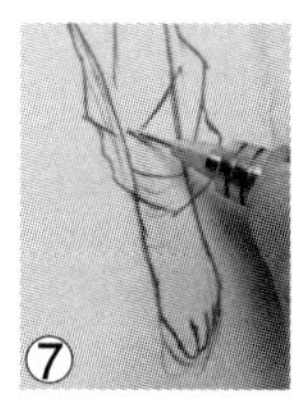

Zeichne zunächst die Umrisslinien für die Hosenbeine ein und füg anschließend die Linien für Falten und Unebenheiten hinzu.

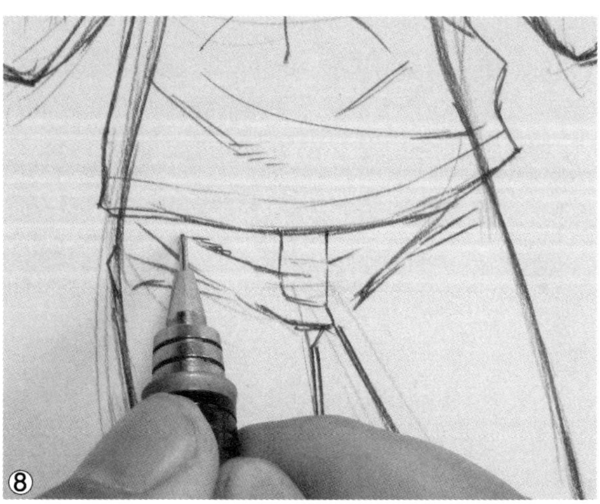

Hier fügt Herr Morita die letzten Details an den Falten der Jeans hinzu. Verwende Schraffuren, um hervorzuheben, wie dick der Stoff der Jeans ist.

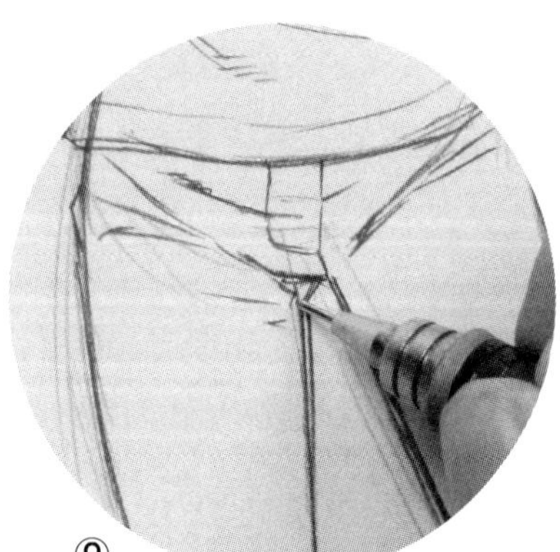

Indem Herr Morita die Linie, die vom Hintern zum Oberschenkelansatz führt, verstärkt, wirkt die Figur dreidimensionaler.

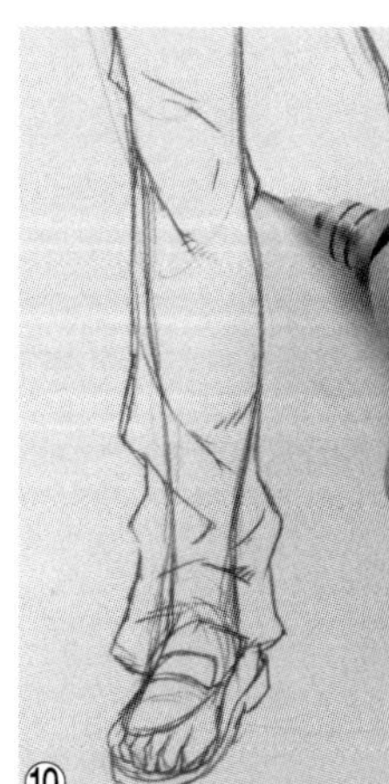

Betrachte die Zeichnung abschließend erneut und füg gegebenenfalls kleine Details, wie Wölbungen auf der Rückseite des Knies, hinzu.

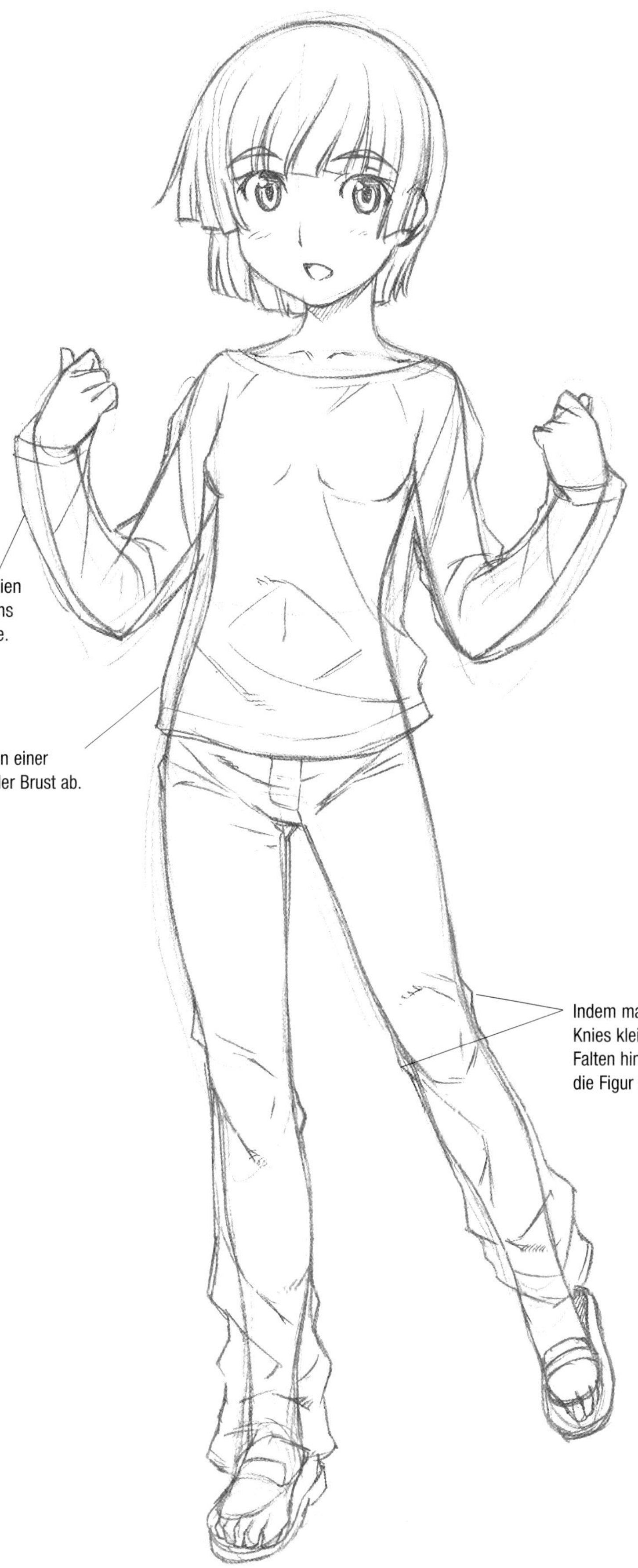
Zwischen den Umrisslinien
des Ärmels und des Arms
befindet sich eine Lücke.
Das Sweatshirt fällt in einer
weichen Kurve von der Brust ab.
Indem man im Bereich des
Knies kleine Wölbungen und
Falten hinzufügt, lässt man
die Figur realistischer wirken.

Einen Charakter mit Schwert zeichnen: Kopf-Körper-Verhältnis 1:5

1. Den Grundriss des Kopfes und die Umrisse des Körpers zeichnen

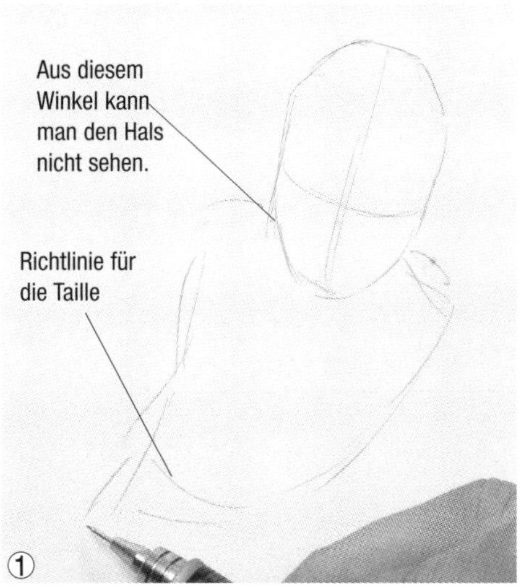

Als Erstes zeichnet Herr Morita den Kopf und die groben Umrisse des Rumpfes.

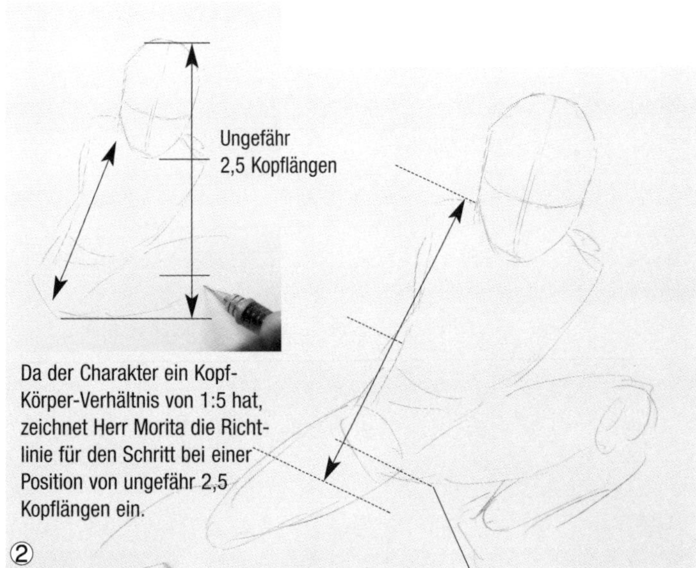

Der Rumpf ist in diesem Fall kürzer als 2 Kopflängen. Wenn man eine Figur in einem Winkel zeichnet, in dem man den Hals nicht sehen kann, zeichnet man den Rumpf etwas kürzer als in einer normalen stehenden Pose.

2. Die Umrisslinien der Arme hinzufügen

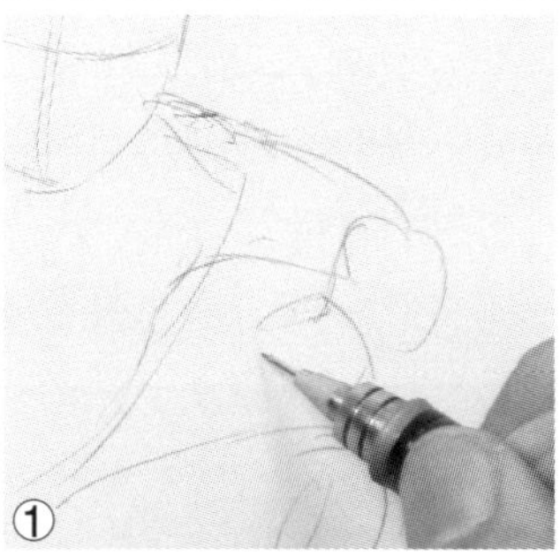

Herr Morita zeichnet zuerst den linken, dann den rechten Arm der Figur.

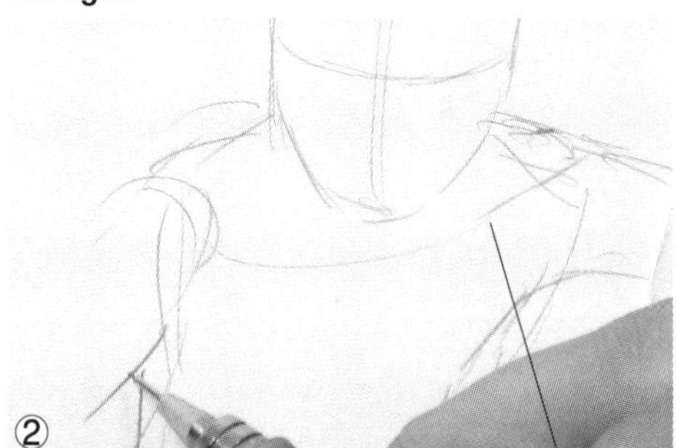

Beim Zeichnen des rechten Arms berücksichtigt er nicht nur die Position des linken Arms und die grob eingezeichnete Richtlinie für das Schlüsselbein, sondern auch die Bewegung des Körpers.

Die Richtlinie für das Schlüsselbein bestimmt, wie die Oberfläche der Schulter aussehen wird.

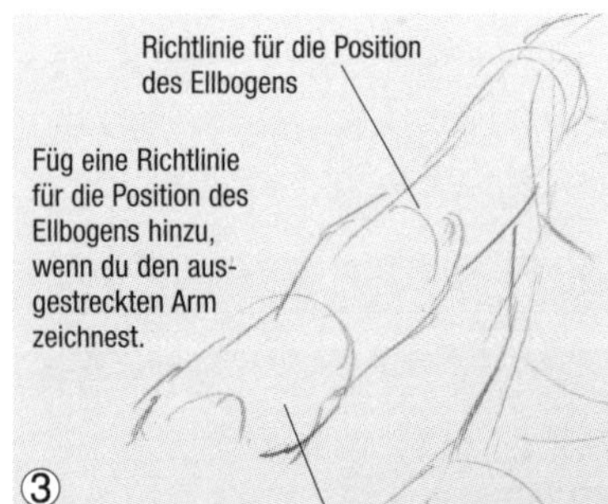

Herr Morita stellt in dieser Stufe nur grob dar, wie die Hand das Schwert umgreifen soll.

3. Die Umrisslinien der ganzen Figur korrigieren

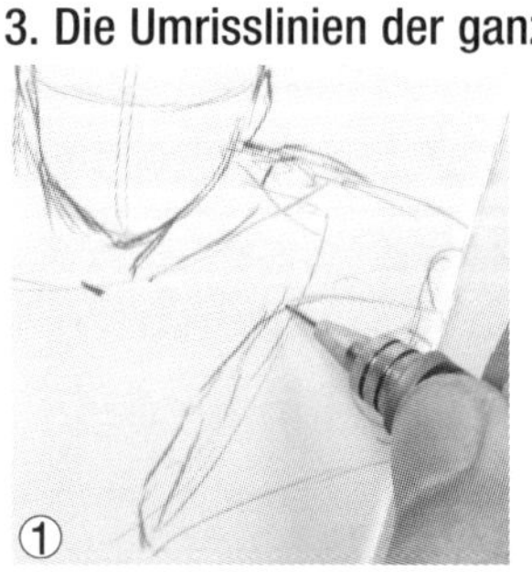

Herr Morita beginnt am Kopf und konzentriert sich vor allem auf den Kinnbereich. Anschließend korrigiert er die Umrisslinien des Rumpfs.

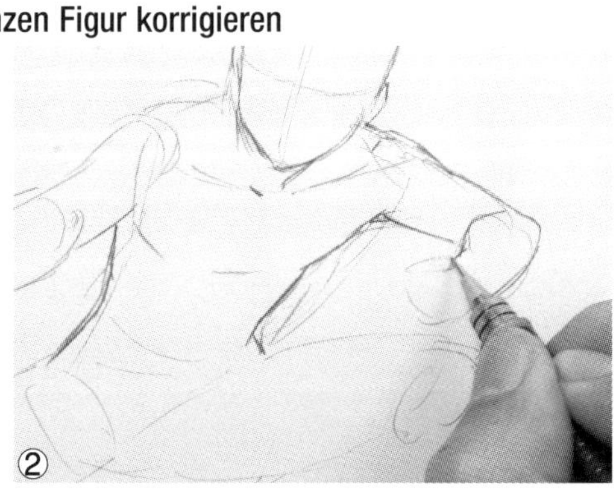

Nachdem er die Konturen des Rumpfs genau definiert hat, zeichnet er die Arme nach.

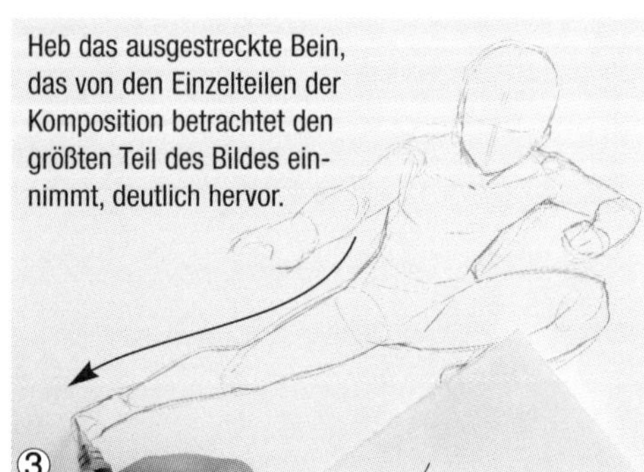

Verwende ein Schutzpapier, um die Zeichnung nicht zu verschmieren.

4. Das Schwert und den Schild zeichnen

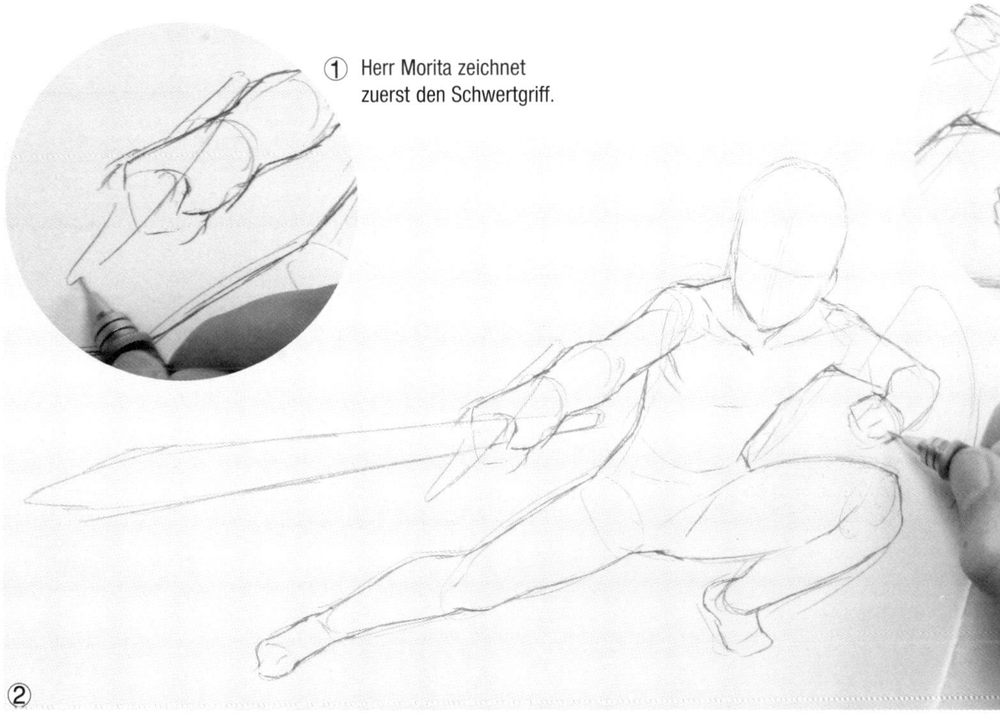

① Herr Morita zeichnet zuerst den Schwertgriff.

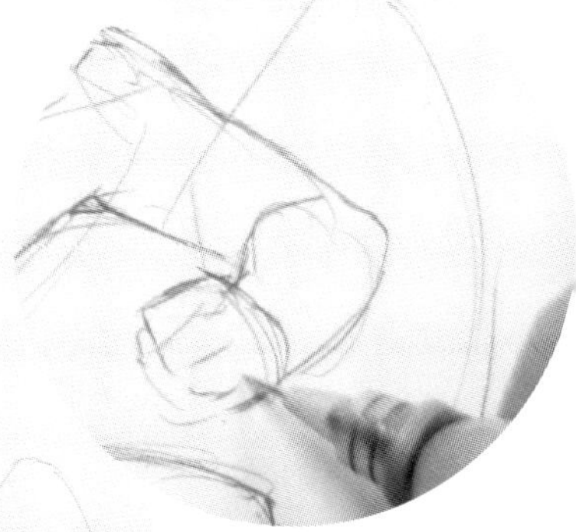

Der Schild ist am Arm befestigt. In vielen Fällen wird bei solch einem Motiv der Arm im endgültigen Bild vom Schild verdeckt sein. Dennoch sollte man für die Vorzeichnung zunächst den ganzen Körper komplett skizzieren (wie beim Zeichnen von Kleidung). Dies lässt den Charakter überzeugender wirken.

② Die Umrisslinien der unbekleideten Figur mit Schwert und Schild sind fertig skizziert.

5. Gesichtszüge und Haare hinzufügen

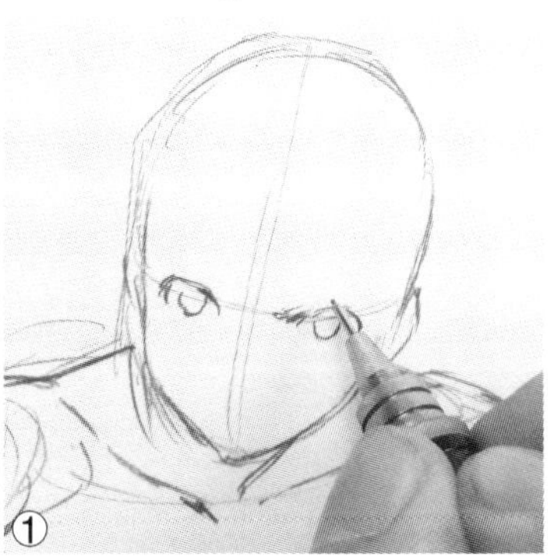

①

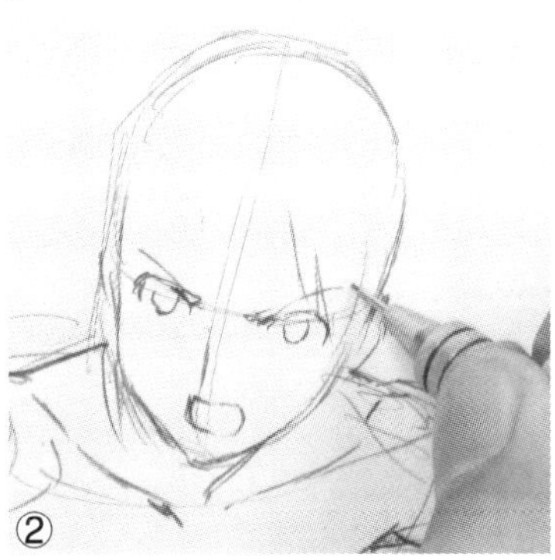

②

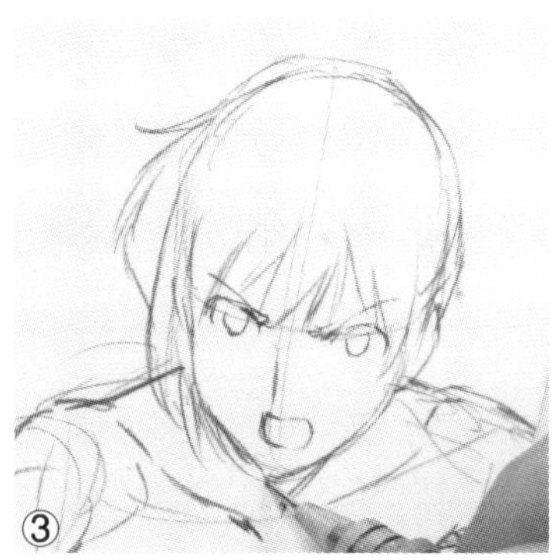

③

Herr Morita fügt nach und nach (in dieser Reihenfolge) Augen, Augenbrauen, Nase, Mund und Haare hinzu.

6. Die Kleidung zeichnen

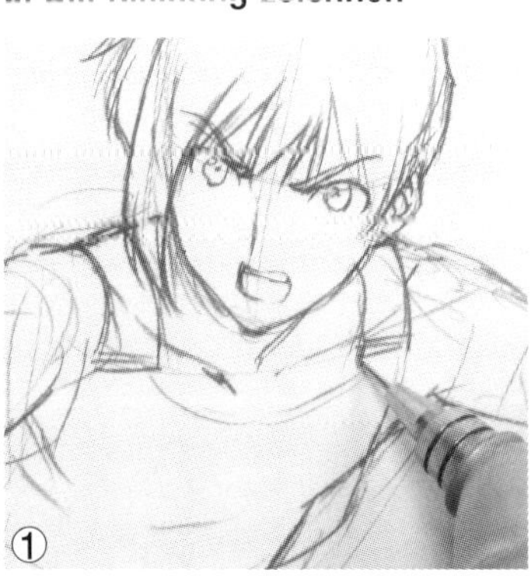

①

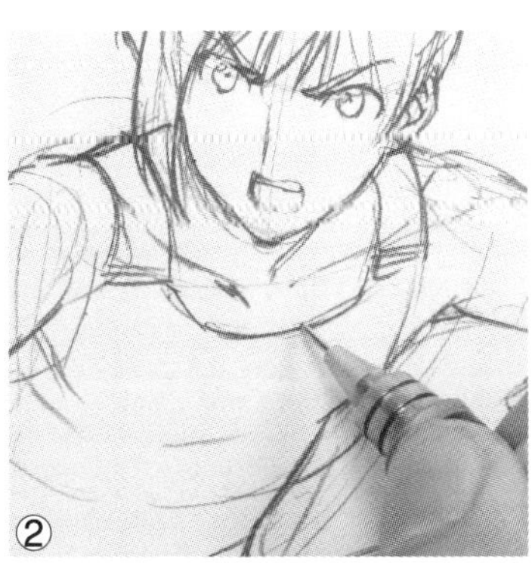

②

Er beginnt an den Schultern damit, das Bruststück der Rüstung zu zeichnen. Allein dadurch erzeugt er bereits den Eindruck, dass diese aus leichtem Leder gearbeitet sind.

7. Bewegliche Körperteile zeichnen

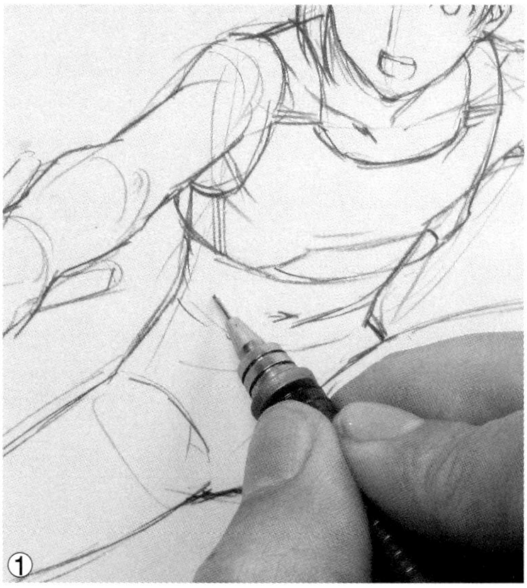

Herr Morita fügt im Bauchbereich Falten hinzu.

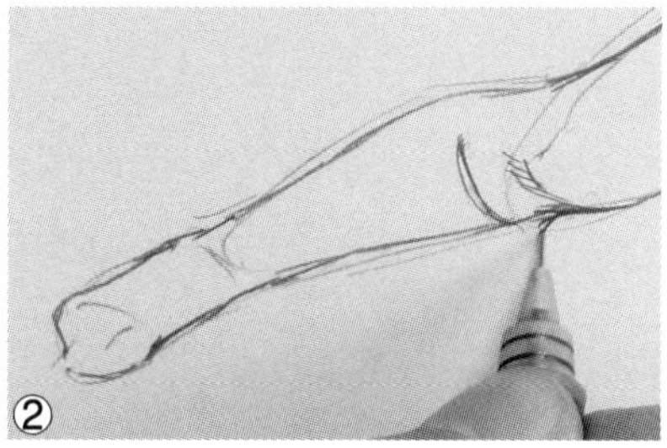

Um dieses Bein zu zeichnen, beginnt er am Knie.

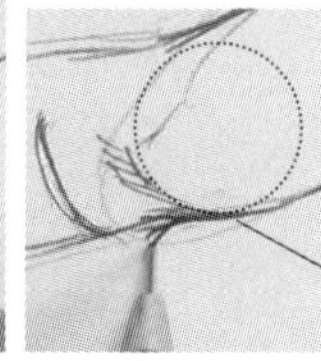

Verwende gestrichelte Linien, um Schatten am Knie zu setzen, und beachte dabei die runde Form des Kniegelenks.

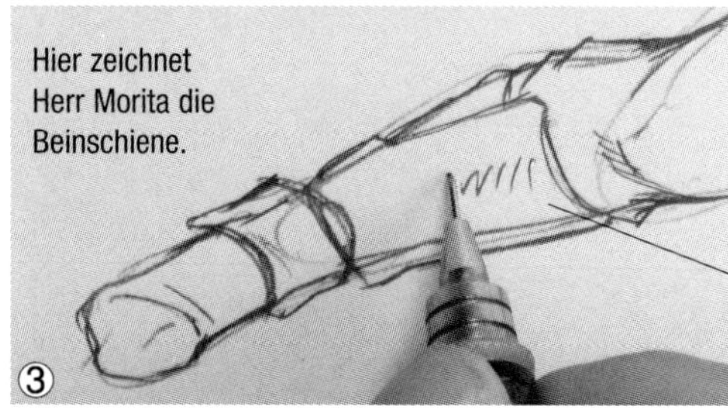

Rüstungsteile haben eine gewisse Dicke. Mit Hilfe von gestrichelten Linien lässt Herr Morita den Eindruck von Leder oder anderen Materialien entstehen. Lass breite Abstände zwischen den einzelnen Linien.

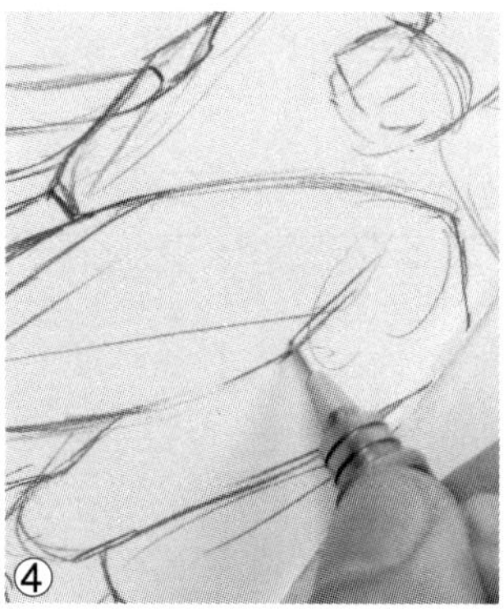

Herr Morita verwendet große schräge Linien, um deutlich hervorzuheben, dass das Bein stark gebeugt ist.

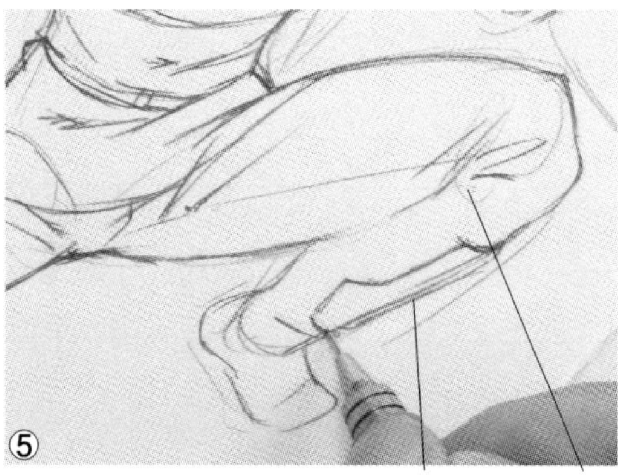

Er zeichnet die Beinschiene außerhalb der Umrisslinien des Beins, um die Dicke der Rüstungsteile darzustellen.

An der Innenseite des Knies sind noch ein paar gebogene Linien als Falten hinzugekommen.

8. Die Formen von Schwert und Schild anpassen

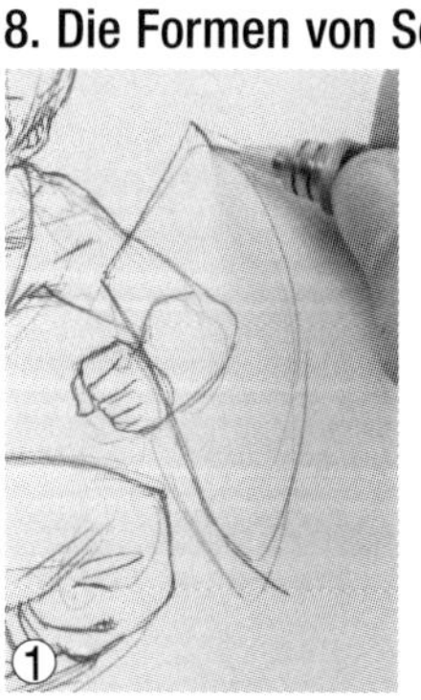

Herr Morita legt die endgültige Form fest, während er die Umrisslinien genau anpasst.

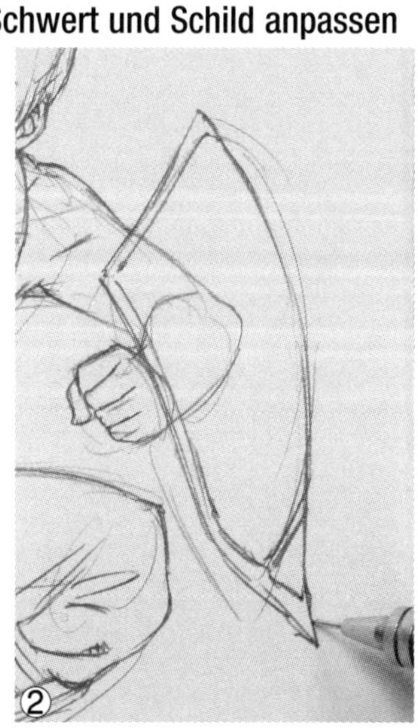

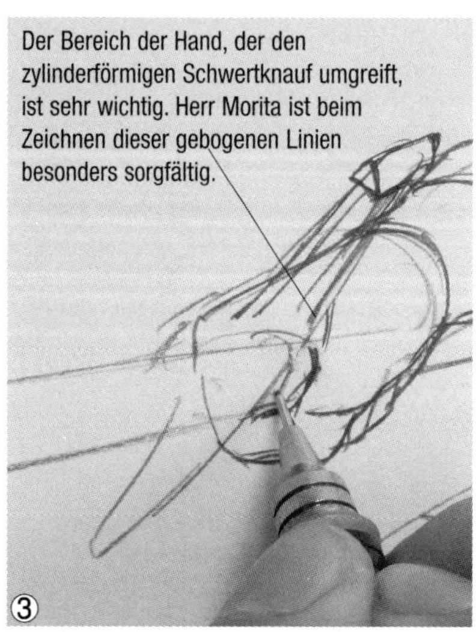

Hier passt Herr Morita vorsichtig die Umrisslinien des Schwertgriffs an.

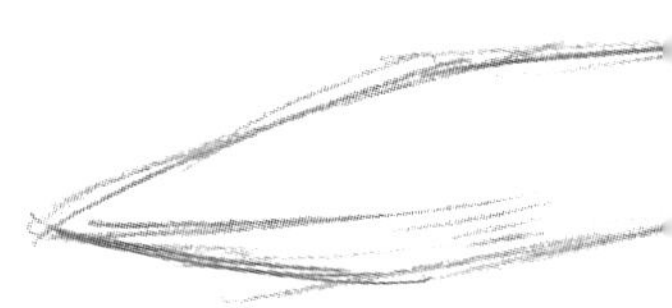

9. Kleine Details hinzufügen

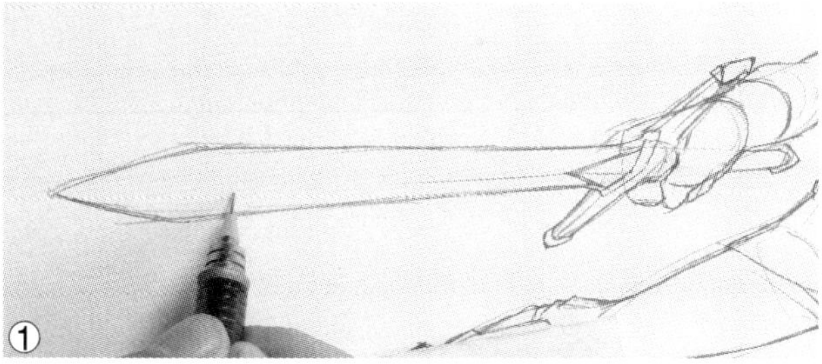

Herr Morita zeichnet einige Striche ein, die dem Schwert mehr Textur geben.

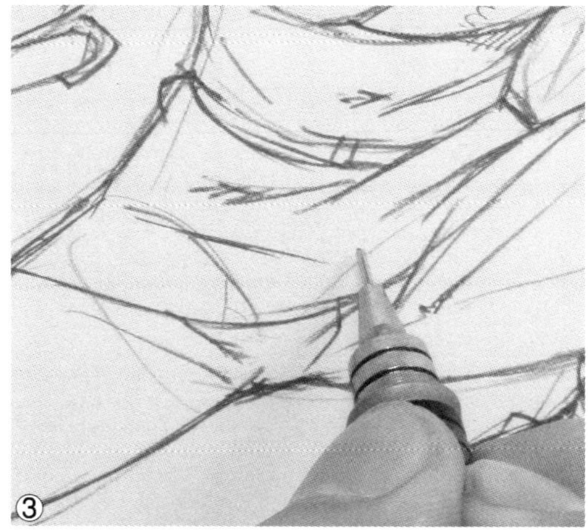

Für die Falten in der Kleidung verwendet er scharfe, gerade Linien.

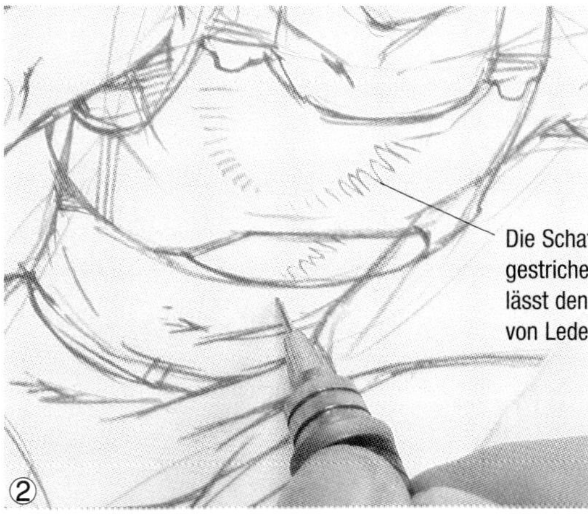

Die Schattierung mit gestrichelten Linien lässt den Eindruck von Leder entstehen.

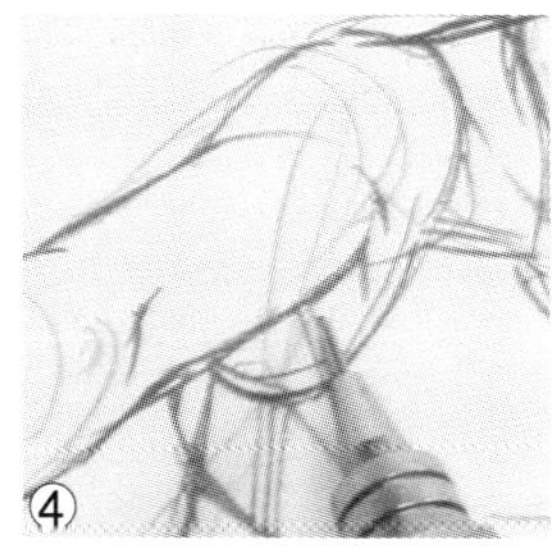

Dort, wo sich unter der Achselhöhle der Stoff sammelt, zeichnet Herr Morita weitere Falten ein.

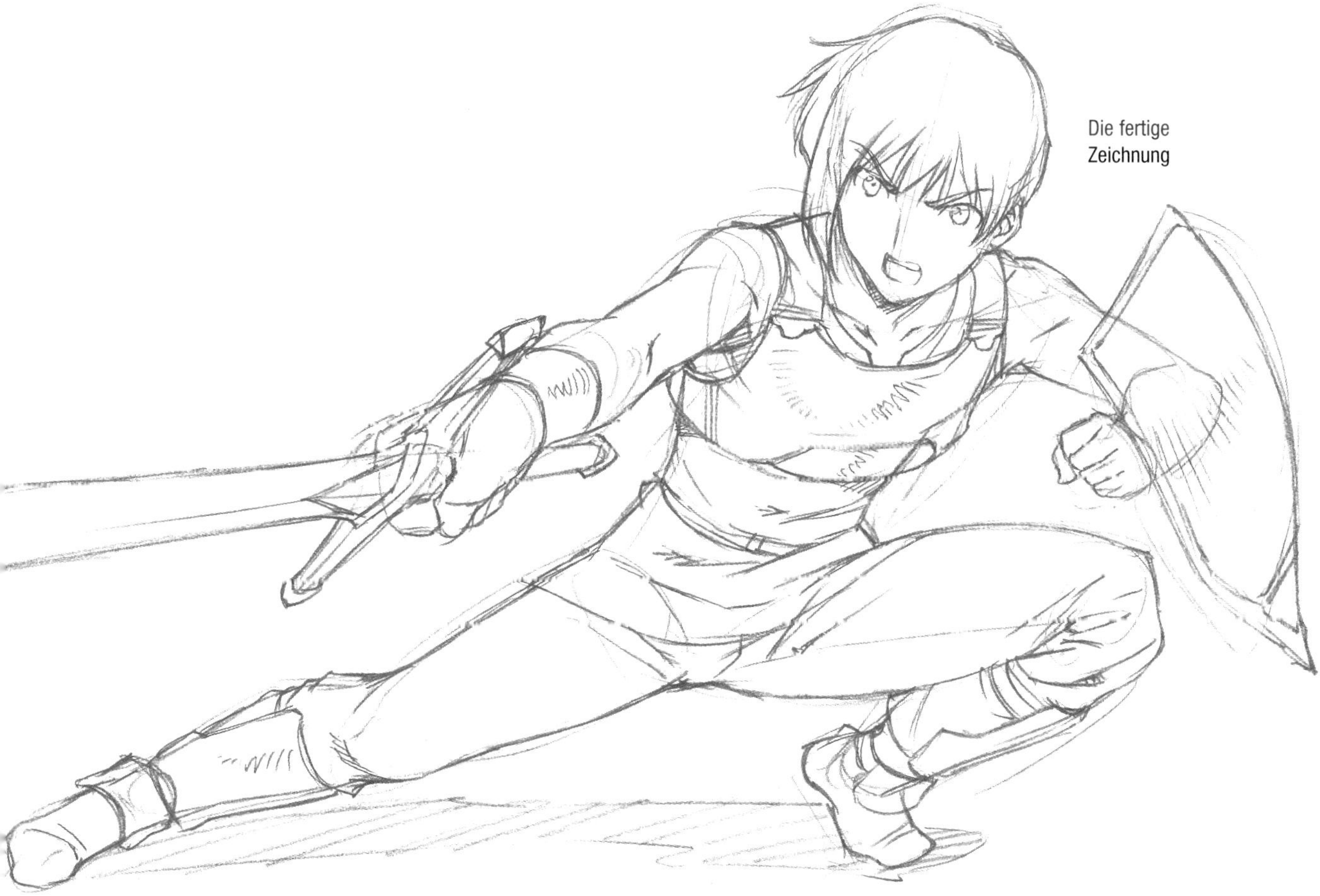

Die fertige Zeichnung

Einen laufenden Charakter zeichnen: Kopf-Körper-Verhältnis 1:6

1. Die Umrisse des gesamten Körpers zeichnen

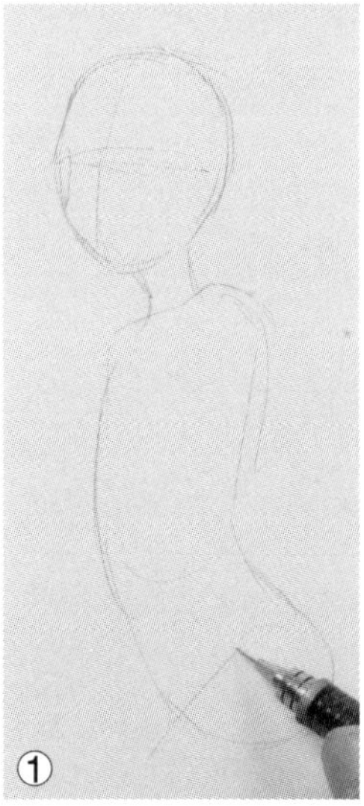

① Herr Morita zeichnet zuerst das Grundgerüst des Kopfes und dann die Umrisslinien des Rumpfs.

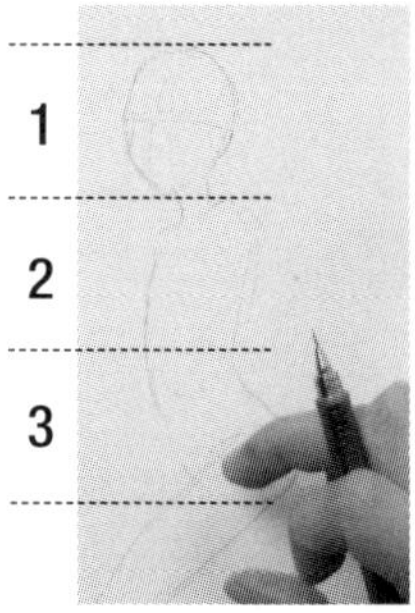

Da die Figur ein Kopf-Körper-Verhältnis von 1:6 hat, ist der Schritt bei ungefähr drei Kopflängen positioniert.

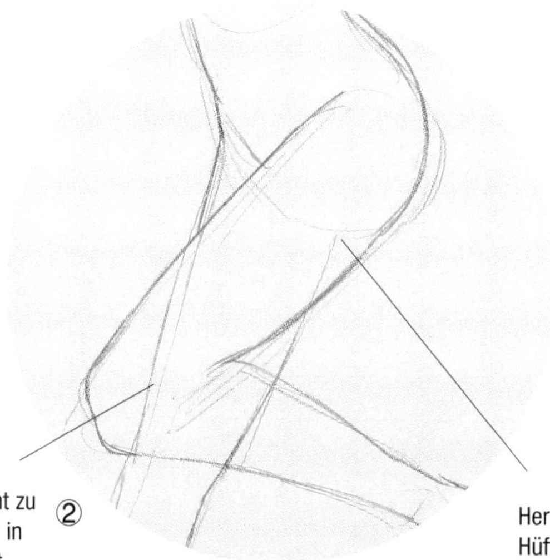

② Auch die Teile des Körpers, die im endgültigen Bild nicht zu sehen sein werden, werden in der Vorskizze mitgezeichnet.

Herr Morita hat sogar das Hüftgelenk auf der linken Seite der Figur eingezeichnet.

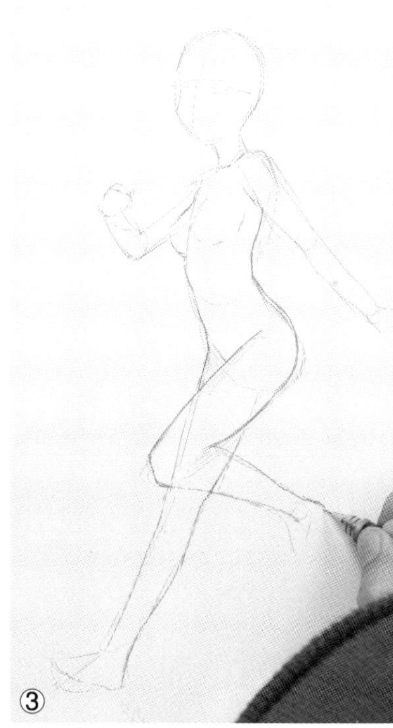

③ Nachdem er die groben Umrisse der Figur im Großen und Ganzen erfasst hat, zeichnet Herr Morita alle Linien nach und passt die Konturen dabei an.

2. Das Gesicht zeichnen und die Konturen weiter anpassen

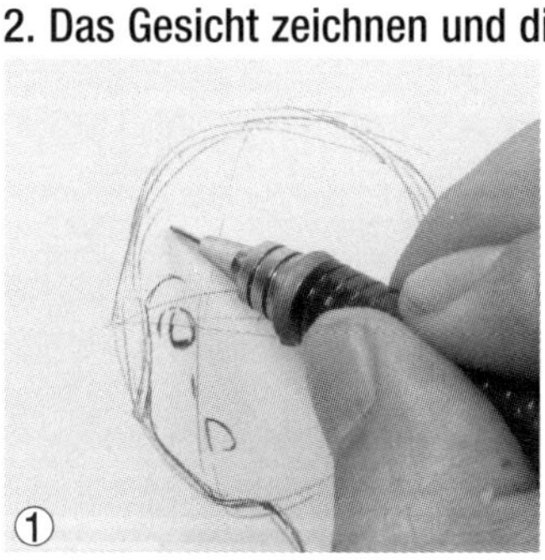

① Herr Morita zeichnet zunächst den Kinnbereich und skizziert anschließend das Gesicht.

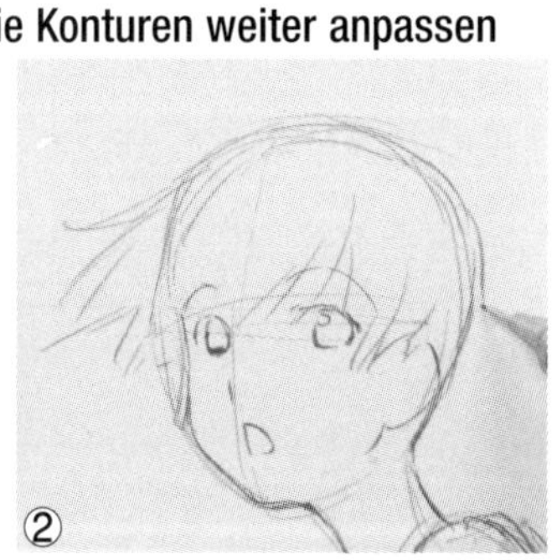

② Achte beim Zeichnen der Haare darauf, inwiefern die Laufbewegung beeinflusst, in welche Richtung die Haare fallen.

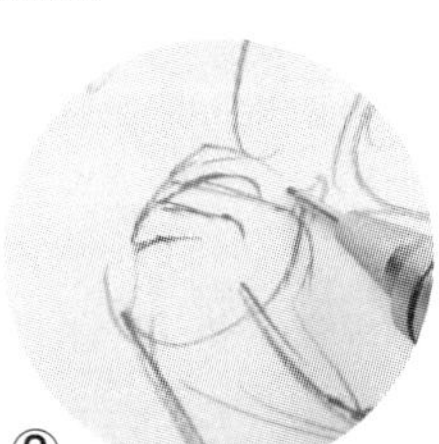

③ Herr Morita zeichnet die Hand, die Finger und andere kleine Details ein.

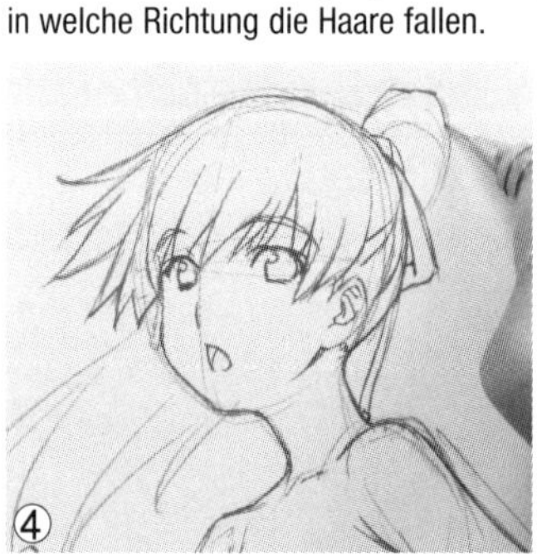

④ Als Letztes zeichnet er die Schleife und die wehenden Haare.

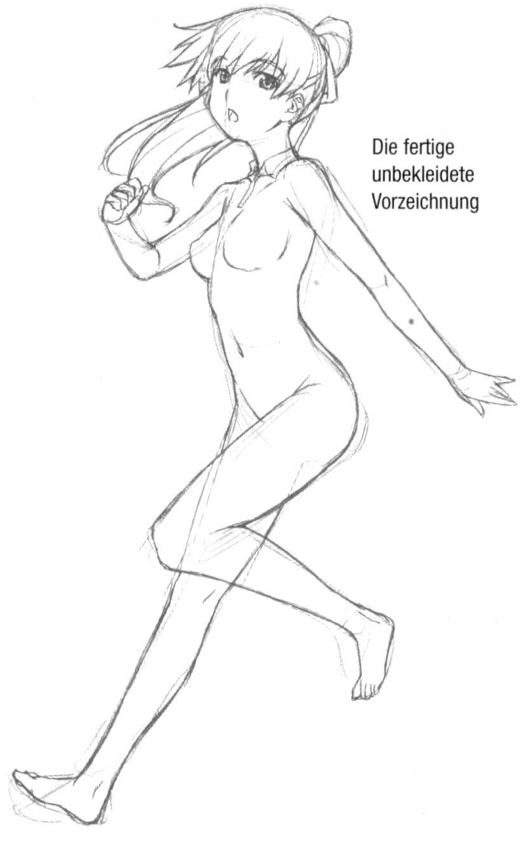

Die fertige unbekleidete Vorzeichnung

3. Die Kleidung zeichnen

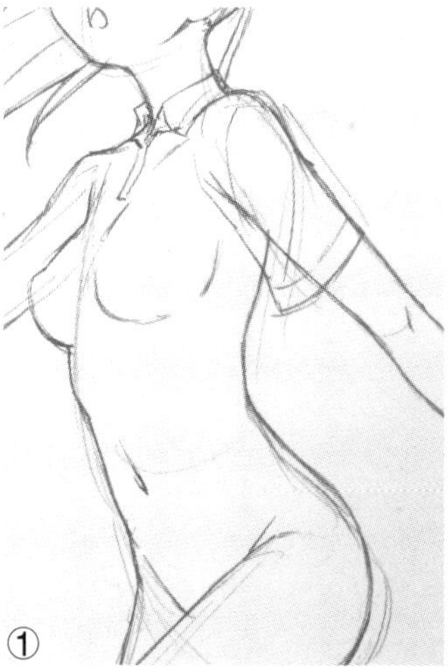

① Herr Morita zeichnet zuerst den Kragen und dann die Ärmel.

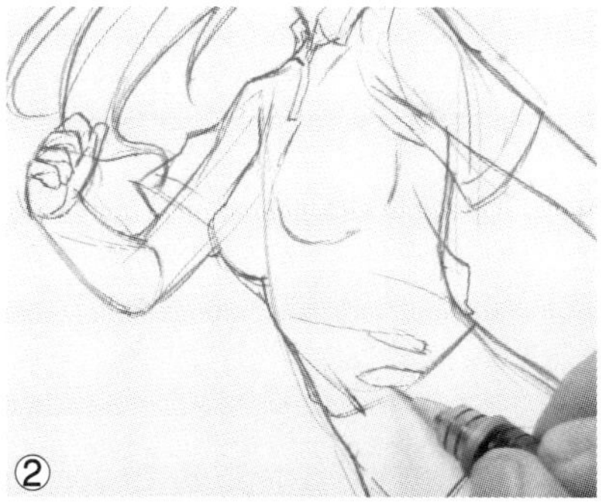

② Als Nächstes zeichnet er eine Linie an der Taille ein und fügt Falten hinzu.

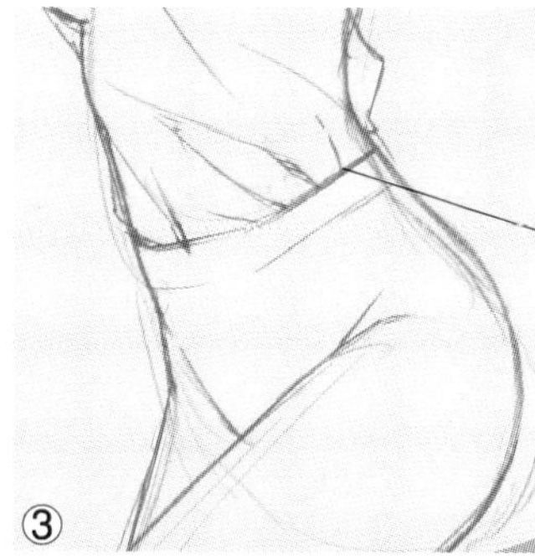

③ Die Linie an der Taille ist der Bund des Rocks. Allein indem man diese gebogene Linie sorgfältig zeichnet, lässt man die Figur bereits so aussehen, als würde sie einen Rock tragen.

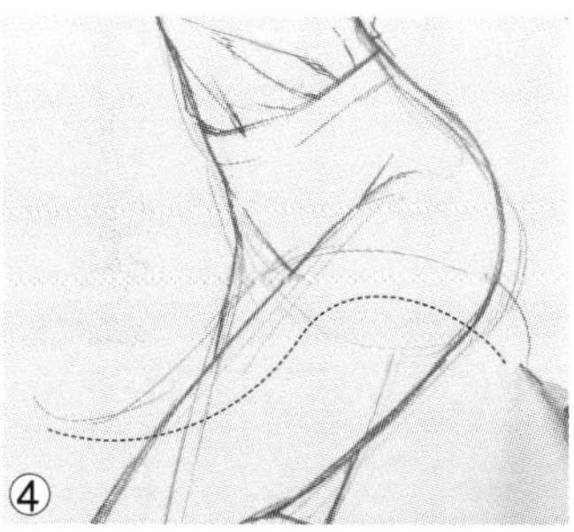

④ Er zeichnet als Nächstes den Saum des Rocks mit einer S-förmigen Linie, um die Bewegung zum Ausdruck zu bringen.

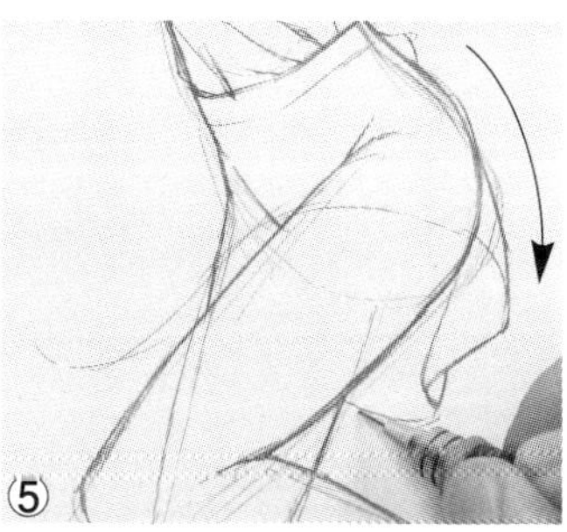

⑤ Herr Morita verbindet die Umrisslinie des Rocks mit der des Körpers. So kann man die Innenseite des Rocks erkennen.

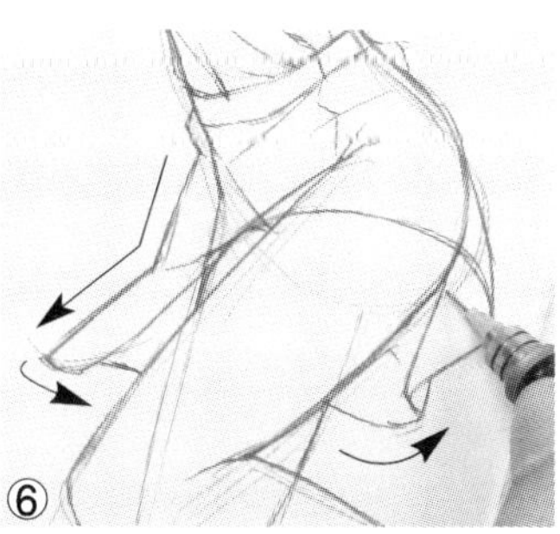

⑥ Er passt die Konturen des Rocks an und stellt die Skizze fertig.

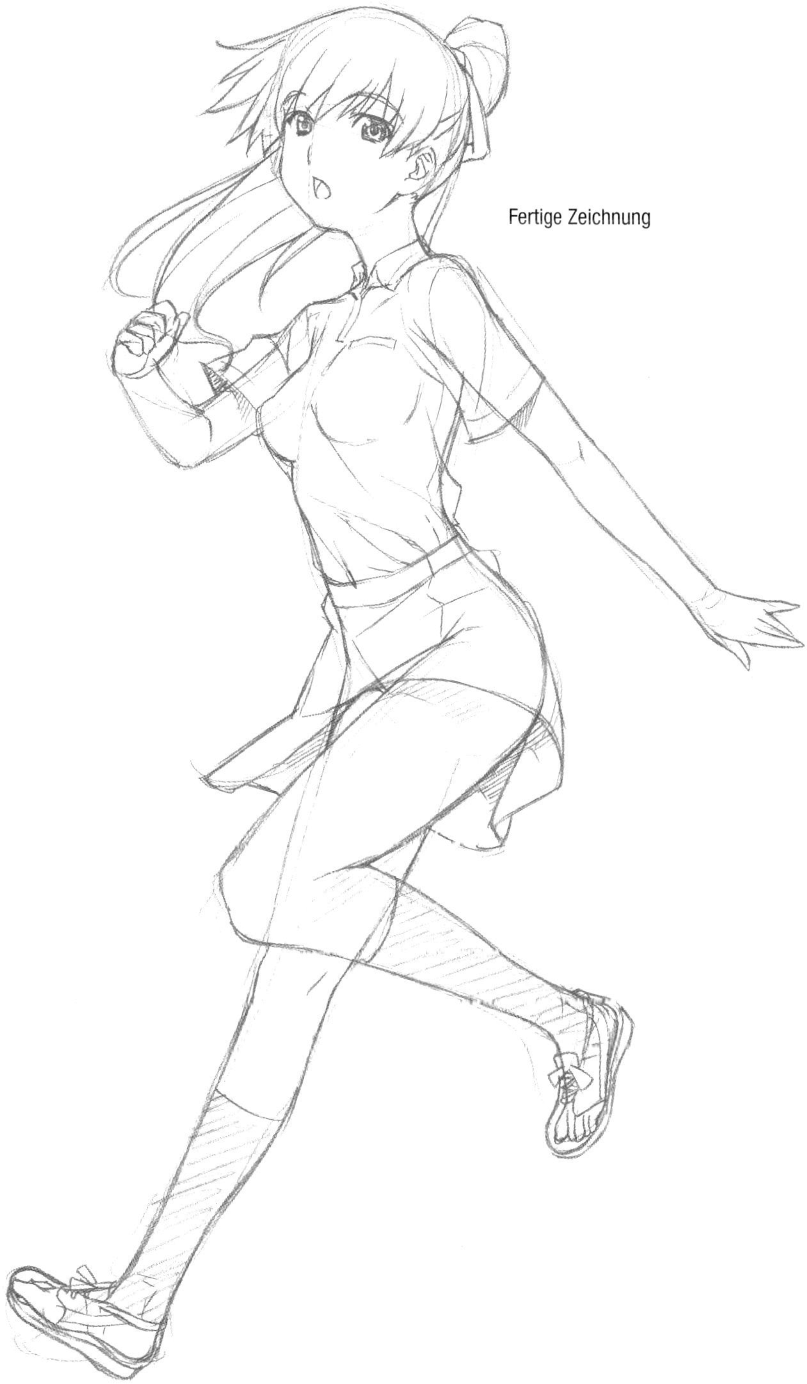

Fertige Zeichnung

Übung: Vom Kopf-Körper-Verhältnis 1:6 zum Kopf-Körper-Verhältnis 1:2,5

Der Ursprung der Chibi-Figuren liegt höchstwahrscheinlich im Manga. Chibi-Figuren entstehen, indem man einen Charakter mit realistischen Proportionen stilisiert und abstrahiert.

Aus dem Manga-Charakter von Seite 35 eine Chibi-Figur machen

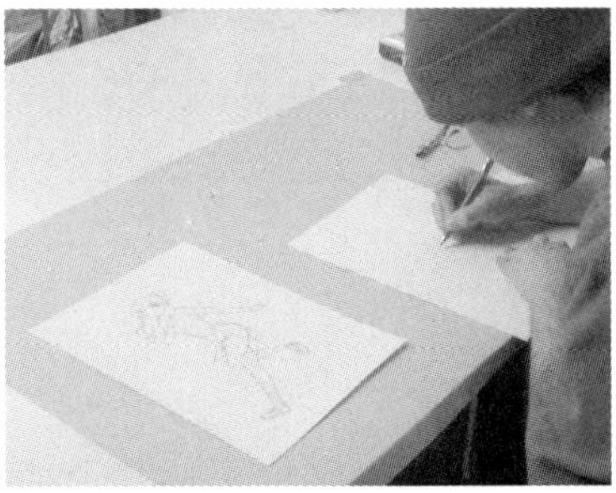

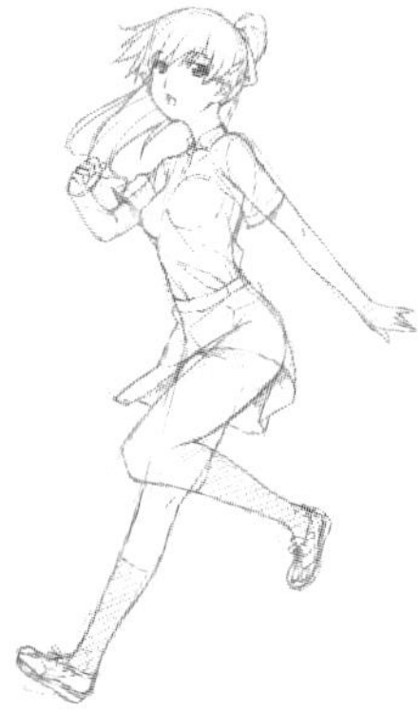

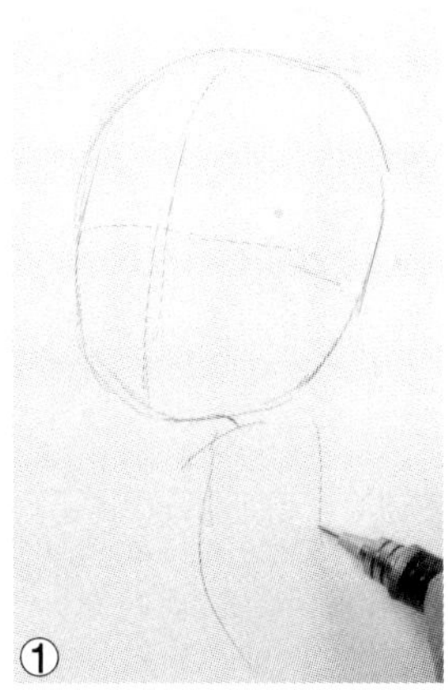

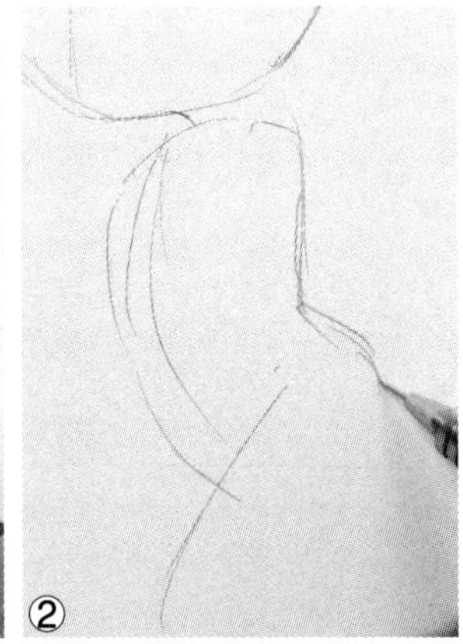

Zuerst skizziert Herr Morita die Umrisslinien des ganzen Körpers. Er zeichnet den Rumpf schlank und klein und achtet dabei auf Besonderheiten im Originalbild wie den Winkel von Taille und Beinen.

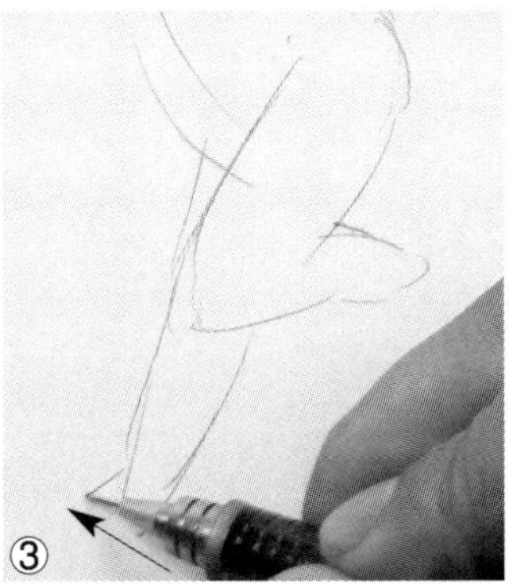

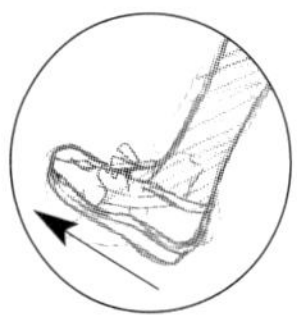

Auch wenn du die stilisierten Füße der Chibi-Figur winzig klein zeichnest, achte darauf, dass der Winkel der Füße dem auf dem Originalbild entspricht.

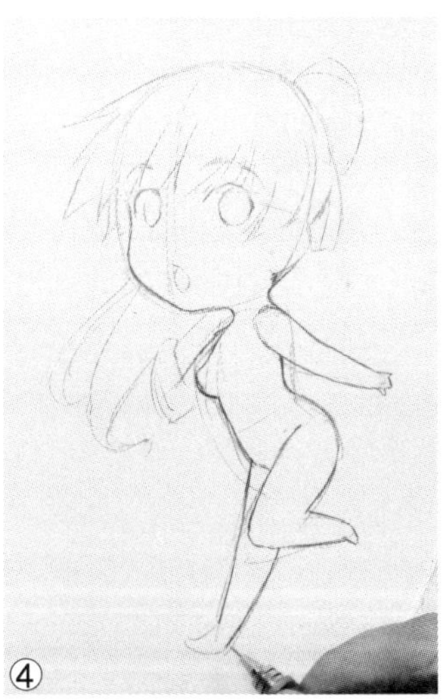

Nachdem Herr Morita die groben Umrisse der Gesichtszüge gezeichnet hat, passt er die Konturen der gesamten Figur an.

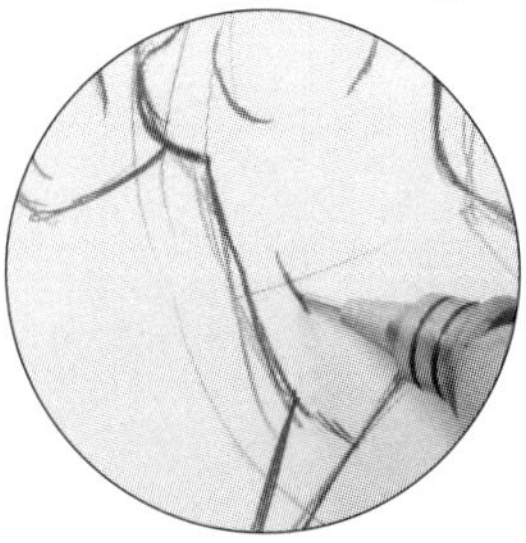

Er zeichnet kleine Details wie den Bauchnabel ein, um die unbekleidete Vorzeichnung fertigzustellen.

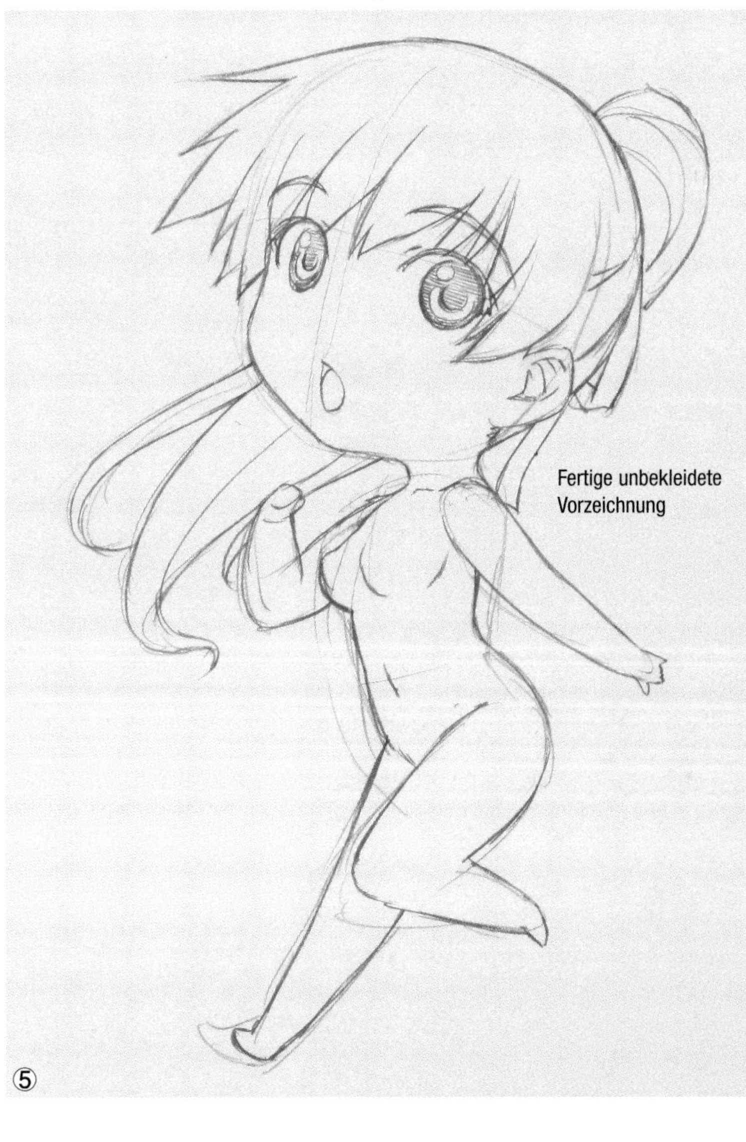

Fertige unbekleidete Vorzeichnung

Beim Zeichnen der Kleidung für einen Chibi-Charakter sollte man dieselben Schritte befolgen wie bei einem Charakter mit normalen Proportionen.

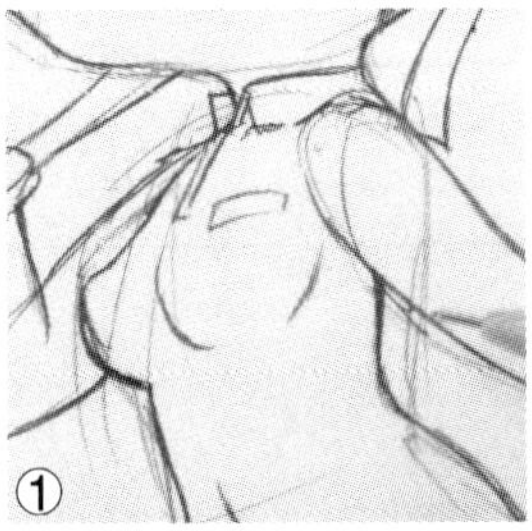
①

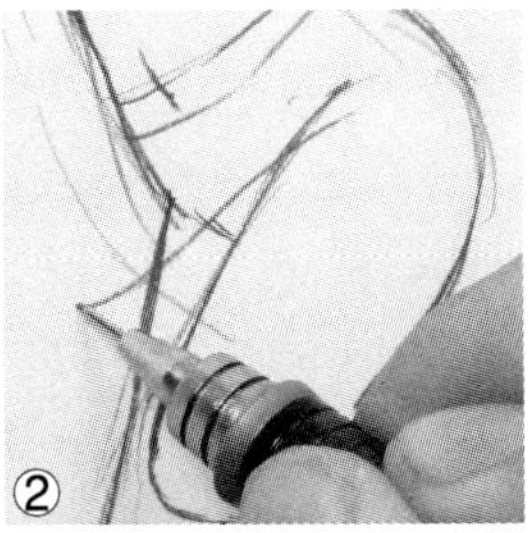
②

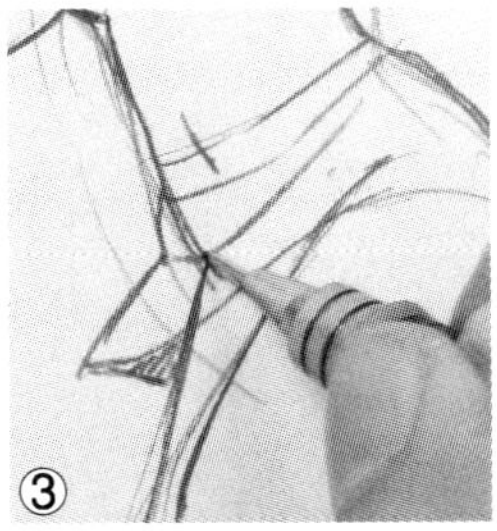
③

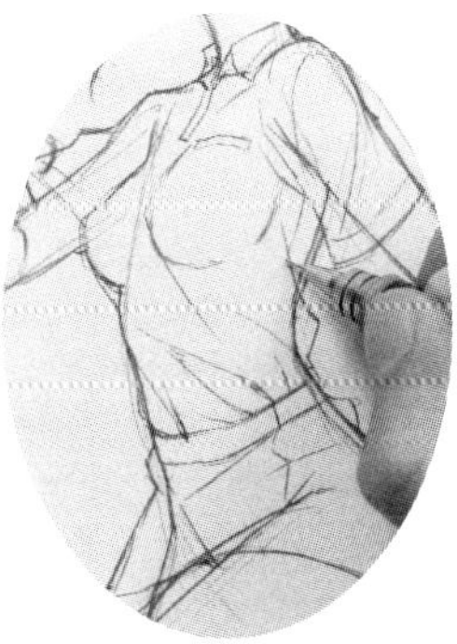

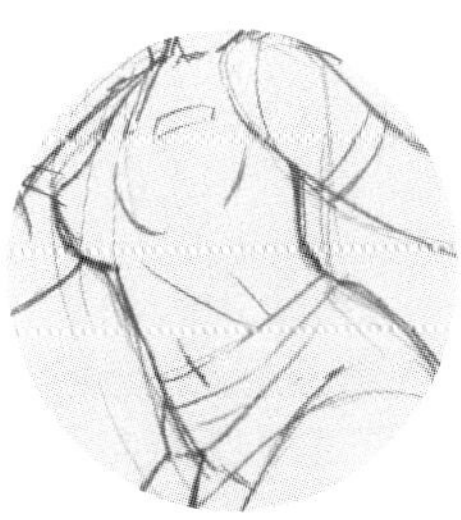

Die Anzahl der Linien ist beim Chibi-Charakter wesentlich geringer als bei dem Originalbild.

Variationen

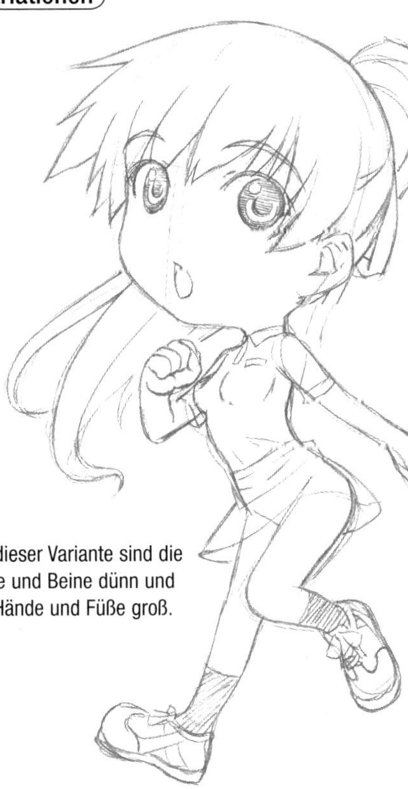

Bei dieser Variante sind die Arme und Beine dünn und die Hände und Füße groß.

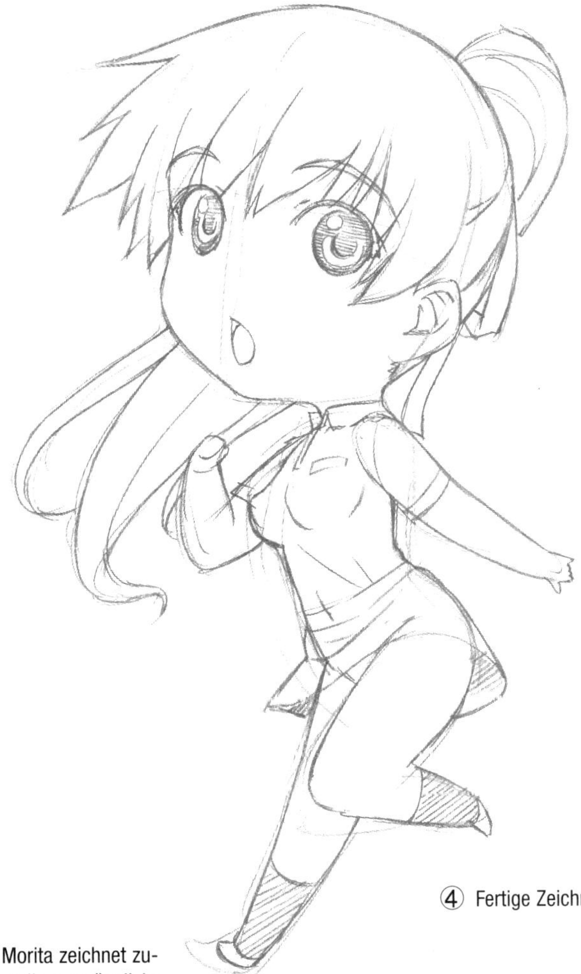

④ Fertige Zeichnung

Herr Morita zeichnet zunächst die ursprüngliche Figur nach und nimmt anschließend die Veränderungen vor, angefangen bei den Armen.

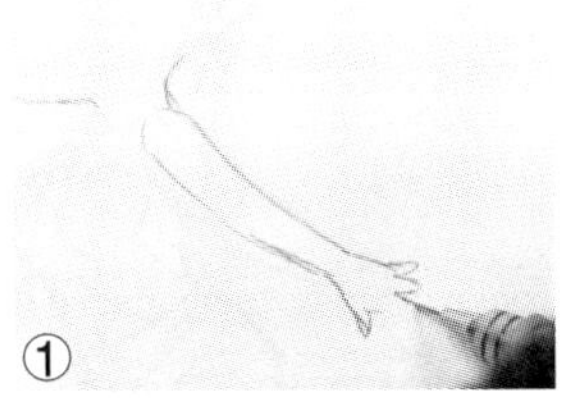
①

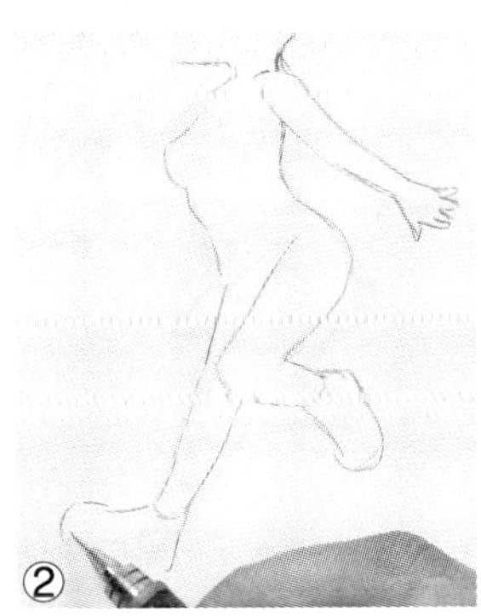
②

Er zeichnet zwar den Körper dünner und die Hände und Füße größer, aber Blickrichtung oder Winkel verändern sich nicht.

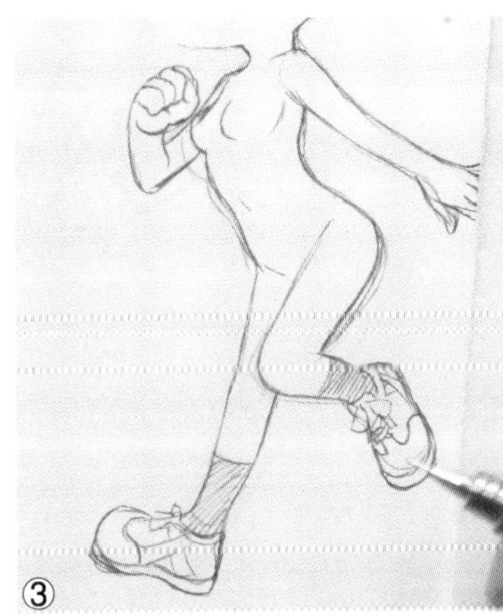
③

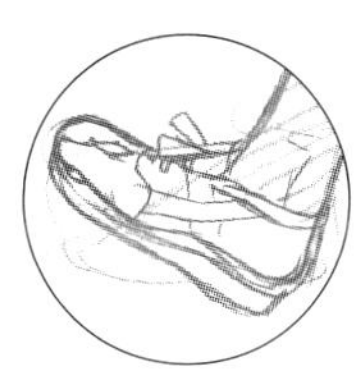

Herr Morita stilisiert die Form der Schuhe, ohne aber ihr Design zu verändern.

Über Proportionen und Skizzieren

Ein Gespräch zwischen Kazuaki Morita und Hikaru Hayashi

Die Charaktere sind eins der interessantesten Elemente im Manga und Anime. In Japan tauchen Manga-Charaktere mit unterschiedlichen Proportionen in den verschiedensten Bereichen auf, angefangen bei Jido-Manga für Kinder über Manga für Erwachsene bis hin sogar zu Anzeigen der Regierung oder von öffentlichen Einrichtungen.

Auf den folgenden Seiten diskutieren Kazuaki Morita und Hikaru Hayashi aus dem »How To Draw Manga«-Team über Charaktere, Proportionen und das Skizzieren.

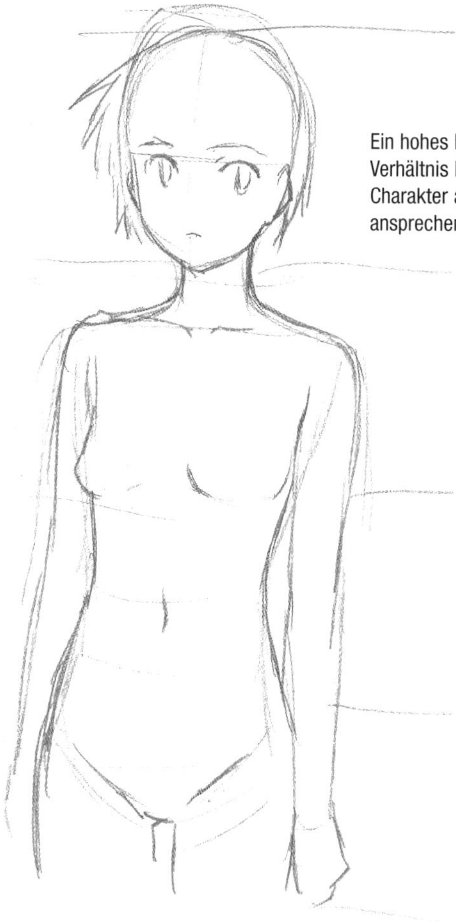

Ein hohes Kopf-Körper-Verhältnis lässt den Charakter attraktiv und ansprechend wirken.

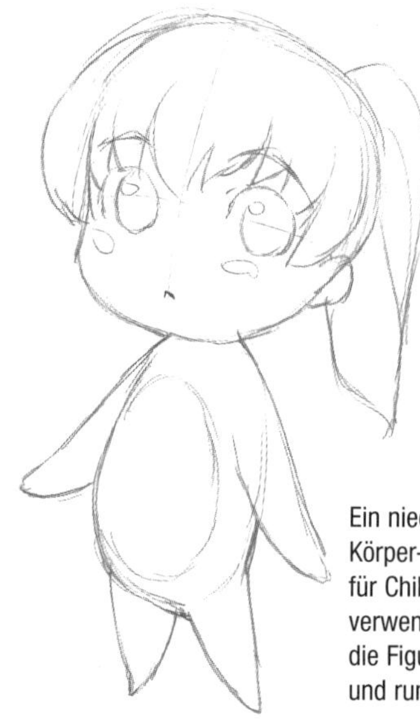

Ein niedriges Kopf-Körper-Verhältnis (das für Chibi-Charaktere verwendet wird) lässt die Figuren niedlich und rundlich wirken.

Der Ausdruck eines Charakters und die Proportionen

Wie die Proportionen die Ausstrahlung verändern können.

Hayashi: Du hast schon viele verschiedene Charaktere gezeichnet, von Chibi-Figuren bis hin zu Figuren mit attraktiven Proportionen. Denkst du beim Zeichnen immer über das Kopf-Körper-Verhältnis nach?

Morita: Wenn ich nur ein paar Kritzeleien produziere oder schnelle Ideen skizziere, denke ich nicht über die Proportionen nach. Meistens verwende ich ein Kopf-Körper-Verhältnis zwischen 1:6 und 1:7.

Hayashi: Wie ist es bei den Chibi-Figuren?

Morita: Wenn man für die Arbeit die ganze Zeit über Figuren mit denselben Proportionen zeichnen muss, kann das nach einiger Zeit langweilig werden. Daher zeichne ich manchmal als kleine Auflockerung zwischendurch Charaktere mit anderen Proportionen. Ein anderes Kopf-Körper-Verhältnis kann wirklich die Ausstrahlung verändern.

Hayashi: Was genau meinst du mit Ausstrahlung?

Morita: Wenn ich zum Beispiel einen coolen, attraktiven Charakter zeichne, achte ich darauf, dass das Kopf-Körper-Verhältnis hoch ist. Mit einem geringeren Kopf-Körper-Verhältnis würde der Charakter süß und niedlich rüberkommen.

Hayashi: Also kann man mit einem anderen Kopf-Körper-Verhältnis wirklich die ganze Atmosphäre verändern... Im Grunde genommen bedeutet das, dass die Proportionen auch immer etwas über den Charakter aussagen.

Morita: Das kann man so sagen. Wenn ich für die Arbeit einen bestimmten Charakter entwerfen soll, bestimme ich daher immer zuerst das Kopf-Körper-Verhältnis, so wie es zu der gewünschten Ausstrahlung des Charakters passt.

Das Gesicht den Proportionen anpassen

Hayashi: Als wir die Bilder für dieses Buch gemacht haben, habe ich das Thema aufgeworfen, dass man ja auch das Gesicht den Proportionen entsprechend anpassen muss...

Morita: Stimmt. Ich mache es so, dass ich zuerst den Kopf zeichne – wie breit dann Hals und Rumpf sein müssen, ist ja bereits bis zu einem gewissen Grad durch das Kopf-Körper-Verhältnis vorgegeben. Zum Beispiel kann ich einem Charakter, den ich mit einem Kopf-Körper-Verhältnis von 1:2 zeichne, nicht einen langen Hals geben und Schultern, die so breit sind wie der Kopf. Das geht gar nicht.

Hayashi: Bekommst du manchmal Aufträge, für die ein bestimmtes Kopf-Körper-Verhältnis festgelegt wurde?

Morita: Na ja, ich bekomme z.B. Aufträge für Charaktere bestimmter Altersstufen, zu denen halt ein Kopf-Körper-Verhältnis von 1:5 gehört.

Hayashi: Also sind unterschiedliche Proportionen ein Mittel, verschiedene Altersstufen darzustellen...

Morita: Ganz genau. Ein Kopf-Körper-Verhältnis von 1:4 lässt den Charakter wie einen Grundschüler wirken, ein Verhältnis von 1:5 macht ihn zum Mittel- oder Oberschüler. Wenn ich einen Charakter jünger aussehen lassen will, verringere ich das Kopf-Körper-Verhältnis.

Hayashi: Dass man das Gesicht den Proportionen anpassen muss, kann man wohl auch hier sagen.

Morita: Deswegen sollte man sich erst genau entscheiden, was man zeichnet, bevor man loslegt.

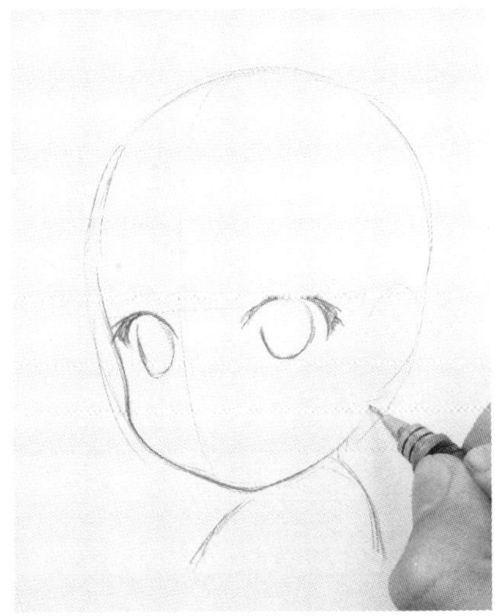

Kopf und Oberkörper bei einem Kopf-Körper-Verhältnis von 1:2

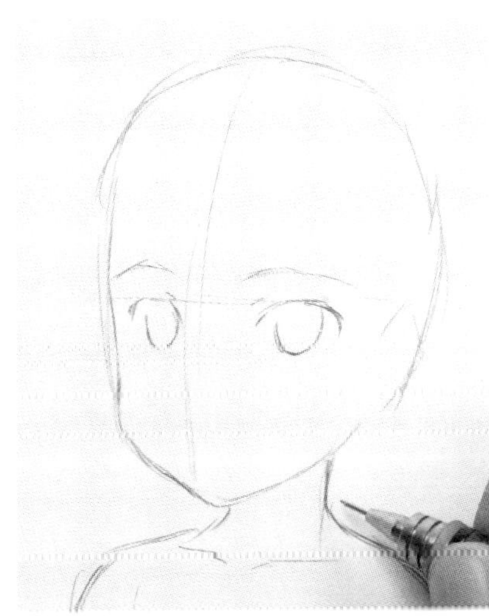

Hier sieht man ein Kopf-Körper-Verhältnis von 1:4. Es ist zu erkennen, dass das Gesicht sich von dem mit dem Verhältnis von 1:2 deutlich unterscheidet.

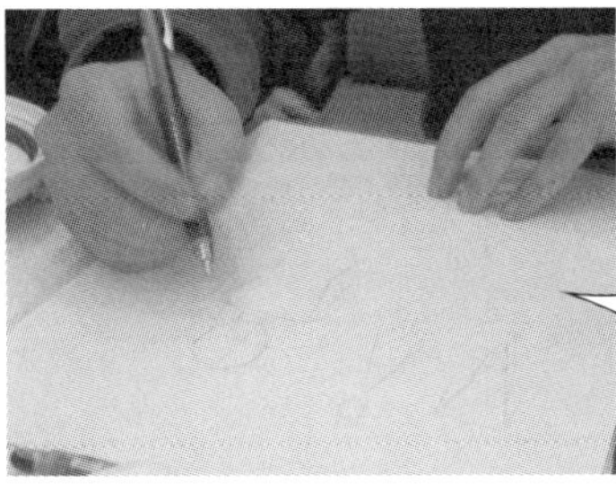

Bei Kritzeleien oder schnellen Skizzen ist es nicht unbedingt notwendig, immer ein genaues Kopf-Körper-Verhältnis im Kopf zu haben, aber es ist wichtig, darauf zu achten, dass die Balance der Proportionen stimmt. Das Zeichnen verschiedener Kopf-Körper-Verhältnisse hilft, ein Gefühl für die richtige Balance in den Proportionen zu bekommen.

Vogelperspektive und Froschperspektive

Man erstellt kein dreidimensionales Charaktermodell, es soll nur ein bisschen so aussehen.

Hayashi: Wenn eine Figur aus der Vogel- oder Froschperspektive gezeichnet wird, wirkt das Bild dynamisch und ansprechend. Gibt es einen Trick, wie man Chibi-Charaktere gut aus so einem Winkel zeichnen kann?

Morita: Die Grundlagen dafür kann man in »How To Draw Manga – Manga-Skizzen zeichnen« nachlesen. Dort wird beschrieben, wie man den Charakter in eine Box zeichnet und so verschiedene Blickwinkel darstellen kann. Diese Technik lässt sich auf alle Proportionen übertragen.

Hayashi: Ich kann mir auch vorstellen, dass es sinnvoll ist, den Charakter erst in einer einfachen Pose darzustellen und dann zu versuchen, diese Pose aus der Frosch- oder Vogelperspektive nachzuzeichnen.

Morita: Das ist auch eine Möglichkeit. Das Wichtigste ist, dass man im Kopf eine klare Vorstellung von dem Bild hat. Ich sollte vielleicht auch noch anmerken, dass in der Froschperspektive der Kopf immer relativ klein wird. Wenn man das genau so umsetzt, kann es sein, dass die Proportionen merkwürdig wirken. Da man ja kein realistisches dreidimensionales Charaktermodell am PC erstellt, sondern es nur ein bisschen dreidimensional aussehen soll, ist die Hauptsache, dass die Figur überzeugend wirkt.

Hayashi: Was lässt die Figur überzeugend wirken?

Morita: Zum Beispiel wird die Froschperspektive betont, wenn man die Fußsohlen sehen kann. Die Taille ist auch wichtig, da man dort mit dem Bund einer Hose oder eines Rocks zeigen kann, dass der Charakter von unten gesehen wird. Auch das Grundgerüst für das Gesicht aus Kreis und Kreuz, das man ja sowohl für Chibi-Figuren als auch für normale Charaktere benutzt, ist ein praktisches Hilfsmittel. Man kann anhand der Positionierung des Kreuzes gleich erkennen, wenn eine Figur aus der Froschperspektive zu sehen ist. Wenn man die Augen eingezeichnet hat, kommen die Ohren ungefähr an diese Stelle (siehe Bild 1, S. 41). Dadurch, dass die Augen höher liegen als die Ohren, wird der Blickwinkel von unten deutlich. Aus der Vogelperspektive würden die Ohren oberhalb der Augen liegen.

Ich würde den Lesern empfehlen, den Charakter einmal von allen Seiten zu zeichnen, um zu üben, wie er aus den unterschiedlichen Ansichten aussieht. Die Oberseite des Kopfes sollte natürlich auch dazugehören.

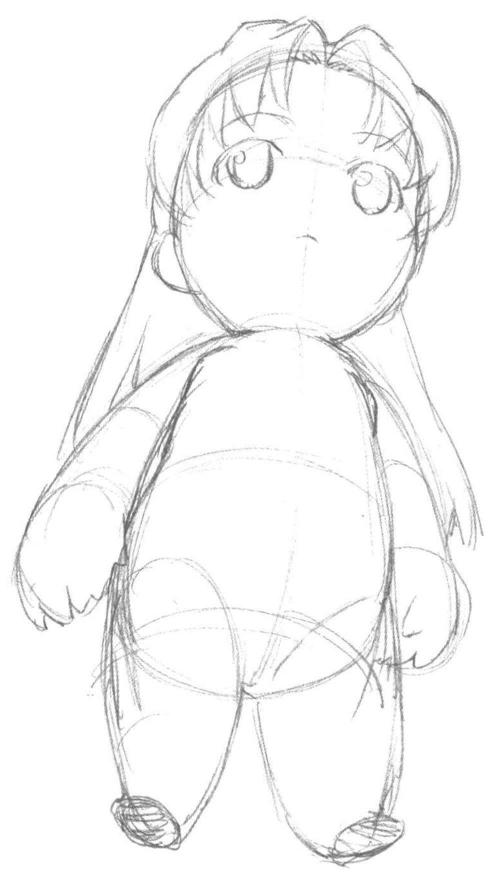

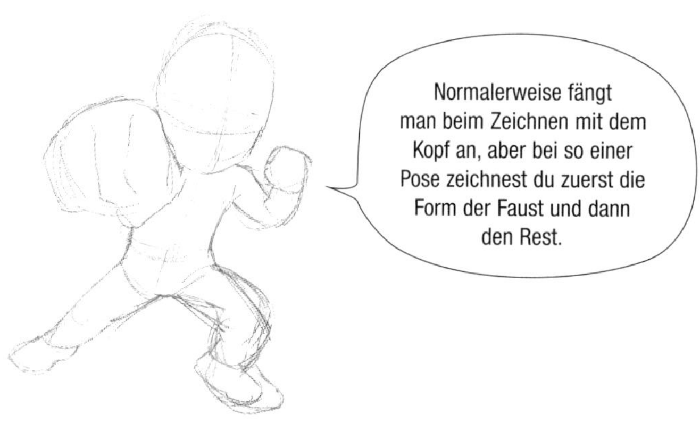

Hayashi: Was ist mit der Unterseite?

Morita: Die Unterseite ist nicht nötig.
Wenn es einem zu umständlich ist, den Charakter von allen Seiten zu zeichnen, kann man sich auch eine Modellpuppe anschauen. Eine überzeugende dreidimensionale Darstellung fängt auf jeden Fall bei der Form des Kopfes an.

Hayashi: Du sagst also, dass der Charakter als ein dreidimensionales Objekt verstanden werden muss.

Morita: Genau. Ich glaube, es kann auch helfen, wenn man Perspektiv-Linien einzeichnet. Überhaupt ist es durchaus hilfreich, die Grundlagen des perspektivischen Zeichnens zu kennen.

Bild 1

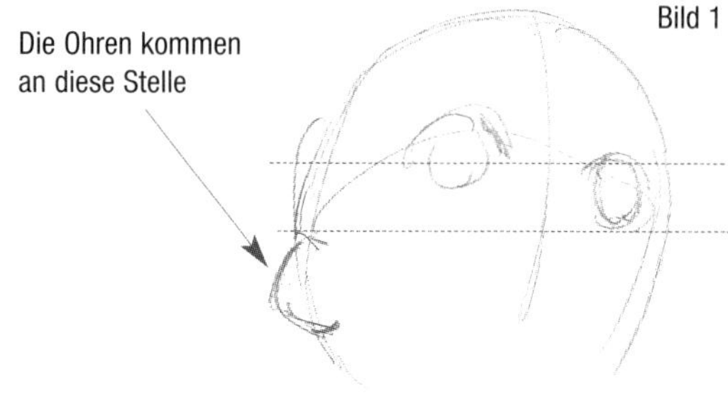

Je nachdem, auf welcher Höhe man die Augen und die Ohren einzeichnet, kann man eine Frosch- oder eine Vogelperspektive darstellen.

Die Rolle des Charakters und die Proportionen

Effektives Zeichnen

Hayashi: Also, der Künstler legt nun zuerst im Kopf genau fest, wie der Charakter sein soll, und entscheidet danach entsprechend, was für ein Kopf-Körper-Verhältnis dazu passt. Gibt es irgendwelche besonderen Tricks, um die Proportionen richtig zu zeichnen?

Morita: Hmm... Je höher das Kopf-Körper-Verhältnis ist, desto mehr sollte man sich auf das Zeichnen der einzelnen Körperteile wie z.B. die Arme konzentrieren. Je niedriger das Kopf-Körper-Verhältnis ist, desto mehr sollte man auf den Körper als Ganzes achten.
Damit meine ich auch die unterschiedliche Menge an Linien, die zum Zeichnen des Charakters verwendet wird. Je niedriger das Kopf-Körper-Verhältnis ist, desto weniger Linien werden insgesamt benötigt. Daher ist es hier effektiv, ein genaues Bild des gesamten Körpers vor Augen zu haben. Je höher das Kopf-Körper-Verhältnis ist, desto mehr muss man auf die einzelnen Körperteile und die Größenverhältnisse achten.

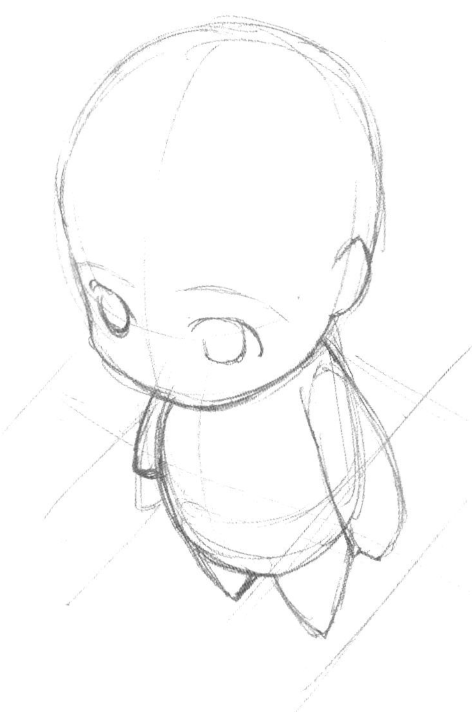

Je nach Gestaltung des Bilds und der Pose kann auch das Schlüsselbein als Ersatz für den Hals verwendet werden. Es deutet den Hals an, auch wenn er gar nicht gezeichnet wurde. Durch das Schlüsselbein kann sich der Betrachter vorstellen, dass Kopf und Körper über den Hals miteinander verbunden sind, auch wenn man diesen selbst nicht sehen kann.

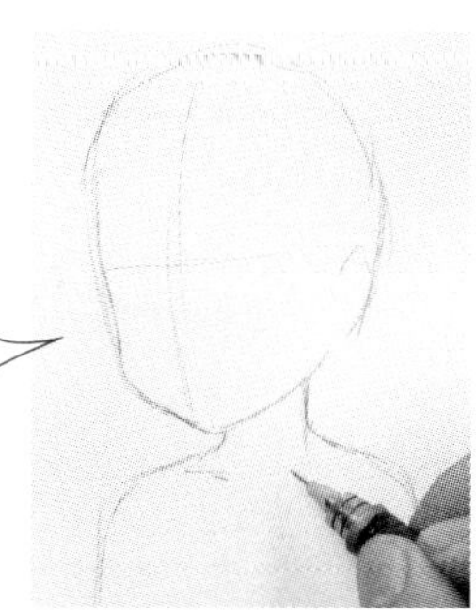

Hayashi: Es kommt häufig vor, dass man sich beim Zeichnen korrigieren muss, oder nicht merkt, dass ein Teil merkwürdig aussieht. Worauf sollte man beim Zeichnen ganz besonders achten?

Morita: Damit die Proportionen richtig ausbalanciert sind, sollte man besonders auf die Länge von Armen und Beinen und die Größe von Händen und Füßen achten und diese gegebenenfalls noch einmal korrigieren. Es kommt oft vor, dass man denkt: »Irgendetwas stimmt hier mit der Größe nicht.« Dann sollte man das Bild für ein paar Stunden oder sogar eine Nacht beiseitelegen und es anschließend noch einmal mit frischem Blick angucken und korrigieren.

Der Effekt einer Silhouette

Hayashi: Als Letztes möchte ich noch darüber sprechen, wie unterschiedliche Rollen erschaffen werden. Der Künstler wählt ja entsprechend seiner Vorstellung vom Charakter das passende Kopf-Körper-Verhältnis. Kann es denn auch vorkommen, dass man z.B. ursprünglich für einen Charakter ein hohes Kopf-Körper-Verhältnis gewählt hat, ihn dann aber als Chibi-Figur zeichnet?

Morita: Hm, also wenn ich ein paar schnelle Skizzen zeichne und einen Charakter mit einem hohen Kopf-Körper-Verhältnis habe, den ich lieb und sanft darstellen möchte, kann es vorkommen, dass ich ihn dann weiter stilisiere... aber das wird schon ziemlich schwierig. Es kann sein, dass ich dann den Gesichtsausdruck richtig hinbekomme, aber für das Charakterdesign ist vor allem die Silhouette der Figur wichtig. Daher wird es schwer, dort noch im Nachhinein Veränderungen vorzunehmen.

Hayashi: Meinst du mit »Silhouette« den Eindruck, den der Betrachter auf den ersten Blick von einer Figur bekommt?

Morita: Genau. Ein Charakter mit einem Körper, der wie ein umgekehrtes Dreieck geformt ist, wirkt auf den ersten Blick kräftig und stark. Ein Charakter mit einem dreieckigen Körper wirkt weiblich und freundlich. Ich wähle die Körperform für einen Charakter auf solchen Eindrücken basierend aus

Hayashi: Wenn man ein Dreieck oder ein umgekehrtes Dreieck als Grundlage für die Körperform verwendet, steht vor allem die Breite der Schultern im Mittelpunkt, oder?

Morita: Selbstverständlich ist nicht nur die natürliche Breite der Schultern gemeint, sondern auch Kleidung wie z.B. Schulterpolster. Und es geht nicht nur um die Schultern, sondern auch um andere Details. Der Ausschnitt der Kleidung kann der Figur eine ganz andere Wirkung geben – z.B. indem er durch ein Dreieck oder ein umgekehrtes Dreieck dargestellt wird. Ein Poncho wiederum erzeugt eine sanfte Stimmung. Unterschiedliche Kleidung kann einen gewaltigen Einfluss auf den Ausdruck eines Charakters haben.

Hayashi: Das bedeutet, dass es besonders wichtig ist, Kleidung gut zeichnen zu können?

Morita: Ganz genau. Man sollte grundlegende Kenntnisse über das Zeichnen von Kleidung haben. Wenn man allerdings nicht zuerst den Körper ordentlich skizziert, nützt einem alles Wissen nicht – dann wird man auch die Kleidung nicht richtig hinbekommen.

Hayashi: Skizzieren bedeutet wirklich, ganz zum Ursprung zurückzukehren.

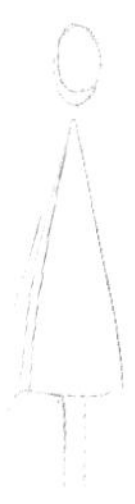

Die dreieckige Silhouette ist eine typisch weibliche Form. Man kann zwar auch den Körper einer Frau mit einem umgekehrten Dreieck darstellen (z. B. wenn die Frau Schulterpolster trägt) – aber die dreieckige Form ist strikt auf weibliche Figuren beschränkt.

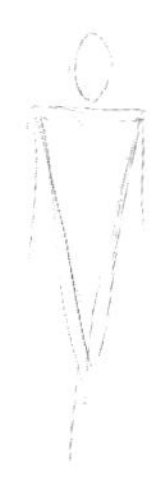

Das umgekehrte Dreieck ist eine typisch männliche Körperform. Sie drückt Dominanz und Stärke aus.

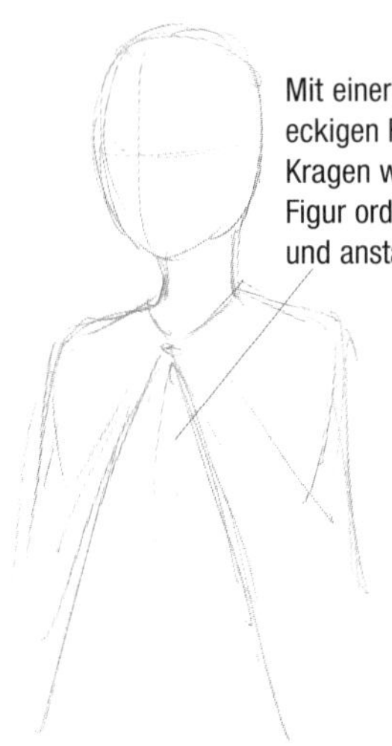

Mit einer dreieckigen Form im Kragen wirkt die Figur ordentlich und anständig.

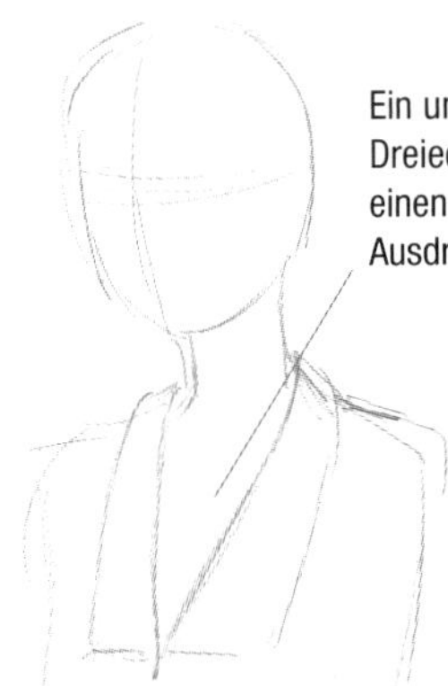

Ein umgedrehtes Dreieck erzeugt einen eleganten Ausdruck.

Erkenntnisse aus dem Gespräch:

Drei Grundsätze, um die Zeichentechnik zu verbessern

Grundsatz 1:

Ein attraktiver Körper bleibt immer attraktiv.

»Ein Charakter mit einem attraktiven Körperbau kann sogar mit hässlicher Kleidung und blöden Details cool aussehen.« (Morita)

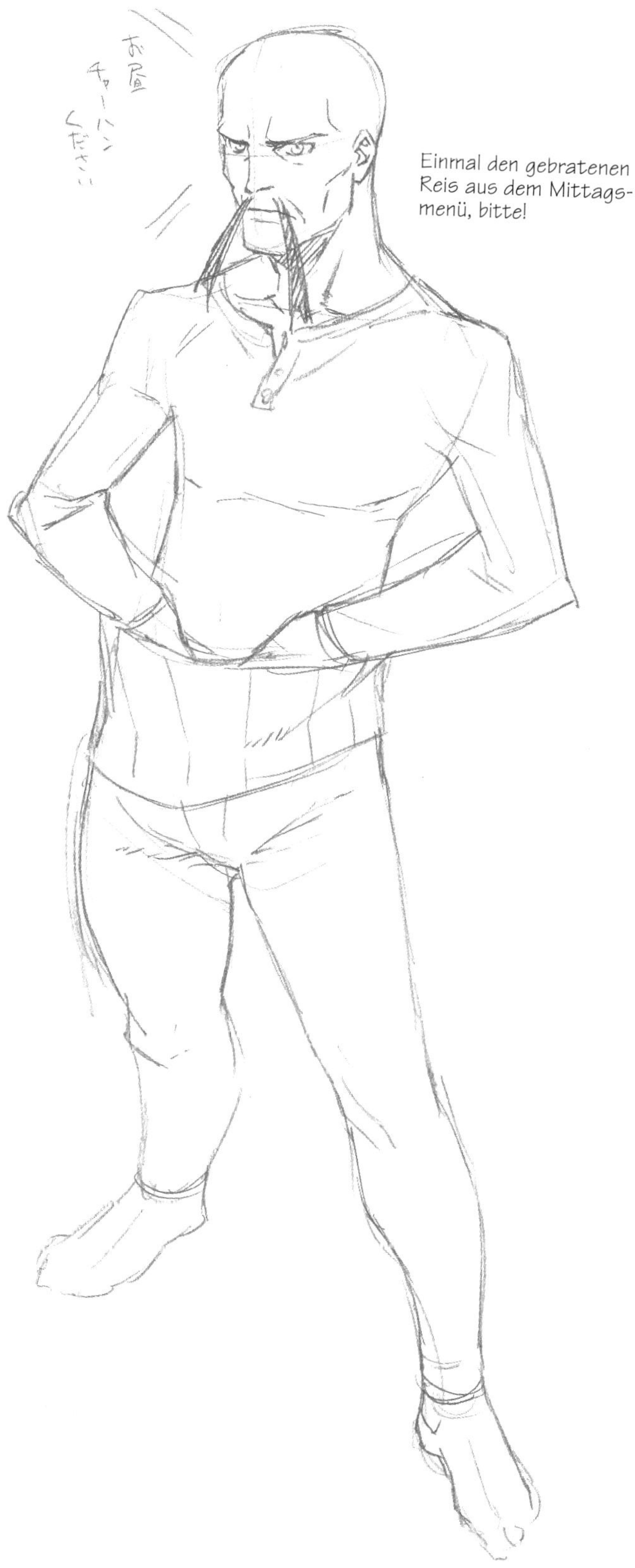

Es ist eine Tatsache, dass die Frisur oder die Kleidung den Ausdruck eines Charakters stark verändern können. Aber Kleidung und Frisuren sind letztlich nur einzelne Details. Wenn ein Künstler zu viel Wert auf Details und Accessoires legt und sich damit sehr lange aufhält, kann es passieren, dass er die eigentliche Gestaltung des Charakters, nämlich die des Körpers, vernachlässigt.

Eine fundamentale Grundlage für das Charakterdesign ist es, viel Wert auf den Körper eines Charakters zu legen. Es ist wichtig, sich zuerst bewusst zu werden, was für einen Charakter man zeichnen möchte, sich dann genau festzulegen und anschließend mit dem Zeichnen zu beginnen. Das ist zwar eigentlich selbstverständlich, aber man sollte sich diesen Grundsatz immer bewusst machen und seinen Charakter nicht mit zu vielen Details und Accessoires überladen.

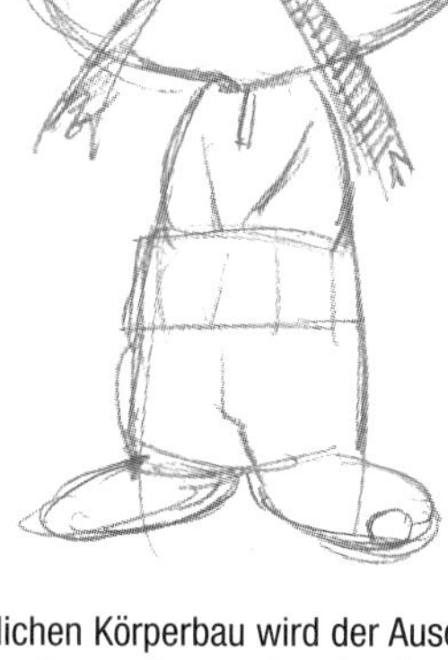

Bei einem niedlichen Körperbau wird der Ausdruck des Charakters schon mehr von den einzelnen Details beeinflusst.

Grundsatz 2:

Bereits durch eine Porträtzeichnung lassen sich die Proportionen erkennen.

»Schon indem man nur Kopf und Schultern zeichnet (Porträtzeichnung) kann man das Kopf-Körper-Verhältnis eines Charakters andeuten.« (Morita)

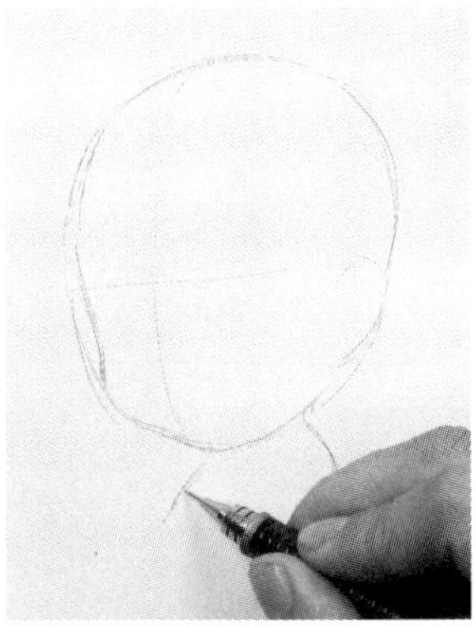

Kopf-Körper-Verhältnis 1:2

Die Knochenstruktur des Körpers wird nicht betont.

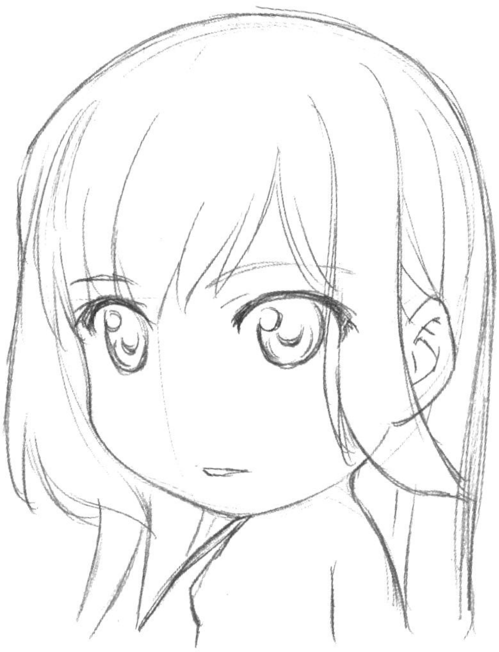

Die Kopfform ist grundsätzlich rund. Die Haarlocken werden vereinfacht dargestellt.

Der Hals ist nur ganz wenig zu sehen. Häufig wird er auch ganz weggelassen.

Die schmalen Schultern, die direkt unterhalb des Kopfes beginnen, sind für diese Proportionen charakteristisch.

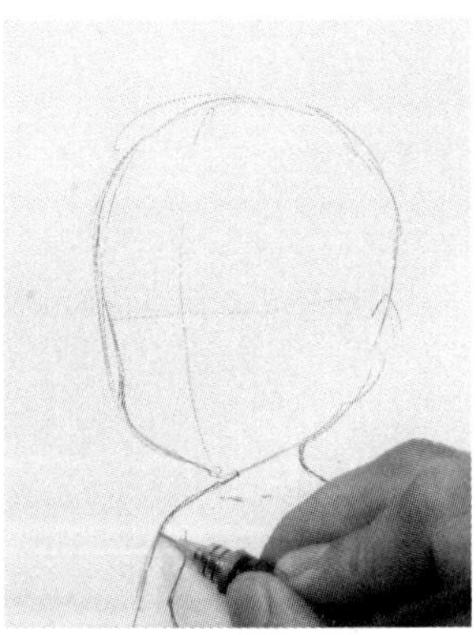

Kopf-Körper-Verhältnis 1:3

Die Knochenstruktur des Körpers wird ein wenig betont.

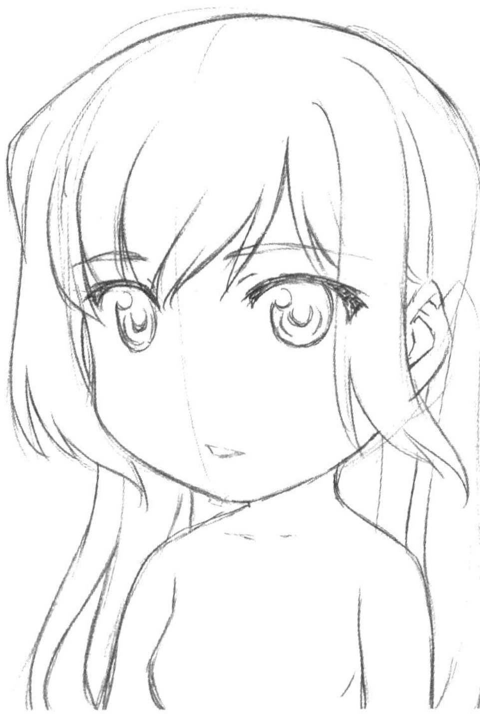

Die Frisur charakterisiert die Silhouette des Charakters. Die Locken sind etwas detaillierter dargestellt.

Der Hals ist etwas deutlicher zu erkennen. Bei diesen Proportionen wird der Hals häufig nicht in seiner normalen Dicke, sondern deutlich dünner gezeichnet.

Der Abstand zwischen Hals und Schultern ist größer geworden.

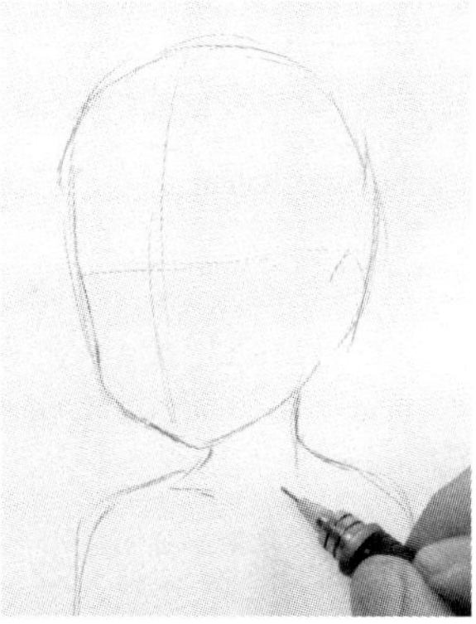

Kopf-Körper-Verhältnis 1:4

Langsam ist die Knochenstruktur des Körpers deutlicher zu erkennen. Der Charakter wirkt schon etwas realistischer.

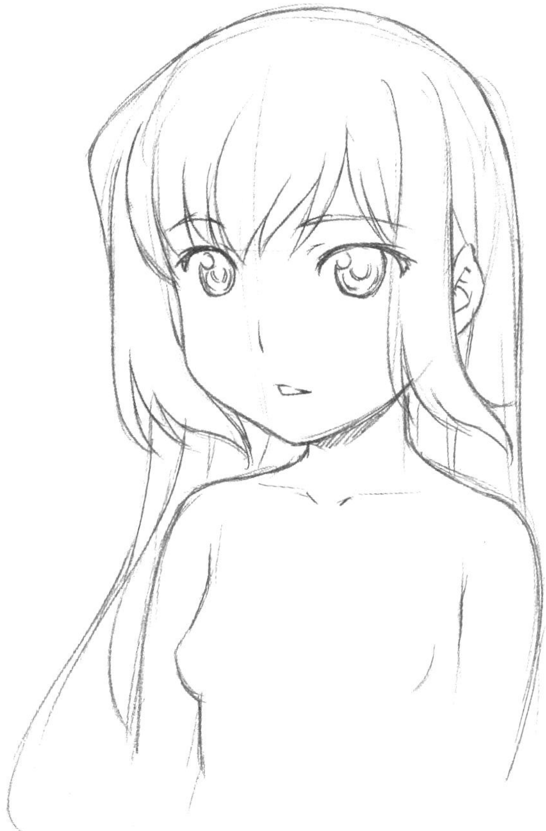

Da der Charakter langsam etwas realistischer wird, werden auch die Strähnen der Haare feiner und detaillierter gezeichnet.

Der Hals ist deutlich zu erkennen.

Die Schultern haben ungefähr die Breite des Kopfes und das Schlüsselbein ist deutlich zu sehen. Man verwendet ein Kopf-Körper-Verhältnis von 1:4 häufig, um Kinder im Alter von acht bis 15 Jahren zu zeichnen.

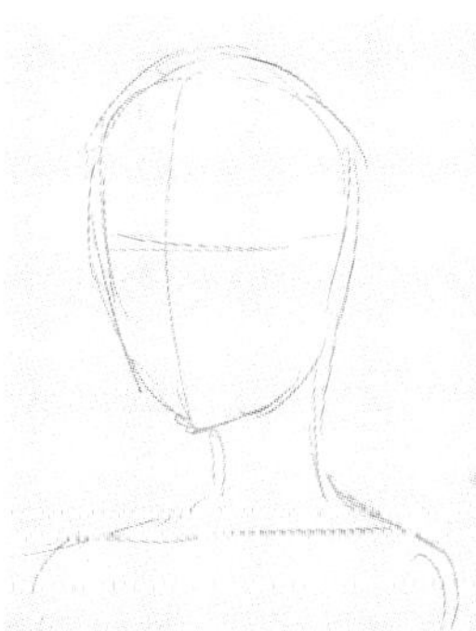

Kopf-Körper-Verhältnis 1:7

Die Knochenstruktur dient als Basis für den Körperbau.

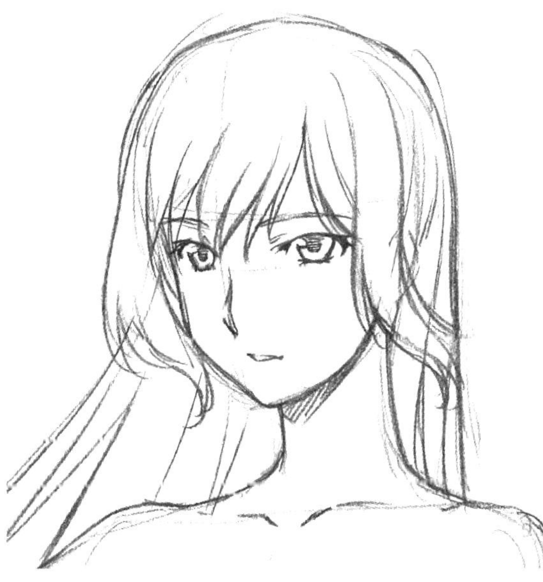

Damit der Charakter realistischer wird, ist die Gesichtsform deutlich ovaler geworden.

Der Hals ist deutlich ausgearbeitet.

Die Schultern sollten so breit wie der Kopf oder breiter sein. Zu weiblichen Charakteren passen Schultern, die 1,5-mal so breit sind wie der Kopf. Diese Proportionen werden für erwachsene Charaktere verwendet.

Gesicht: Das Kopf-Körper-Verhältnis beeinflusst die Proportionen des Gesichts und bestimmt, wie stark Details (wie die Umrisse, Augen, Nase etc.) stilisiert werden. Daher erkennt man bereits allein durch das Gesicht, ob ein Charakter im Chibi-Stil gezeichnet wurde oder nicht. Du wirst feststellen, dass sich deine Charakterdesign-Fähigkeiten stark erweitert haben, wenn du einmal festgelegt hast, wie sich in deinem Stil die Balance des Gesichts je nach Kopf-Körper-Verhältnis verändert.

Körper: Der Hals und die Schultern legen bereits bis zu einem gewissen Grad die Größe des Körpers fest. Daher erkennt man bereits Hinweise auf das Kopf-Körper-Verhältnis darin, ob ein Hals gezeichnet wurde und wie breit die Schultern sind.

Grundsatz 3:

Man muss Fehler machen, um besser zu werden.

»Um sich weiterzuentwickeln, gibt es eigentlich nichts Besseres, als Fehler zu machen. Ganz ohne Fehler und schmerzhafte Erfahrungen kommt man nicht weiter. Nur wenn man auch einmal auf Probleme stößt, kann man besser werden.« (Morita)

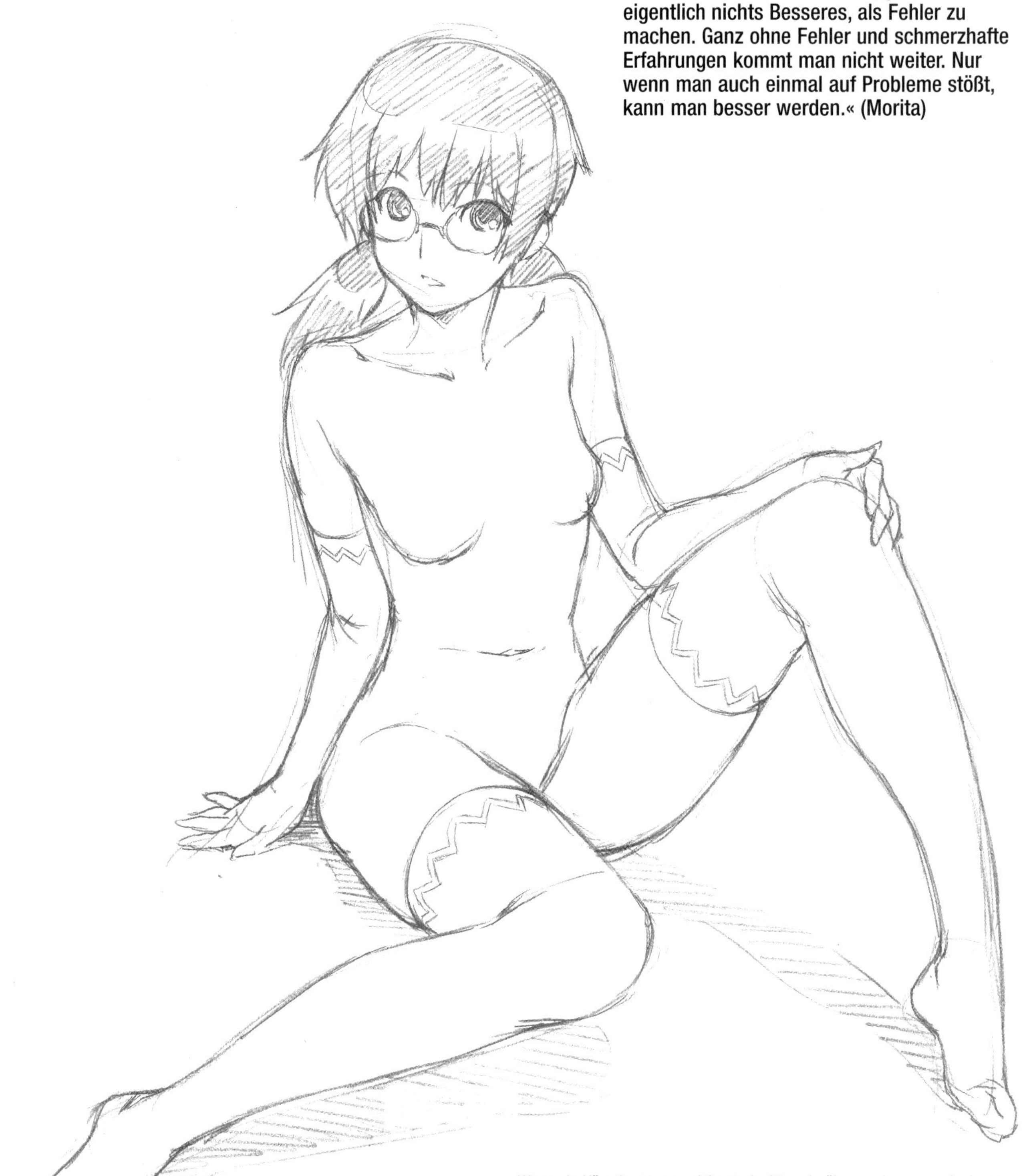

Wenn ein Künstler etwas zeichnet, denkt er darüber nach, was und wie er es zeichnen möchte. Er überlegt sich, wie die Szene aussehen soll und was dafür in dem Bild sichtbar sein muss. Mit diesem Ansatz führen Fehler und Missgeschicke, die dem Künstler geschehen, dazu, dass er sich letztendlich verbessert. Daher ist es wichtig, immer wieder neu herumzuprobieren und nicht aufzugeben.

Kapitel 2
Die Grundlagen der Proportionen

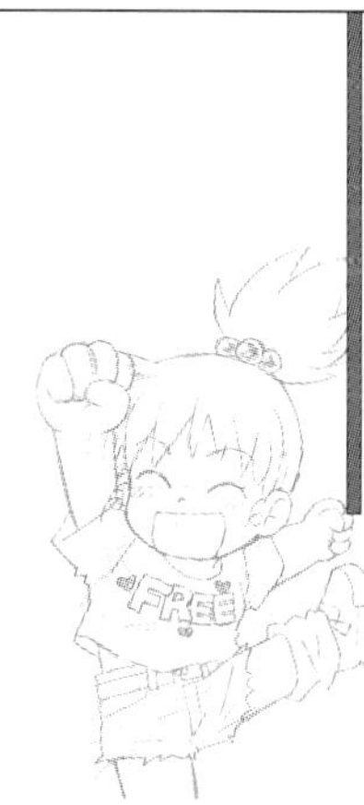

Bei genauerer Betrachtung lassen sich die Proportionen von Manga-Charakteren in »attraktive Proportionen« und »niedliche Chibi-Proportionen« einteilen. In diesem Buch werden daher die Bezeichnungen »Charaktere mit attraktiven Proportionen« und »Charaktere mit Chibi-Proportionen« verwendet.

Chibi-Charaktere haben Proportionen, die die Charaktere sehr positiv und liebenswert erscheinen lassen, weswegen sie viel in Manga, Cartoons und Illustrationen verwendet werden. Aber ein Chibi-Charakter zeigt auch, dass der Künstler sich mit Proportionen auskennt und die Einzelteile des Körpers dem Kopf-Körper-Verhältnis entsprechend auf ihre Essenz reduzieren und anpassen kann.

In diesem Kapitel werden zunächst die Grundlagen der Proportionen eines attraktiven Charakters behandelt und anschließend wird durch Skizzen verschiedener Chibi-Charaktere grundlegend und umfangreich erklärt, wie man die richtigen Proportionen wählt.

Das Kopf-Körper-Verhältnis und Proportionen

Hier werden zunächst die typischen Kopf-Körper-Verhältnisse für attraktive Proportionen und Chibi-Proportionen aufgeführt.

Attraktive Proportionen: Kopf-Körper-Verhältnis zwischen 1:5 und 1:8,5

Ein typisches Merkmal für Charaktere mit attraktiven Proportionen sind die langen Beine. Der Schritt sollte sich ungefähr auf der Hälfte der Körperlänge oder etwas darüber befinden, so dass die Beine die Hälfte des Körpers ausmachen.

Kopf-Körper-Verhältnis 1:8,5

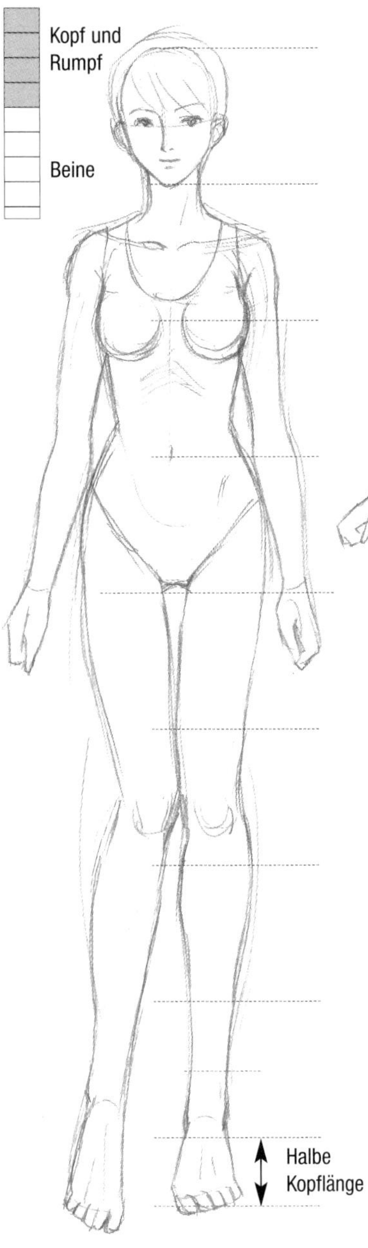

1:8 ist der Körperbau eines Models. Der Hals ist lang, die Schultern sind einem erwachsenen Charakter entsprechend breit, und auch das Gesicht passt zu einem realistischen Charaktertyp.

Kopf-Körper-Verhältnis 1:8

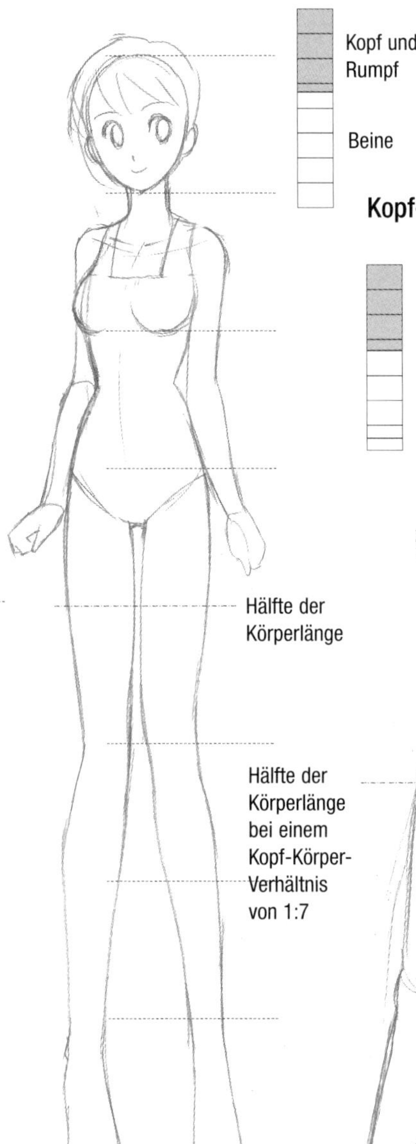

Hier sind Taille und Hüfte weiter nach oben versetzt worden, wodurch der Rumpf verkürzt wurde. Das Gesicht ist passend zu dem Charakter mangatypisch gezeichnet. Die Beine sind ungefähr eine Kopflänge länger als normal, was diesen Charakter für Actionszenen ungeeignet macht.

Kopf-Körper-Verhältnis 1:7,5

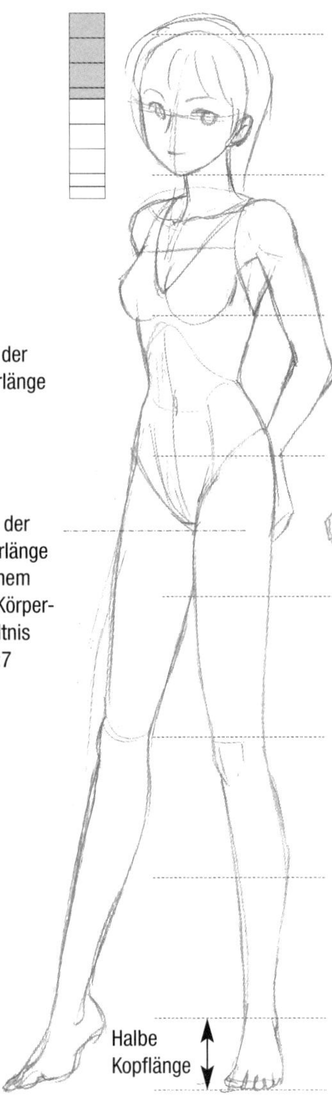

Zeichne hier zunächst einen Charakter mit den Proportionen eines Kopf-Körper-Verhältnisses von 1:7 und füg dann die fehlende halbe Kopflänge unterhalb der Knie hinzu. So entsteht ein Charakter mit schönen Proportionen und langen Beinen.

Kopf-Körper-Verhältnis 1:7

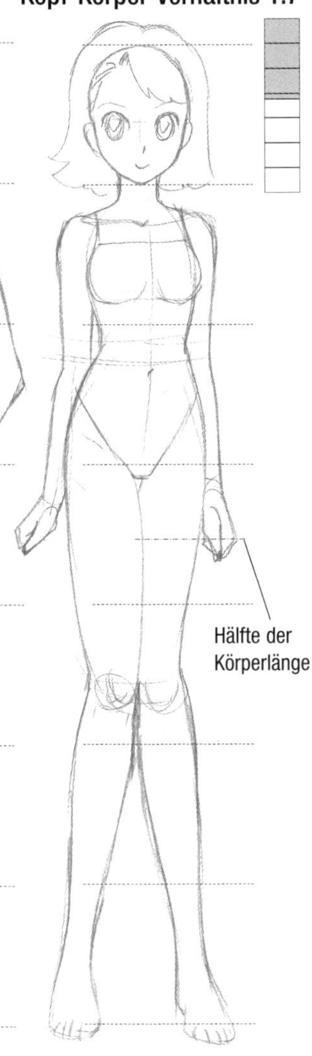

Hier wurde der Schritt eine halbe Kopflänge über die Hälfte der gesamten Körperlänge platziert. So wird der Rumpf verkürzt und es entsteht ein niedlicher Charakter mit langen Beinen.

Kopf-Körper-Verhältnis 1:6,5 Kopf-Körper-Verhältnis 1:6

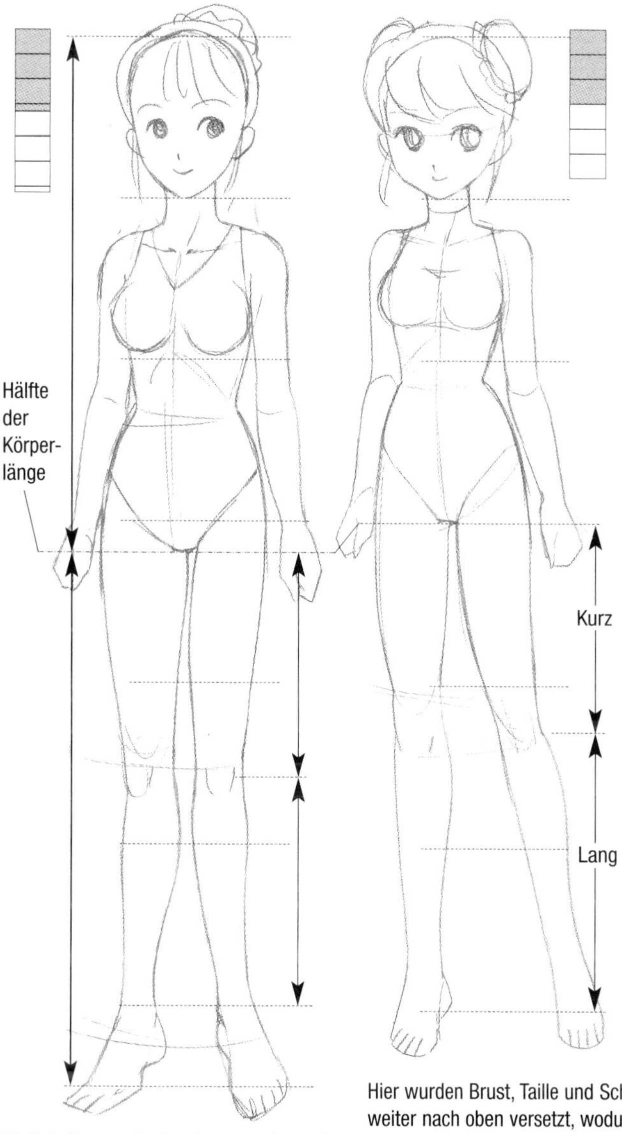

Kopf-Körper-Verhältnis 1:5,5 Kopf-Körper-Verhältnis 1:5

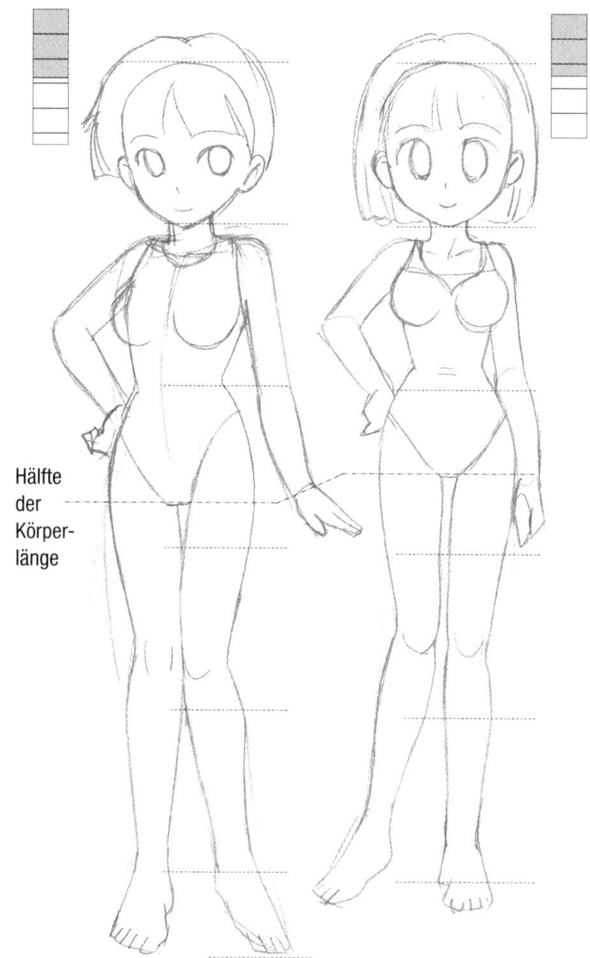

Die Schultern sind schmaler geworden und der Rumpf ist kürzer, so dass der Charakter eine niedliche Ausstrahlung hat. Wenn die Knie auf halber Höhe der Beine eingezeichnet werden, wirken die Beine kurz.

Hier wurden Brust, Taille und Schritt weiter nach oben versetzt, wodurch die Beine länger geworden sind. Auch die Knie wurden weiter oben eingezeichnet. Dadurch, dass die Unterschenkel somit länger sind als die Oberschenkel, wirken die Proportionen attraktiv.

Bei diesem Kopf-Körper-Verhältnis wirken die Proportionen auch gut ausbalanciert, wenn sich der Schritt auf der Hälfte der Körperlänge befindet.

Wenn sich hier der Schritt auf der Hälfte der Körperlänge befindet, wirken die Beine relativ lang.

Die Größe der Füße und die Körpergröße

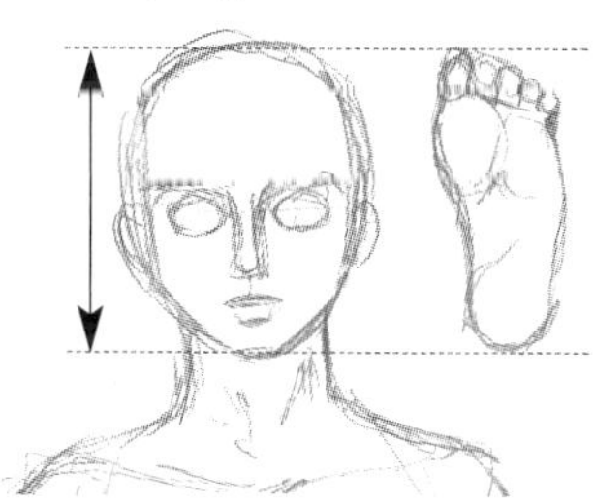

Die Füße sind ungefähr so lang wie der Kopf.

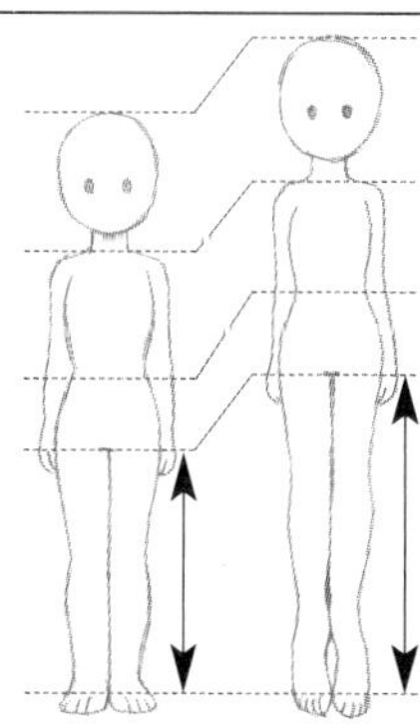

Wenn die Figur auf den Zehenspitzen steht, werden die Beine um ungefähr eine Kopflänge länger und die Figur somit größer.

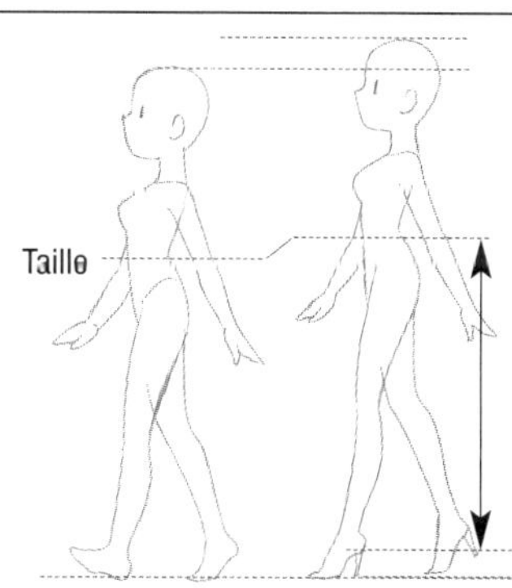

Die Taille wird so weit nach oben verschoben wie die Absätze der Schuhe hoch sind. Die Körpergröße nimmt dementsprechend zu.

Ein Charakter wird größer, wenn er Schuhe mit Absätzen trägt. Durch die Absätze werden die Beine länger, so dass sich die Proportionen insgesamt verändern.

Variationen beim Kopf-Körper-Verhältnis 1:5

Die Proportionen bei einem Kopf-Körper-Verhältnis von 1:5 lassen sich leicht verändern, was zahllose Variationen möglich macht. Dieses Kopf-Körper-Verhältnis lässt sich einfach für Manga-Charaktere verwenden und kann problemlos an die Leserschaft oder die Gegebenheiten der Geschichte angepasst werden.

Gewöhnliche Proportionen

Etwas längerer Rumpf

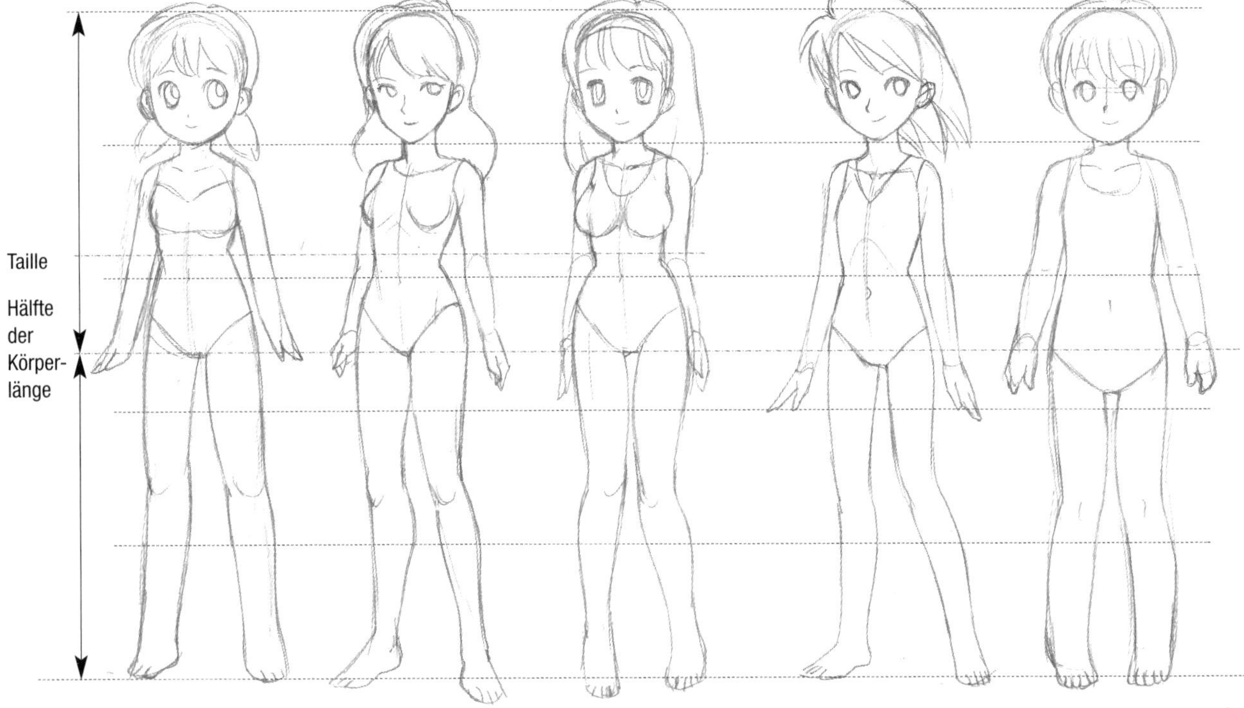

Puppen-Figur: Hier sind Arme und Beine wie gerade Stangen geformt.

Attraktive Figur: Arme, Beine und Rumpf sind dem Körper eines echten Menschen nachempfunden.

Figur mit betonten Kurven: Für einen sexy weiblichen Charakter werden die Rundungen hervorgehoben.

Junge Figur: Da sich der Körper in der Pubertät stark verändert, bekommt dieser Charakter eine schlanke Figur mit wenig Kurven.

Figur mit langem Rumpf: Der Schritt befindet sich weiter unten, was den Charakter kindlich wirken lässt.

Gewöhnliche Proportionen mit etwas längerem Rumpf

Lange Beine

Langer Rumpf

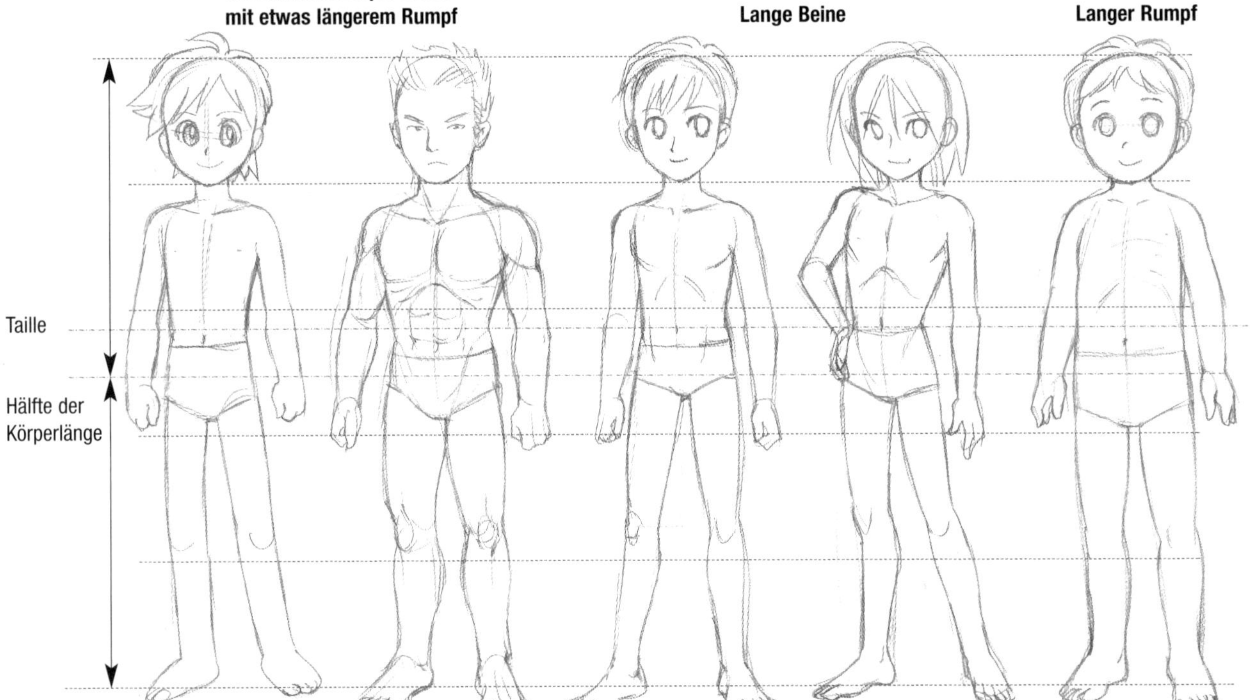

Männliche Version der Puppen-Figur. Die Muskeln werden nicht betont.

Männliche Version der attraktiven Figur. Die Muskeln werden besonders deutlich hervorgehoben.

Männliche Version der Figur mit betonten Kurven. Hier werden ein paar Umrisslinien der Muskeln hinzugefügt.

Männliche Version der jungen Figur. Der Oberkörper (insbesondere die Taille) und die Beine wirken sehr schlank.

Männliche Version der Figur mit langem Rumpf. Oberkörper und Beine machen einen rundlichen Eindruck.

Weitere Variationen des gleichen Kopf-Körper-Verhältnisses

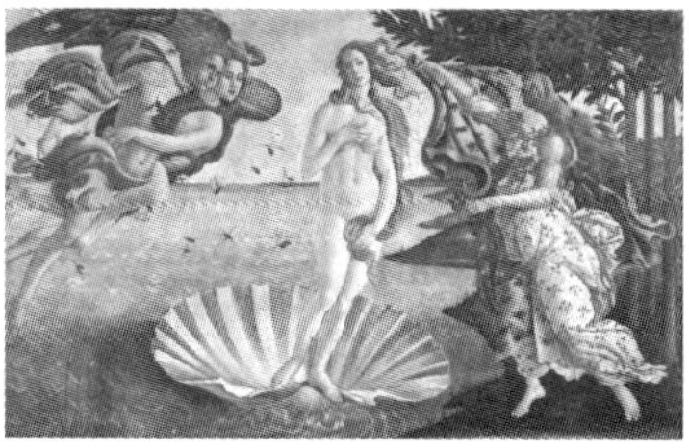

Botticelli,
»Nascita di Venere«
(»Die Geburt der Venus«),
1484, Italien
Zu sehen in den Uffizien, Florenz

Schönheitsideale sind von Land zu Land und von Epoche zu Epoche verschieden. Als Botticelli »Die Geburt der Venus« malte, hat er Venus, der Göttin der Liebe und Schönheit, ein Kopf-Körper-Verhältnis von 1:8 gegeben und die Proportionen dem Schönheitsideal des 15. Jahrhunderts entsprechend gewählt. Doch wie hätte Botticelli seine Venus jetzt, im 21. Jahrhundert, dargestellt? Hier sieht man die Venus mit demselben Kopf-Körper-Verhältnis von 1:8, derselben Kopfgröße sowie Taille und Schritt an derselben Stelle, nur mit Proportionen, die dem Ideal der heutigen Zeit entsprechen.

Schönheitsideal des 15. Jahrhunderts

Schönheitsideal des 21. Jahrhunderts

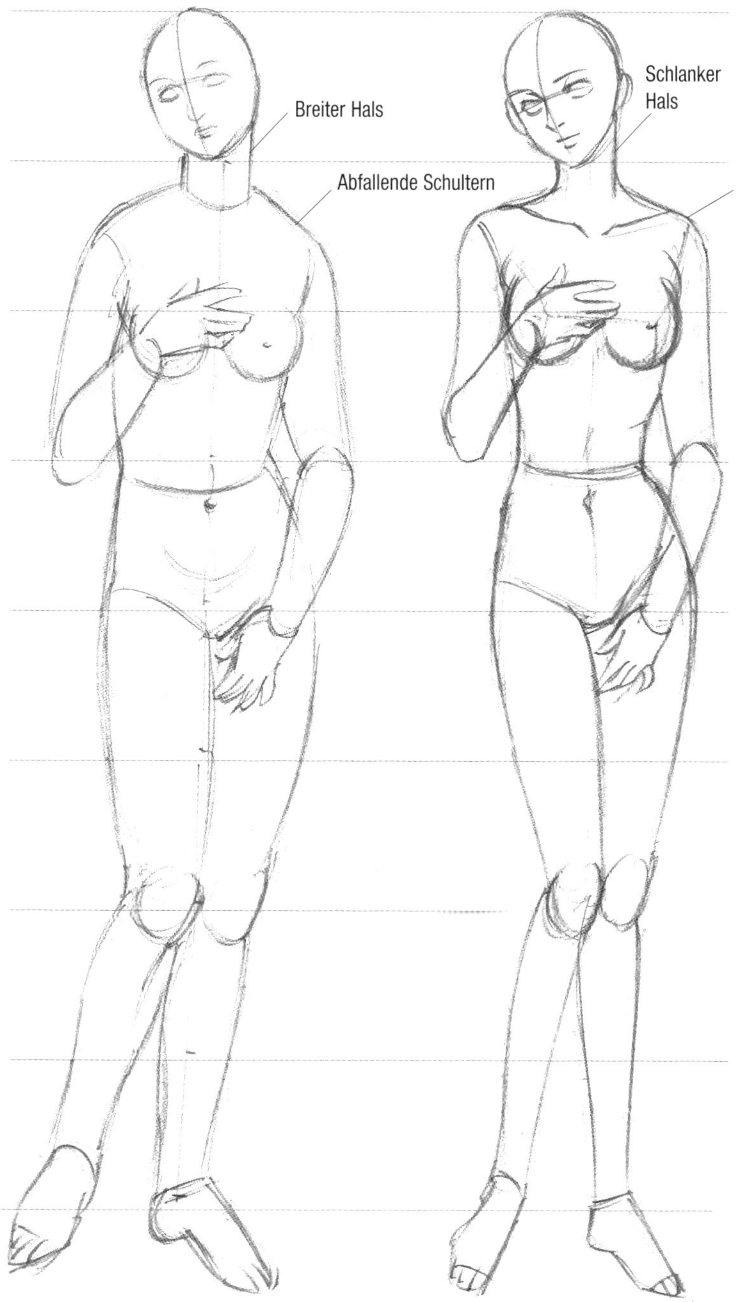

Hals, Arme, Taille und Beine sind füllig. Die Muskulatur wird nicht hervorgehoben.

Hals, Arme, Taille und Beine sind um ein Drittel schlanker geworden. Die Muskeln und die Knochenstruktur werden ein wenig betont.

Je nach Art der Stilisierung kann man mit denselben Proportionen völlig unterschiedliche Charaktere erschaffen. Die aktuellen Schönheitsideale lassen sich darin erkennen, welche Teile des Körpers besonders betont oder stilisiert werden.

Charaktere unterschiedlich stilisieren

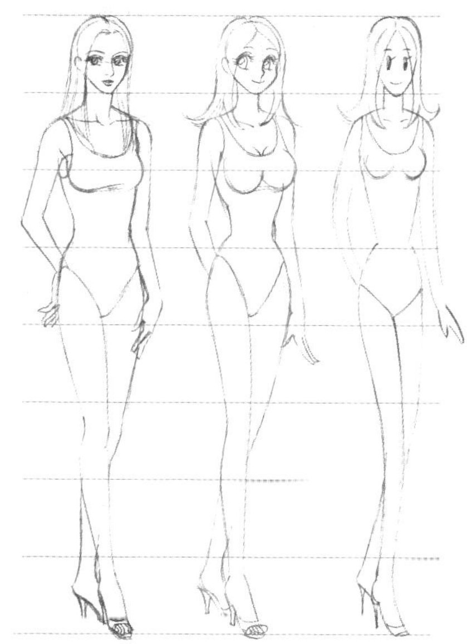

Wenn man zuerst bestimmt, was man in welchem Stil betonen möchte, und daraufhin die Figur stilisiert, kann man aus ein und denselben Proportionen eine große Bandbreite an unterschiedlichen Charakteren produzieren.

Kleidung zeichnen: Figur mit attraktiven Proportionen

Zeichne zuerst eine unbekleidete Figur und füg anschließend die Kleidung hinzu.

Die unbekleidete Figur zeichnen

Die Figur muss nicht realistisch gezeichnet werden, aber die folgenden Punkte sollte man trotzdem beachten

Kopf-Körper-Verhältnis 1:7

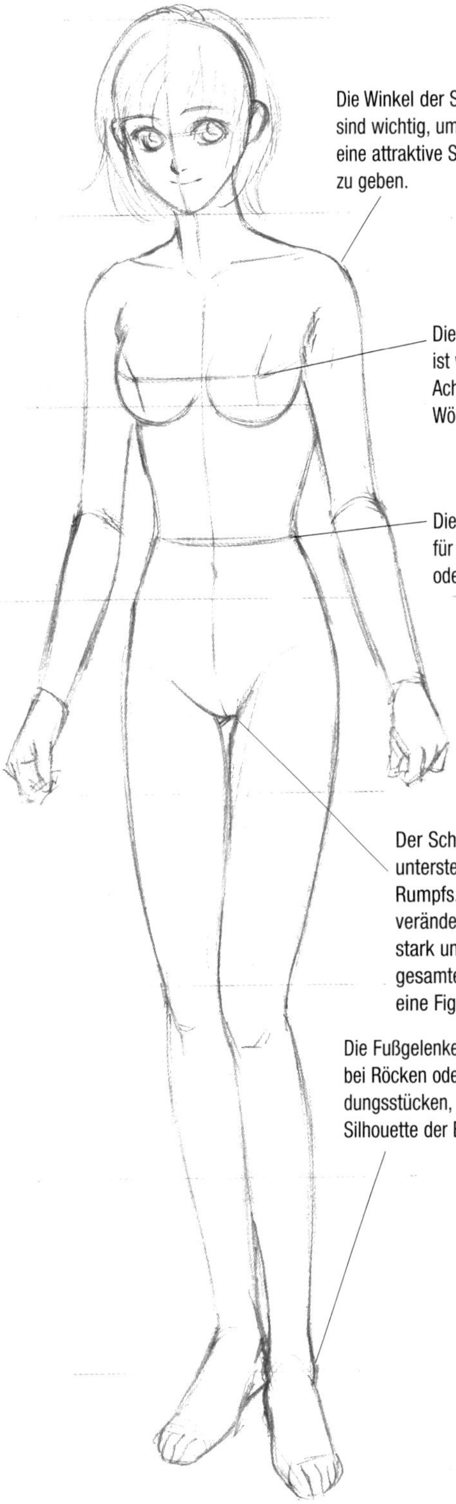

Die Winkel der Schultern sind wichtig, um der Figur eine attraktive Silhouette zu geben.

Die Position der Brustwarzen ist wichtig für die Lage der Achselhöhlen und für die Wölbung der Brust.

Die Taille ist eine Richtlinie für den Bund von Hosen oder Röcken.

Der Schritt markiert den untersten Punkt des Rumpfs. Seine Position verändert die Proportionen stark und beeinflusst den gesamten Eindruck, den eine Figur macht.

Die Fußgelenke sind wichtig bei Röcken oder anderen Kleidungsstücken, bei denen man die Silhouette der Beine sieht.

Verwende eine ovale Form, wenn du die Verbindung zwischen Schulter und Arm zeichnest.

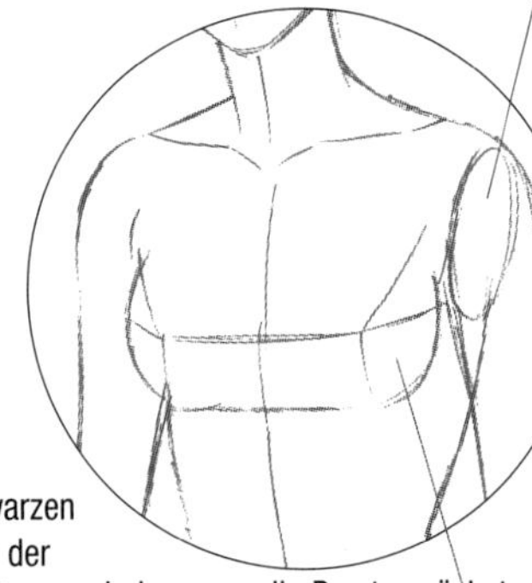

Indem man die Brust zunächst mit abstrakten geometrischen Formen zeichnet, lässt sie sich leichter dreidimensional darstellen.

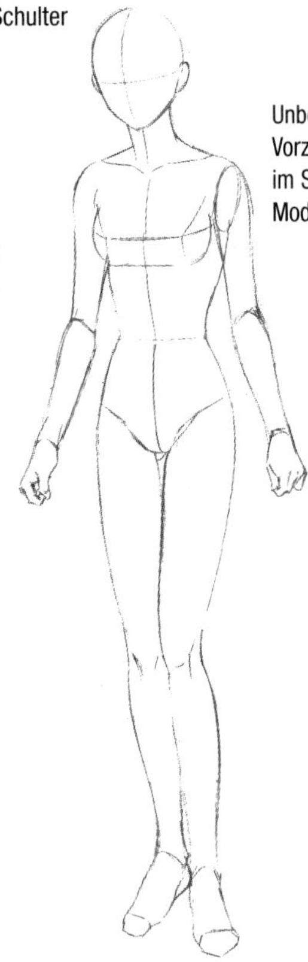

Unbekleidete Vorzeichnung im Stil einer Modellpuppe

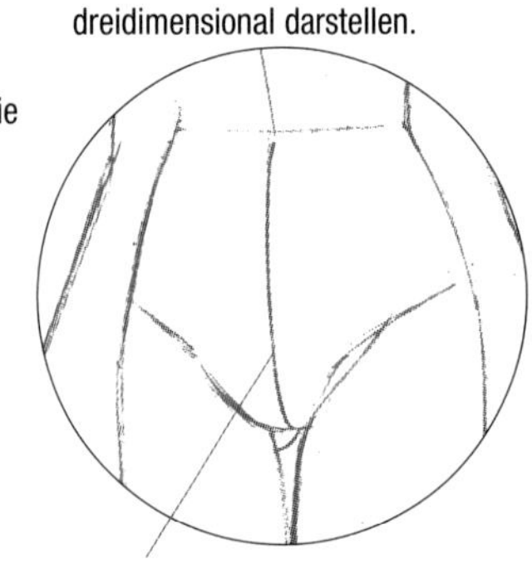

Hier sieht man die Stelle, an der Oberschenkel und Hüfte miteinander verbunden sind. Wenn die Beine durch einen Rock verdeckt werden, achte beim Zeichnen bewusst auf die Position des Schritts und beginne dort, wo Oberschenkel und Hüfte miteinander verbunden sind, um eine schöne Silhouette zu erreichen.

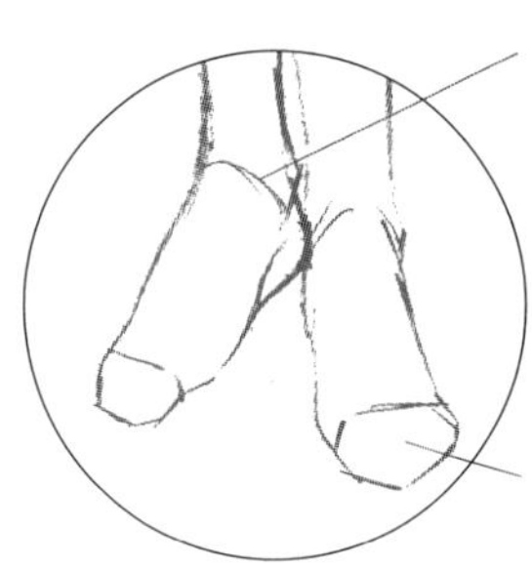

Zeichne dort, wo Fuß und Fußgelenk aufeinandertreffen, eine bogenförmige Linie ein, um die Dreidimensionalität der Beine einfacher zu erfassen.

Die Zehen sind hier einfach als ein Block dargestellt.

Überleg dir vorher, was der Charakter anziehen soll, z.B.:

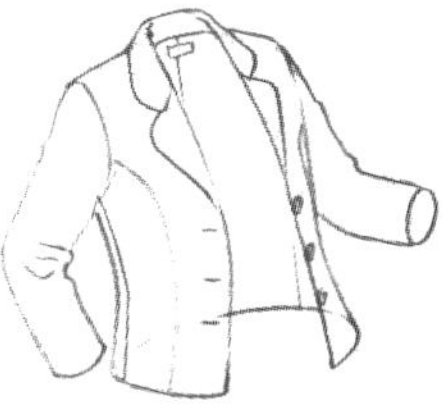

Kurzes Jackett mit engen Ärmeln

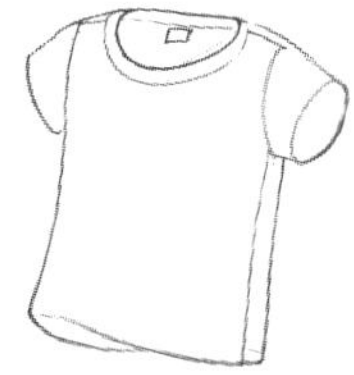

T-Shirt

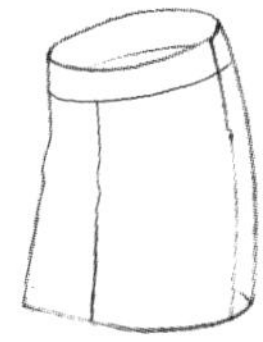

Kurzer Hüftrock

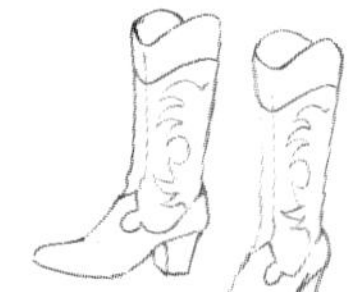

Cowboystiefel

Die Kleidung zeichnen

Erfass beim Zeichnen auch besondere Eigenheiten der Kleidung.

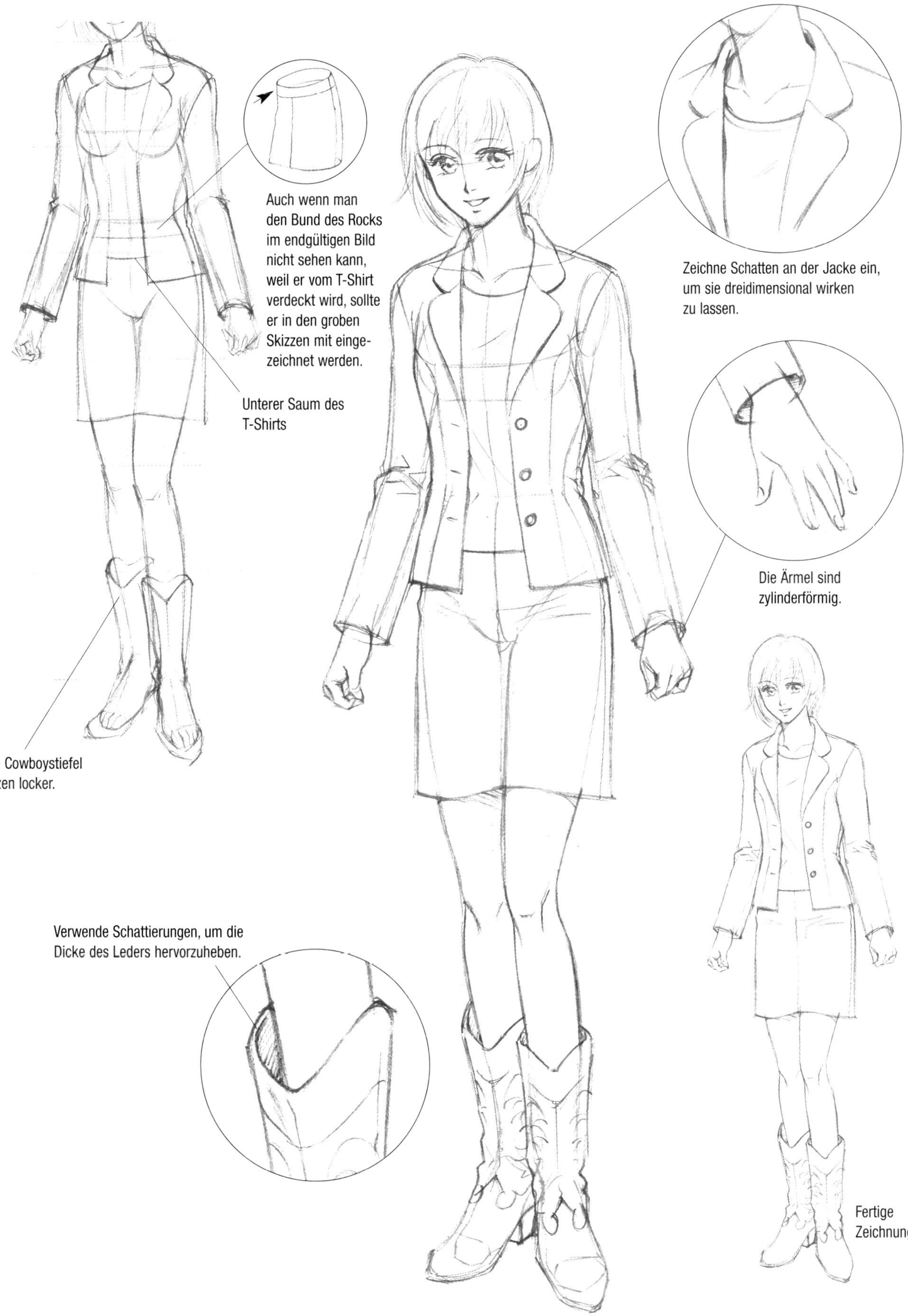

Chibi-Charaktere: Kopf-Körper-Verhältnis zwischen 1:4 und 1:2

Die typischen kurzen Beine lassen die Proportionen der Chibi-Charaktere niedlich wirken. Die Beine sollten weniger als die Hälfte der Körperlänge einnehmen, um kurz auszusehen.

Kopf-Körper-Verhältnis von 1:4

Gewöhnliche Proportionen

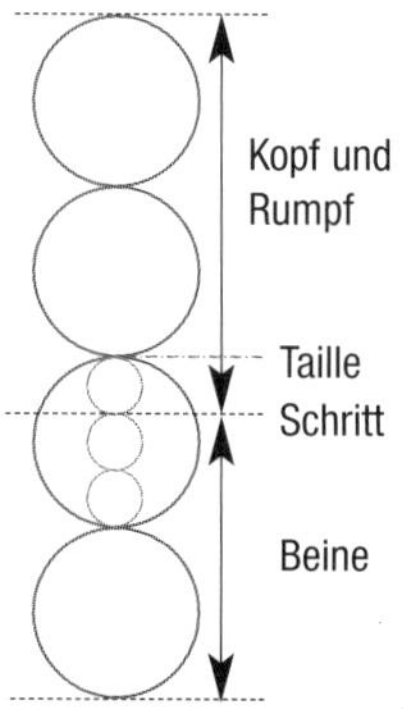

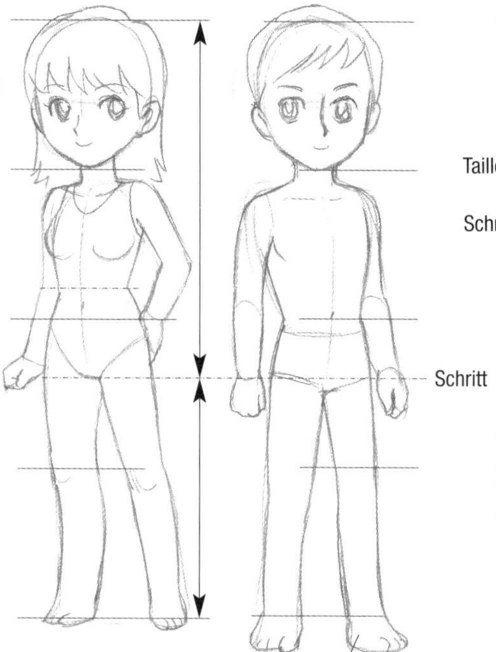

Zeichne den Schritt ein wenig unterhalb der Hälfte der Körperlänge ein.

Zeichne die Beine kräftig, um hervorzuheben, dass der Charakter männlich ist. Seine Beine sind etwas länger als die der weiblichen Figur mit denselben Proportionen, um hervorzuheben, dass er größer ist als sie.

Niedliche Proportionen

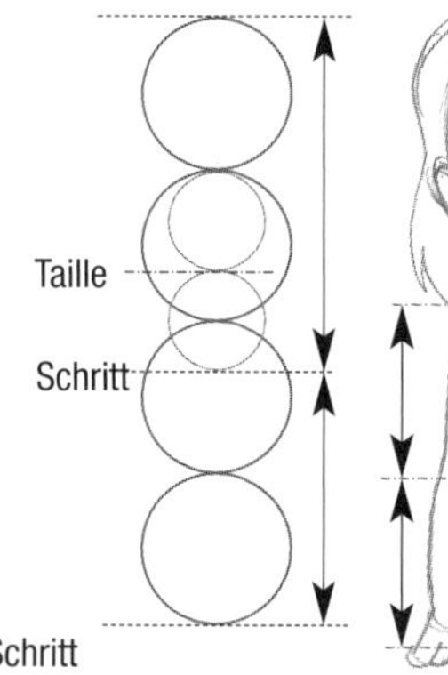

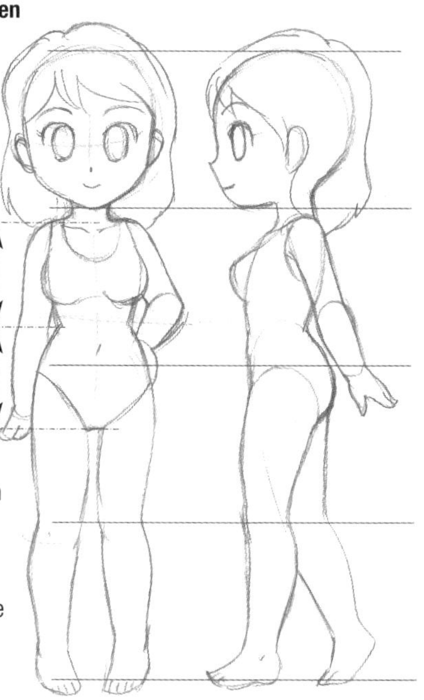

Wenn man die Position der Taille nach oben verschiebt, die Position des Schritts aber beibehält, wirkt der Charakter, als hätte er ein Kopf-Körper-Verhältnis von 1:3.

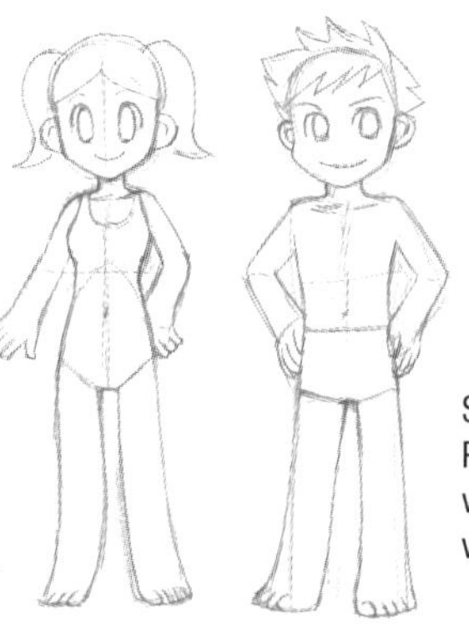

Stärker stilisierte Figuren mit gewöhnlichen Proportionen. Die Silhouette des Körpers ist vereinfacht und Hände und Füße wurden vergrößert.

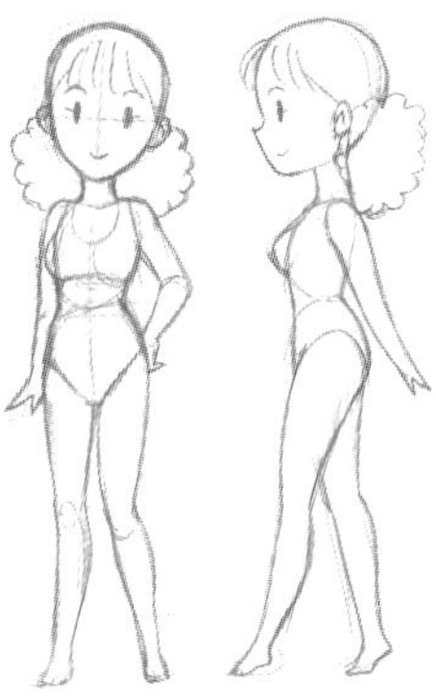

Eine stärker stilisierte Figur mit niedlichen Proportionen. Der ganze Körper ist schlanker gezeichnet.

Proportionen mit langen Beinen

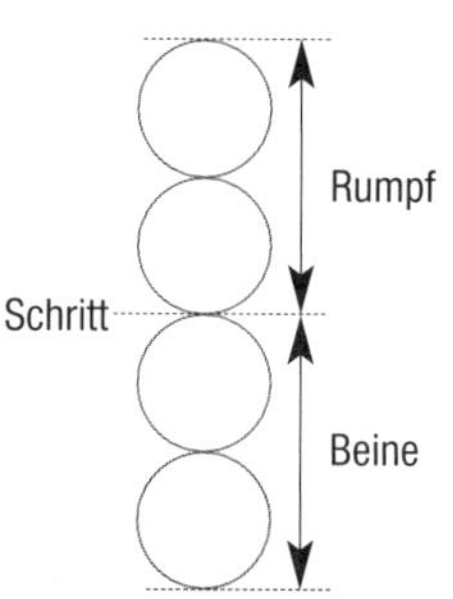

Der Schritt befindet sich auf der Hälfte der Körperlänge, wodurch die Proportionen verzerrt werden.

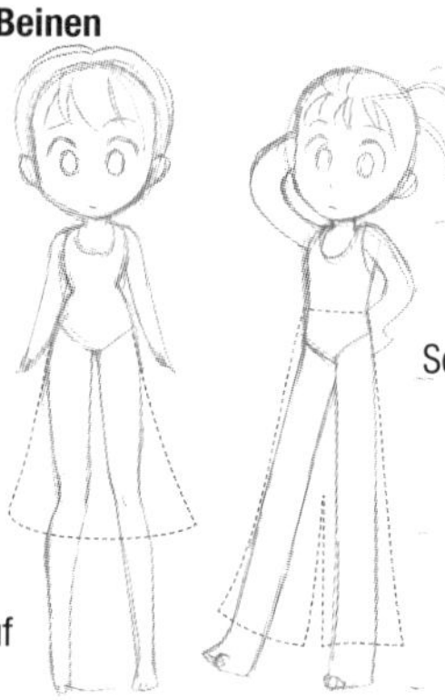

Zeichne lange Röcke oder Hosen.

Proportionen mit langem Rumpf

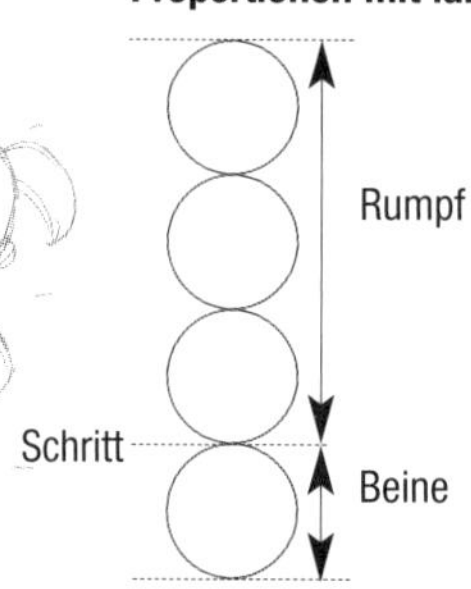

Die Beine sind extrem kurz und nehmen nur ein Viertel der gesamten Körperlänge ein.

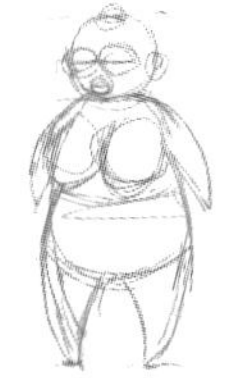

Die Proportionen sind wie bei einer Tonfigur aus der Steinzeit.

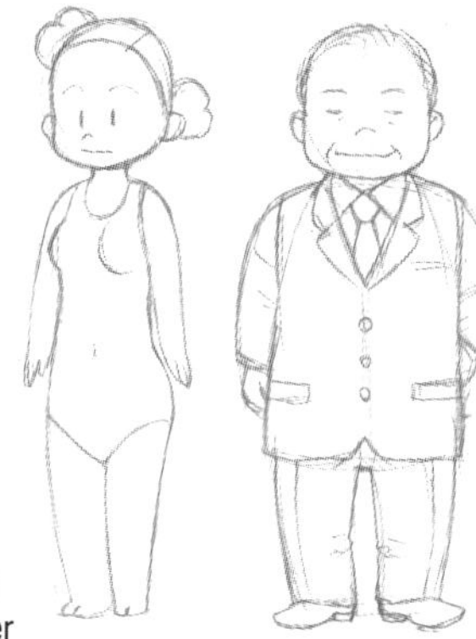

Diese Proportionen werden häufig für Manga-Charaktere mittleren Alters verwendet.

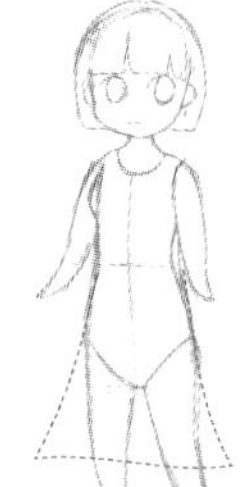

Vergiss nicht, normalen weiblichen Charakteren durch einen Rock oder ähnliche Kleidung einen femininen Touch zu geben.

Kopf-Körper-Verhältnis von 1:3

Durch die Position der Taille und des Schritts wird die Balance des Körpers verändert. Indem man die Breite des Rumpfes verändert, kann man eine Vielzahl an unterschiedlichen Charakteren darstellen.

Gewöhnliche Proportionen

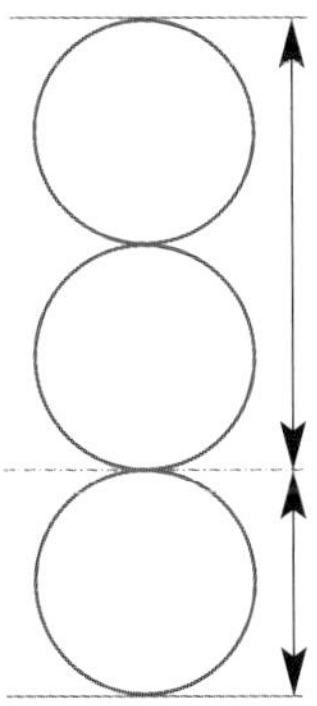

Zeichne Rumpf und Beine gleich lang.

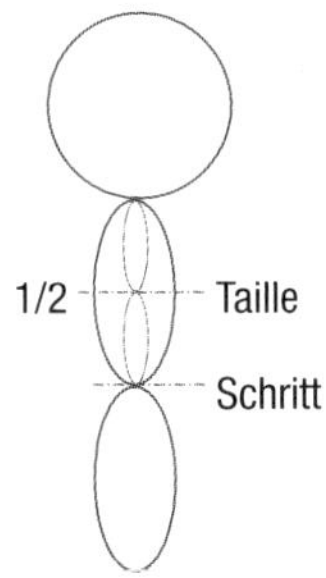

Bei dieser Figur befindet sich die Taille genau in der Mitte des Rumpfes.

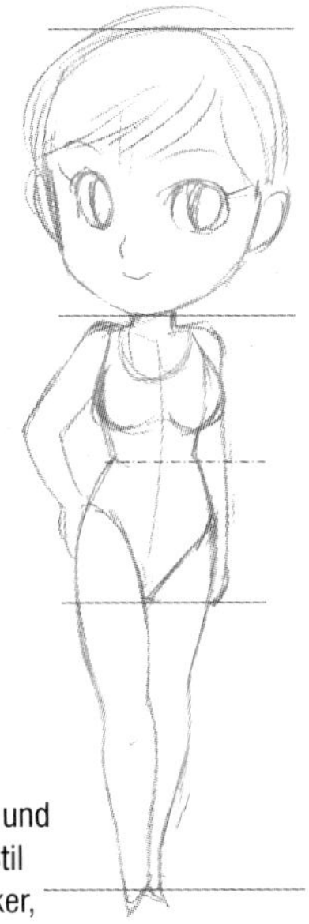

Wenn man der Figur einen schmalen Rumpf gibt und Arme und Beine in einem realistischeren Stil ausarbeitet, entsteht ein schlanker, erwachsen wirkender Charakter.

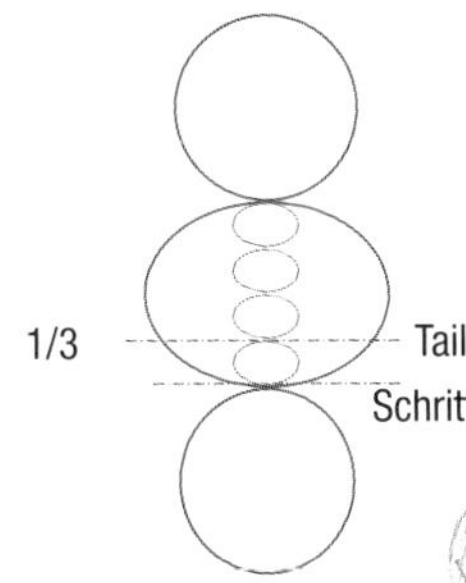

Die Taille teilt das unterste Viertel des Rumpfes ab.

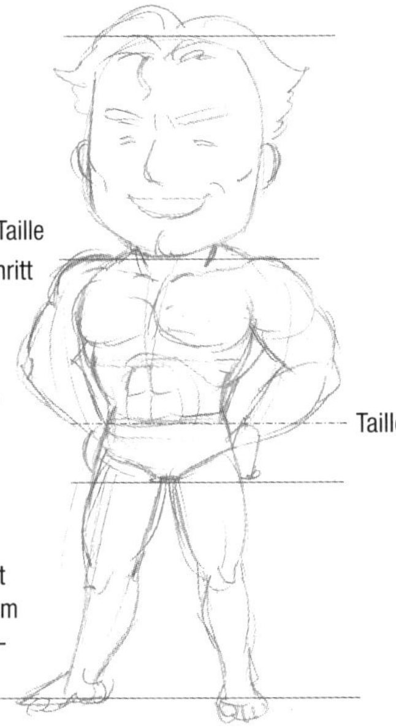

Indem man den Rumpf breit zeichnet und die Muskeln am ganzen Körper deutlich ausarbeitet, lässt man den Charakter stämmig und stark wirken.

Proportionen mit langen Beinen

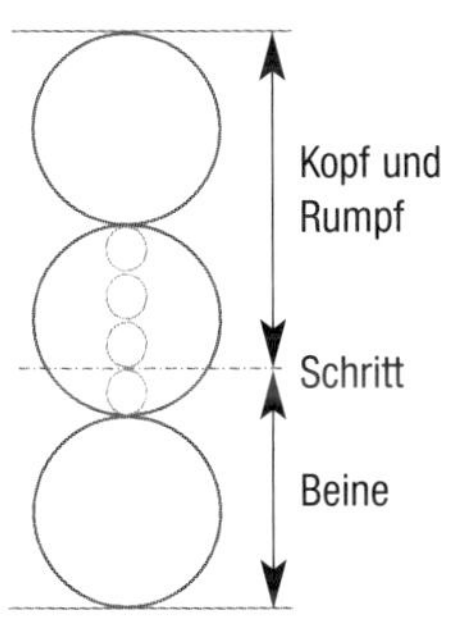

Zu lange Beine sehen hier nicht gut aus. Verkürz den Torso um nicht mehr als ein Viertel.

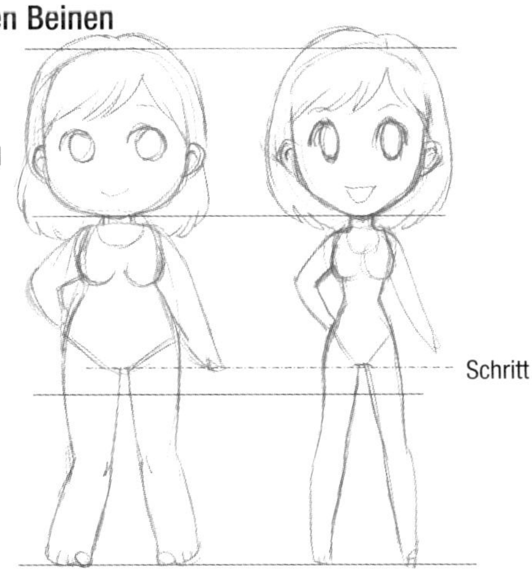

Rundlicher Charakter   Dünner Charakter

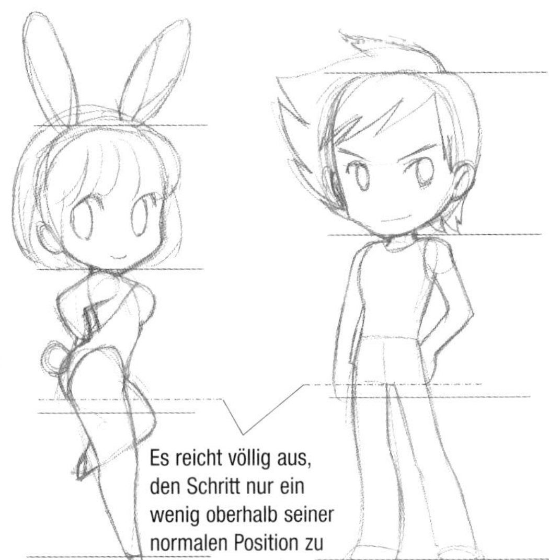

Es reicht völlig aus, den Schritt nur ein wenig oberhalb seiner normalen Position zu platzieren, um den Eindruck langer Beine zu erzeugen.

Proportionen mit langem Rumpf

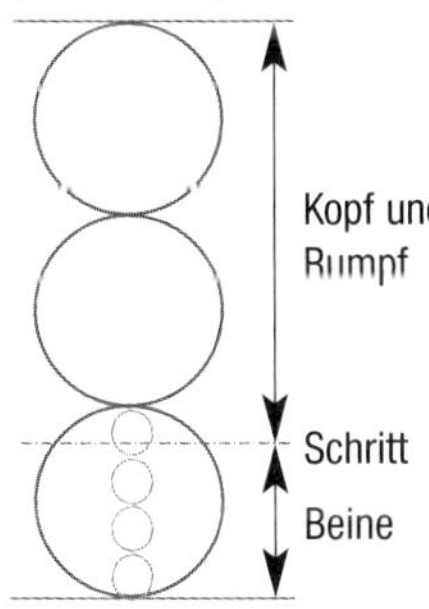

Da bei diesen Proportionen die Beine kurz sein sollen, ist der Schritt bis zu eine Viertellänge weiter unten als sonst positioniert.

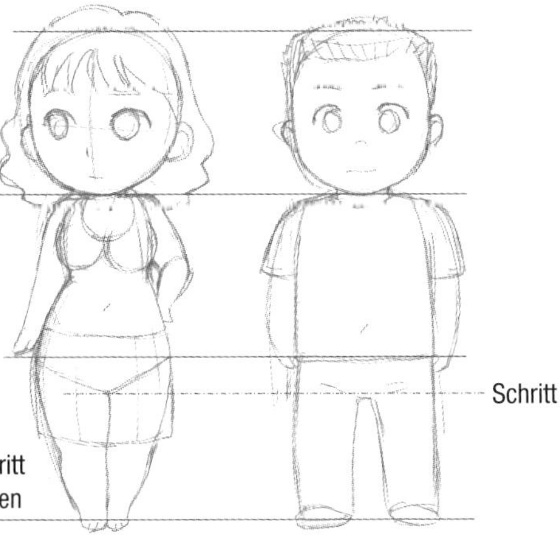

Auch mit kurzen Beinen kann man dynamische Bewegungen darstellen.

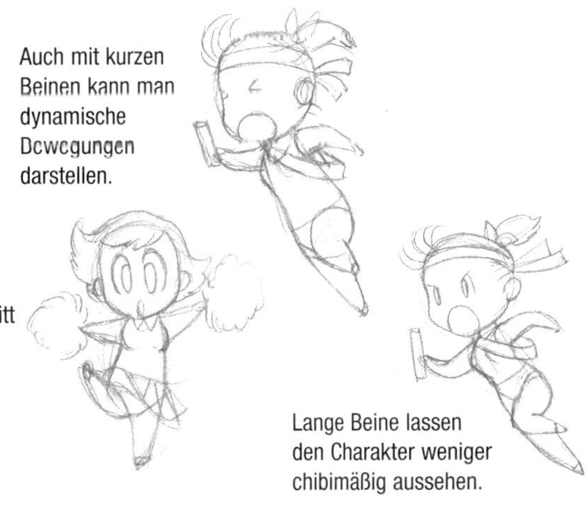

Lange Beine lassen den Charakter weniger chibimäßig aussehen.

Kopf-Körper-Verhältnis von 1:2

Auch hier gilt der Grundsatz, dass durch die Position von Taille und Schritt die Balance des Körpers verändert wird. Da für Rumpf und Beine nur eine Kopflänge zur Verfügung steht, ändert sich die Balance des Körpers bereits sehr stark, wenn man Taille und Schritt nur leicht verschiebt.

Gewöhnliche Proportionen

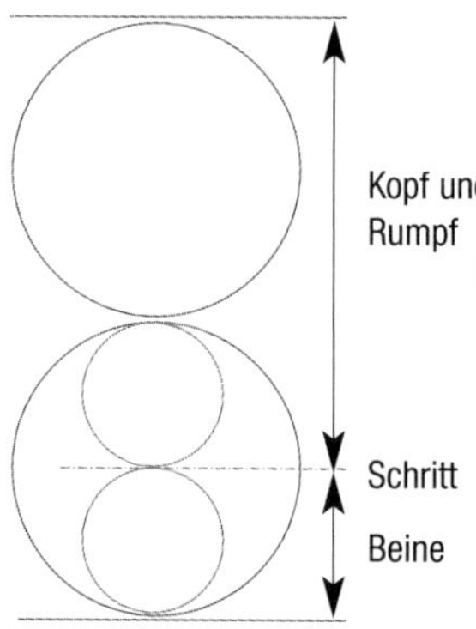

Rumpf und Beine haben ungefähr die gleiche Länge.

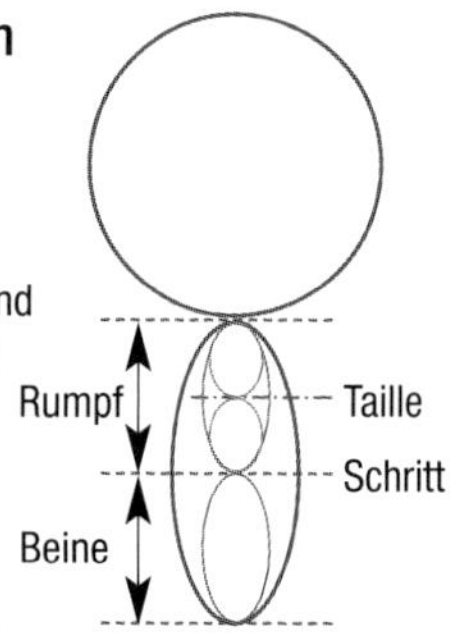

Hier befindet sich die Taille in der Mitte des Rumpfes.

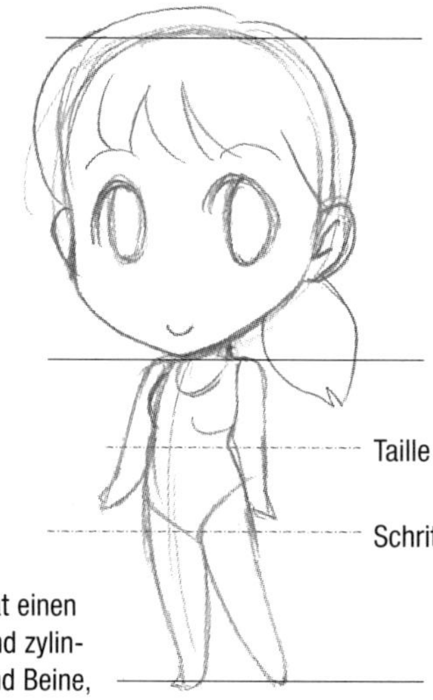

Dieser Charakter hat einen schmalen Rumpf und zylinderförmige Arme und Beine, um schlank zu wirken.

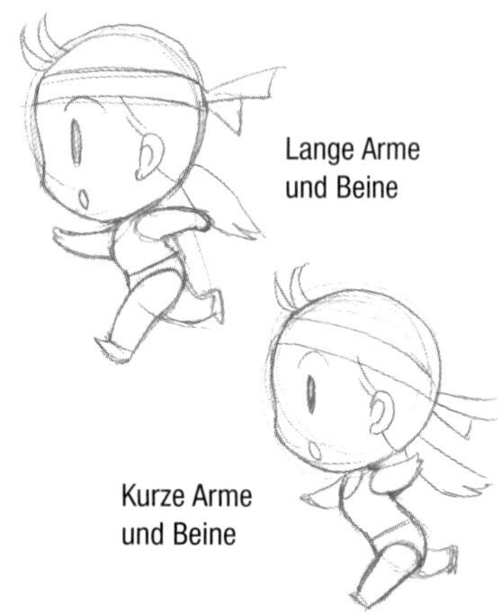

Die Länge von Armen und Beinen verändert sich entsprechend der Länge des Rumpfes. Sowohl mit kurzen als auch mit langen Armen und Beinen lassen sich dynamische Bewegungen darstellen.

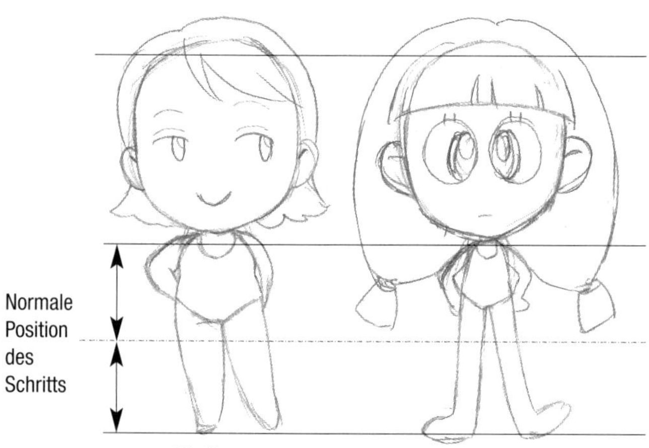

Für längere Beine wird die Position des Schritts nach oben verschoben. Eine Taille lässt sich nicht richtig einzeichnen.

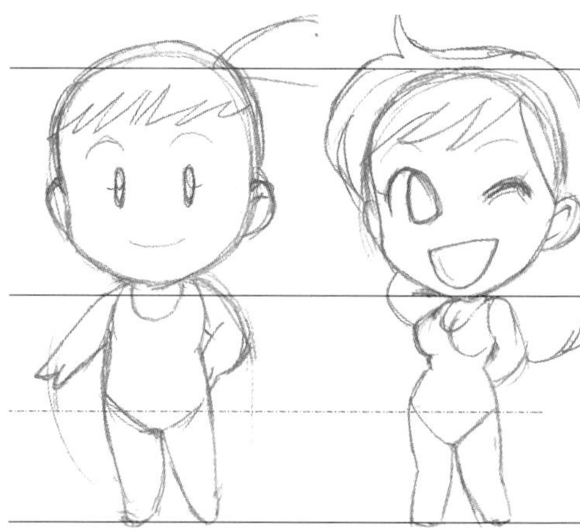

Für eine Figur mit einem längeren Rumpf wird die Position des Schritts nach unten verschoben. Die Taille sollte deutlich eingezeichnet werden.

Kopf-Körper-Verhältnis von 1:2,5

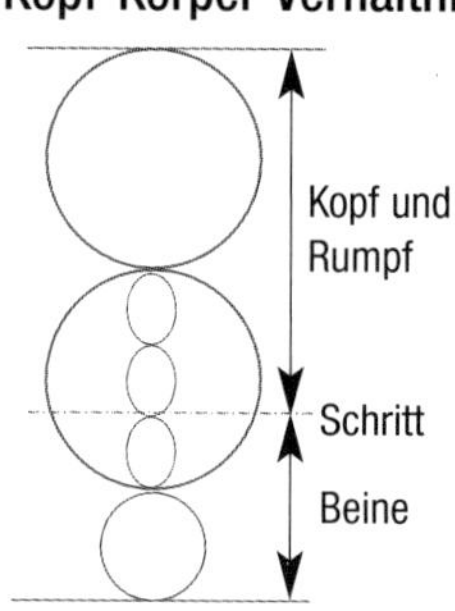

Diese Charaktere wirken, als hätten sie ein Kopf-Körper-Verhältnis von 1:3. Zeichne zunächst einen Charakter mit einem Kopf-Körper-Verhältnis von 1:2 und langem Rumpf und verlänger anschließend die Beine.

Gewöhnliche Proportionen

Proportionen mit langem Rumpf

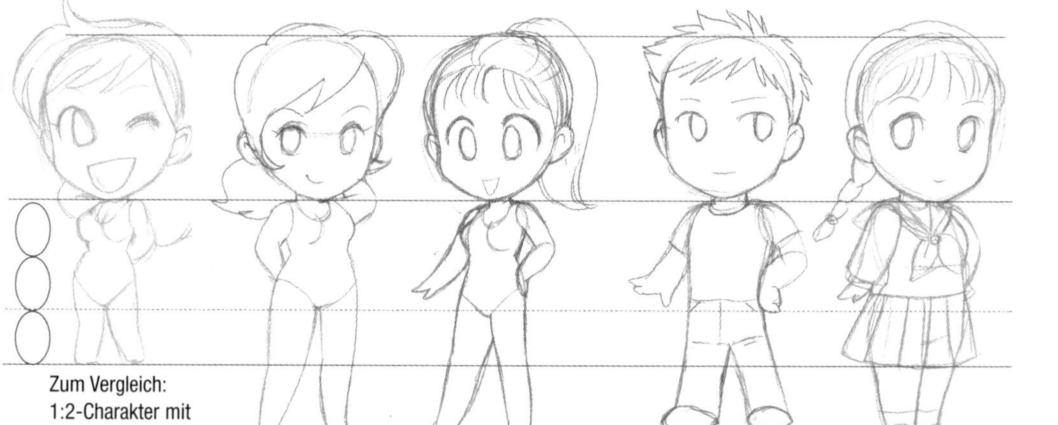

Zum Vergleich: 1:2-Charakter mit langem Rumpf

Die wichtigsten Punkte beim Ändern des Kopf-Körper-Verhältnisses

Zeichne Kopf, Rumpf und Beine in drei separaten Einheiten.

Die Anzahl der Einheiten bleibt unabhängig vom Kopf-Körper-Verhältnis immer gleich. Die unterschiedlichen Proportionen der Einheiten Kopf, Rumpf und Beine zueinander machen den Unterschied zwischen den Kopf-Körper-Verhältnissen aus.

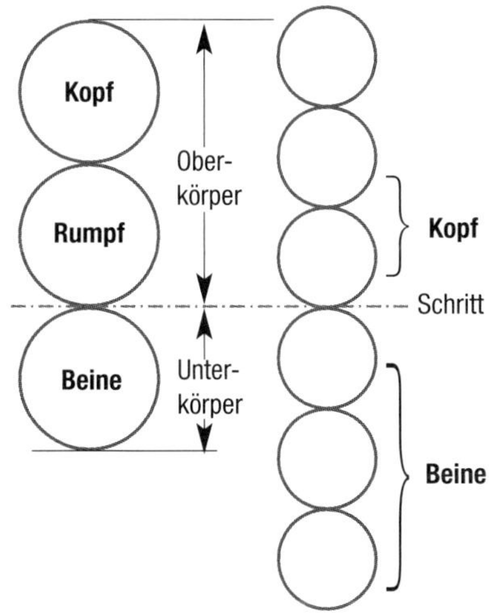

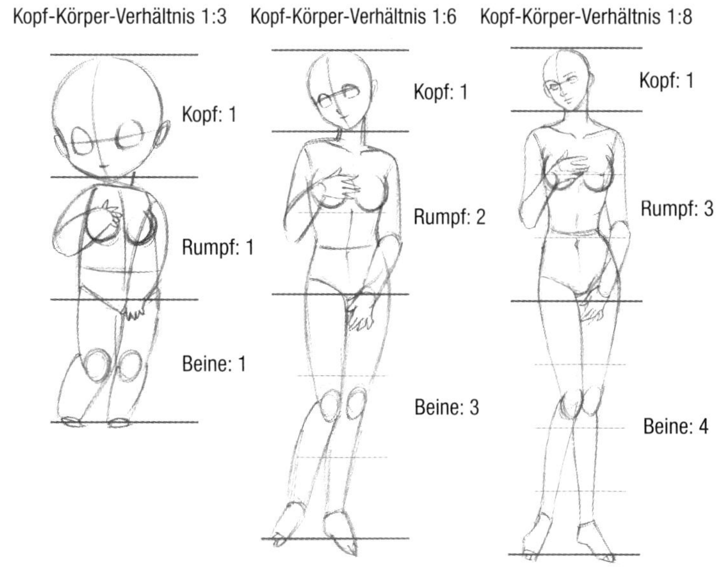

Der Schritt als Grenze zwischen Ober- und Unterkörper

Kopf-Körper-Verhältnis 1:3

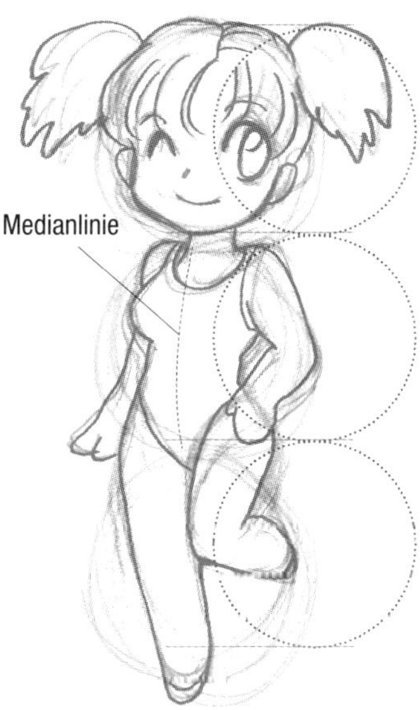

Bestimm zuerst das Kopf-Körper-Verhältnis, das du verwenden möchtest, und zeichne dann die Kopf-Einheiten in Form von Kreisen auf.

Beispiel: Für ein Kopf-Körper-Verhältnis von 1:6 benötigt man sechs Kreise.

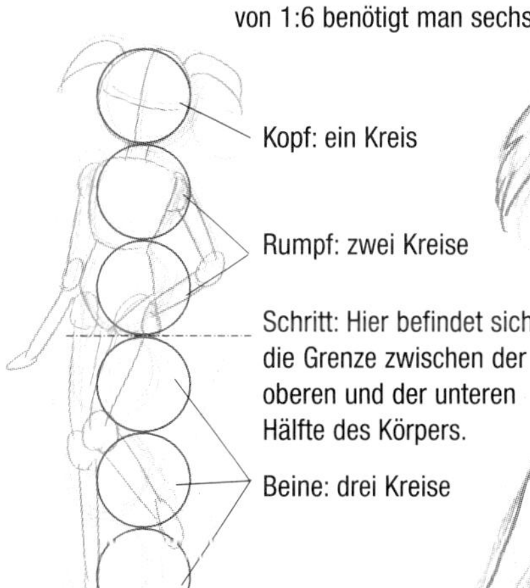

Die Kreise bestimmen die Länge von Ober und Unterkörper.

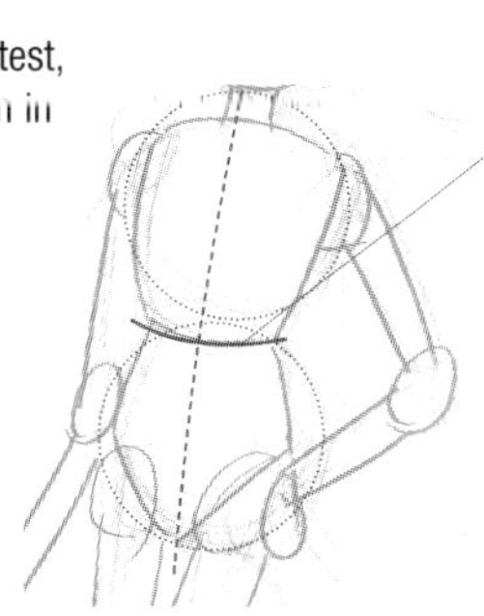

Nachdem du die Kreise für den Rumpf gezeichnet hast, füg eine Linie für die Taille hinzu. So lässt sich die Silhouette des Körpers besser erfassen.

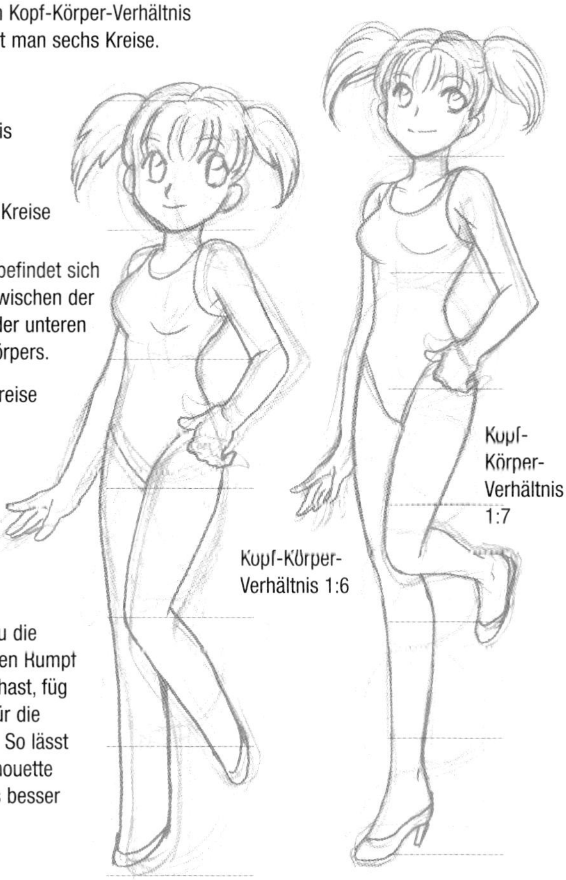

Je höher das Kopf-Körper-Verhältnis, desto länglicher wird auch das Gesicht des Charakters.

Kopf-Körper-Verhältnisse auf einen Blick

Unrealistische Kopf-Körper-Verhältnisse

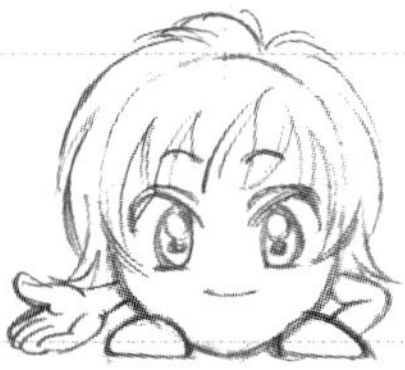

1:1

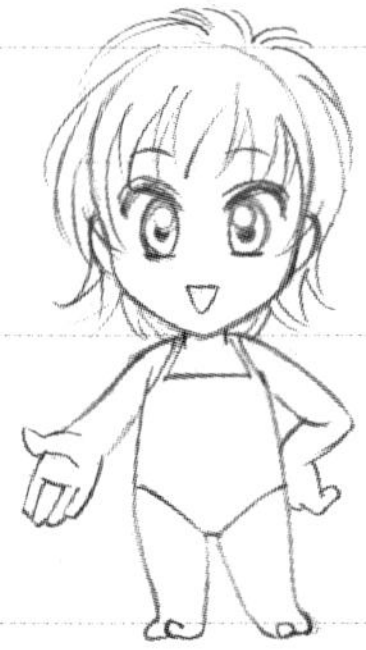

1:2

Realistische Kopf-Körper-Verhältnisse (Kinder)

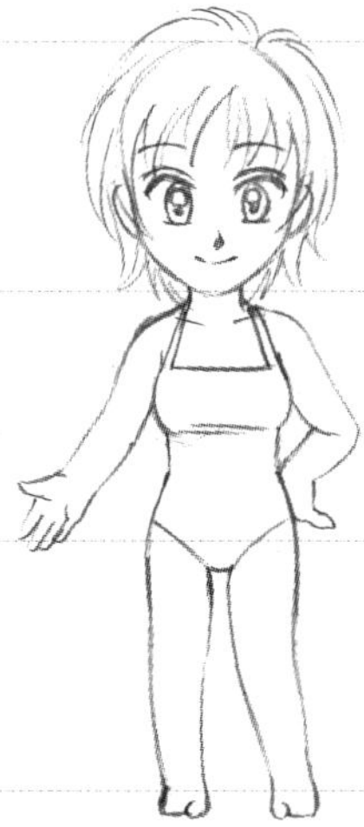

1:3

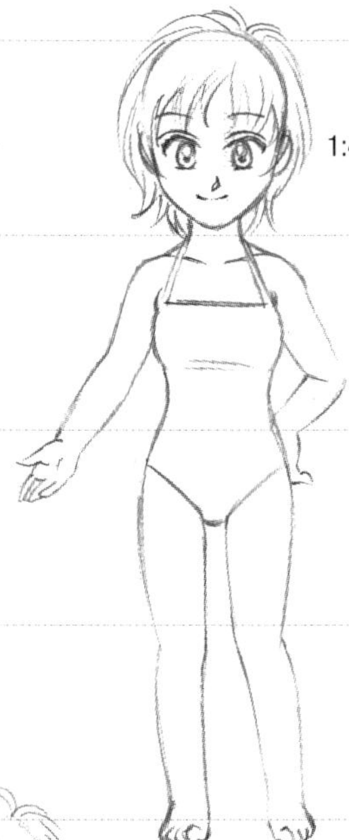

1:4

Realistische Kopf-Körper-Verhältnisse

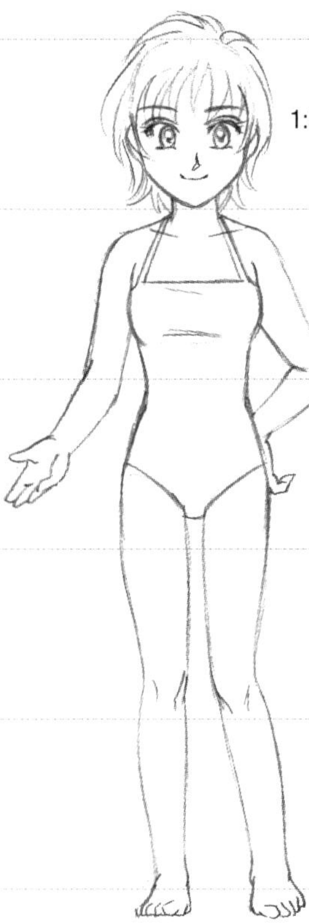

1:5

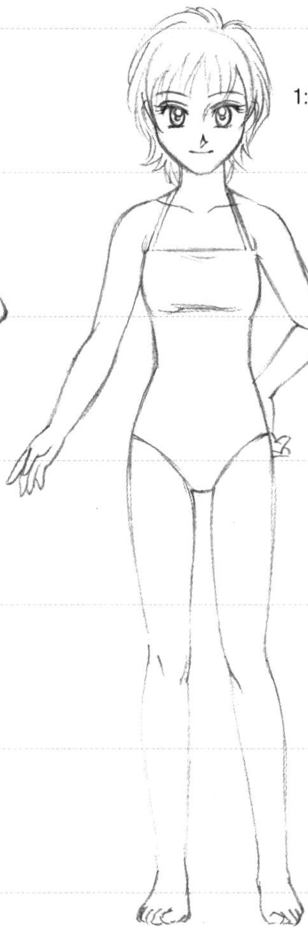

1:6

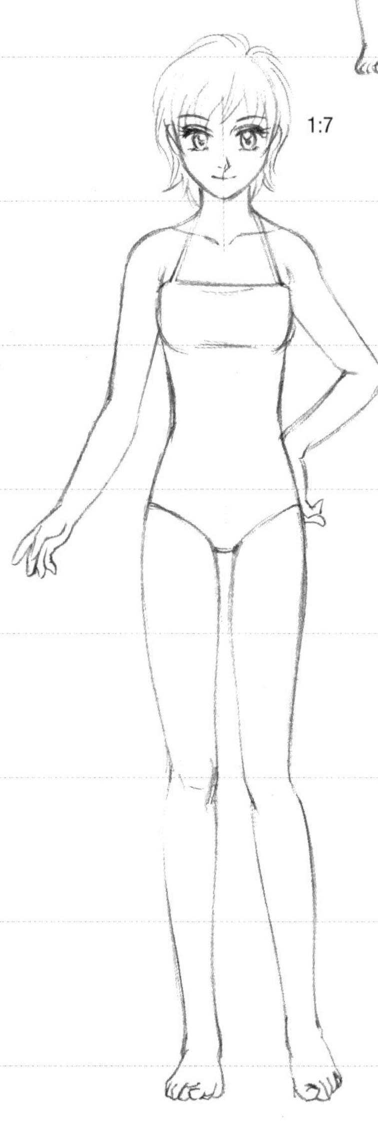

1:7

Eher ungewöhnliche Kopf-Körper-Verhältnisse

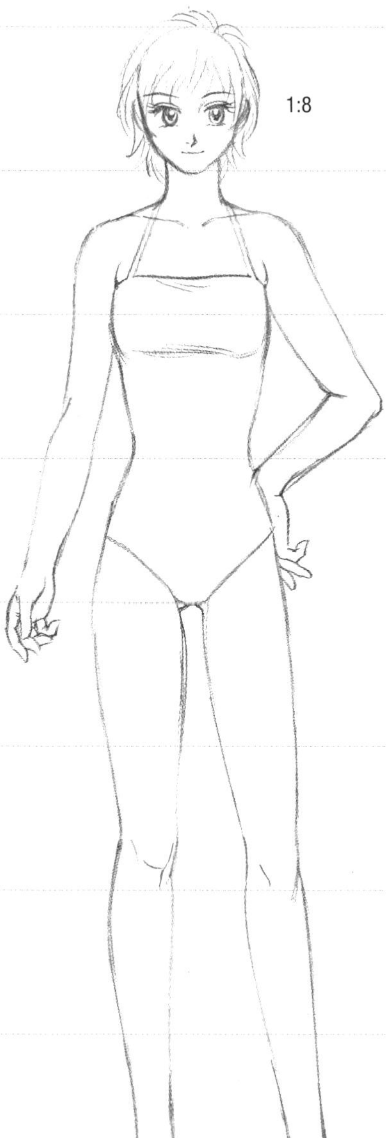

1:8

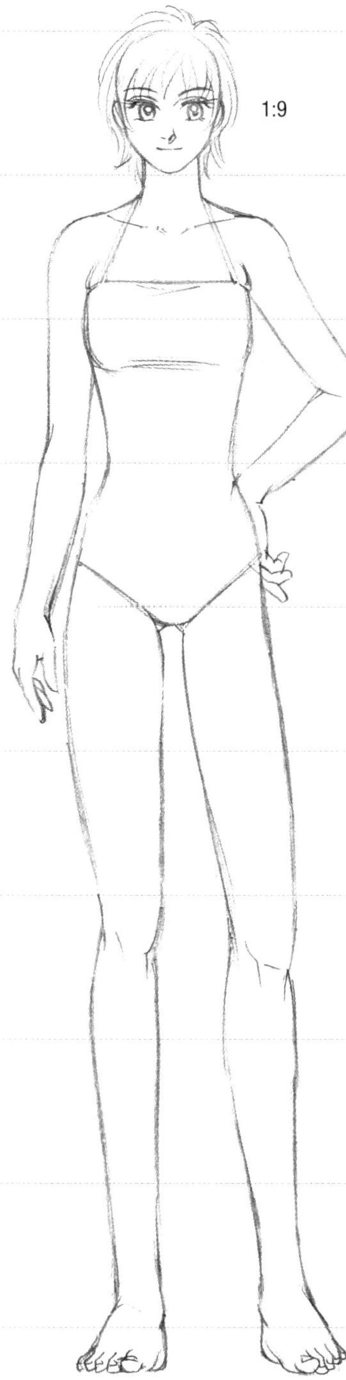

1:9

Unrealistisches Kopf-Körper-Verhältnis

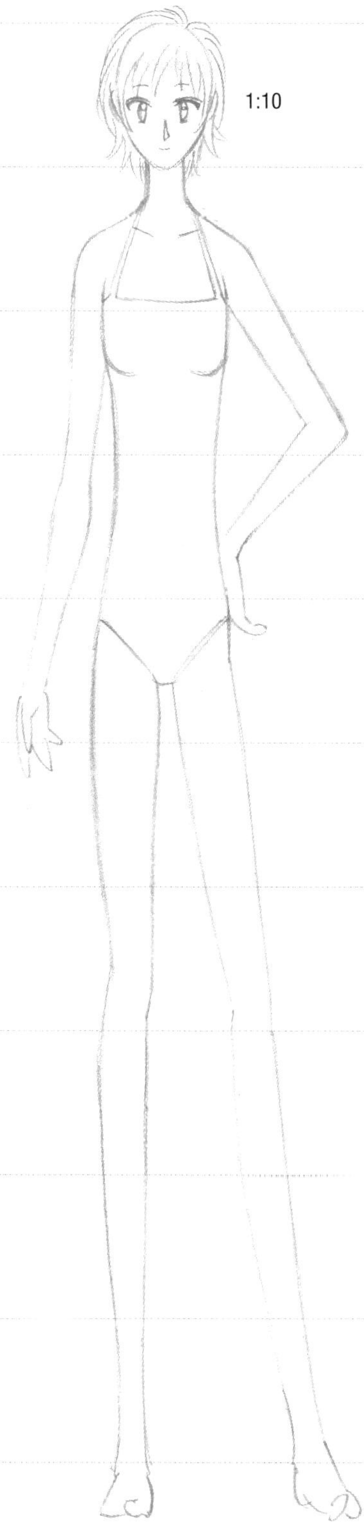

1:10

Proportionen von Chibi-Figuren als Grundlage für das Skizzieren verschiedener Kopf-Körper-Verhältnisse

Beim Skizzieren von Chibi-Charakteren ist nicht nur die Balance der Proportionen wichtig, sondern auch, das Zeichnen von Kopf-Körper-Verhältnissen auf seine wichtigsten Eigenschaften zu reduzieren. Auf den folgenden Seiten wird gezeigt, wie man Chibi-Charaktere entwirft. Dabei lernst du gleichzeitig, das Zeichnen der verschiedensten Kopf-Körper-Verhältnisse zu beherrschen und die eigenen Zeichenfähigkeiten zu verbessern.

Kopf-Körper-Verhältnis 1:2: Stark stilisierte Charaktere, die als Werbefiguren oder in kleinen Illustrationen verwendet werden.

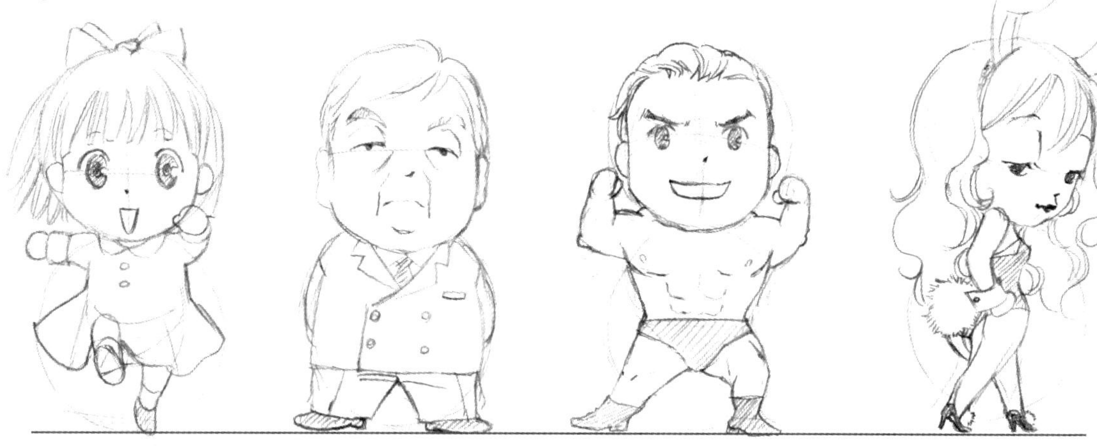

Kopf-Körper-Verhältnis 1:3: Charaktere, die niedliche Bewegungen machen und in kleinen Illustrationen und Manga verwendet werden.

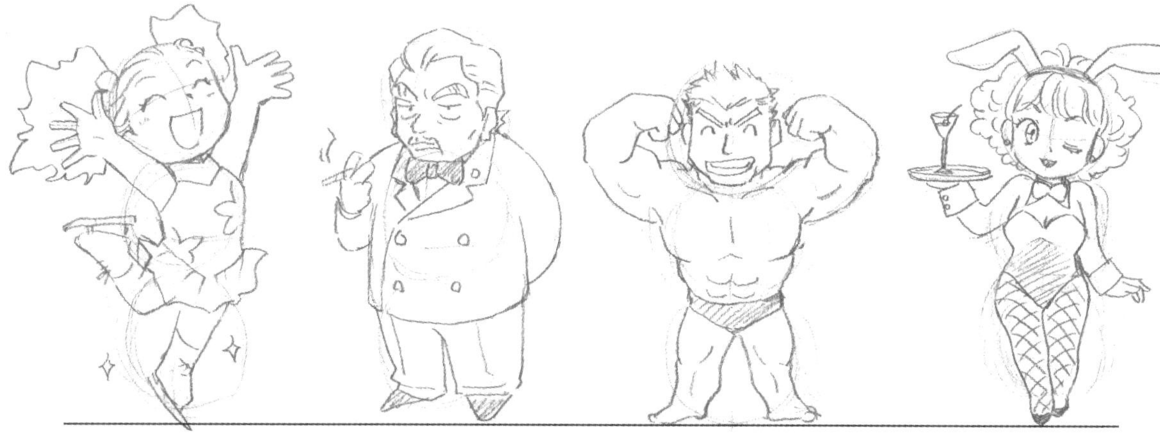

Kopf-Körper-Verhältnis 1:4: Charaktere mit relativ realistisch aussehenden Formen und Bewegungen, die für Manga oder Illustrationen verwendet werden.

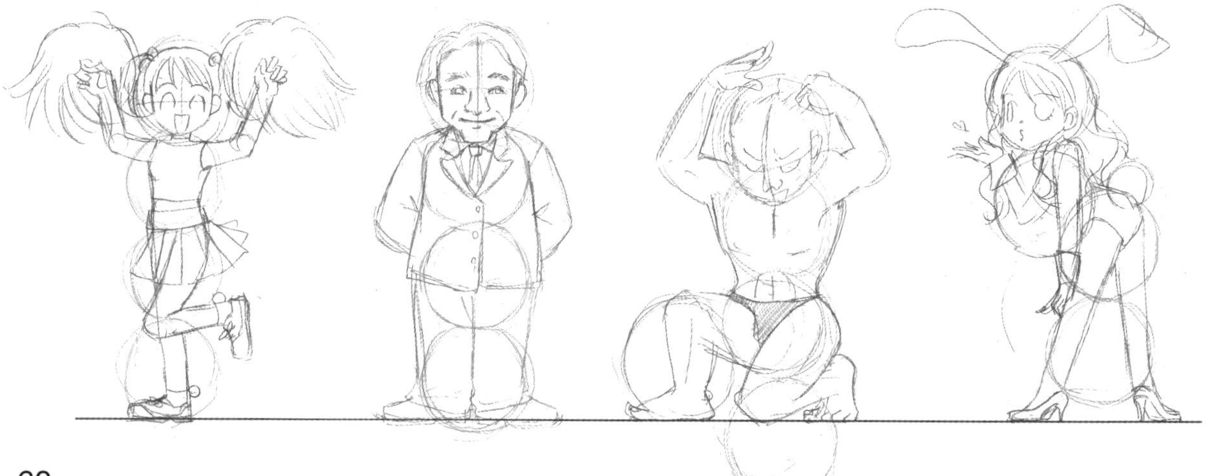

Die Proportionen eines Chibi-Charakters

Charaktere mit einem Kopf-Körper-Verhältnis zwischen 1:2 und 1:4 haben normalerweise große Köpfe und kurze Beine. Die Grundlagen für das Zeichnen sind dieselben wie bei einem Charakter mit attraktiven Proportionen: Zuerst wird die Balance zwischen Kopf, Körper und Rumpf festgelegt und dann die Figur skizziert. Die Balance der Proportionen lässt sich allerdings bei Chibi-Charakteren leichter erfassen. Durch das Skizzieren von Chibi-Charakteren lassen sich die Grundlagen für die Proportionen verschiedenster Charaktere erlernen.

Kopf-Körper-Verhältnis 1:2

Charaktere mit diesem Kopf-Körper-Verhältnis sind entweder kugelrund oder gertenschlank.

Kugelrunder Typ: Körper sowie Arme und Beine sind rundlich.

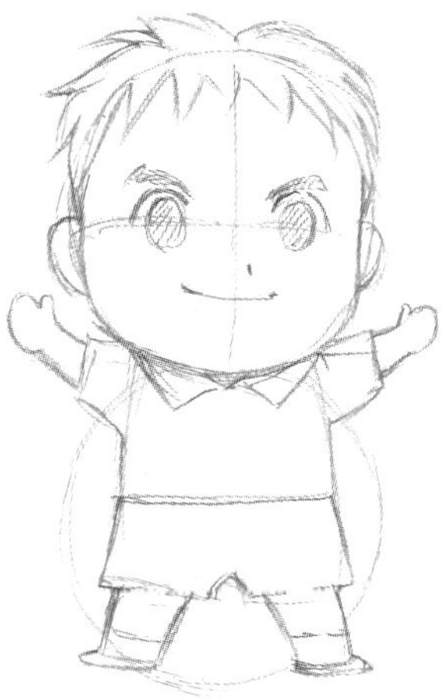

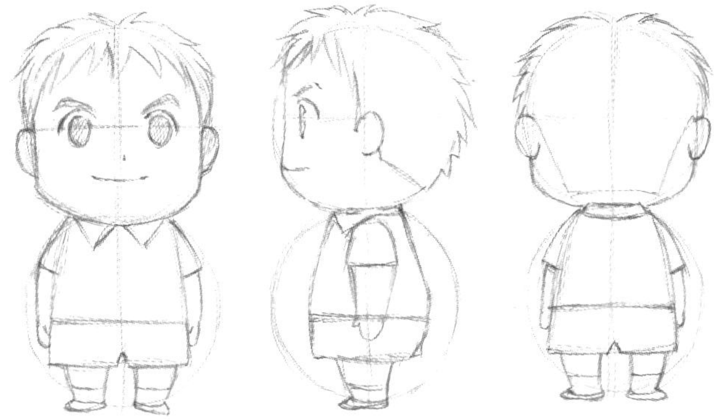

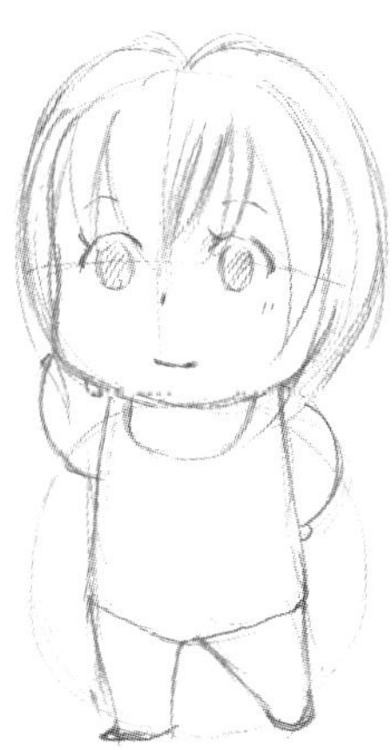

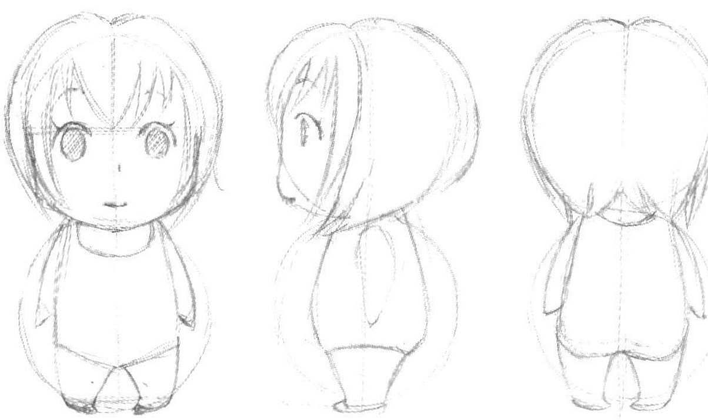

Auch von der Seite betrachtet ist die Figur kugelig.

Gertenschlanker Typ: Körper sowie Arme und Beine sind schlank und schmal.

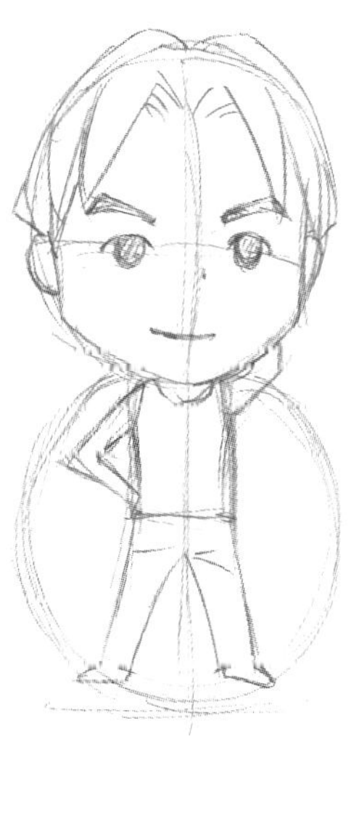

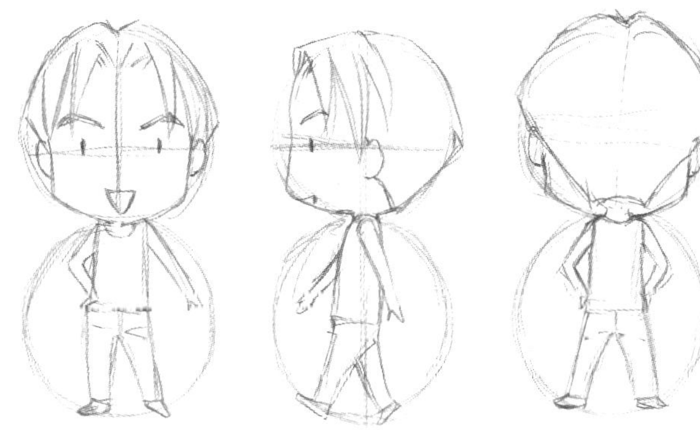

Der Körper ist von allen Seiten betrachtet etwa gleich breit.

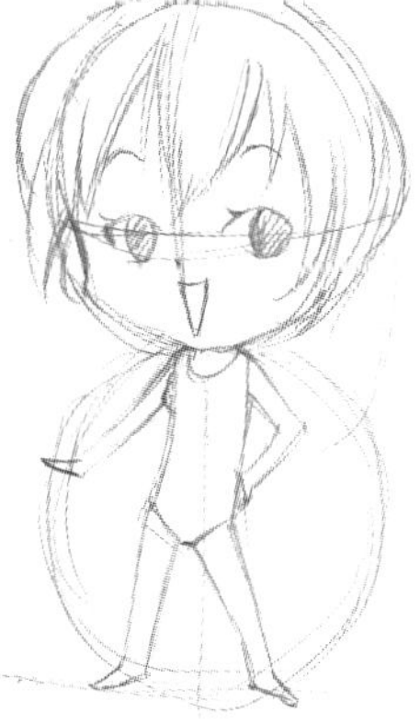

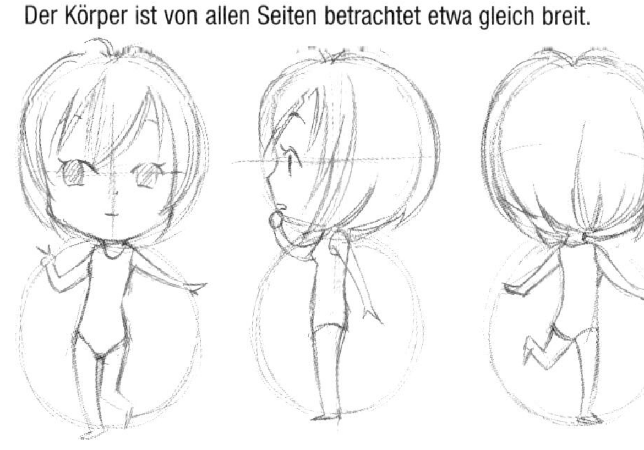

Kopf-Körper-Verhältnis 1:3

Verwende beim Skizzieren sowohl für den Rumpf als auch für Arme und Beine runde Formen.

Zeichne zuerst den Charakter aus drei verschiedenen Ansichten und bestimm dann, wie hoch die Schleife sitzt, wie lang der Zopf sein muss und ähnliche Details.

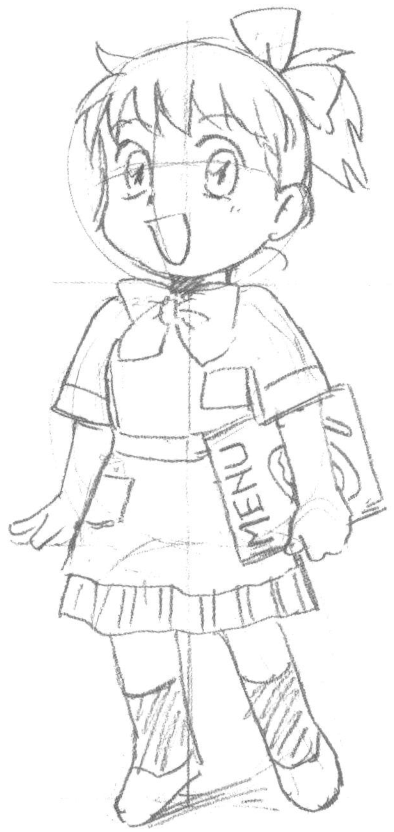

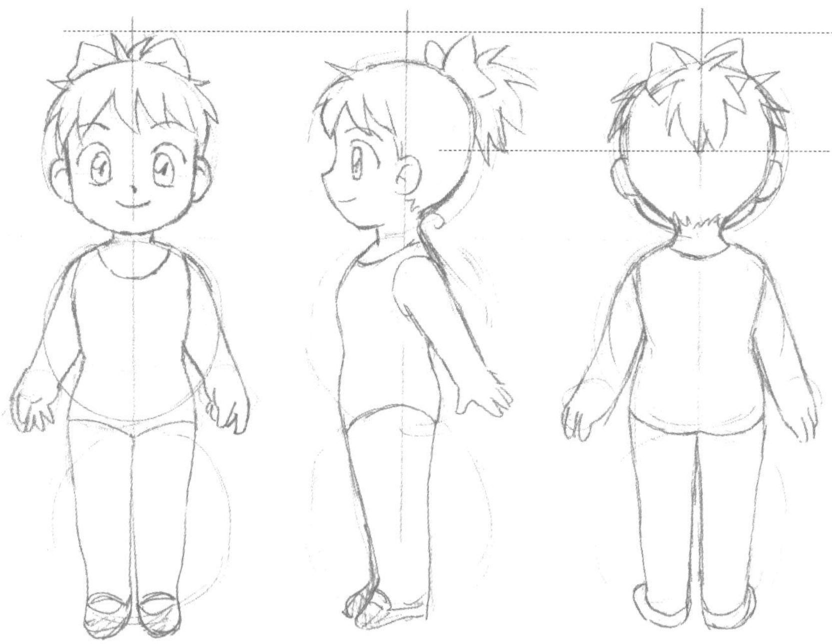

Man kann deutlich die drei Einheiten Kopf, Rumpf und Beine erkennen. Da hier die einzelnen Flächen sehr groß sind, ist es möglich, ein paar Schatten zu setzen. Selbst mit sehr simplen Schattierungen wirkt der Charakter gleich dreidimensional.

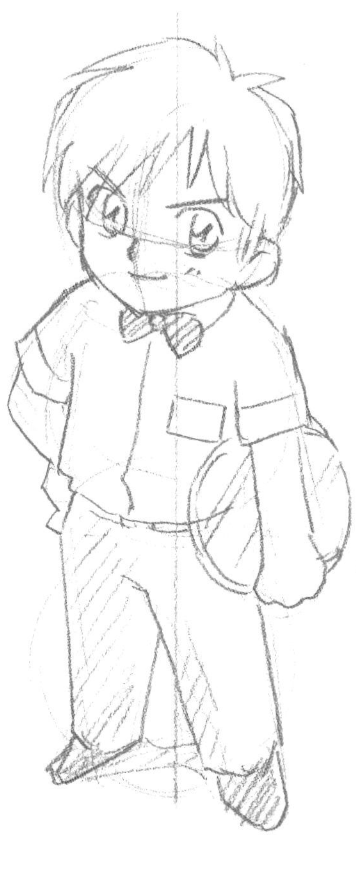

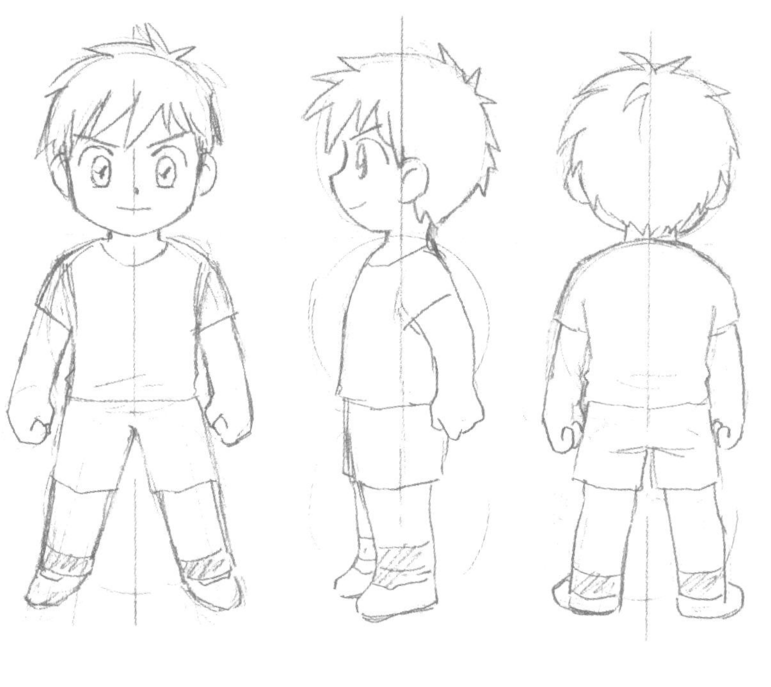

Kopf-Körper-Verhältnis 1:4

Zeichne den Körper sowie Arme und Beine schlank.

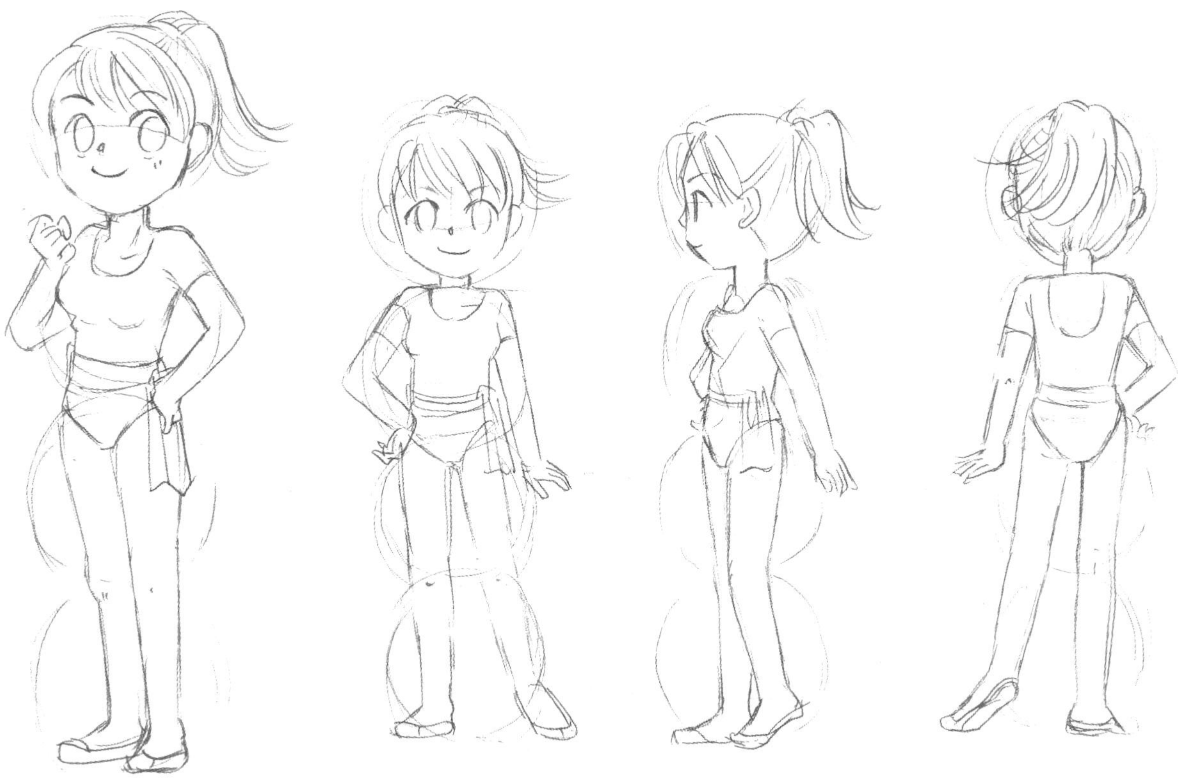

Verwende einfache, schmale Formen für den Hals und die Arme, um den Charakter niedlich wirken zu lassen.

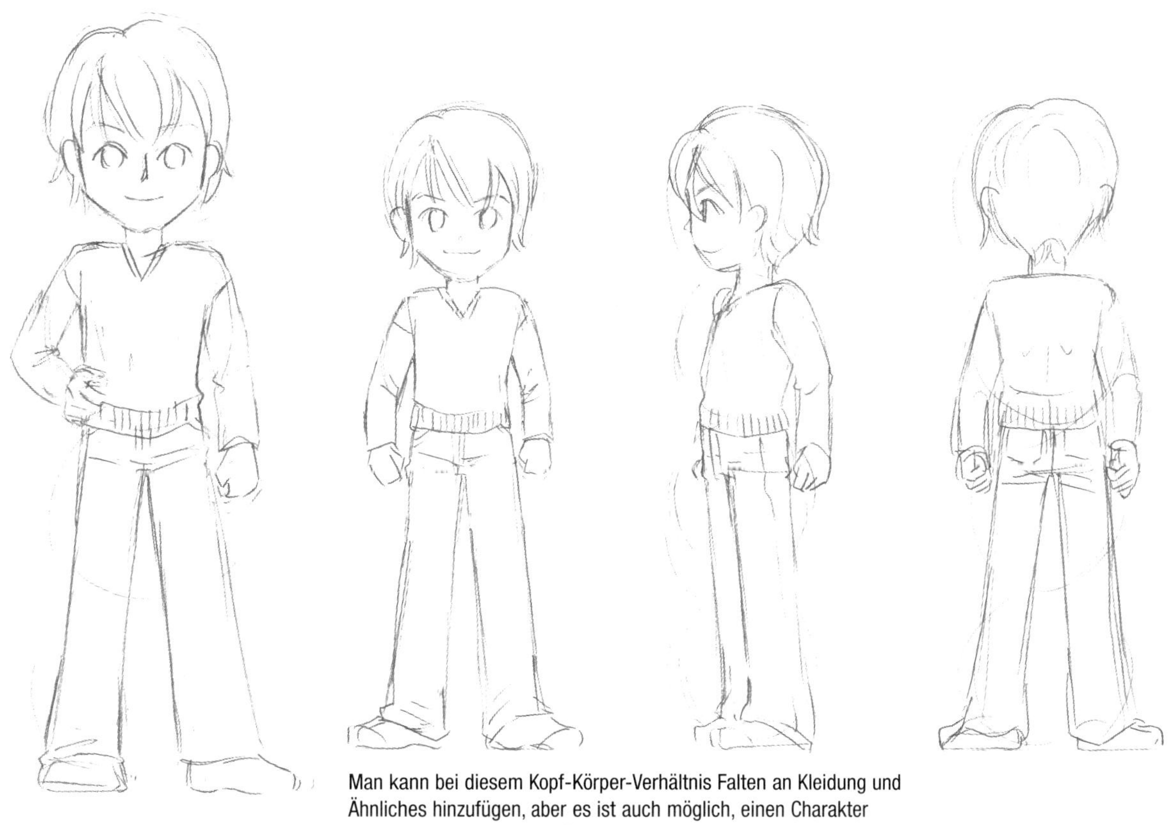

Man kann bei diesem Kopf-Körper-Verhältnis Falten an Kleidung und Ähnliches hinzufügen, aber es ist auch möglich, einen Charakter ohne viele feine Details adäquat darzustellen.

Das Gesicht zeichnen: Skizzieren und Stilisieren

Die Grundlage für Gesichter von Chibi-Charakteren sind die von Kindern. Skizzier ein Kindergesicht und stilisier anschließend die Augen und Haare.

Die Proportionen eines Kindergesichts

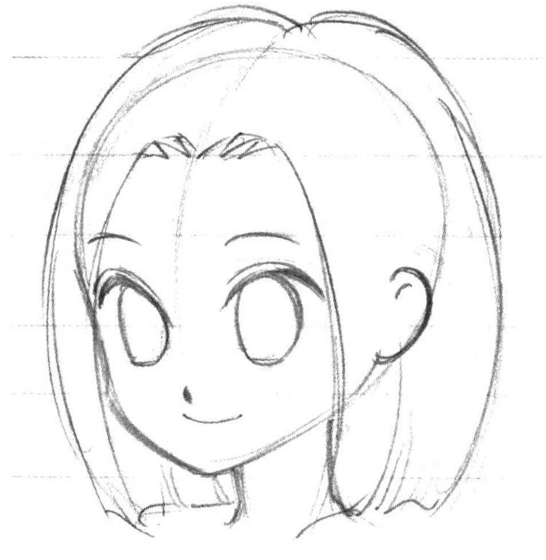

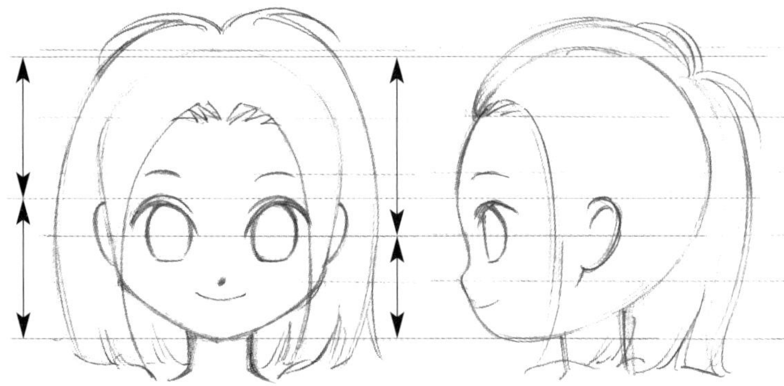

Ein wesentliches Element ist, dass bei Kindern der Teil des Kopfes ohne die Gesichtmerkmale mehr Fläche einnimmt als der Teil mit den Gesichtsmerkmalen. Indem man die Haare sehr voluminös zeichnet, wird der Kopf größer, was den Charakter kindlicher wirken lässt.

Die wichtigsten Punkte, um einen erwachsenen Charakter in eine Chibi-Figur zu verwandeln:

Merkmale eines erwachsenen Gesichts

Längliche Gesichtsform

Kleine Augen

Nasenrücken und Nase sind zu sehen.

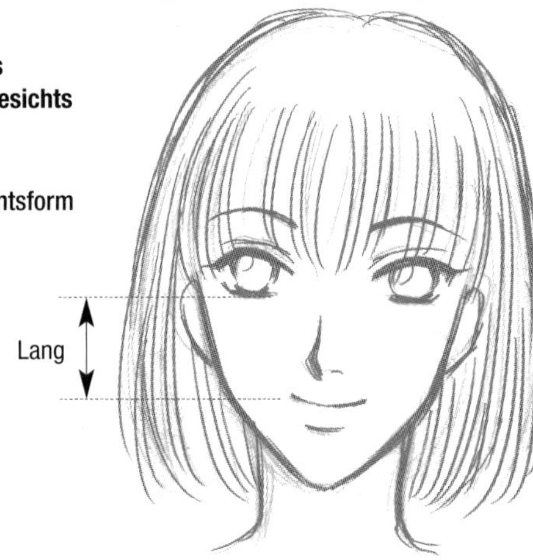

Merkmale eines kindlichen Gesichts

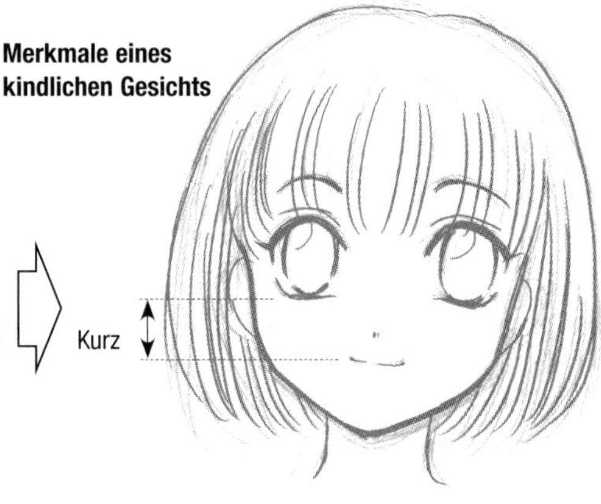

- **Kindergesichter sollten eine rundliche Form haben.**
- **Die Augen werden groß gezeichnet.**
- **Nasenrücken und Nase werden nicht betont.**

Beispiel einer Stilisierung

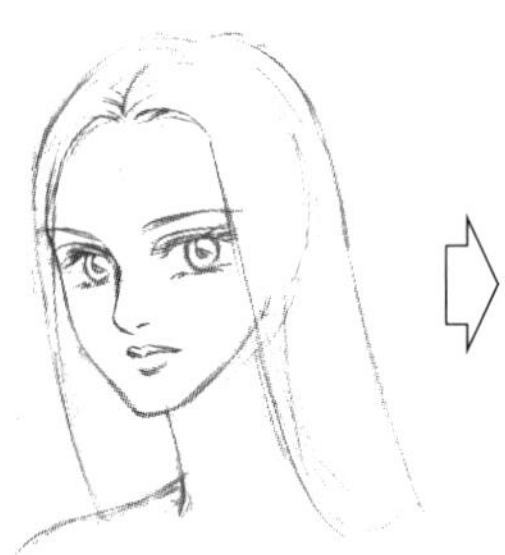

Das ursprüngliche, erwachsene Gesicht: ein attraktiver Charakter.

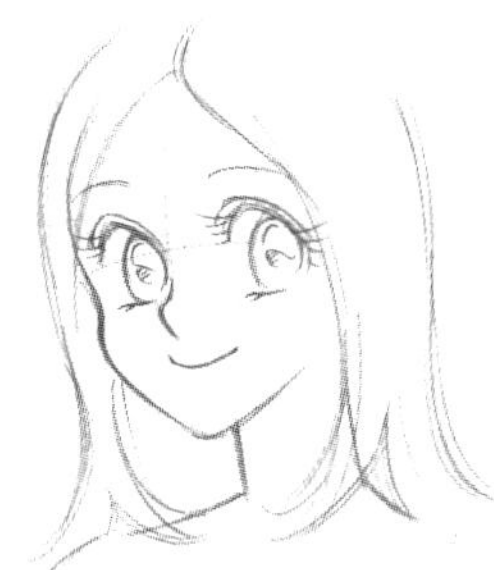

Die Länge des Gesichts wurde verkürzt und die Augen vergrößert. Der Nasenrücken wurde verkürzt und die Nasenform vereinfacht.

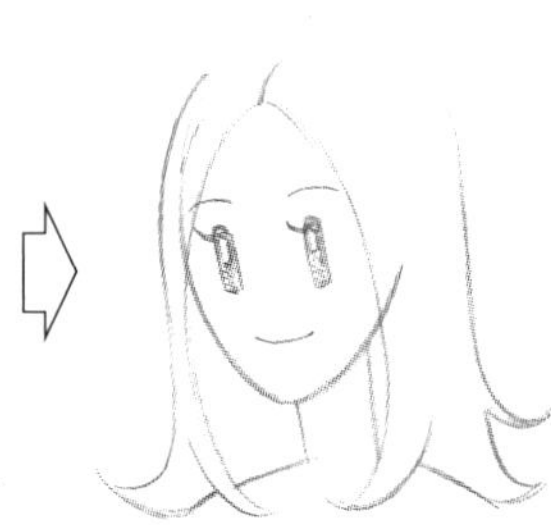

Hier ist die Gesichtsform zu einem Oval vereinfacht worden. Die Augen sind nur noch Punkte und die Nase wurde ganz weggelassen. Alles wurde mit simplen Formen stilisiert.

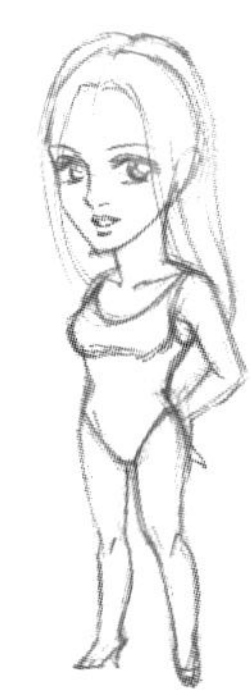

Ein attraktives erwachsenes Gesicht und ein Chibi-Körper passen nicht zusammen.

Extreme Stilisierung: Punkte als Augen

Charaktere mit Punkten als Augen werden oft in einfachen Illustrationen oder für Werbefiguren verwendet.

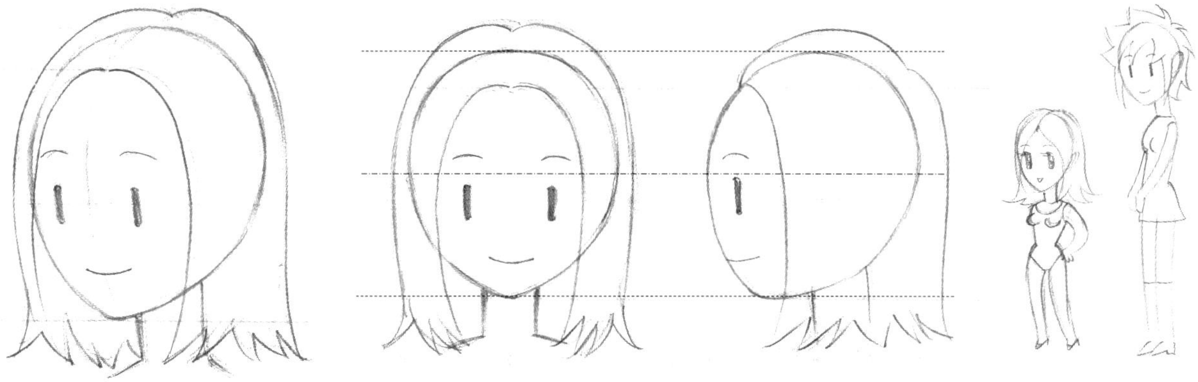

Die Augen sind wie in einem Kindergesicht positioniert (das heißt unterhalb der Mittellinie des Gesichts).

Eine Familie mit Punkten als Augen

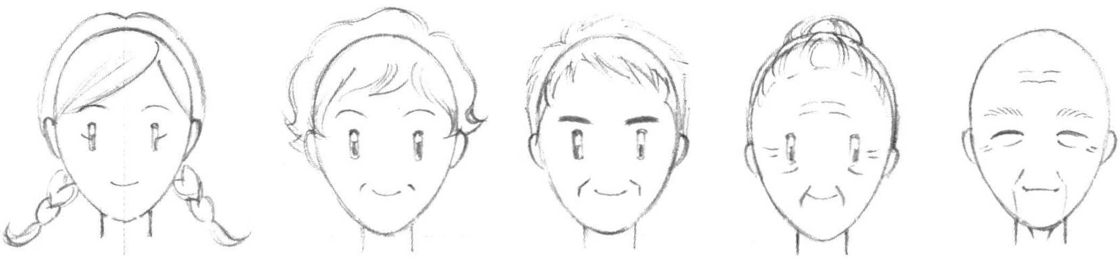

Man kann als Variation auch Striche als Augen zeichnen.

Nur durch einfache Veränderungen an der Frisur und den Augenbrauen lässt sich eine ganze Familie darstellen.

Augenbrauen sind ein wichtiges Merkmal bei männlichen Charakteren.

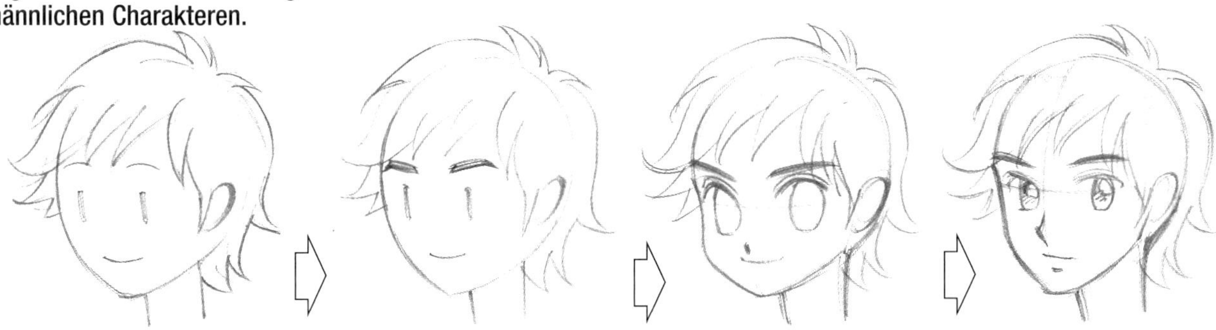

Durch die schmalen Augenbrauen könnte der Charakter sowohl männlich als auch weiblich sein.

Die Augenbrauen sind dicker gezeichnet. Man erkennt auf den ersten Blick, dass der Charakter männlich ist.

Durch die größeren Augen und die kleine Nase erkennt man hier einen männlichen Chibi-Charakter.

Indem die Augen ein bisschen verkleinert wurden und die Nase einen Nasenrücken bekommen hat, ist ein attraktiver, jugendlicher Charakter entstanden.

Punktförmige Augen in der groben Skizze

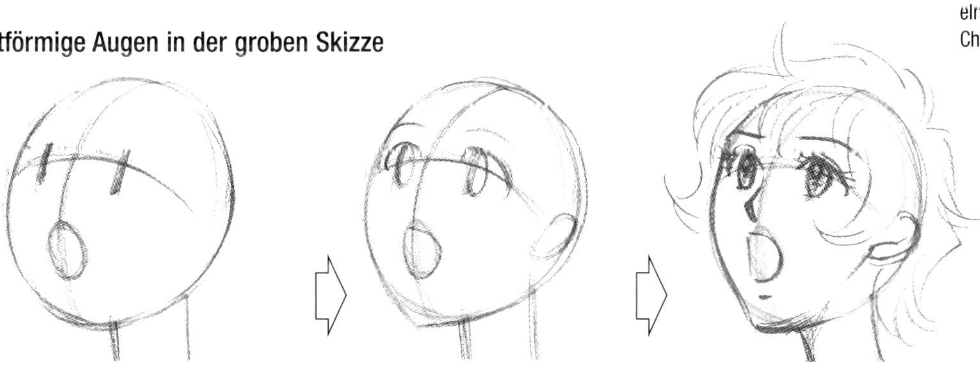

Zeichne ein Grundgerüst für das Gesicht aus Kreis und Kreuz und bestimm, wo die punktförmigen Augen eingezeichnet werden sollen. Durch die Position der Augen wird die Blickrichtung des Kopfs klar festgelegt.

Verwende die punktförmigen Augen als Grundlage für die Position der richtigen Augen.

Korrigier die Umrisslinien und füg Haare hinzu, um die Skizze fertigzustellen.

Den Körper zeichnen: Skizzieren und Stilisieren

Hier wird erklärt, wie man anhand der Chibi-Proportionen einfach die groben Umrisse eines Charakters skizziert.

Charaktere mit einem Kopf-Körper-Verhältnis von 1:2

Zeichne zunächst zwei gleich große Kreise übereinander, wie einen kleinen Schneemann.

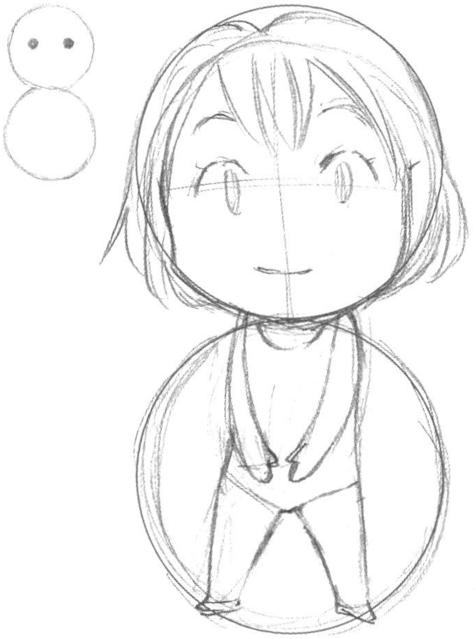

Ein Charakter mit normalen Proportionen würde von der Taille aus von dem Schneemann herausgucken.

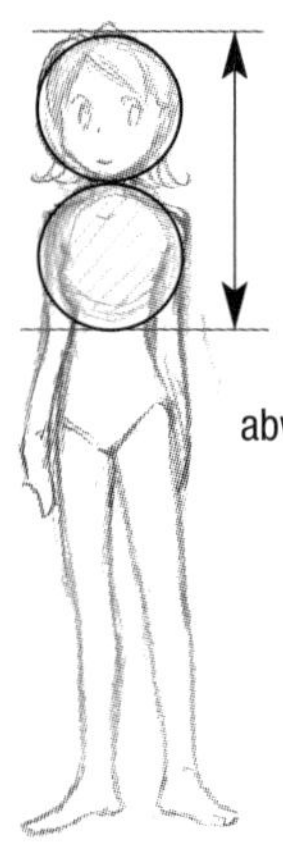

Ein Mädchen zeichnen

①

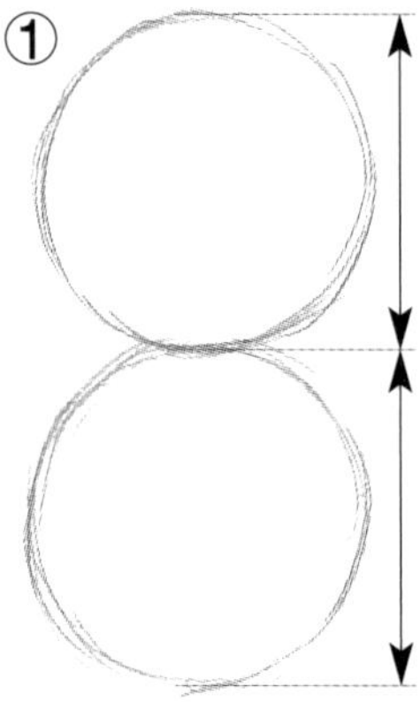

Zeichne einen kleinen Schneemann.

②

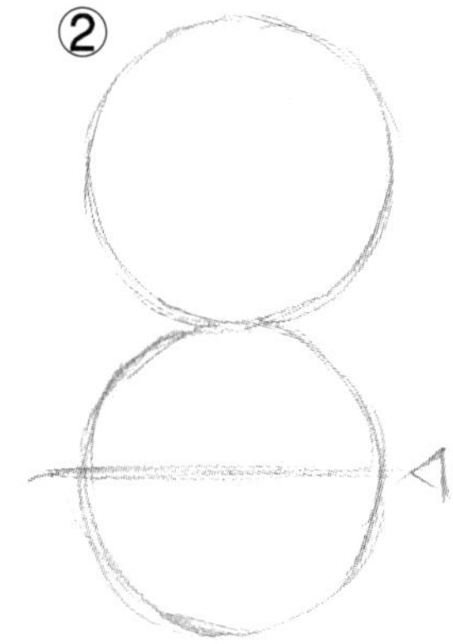

Teil die untere Kugel in der Mitte durch.

③

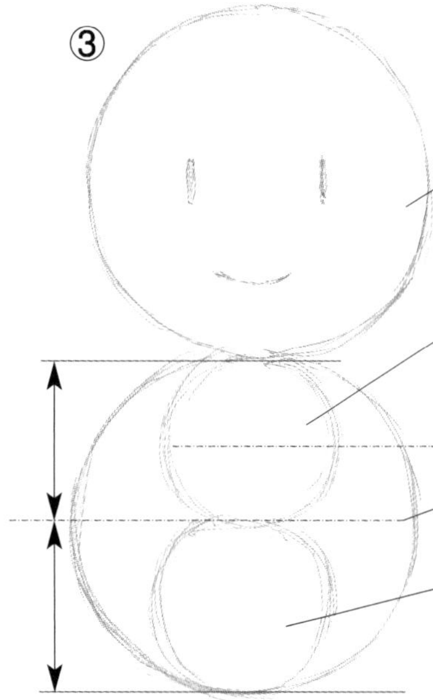

Zeichne Richtlinien für den Rumpf und die Beine ein.

Kleiner Sketch zum Kopf-Körper-Verhältnis 1:2

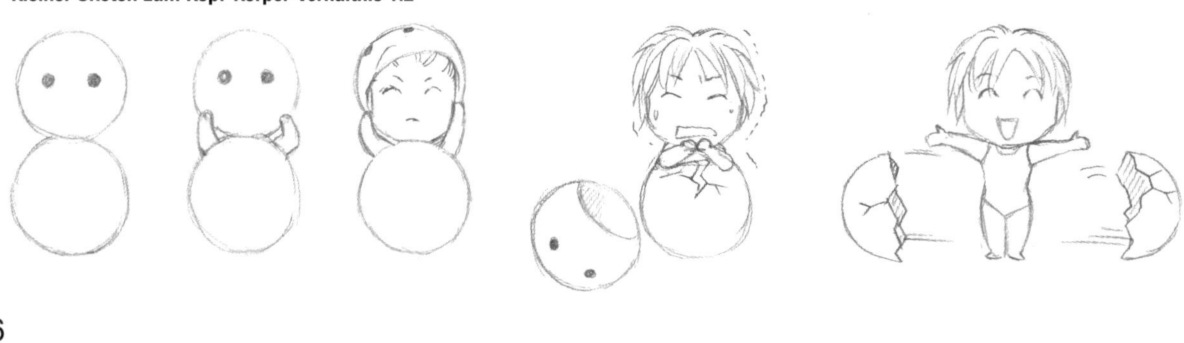

④

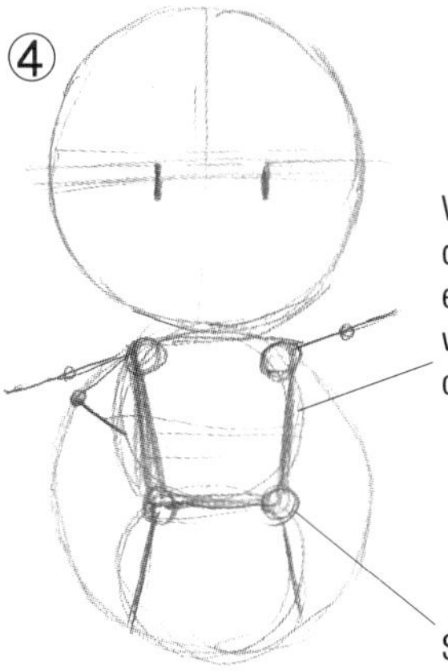

Verwende für den Rumpf einfache Formen wie ein Rechteck oder ein Oval.

Skizze des Gelenks

Zeichne Kreise für die Gelenke ein und füg Arme und Beine hinzu.

⑤

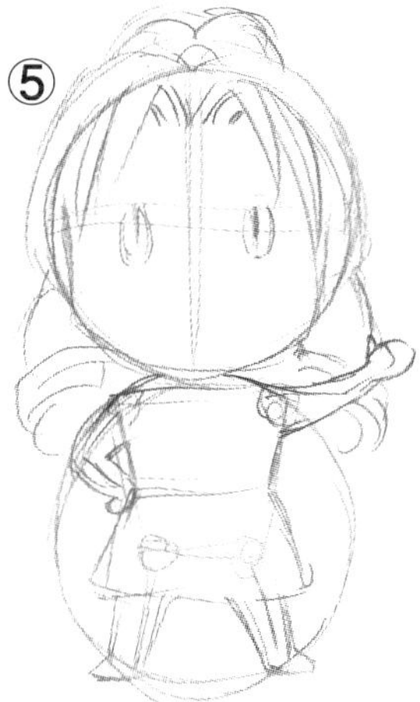

Arbeite die Arme und Beine aus und gib dem Charakter eine Frisur.

⑥

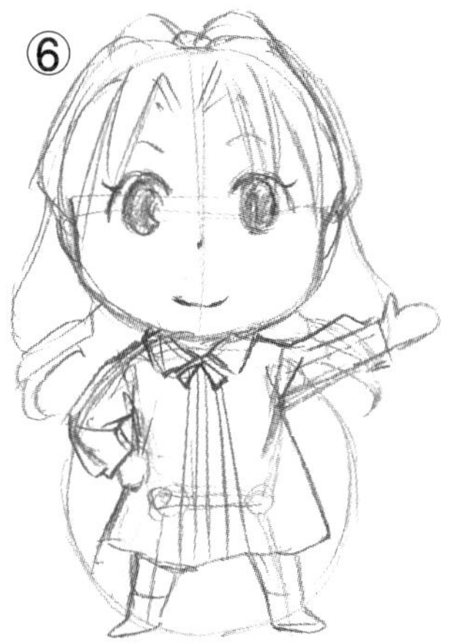

Füg als Letztes Kleidung und kleine Details hinzu.

⑦

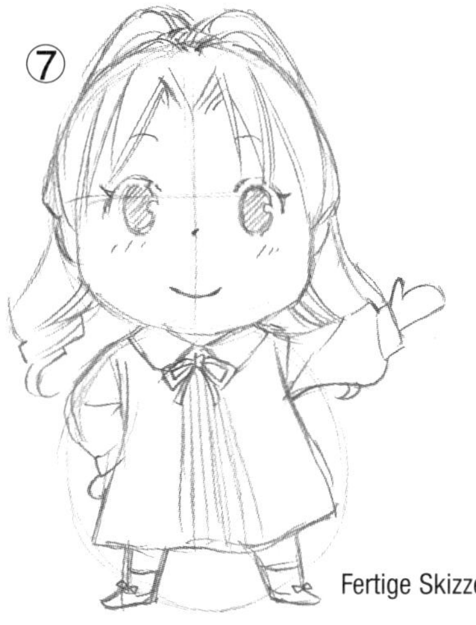

Fertige Skizze

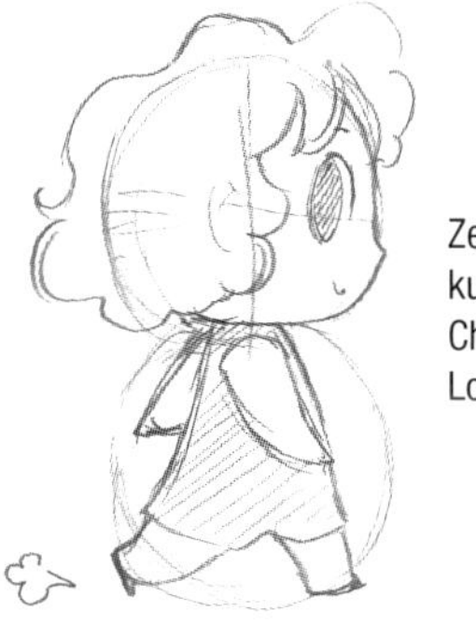

Zeichne Arme und Beine kurz und rundlich, um dem Charakter einen niedlichen Look zu geben.

Einen Jungen zeichnen

①

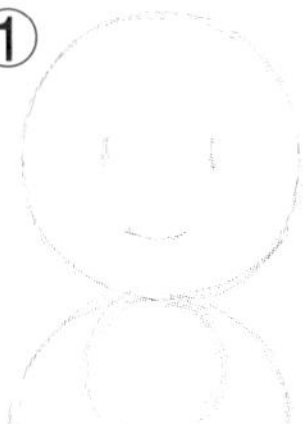

Von der Schneemann-Stufe bis hier sind die Schritte gleich.

②

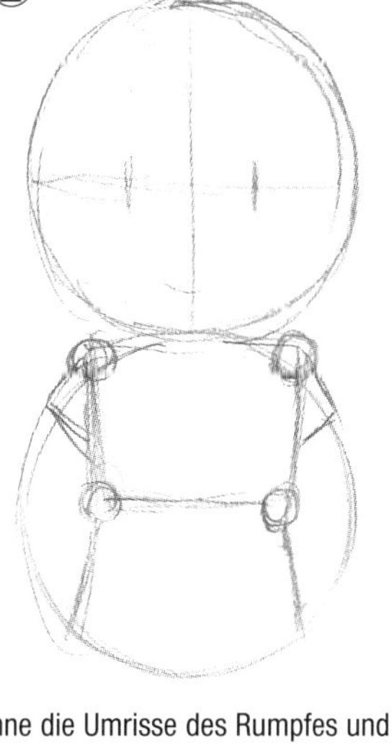

Zeichne die Umrisse des Rumpfes und füg Kreise für die Gelenke hinzu. Der Rumpf sollte breiter sein als beim Mädchen.

③

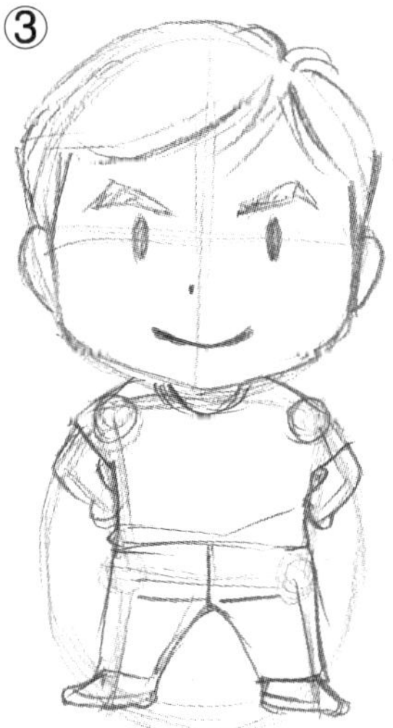

Arbeite Arme und Beine aus und zeichne das Gesicht ein.

④

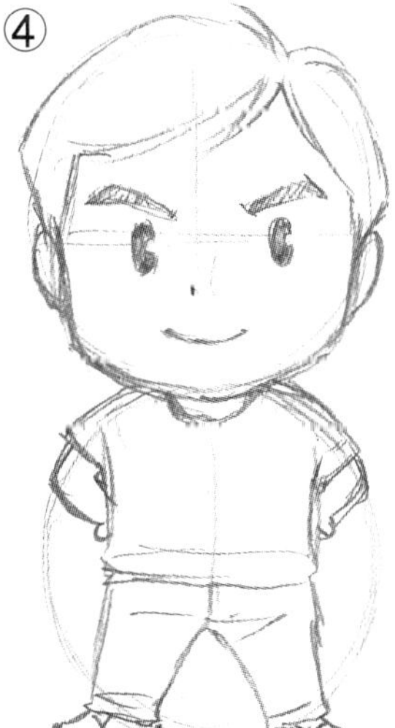

Fertige Skizze

Die Hände von Charakteren mit einem Kopf-Körper-Verhältnis von 1:2 darstellen

Hier wird gezeigt, wie man bei Charakteren mit einem Kopf-Körper-Verhältnis von 1:2 die Hände zeichnet. Verglichen mit echten Händen gibt es viele Unterschiede, so sind hier z.B. die Finger kürzer und dicker, außerdem werden sie nicht immer alle einzeln gezeichnet.

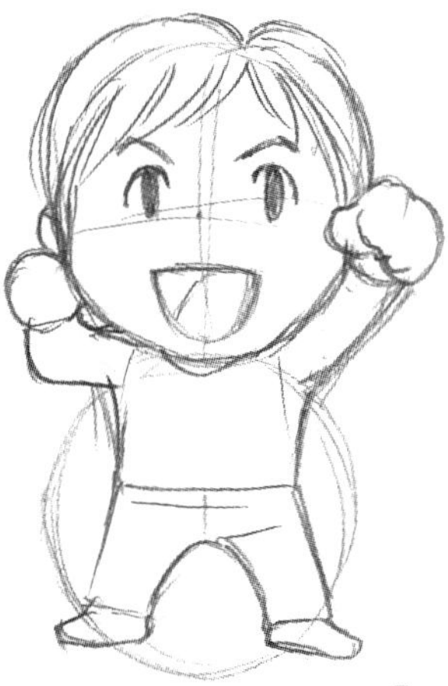

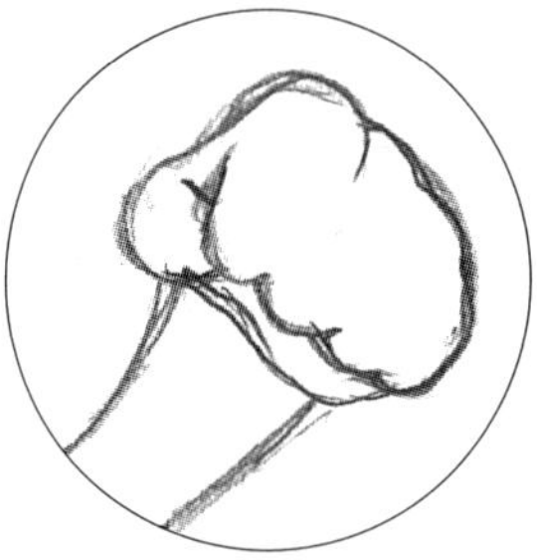

Faust

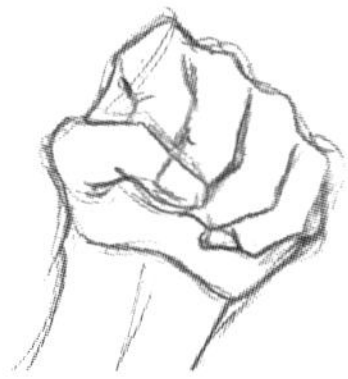

Zum Vergleich: Hand eines Charakters mit attraktiven Proportionen (wie auch bei den anderen Beispielen)

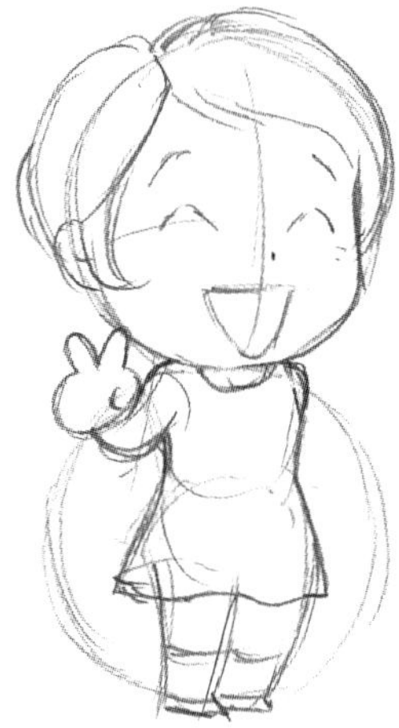

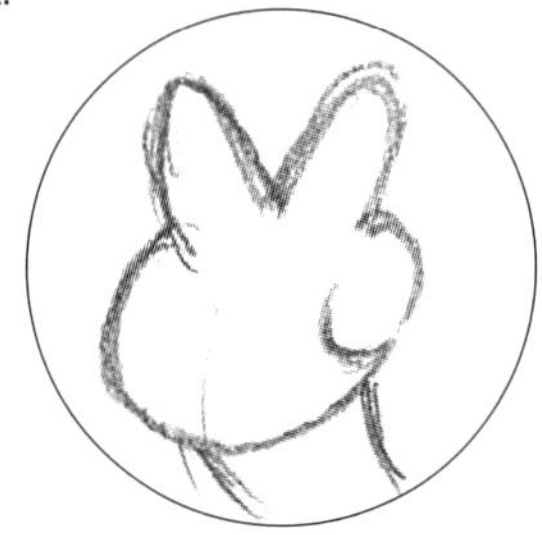

Peace-Zeichen

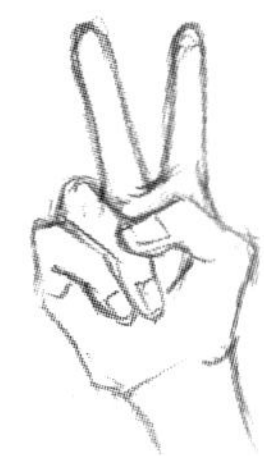

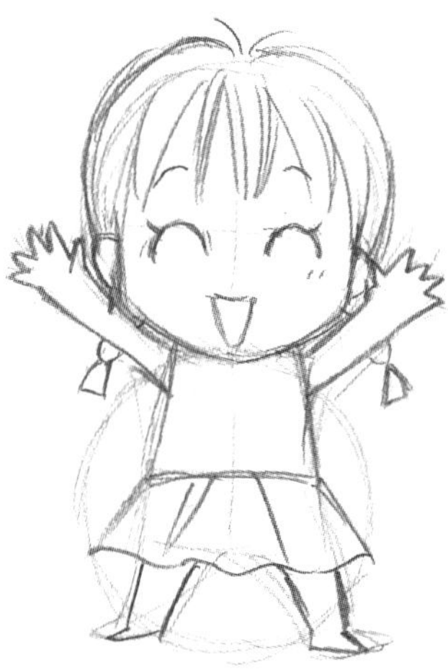

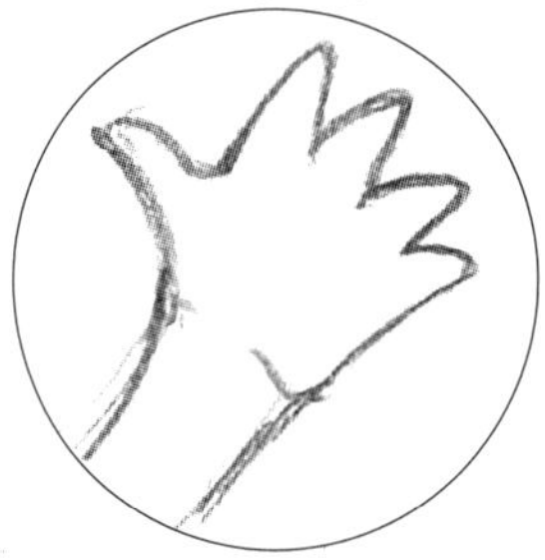

Geöffnete Hand

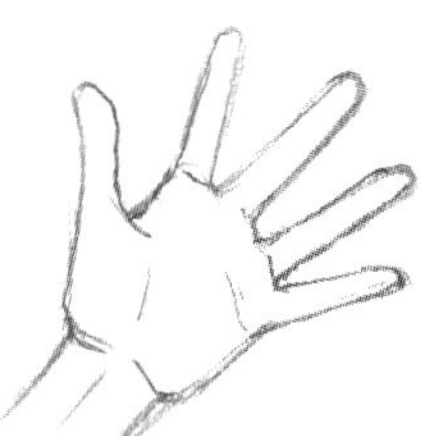

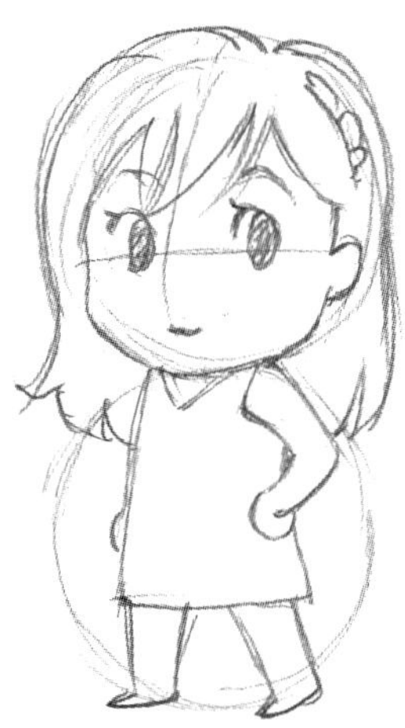

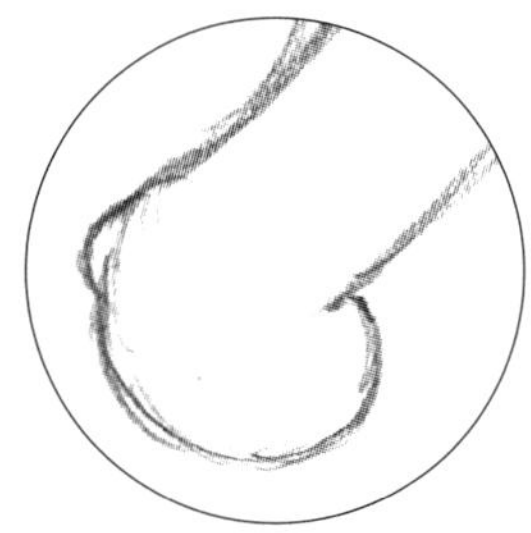

Leicht geballte Hand

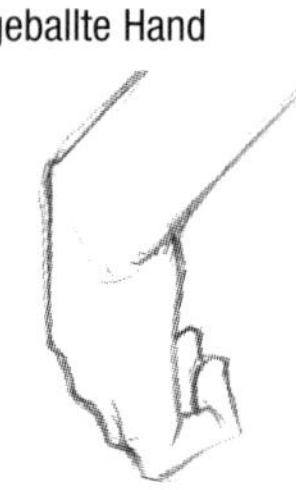

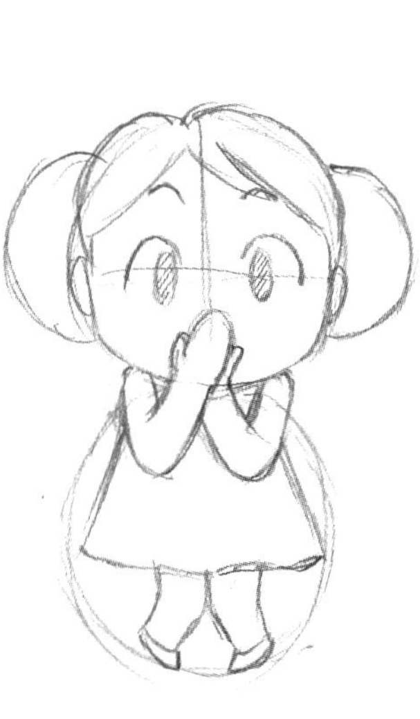

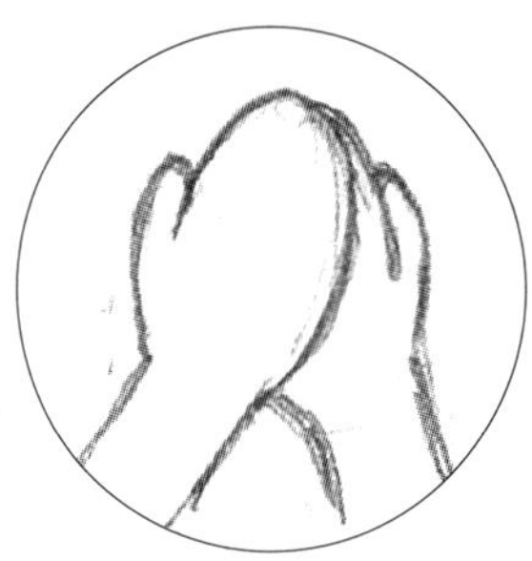

Hände vor den Mund halten

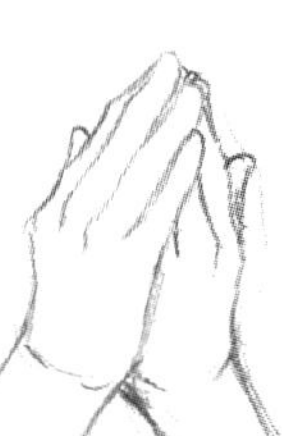

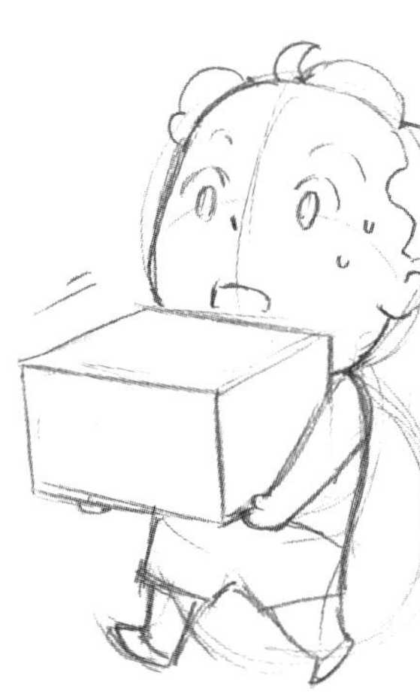

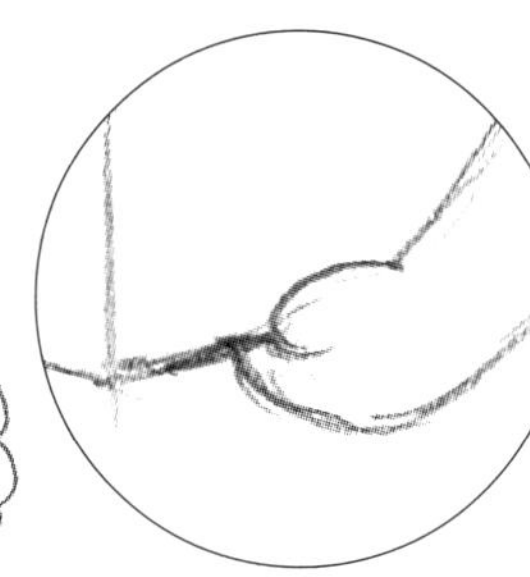

Hände, die etwas tragen

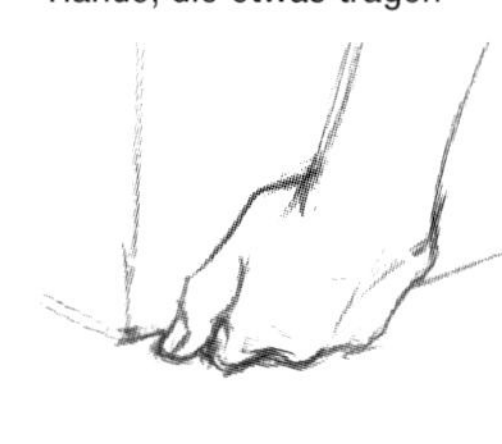

Auch Chibi-Figuren besitzen eine Medianlinie.

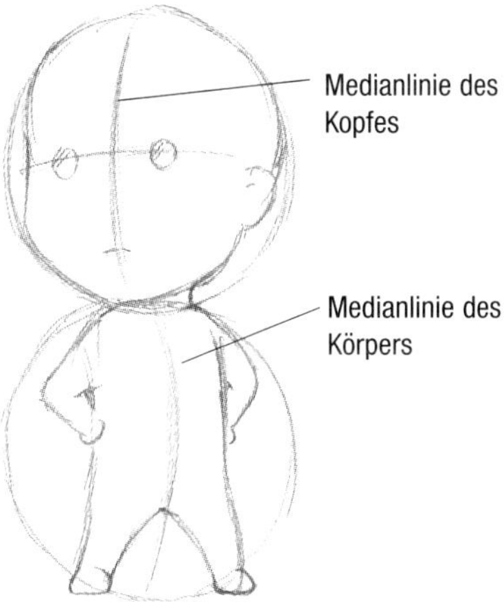

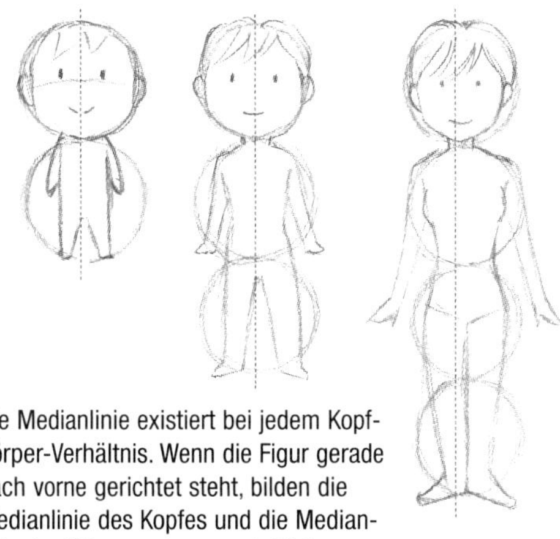

Die Medianlinie existiert bei jedem Kopf-Körper-Verhältnis. Wenn die Figur gerade nach vorne gerichtet steht, bilden die Medianlinie des Kopfes und die Medianlinie des Körpers eine gerade Linie.

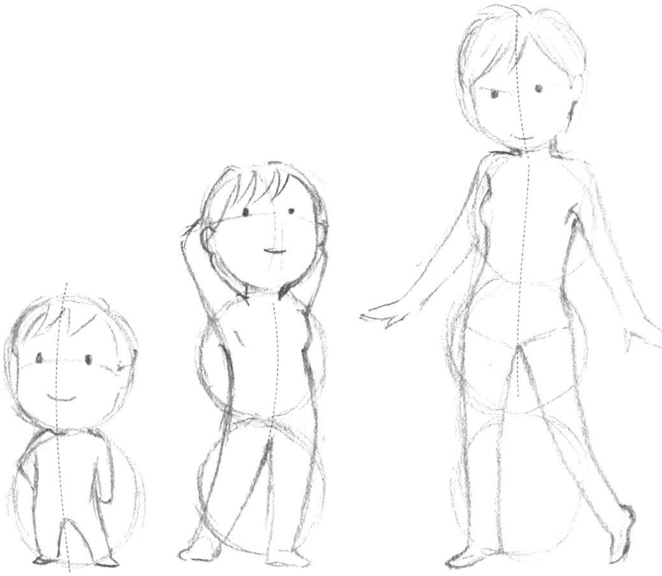

Wenn der Charakter die Blickrichtung ändert oder den Körper beugt, dann verformt sich die Medianlinie zu einer leicht gekrümmten Linie oder einer S-förmigen Kurve.

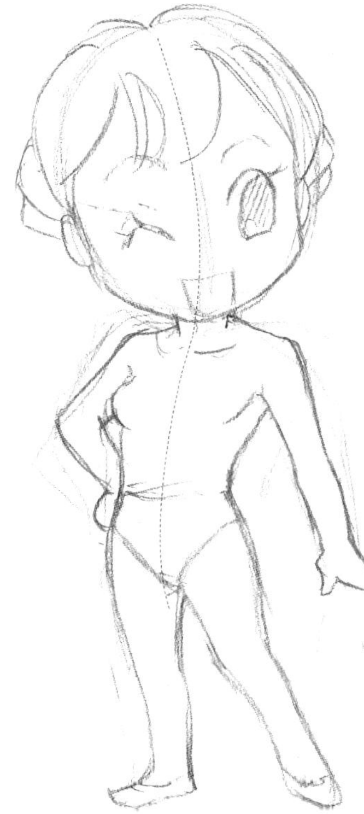

Wenn man sich die Medianlinien von Kopf und Körper ins Bewusstsein ruft, lassen sich dynamische Posen einfacher zeichnen.

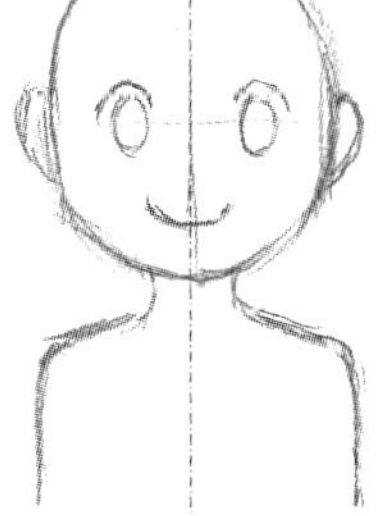

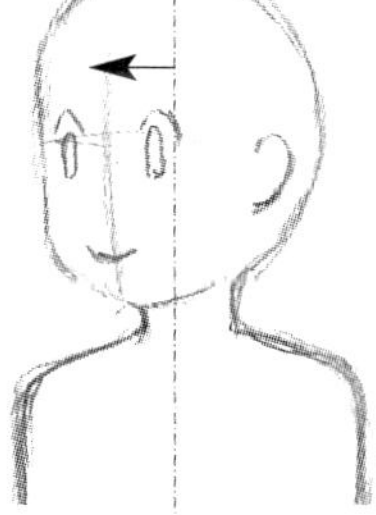

Wenn der Kopf zur Seite gedreht wird, bewegt sich auch die Medianlinie des Kopfes in diese Richtung. Da der Körper immer noch nach vorne gerichtet ist, bleibt die Medianlinie dort gleich.

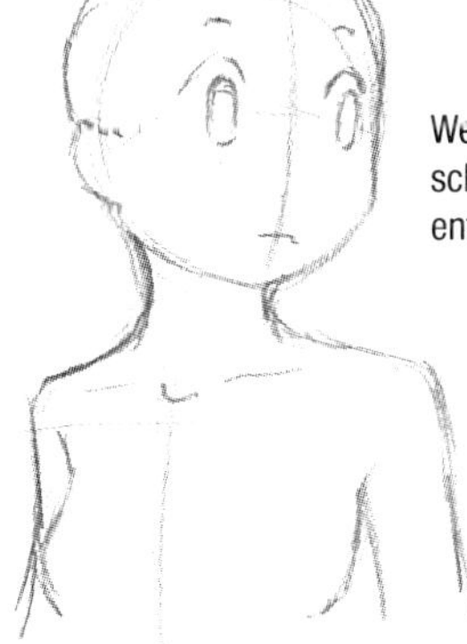

Wenn Kopf und Körper in unterschiedliche Richtungen zeigen, entsteht eine Drehbewegung.

Das Gesicht ist nach rechts gerichtet, der Körper nach links.

Charaktere mit einem Kopf-Körper-Verhältnis von 1:3

Beginn mit drei übereinanderliegenden Kreisen derselben Größe.

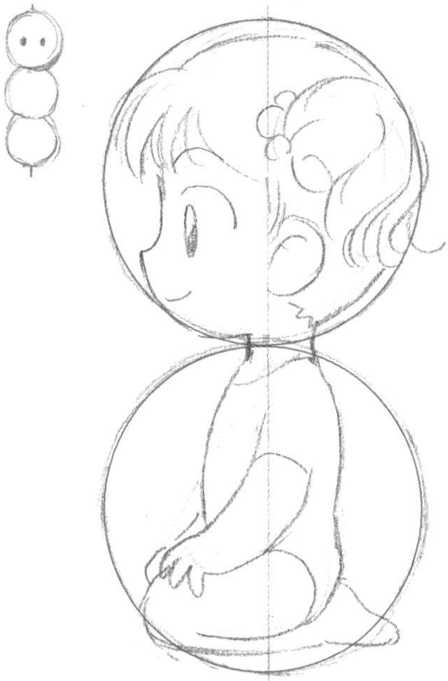

Der Charakter kniet in dem Schneemann aus zwei Kugeln.

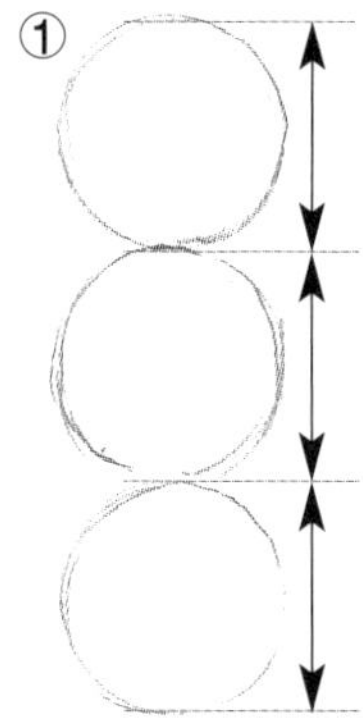

Zeichne drei Kreise derselben Größe.

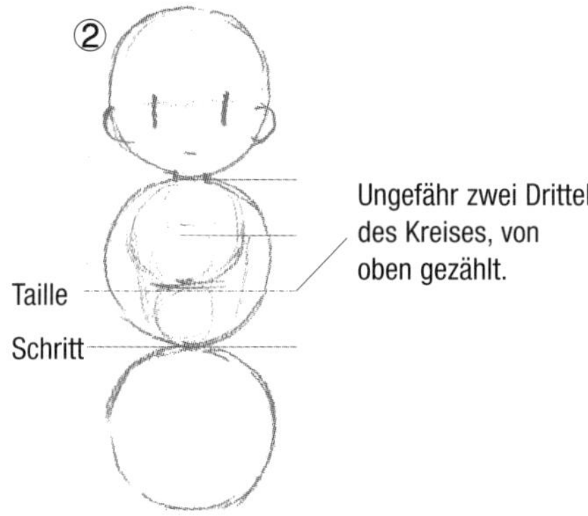

Bestimm die Positionen von Taille und Schritt.

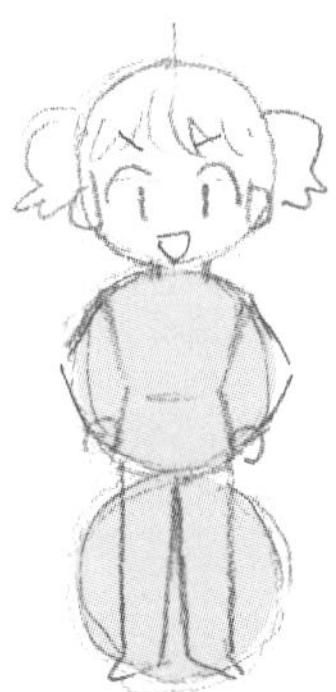

Der Charakter steht in dem Schneemann aus zwei Kugeln.

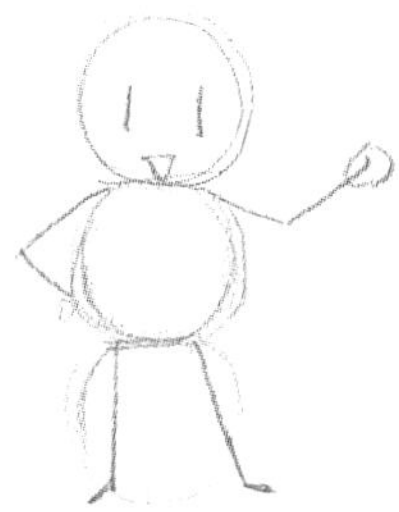

Zeichne die Figur so, als würdest du an dem Schneemann Arme und Beine hinzuzeichnen.

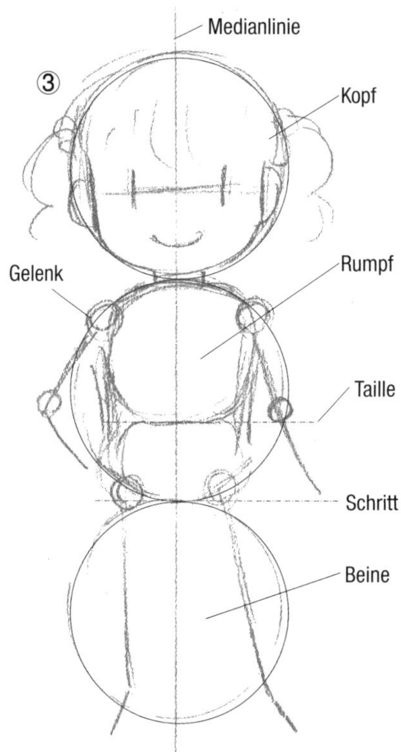

Die groben Umrisse des Körpers mit Armen und Beinen sind fertig.

Kleiner Sketch zum Kopf-Körper-Verhältnis 1:3

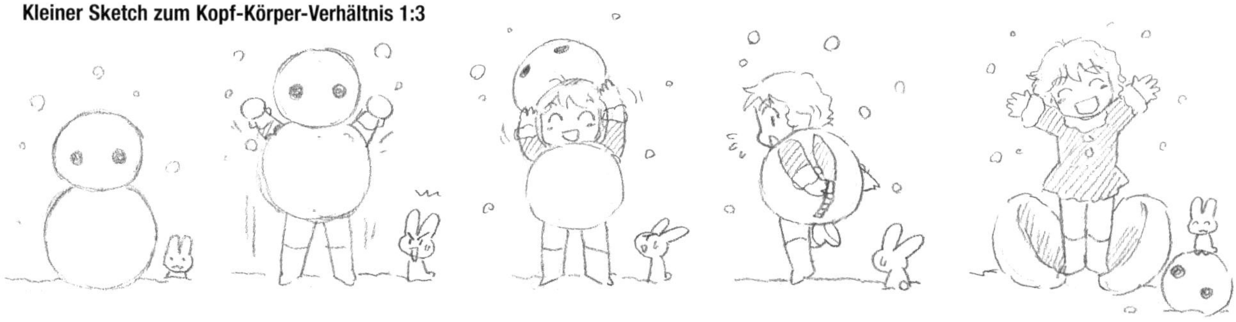

Ein Mädchen zeichnen

④

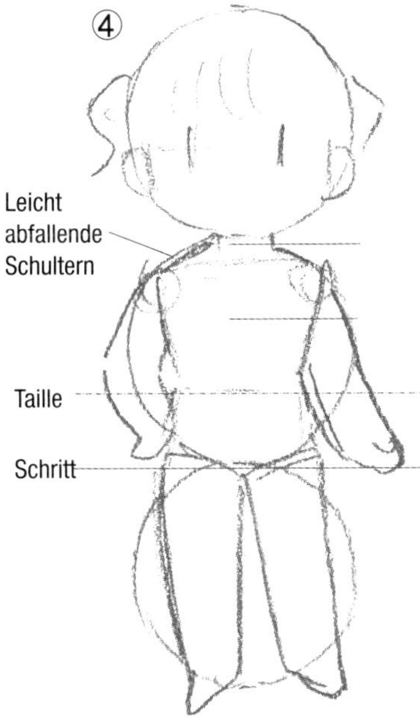

Zeichne einen Körper, der an der Taille etwas schmaler ist, und füg Arme und Beine hinzu.

⑤

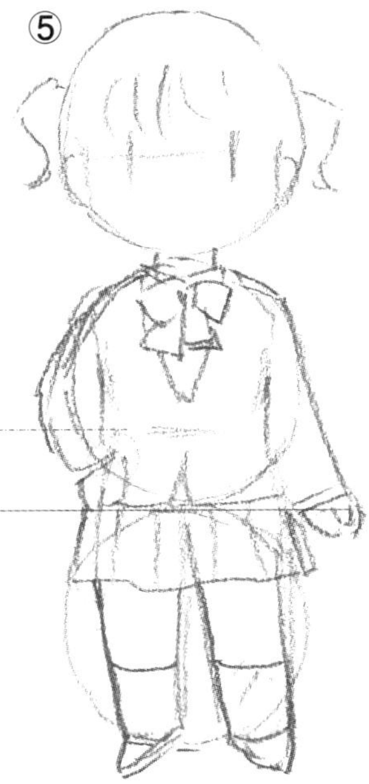

Zeichne als Nächstes die groben Umrisse der Kleidung.

⑥

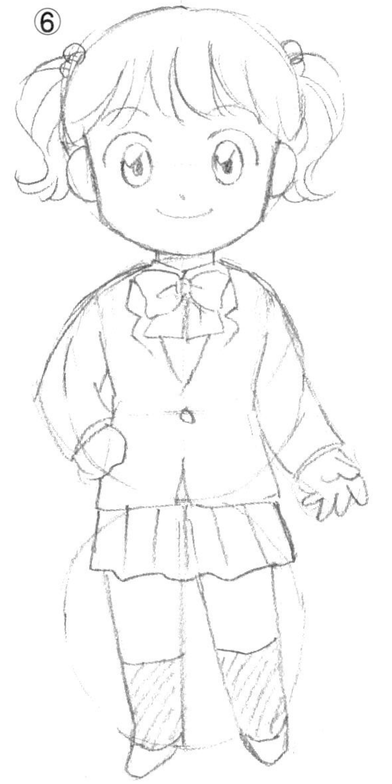

Korrigier die Umrisslinien, um die Skizze fertigzustellen.

Einen Jungen zeichnen

①

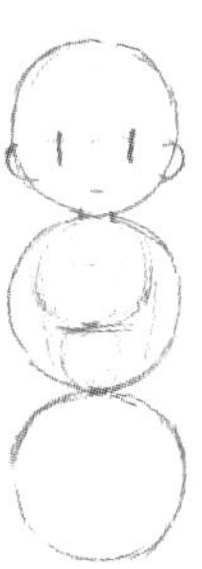

Geh genauso vor wie beim Mädchen, bis zu der Position der Taille. Die Balance der Proportionen ist gleich.

②

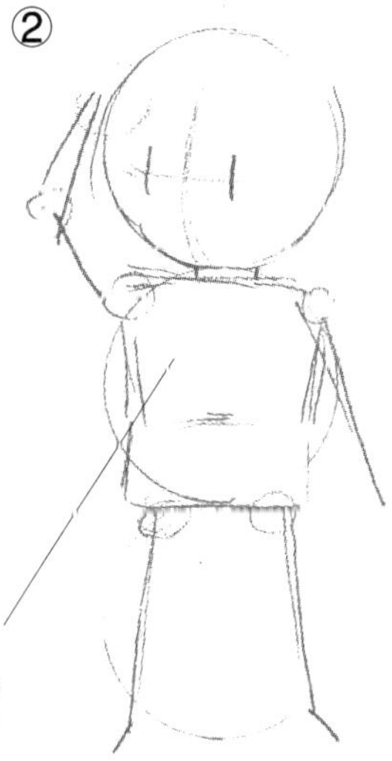

Verwende für den Rumpf eine rechteckige Form. Die Schultern sind gerade und fallen nicht ab.

Zeichne die groben Umrisse des Rumpfes, der Gelenke sowie der Arme und Beine. Hier kannst du frei entscheiden, in welche Richtung der Charakter blicken soll.

③

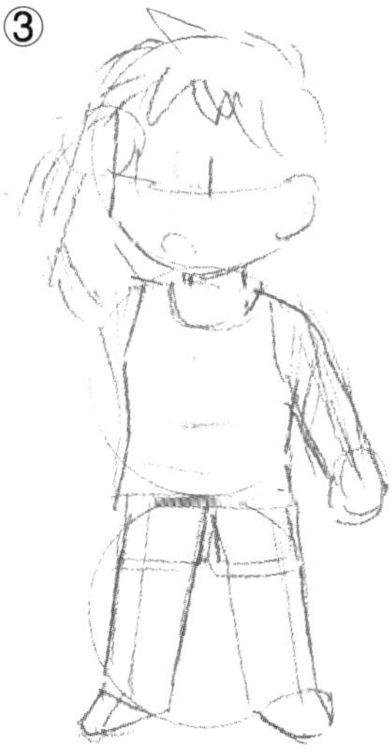

Zeichne die Frisur, Arme, Beine und die Umrisse der Kleidung.

④

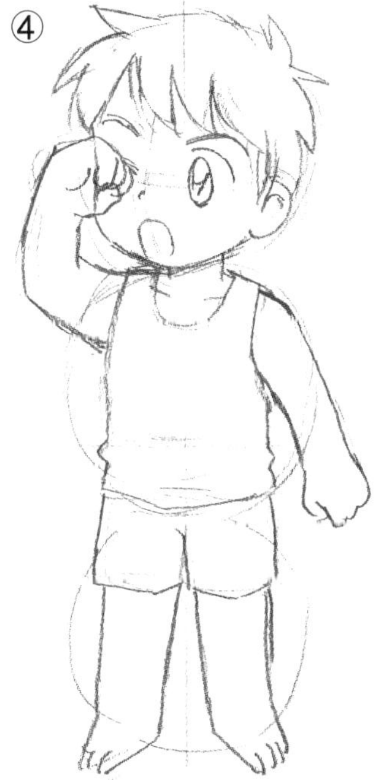

Korrigier die Linien, um die Skizze fertigzustellen.

Die Hände von Charakteren mit einem Kopf-Körper-Verhältnis von 1:3 darstellen

Hier wird gezeigt, wie man die Hände bei Charakteren mit einem Kopf-Körper-Verhältnis von 1:3 zeichnet. Verglichen mit echten Händen sind die Umrisslinien runder und die einzelnen Finger dicker.

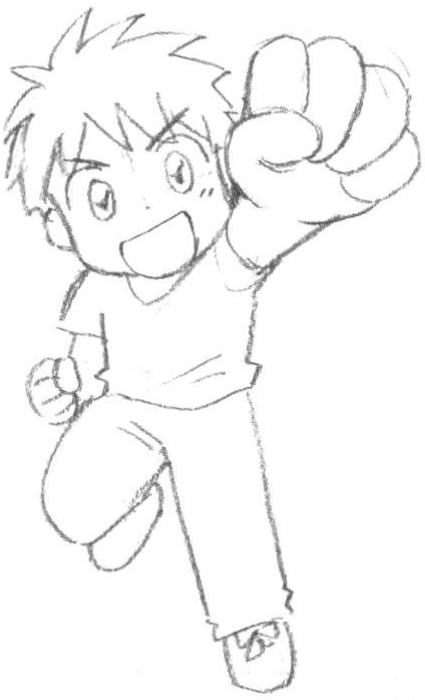

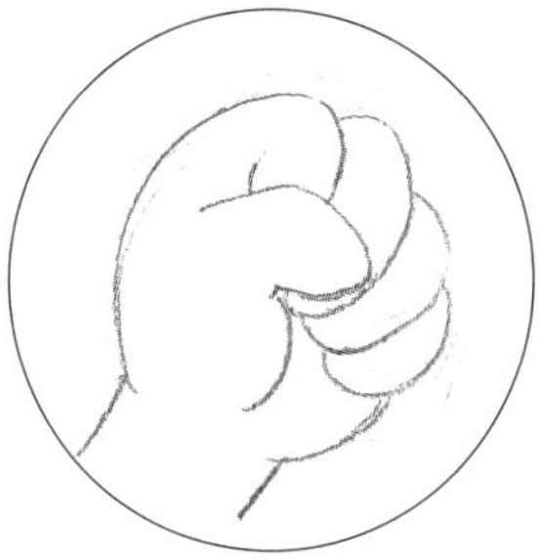

Faust

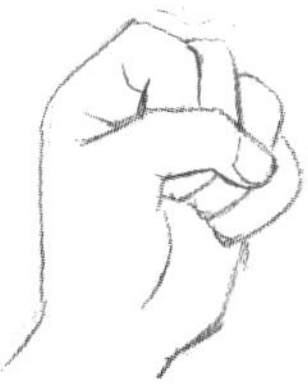

Zum Vergleich: Hand eines Charakters mit attraktiven Proportionen (wie auch bei den anderen Beispielen)

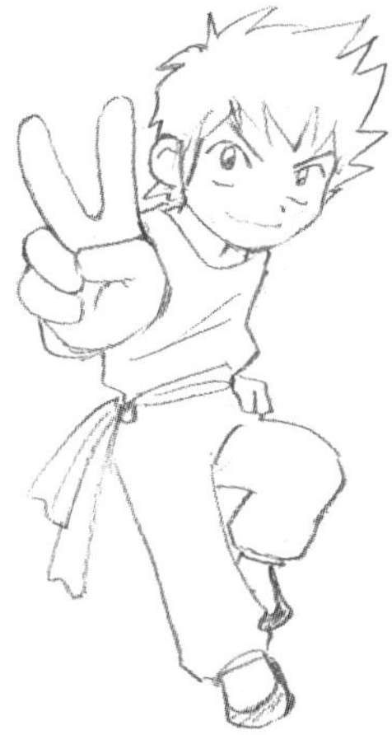

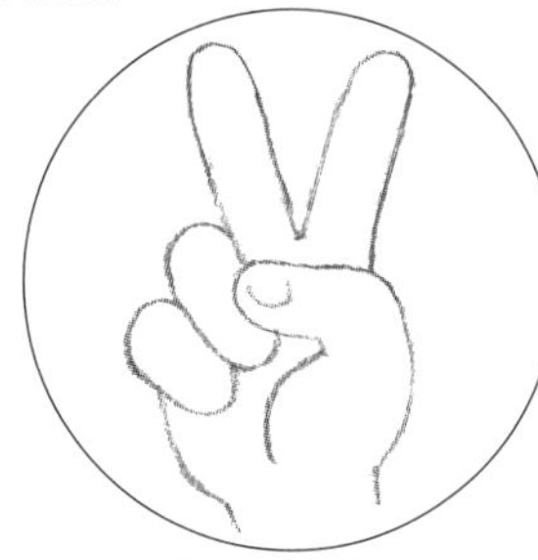

Peace-Zeichen

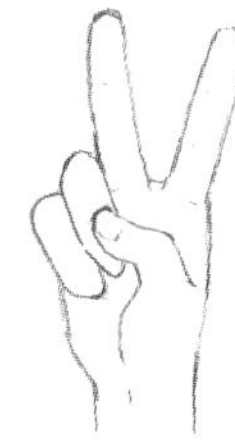

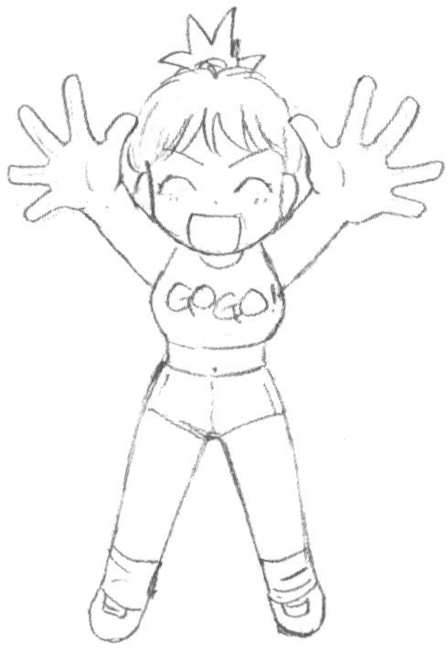

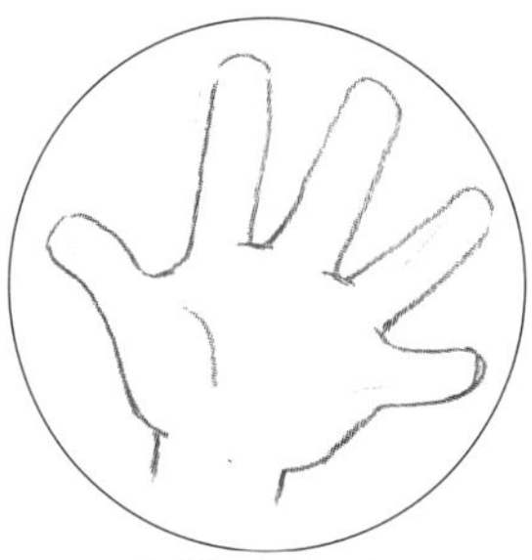

Geöffnete Hand

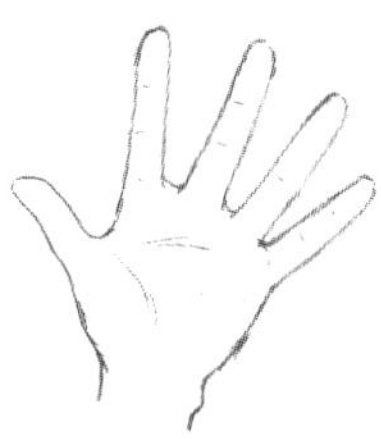

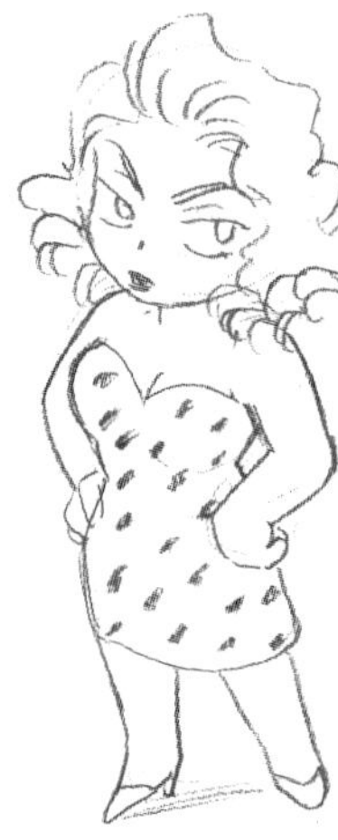

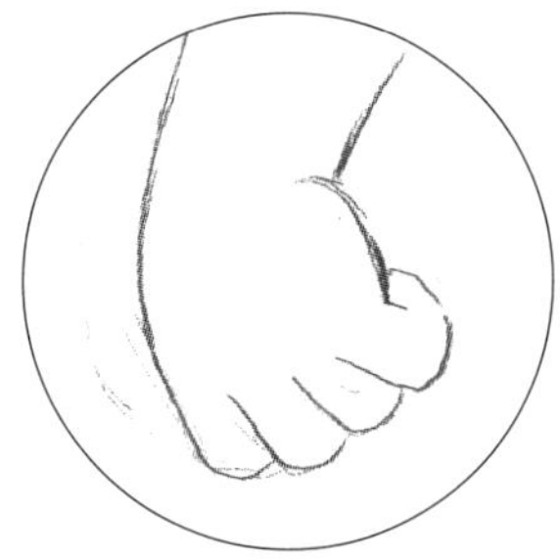

Leicht geballte Hand

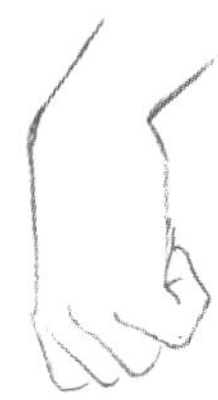

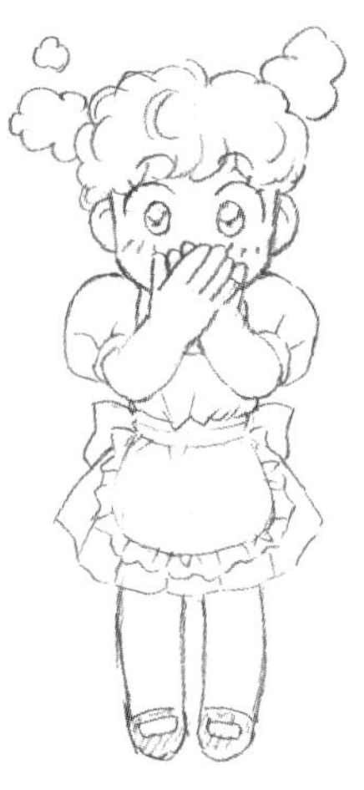

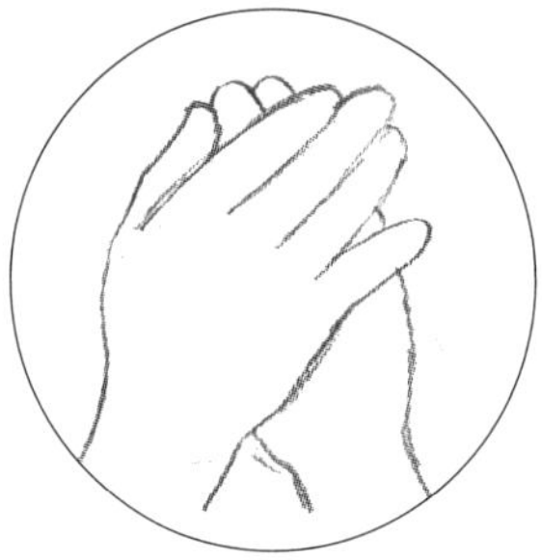

Hände vor den Mund halten

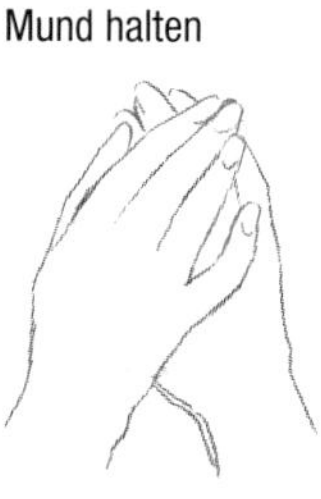

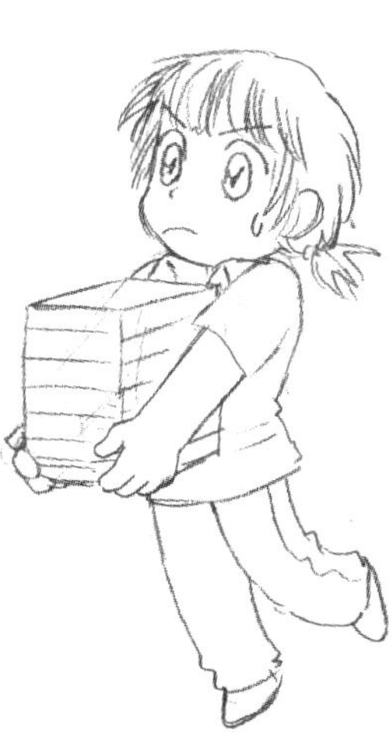

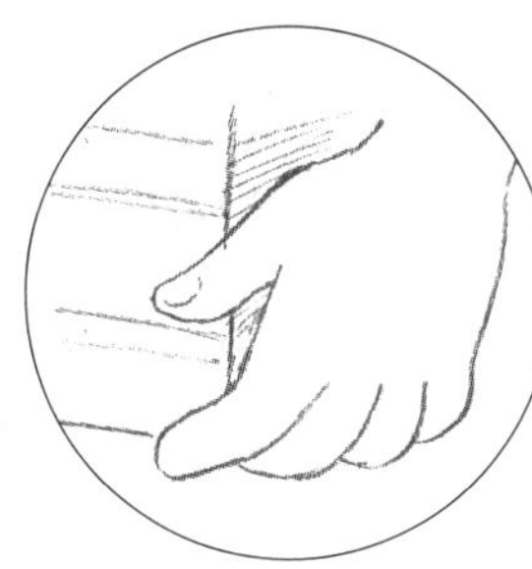

Hände, die etwas tragen

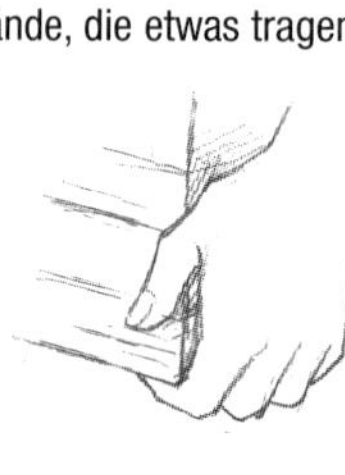

Die Füße von Charakteren mit einem Kopf-Körper-Verhältnis von 1:3 darstellen (verglichen mit den Füßen bei einem Kopf-Körper-Verhältnis von 1:5)

Bei einem Kopf-Körper-Verhältnis von 1:3 ist ein besonderes Merkmal der Füße, dass die Fersen wenig betont werden. Zeichne die Füße klein und die Zehen dick und rund, um sie niedlich wirken zu lassen.

Kopf-Körper-Verhältnis 1:3

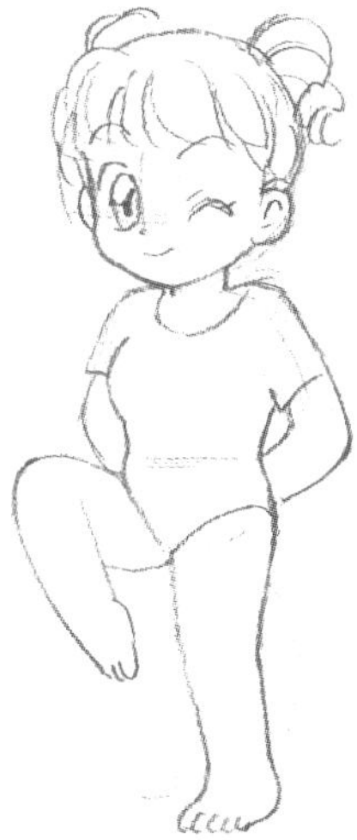

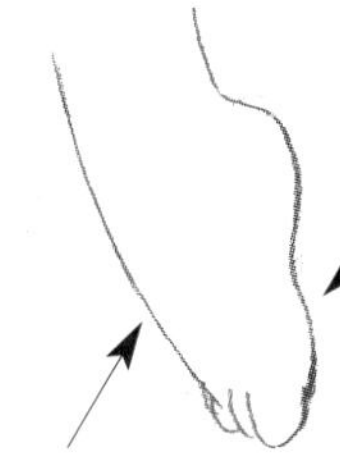

Es sind keine großen Erhebungen und Vertiefungen zu sehen.

Stell die Oberseite des Fußes durch eine einfache gebogene Linie dar.

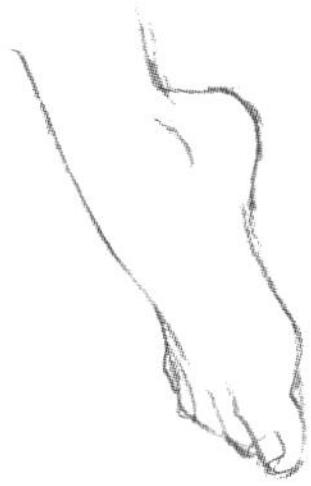

Die Ferse und das Fußgewölbe sind deutlich ausgeprägt.

Kopf-Körper-Verhältnis 1:5

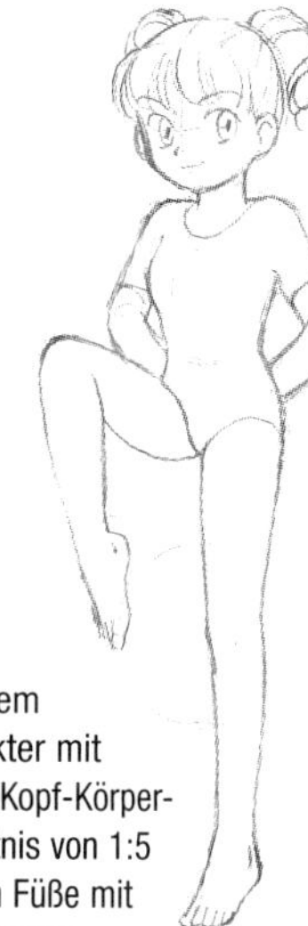

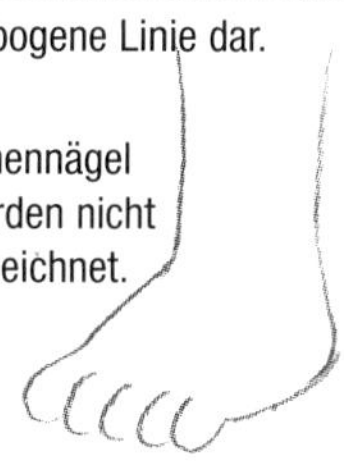

Zehennägel werden nicht gezeichnet.

Auch der Knöchel ist nicht zu sehen.

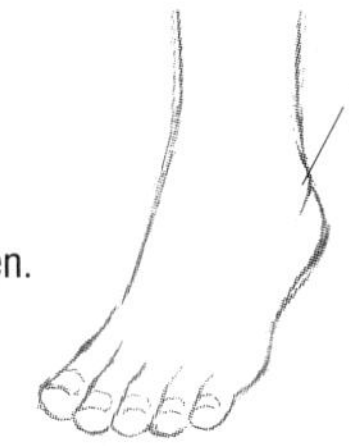

Knöchel

Zu einem Charakter mit einem Kopf-Körper-Verhältnis von 1:5 passen Füße mit realistischen Proportionen.

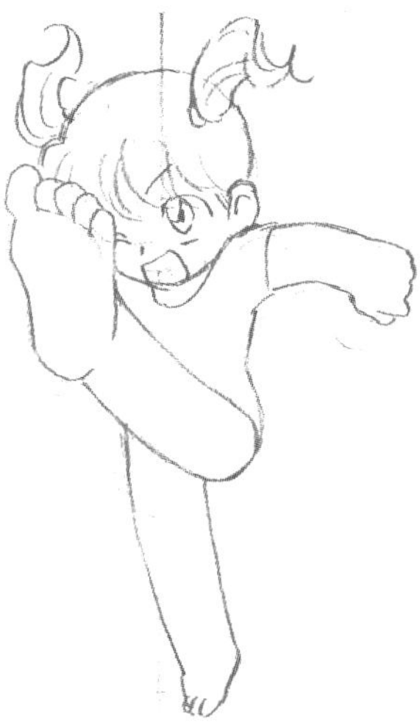

Wenn wie hier die Fußsohle zu sehen ist, zeichne den Fuß etwas größer.

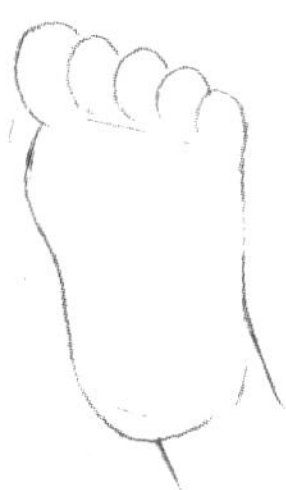

Zeichne eine vereinfachte Version der Fußsohle.

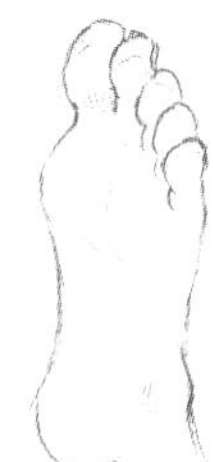

Die Fußsohle ist in einem Winkel gezeichnet, der dem und der Richtung des Tritts entspricht.

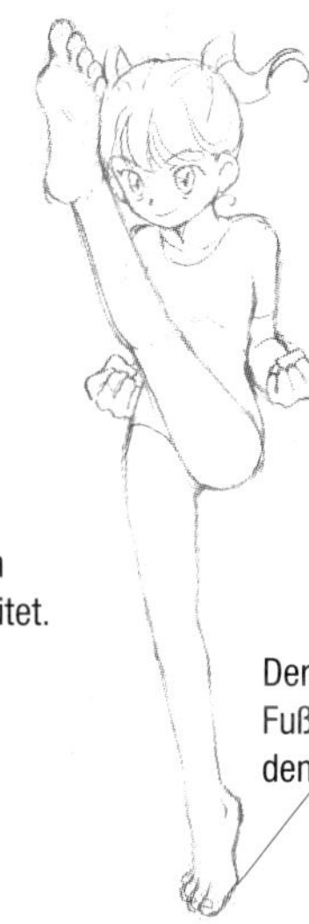

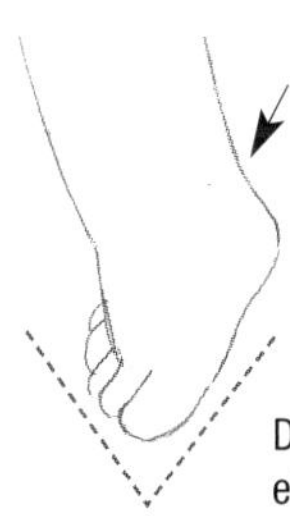

Am Fußgelenk wird der Fuß nicht schmaler.

Der Fuß sollte eine einfache V-Form haben.

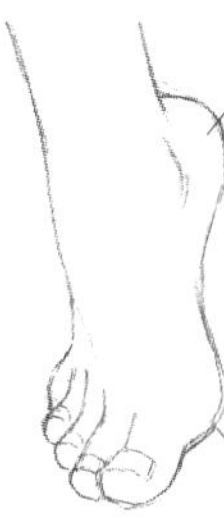

Die Ferse ist deutlich ausgearbeitet.

Fußballen

Der Ballen des Fußes berührt den Boden.

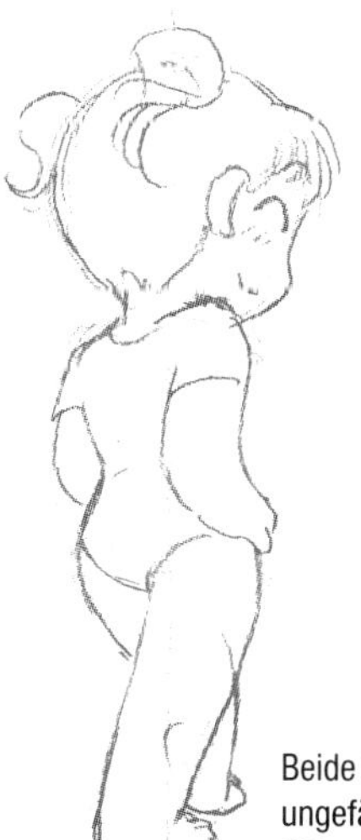

Beide Füße sollten ungefähr dieselbe Silhouette haben.

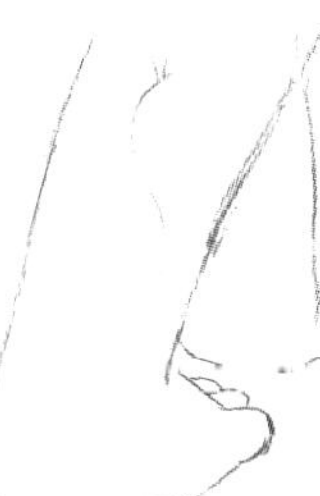

Da die Beine durch die Stilisierung sehr dick sind, sieht man nur die Zehenspitzen. Die Wölbungen des Fußes wurden stark vereinfacht.

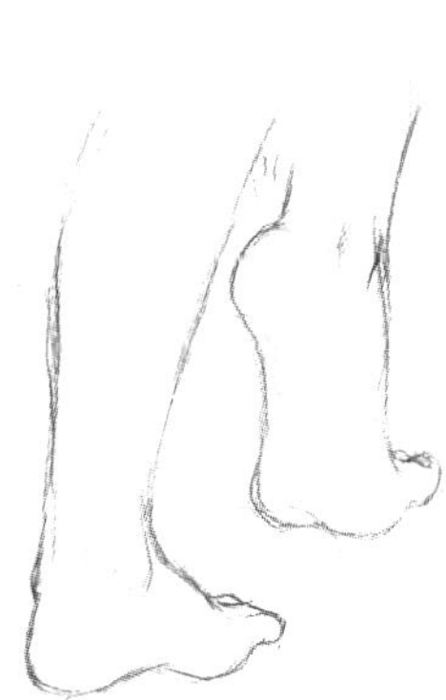

Bei einem Kopf-Körper-Verhältnis von 1:5 werden Details wie die Ferse, das Fußgewölbe oder der Knöchel deutlich ausgearbeitet.

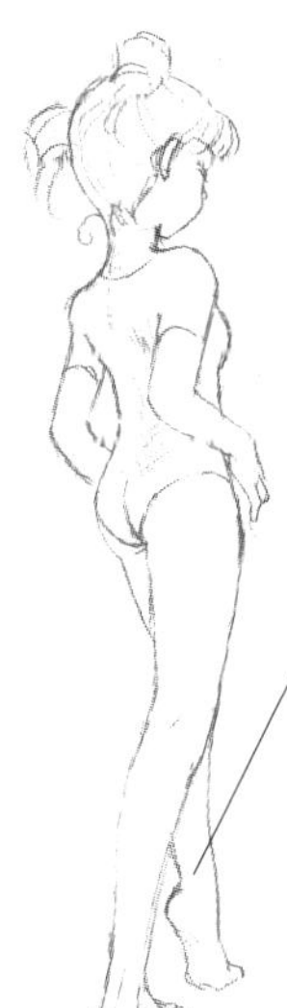

Hier kann man das schmale Fußgelenk und den Übergang zur Ferse klar erkennen.

Die Form eines Fußes hängt stark davon ab, wie er den Boden berührt.

Charaktere mit einem Kopf-Körper-Verhältnis von 1:4

Zeichne vier Kreise derselben Größe wie zwei aufeinanderstehende kleine Schneemänner.

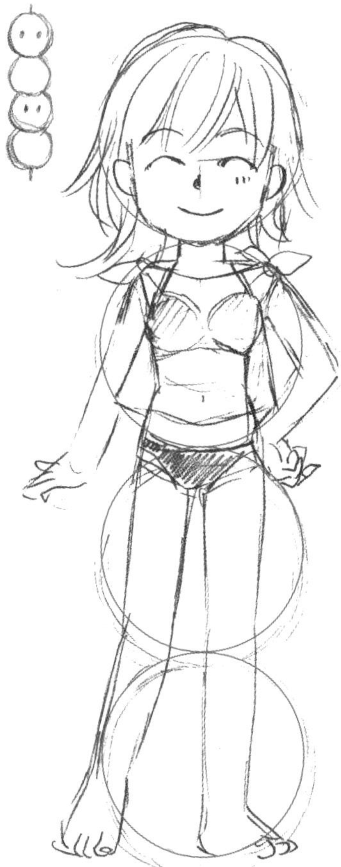

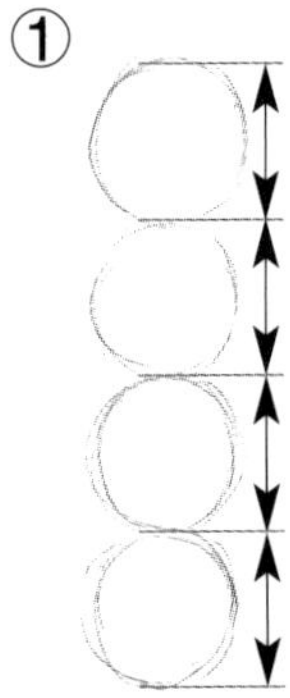

Zeichne vier Kreise derselben Größe, die übereinanderliegen.

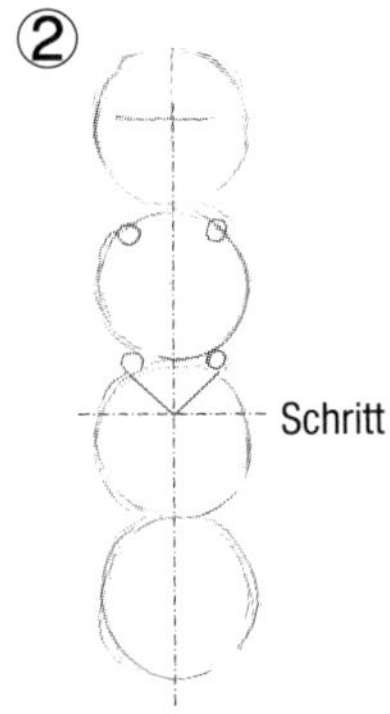

Zeichne das Kreuz für das Gesicht ein und kleine Kreise für die Gelenke. Die Position des Schritts befindet sich ein wenig unterhalb der Hüftgelenke.

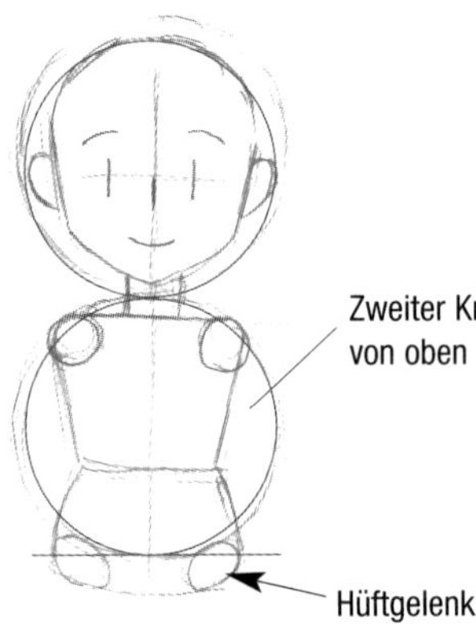

Die Hüftgelenke können unterhalb des von oben gesehen zweiten Kreises eingezeichnet werden. Die Position des Schritts wird endgültig festgelegt, wenn die Beine gezeichnet werden.

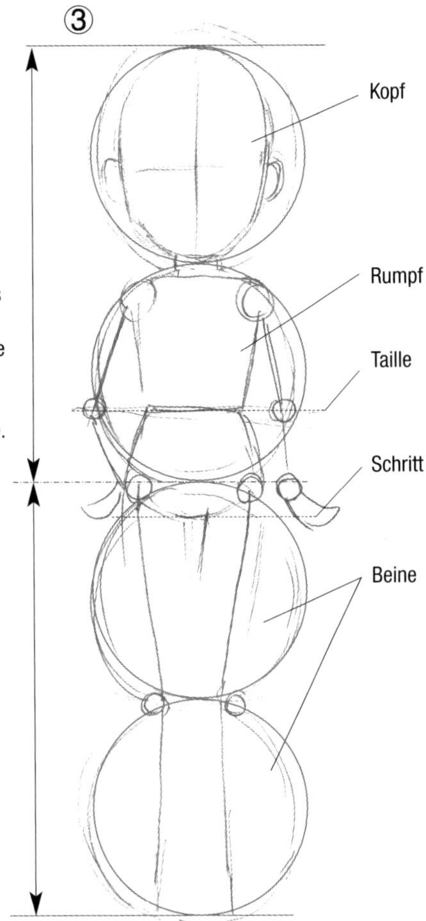

Die groben Umrisse des Körpers und der Arme und Beine

Kleiner Sketch zum Kopf-Körper-Verhältnis 1:4

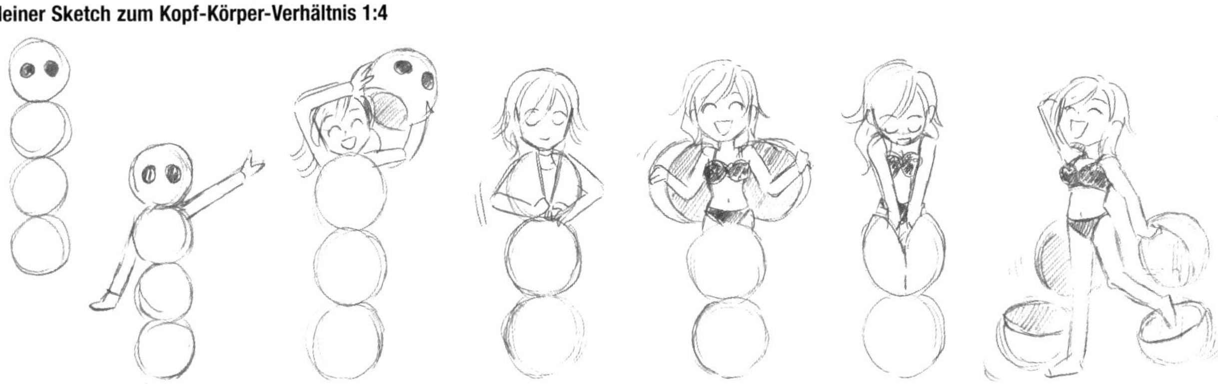

Ein Mädchen zeichnen

④
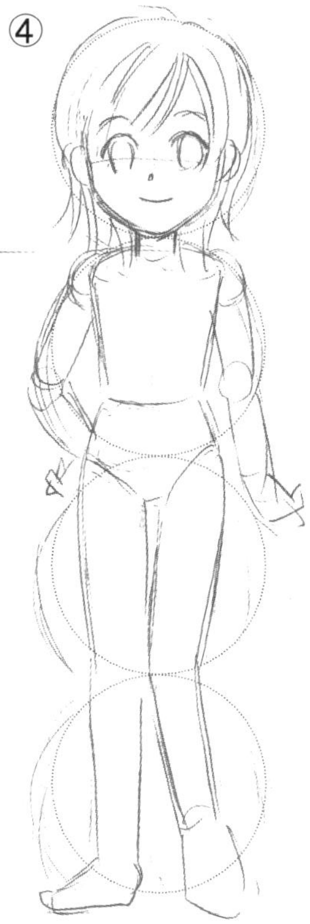
Zeichne die Arme und Beine und füg die Gesichtsmerkmale und Haare hinzu.

⑤
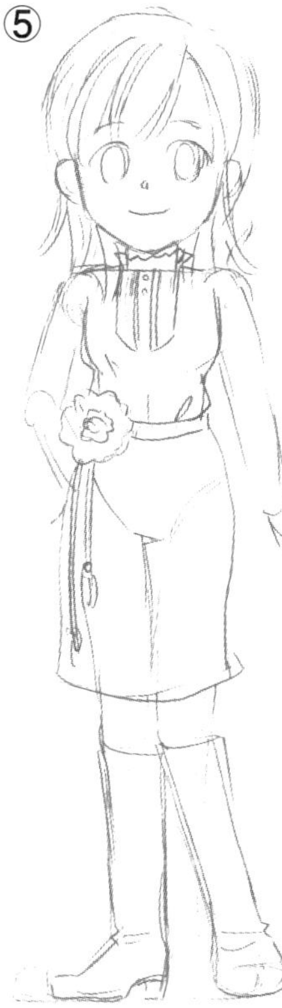
Zeichne nun die Umrisse der Kleidung.

⑥
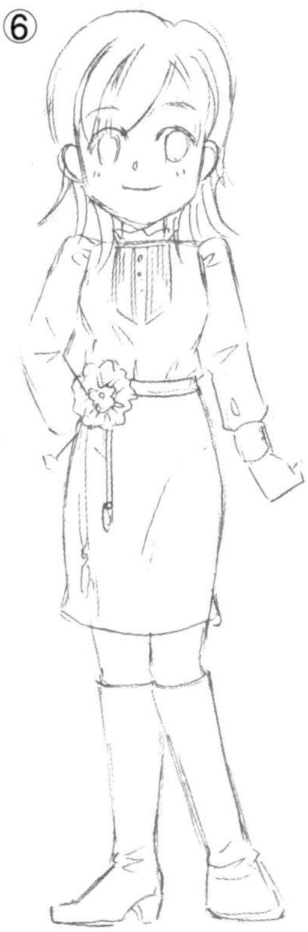
Pass die Umrisslinien an und füg kleine Details hinzu, um das Bild fertigzustellen.

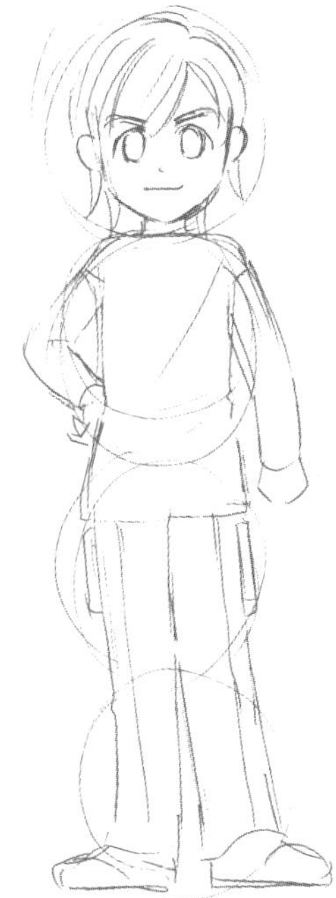
Zum Vergleich: Wenn man die Figur anders anzieht und ihr dickere Augenbrauen verpasst, wird aus ihr ein männlicher Charakter.

Einen Jungen zeichnen

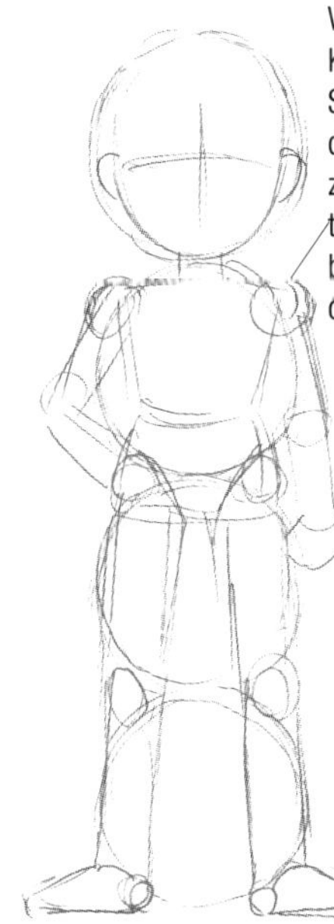
Verwende größere Kreise, um die Schultergelenke darzustellen, und zeichne die Schultern insgesamt breiter als bei dem Mädchen.

Hier sind die Schultern besonders ausgeprägt, um die Männlichkeit des Charakters zu betonen.

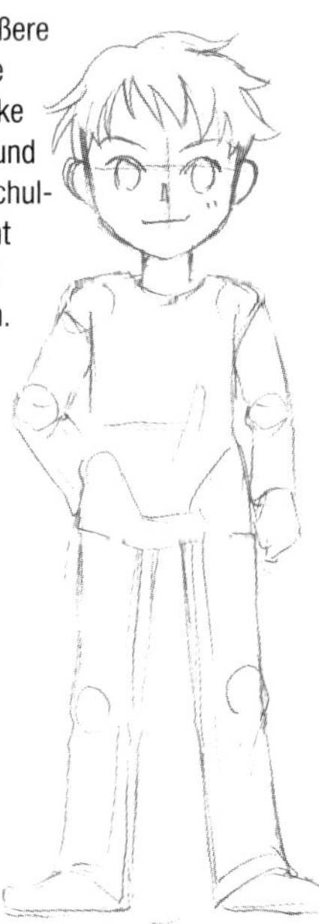
Selbst mit schmalen Augenbrauen wirkt der Charakter wegen des Körperbaus männlich.

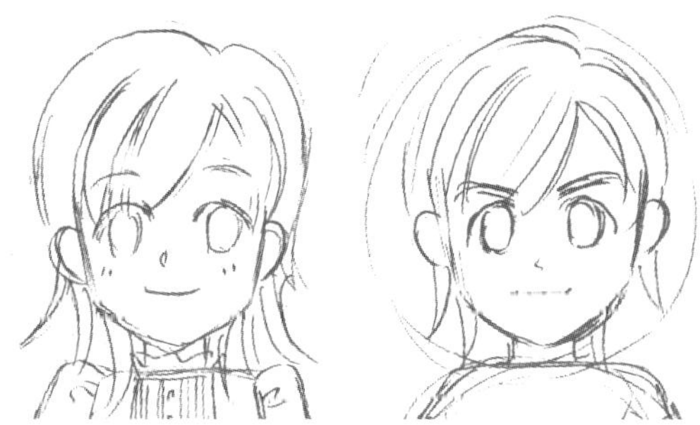
Bei einem Kopf-Körper-Verhältnis von 1:4 kann man allein durch unterschiedliche Augenbrauen festlegen, ob der Charakter männlich oder weiblich ist. Normalerweise haben Kinder zwischen acht und zwölf Jahren, die noch nicht in die Pubertät gekommen sind, solche Proportionen. Daher passt dieses Kopf-Körper-Verhältnis gut zu Manga, in denen die Geschlechterunterschiede nicht so wichtig sind, oder zu Charakteren, die androgyn wirken sollen.

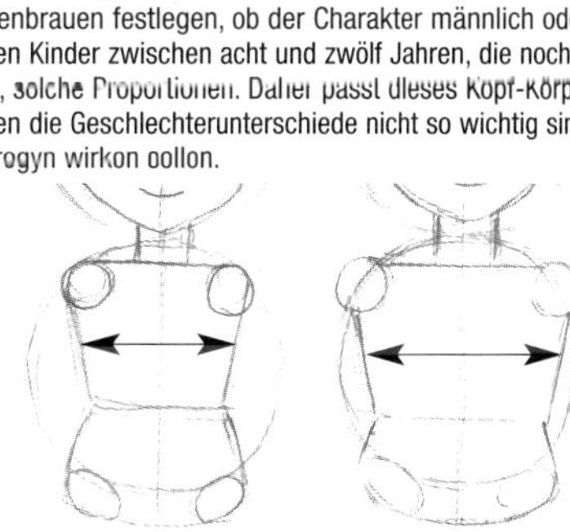
Hier sieht man, wie man bereits in den groben Umrissen das Geschlecht der Figur betonen kann, einfach indem man die Breite der Schultern variiert.

Weiblicher Rumpf: Die Schultern sind schmal.

Männlicher Rumpf: Die Schultern sind breit.

Die Hände von Charakteren mit einem Kopf-Körper-Verhältnis von 1:4 darstellen

Hier wird gezeigt, wie man die Hände bei Charakteren mit einem Kopf-Körper-Verhältnis von 1:4 zeichnet. Die Länge der Finger und die allgemeinen Proportionen der Hand ähneln den echten Proportionen, doch die Handfläche ist hier kleiner. Gelenke und Fingerspitzen werden rund gezeichnet.

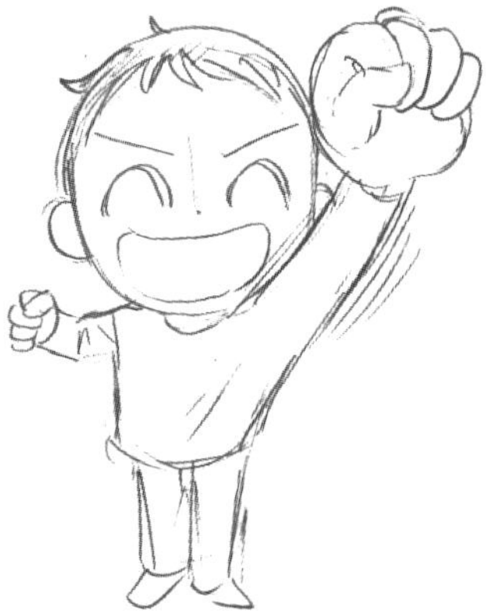

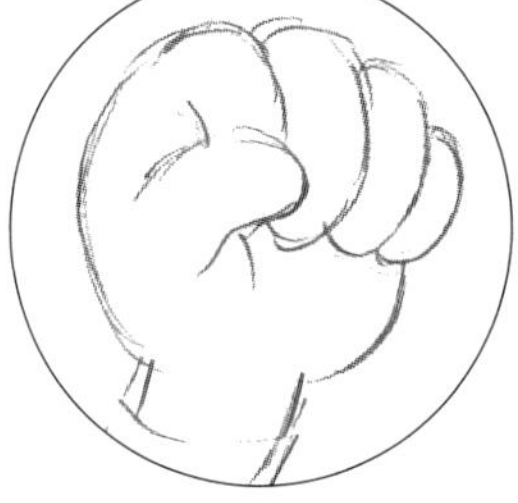

Faust

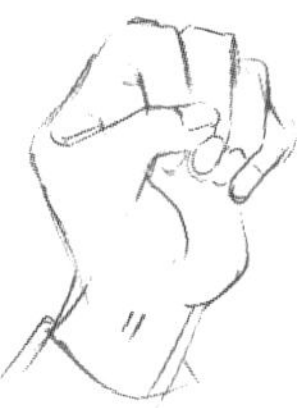

Zum Vergleich: Hand eines Charakters mit attraktiven Proportionen (wie auch bei den anderen Beispielen)

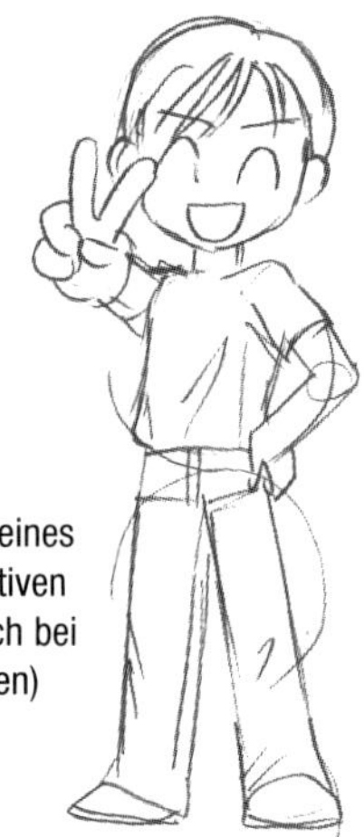

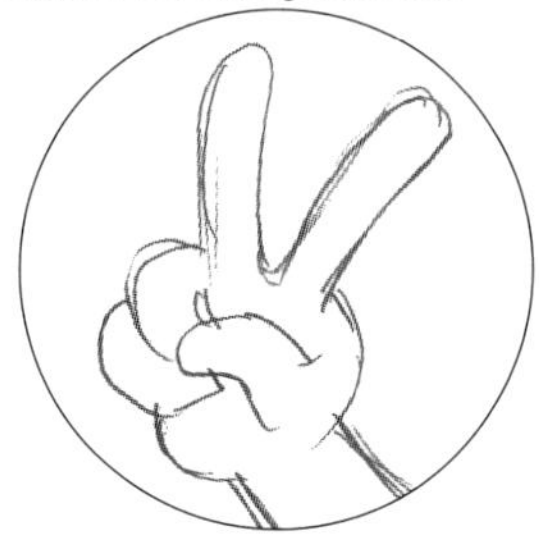

Peace-Zeichen

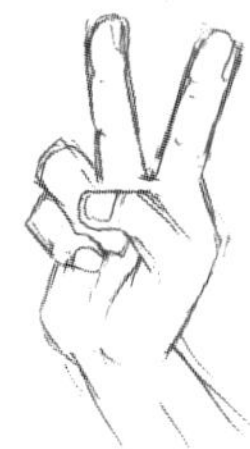

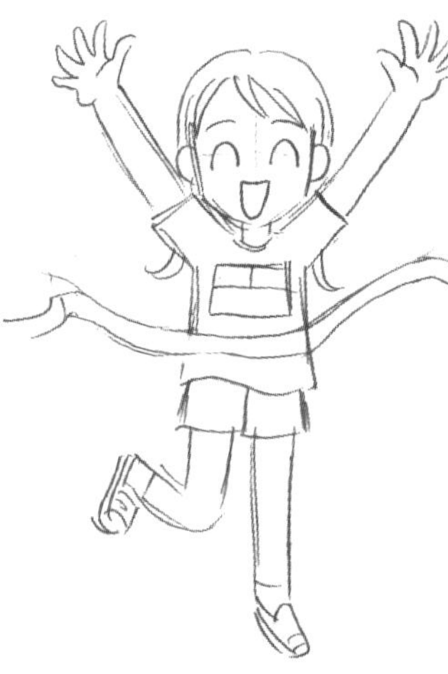

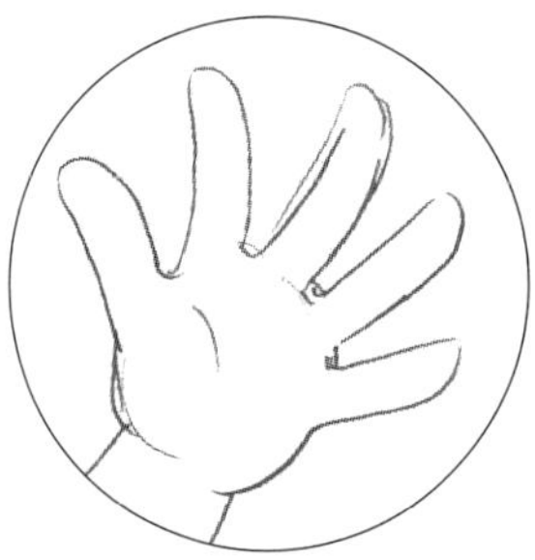

Geöffnete Hand

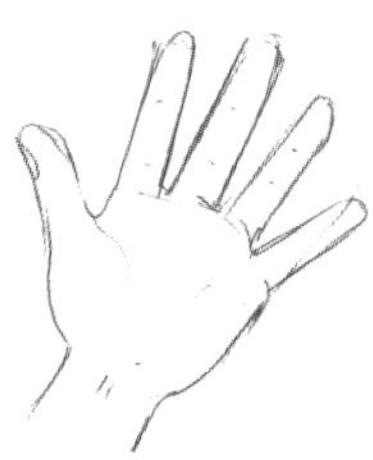

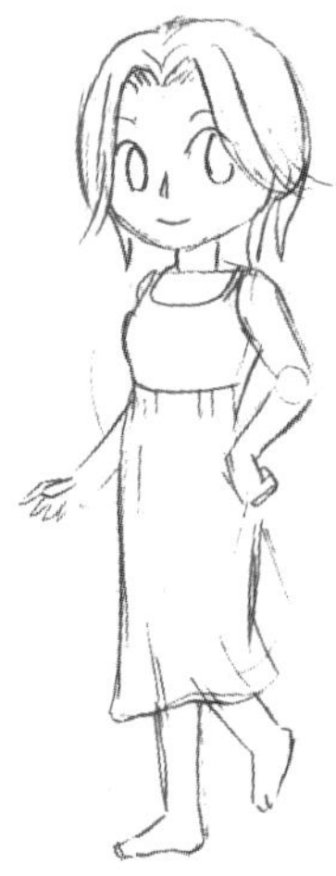

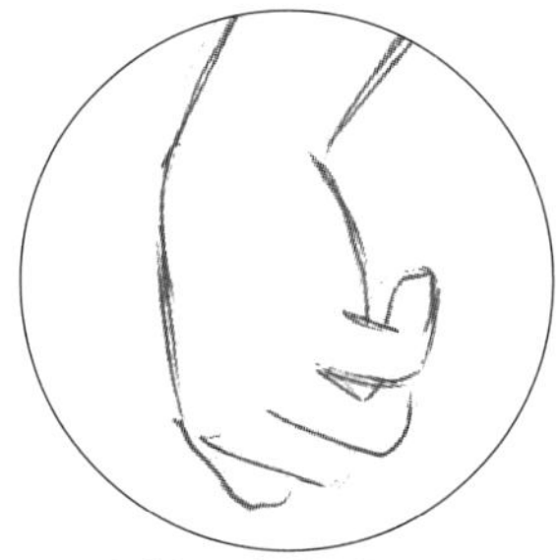

Leicht geballte Faust

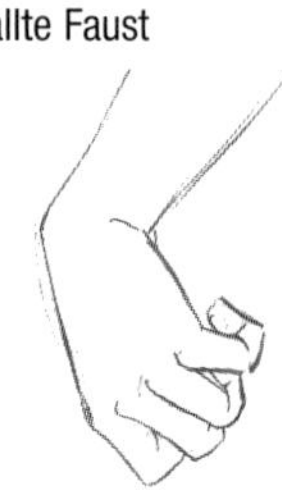

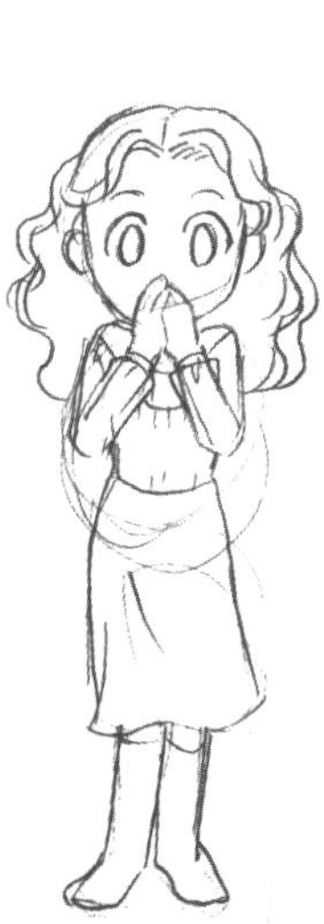

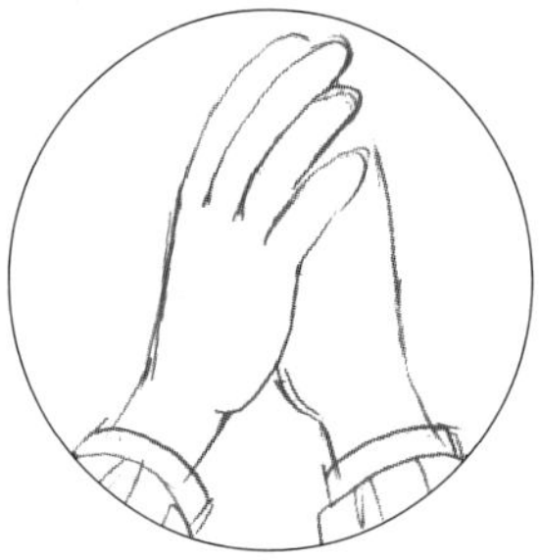

Hände vor den Mund halten

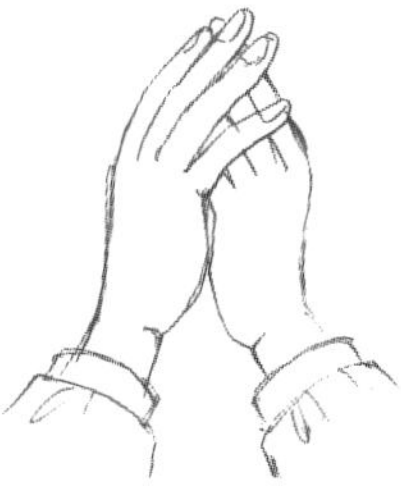

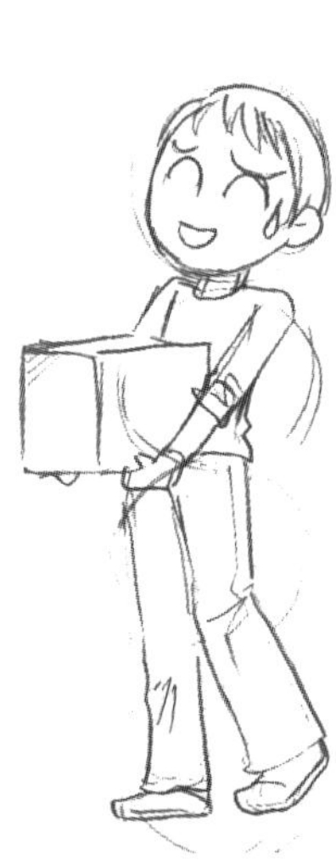

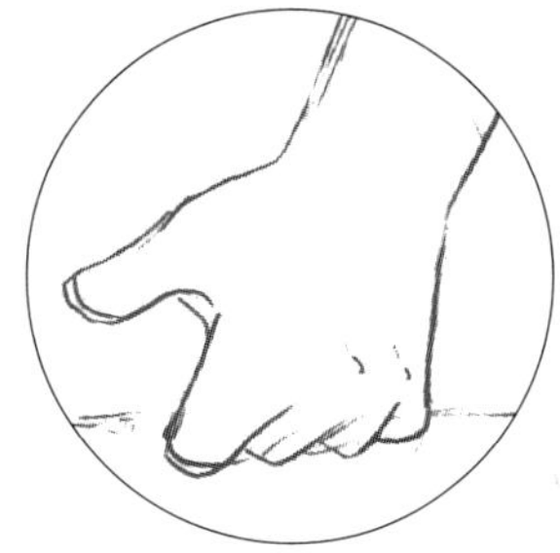

Hände, die etwas tragen

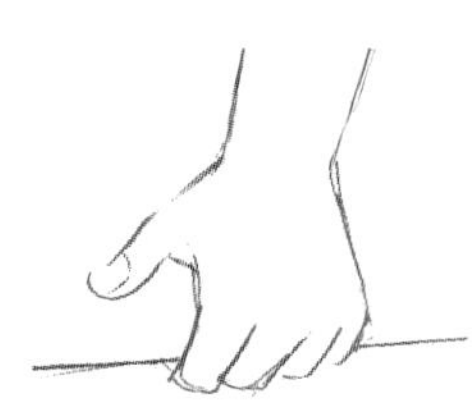

Tipps zur Anwendung unterschiedlicher Kopf-Körper-Verhältnisse

Verschiedene Kopf-Körper-Verhältnisse werden oft verwendet, um erwachsene Charaktere von kindlichen Charakteren zu unterscheiden, da Kinder andere Proportionen haben als Erwachsene. Wähl das Kopf-Körper-Verhältnis daher dem Charakter entsprechend aus.

Typisches Beispiel für verschiedene Kopf-Körper-Verhältnisse: Eltern und Kinder

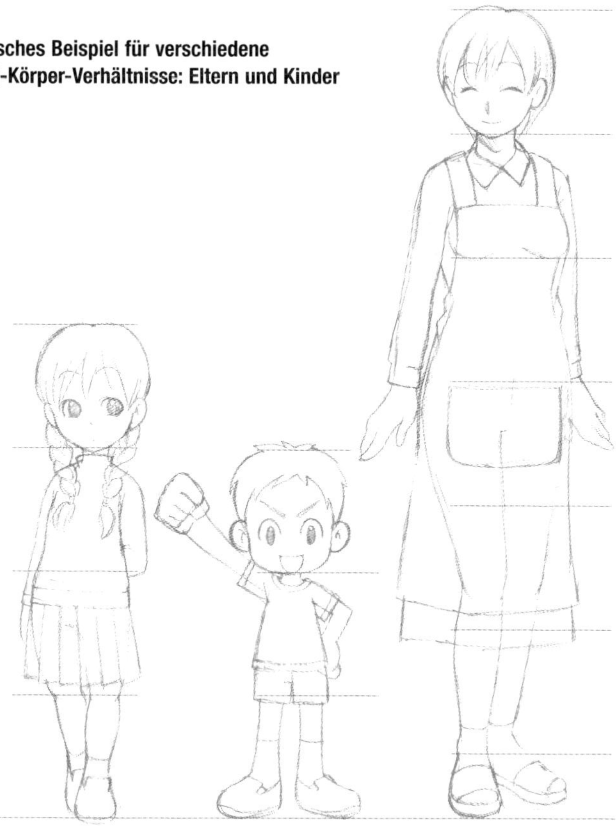

Tochter im Mittelschulalter (ca. 12 Jahre): Kopf-Körper-Verhältnis 1:4

Sohn im Grundschulalter: Kopf-Körper-Verhältnis 1:3

Mutter: Kopf-Körper-Verhältnis 1:6 bis 1:7 (hier: 1:6,5)

Welches Kopf-Körper-Verhältnis für das jeweilige Alter gewählt wird, hängt auch vom Künstler ab. So könnte man auch für ein Grundschulkind ein Kopf-Körper-Verhältnis von 1:4 und für ein Kind in der Mittelschule ein Kopf-Körper-Verhältnis von 1:5 wählen. Hauptsache ist, dass man auf den ersten Blick zwischen den beiden Kindern unterscheiden kann.

»Kopf-Körper-Verhältnis« bedeutet, dass der Kopf eine Maßeinheit ist, um die Gesamtgröße des Körpers zu bestimmen.

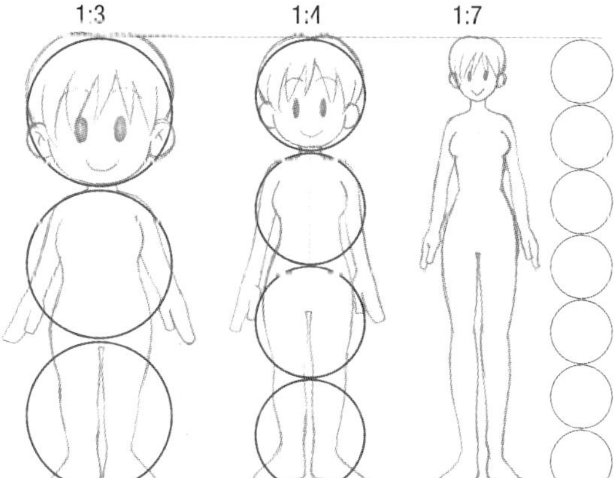

Wenn der Charakter immer gleich groß bleiben soll, wird der Kopf immer kleiner, je größer das Kopf-Körper-Verhältnis wird.

Einfache Regel, wenn man das Kopf-Körper-Verhältnis ändern will:

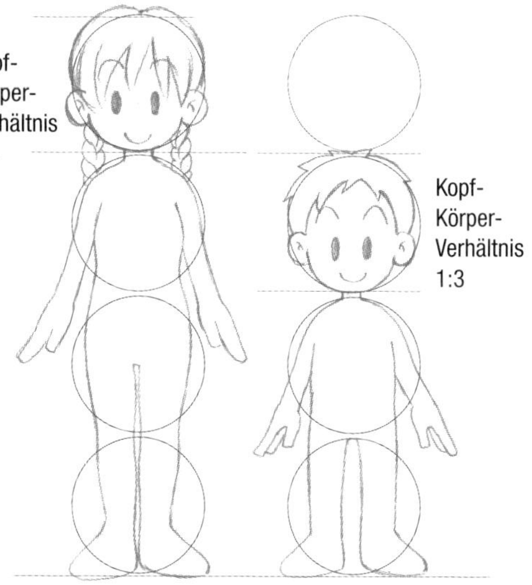

Wenn beide Köpfe gleich groß sind, ist ein Charakter mit einem Kopf-Körper-Verhältnis von 1:4 um genau eine Kopflänge größer als ein Charakter mit einem Kopf-Körper-Verhältnis von 1:3. Das Gleiche gilt für Charaktere mit größeren Kopf-Körper-Verhältnissen.

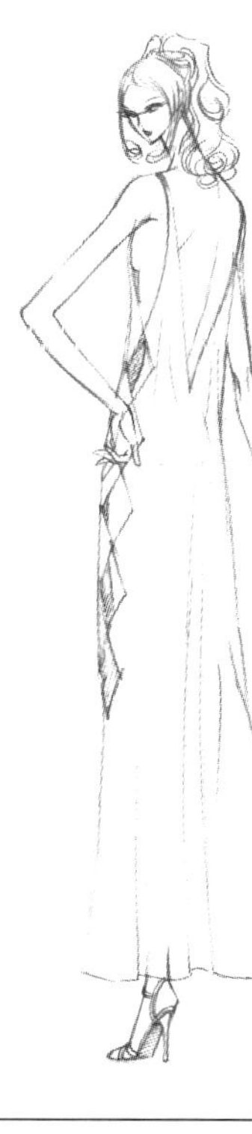

Hier sieht man eine Figur, die mit einem Kopf-Körper-Verhältnis von 1:12 gezeichnet wurde (z.B. bei Modeskizzen üblich). Der Kopf ist sehr klein und die Figur ist nicht als Manga-Charakter oder für die Darstellung dynamischer Bewegungen geeignet. Aber dadurch, dass das Hauptaugenmerk auf den Körper bzw. die Kleidung gelegt wird, eignen sich diese Proportionen gut für Modeskizzen oder Ähnliches.

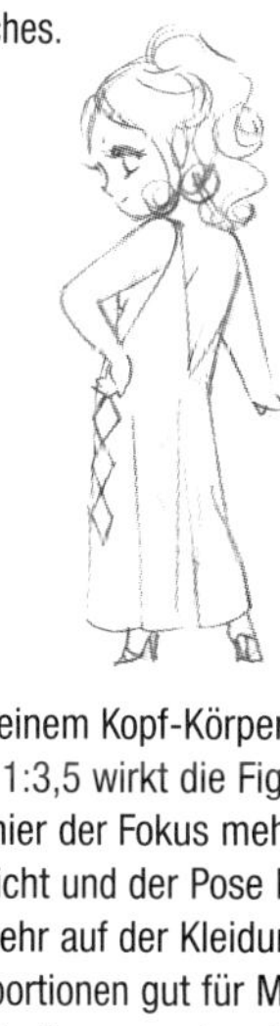

Mit einem Kopf-Körper-Verhältnis von 1:3,5 wirkt die Figur lebendiger. Da hier der Fokus mehr auf dem Gesicht und der Pose liegt und nicht so sehr auf der Kleidung, sind diese Proportionen gut für Manga oder Illustrationen geeignet.

Kleidung zeichnen

Hier wird erklärt, wie man bei einem Chibi-Charakter die Kleidung zeichnet. Als Vorlage wird ein Charakter mit attraktiven Proportionen benutzt. Je geringer das Kopf-Körper-Verhältnis wird, desto stärker wird vereinfacht und abstrahiert.

Blazer und Minirock

Kopf-Körper-Verhältnis 1:8

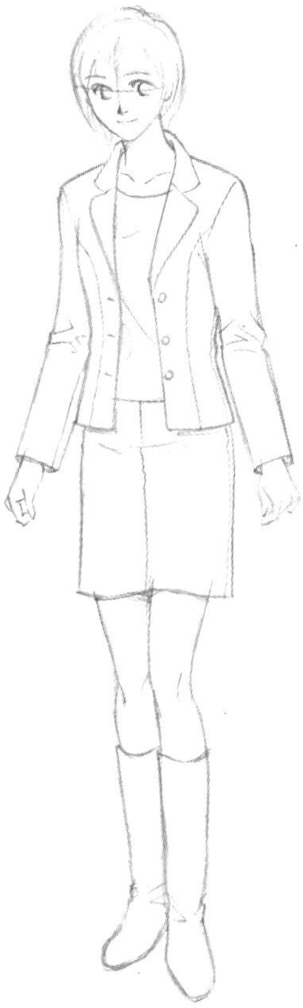

Kopf-Körper-Verhältnis 1:4

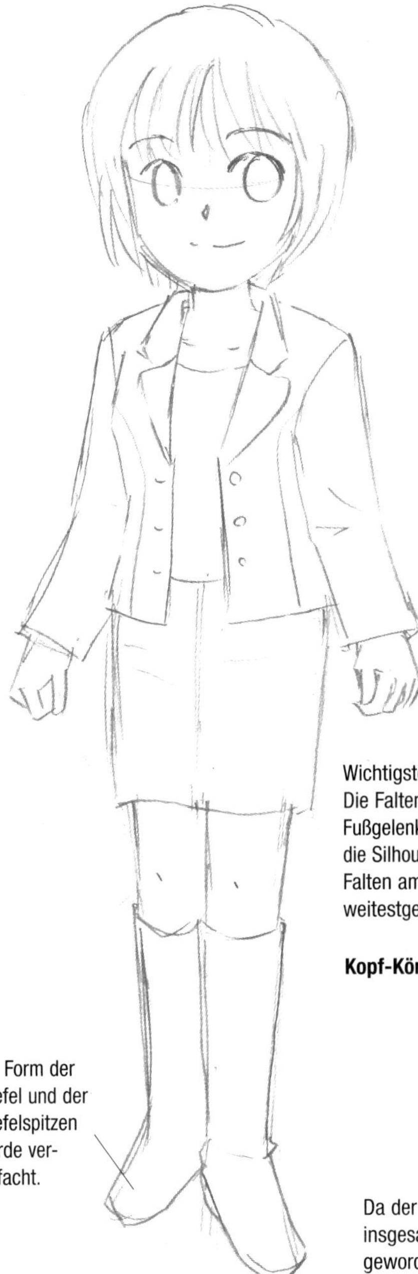

Die Form der Stiefel und der Stiefelspitzen wurde vereinfacht.

Wichtigste Veränderungen: Die Falten an Ellbogen und Fußgelenken wurden reduziert und die Silhouette der Arme vereinfacht. Falten am Oberkörper wurden weitestgehend weggelassen.

Kopf-Körper-Verhältnis 1:3

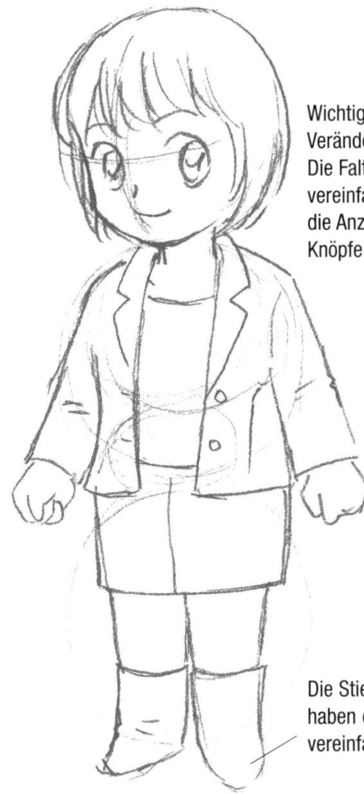

Wichtigste Veränderungen: Die Falten wurden vereinfacht und die Anzahl der Knöpfe reduziert.

Die Stiefelspitzen haben eine stark vereinfachte Form.

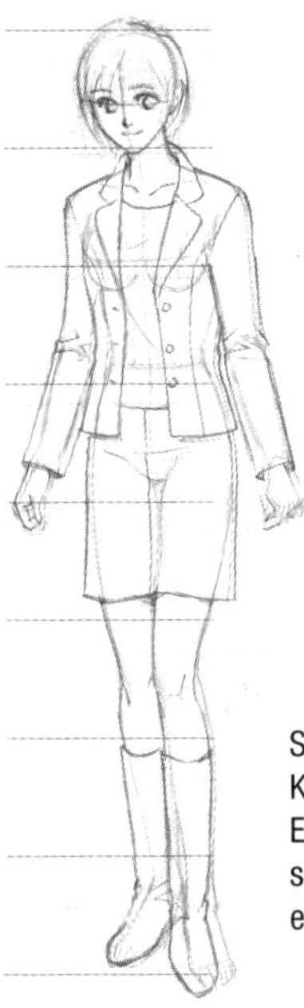

Skizze des Charakters mit einem Kopf-Körper-Verhältnis von 1:8. Ein wichtiges Element ist der geöffnete Blazer. Das Erscheinungsbild der Figur wurde zuerst mit einer unbekleideten Vorskizze festgelegt.

Kopf-Körper-Verhältnis 1:2

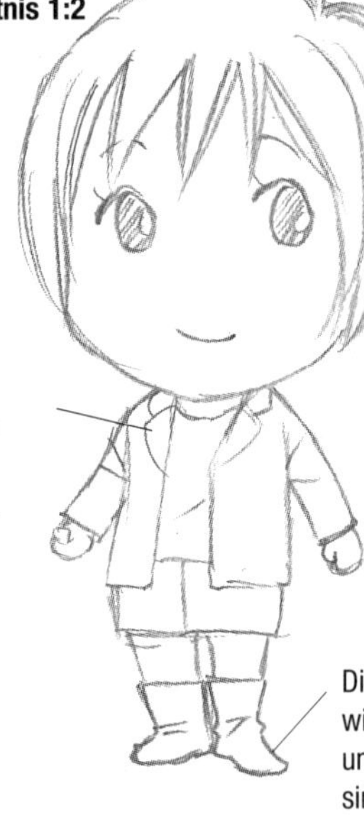

Da der Körper insgesamt klein geworden ist, wird auch der Kragen kleiner gezeichnet.

Wichtigste Veränderungen: Die Anzahl der Falten wurde erneut reduziert und die Knöpfe fehlen komplett.

Die Stiefel wirken wie Gummistiefel und die Stiefelspitzen sind schmal.

Kopf-Körper-Verhältnis 1:4

①

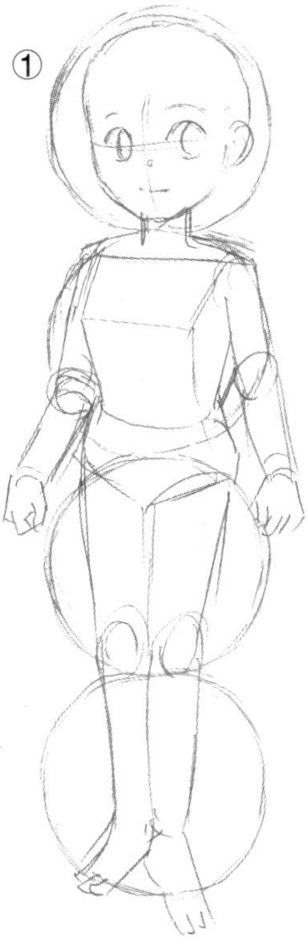

Zeichne die groben Umrisse des Körpers und bestimm dabei vor allem die Position von Brust, Taille und Schritt sowie die Gelenke der Ellbogen und Knie.

②

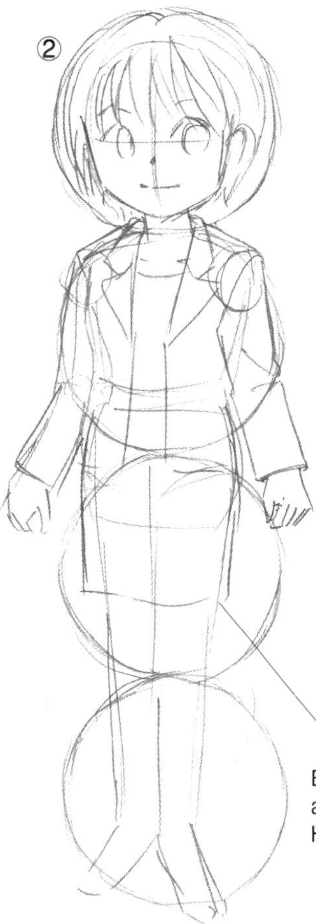

Betrachte die Knie als Richtlinie für die Höhe des Rocksaums.

Zeichne die groben Umrisse des Gesichts und der Kleidung ein.

Kopf-Körper-Verhältnis 1:3

①

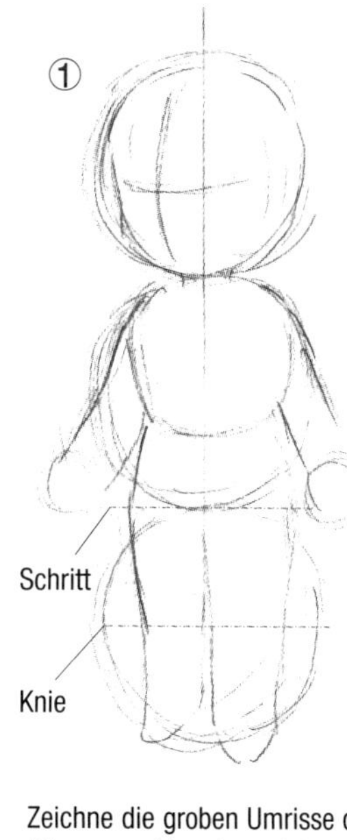

Zeichne die groben Umrisse des Körpers und bestimm dabei die für ein Kopf-Körper-Verhältnis von 1:3 typische Form der Arme und Beine.

②

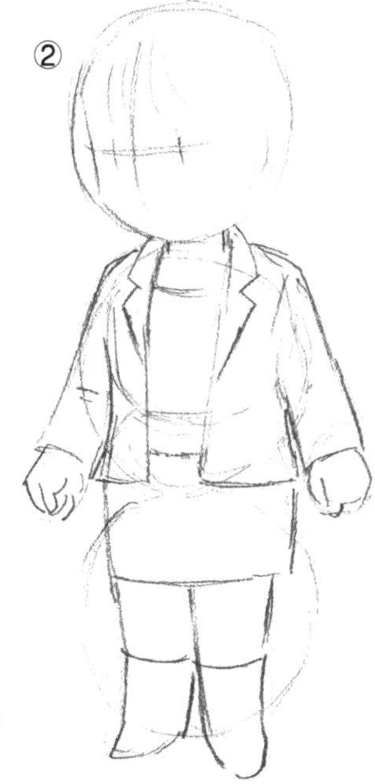

Zeichne die Umrisse der Stiefel auf die vorher skizzierten Umrisse der Beine.

Kopf-Körper-Verhältnis 1:2

①

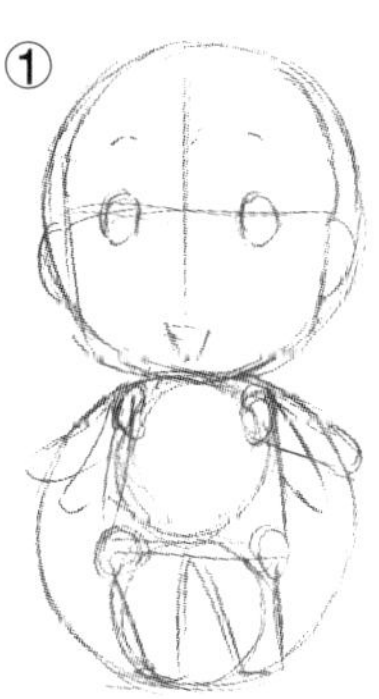

Grobe Umrisse des Körpers

②

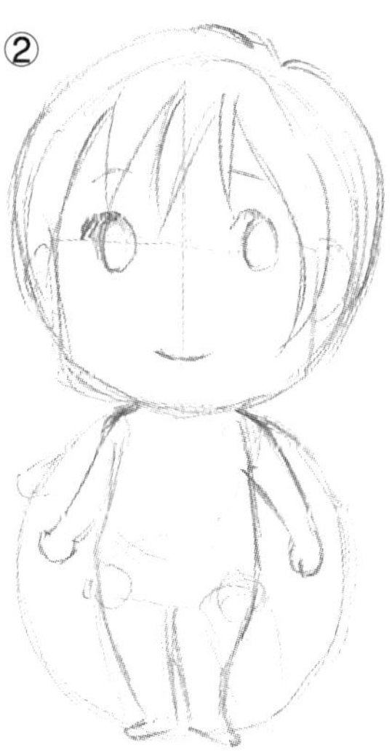

Korrigier die Umrisse und skizzier dabei eine Pose.

③

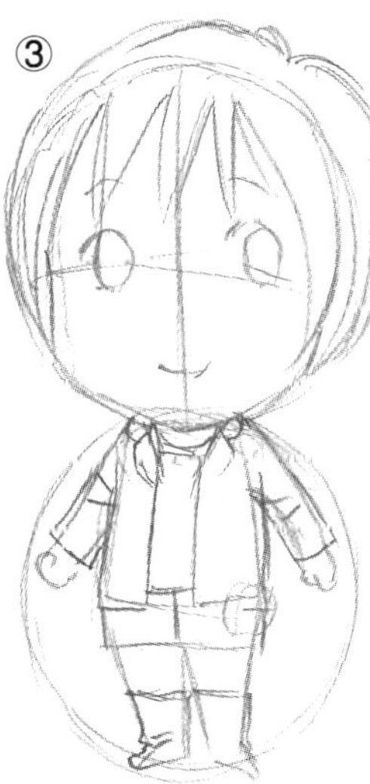

Füg die Kleidung hinzu.

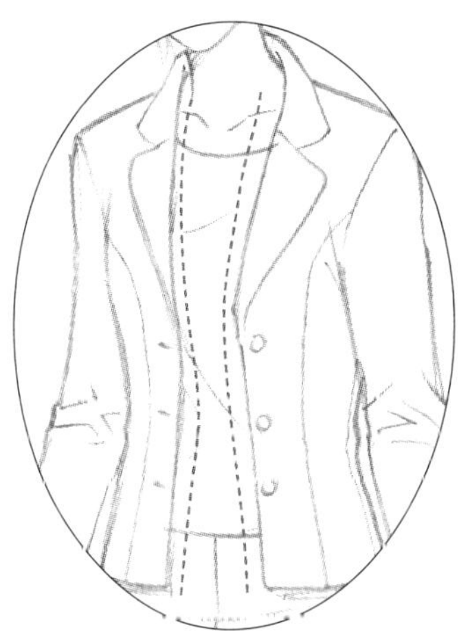

Hier sieht man, wie die Öffnung des Blazers ursprünglich bei attraktiven Proportionen aussah. Bei der Chibi-Figur werden einfache gerade oder gebogene Linien verwendet, um die Darstellung zu abstrahieren.

Lässiger Style

Kopf-Körper-Verhältnis 1:8

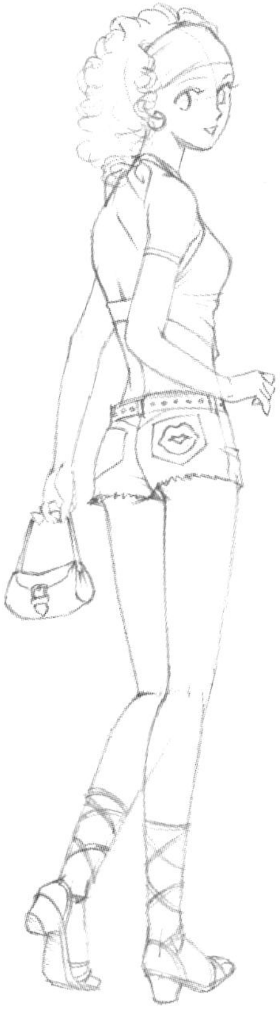

Kopf-Körper-Verhältnis 1:4

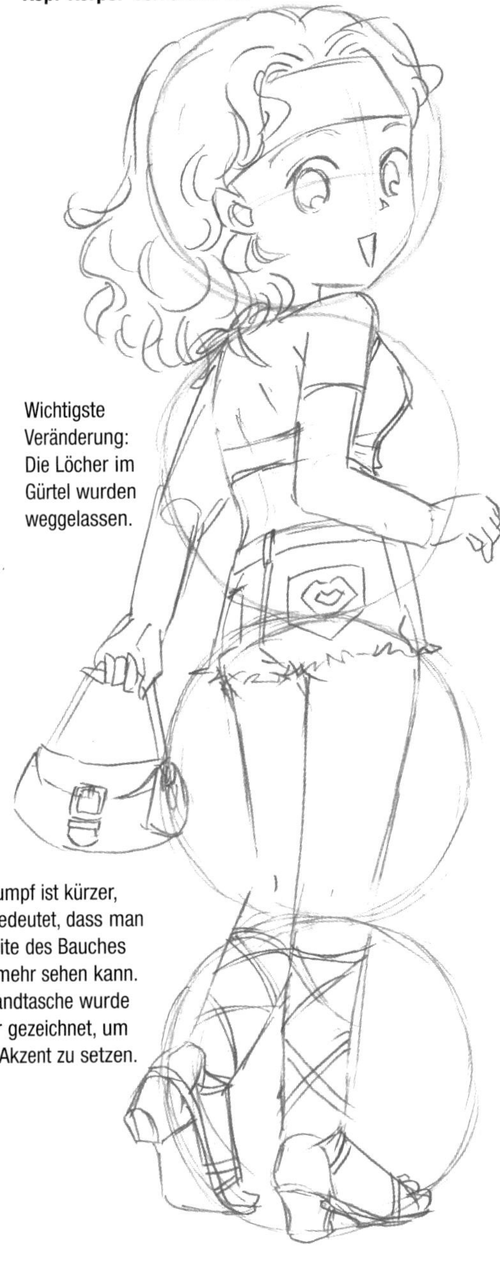

Wichtigste Veränderung: Die Löcher im Gürtel wurden weggelassen.

Der Rumpf ist kürzer, was bedeutet, dass man die Seite des Bauches nicht mehr sehen kann. Die Handtasche wurde größer gezeichnet, um einen Akzent zu setzen.

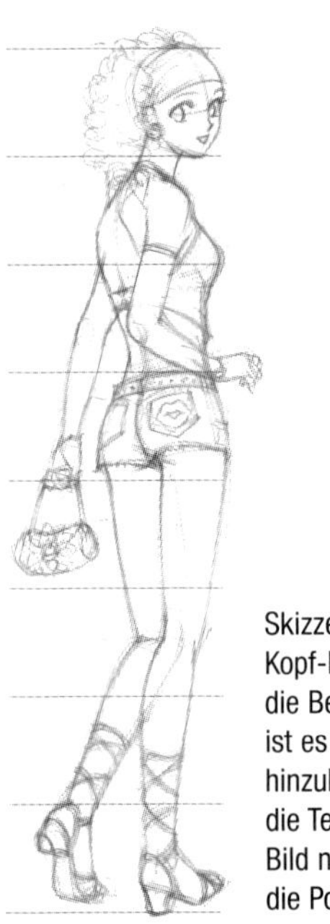

Skizze des Charakters mit einem Kopf-Körper-Verhältnis von 1:8. Da die Beine der Figur sehr lang sind, ist es schwierig, die Balance richtig hinzubekommen. Zeichne daher auch die Teile ein, die später im fertigen Bild nicht zu sehen sind (wie z.B. die Position des linken Knies).

Kopf-Körper-Verhältnis 1:3

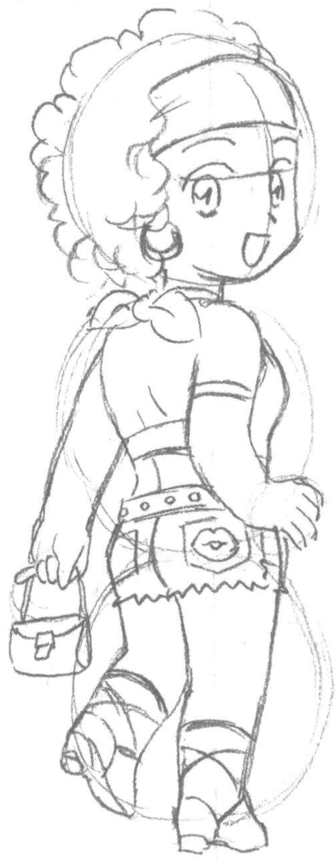

Wichtigste Veränderungen: Der Gürtel hat weniger Löcher, dafür sind diese größer. Die Schleife im Nacken wurde vergrößert und die Handtasche passend zum Charakter »chibisiert« (d.h. verkleinert).

Kopf-Körper-Verhältnis 1:2

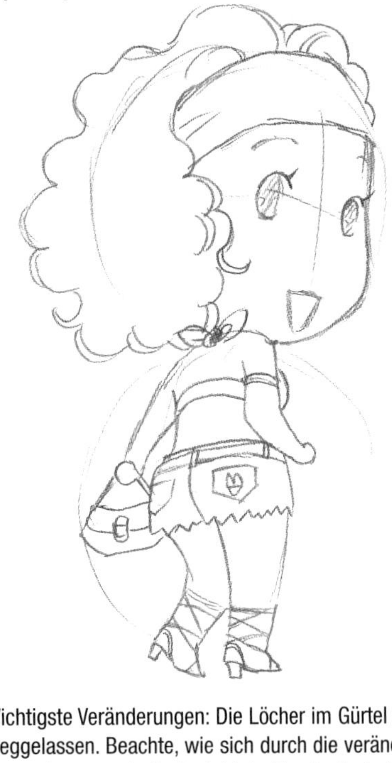

Wichtigste Veränderungen: Die Löcher im Gürtel wurden weggelassen. Beachte, wie sich durch die veränderten Proportionen auch die Ansicht der Tasche ändert.

Kopf-Körper-Verhältnis 1:4

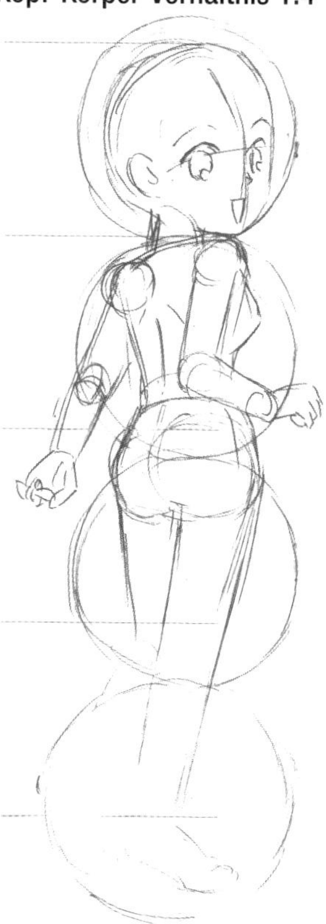

Skizzier die groben Umrisse des Körpers und zeichne Kreise für die Gelenke ein.

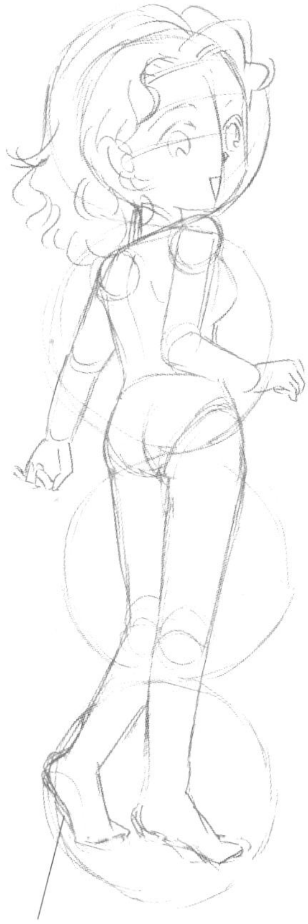

Definier die Fußsohle genau.

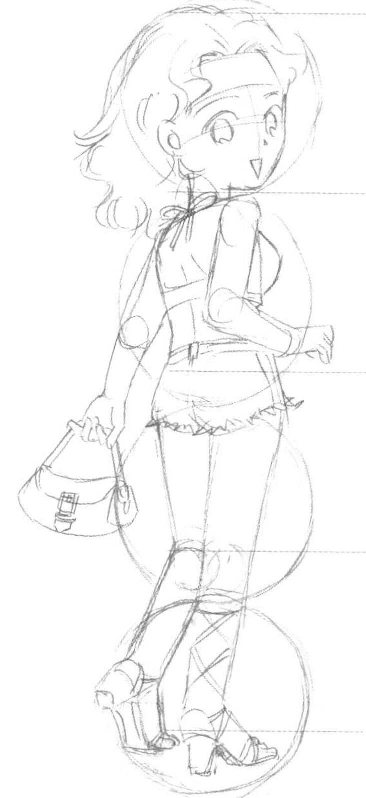

Füg als letztes Detail die hochgebundenen Schnüre der Sandalen und die Verzierungen auf den Shorts hinzu.

Auch wenn die vier Kreise für die Grundlage der Proportionen nicht besonders sorgfältig gezeichnet wurden, ist am Ende ein Charakter mit einem Kopf-Körper-Verhältnis von 1:4 daraus entstanden. Skizzieren ist kein technisches Zeichnen, daher brauchen die Kreise nicht perfekt zu sein.

Kopf-Körper-Verhältnis 1:3

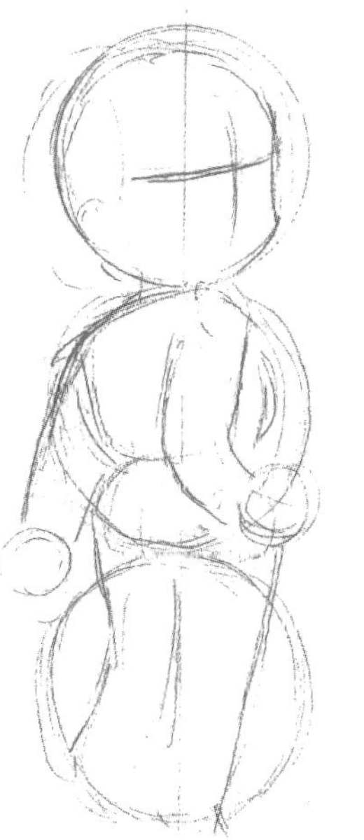

Bestimm, in welche Richtungen Kopf und Körper gedreht werden sollen, während du die groben Konturen zeichnest, und füg anschließend Umrisse von Armen und Beinen hinzu.

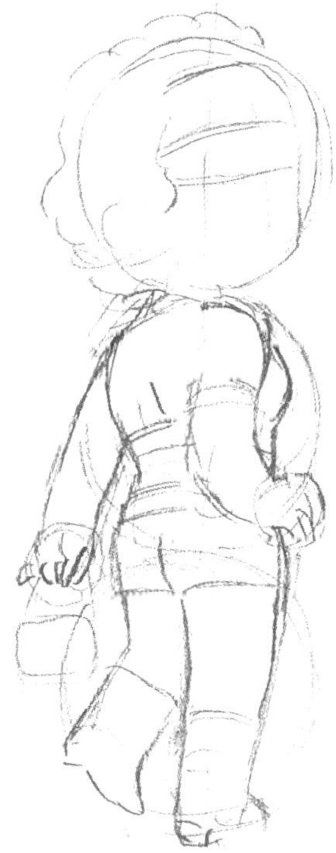

Pass die Umrisslinien an und zeichne dann die grobe Kontur der Handtasche.

Kopf-Körper-Verhältnis 1:2

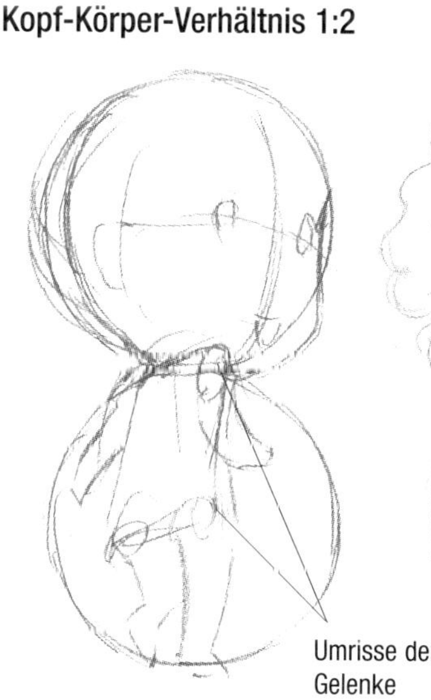

Verwende ein Rechteck, um den Rumpf darzustellen, wenn du die Gelenke zeichnest.

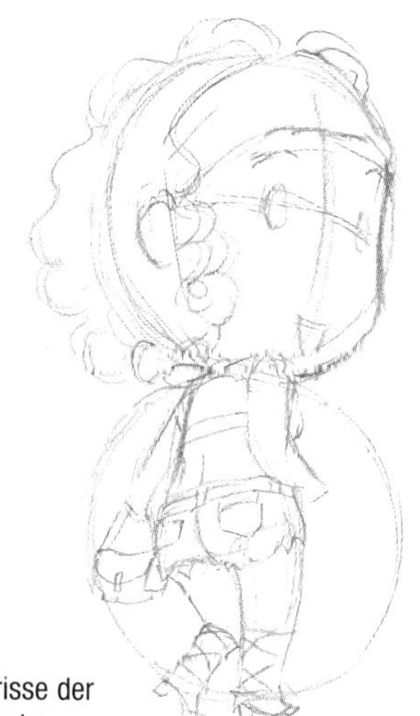

Zeichne die Handtasche passend zu den Proportionen des Körpers. Da die Sandalen einen kleinen Absatz haben, wird die Figur ein bisschen größer.

Langer Rock

Kopf-Körper-Verhältnis 1:7,5

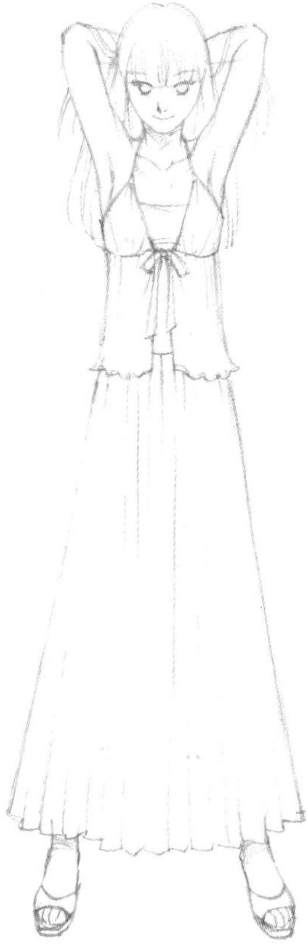

Kopf-Körper-Verhältnis 1:4

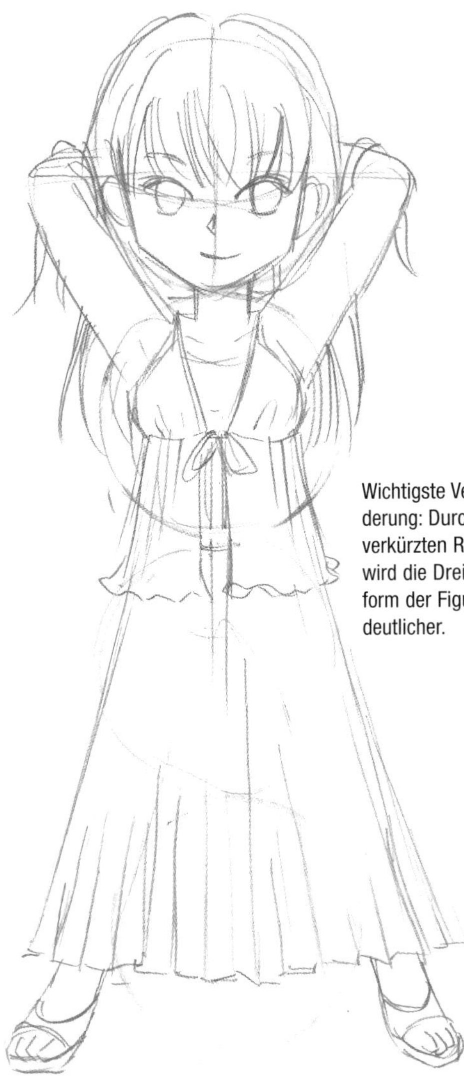

Wichtigste Veränderung: Durch den verkürzten Rumpf wird die Dreiecksform der Figur deutlicher.

Kopf-Körper-Verhältnis 1:3

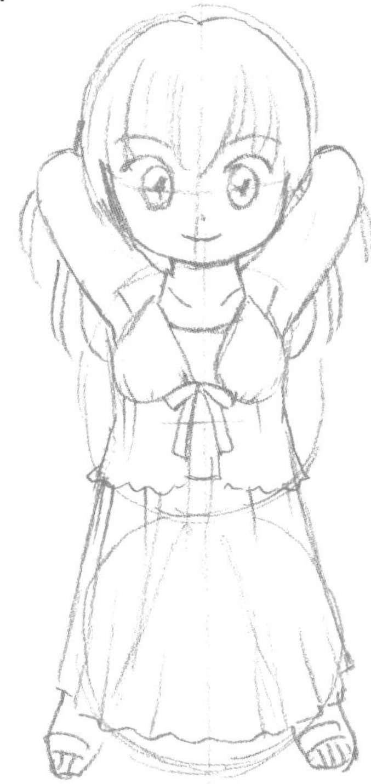

Wichtigste Veränderung: Die Platzierung der Schleife hat sich verändert. Indem man sie verhältnismäßig groß zeichnet, wirkt die Figur niedlicher.

Kopf-Körper-Verhältnis 1:2

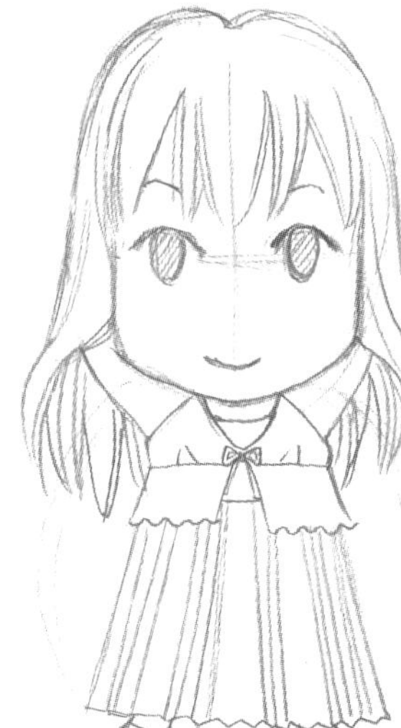

Wichtigste Veränderungen:
Die Schleife auf der Brust ist kleiner geworden und die Falten des Rocks wurden betont. Da die Arme der Figur kürzer geworden sind, fallen die Haare jetzt anders.

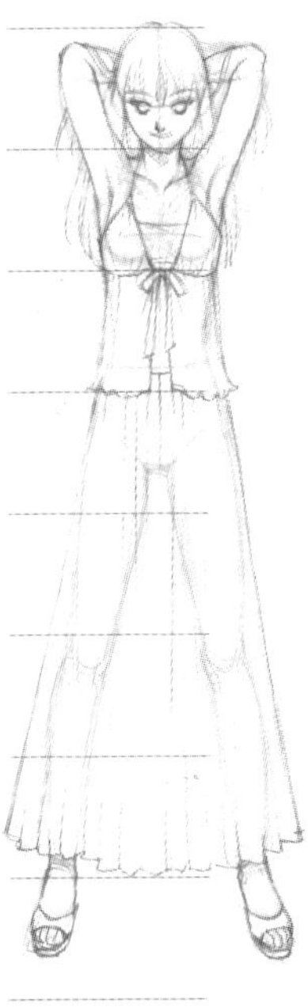

Skizze des Charakters mit einem Kopf-Körper-Verhältnis von 1:7,5. Ein langer Rock lässt den Körper größer wirken, weswegen das Kopf-Körper-Verhältnis leicht verringert wurde. Die Kleidung verdeckt einen großen Teil des Körpers, weswegen es besonders wichtig ist, die unbekleidete Skizze gründlich zu zeichnen.

Kopf-Körper-Verhältnis 1:4

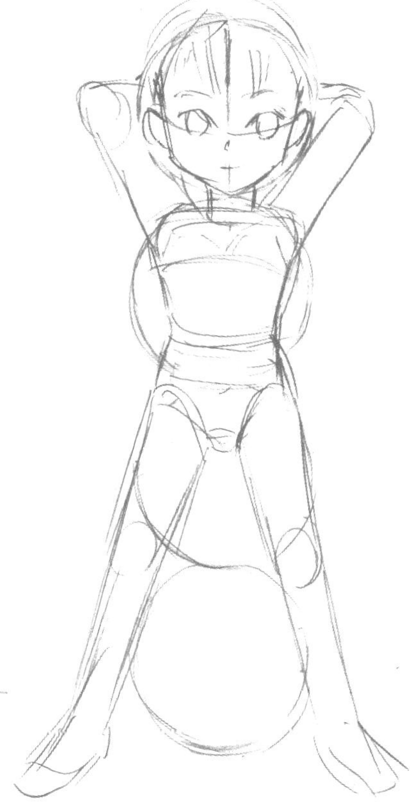

Erfass die komplette Pose bereits in den groben Umrissen des Körpers.

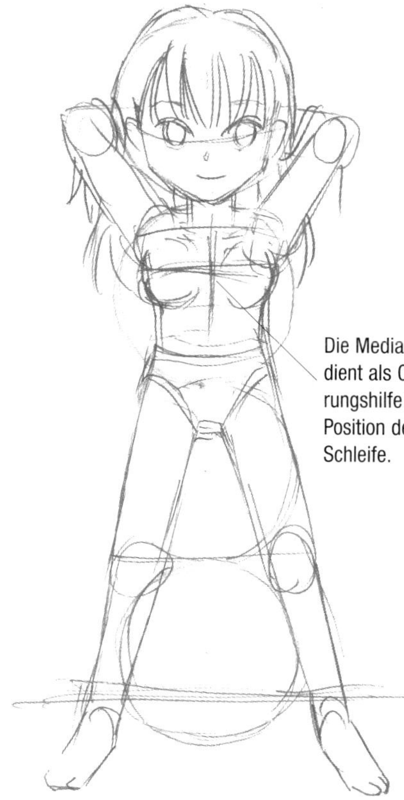

Die Medianlinie dient als Orientierungshilfe für die Position der Schleife.

Zeichne als Nächstes die Positionen von Knie- und Fußgelenken ein, um die Länge des Rocksaums bestimmen zu können.

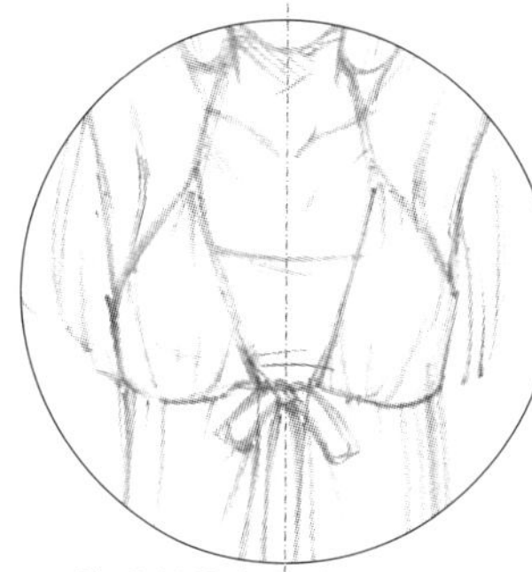

Die Schleife befindet sich unterhalb der Brust in der Mitte des Körpers. Es ist wichtig, dass man in der Vorskizze die Positionen der einzelnen Körperteile genau bestimmt.

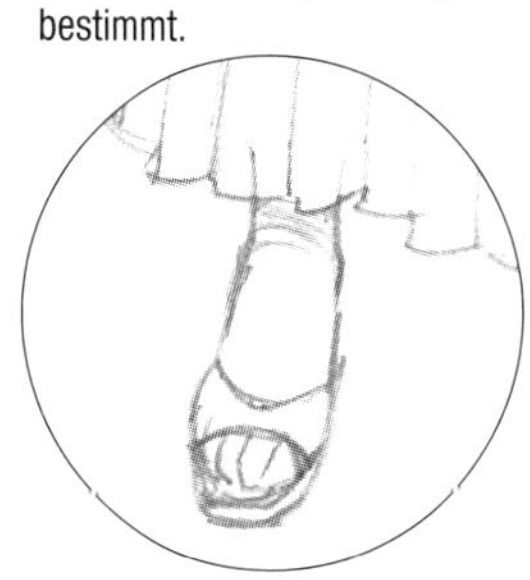

Der Rocksaum umspielt die Fußgelenke.

Kopf-Körper-Verhältnis 1:3

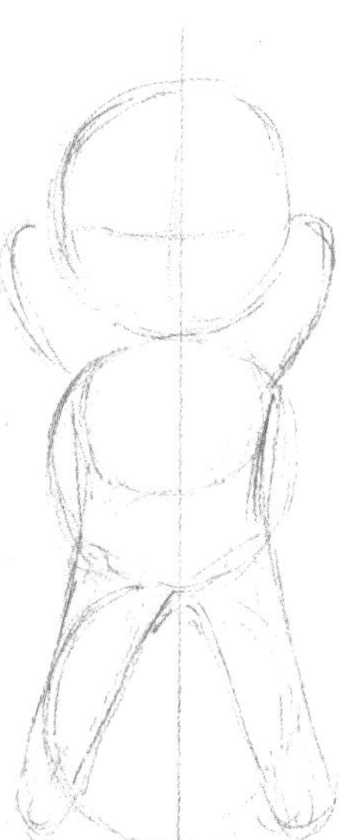

Da die Figur direkt von vorne zu sehen ist, zeichne eine Medianlinie ein, wenn du die groben Umrisse skizzierst.

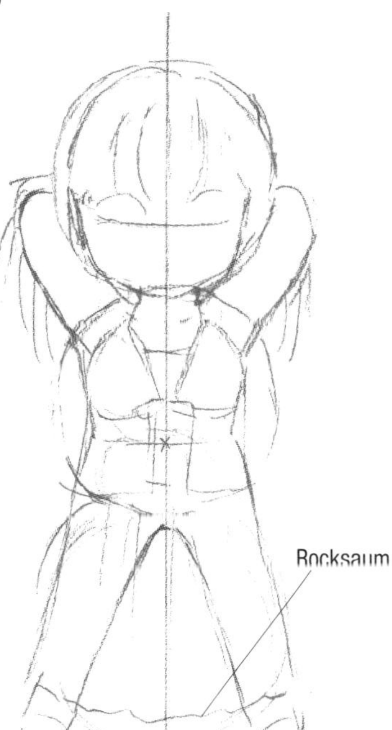

Zeichne als Nächstes die Frisur und die groben Umrisse der Kleidung. Bestimm in dieser Phase auch die Länge des Rocksaums.

Kopf-Körper-Verhältnis 1:2

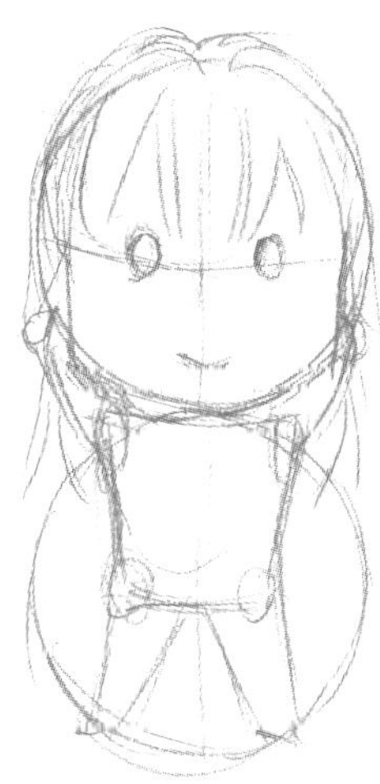

Da bei diesen Proportionen die Arme sehr kurz sind, kann der Charakter sie nicht hinter dem Kopf verschränken. Daher muss die Pose der Figur wie hier gezeigt angepasst werden.

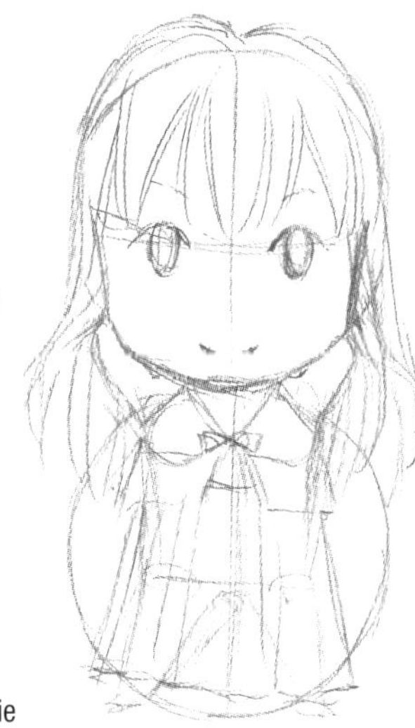

Zeichne die Haare so, dass sie über die Arme fallen.

Herrenanzug

Kopf-Körper-Verhältnis 1:8

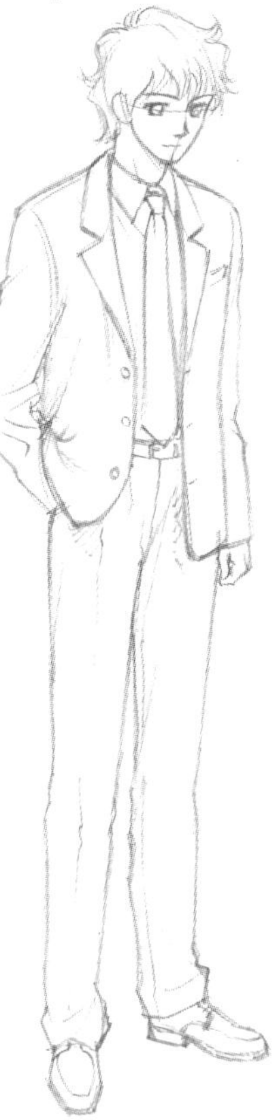

Kopf-Körper-Verhältnis 1:4

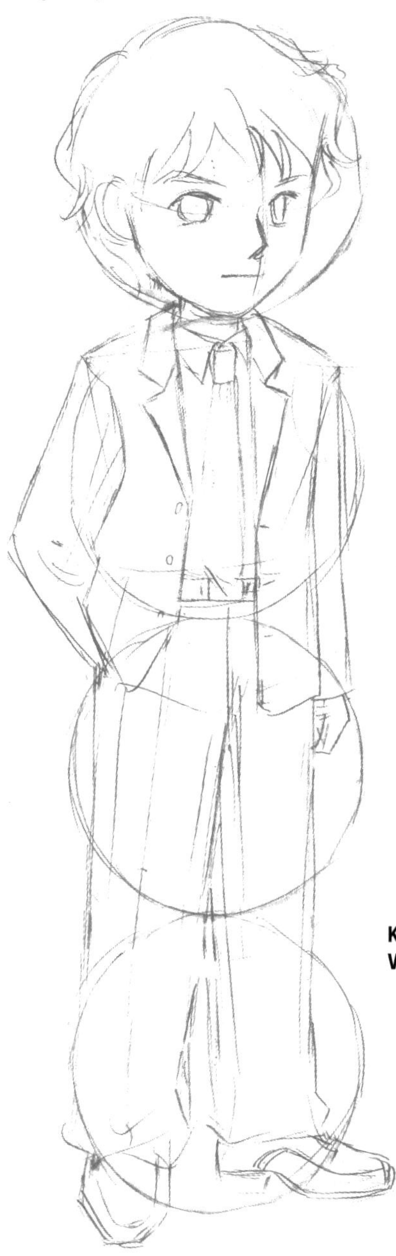

Wichtigste Veränderungen: Die Falten am Ellbogen wurden reduziert und die Umriss-linien der Hose sind gerader geworden. Durch die größeren Füße wirkt die Figur stabil.

Kopf-Körper-Verhältnis 1:3

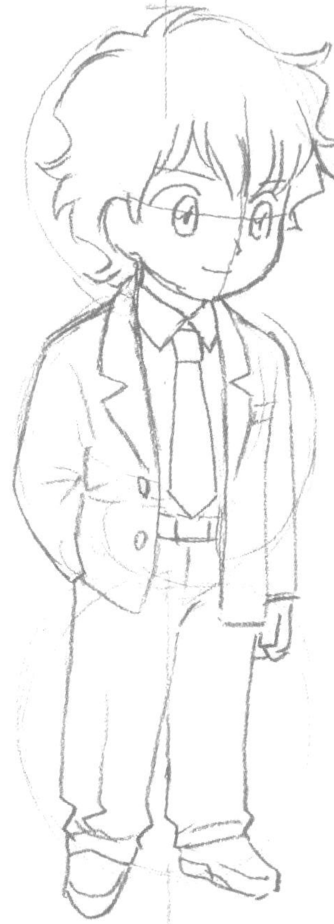

Wichtigste Veränderungen: Die Krawatte wurde vergrößert und die Anzahl der Knöpfe am Jackett reduziert. Indem die Position der Taille nach oben verschoben wurde, wirken die Beine länger, wodurch die smarte Aura des Originalcharakters nachempfunden wird.

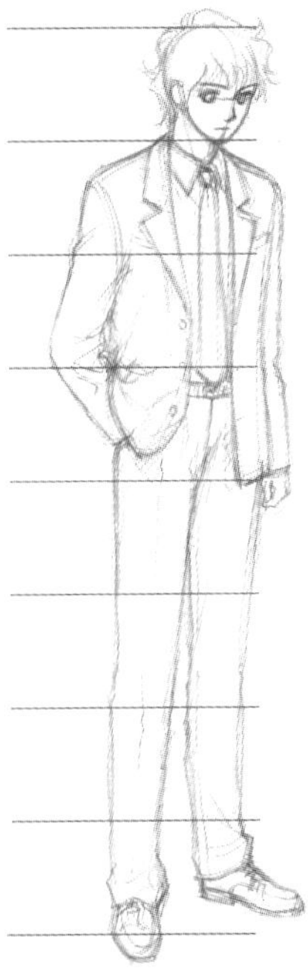

Skizze des Charakters mit einem Kopf-Körper-Verhältnis von 1:8. Wenn man die Hosenbeine leicht spitz zulaufen lässt, wirken die Beine des Charakters lang, obwohl sich die Höhe des Schritts genau in der Mitte des Körpers befindet.

Kopf-Körper-Verhältnis 1:2

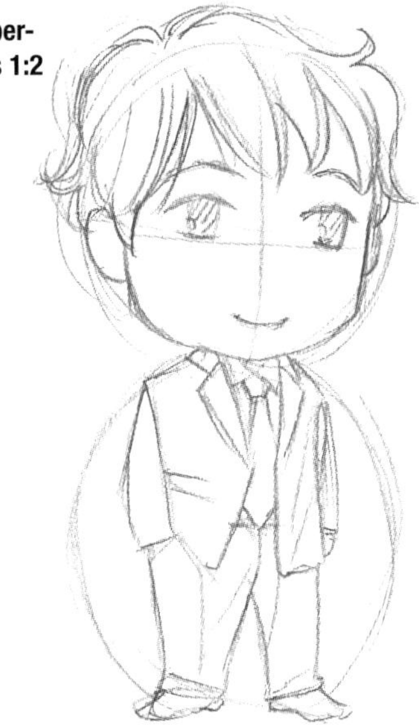

Wichtigste Veränderungen: Die Falten am Ellbogen sind vollständig verschwunden, dagegen wurden die Falten am Jackett vereinfacht und betont. Es sind keine Knöpfe mehr zu sehen. Die Pose der Figur wird vor allem durch die vereinfachte und klar herausgearbeitete Öffnung des Jacketts bestimmt.

Kopf-Körper-Verhältnis 1:4

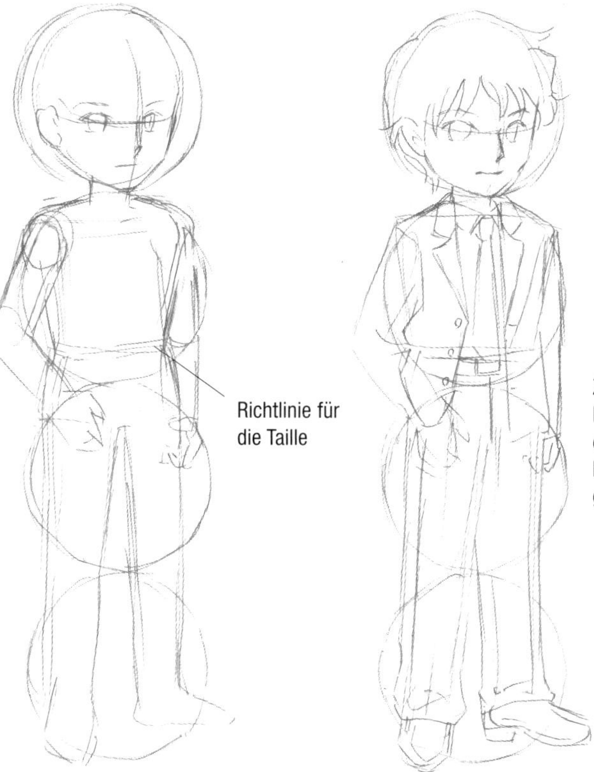

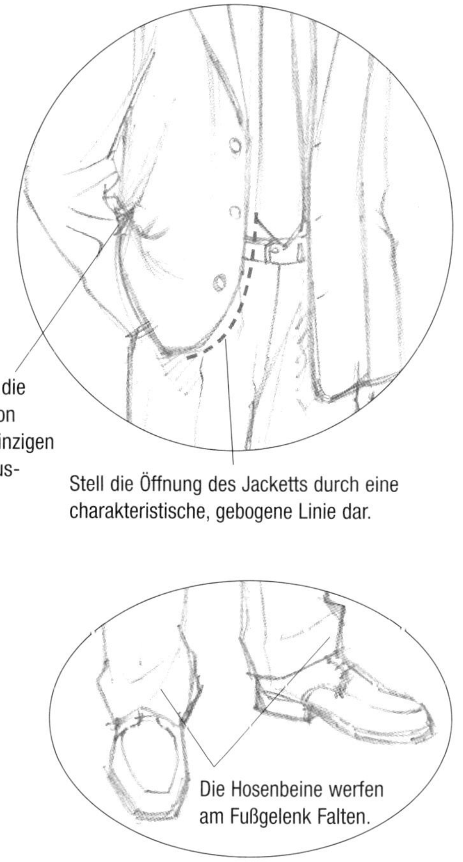

Zeichne die vier Kreise als Richtlinie und entwirf die groben Umrisse des Körpers.

Zeichne den Gürtel dort ein, wo du die Richtlinie für die Taille platziert hattest, und füg die groben Umrisse der Kleidung hinzu.

Kopf-Körper-Verhältnis 1:3

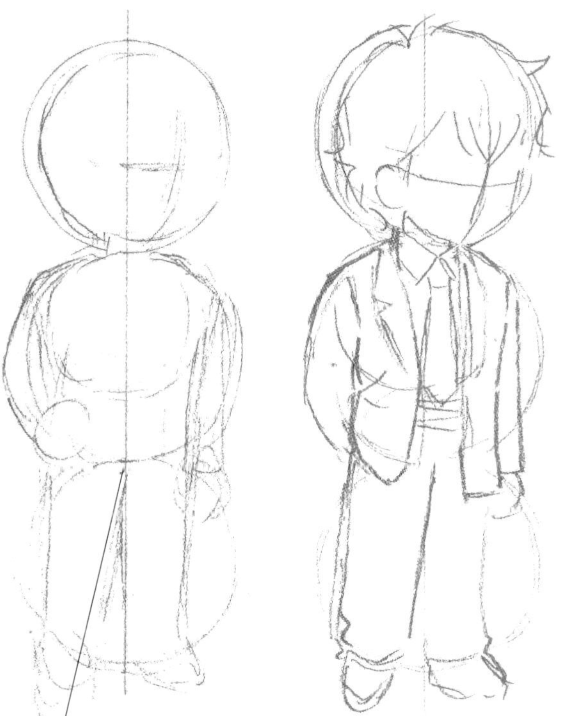

Zeichne die Medianlinie ein, die genau durch die Mitte des Schritts verläuft.

Zeichne als Nächstes die Kleidung. Füg in dieser Phase auch schon die Falten am Hosenbein hinzu.

Kopf-Körper-Verhältnis 1:2

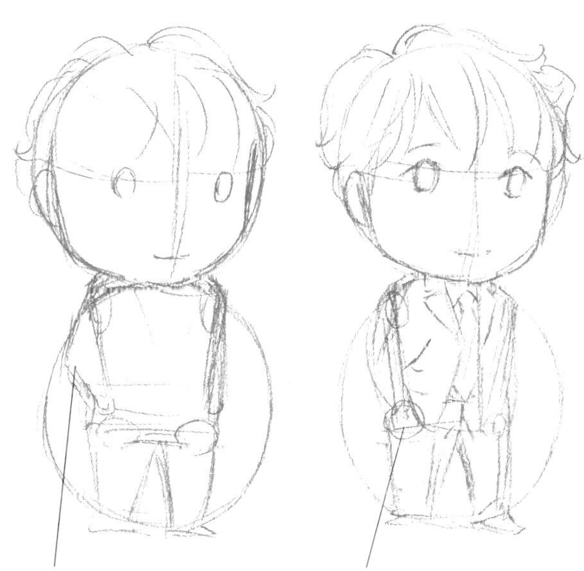

Die Hand in der Hosentasche ist ein wichtiges Element für diese Pose. Heb daher bereits in der Phase der groben Vorskizze den gebeugten Ellbogen deutlich hervor.

Zeichne als Letztes die Öffnung des Jacketts und benutz dafür die Hand in der Hosentasche als Orientierung.

Lässiger Style

Kopf-Körper-Verhältnis 1:7,5

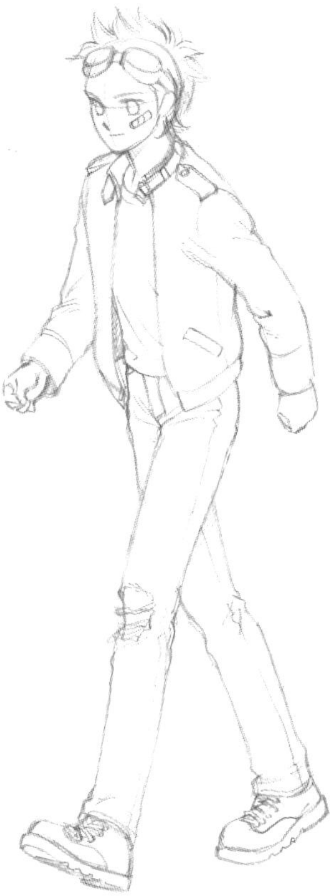

Jeans und sportliche Jacke

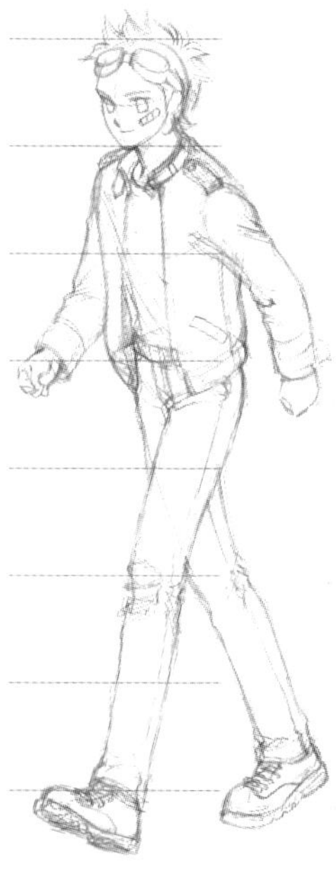

Skizze des Charakters mit einem Kopf-Körper-Verhältnis von 1:7,5. Indem das Kopf-Körper-Verhältnis auf 1:7,5 verringert wurde, wirkt der Charakter jugendlicher als die Figur im Anzug von Seite 84.

Kopf-Körper-Verhältnis 1:4

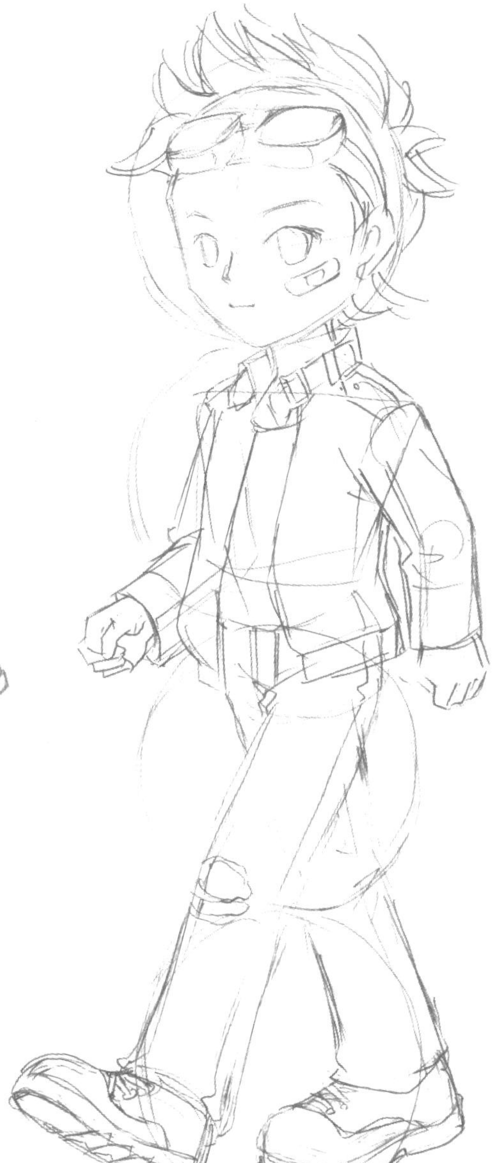

Wichtigste Veränderungen: Die Schnalle am Kragen und die Schulterklappen wurden vergrößert. Da die Figur bei diesem Kopf-Körper-Verhältnis stärker aufrecht geht, ist der vordere Fuß größer gezeichnet worden. So wird die Gehbewegung deutlicher hervorgehoben.

Kopf-Körper-Verhältnis 1:3

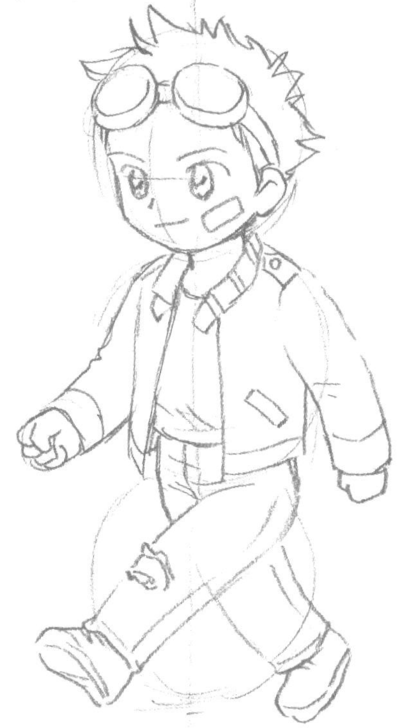

Wichtigste Veränderungen: Kragen und Schulterklappen wurden vergrößert und auffällige Details wie die Schuhe, das Loch am Knie, das Pflaster auf der Wange oder die Fliegerbrille sind vereinfacht.

Kopf-Körper-Verhältnis 1:2

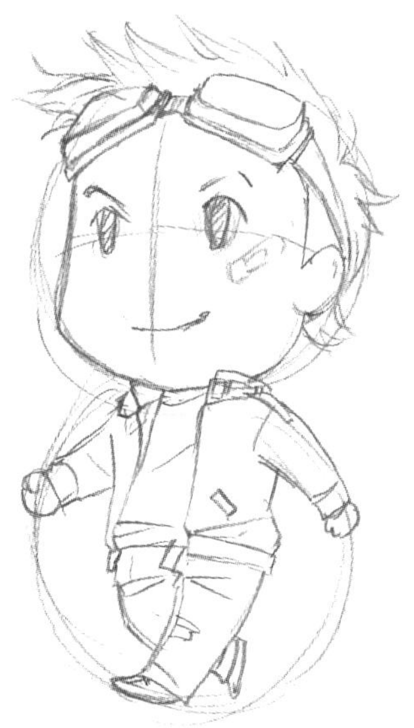

Wichtigste Veränderungen: Durch die Veränderungen in den Proportionen ist aus dem ursprünglich forschen Schritt des Charakters ein erhabener Gang geworden.

Kopf-Körper-Verhältnis 1:4

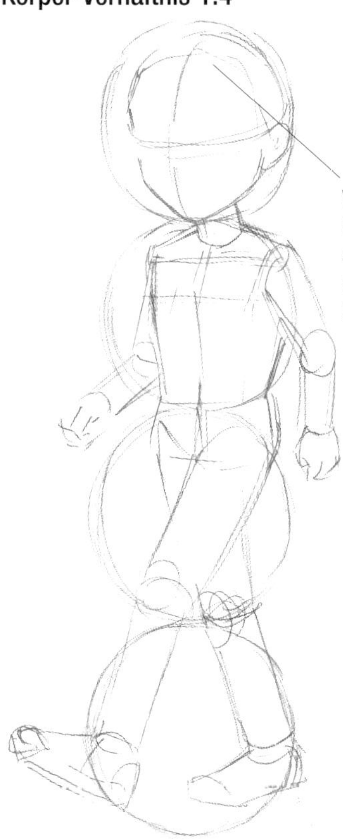

Verwende das Kreuz im Gesicht als Richtlinie für die Position der Fliegerbrille.

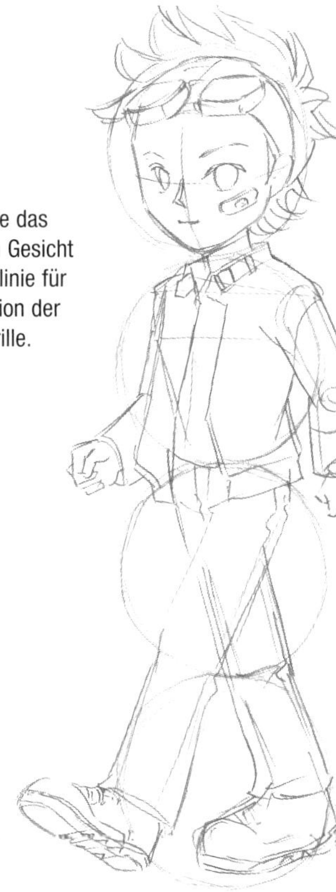

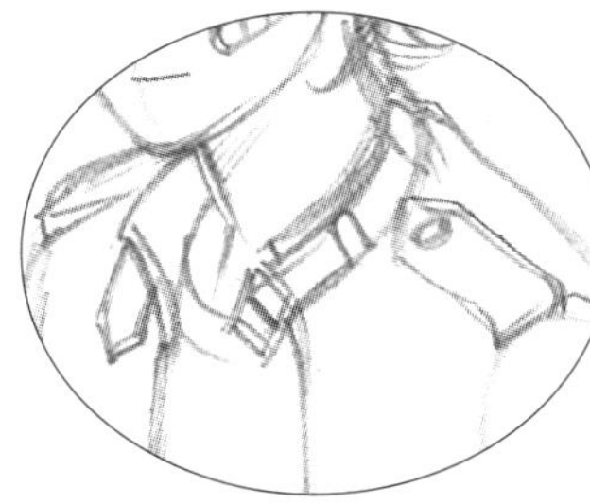

Beton auffällige Merkmale wie die Schnalle am Kragen oder die Schulterklappen.

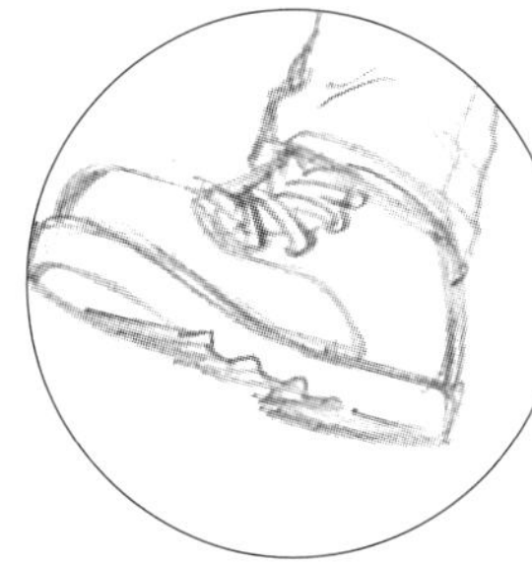

Je weniger Kopflängen eine Figur ausmachen, desto starker sollten komplizierte Details wie das Profil der Sohlen oder die Schnürsenkel vereinfacht oder weggelassen werden.

Wenn du die groben Umrisse einer Figur in Bewegung erfassen willst, zeichne die einzelnen Glieder wie bei einer Modellpuppe und pass dann die Pose an.

Heb auf Grund der veränderten Körperhaltung die Unterseite der Schuhsohle deutlicher hervor.

Kopf-Körper-Verhältnis 1:3

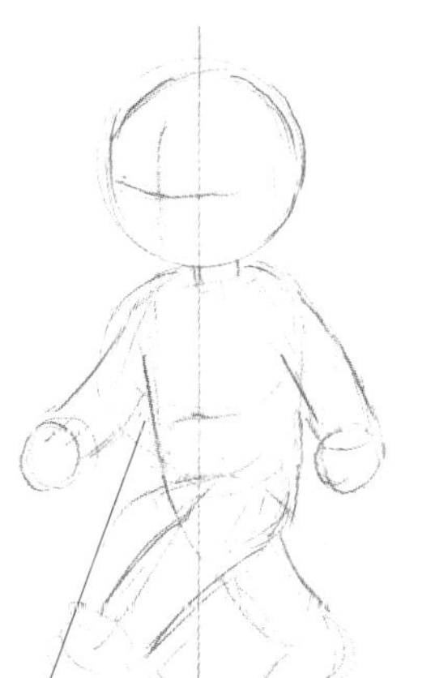

Zeichne hier eine schräge Linie für den Umriss des Körpers, damit es so wirkt, als wäre der Charakter nach vorne geneigt.

Die Medianlinie zeigt, dass der Körper senkrecht zum Boden steht.

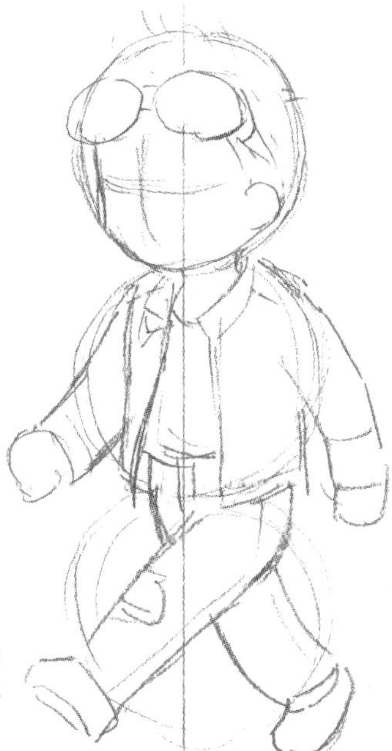

Zeichne charakteristische Details wie den Kragen, die Fliegerbrille oder das Loch am Knie ein und arbeite dann deine Zeichnung weiter aus.

Kopf-Körper-Verhältnis 1:2

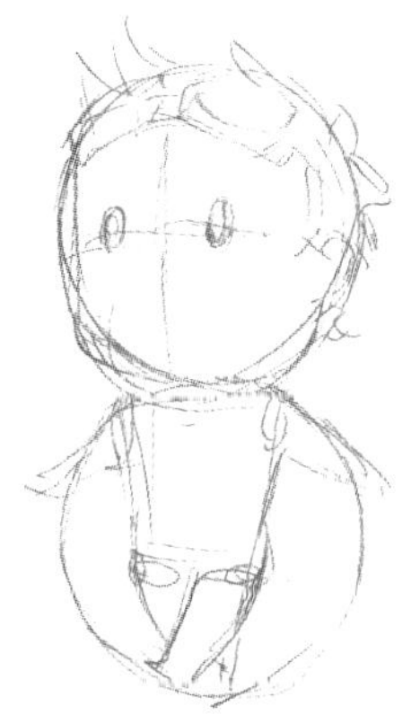

Da oc auf Grund dor Pro poportionen schwierig ist, besondere Details wie den Kragen oder die Schulterklappen zu betonen, wird hier die Laufbewegung an sich besonders hervorgehoben.

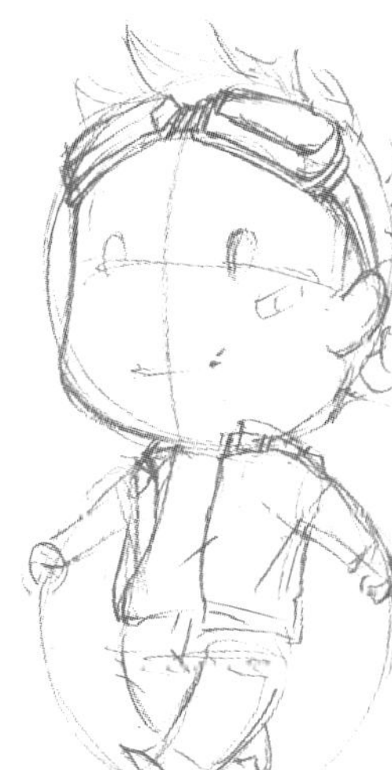

An dem Design der Fliegerbrille oder der Kleidung wurden keine großen Veränderungen vorgenommen.

Schuhe zeichnen

Stilisier die Form der Schuhe passend zu den Proportionen des Charakters.
Je kleiner das Kopf-Körper-Verhältnis ist, desto stärker werden die Schuhe vereinfacht.

Halbschuhe

Kopf-Körper-Verhältnis 1:4 **Kopf-Körper-Verhältnis 1:3** **Kopf-Körper-Verhältnis 1:2**

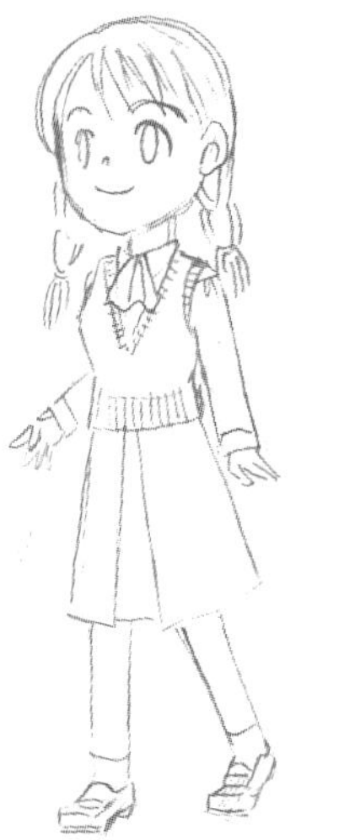

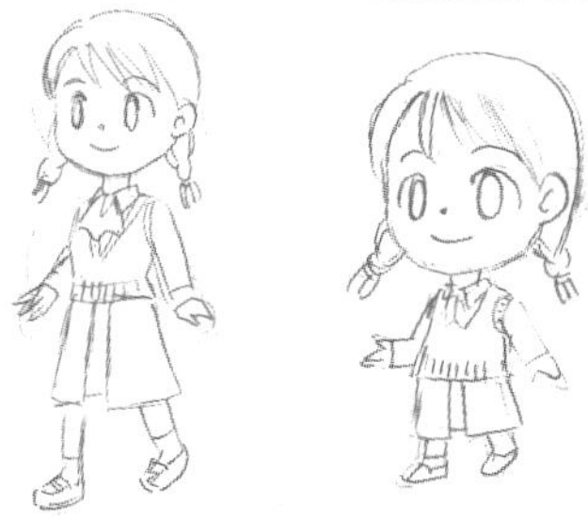

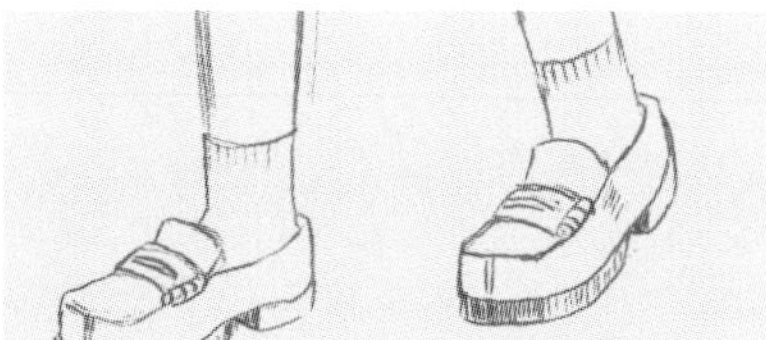

Attraktive Proportionen

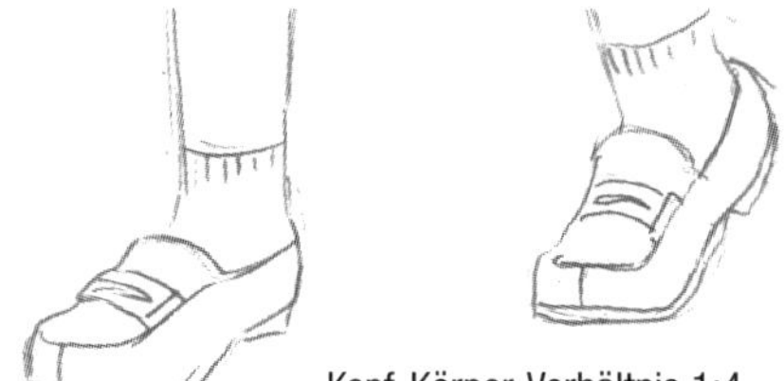

Kopf-Körper-Verhältnis 1:4

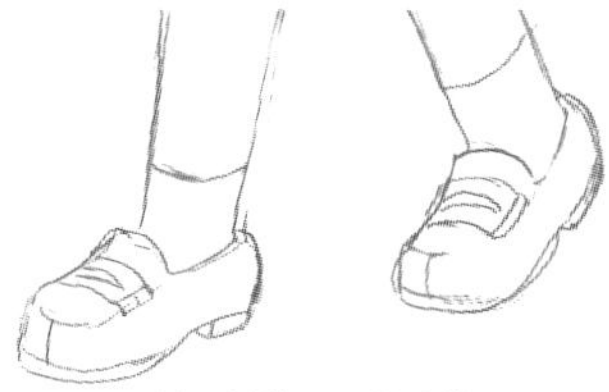

Kopf-Körper-Verhältnis 1:3

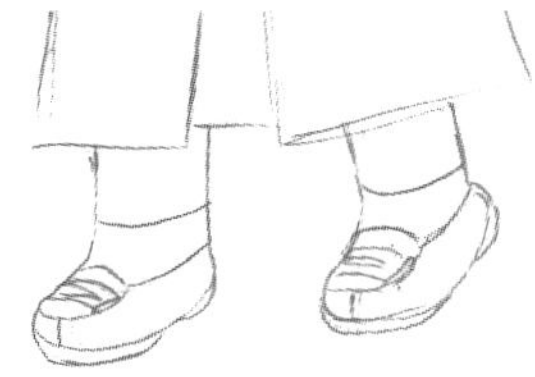

Kopf-Körper-Verhältnis 1:2

Turnschuhe

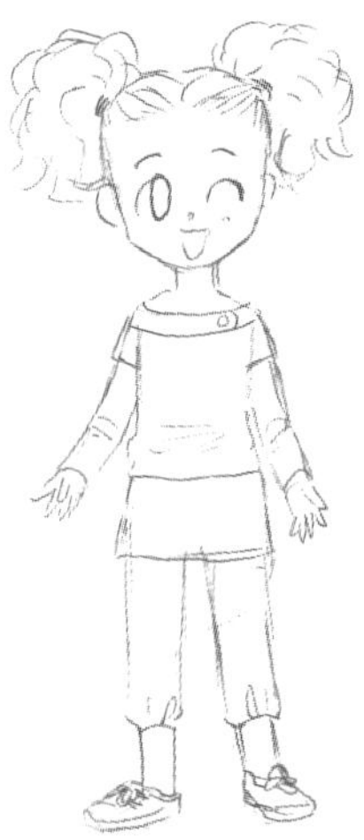

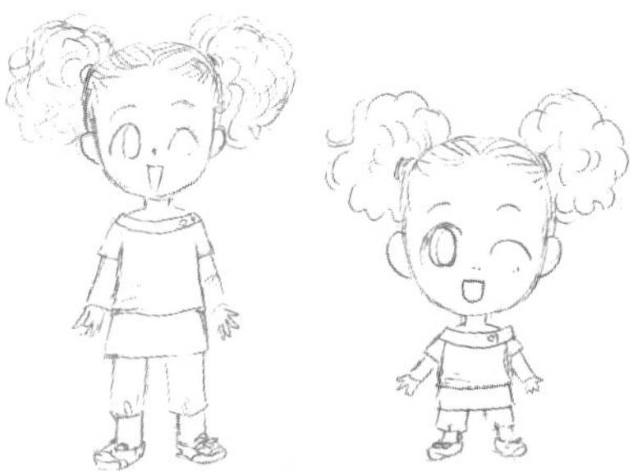

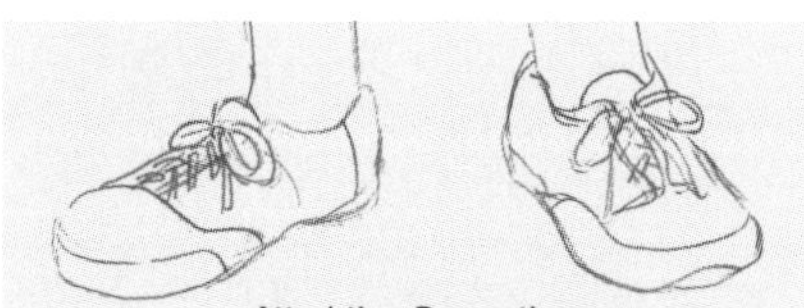

Attraktive Proportionen

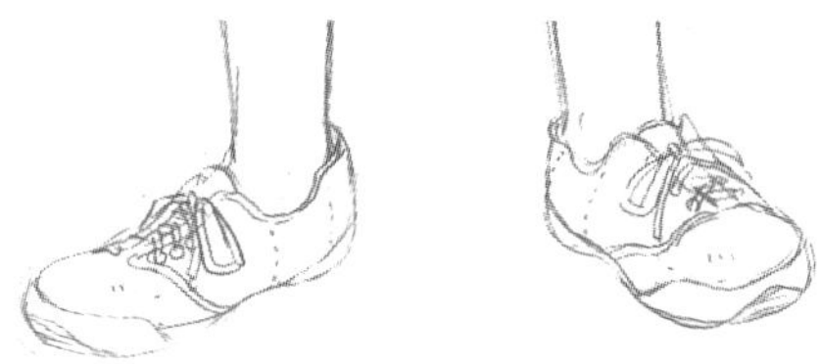

Kopf-Körper-Verhältnis 1:4

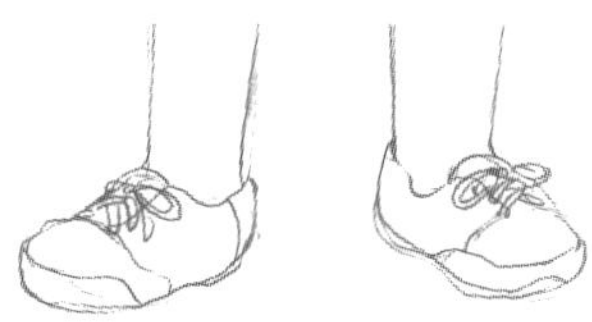

Kopf-Körper-Verhältnis 1:3

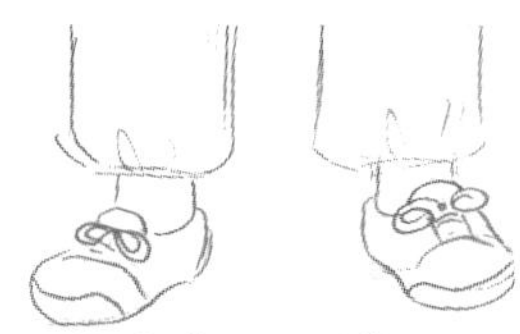

Kopf-Körper-Verhältnis 1:2

Pumps

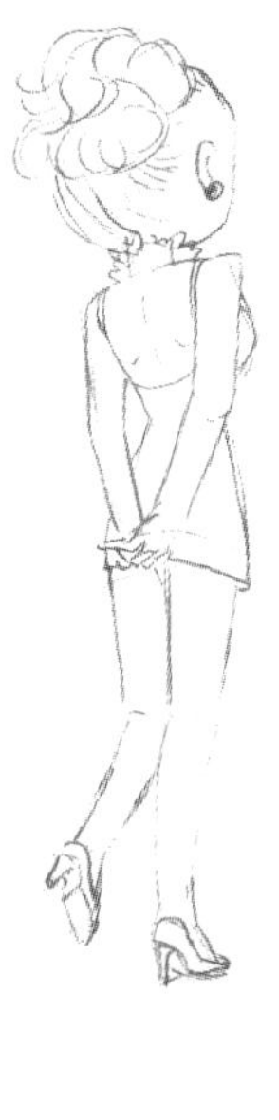

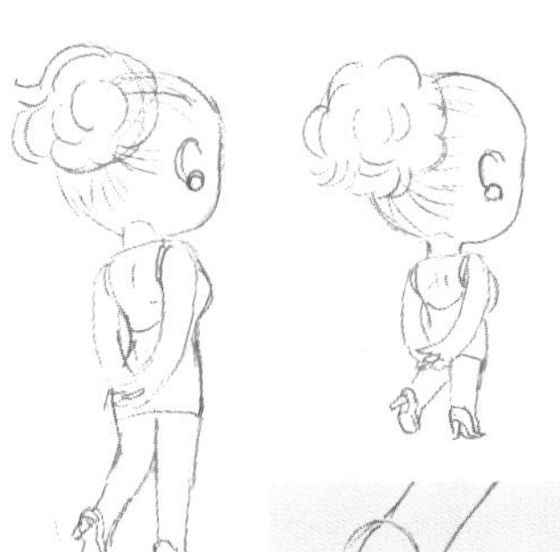

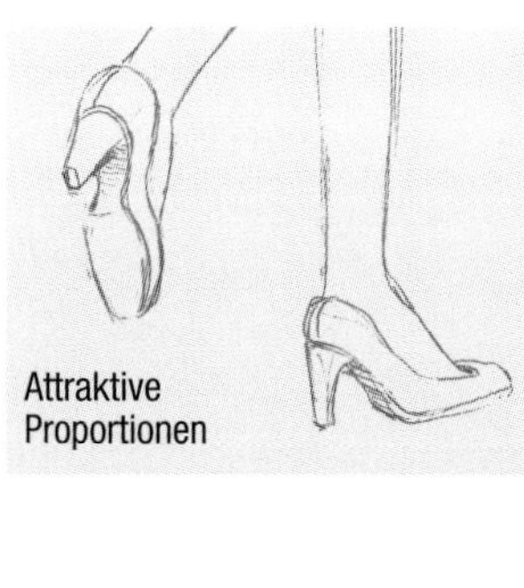

Attraktive Proportionen

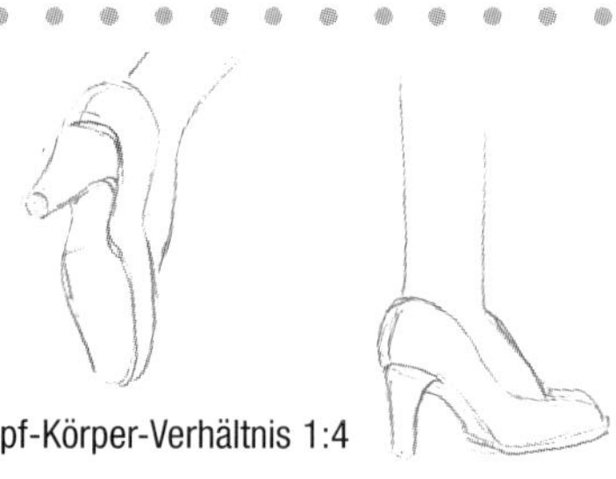

Kopf-Körper-Verhältnis 1:4

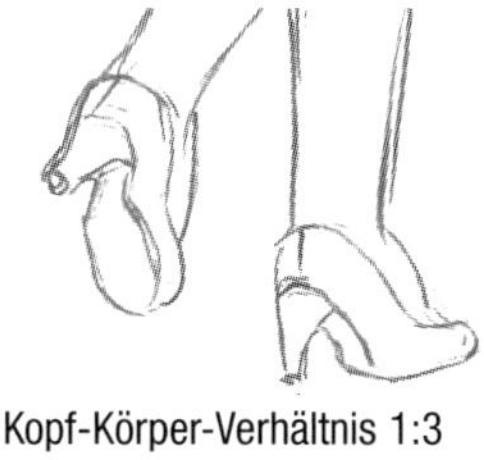

Kopf-Körper-Verhältnis 1:3

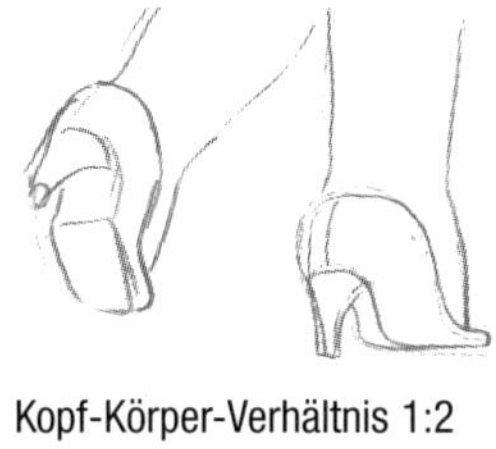

Kopf-Körper-Verhältnis 1:2

Das richtige Kopf-Körper-Verhältnis finden

Künstler, die es gewohnt sind, viele Charaktere zu zeichnen, bevorzugen unbewusst bestimmte Kopf-Körper-Verhältnisse. Versuch herauszufinden, welches Kopf-Körper-Verhältnis am besten zu deinem Zeichenstil passt.

①

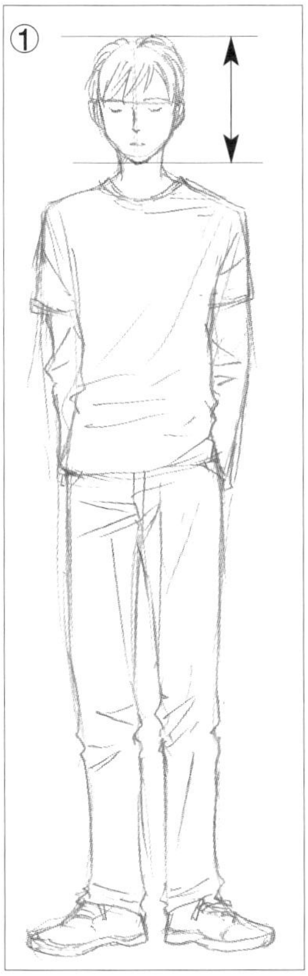

Zeichne einen beliebigen Charakter in stehender Pose und miss die Länge des Kopfes ab.

Da das Volumen der Haare zusätzlich zur Körpergröße beiträgt, versuch, die obere Richtlinie so nah wie möglich am Schädelknochen zu zeichnen.

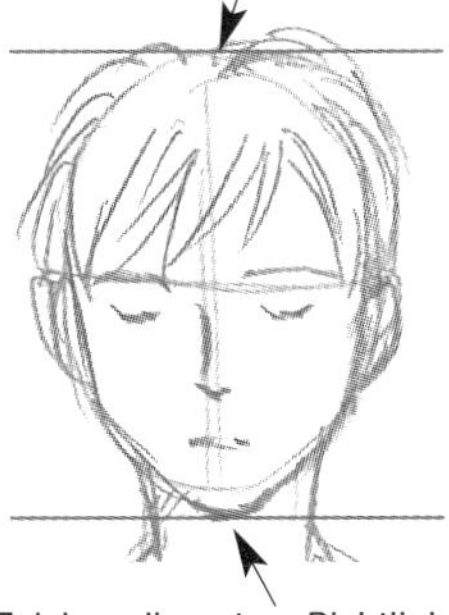

Zeichne die untere Richtlinie so, dass sie die äußerste Spitze des Kinns berührt.

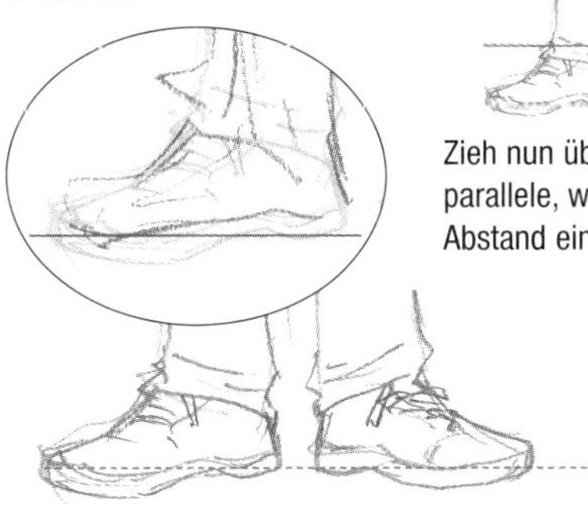

Betrachte die Ferse als Orientierungspunkt für die Linie unterhalb der Füße.

②

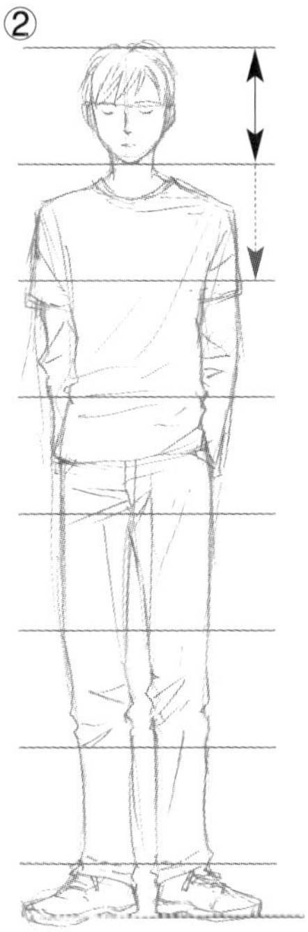

Zieh nun über die gesamte Figur parallele, waagerechte Linien im Abstand einer Kopflänge.

③ Unterteil den gesamten Körper des Charakters in Einheiten von jeweils einer Kopflänge.

Länge des Kopfes: 1,8 cm

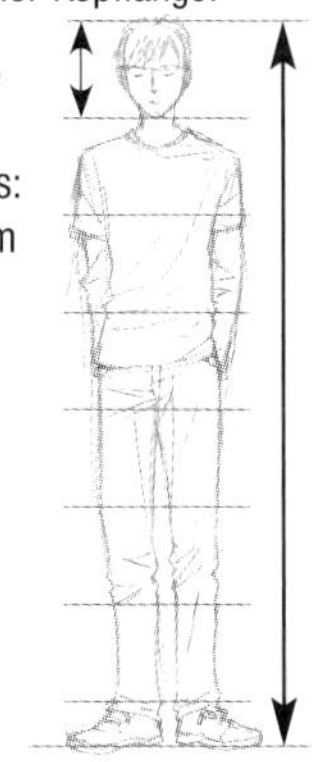

Gesamte Körperlänge: 13,7 cm

13,7 ÷ 1,8 = 7,61.

Der Charakter hat ein Kopf-Körper-Verhältnis von 1:7,6, also abgerundet ungefähr 1:7,5.

④

Dieser Charakter hatte ein Kopf-Körper-Verhältnis von 1:7,6. Das bedeutet, dass der Künstler vermutlich am häufigsten mit einem Kopf-Körper-Verhältnis um 1:7,5 arbeitet.

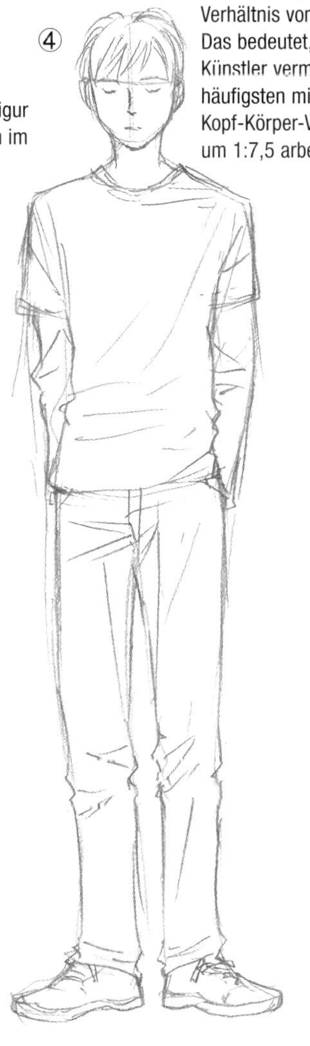

Kopf-Körper-Verhältnisse auf- oder abrunden

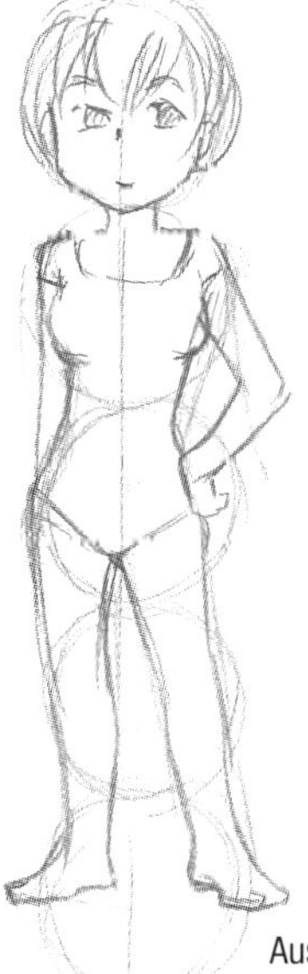

Aus 1:4,2 wird 1:4.

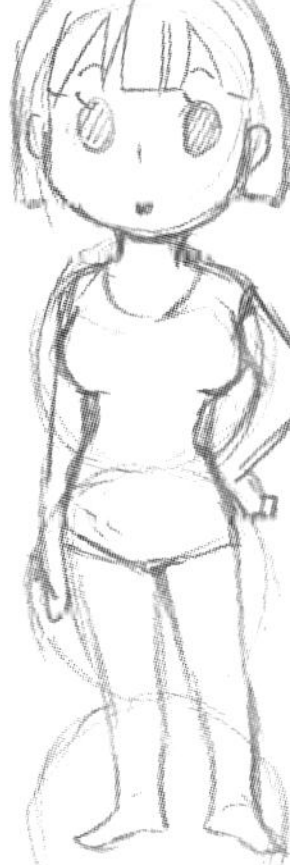

Aus 1:3,3 wird 1:3,5.

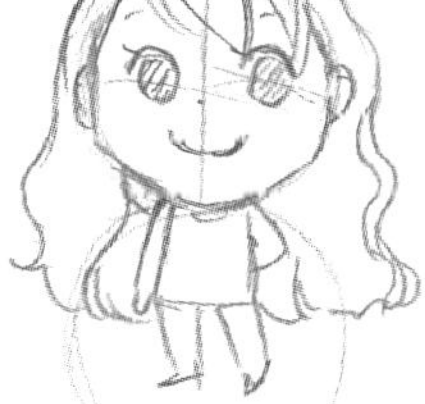

Aus 1:1,6 wird 1:1,5.

Oftmals werden Charaktere mit uneinheitlichen Kopf-Körper-Verhältnissen wie 1:2,3 oder 1:7,2 gezeichnet. Versuch, diese Kopf-Körper-Verhältnisse durch Auf- oder Abrunden zu vereinfachen. So wird aus 1:2,3 einfach 1:2,5 und aus 1:7,2 wird 1:7.

Die Proportionen im Stil von Leonardo da Vinci

»Der vitruvianische Mensch« von Leonardo da Vinci ist eine Studienskizze menschlicher Proportionen, auf der ein Mann innerhalb eines Kreises und eines Quadrats abgebildet ist.

Leonardo da Vinci,
»Der vitruvianische Mensch«, 15. Jahrhundert

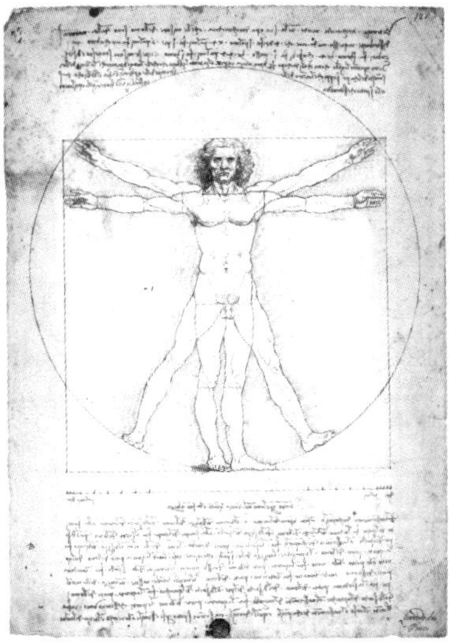

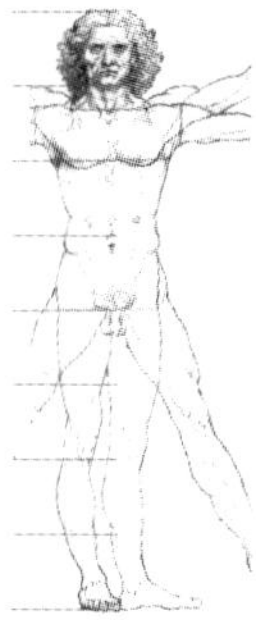

Kopf-Körper-Verhältnis 1:8

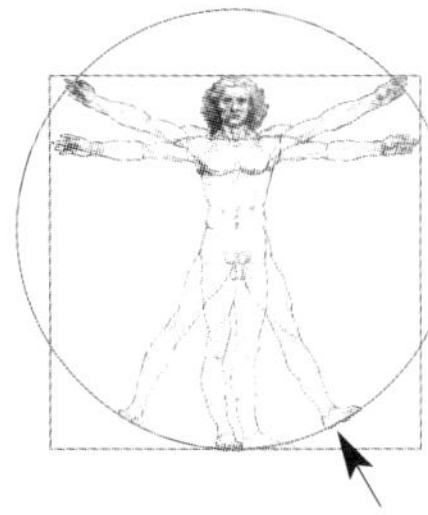

Der Fuß berührt den Kreis.

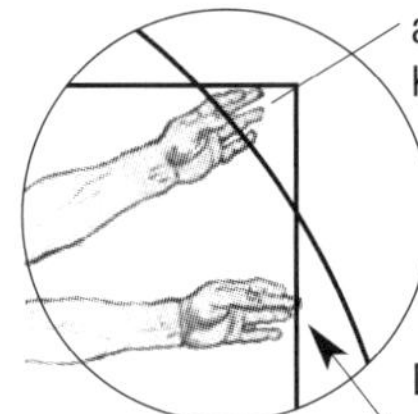

Die Fingerspitzen befinden sich außerhalb des Kreises.

Die Finger der waagerecht ausgestreckten Arme befinden sich innerhalb des Quadrats.

Vitruvius, nach dem da Vincis Studie der menschlichen Proportionen benannt wurde, war ein römischer Architekt, der im ersten Jahrhundert vor Christus lebte. Da Vinci zeichnete den vitruvianischen Menschen nach den Gesetzen der menschlichen Proportionen, die Vitruvius in seinem Werk »de architectura libri decem« (Zehn Bücher über Architektur) aufführt. Er beschrieb darin, dass der menschliche Körper sowohl von einem Kreis als auch von einem Quadrat begrenzt werde.
»Der vitruvianische Mensch« ist auf der Ein-Euro-Münze Italiens abgebildet. Das Original ist in der Galleria dell' Accademia in Venedig ausgestellt.

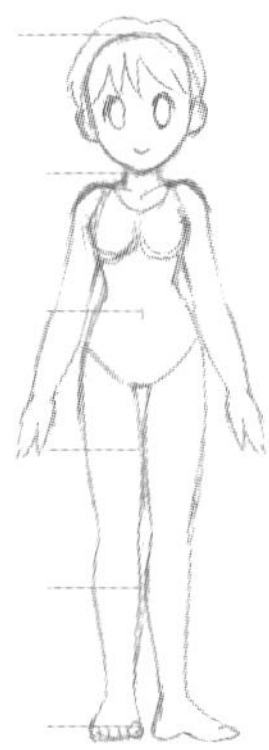

Bei einem Kopf-Körper-Verhältnis von 1:5...

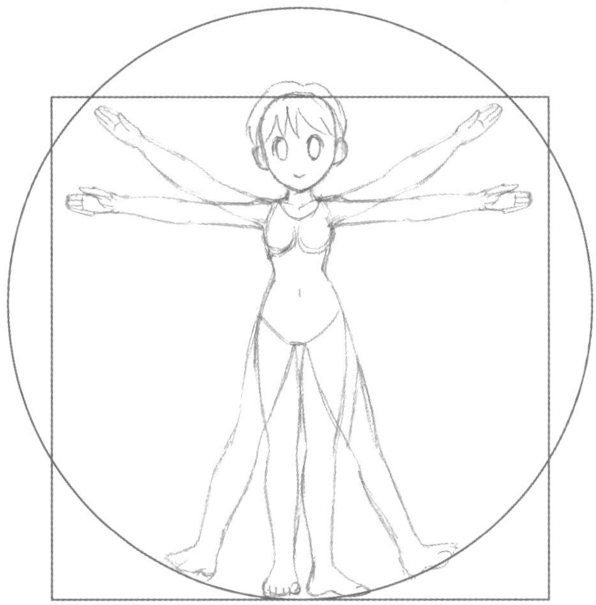

Die Füße berühren den Kreis, aber die Arme reichen nicht an den Rand des Quadrats heran. Das zeigt, dass bei einem Kopf-Körper-Verhältnis von 1:5 die Arme kürzer sein müssen als bei einem Kopf-Körper-Verhältnis von 1:8, damit die Balance der Proportionen stimmt.

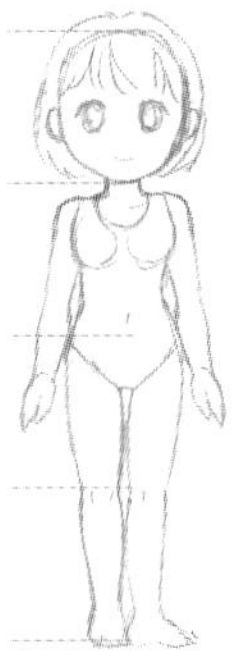

Bei einem Kopf-Körper-Verhältnis von 1:4...

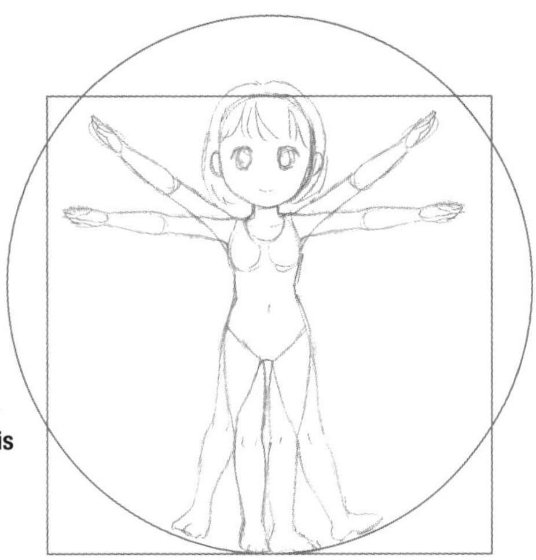

Genau wie beim Kopf-Körper-Verhältnis von 1:5 berühren auch hier die Füße den Kreis, aber die Arme erreichen das Quadrat nicht. Allerdings ist hier der Abstand zwischen den Händen und dem Rand des Quadrats noch größer geworden. Je geringer das Kopf-Körper-Verhältnis ist, desto kürzer sollten die Arme gezeichnet werden, um die Proportionen auszubalancieren.

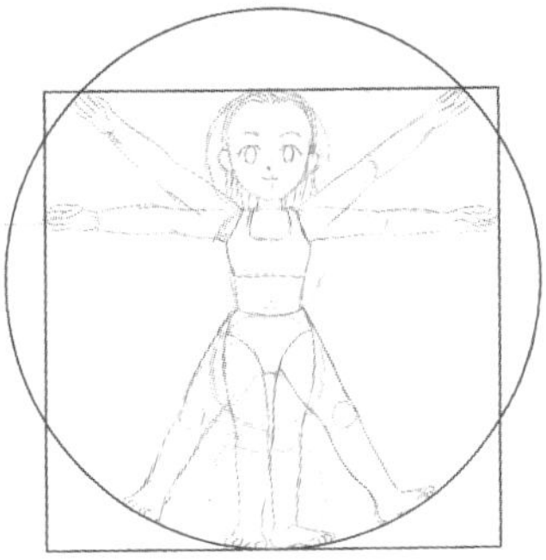

Hier sieht man einen Charakter mit einem Kopf-Körper-Verhältnis von 1:4, bei dem der Kopf und der Rumpf breiter gezeichnet wurden. Beine und Arme sind dicker und die Proportionen entsprechen denen des vitruvianischen Menschen.

Der vitruvianische Mensch mit hängenden Armen

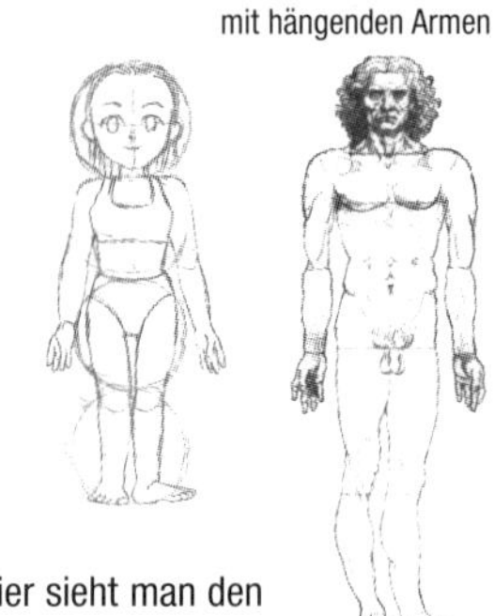

Hier sieht man den Charakter mit hängenden Armen. Obwohl die Proportionen der Beschreibung Vitruvius' entsprechen, wirken sie unnatürlich und grotesk.

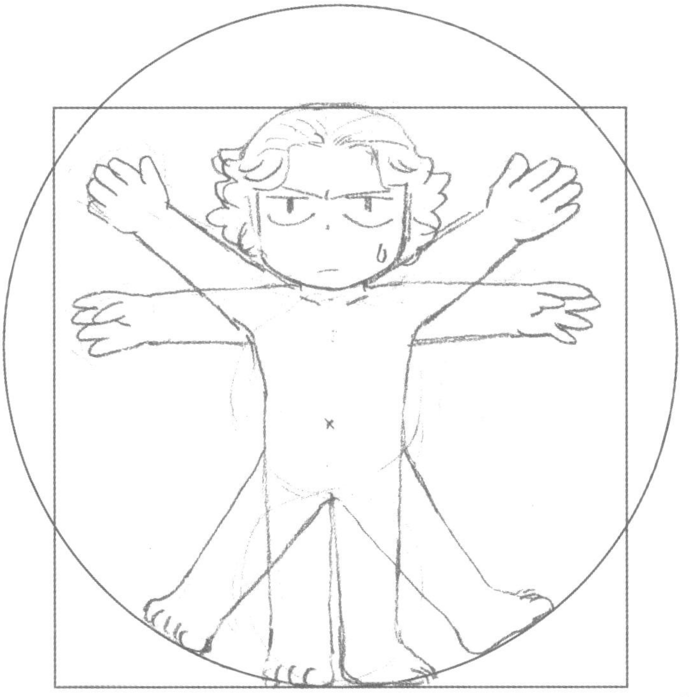

Der Abstand zwischen den Fingerspitzen und dem Rand des Quadrats nimmt weiter zu.

Kopf-Körper-Verhältnis 1:3

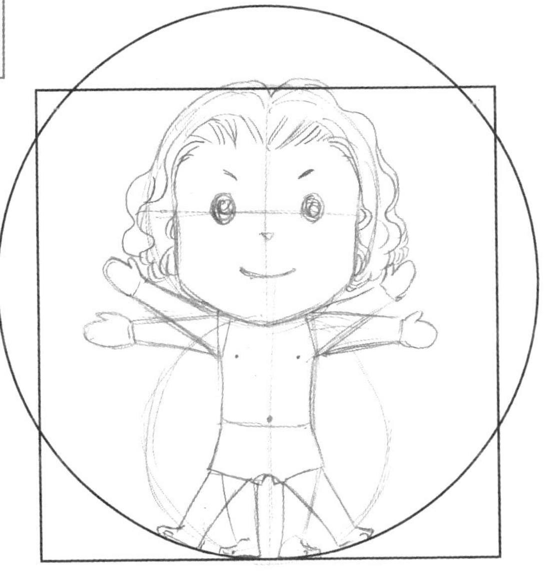

Fazit:
Regel für die Proportionen von Manga-Charakteren:

Je kleiner die Proportionen sind, desto kürzer müssen die Arme gezeichnet werden, damit das Gleichgewicht bestehen bleibt.

Kopf-Körper-Verhältnis 1:2
Die Arme müssten ungefähr doppelt so lang sein, um den Rand des Quadrats zu erreichen.

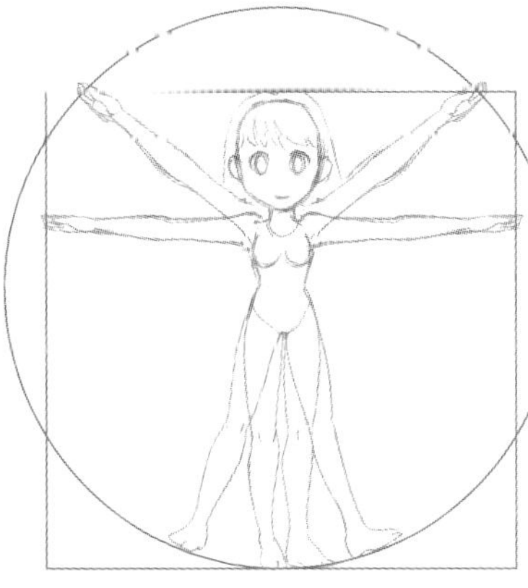

Zum Vergleich: ein Charakter mit einem Kopf-Körper-Verhältnis von 1:4, bei dem die Arme so lang gezeichnet wurden, dass sie den Rand des Quadrats erreichen.

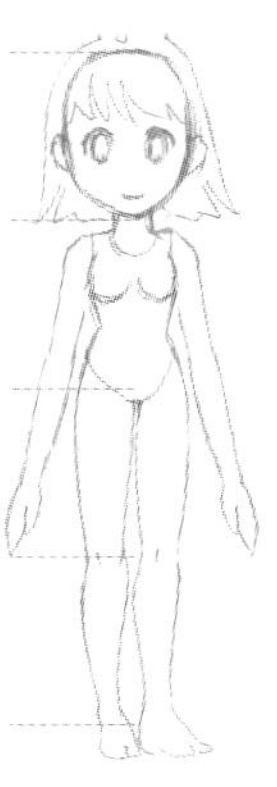

Zu lange Arme bringen die Proportionen aus dem Gleichgewicht.

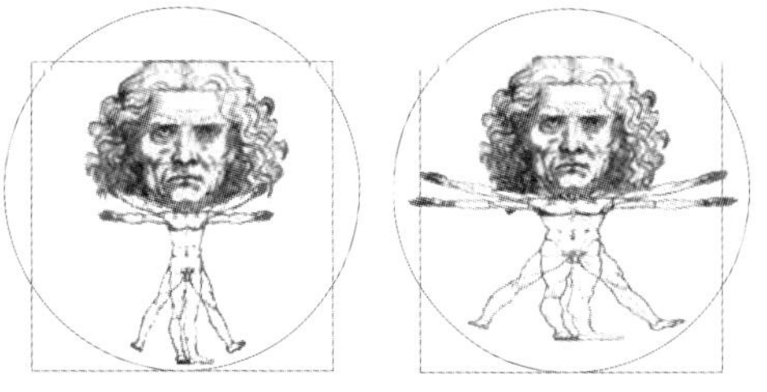

Hier wurde der Charakter zweimal auf unterschiedliche Art von einem Kopf-Körper-Verhältnis von 1:8 auf ein Verhältnis von 1:2 verkleinert.

Proportionen aus einem hohen oder niedrigen Winkel skizzieren

Charaktere, die man von oben oder unten sieht, wirken beeindruckender, da sie perspektivisch gezeichnet wurden.

Skizzen aus der Froschperspektive

Die Figuren auf dieser Seite sind aus einem niedrigen Winkel (aus der Froschperspektive) gezeichnet.

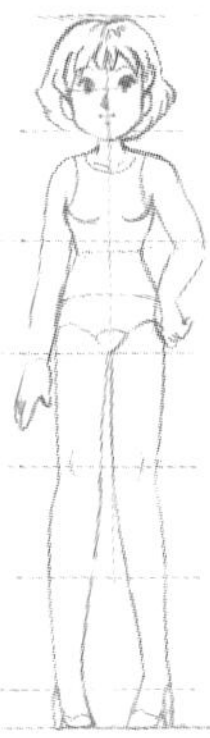

Kopf-Körper-Verhältnis 1:6,5

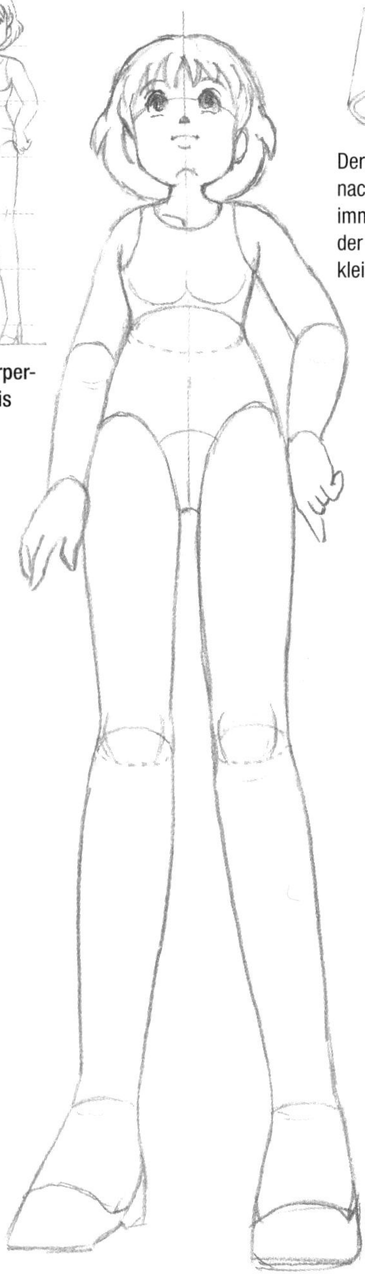

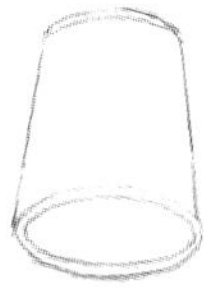

Der Körper wird nach unten hin immer größer und der Kopf wird kleiner gezeichnet.

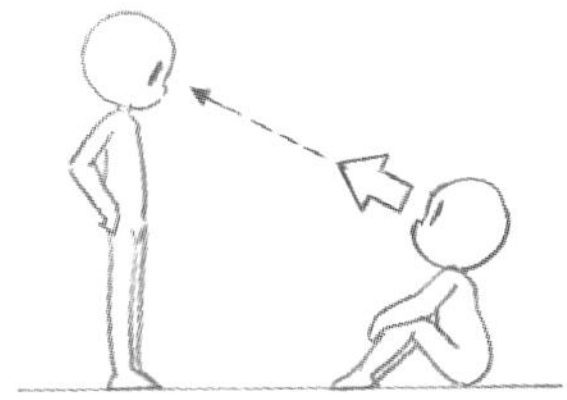

Wenn man auf dem Fußboden sitzt und eine stehende Person anschaut, betrachtet man sie aus der Froschperspektive.

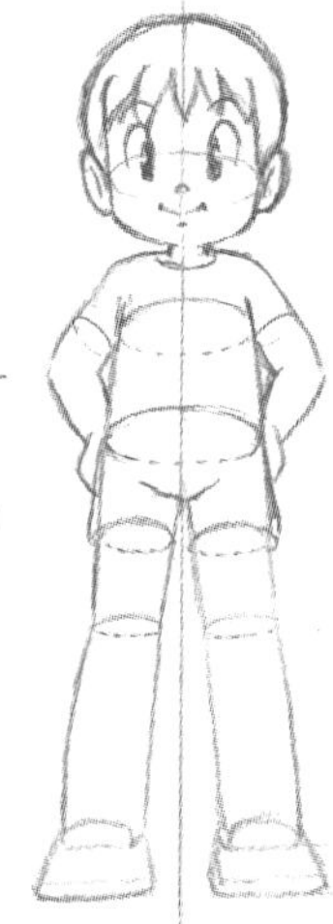

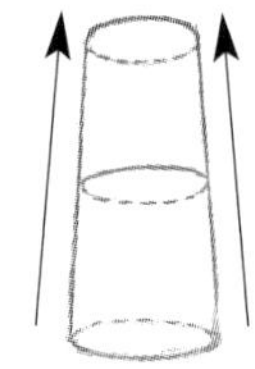

Zeichne die Figur so, dass sie nach oben hin schmaler wird.

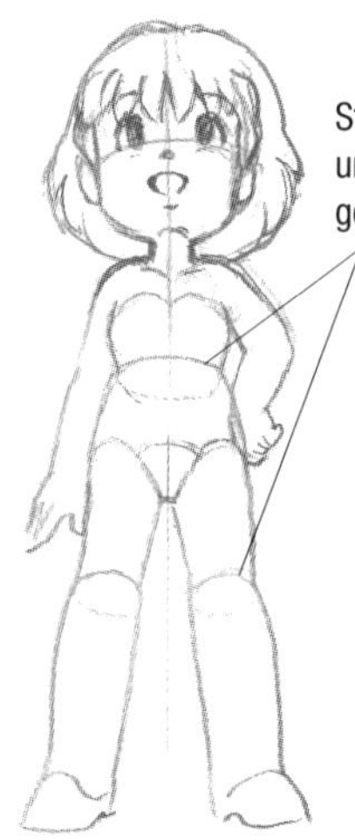

Stell die Umrisse von Taille und Knien als nach oben gebogene Linien dar.

Kopf-Körper-Verhältnis 1:3

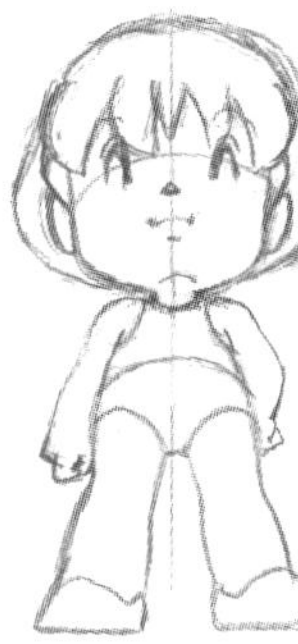

Kopf-Körper-Verhältnis 1:2

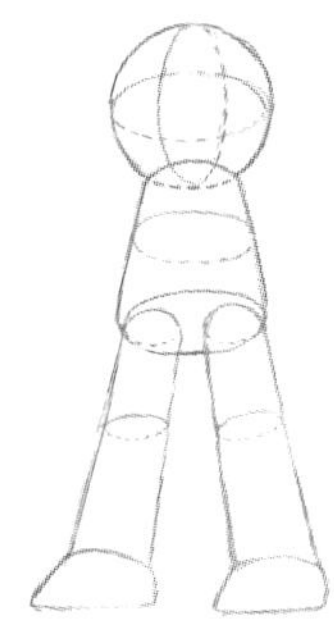

Zeichne einfache dreidimensionale Formen, um den Körper zu erfassen.

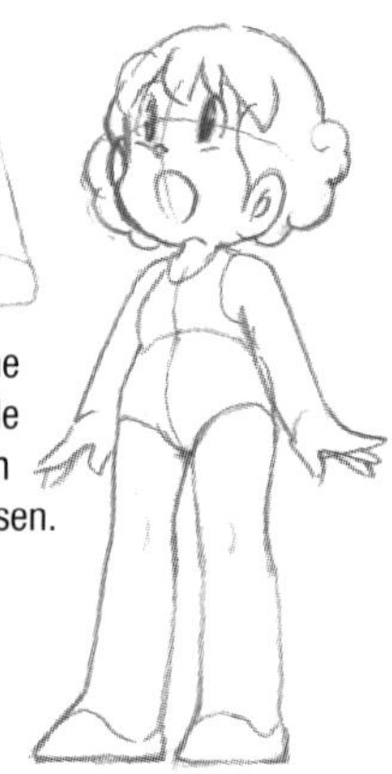

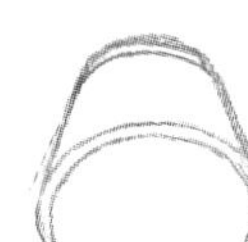

Von unten betrachtet

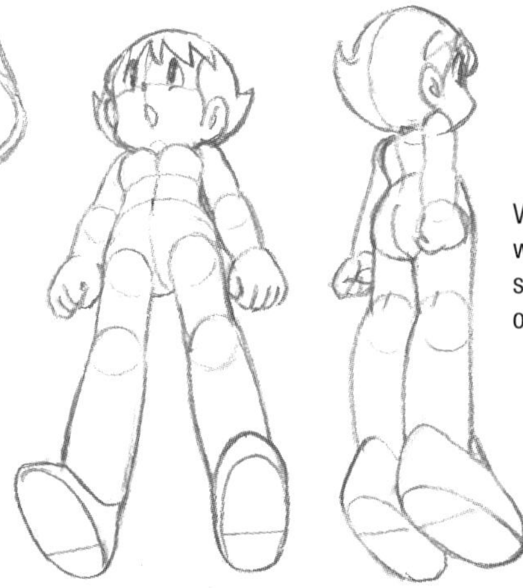

Verwende diesen Winkel, wenn die Figur in der Luft schwebt, auf einer Glasplatte oder Ähnlichem steht.

Skizzen aus der Vogelperspektive

Die Figuren auf dieser Seite sind aus einem hohen Winkel (aus der Vogelperspektive) gezeichnet.

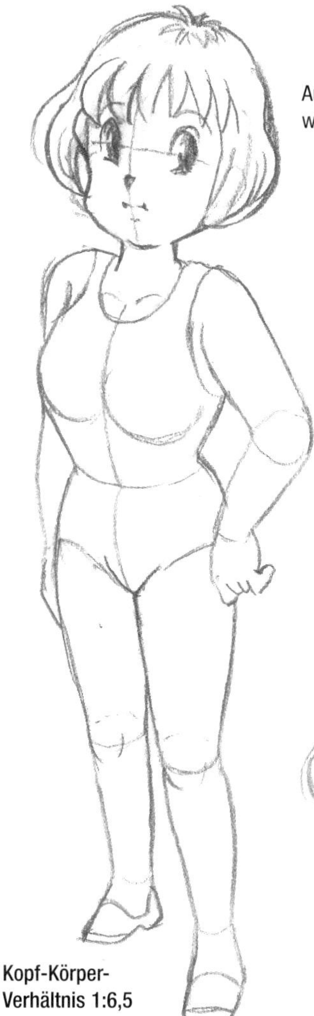

Aus der Vogelperspektive wirkt der Kopf größer.

Kopf-Körper-Verhältnis 1:6,5

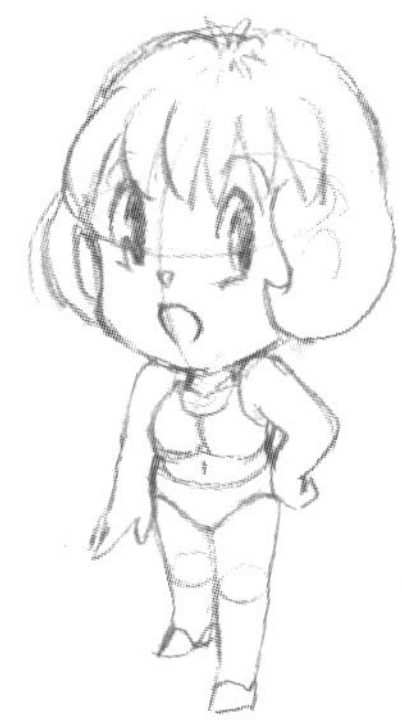

Kopf-Körper-Verhältnis 1:3

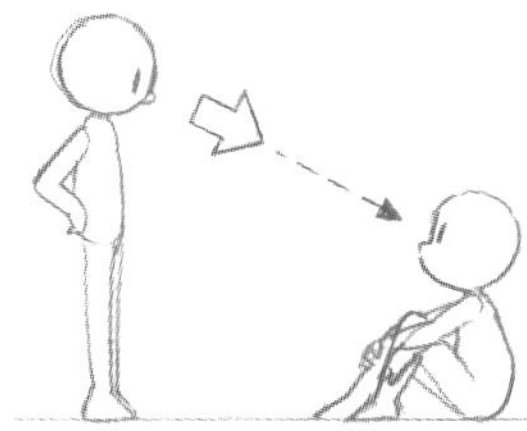

Wenn man eine Person von oben anschaut, betrachtet man sie aus der Vogelperspektive.

Die Perspektive der Zeichnung wird verdeutlicht, wenn man eine waagerechte Linie für den Horizont oder die Wand einzeichnet.

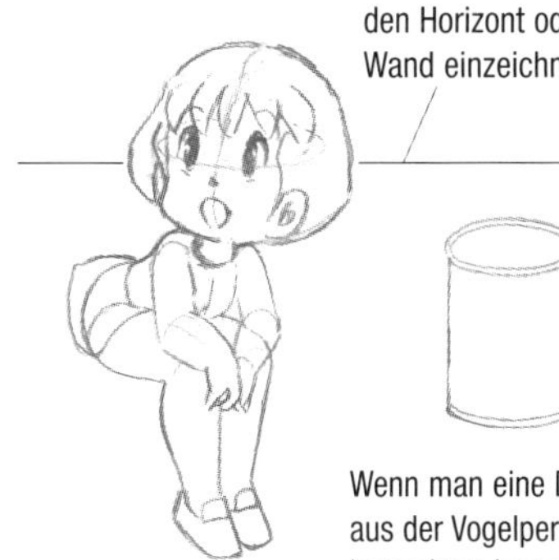

Wenn man eine Dose aus der Vogelperspektive betrachtet, kann man ihren Deckel sehen.

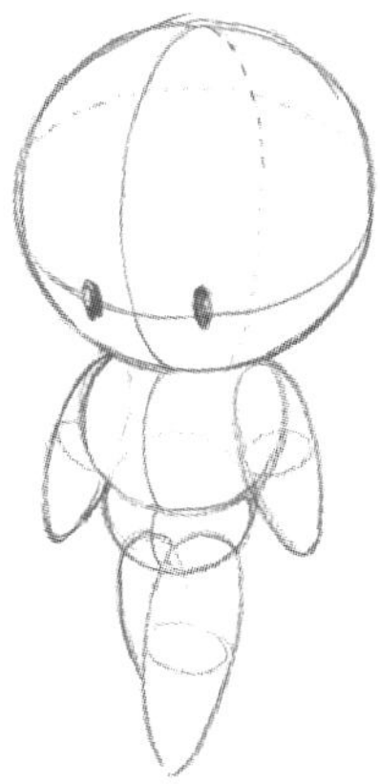

Modellskizze

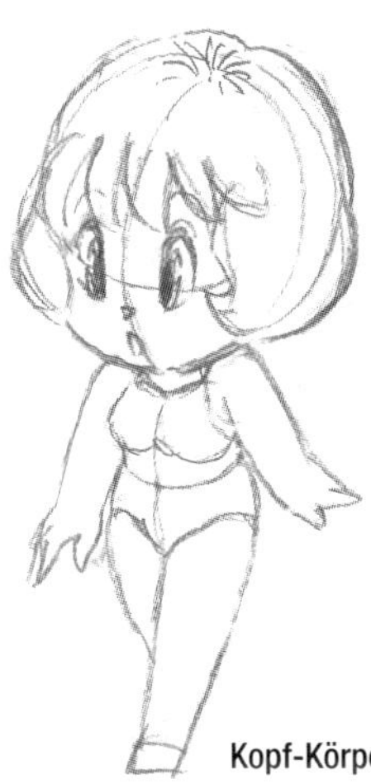

Kopf-Körper-Verhältnis 1:3

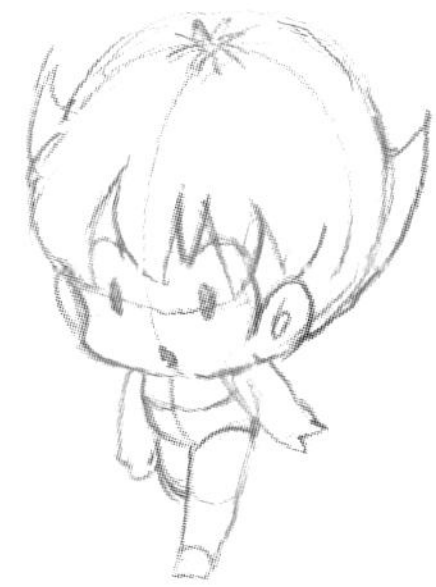

Kopf-Körper-Verhältnis 1:2

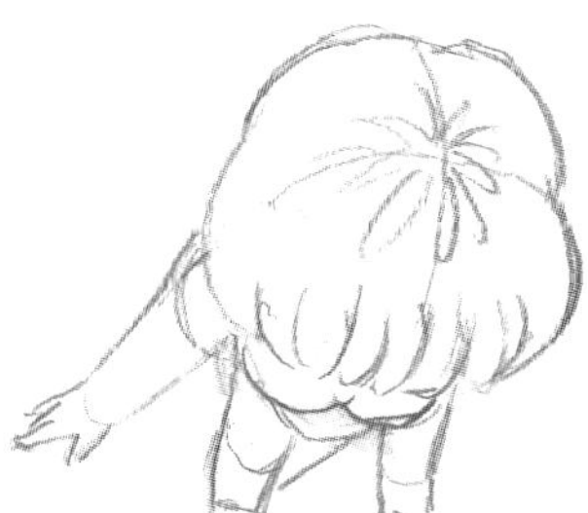

Je weiter man die Figur von oben betrachtet, desto mehr nimmt der Kopf die hauptsächliche sichtbare Fläche ein.

Attraktive Proportionen: Man kann einen Teil der Arme, der Beine und des Rumpfes sehen.

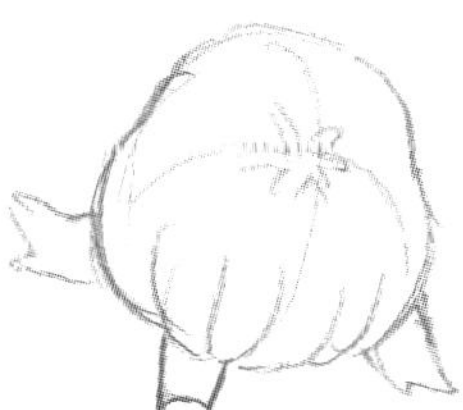

Kopf-Körper-Verhältnis 1:3: Man kann Arme und Beine sehen.

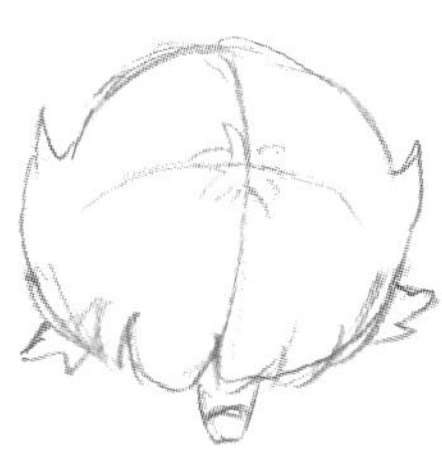

Kopf-Körper-Verhältnis 1:2: Man kann Arme und Beine kaum noch sehen.

Ein hoher Winkel in normalen Zeichnungen

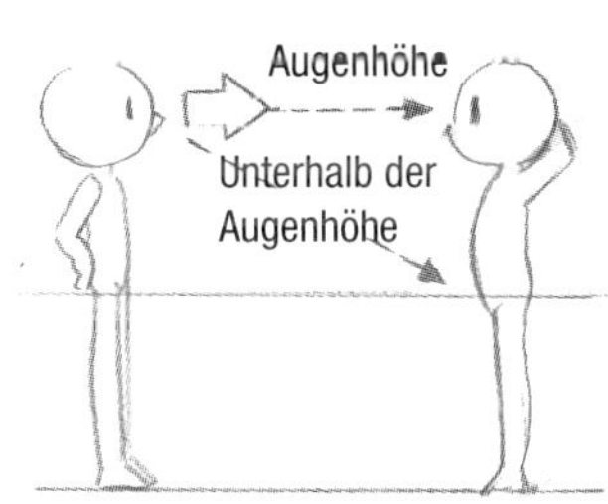

Bei einer normalen stehenden Pose wird eigentlich alles aus einem hohen Winkel betrachtet, was sich unterhalb der Augenhöhe befindet.

Daher werden die Richtlinie für die Taille oder der Rocksaum mit nach unten gebogenen Linien dargestellt.

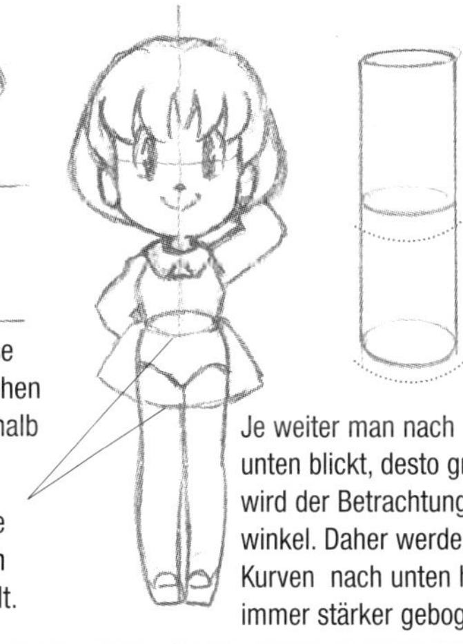

Je weiter man nach unten blickt, desto größer wird der Betrachtungswinkel. Daher werden die Kurven nach unten hin immer stärker gebogen.

Gesichter aus der Vogel- oder Froschperspektive zeichnen

Aus der Froschperspektive kann man die Unterseite des Kinns sehen, während man aus der Vogelperspektive mehr von der Oberseite des Kopfes zu Gesicht bekommt. Achte beim Zeichnen besonders auf die Position der Augen.

Froschperspektive Zeichne Gesichter, die aus einem niedrigen Winkel betrachtet werden.

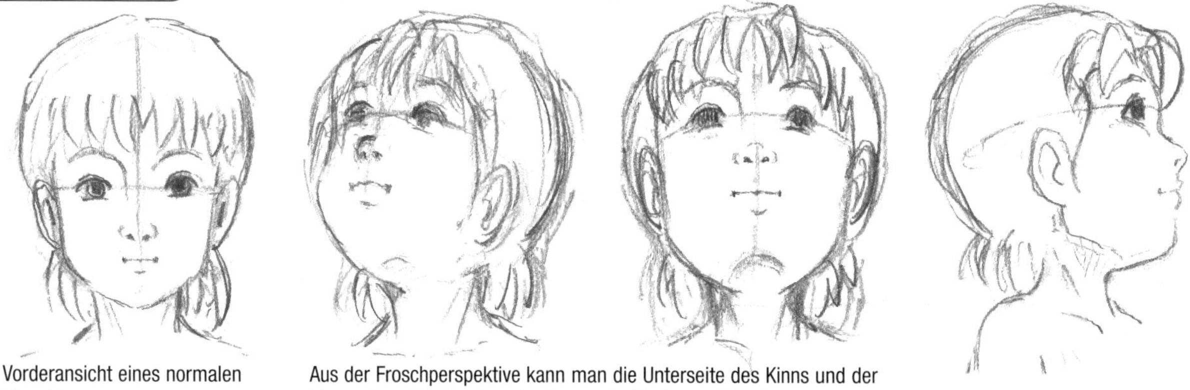

Vorderansicht eines normalen Charakters

Aus der Froschperspektive kann man die Unterseite des Kinns und der Nase sehen. Die Umrisse der Augen sind halbmondförmig.

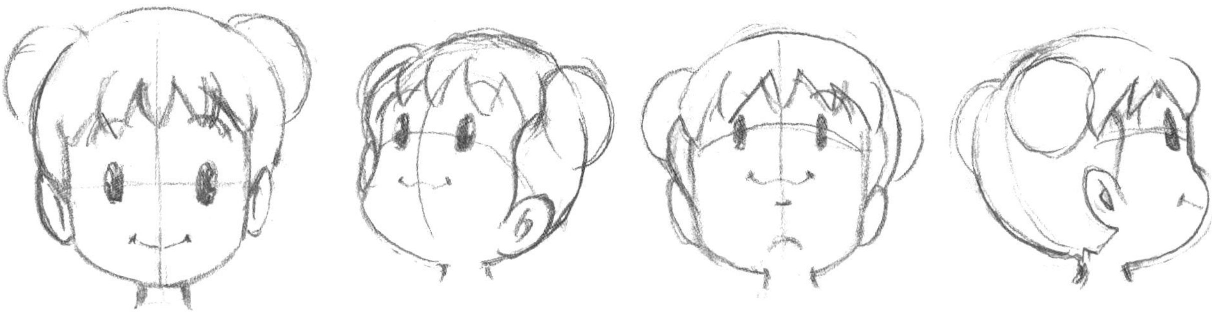

Ein stilisierter Charakter. Auch der Körper sollte diesem Stil entsprechen.

Die Form der Augen verändert sich nicht, aber dafür rücken sie im Gesicht weiter nach oben. Man kann die Unterseite von Mund und Kinn sehen.

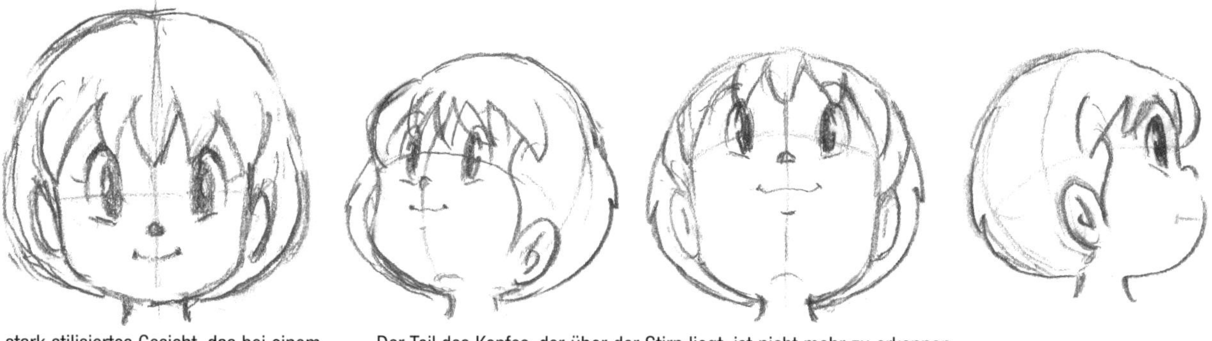

Ein stark stilisiertes Gesicht, das bei einem Kopf-Körper-Verhältnis zwischen 1:2 und 1:6 verwendet werden kann.

Der Teil des Kopfes, der über der Stirn liegt, ist nicht mehr zu erkennen. Man kann die Unterseite von Mund und Kinn sehen.

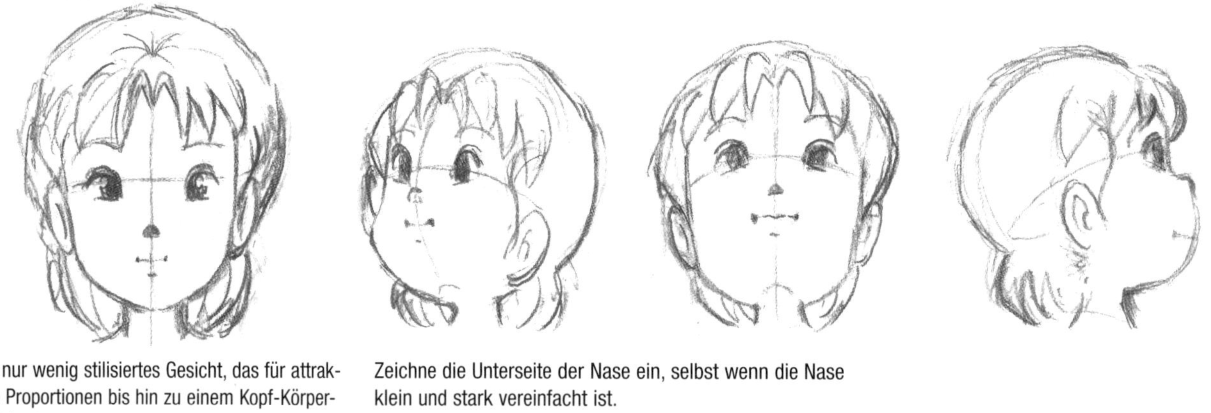

Ein nur wenig stilisiertes Gesicht, das für attraktive Proportionen bis hin zu einem Kopf-Körper-Verhältnis von 1:3 verwendet werden kann.

Zeichne die Unterseite der Nase ein, selbst wenn die Nase klein und stark vereinfacht ist.

Vogelperspektive

Zeichne das Gesicht aus einem hohen Winkel, wenn der Charakter nach unten schaut.

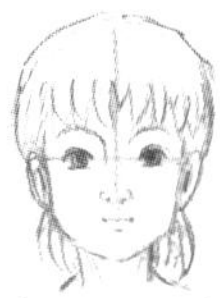

Normaler Charakter

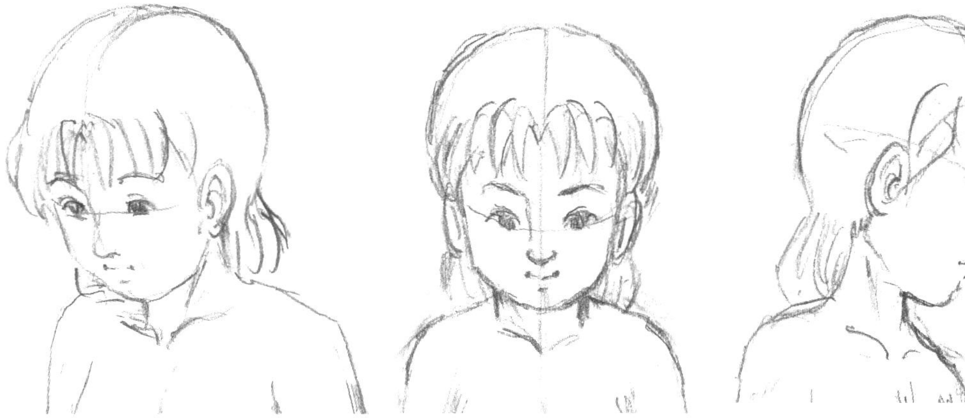

Die Form der Nase ändert sich und die Nasenlöcher sind nicht mehr sichtbar.

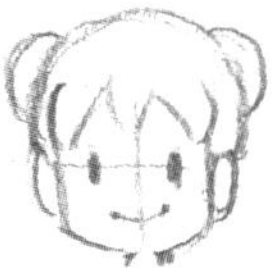

Kopf-Körper-Verhältnis 1:2

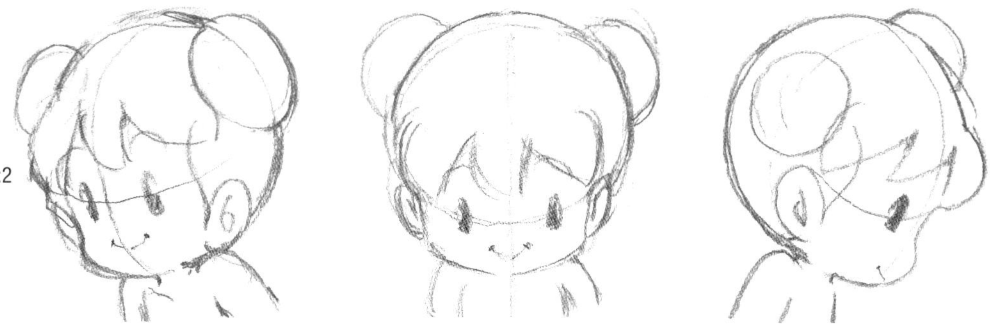

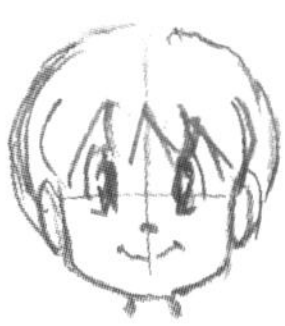

Kopf-Körper-Verhältnis 1:3

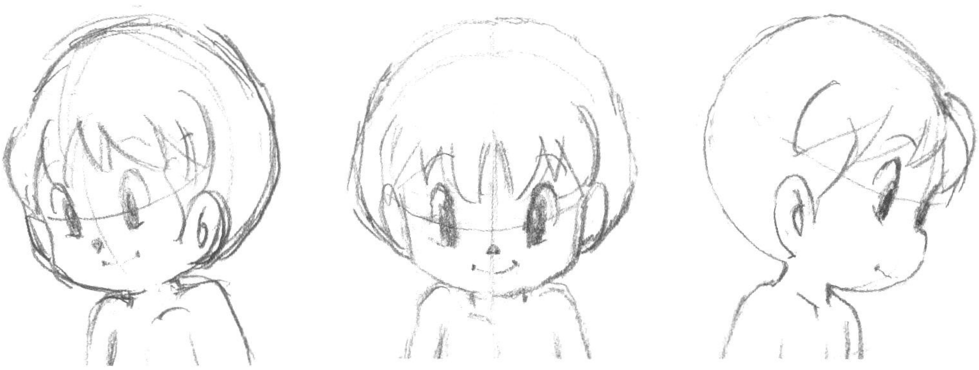

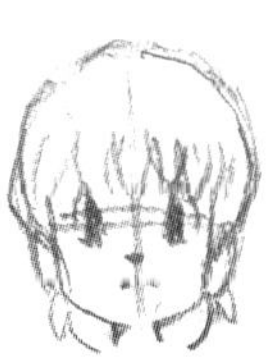

Kopf-Körper-Verhältnis 1:4

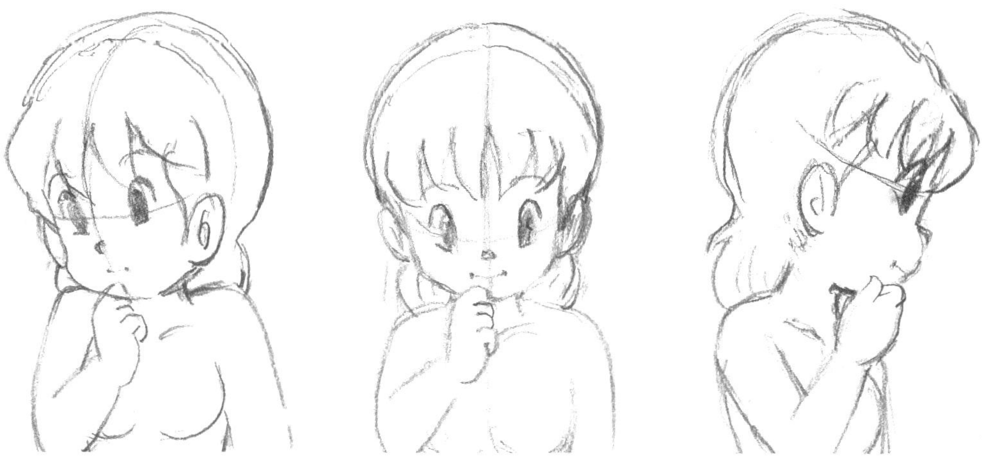

Hohe und niedrige Winkel in der Praxis

Wenn du etwas aus der Vogel- oder Froschperspektive zeichnen möchtest, zeichne die Figur zunächst aus einem normalen Winkel.

Pose 1

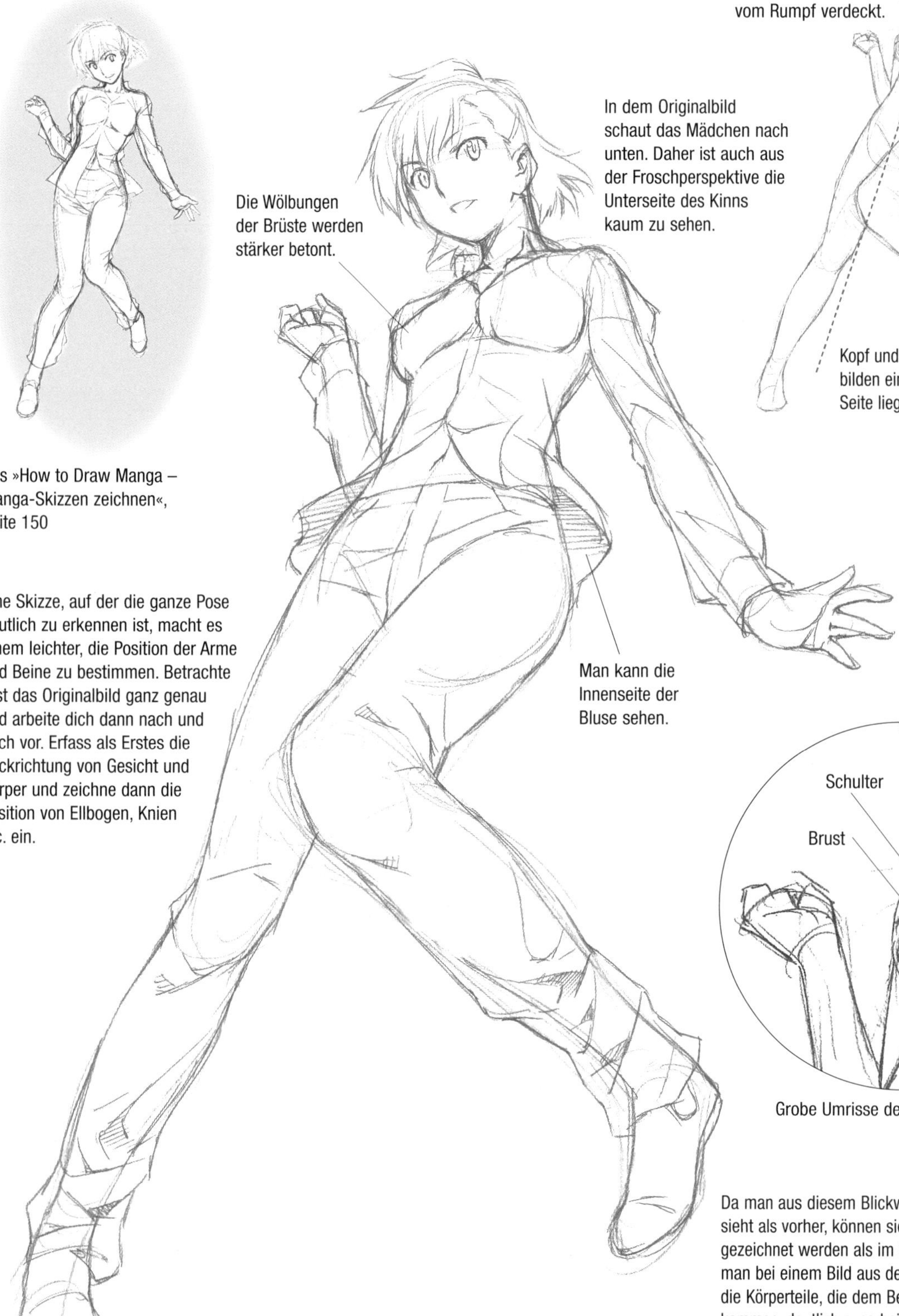

Aus »How to Draw Manga – Manga-Skizzen zeichnen«, Seite 150

Eine Skizze, auf der die ganze Pose deutlich zu erkennen ist, macht es einem leichter, die Position der Arme und Beine zu bestimmen. Betrachte erst das Originalbild ganz genau und arbeite dich dann nach und nach vor. Erfass als Erstes die Blickrichtung von Gesicht und Körper und zeichne dann die Position von Ellbogen, Knien etc. ein.

Niedriger Winkel: von unten rechts betrachtet

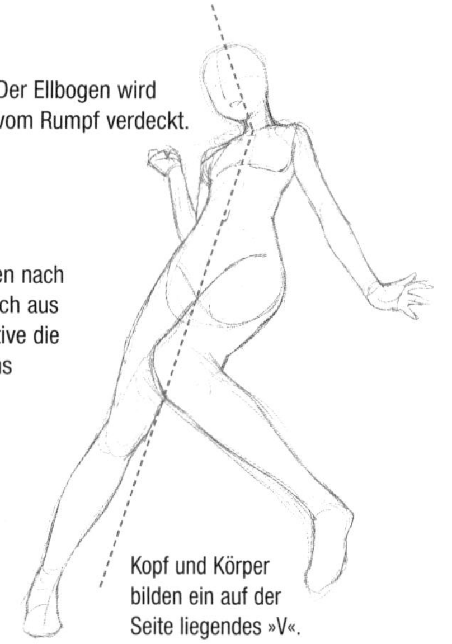

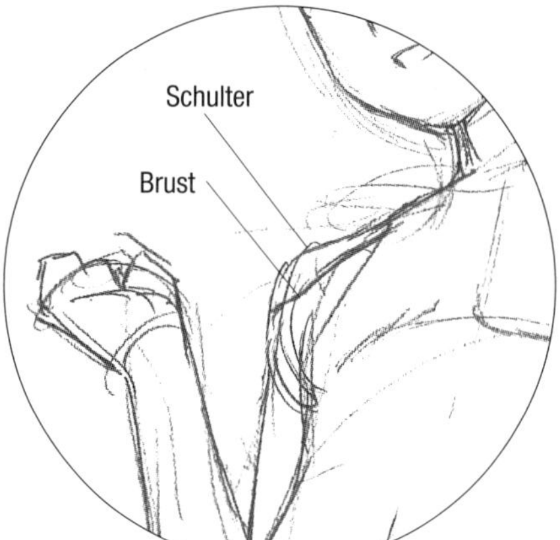

Grobe Umrisse der rechten Schulter

Da man aus diesem Blickwinkel die Füße näher sieht als vorher, können sie auch detaillierter gezeichnet werden als im Originalbild. Indem man bei einem Bild aus der Froschperspektive die Körperteile, die dem Betrachter entgegenkommen, deutlich ausarbeitet, lässt man die Figur dreidimensional und überzeugender wirken.

Auf Basis des Charakters mit attraktiven Proportionen einen Chibi-Charakter zeichnen

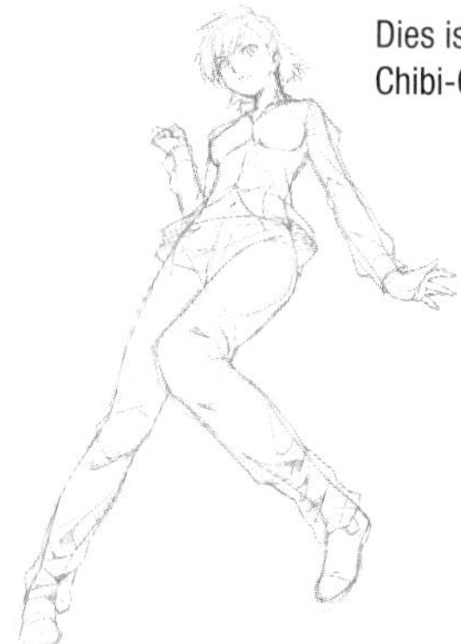

Dies ist die Vorlage für den Chibi-Charakter.

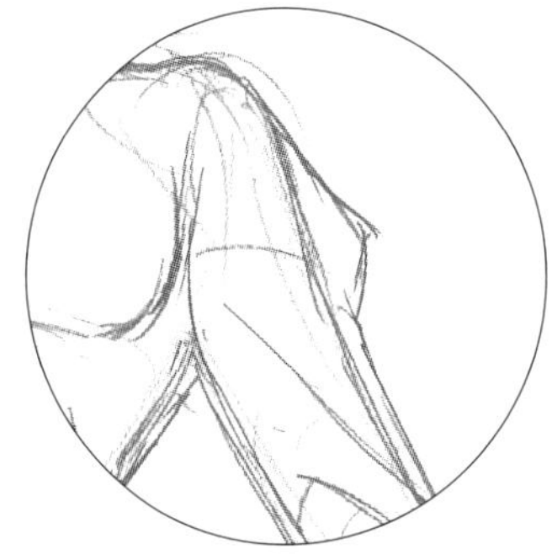

Der Stoff wölbt sich an der Schulter und wirft Falten.

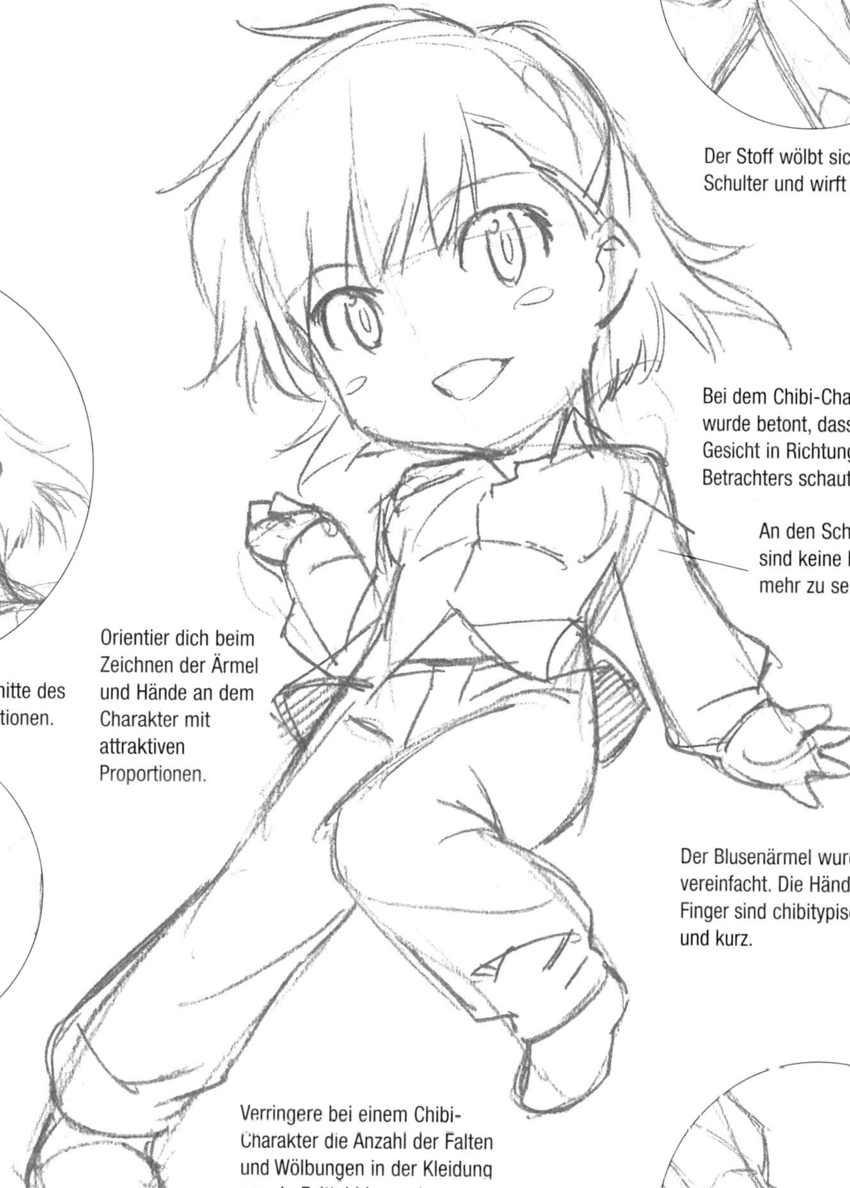

Bei dem Chibi-Charakter wurde betont, dass das Gesicht in Richtung des Betrachters schaut.

An den Schultern sind keine Falten mehr zu sehen.

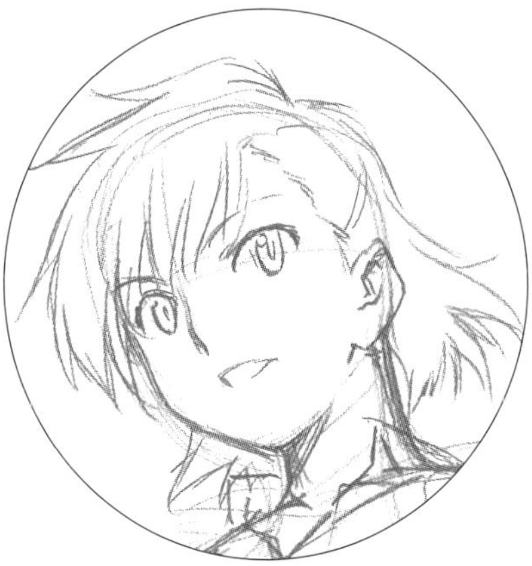

In den Kreisen sieht man Ausschnitte des Charakters mit attraktiven Proportionen.

Orientier dich beim Zeichnen der Ärmel und Hände an dem Charakter mit attraktiven Proportionen.

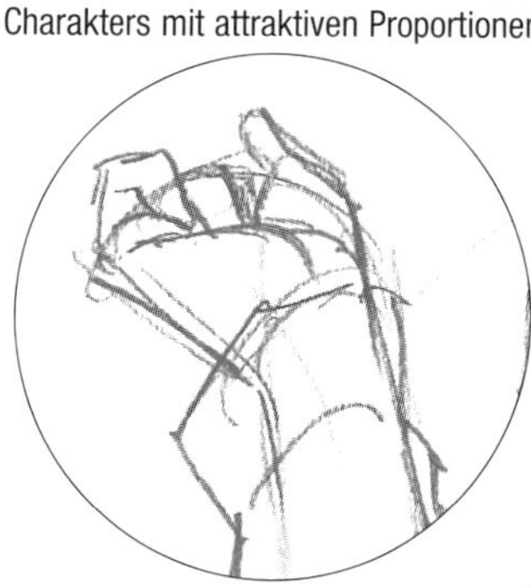

Ärmel der Bluse

Der Blusenärmel wurde stark vereinfacht. Die Hände und Finger sind chibitypisch dick und kurz.

Verringere bei einem Chibi-Charakter die Anzahl der Falten und Wölbungen in der Kleidung um ein Drittel bis zu einem Fünftel.

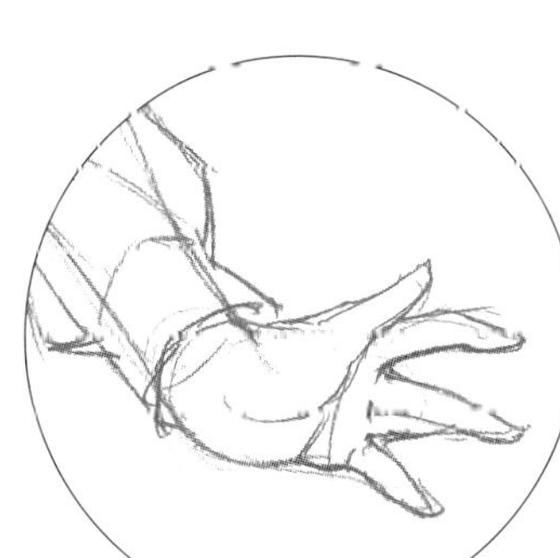

Ärmel der Bluse

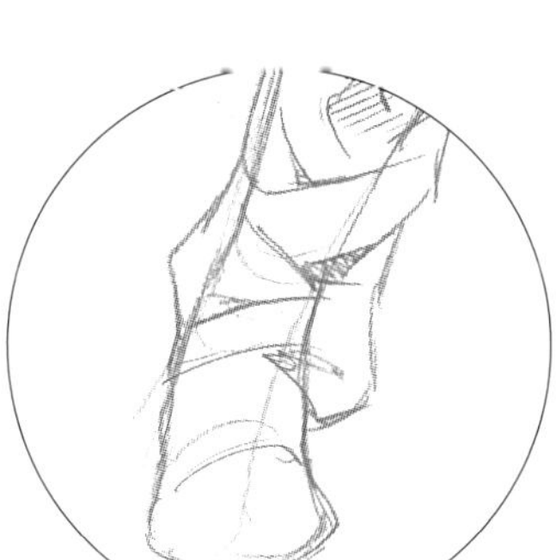

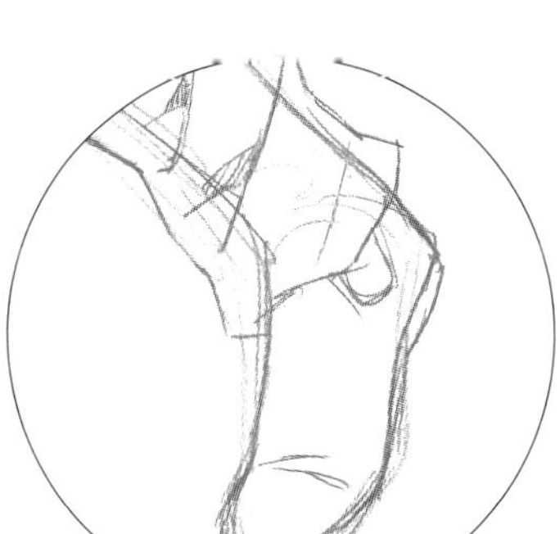

Niedriger Winkel: von unten links betrachtet

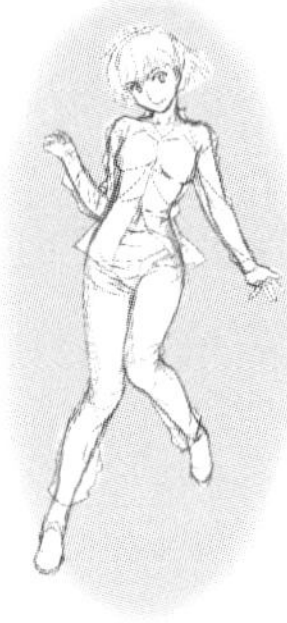

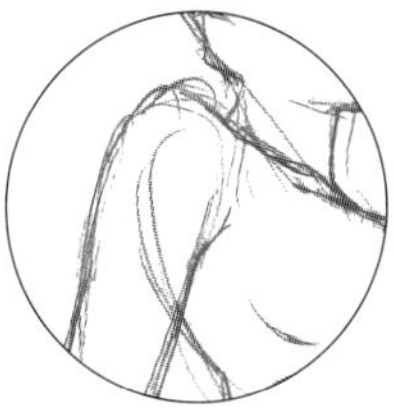

Von der Seite betrachtet wirkt der Körper dreidimensional, wenn man die Verbindungsstelle zwischen Rumpf und Oberarm einzeichnet.

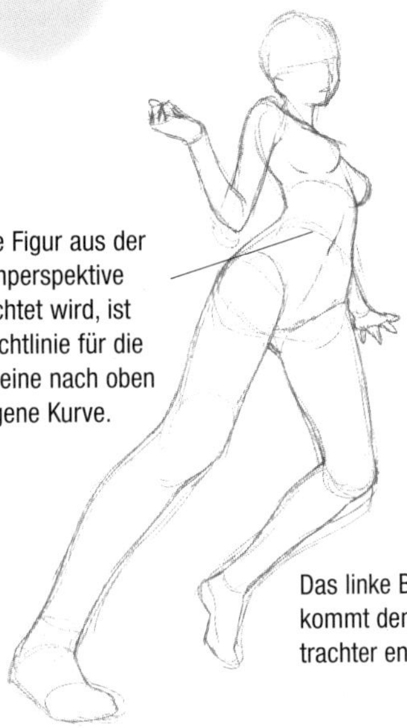

Da die Figur aus der Froschperspektive betrachtet wird, ist die Richtlinie für die Taille eine nach oben gebogene Kurve.

Das linke Bein kommt dem Betrachter entgegen.

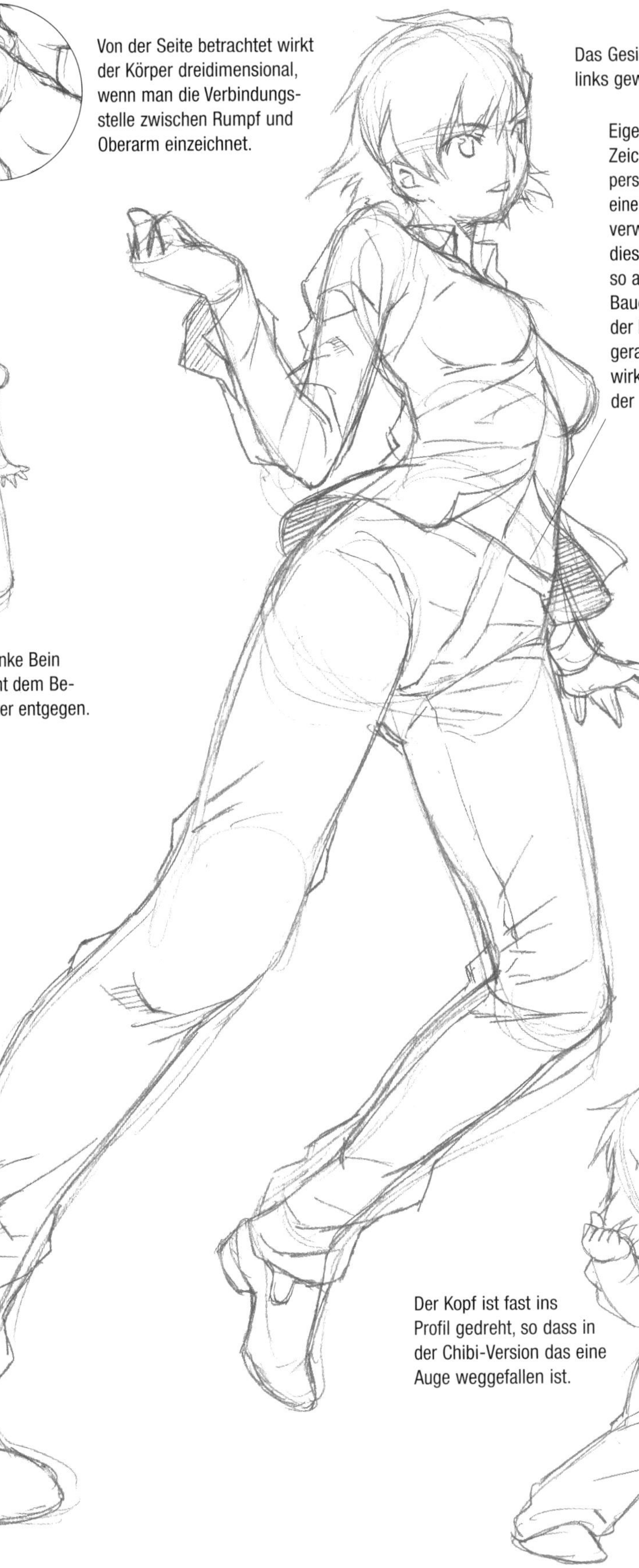

Das Gesicht ist nach links gewendet.

Eigentlich müsste bei einer Zeichnung aus der Froschperspektive für den Hosenbund eine nach oben gebogene Linie verwendet werden. Doch in diesem Fall würde es dann so aussehen, als quelle der Bauch aus der Hose. Indem der Hosenbund mit einer geraden Linie dargestellt ist, wirken der Bauch flach und der Charakter attraktiv.

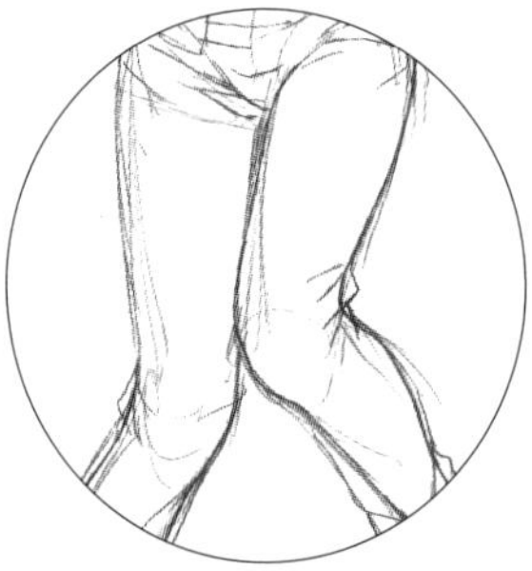

Im Originalbild waren die Knie dicht zusammen gezeichnet. Das heißt, dass die Knie in Wirklichkeit näher beieinanderliegen als in der Version aus dem niedrigen Winkel. Aber da dies keine technische Zeichnung ist, bei der alles hundertprozentig akkurat sein muss, stehen hier die Beine weiter auseinander, um den niedrigen Winkel stärker zu betonen.

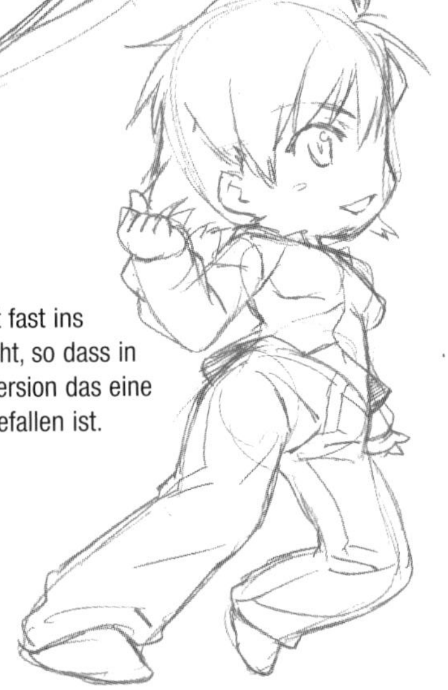

Der Kopf ist fast ins Profil gedreht, so dass in der Chibi-Version das eine Auge weggefallen ist.

Hoher Winkel: von oben links betrachtet

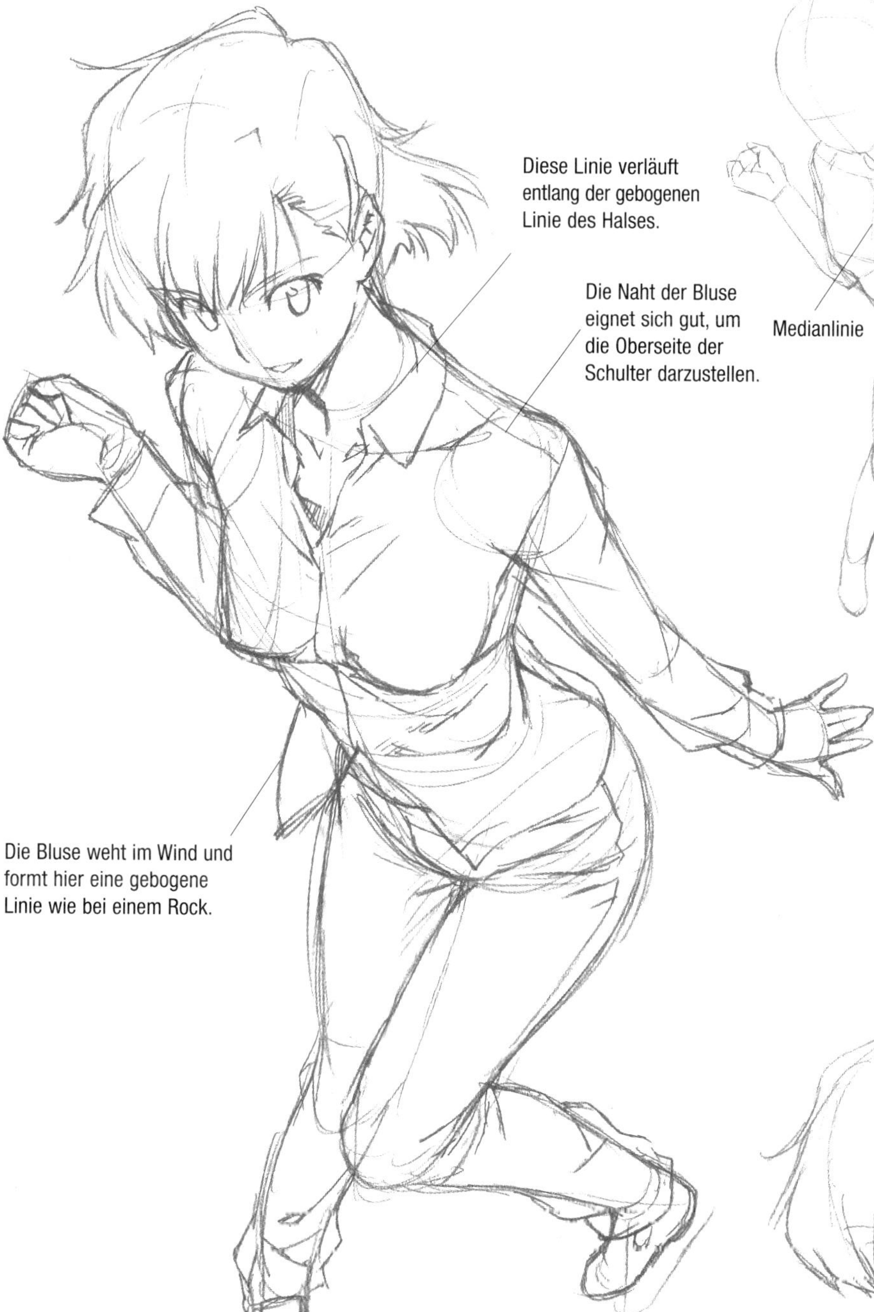

Diese Linie verläuft entlang der gebogenen Linie des Halses.

Die Naht der Bluse eignet sich gut, um die Oberseite der Schulter darzustellen.

Die Bluse weht im Wind und formt hier eine gebogene Linie wie bei einem Rock.

Linien, die die Figur dreidimensional wirken lassen

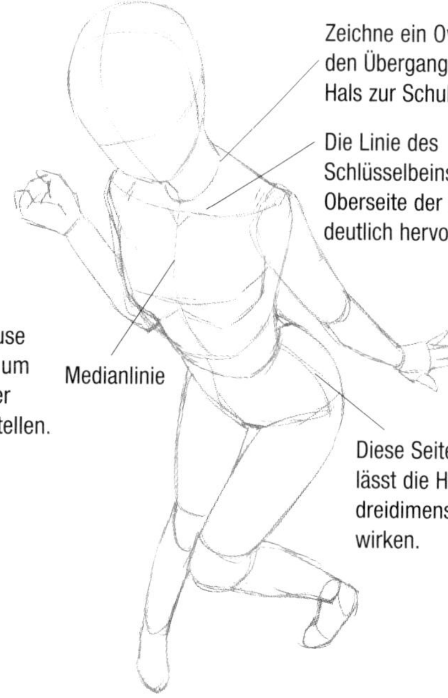

Zeichne ein Oval für den Übergang vom Hals zur Schulter.

Die Linie des Schlüsselbeins hebt die Oberseite der Schulter deutlich hervor.

Medianlinie

Diese Seitenlinie lässt die Hüfte dreidimensional wirken.

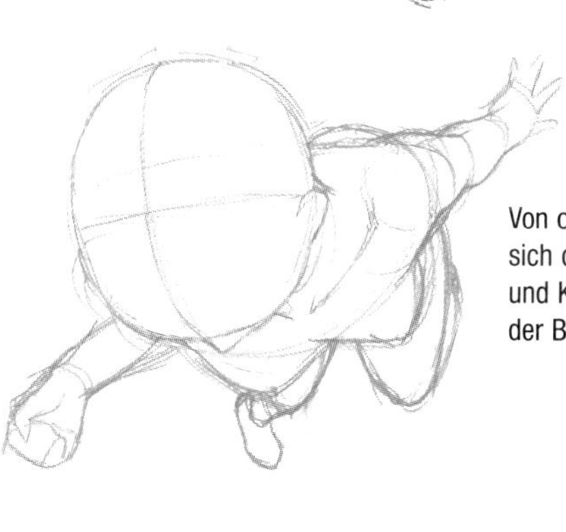

Von oben betrachtet lässt sich die Position der Hände und Knie (bzw. die Haltung der Beine) leichter erfassen.

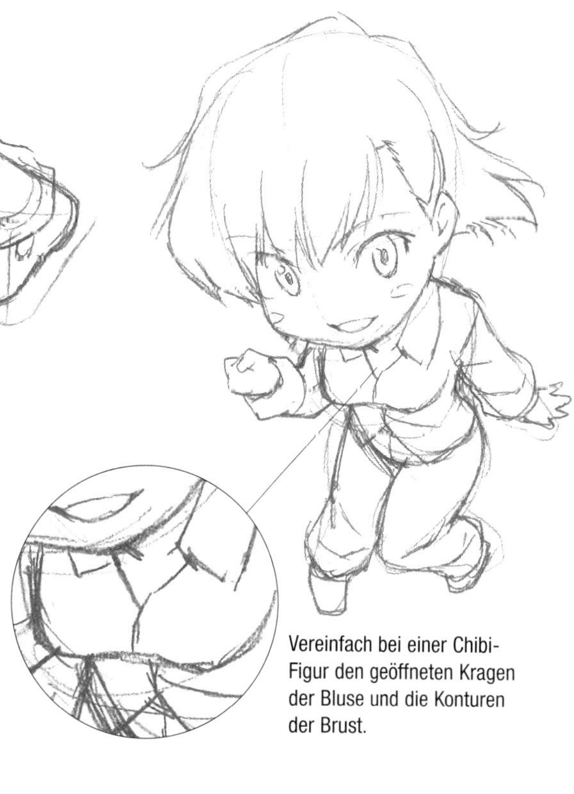

Vereinfach bei einer Chibi-Figur den geöffneten Kragen der Bluse und die Konturen der Brust.

Hoher Winkel: leicht von oben rechts betrachtet

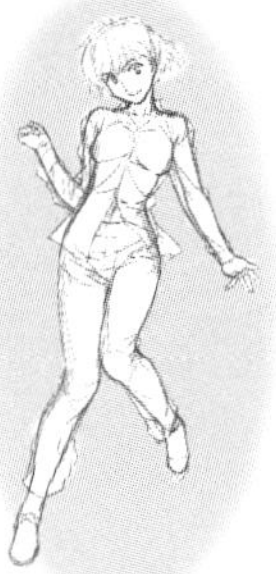

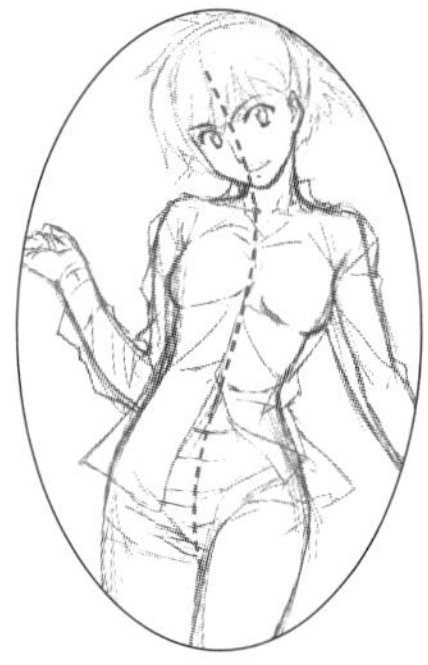

Zeichne die Medianlinie als eine leicht gebogene S-Kurve.

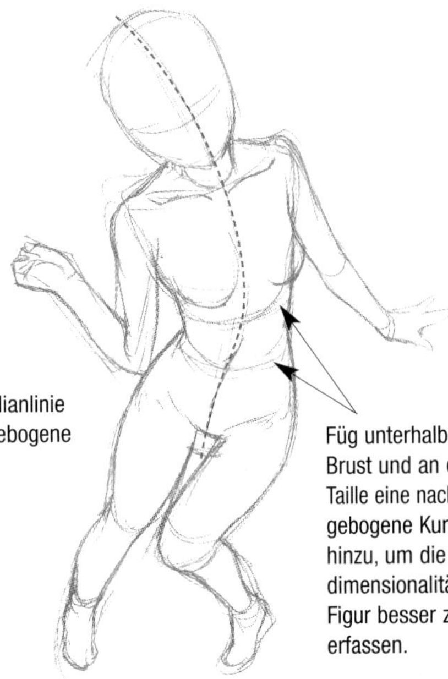

Füg unterhalb der Brust und an der Taille eine nach unten gebogene Kurve hinzu, um die Dreidimensionalität der Figur besser zu erfassen.

Da dies kein extrem hoher Winkel ist, wirkt der Körper relativ lang.

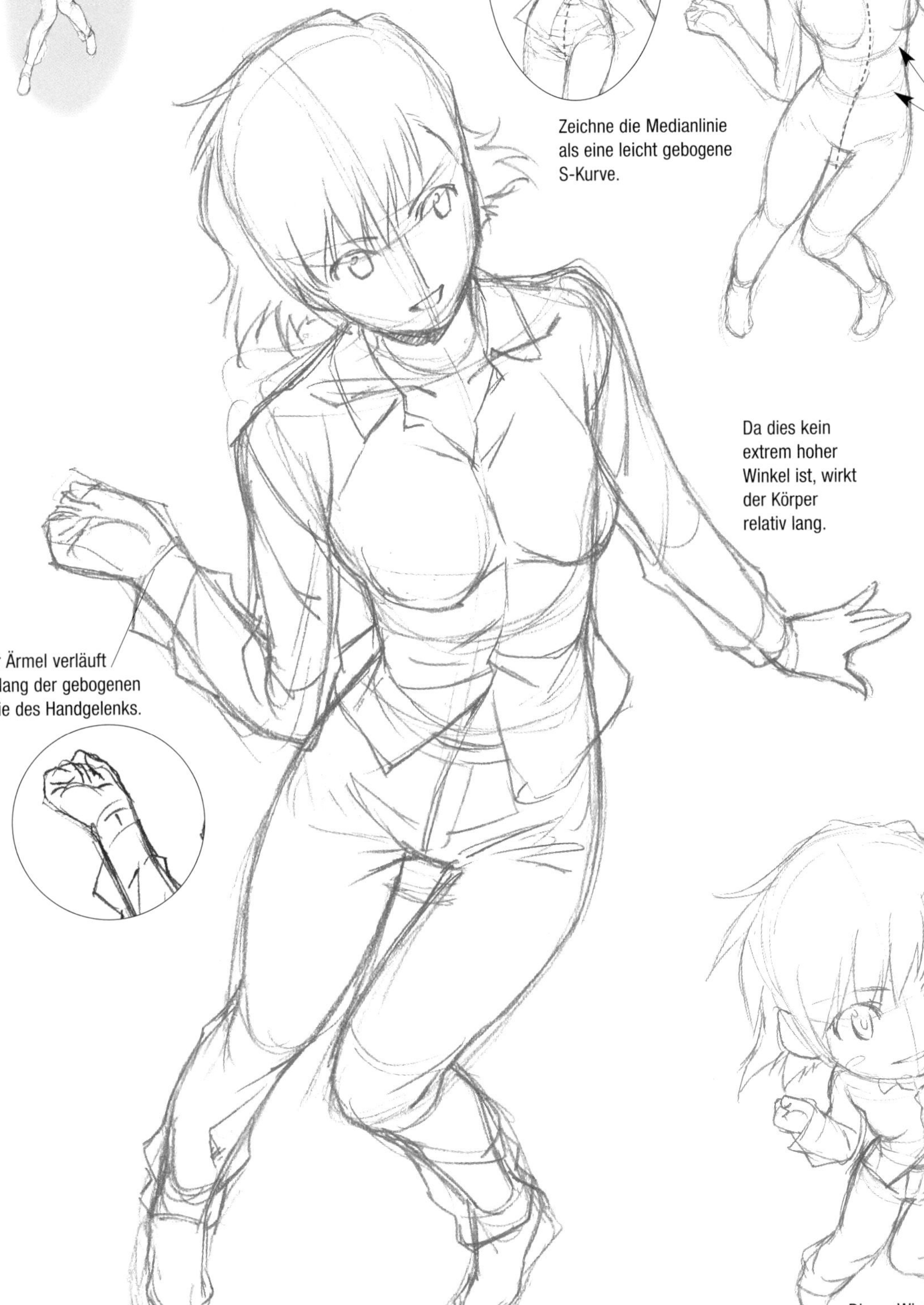

Der Ärmel verläuft entlang der gebogenen Linie des Handgelenks.

Dieser Winkel lässt Charaktere mit einem niedrigen Kopf-Körper-Verhältnis noch niedlicher erscheinen.

Hoher Winkel: von hinten rechts betrachtet

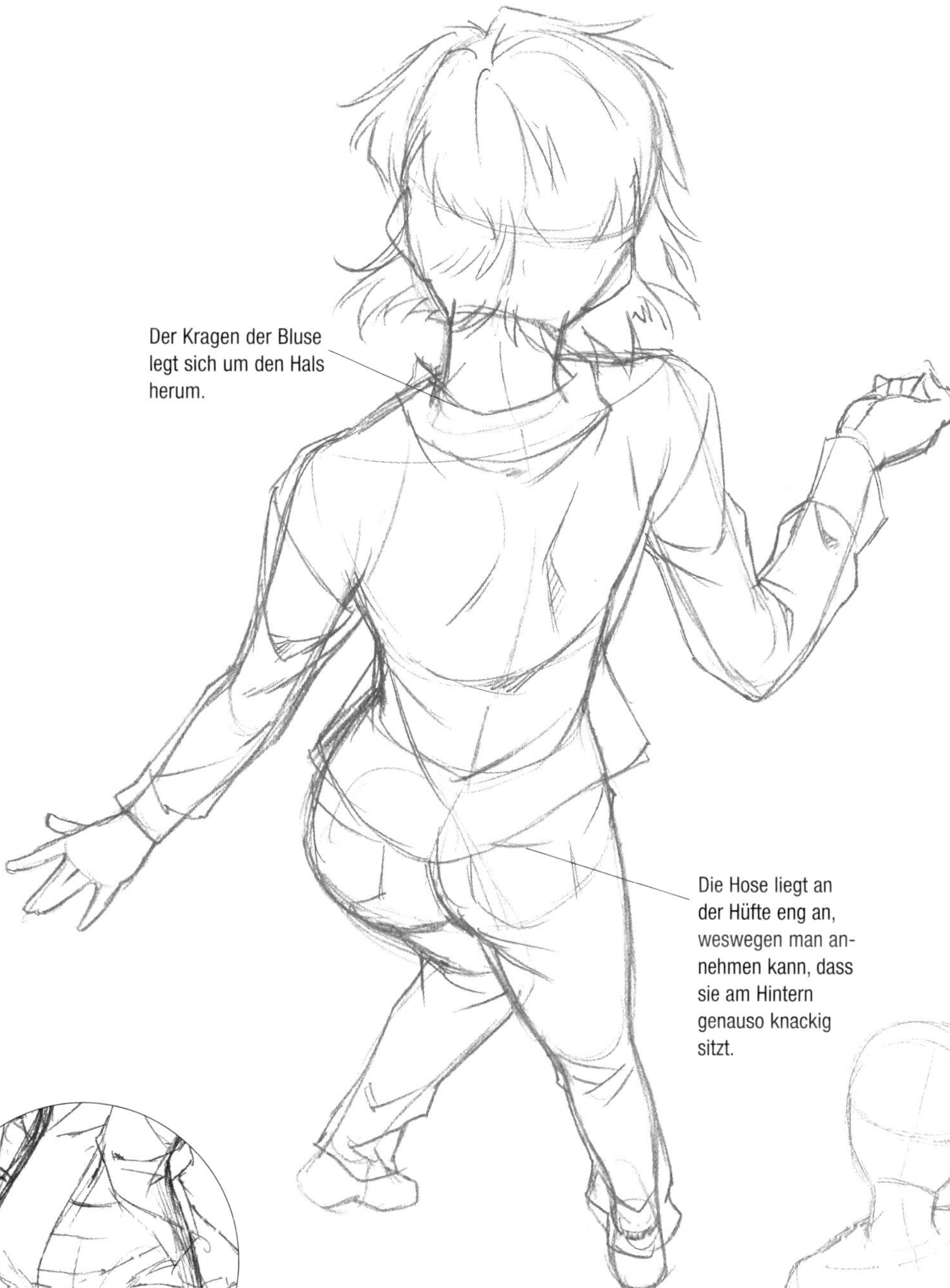

Der Kragen der Bluse legt sich um den Hals herum.

Die Hose liegt an der Hüfte eng an, weswegen man annehmen kann, dass sie am Hintern genauso knackig sitzt.

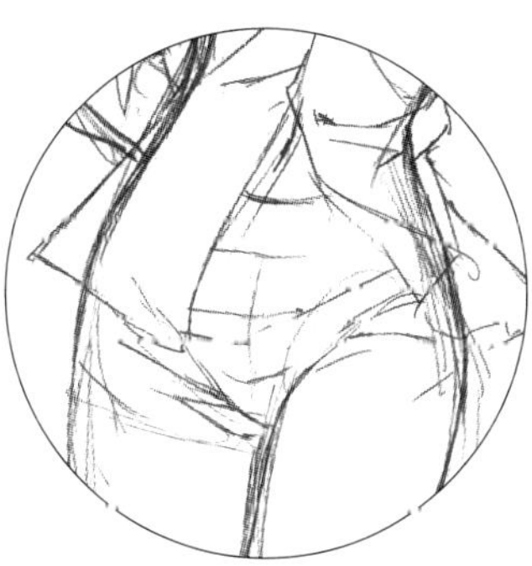

Die oberen Nähte der Hosentaschen sind leicht gebogen, was die Rundungen des Hinterns hervorhebt.

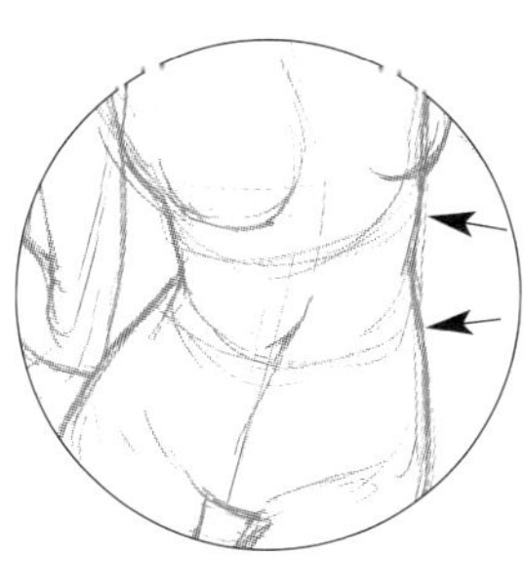

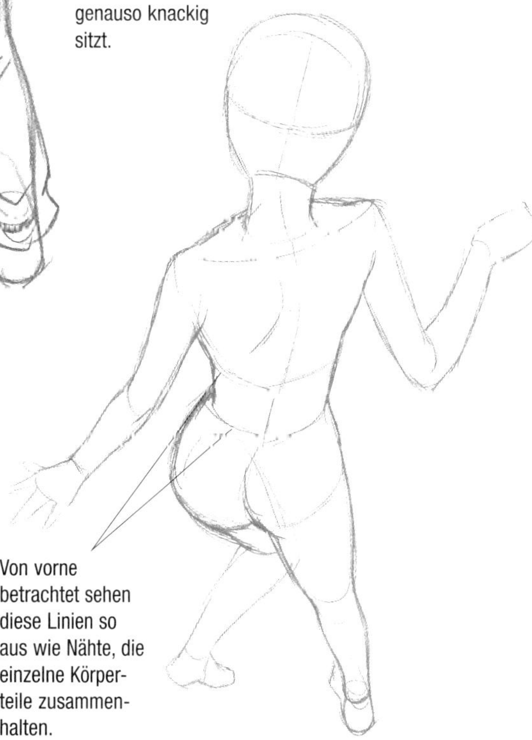

Von vorne betrachtet sehen diese Linien so aus wie Nähte, die einzelne Körperteile zusammenhalten.

Pose **2**

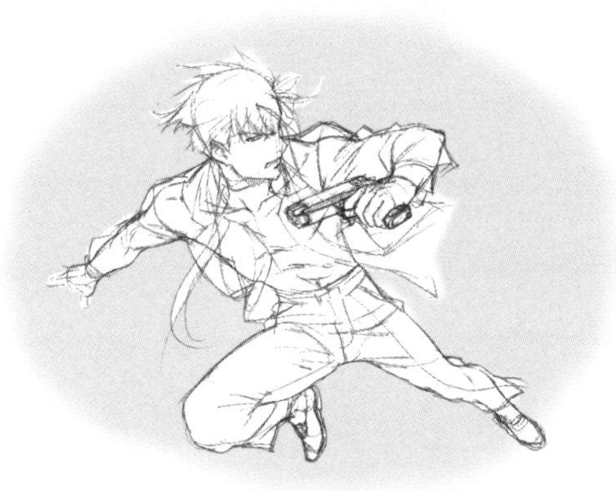

Charakter mit Pistole aus »How to Draw Manga – Manga-Skizzen zeichnen«, Seite 155

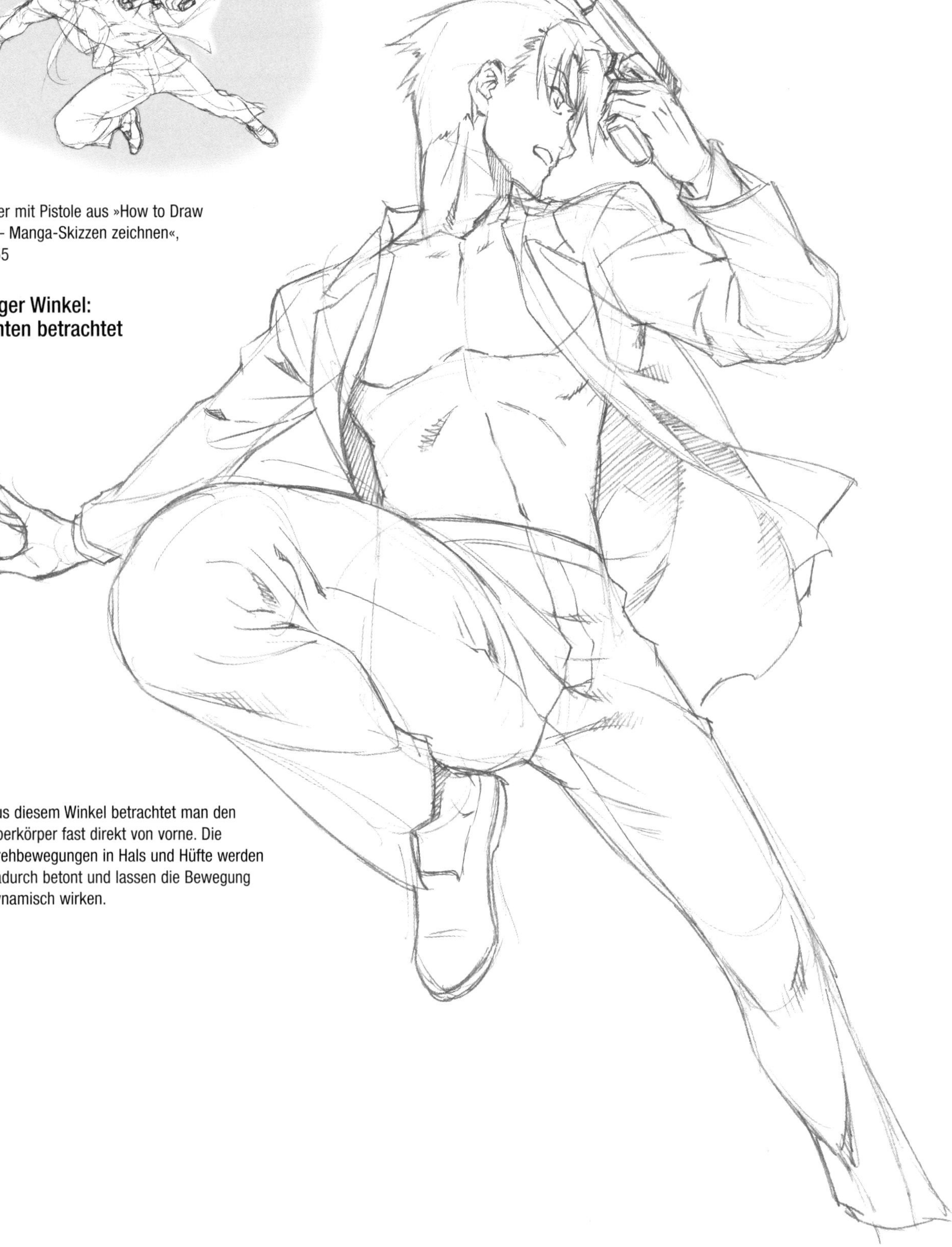

Niedriger Winkel: von unten betrachtet

Aus diesem Winkel betrachtet man den Oberkörper fast direkt von vorne. Die Drehbewegungen in Hals und Hüfte werden dadurch betont und lassen die Bewegung dynamisch wirken.

Niedriger Winkel: von links unten betrachtet

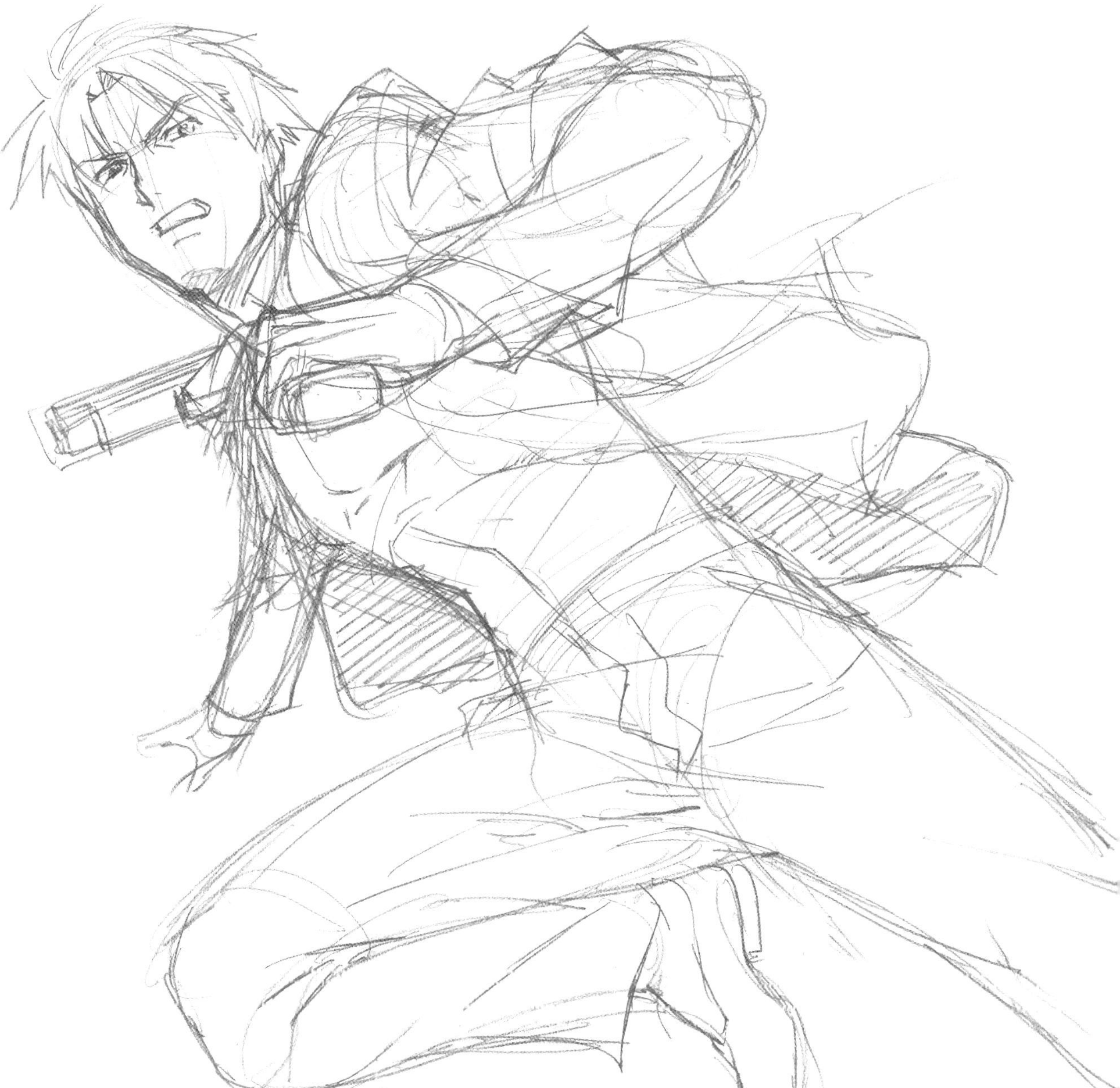

Aus diesem Winkel ist das Gesicht deutlich zu erkennen, der Oberkörper dagegen ist fast ganz zur Seite gedreht. Durch das deutlich erkennbare Gesicht des Charakters bekommt das Bild einen dramatischen, kraftvollen Ausdruck.

Hoher Winkel: von links oben betrachtet

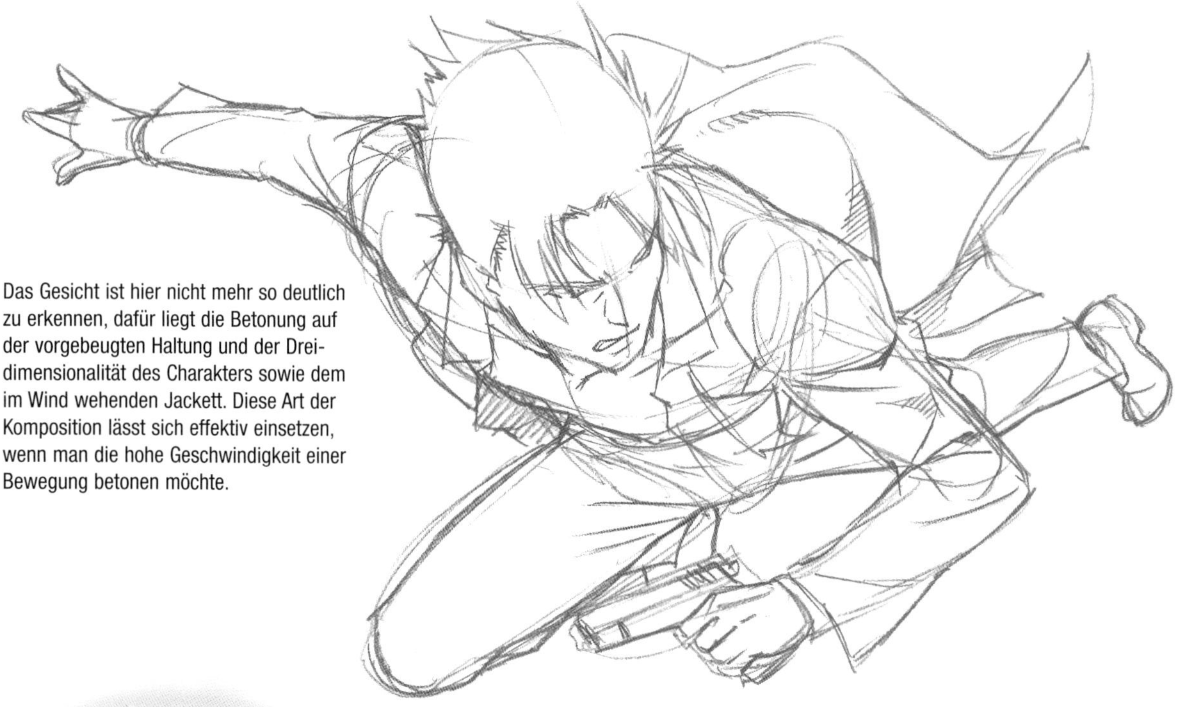

Das Gesicht ist hier nicht mehr so deutlich zu erkennen, dafür liegt die Betonung auf der vorgebeugten Haltung und der Dreidimensionalität des Charakters sowie dem im Wind wehenden Jackett. Diese Art der Komposition lässt sich effektiv einsetzen, wenn man die hohe Geschwindigkeit einer Bewegung betonen möchte.

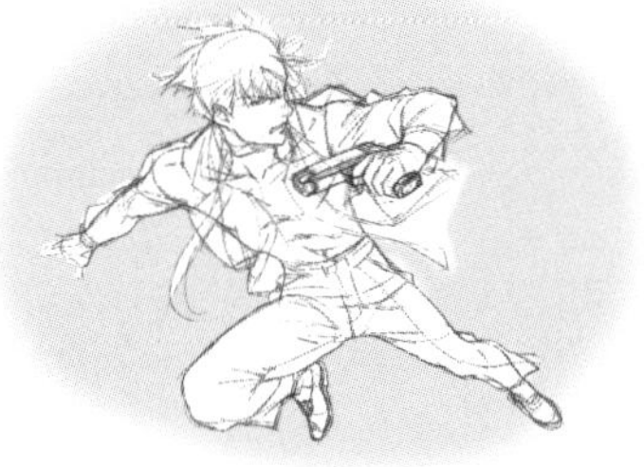

Hoher Winkel: von hinten oben betrachtet

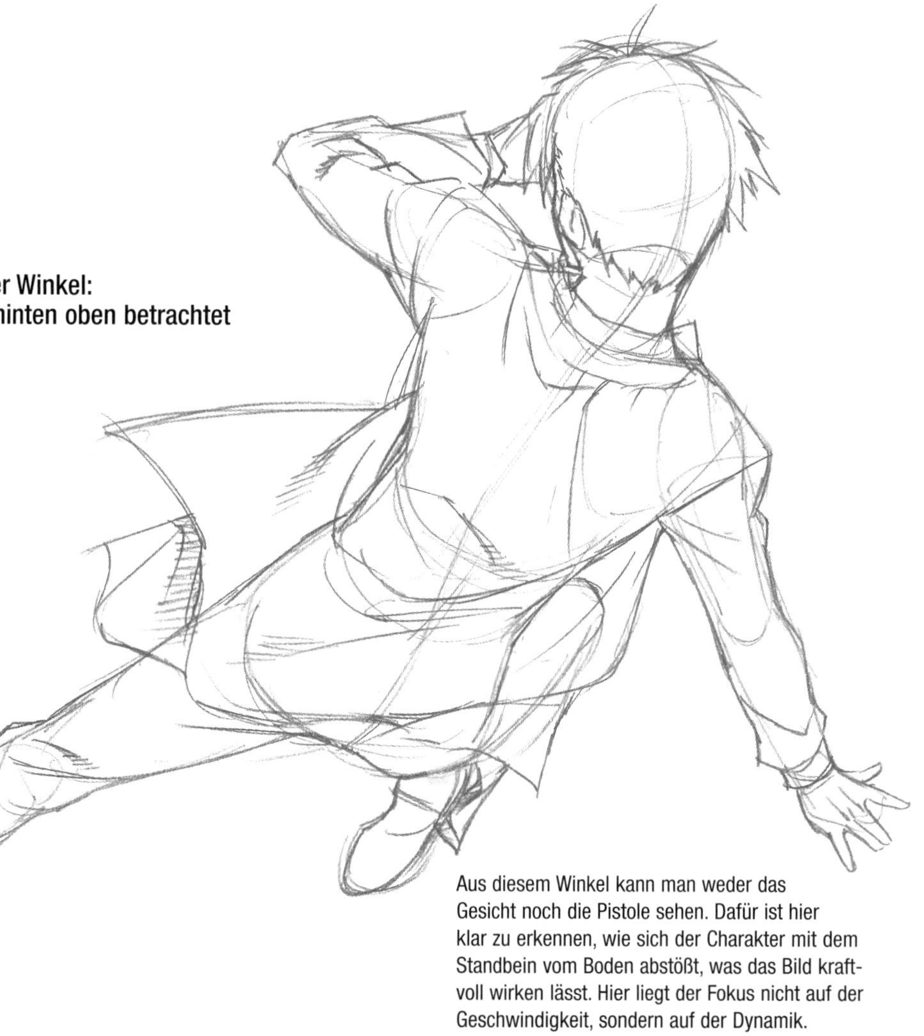

Aus diesem Winkel kann man weder das Gesicht noch die Pistole sehen. Dafür ist hier klar zu erkennen, wie sich der Charakter mit dem Standbein vom Boden abstößt, was das Bild kraftvoll wirken lässt. Hier liegt der Fokus nicht auf der Geschwindigkeit, sondern auf der Dynamik.

Pose **3**

Die Pose des gesamten Körpers herausarbeiten

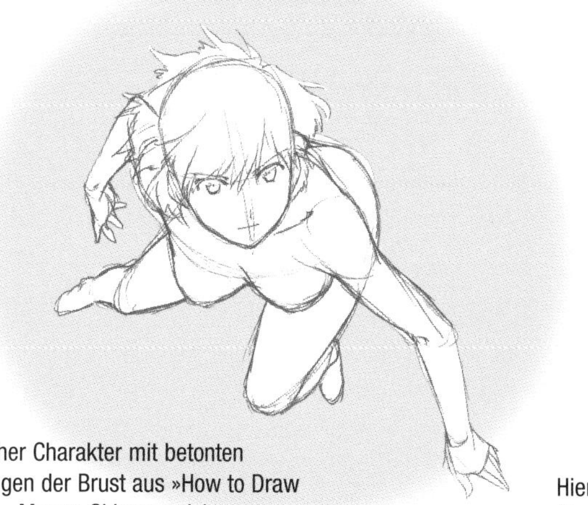

Weiblicher Charakter mit betonten Rundungen der Brust aus »How to Draw Manga – Manga-Skizzen zeichnen«, Seite 137

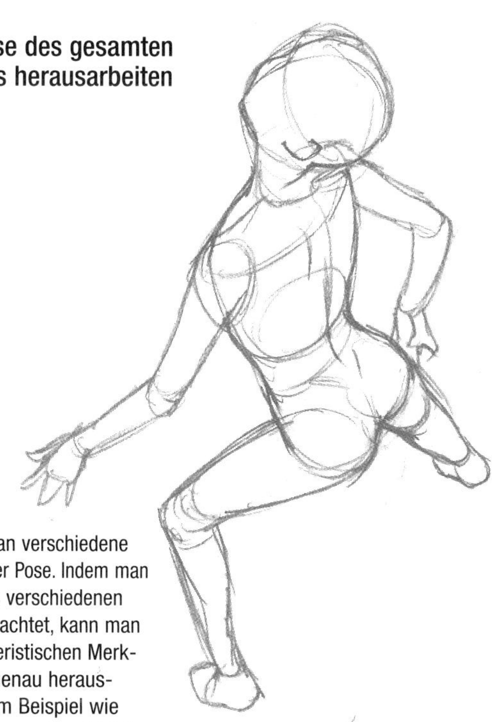

Hier sieht man verschiedene Studien dieser Pose. Indem man die Pose aus verschiedenen Winkeln betrachtet, kann man ihre charakteristischen Merkmale ganz genau herausarbeiten, zum Beispiel wie der Oberkörper gebeugt ist, in welche Richtungen Hals, Arme und Beine bewegt werden und in welchen Winkeln sie zum Körper stehen.

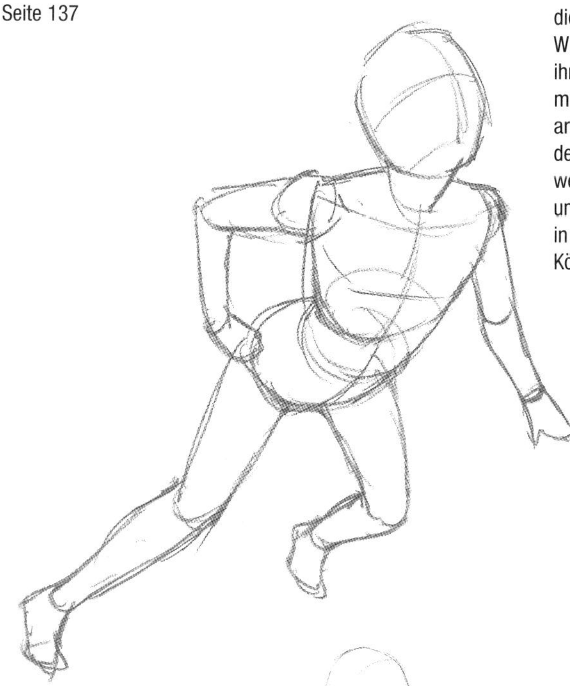

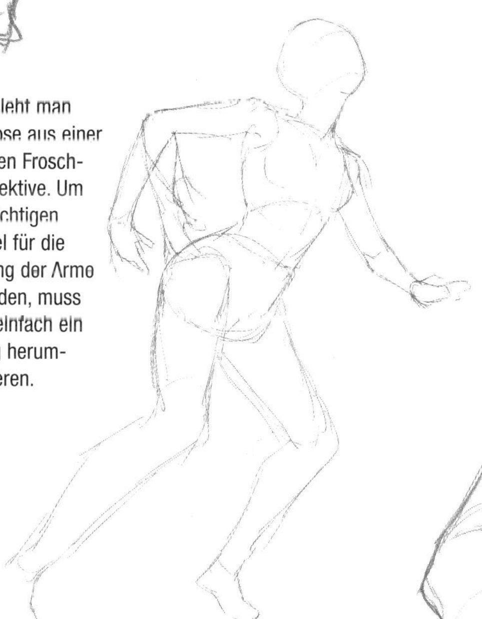

Hier sieht man die Pose aus einer leichten Froschperspektive. Um den richtigen Winkel für die Haltung der Arme zu finden, muss man einfach ein wenig herumprobieren.

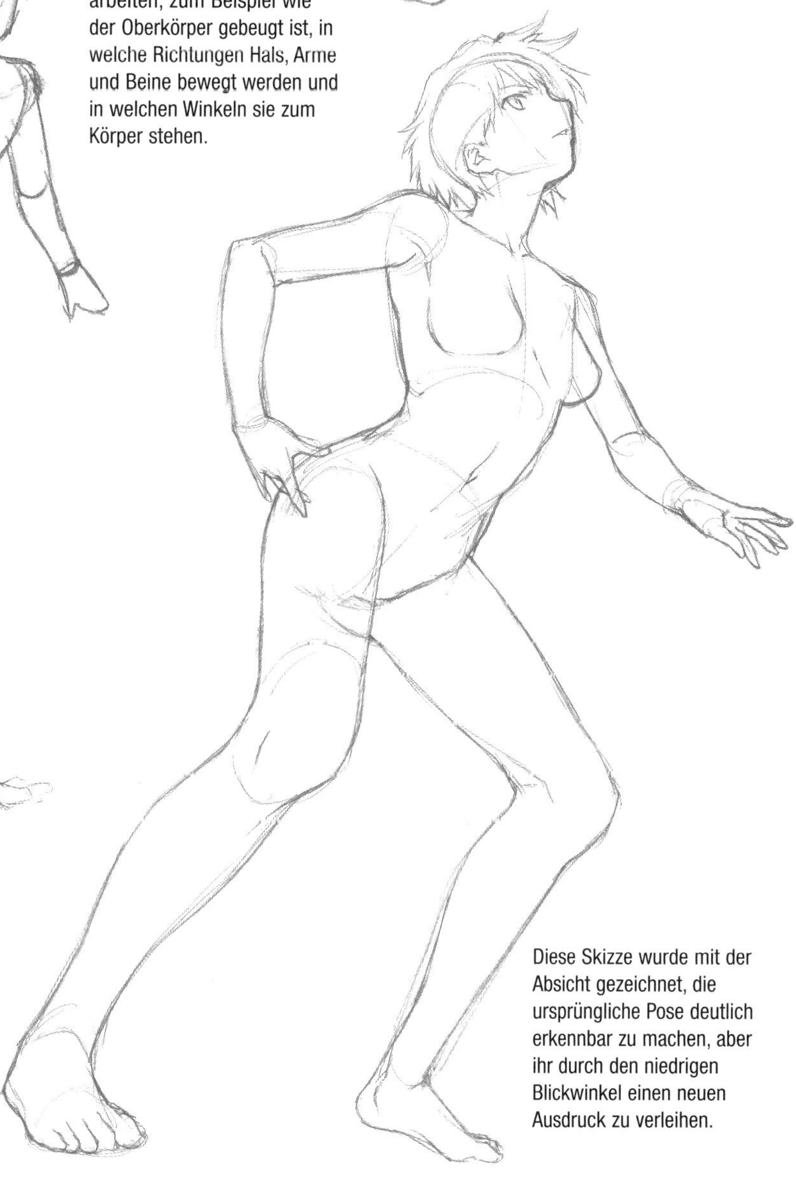

Diese Skizze wurde mit der Absicht gezeichnet, die ursprüngliche Pose deutlich erkennbar zu machen, aber ihr durch den niedrigen Blickwinkel einen neuen Ausdruck zu verleihen.

Zwei Studien: von hinten oben und direkt von unten betrachtet

Es gibt Posen, die durch ihren bestimmten Blickwinkel besonders gut aussehen oder dementsprechend aus anderen Winkeln überhaupt nicht funktionieren. Auf dieser Seite sieht man, dass diese Pose nicht aus allen Winkeln gut rüberkommt.

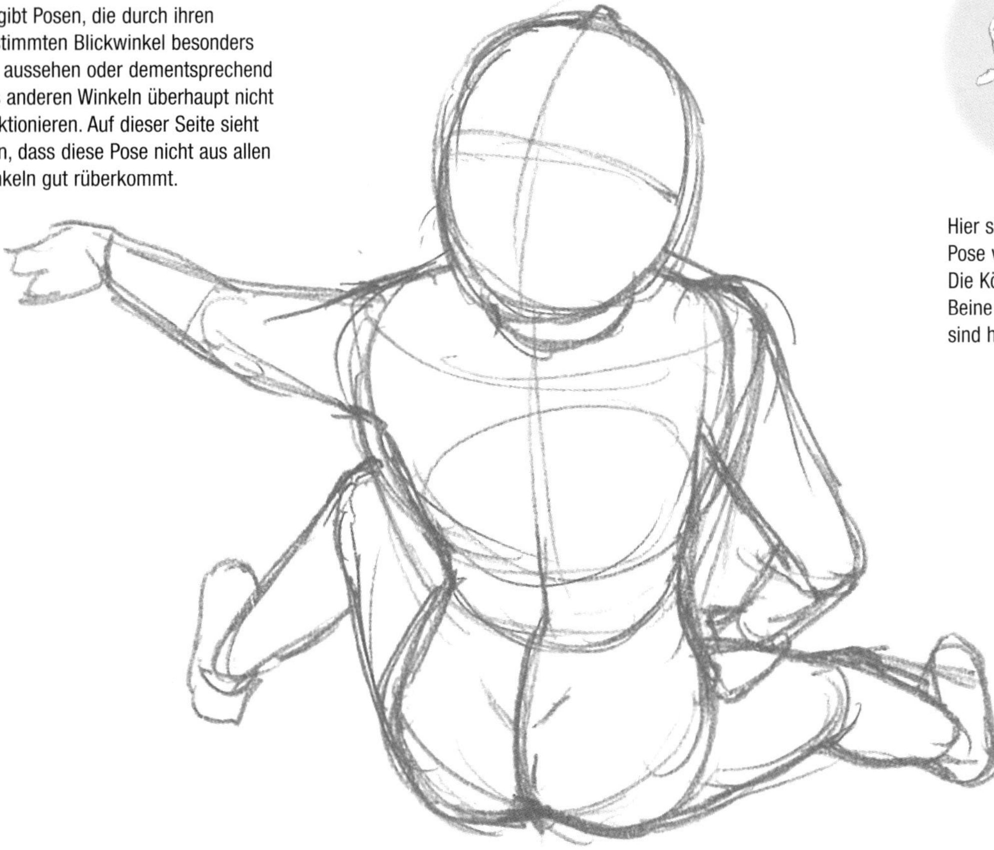

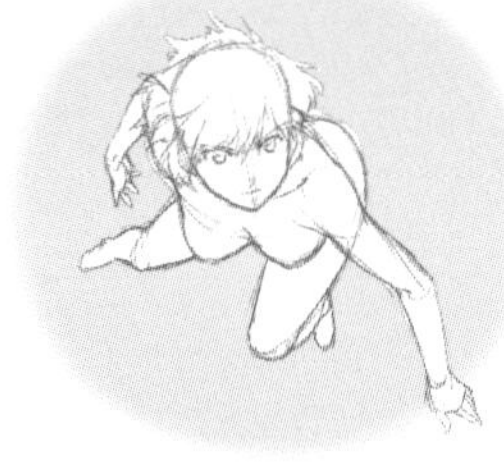

Hier sieht man eine Studie der Pose von hinten oben betrachtet. Die Körperhaltung, die Öffnung der Beine und die Haltung der Arme sind hier besonders verdeutlicht.

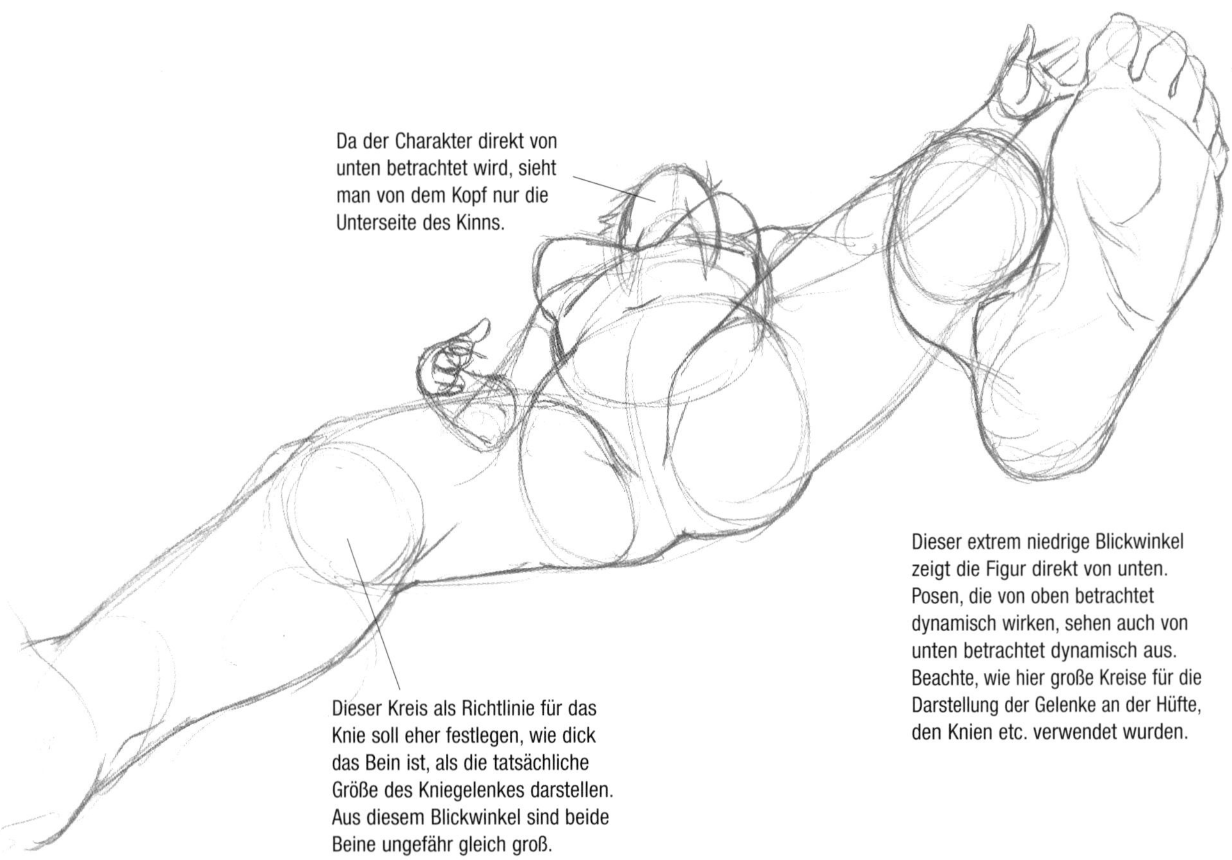

Da der Charakter direkt von unten betrachtet wird, sieht man von dem Kopf nur die Unterseite des Kinns.

Dieser extrem niedrige Blickwinkel zeigt die Figur direkt von unten. Posen, die von oben betrachtet dynamisch wirken, sehen auch von unten betrachtet dynamisch aus. Beachte, wie hier große Kreise für die Darstellung der Gelenke an der Hüfte, den Knien etc. verwendet wurden.

Dieser Kreis als Richtlinie für das Knie soll eher festlegen, wie dick das Bein ist, als die tatsächliche Größe des Kniegelenkes darstellen. Aus diesem Blickwinkel sind beide Beine ungefähr gleich groß.

Niedriger Winkel: von hinten unten betrachtet

Für Posen, bei denen der Hintern ausgestreckt wird, eignet sich ein Blickwinkel, der den Hintern betont.

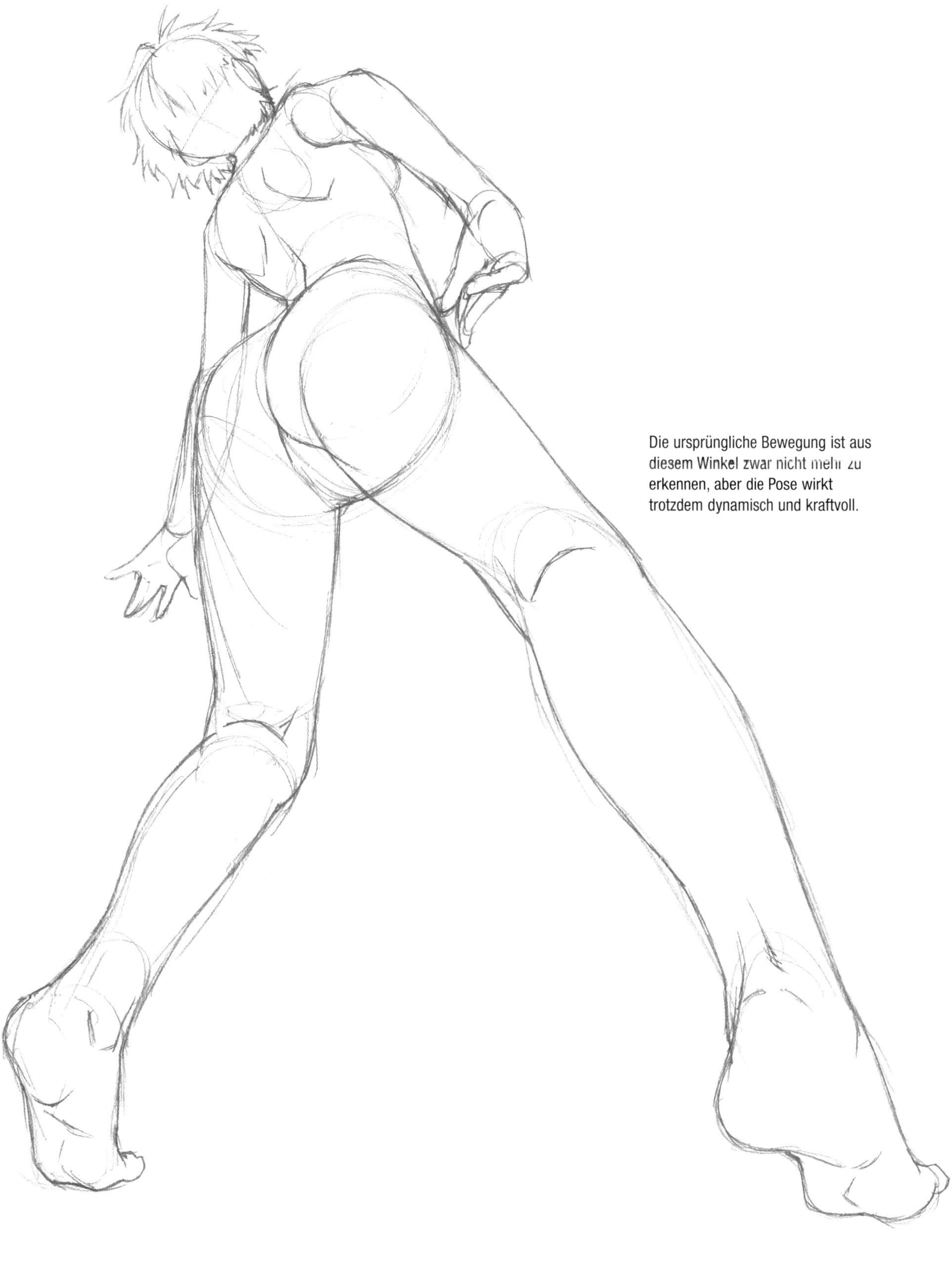

Die ursprüngliche Bewegung ist aus diesem Winkel zwar nicht mehr zu erkennen, aber die Pose wirkt trotzdem dynamisch und kraftvoll.

Pose 4

Das berühmte Gemälde »La maja desnuda« von Francisco de Goya ist ein typisches Beispiel eines liegenden weiblichen Akts. Bei der heutigen Flut an Hochglanzbildern nackter Frauen in den Medien, wirkt dieser kleine, schwarz-weiße Abdruck von Goyas Meisterwerk irgendwie flach und uninteressant.
Aber wenn man einmal versucht, dieses Bild selbst nachzuzeichnen, erkennt man haargenau geplante sanfte Rundungen, die das weiche Fleisch des Körpers gekonnt einfangen, eine meisterhaft angewandte Technik, innerhalb einer so einfachen Pose Dreidimensionalität darzustellen, und noch viele weitere Beweise für eine hohe künst-lerische Handfertigkeit, die dafür sorgt, dass man von dieser ultimativen Darstellung weiblicher Schönheit so überwältigt ist.
Auf den nächsten Seiten wird die Maja aus verschiedenen Blickwinkeln gezeigt.

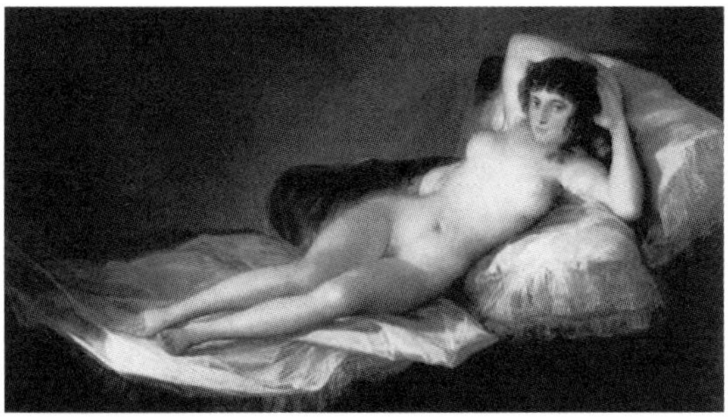

Francisco de Goya, »La maja desnuda« (»Die nackte Maja«), ca. 1797 – 1800
Zu sehen im Museo del Prado, Madrid

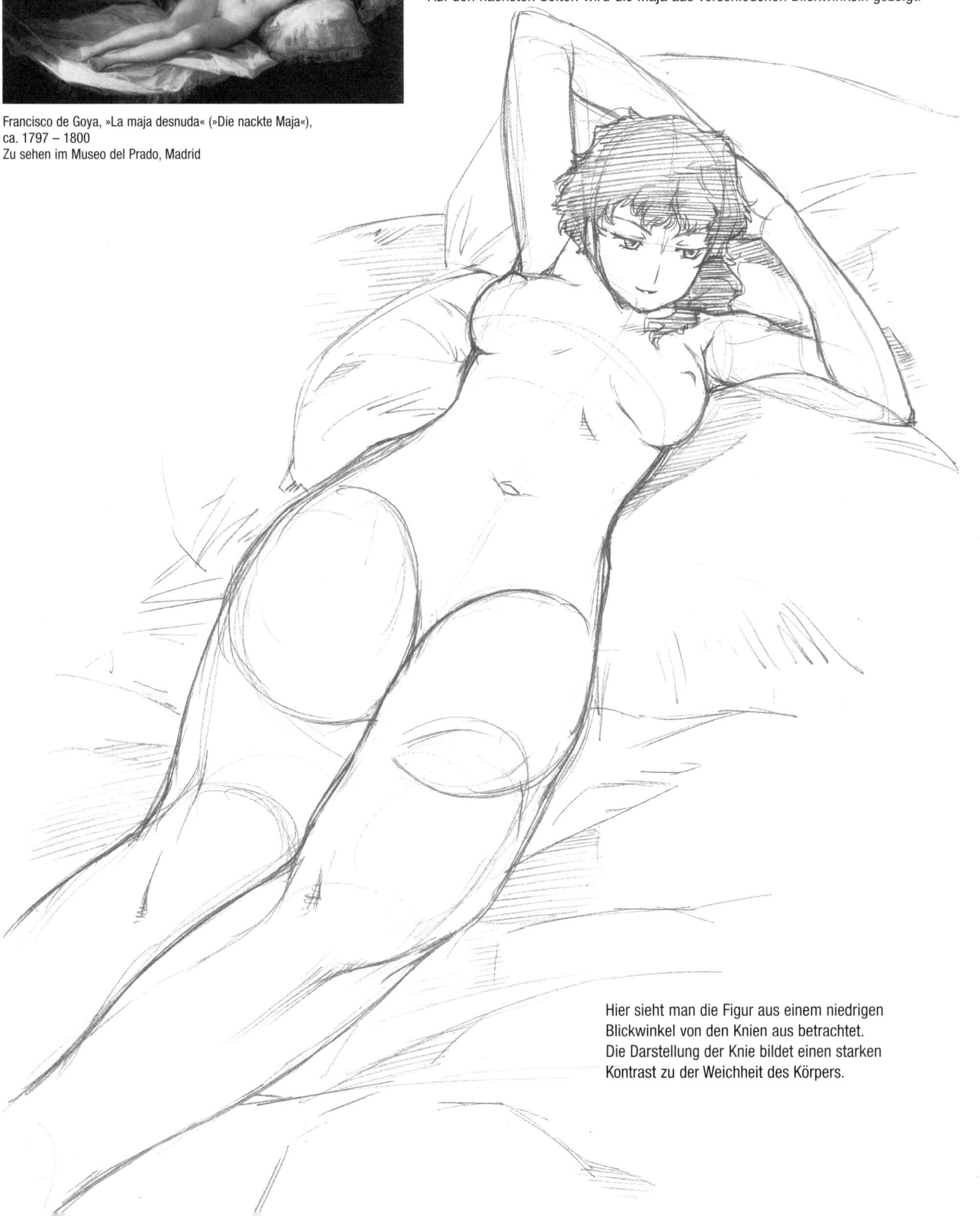

Hier sieht man die Figur aus einem niedrigen Blickwinkel von den Knien aus betrachtet.
Die Darstellung der Knie bildet einen starken Kontrast zu der Weichheit des Körpers.

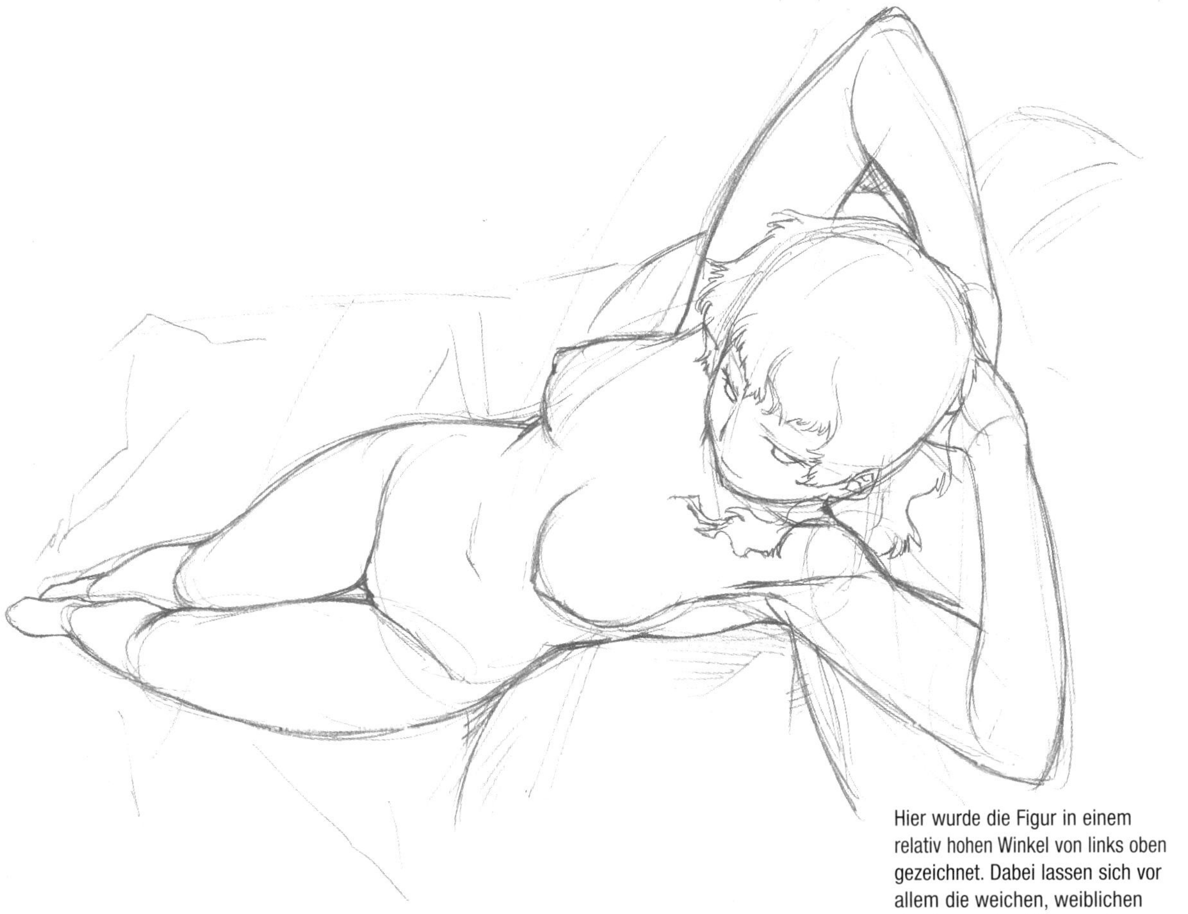

Hier wurde die Figur in einem relativ hohen Winkel von links oben gezeichnet. Dabei lassen sich vor allem die weichen, weiblichen Rundungen des Körpers erkennen.

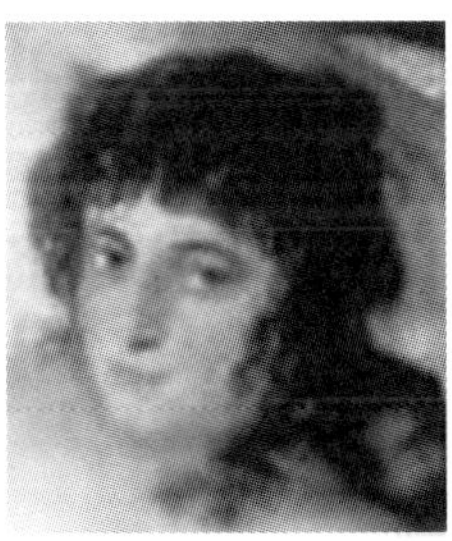

Den Gesichtsausdruck nachempfinden

Hier wurden vor allem die charakteristischsten Merkmale wie die Position der Locken an Stirn und Ohren, die Augen und der Nasenrücken nachempfunden.

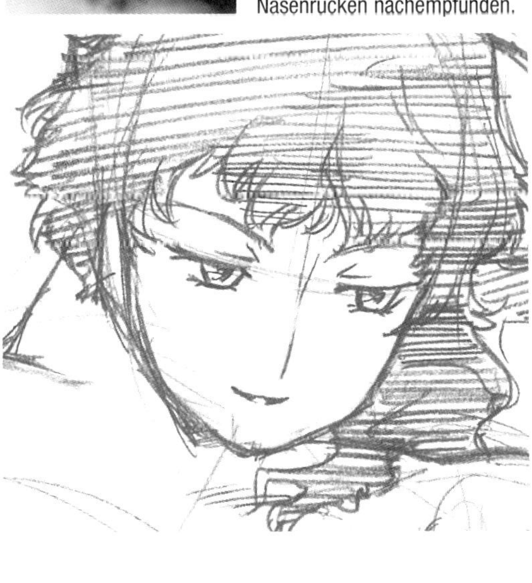

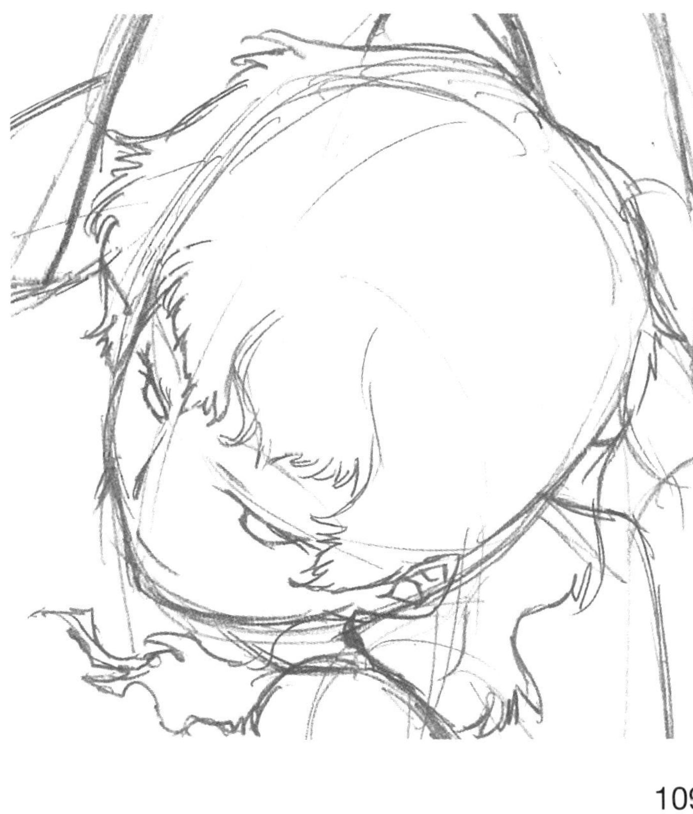

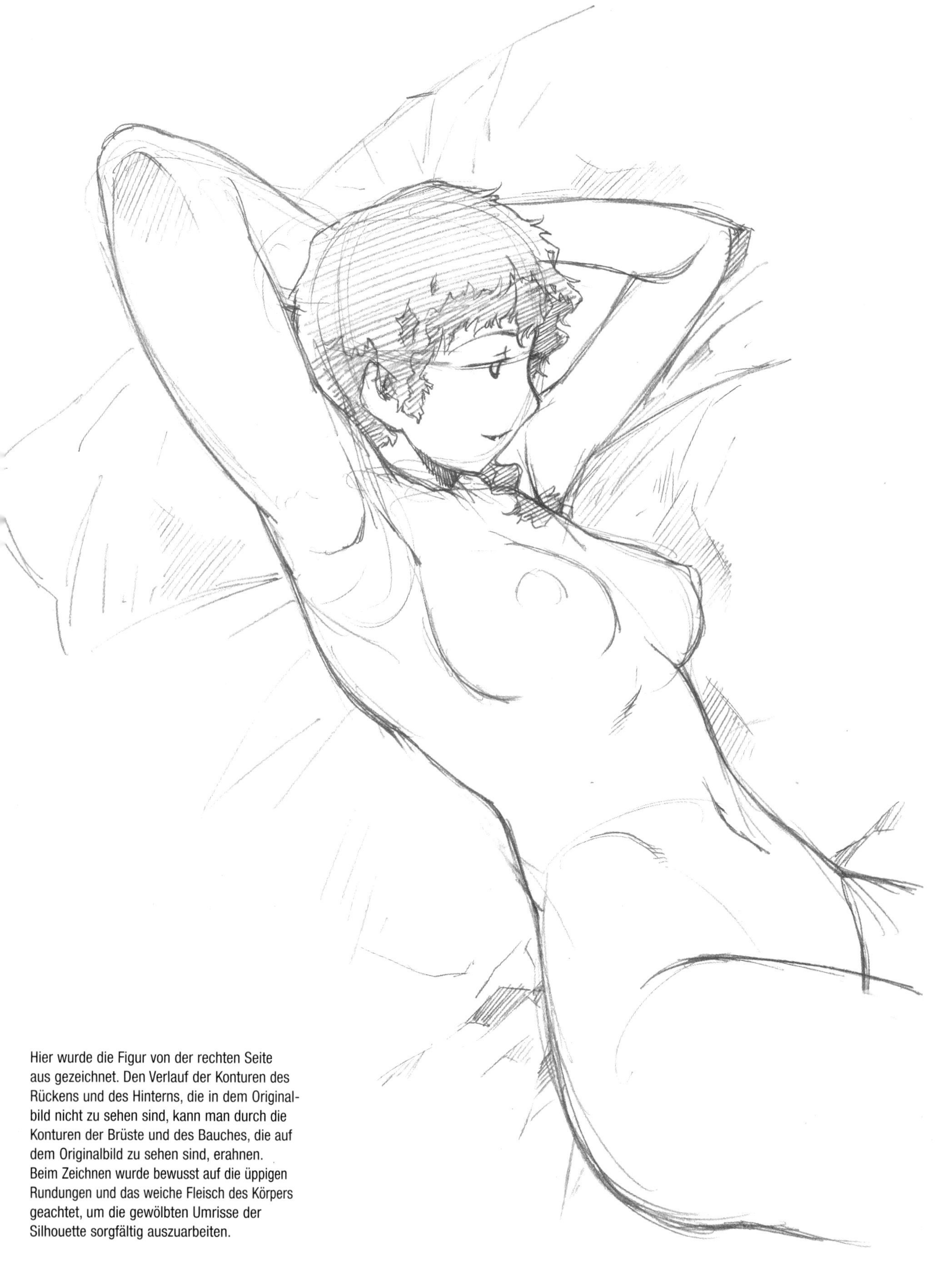

Hier wurde die Figur von der rechten Seite aus gezeichnet. Den Verlauf der Konturen des Rückens und des Hinterns, die in dem Originalbild nicht zu sehen sind, kann man durch die Konturen der Brüste und des Bauches, die auf dem Originalbild zu sehen sind, erahnen. Beim Zeichnen wurde bewusst auf die üppigen Rundungen und das weiche Fleisch des Körpers geachtet, um die gewölbten Umrisse der Silhouette sorgfältig auszuarbeiten.

Kapitel 3

Stilisierungen, die im Manga verwendet werden

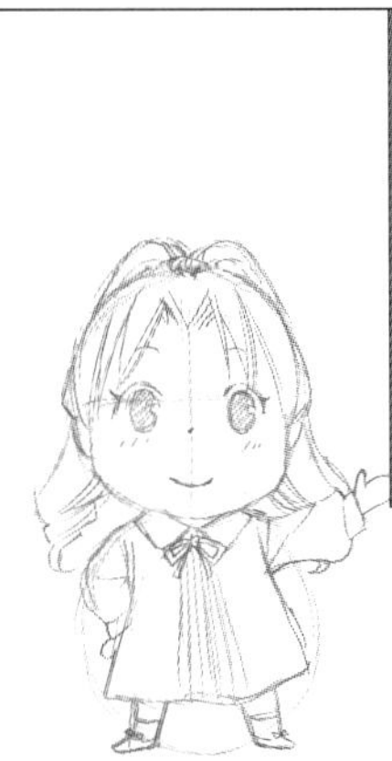

Die Freude am Manga wird durch Übertreibung der Bewegungen und Gefühlsausdrücke der Charaktere auf den Leser übertragen. Bewegungen oder Gesichtsausdrücke, die in der Realität gar nicht möglich wären, gehören für einen Manga-Charakter zur Grundausstattung.

Doch es ist häufig der Fall, dass ein Künstler etwas als Übertreibung empfindet, was bei dem Leser gar nicht übertrieben ankommt. Etwas übertrieben darstellen, also einen Charakter durch und durch stilisieren, lässt sich nicht einfach erlernen, wenn man nur Charaktere mit attraktiven Proportionen zeichnet.
Die wesentlichen Elemente extremer Stilisierung von Charakteren lassen sich am einfachsten durch das Zeichnen von Bewegungen und Gesichtsausdrücken von Chibi-Charakteren erlernen, da Chibi-Figuren ja Charaktere mit stilisiert gezeichneten Proportionen sind. Indem man die Stilisierung der Bewegungen und Gefühlsausdrücke von Chibi-Charakteren erlernt, verbessert man deutlich auch seine Fähigkeiten, den Ausdruck von Charakteren mit attraktiven Proportionen darzustellen.

In diesem Kapitel wird die Stilisierung verschiedener Ausdrücke mit dem Hauptaugenmerk auf Chibi-Charaktere behandelt.

Drei Elemente für das Zeichnen von Bewegungen

1. Der gesamte Körper sollte in drei Einheiten unterteilt werden: Kopf, Rumpf und Beine.
2. Die Taille und der Schritt sollten sorgfältig positioniert werden.
3. Beim Zeichnen sollte man sich immer der Körperhaltung und der Richtung, in die der Körper geneigt ist, bewusst sein.

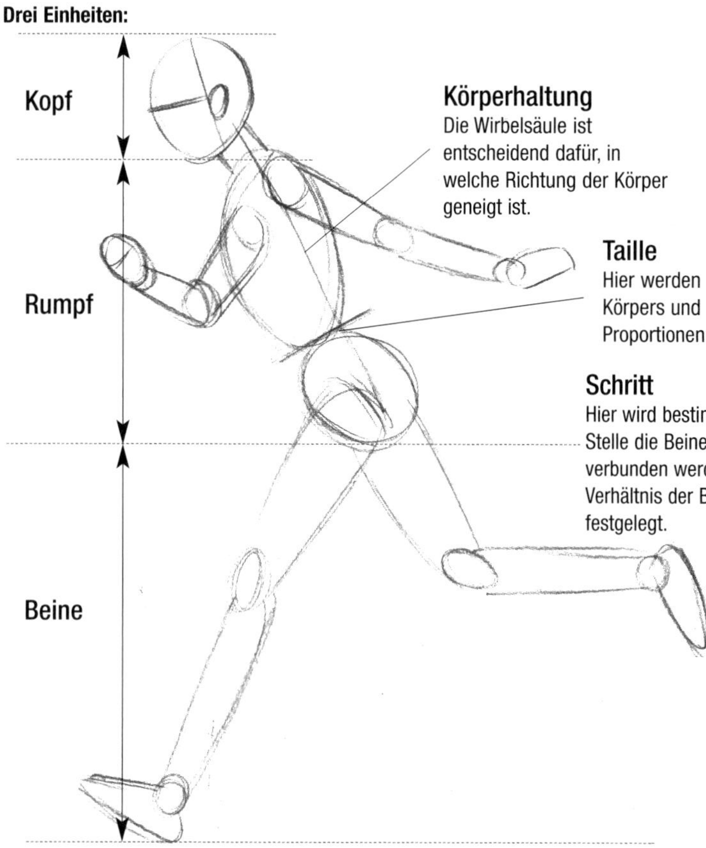

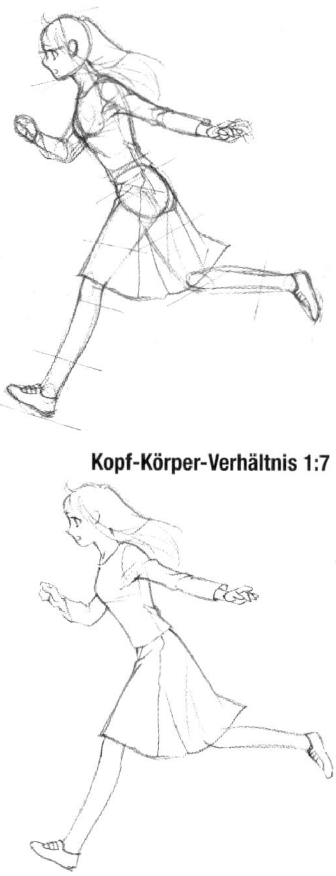

Kopf-Körper-Verhältnis 1:7

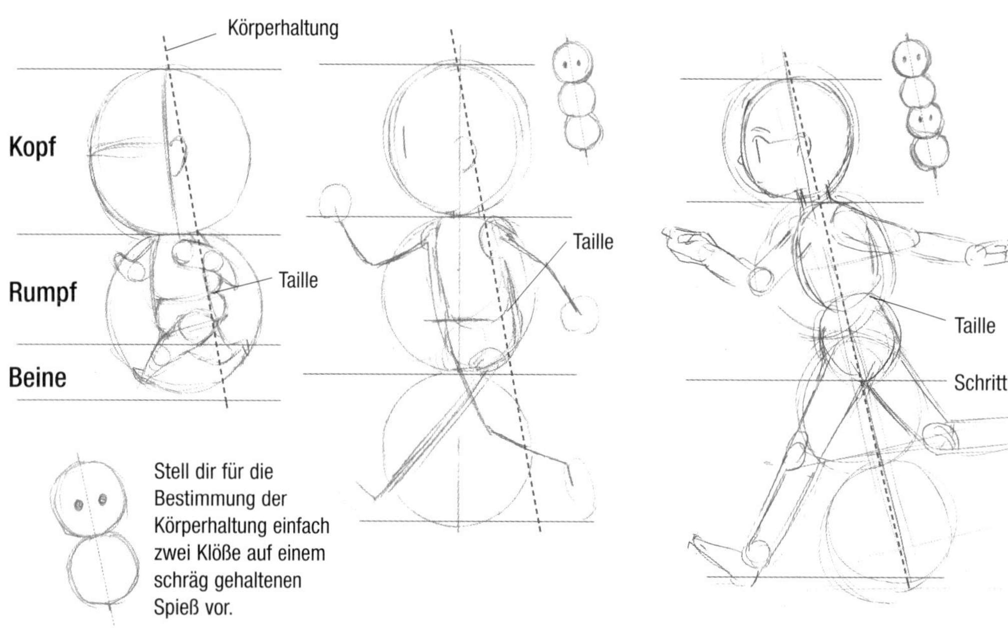

Schritt für Schritt einen laufenden Charakter zeichnen

Kopf-Körper-Verhältnis 1:2

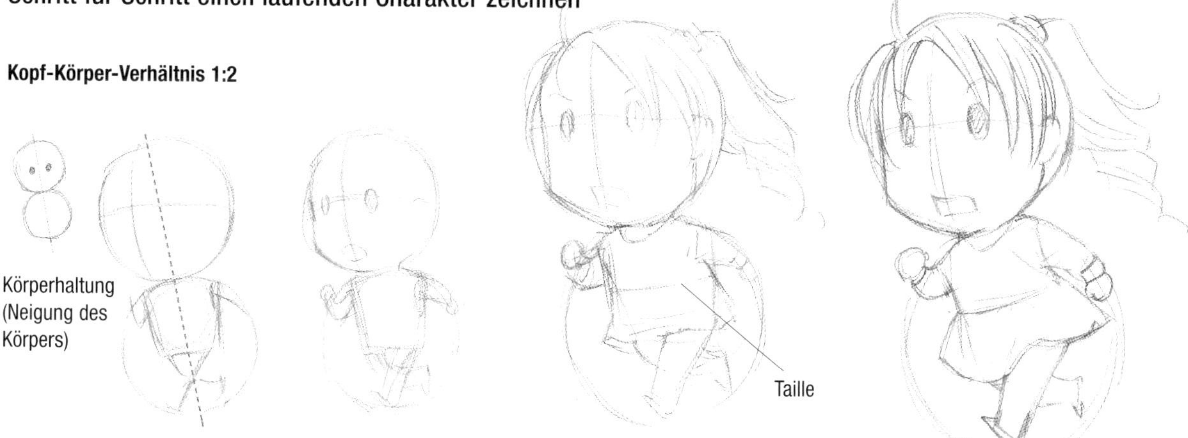

Zeichne die groben Umrisse des Körpers.

Arbeite die Form der Augen, der Arme und der Beine genau hervor.

Bestimm die Position der Taille und zeichne die Kleidung.

Fertige Skizze

Kopf-Körper-Verhältnis 1:3

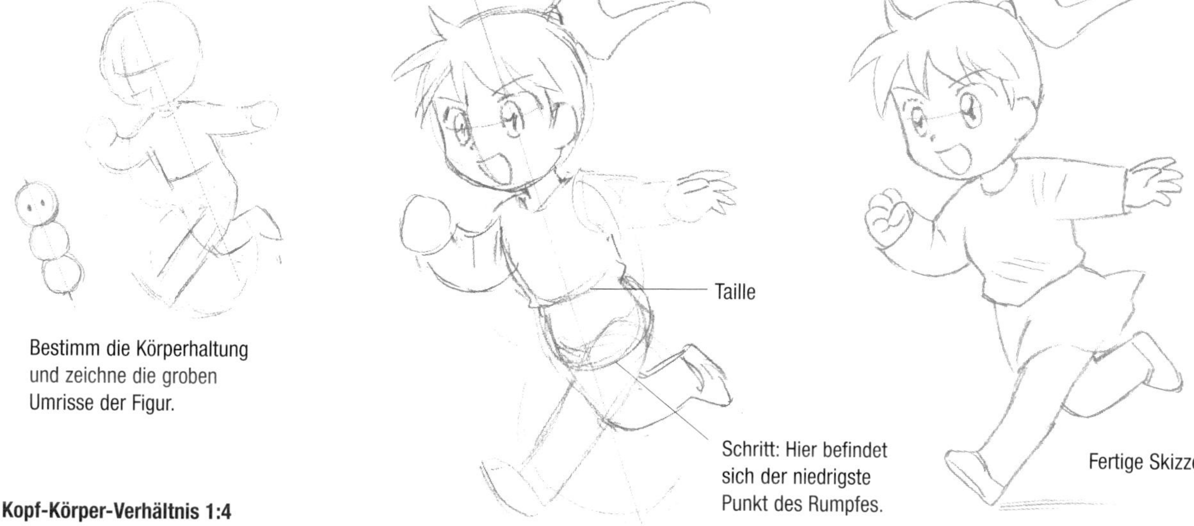

Bestimm die Körperhaltung und zeichne die groben Umrisse der Figur.

Kopf-Körper-Verhältnis 1:4

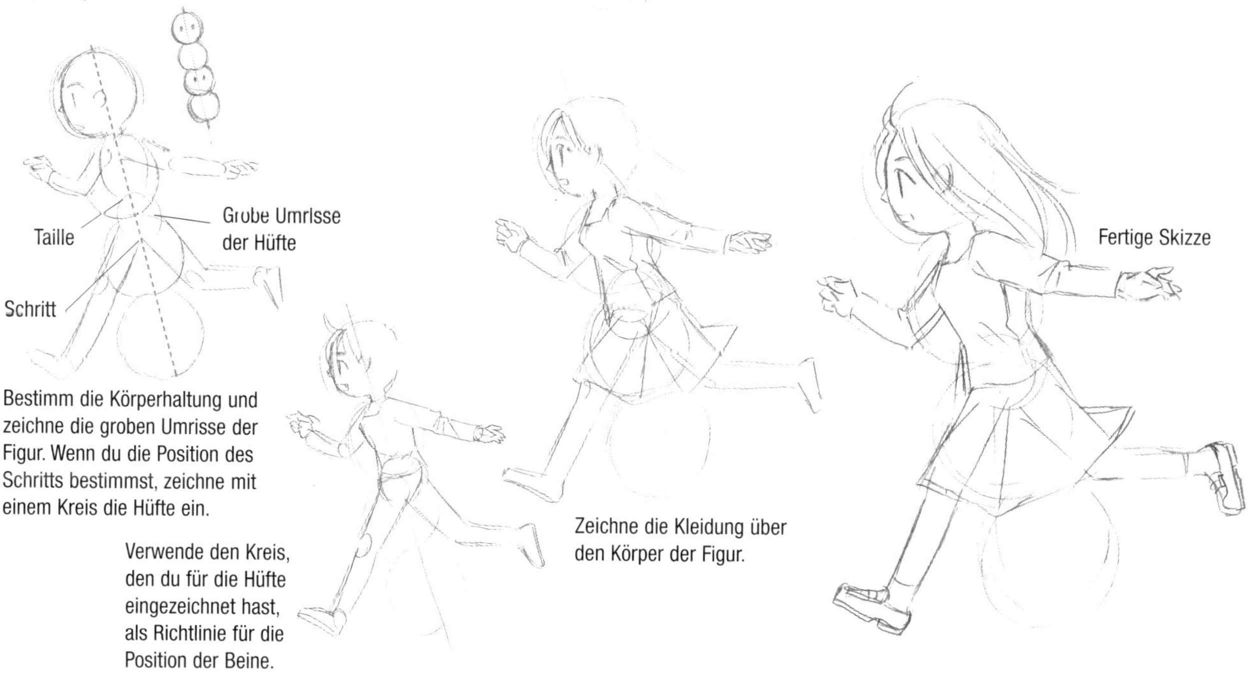

Bestimm die Körperhaltung und zeichne die groben Umrisse der Figur. Wenn du die Position des Schritts bestimmst, zeichne mit einem Kreis die Hüfte ein.

Verwende den Kreis, den du für die Hüfte eingezeichnet hast, als Richtlinie für die Position der Beine.

Zeichne die Kleidung über den Körper der Figur.

Grundlegende Bewegungen zeichnen

Erfass zunächst die charakteristischen Merkmale einer Bewegung bei einem Charakter mit attraktiven Proportionen, da dieser einem echten Menschen am ähnlichsten ist.

Gehen (Vorderansicht)

Kopf-Körper-Verhältnis 1:7

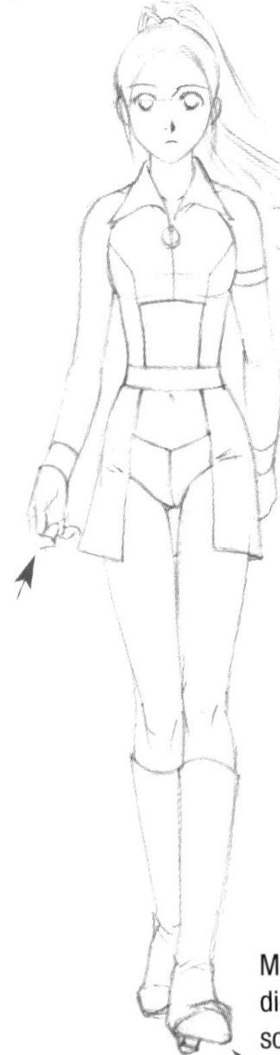

Man kann die Schuhsohle sehen.

Zeichne Arme und Beine in einander entgegengesetzter Bewegung. Die wichtigsten Merkmale dieser Figur sind der nach vorne schwingende rechte Arm und der vorne auftretende linke Fuß.

Den Körper skizzieren

Die Grundlagen für das Zeichnen eines Charakters in Bewegung sind die gleichen wie bei einem Charakter in einer starren Pose. Bestimm dem Kopf-Körper-Verhältnis entsprechend die Position von Taille und Schritt und zeichne dann die Figur.

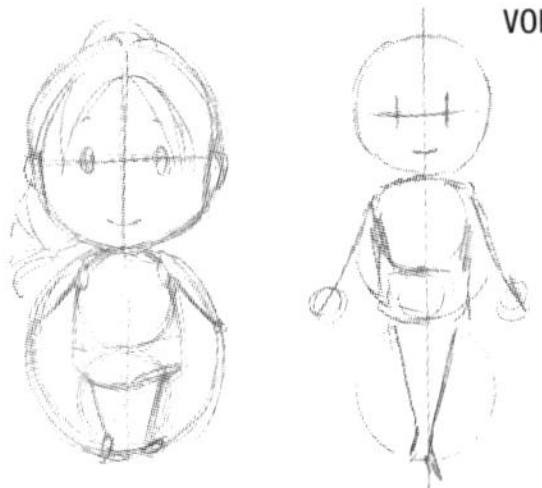

Kopf-Körper-Verhältnis 1:2

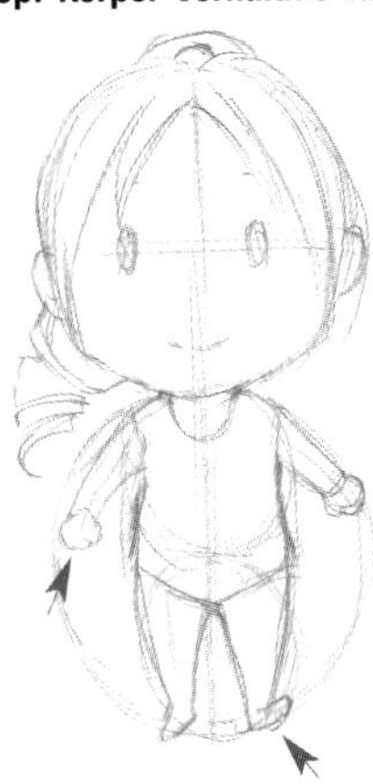

Kopf-Körper-Verhältnis 1:3

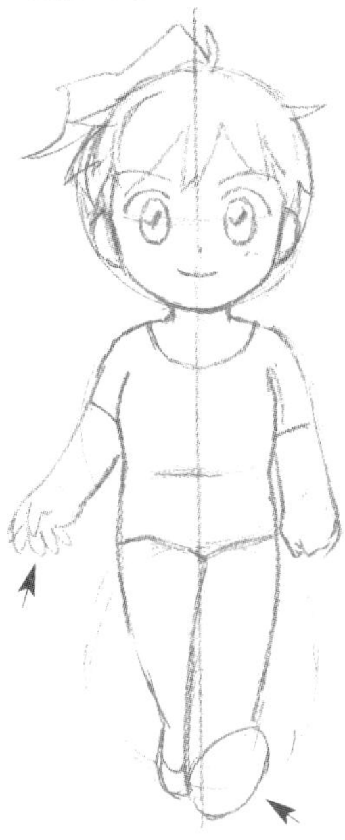

Kopf-Körper-Verhältnis 1:4

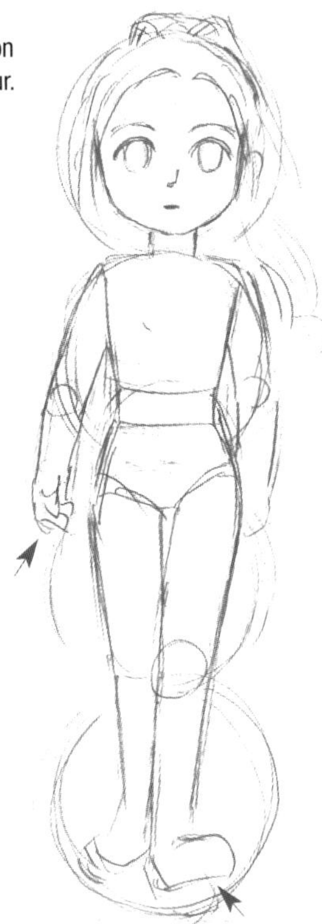

Kleidung zeichnen

Zeichne den Charakter zuerst unbekleidet oder in einem eng anliegenden Trikotanzug und füg dann die Kleidung deiner Wahl hinzu.

Kopf-Körper-Verhältnis 1:2

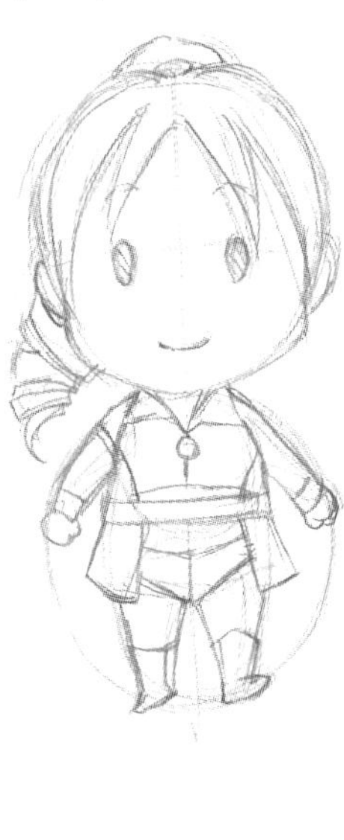

Kopf-Körper-Verhältnis 1:3

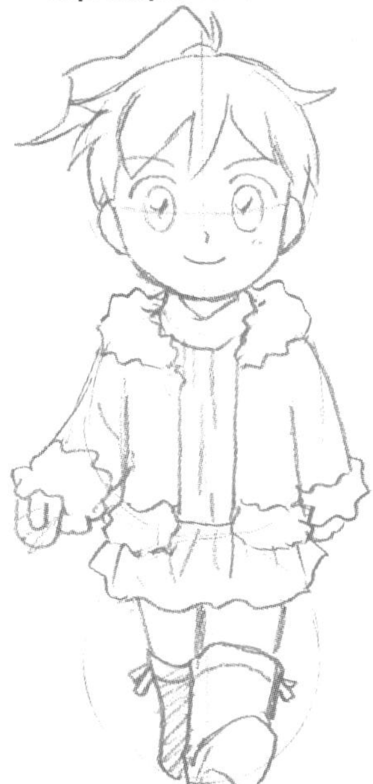

Kopf-Körper-Verhältnis 1:4

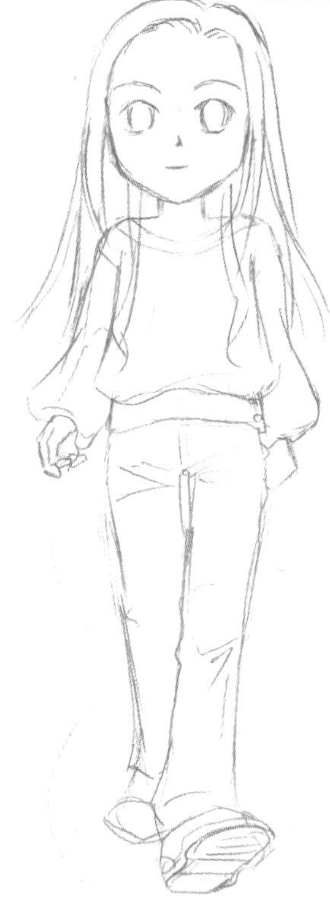

Gehen (Seitenansicht)

Die Stilisierung beginnt bei den groben Umrissen.

Wenn man einen Charakter mit Chibi-Proportionen zeichnen möchte, muss man stilisieren. Achte schon beim Zeichnen der groben Umrisse darauf, die charakteristischen Merkmale des Originals (der Zeichnung mit attraktiven Proportionen) zu erfassen. Beim Skizzieren der Umrisse kannst du deinen eigenen Stil in die Stilisierung der Körperhaltung und die Proportionierung der Arme und der Beine einfließen lassen.

Kopf-Körper-Verhältnis 1:7

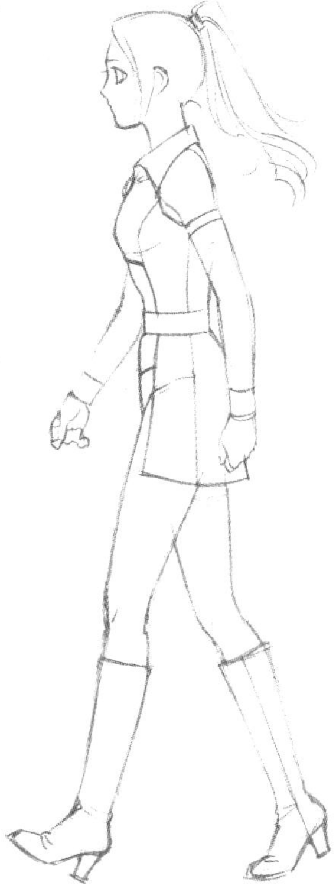

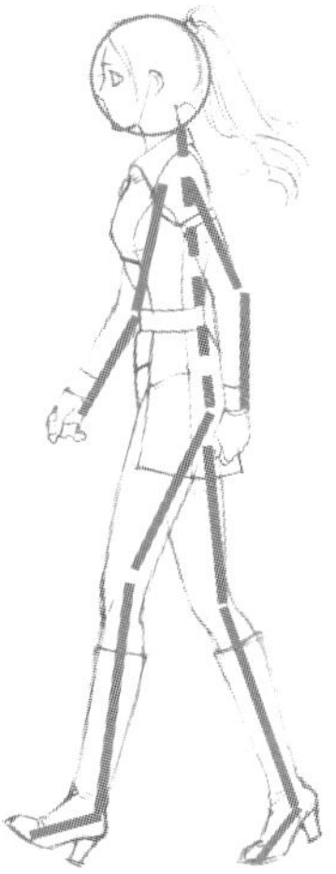

Zeichne Arme, Beine und die Wirbelsäule als einfache gerade Striche.

Kopf-Körper-Verhältnis 1:2

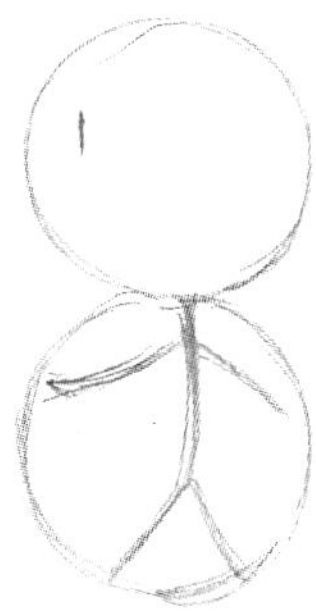

Die Figur mit einem Kopf-Körper-Verhältnis von 1:2 geht aufrecht. Die Arme sind leicht angewinkelt und bestehen aus einfachen gebogenen Linien.

Kopf-Körper-Verhältnis 1:3

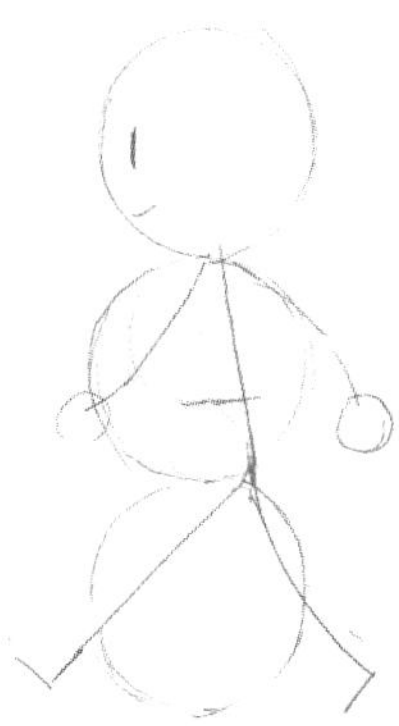

Die Figur mit einem Kopf-Körper-Verhältnis von 1:3 geht mit leicht nach vorne gebeugtem Oberkörper. Das vordere Bein ist übertrieben weit ausgestreckt.

Kopf-Körper-Verhältnis 1:4

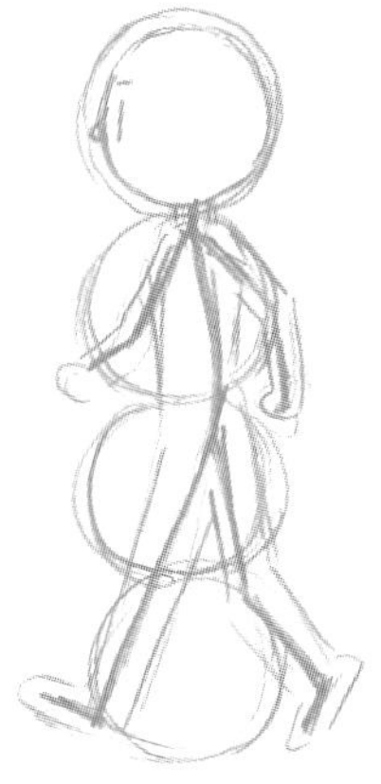

Die Figur mit einem Kopf-Körper-Verhältnis von 1:4 hat ungefähr die gleiche Körperhaltung wie das Original, nur die Beugung in Armen und Beinen ist stärker betont.

In den fertigen Zeichnungen sind Körperhaltung sowie die Bewegung der Arme und Beine genau so geblieben wie in den Skizzen der groben Umrisse. Die Stilisierung der Bewegung macht deinen Charakter lebendig, daher musst du dich nicht strikt an die hier gezeigten Beispiele halten.

Kopf-Körper-Verhältnis 1:2

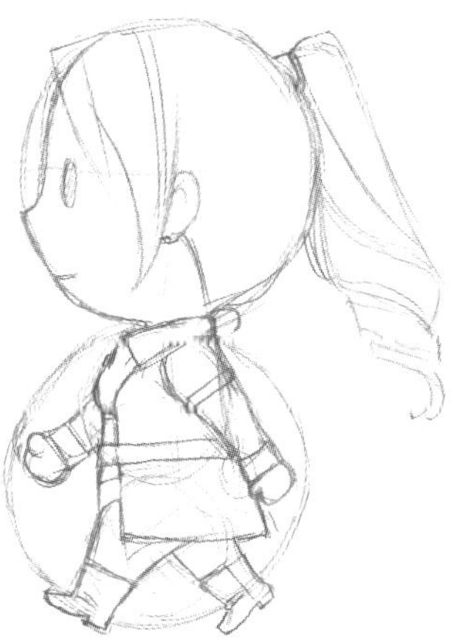

Kopf-Körper-Verhältnis 1:3

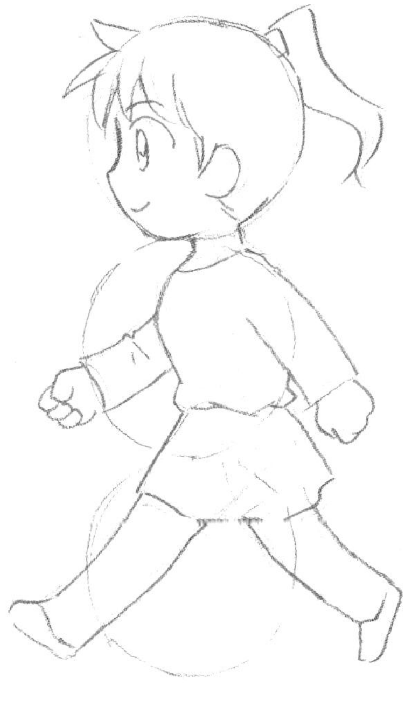

Kopf-Körper-Verhältnis 1:4

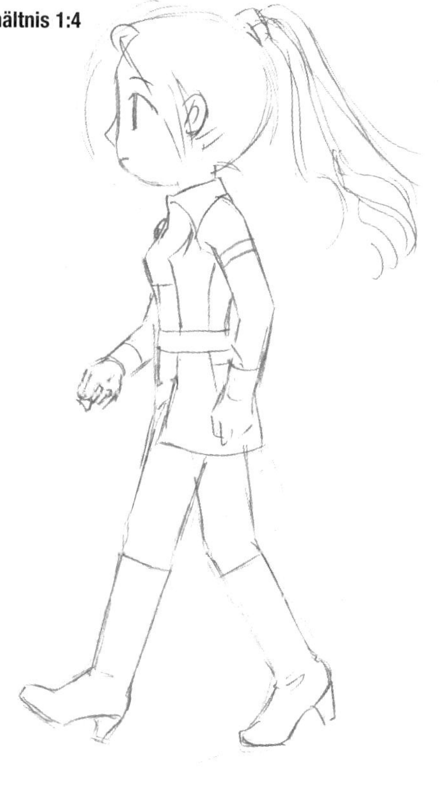

Laufen (Vorderansicht)

Kopf-Körper-Verhältnis 1:7

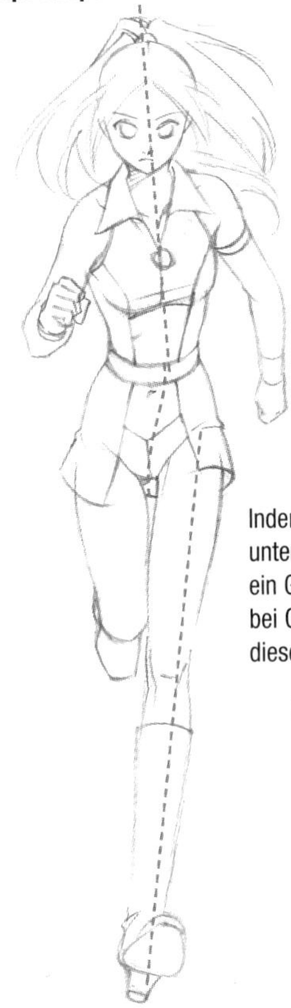

Die Taille fungiert hier als Grenze zwischen den unterschiedlichen Drehbewegungen von Ober- und Unterkörper.

Kopf-Körper-Verhältnis 1:2

Die Medianlinie, die durch den Kopf und den Körper führt, ist auf Höhe des Halses leicht eingeknickt.

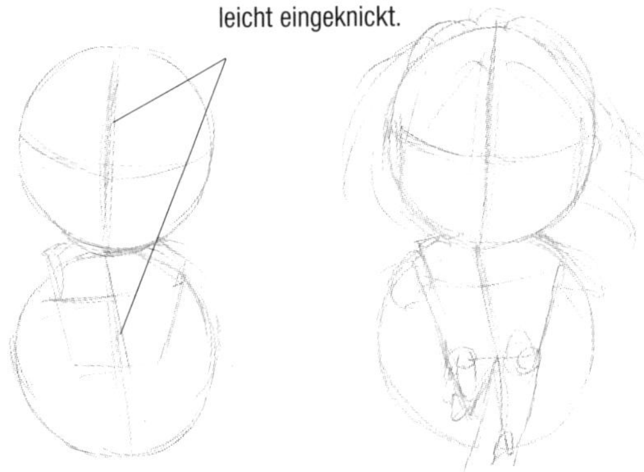

Indem man der Medianlinie auf Kopf und Körper unterschiedliche Richtungen gibt, erzeugt man ein Gefühl von Bewegung. Dies ist insbesondere bei Chibi-Figuren eine effektive Technik, da diese nur einen sehr kleinen Rumpf haben.

Zeichne grobe Umrisse der Beine sowie der Haare und benutz dabei die Originalzeichnung als Vorlage.

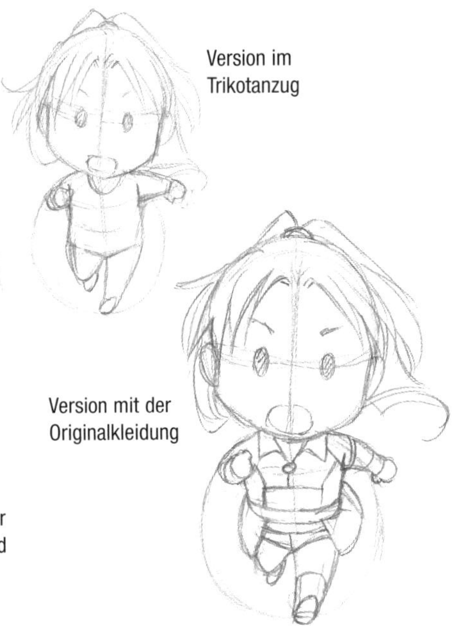

Version im Trikotanzug

Version mit der Originalkleidung

Kopf-Körper-Verhältnis 1:3

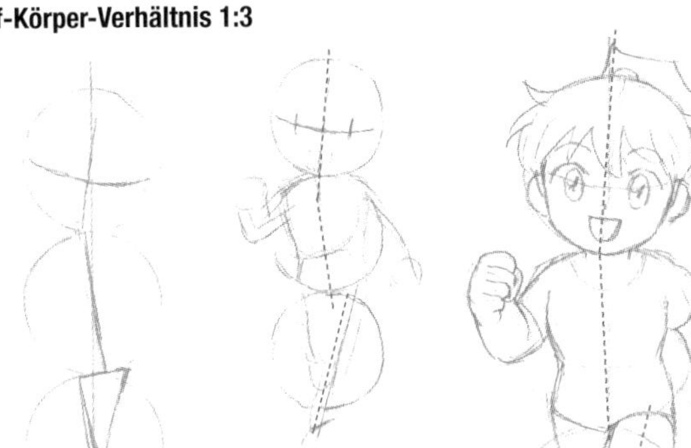

Zeichne die Neigungen von Kopf, Rumpf und Beinen in unterschiedliche Richtungen. So entsteht der Eindruck einer Laufbewegung.

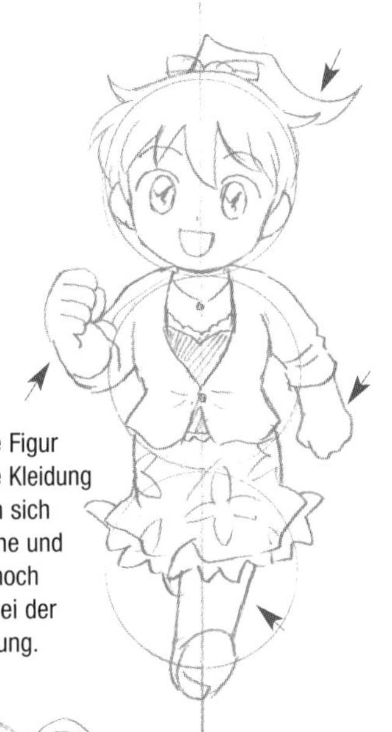

Auch wenn die Figur hier völlig neue Kleidung trägt, bewegen sich ihre Arme, Beine und Haare immer noch genauso wie bei der Originalzeichnung.

Kopf-Körper-Verhältnis 1:4

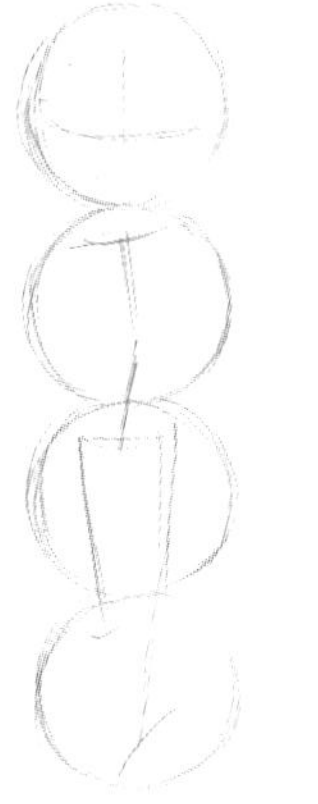

Zeichne die groben Umrisse entsprechend der Originalzeichnung.

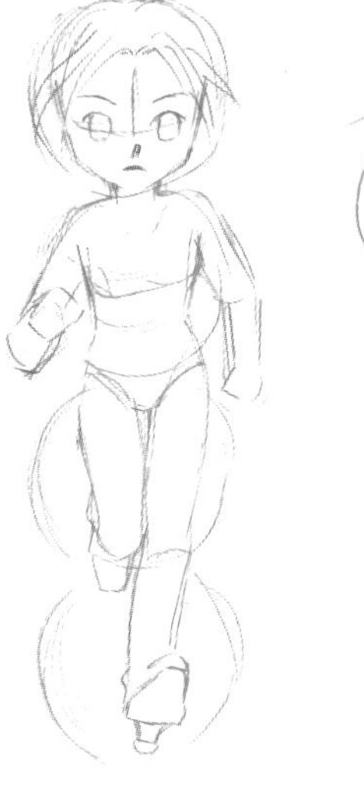

Diese Skizze des Körpers entspricht den Proportionen einer Figur mit einem Kopf-Körper-Verhältnis von 1:4.

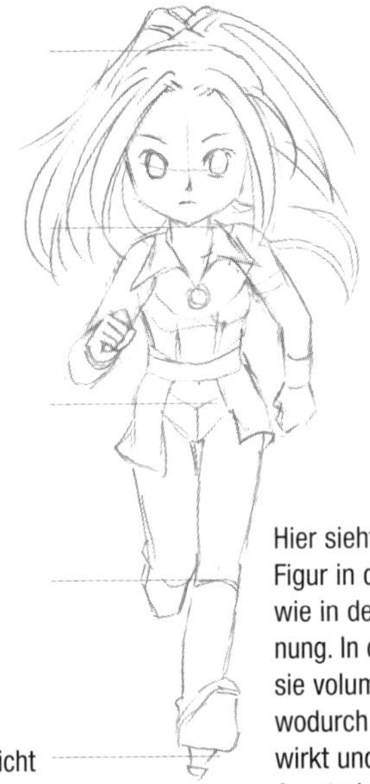

Hier sieht man die Figur in demselben Outfit wie in der Originalzeichnung. In dieser Version hat sie voluminösere Haare, wodurch der Kopf größer wirkt und die niedliche Ausstrahlung stärker hervorgehoben wird.

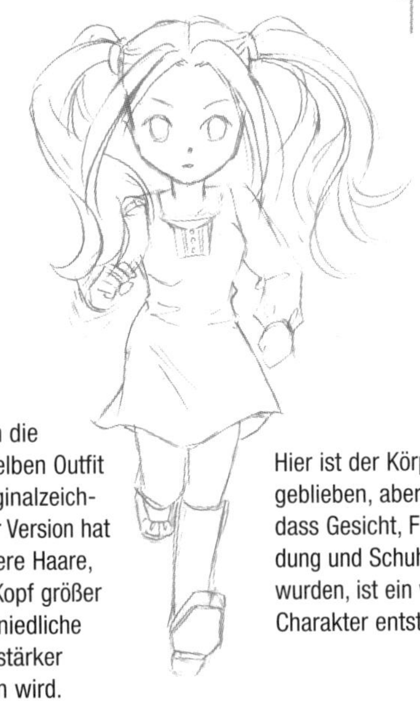

Hier ist der Körper gleich geblieben, aber dadurch, dass Gesicht, Frisur, Kleidung und Schuhe verändert wurden, ist ein völlig neuer Charakter entstanden.

Laufen (Seitenansicht)

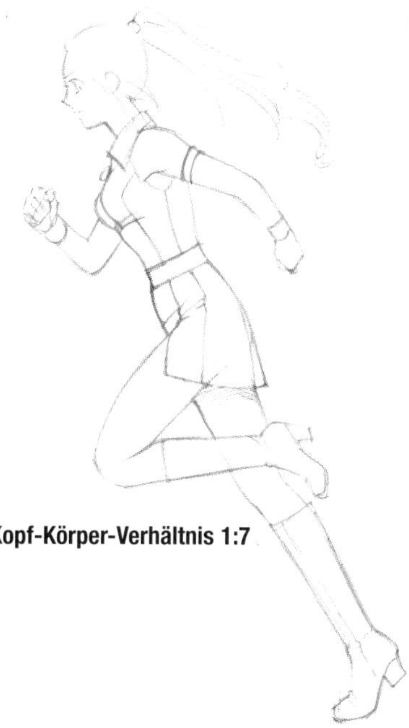

Kopf-Körper-Verhältnis 1:7

Kopf-Körper-Verhältnis 1:2

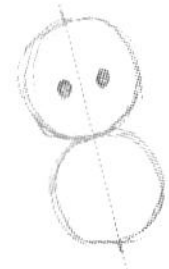

Stell dir zwei Klöße auf einem schräg gehaltenen Spieß vor, um die nach vorne geneigte Körperhaltung zu zeichnen.

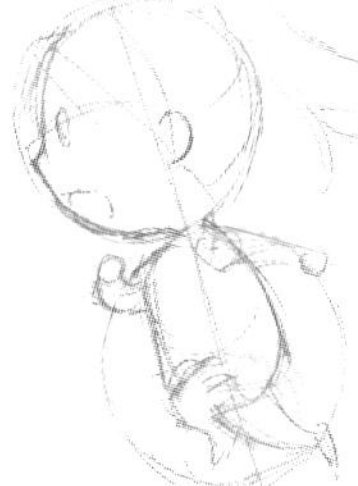

Körperskizze

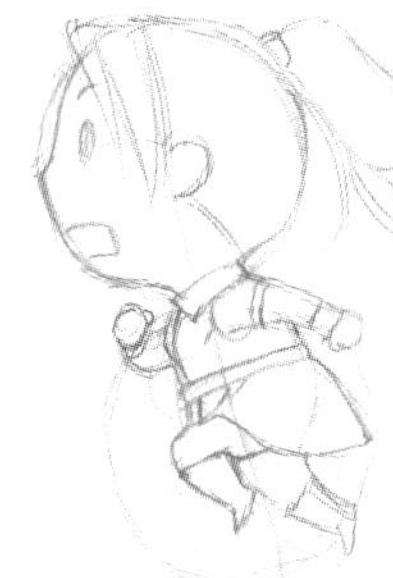

Fertige Zeichnung

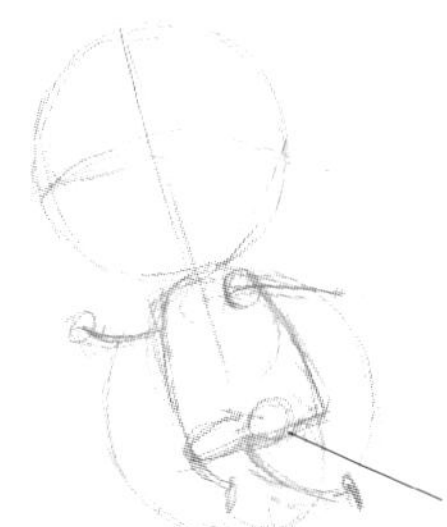

Zeichne die groben Umrisse des Körpers und füg die Umrisse von Armen und Beinen hinzu.

Diese Linie stellt den untersten Punkt des Rumpfes dar, an dem er mit den Beinen verbunden ist.

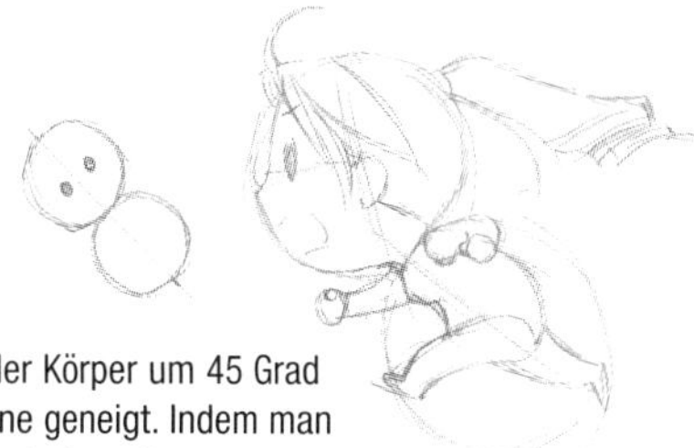

Hier ist der Körper um 45 Grad nach vorne geneigt. Indem man die Figur stark nach vorne gebeugt zeichnet, erzeugt man den Eindruck von Geschwindigkeit.

Kopf-Körper-Verhältnis 1:3

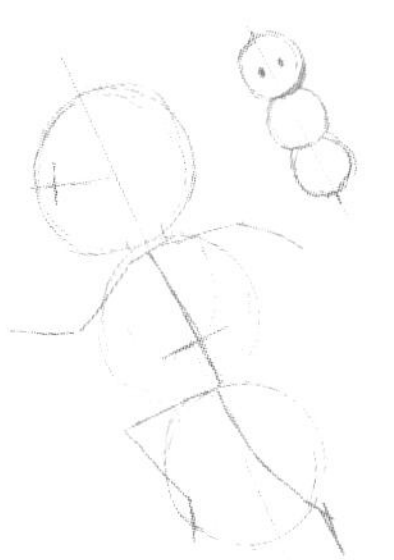

Richte dich nach den Proportionen für ein Kopf-Körper-Verhältnis von 1:3, wenn du die groben Umrisse zeichnest.

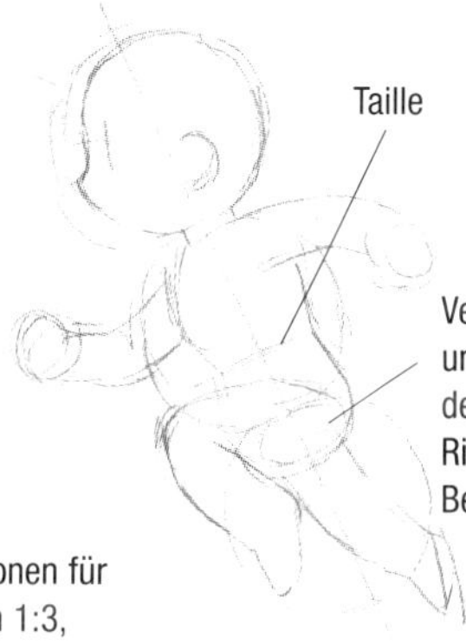

Taille

Verwende den untersten Punkt des Rumpfes als Richtlinie, um die Beine einzuzeichnen.

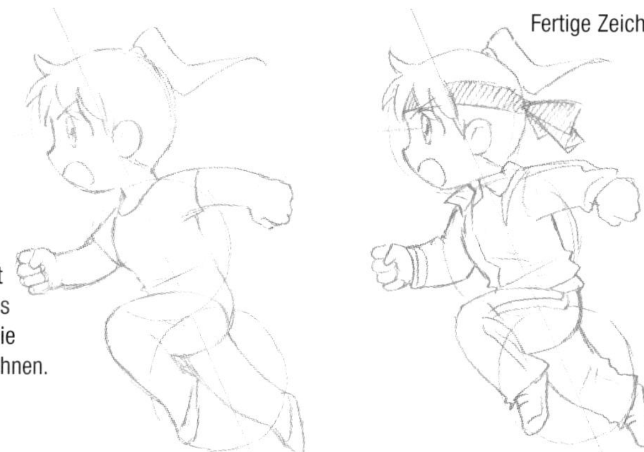

Fertige Zeichnung

Kopf-Körper-Verhältnis 1:4

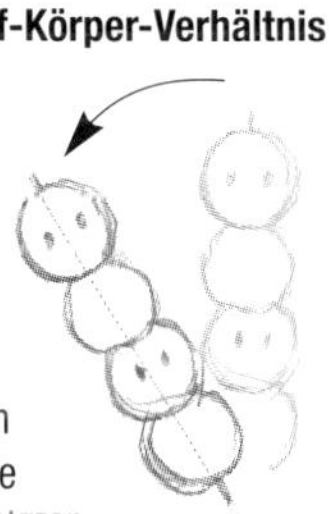

Nach vorne geneigter Körper

Achte beim Zeichnen der groben Umrisse vor allem auf die Position von Knien und Ellbogen, um die Proportionen der Arme und Beine richtig zu erfassen.

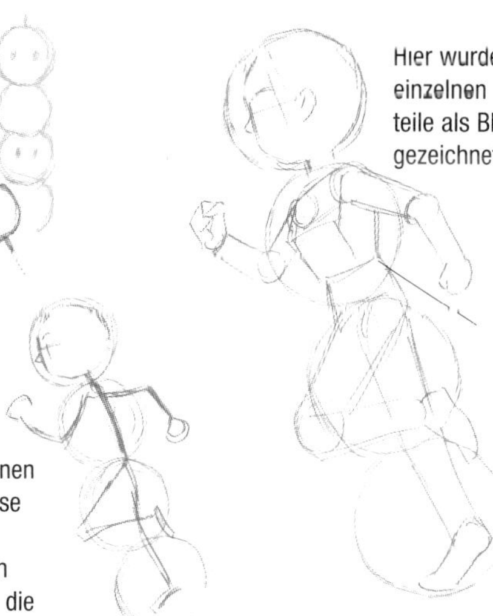

Hier wurden die einzelnen Körperteile als Blöcke gezeichnet.

Verwende die Richtlinie für die Taille, um den Gürtel einzuzeichnen.

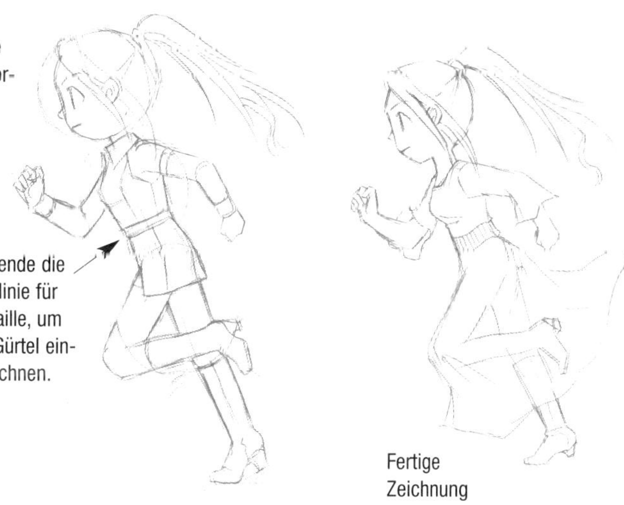

Fertige Zeichnung

Zurückblicken (Ganzkörperansicht)

Kopf-Körper-Verhältnis 1:7

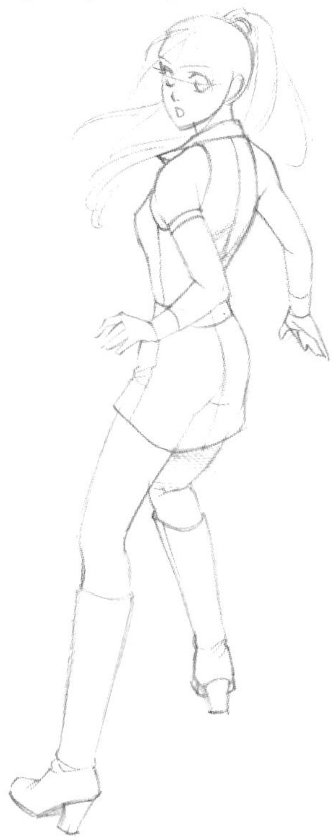

Kopf-Körper-Verhältnis 1:2

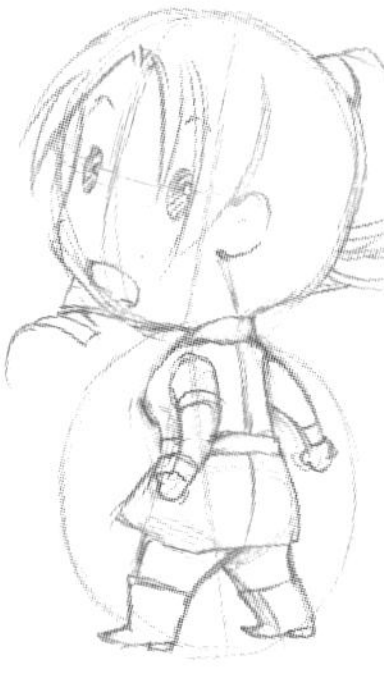

Die Position der Beine und der Blickwinkel wurden vereinfacht. Da die Beine sehr kurz sind, würden sie aus einem hohen Winkel nicht mehr zu sehen sein. Verändere daher den Winkel im Vergleich zur Originalzeichnung, damit die Arme und Beine weiterhin gut zu erkennen sind.

Kopf-Körper-Verhältnis 1:3

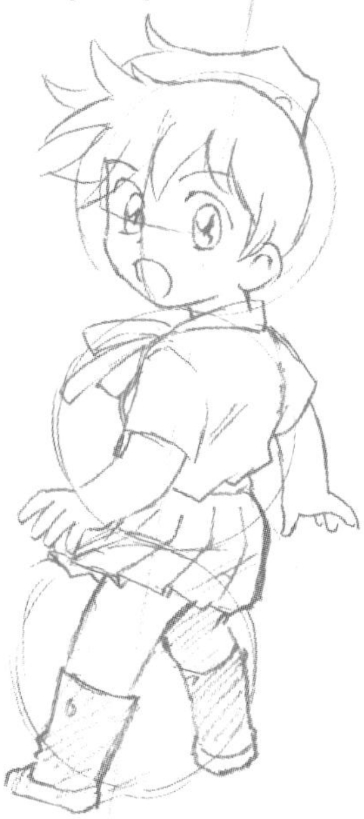

Auch hier wurden die Position der Beine und der Blickwinkel vereinfacht.

Kopf-Körper-Verhältnis 1:4

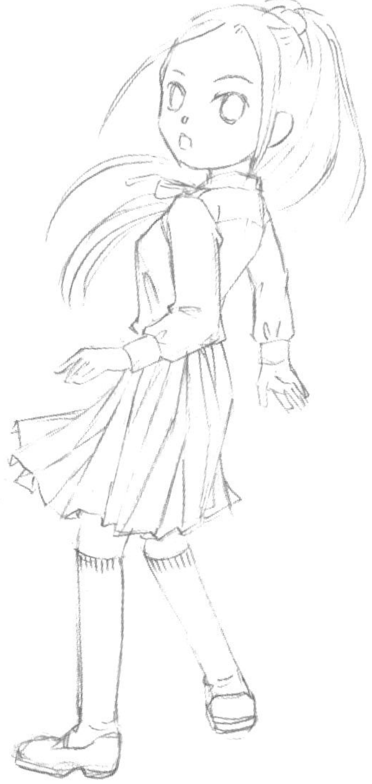

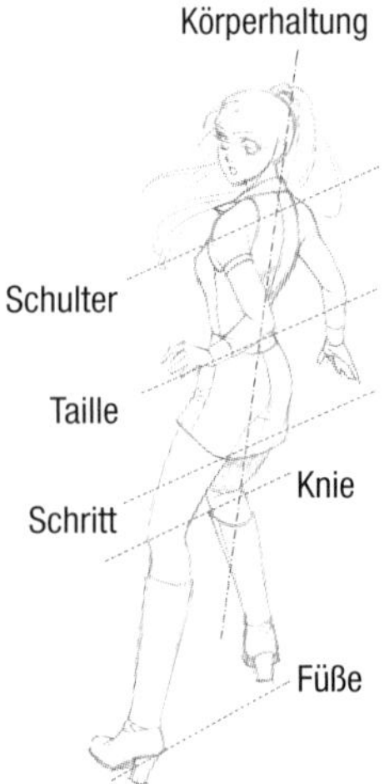

Wenn du eine Figur aus einem etwas schwierigeren Blickwinkel zeichnest, füg zur Orientierung Richtlinien für Schultern, Taille, Schritt, Knie und Füße ein.

Kopf-Körper-Verhältnis 1:3

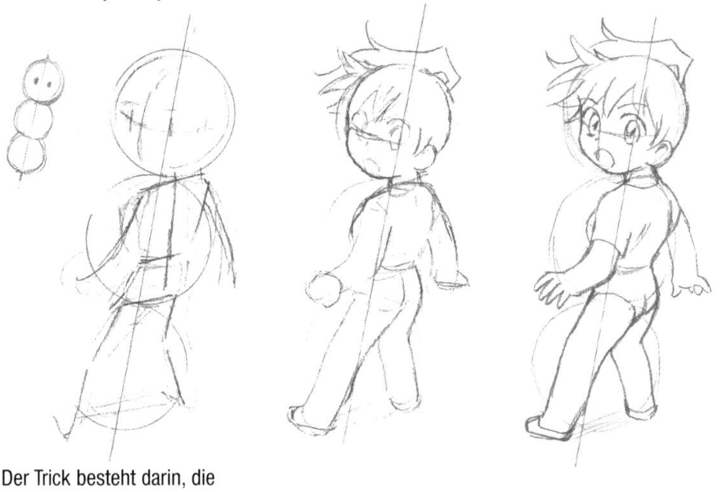

Der Trick besteht darin, die Richtlinien für Schultern, Taille, Schritt und Füße parallel zu zeichnen, damit die Figur stabil und ausbalanciert wirkt.

Kopf-Körper-Verhältnis 1:2

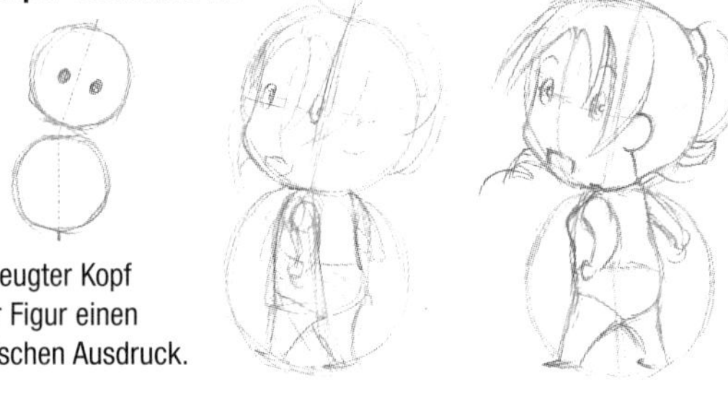

Ein gebeugter Kopf gibt der Figur einen dynamischen Ausdruck.

Kopf-Körper-Verhältnis 1:4

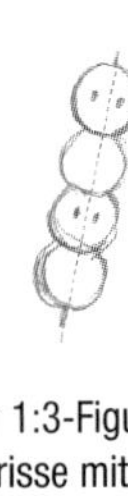

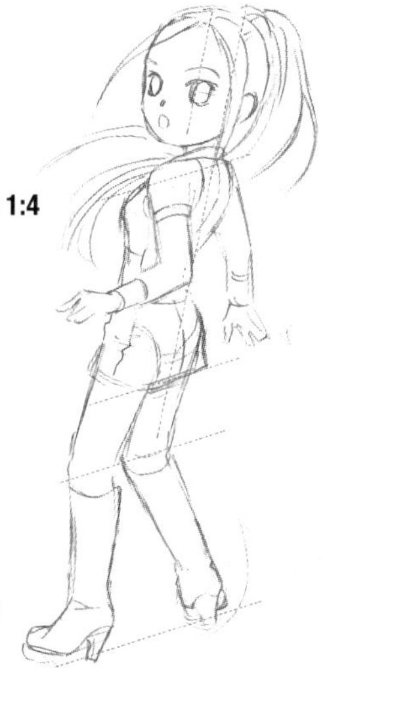

Zeichne wie bei der 1:3-Figur zunächst grobe Umrisse mit parallelen Richtlinien und lass dann daraus den Charakter entstehen.

Zurückblicken (Büstenansicht)

Kopf-Körper-Verhältnis 1:7

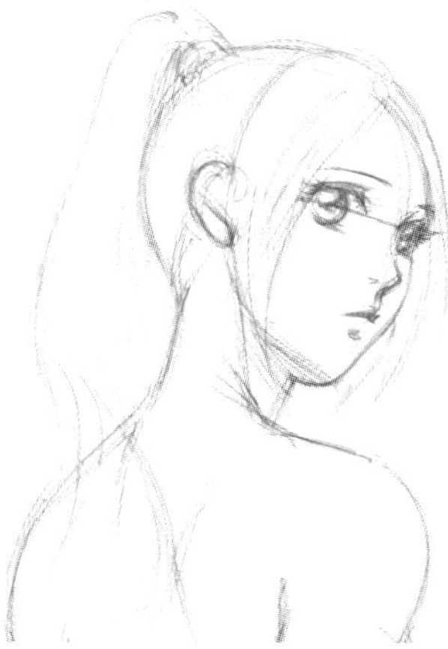

Kopf-Körper-Verhältnis 1:2

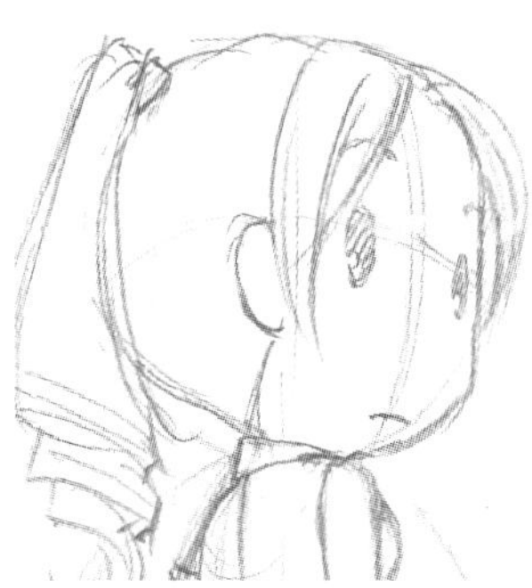

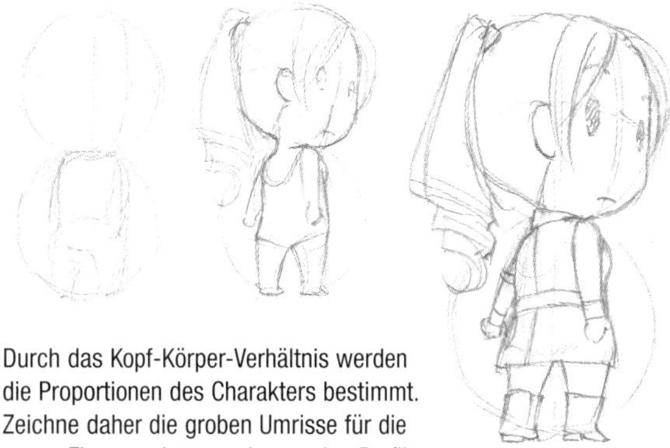

Durch das Kopf-Körper-Verhältnis werden die Proportionen des Charakters bestimmt. Zeichne daher die groben Umrisse für die ganze Figur, auch wenn du nur eine Profilansicht zeichnen möchtest. Das Kopf-Körper-Verhältnis wird bereits durch die Breite von Hals und Schultern zum Ausdruck gebracht.

Zeichne die Pose von den Schultern an so, wie du sie benötigst.

Kopf-Körper-Verhältnis 1:3

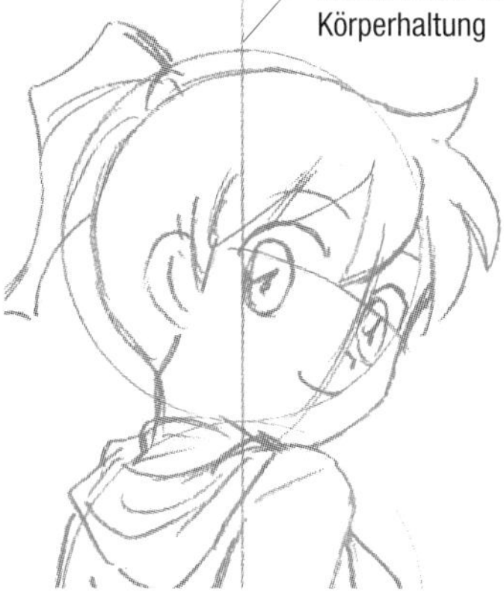

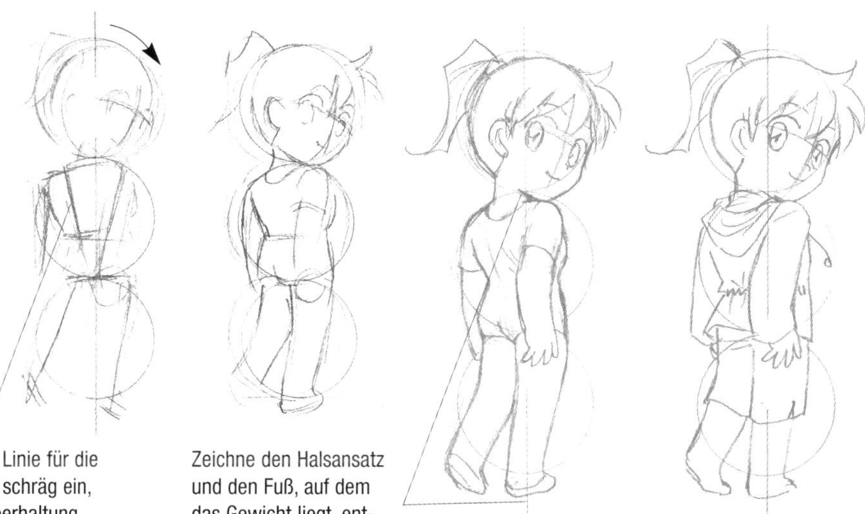

Zeichne die Linie für die Wirbelsäule schräg ein, um die Körperhaltung gut darzustellen.

Zeichne den Halsansatz und den Fuß, auf dem das Gewicht liegt, entlang der Medianlinie.

So wirkt die Figur, als wäre sie gerade stehen geblieben und würde kurz über die Schulter schauen.

Kopf-Körper-Verhältnis 1:4

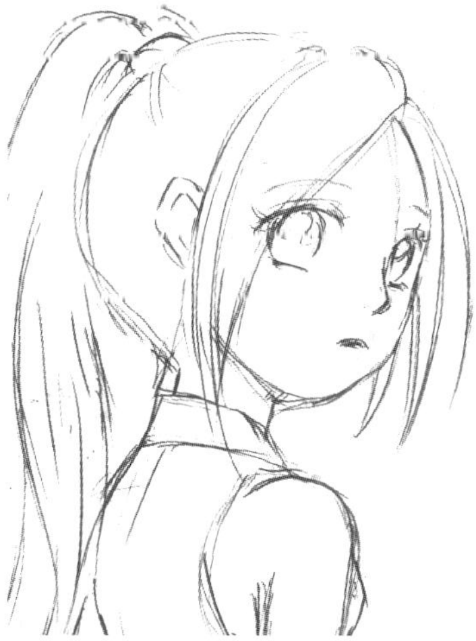

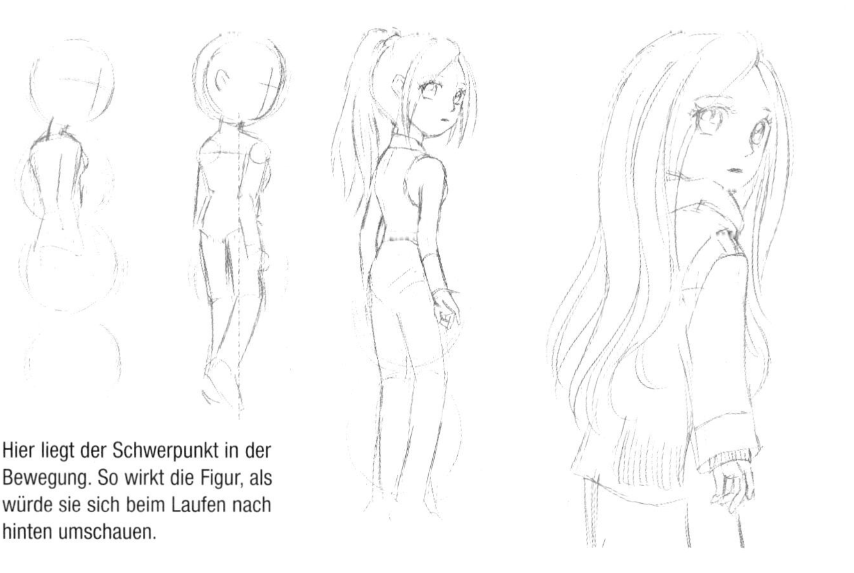

Hier liegt der Schwerpunkt in der Bewegung. So wirkt die Figur, als würde sie sich beim Laufen nach hinten umschauen.

Stilisierung von Action-Posen

Hier werden grundlegende Stilisierungen allgemein gebräuchlicher Action-Posen behandelt, die in so gut wie jeder Art von Manga angewendet werden können.

Fünf grundlegende stilisierte Posen

Die Essenz einer Action-Pose liegt darin, den Eindruck von Geschwindigkeit zu erzeugen. Hier sind fünf Grundformen der Körperhaltung zu sehen, die verschiedene Stufen von Geschwindigkeit darstellen.

Zurückgelehnte Haltung | **Aufrechte Haltung** | **Nach vorn gelehnte Haltung** | **Stark nach vorn gelehnte Haltung** | **Waagerechte Haltung**

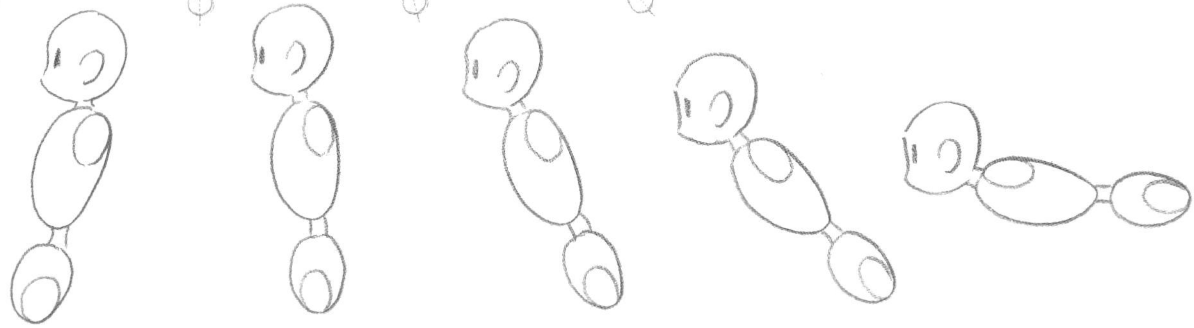

Arme und Beine hinzufügen (Laufender Charakter)

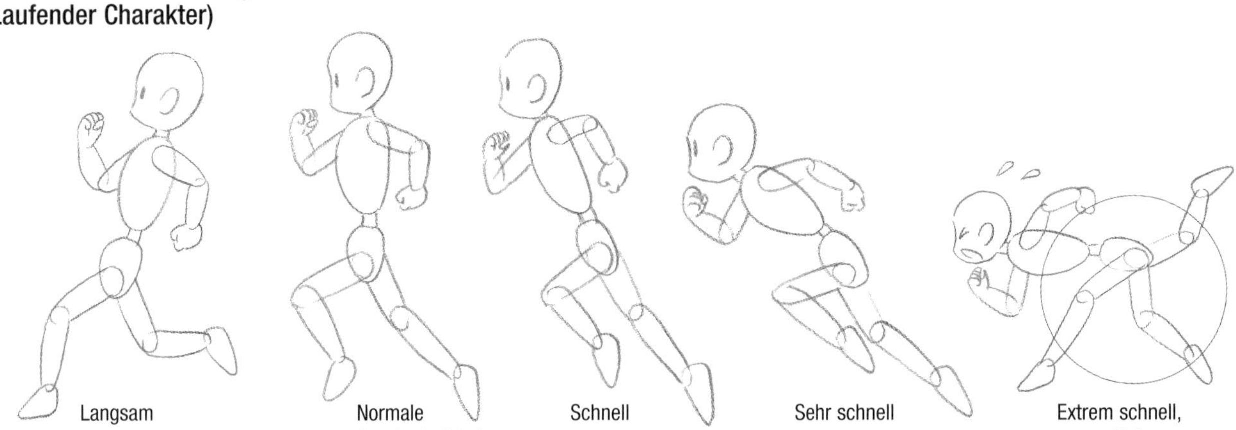

Langsam | Normale Geschwindigkeit | Schnell | Sehr schnell | Extrem schnell, verzweifeltes Rennen

Springender Charakter

Wenn du dir die verschiedenen Grundformen der Körperhaltungen bewusst machst, kannst du einen Charakter passend zur Situation auf viele verschiedene Arten springen lassen.

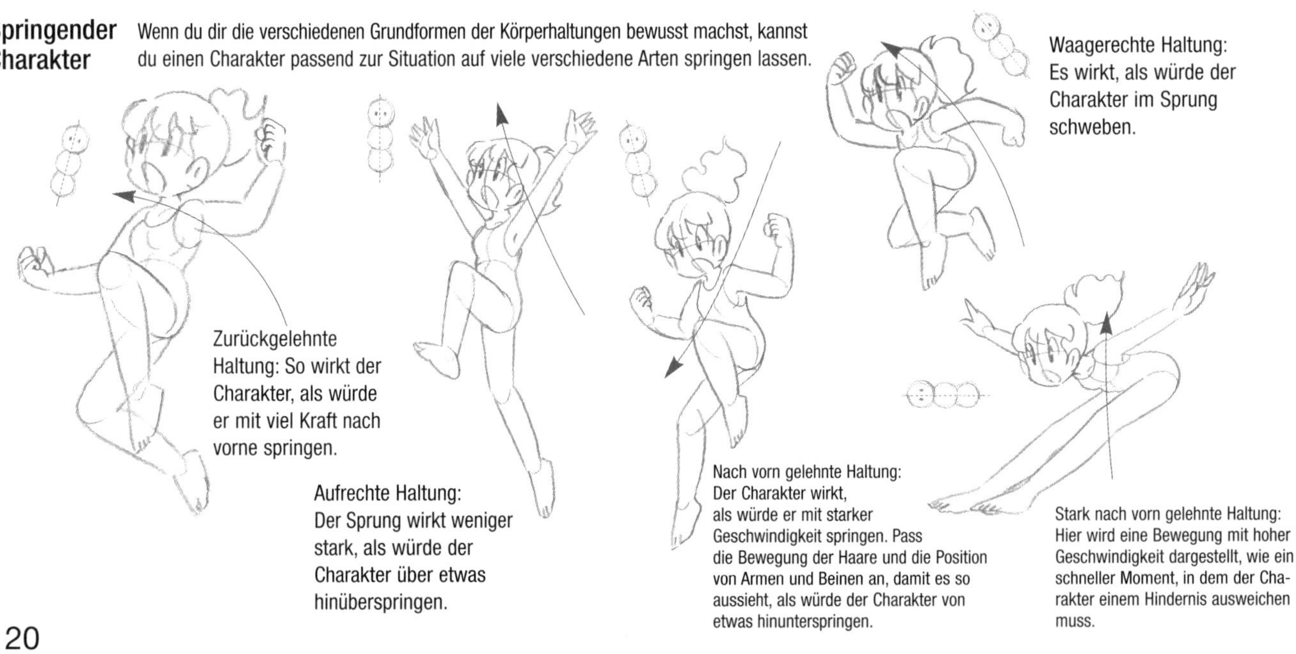

Zurückgelehnte Haltung: So wirkt der Charakter, als würde er mit viel Kraft nach vorne springen.

Aufrechte Haltung: Der Sprung wirkt weniger stark, als würde der Charakter über etwas hinüberspringen.

Nach vorn gelehnte Haltung: Der Charakter wirkt, als würde er mit starker Geschwindigkeit springen. Pass die Bewegung der Haare und die Position von Armen und Beinen an, damit es so aussieht, als würde der Charakter von etwas hinunterspringen.

Waagerechte Haltung: Es wirkt, als würde der Charakter im Sprung schweben.

Stark nach vorn gelehnte Haltung: Hier wird eine Bewegung mit hoher Geschwindigkeit dargestellt, wie ein schneller Moment, in dem der Charakter einem Hindernis ausweichen muss.

Laufen: fünf Posen

Je weiter nach hinten der Körper gebeugt ist, desto langsamer, und je weiter nach vorne der Körper gebeugt ist, desto schneller scheint sich die Figur fortzubewegen.

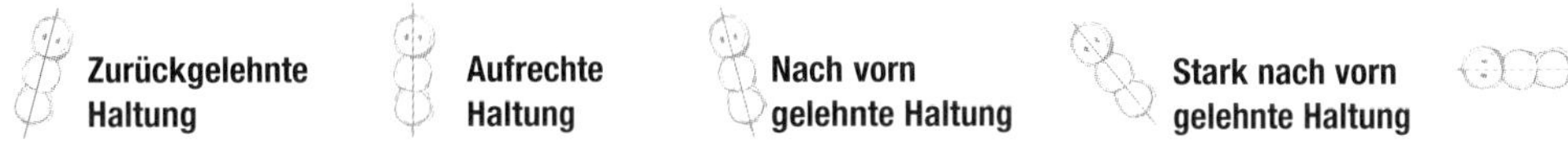

Seitenansicht

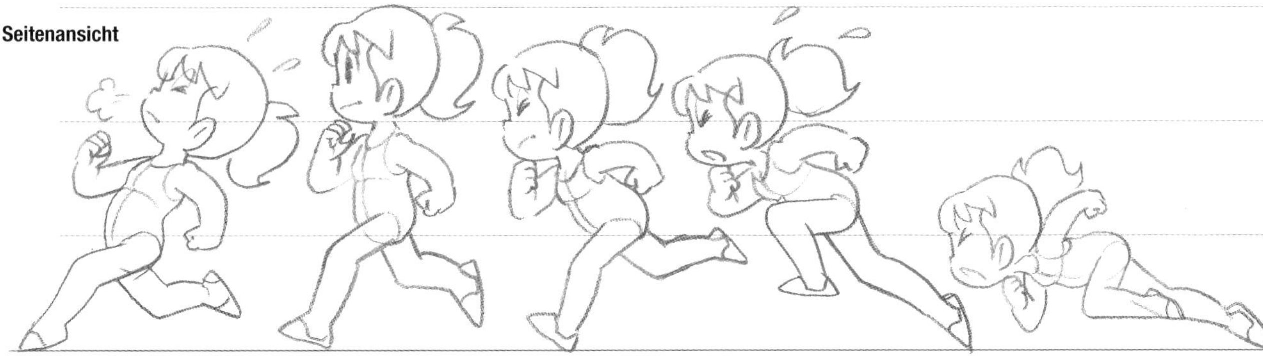

Wenn der Körper nach hinten geneigt wird, liegt die Position des Schritts etwas tiefer.

Damit die Figur waagerecht wirkt, zeichne den gesamten Körper ungefähr auf der Höhe des Schritts nach vorn gelehnt.

Vorderansicht

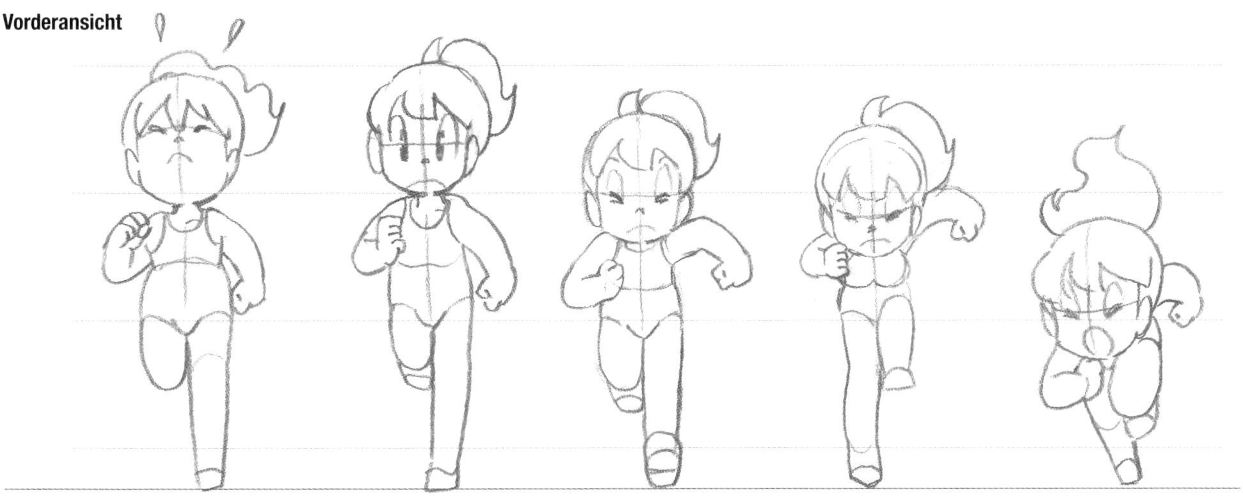

Zeichne die Schultern schmaler und den Rumpf aus einem leicht niedrigen Winkel.

Je weiter sich die Figur nach vorn beugt, desto kürzer wird der Rumpf.

Der Körper ist so weit nach vorn gelehnt, dass er sich auf einer Höhe mit dem Schritt befindet.

Schräge Seitenansicht

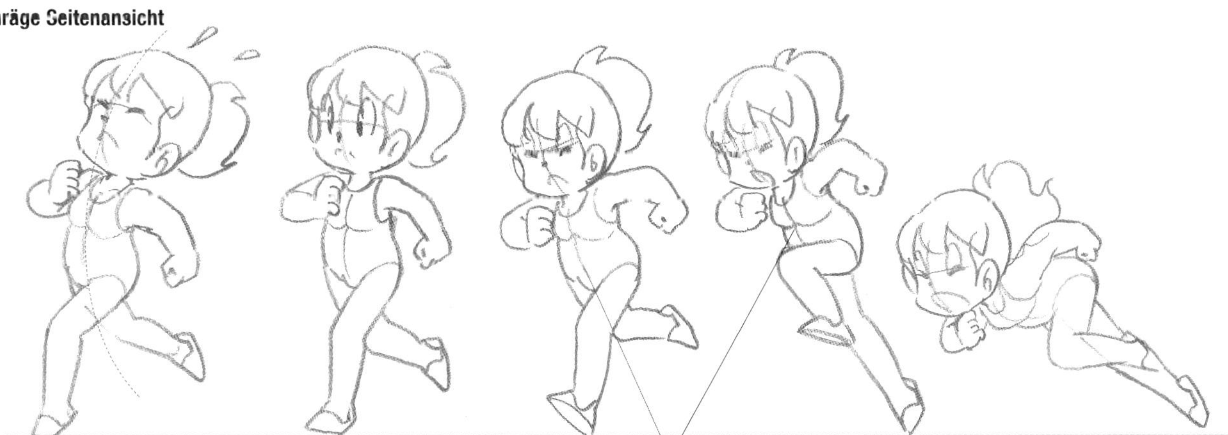

Zeichne den Körper in einer bogenförmigen Kurve.

Zeichne die Medianlinien in schrägen Winkeln, um die passende Körperhaltung zu erfassen.

Schräge Rückansicht

Leg die Körperhaltung mit Hilfe der Wirbelsäule fest.

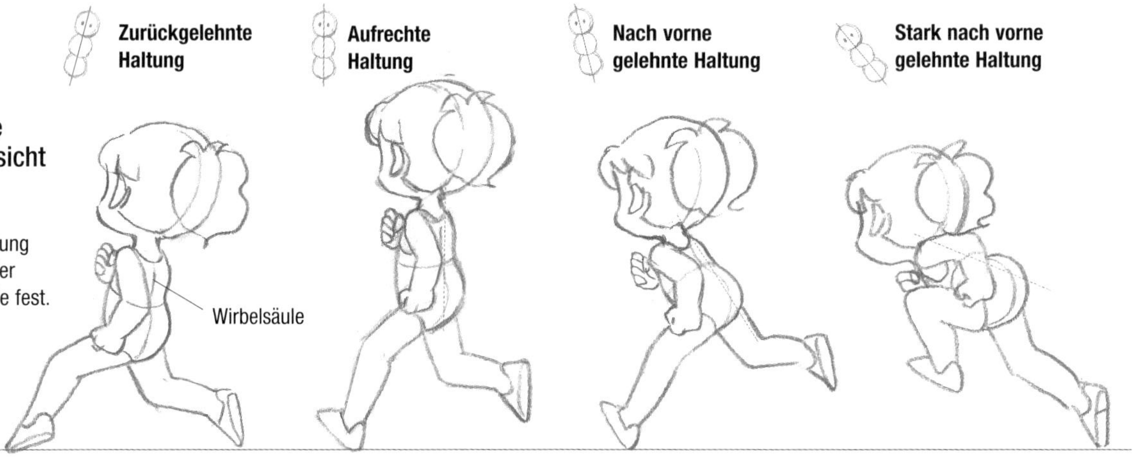

Achte beim Zeichnen auch dann auf die Position der Wirbelsäule, wenn der Rücken gar nicht im Bild zu sehen ist.

Rückansicht

Erfass die Körperhaltung mit Hilfe der Richtlinie für die Taille.

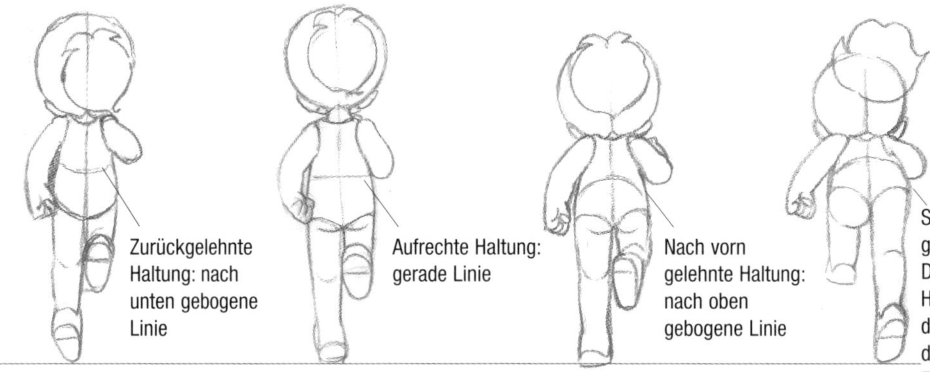

Stark nach vorn gelehnte Haltung: Die Taille wird vom Hintern verdeckt, daher dient die Kontur des Hinterns als Ersatz-Richtlinie der Taille.

Die Position von Armen, Beinen und Kopf in einer Laufbewegung ändern

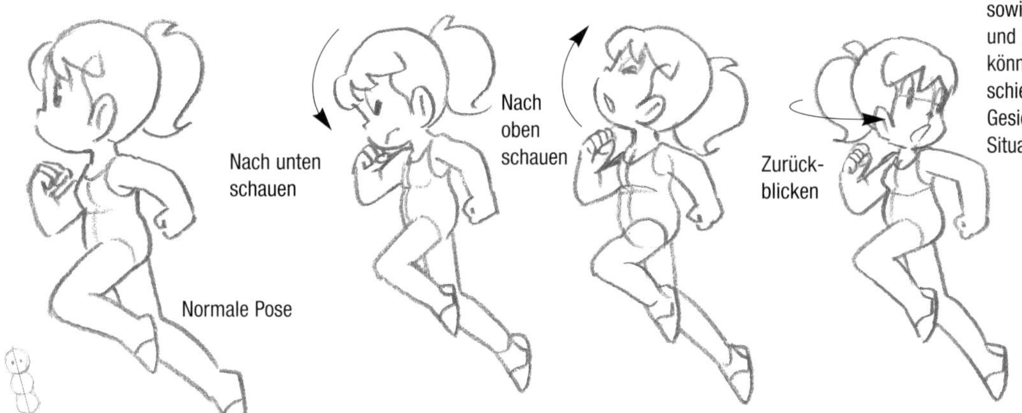

Auch wenn Körperhaltung sowie die Haltung der Arme und Beine gleich bleiben, können alleine durch unterschiedliche Blickrichtungen des Gesichts viele unterschiedliche Situationen dargestellt werden.

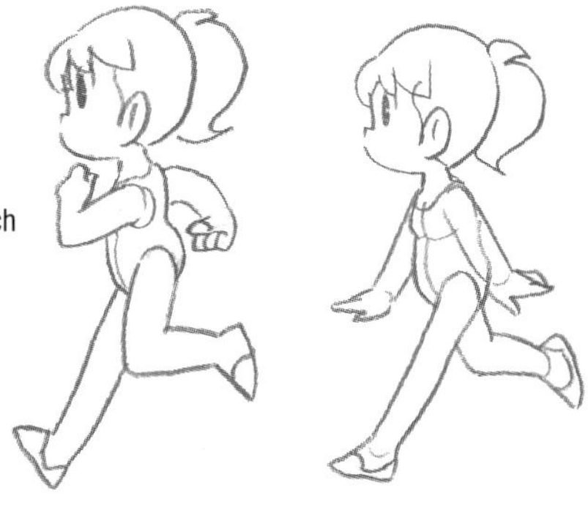

Wenn Körperhaltung und Blickrichtung des Gesichts gleich bleiben, kann man auch durch Veränderung der Arme und Beine eine unterschiedliche Atmosphäre erzeugen.

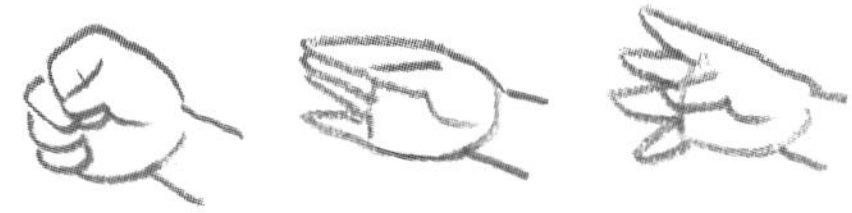

Die Haltung der Hände spiegelt den Gemütszustand des Charakters wider.

Springen: fünf Posen

Eine zurückgelehnte Haltung erzeugt eine nach oben oder vorn gerichtete Sprungbewegung. Je weiter die Figur nach vorn gelehnt ist, desto stärker verändert sich die Sprungrichtung von horizontal nach vertikal.

Zurückgelehnte Haltung | **Aufrechte Haltung** | **Nach vorn gelehnte Haltung** | **Stark nach vorn gelehnte Haltung** | **Waagerechte Haltung**

Seitenansicht

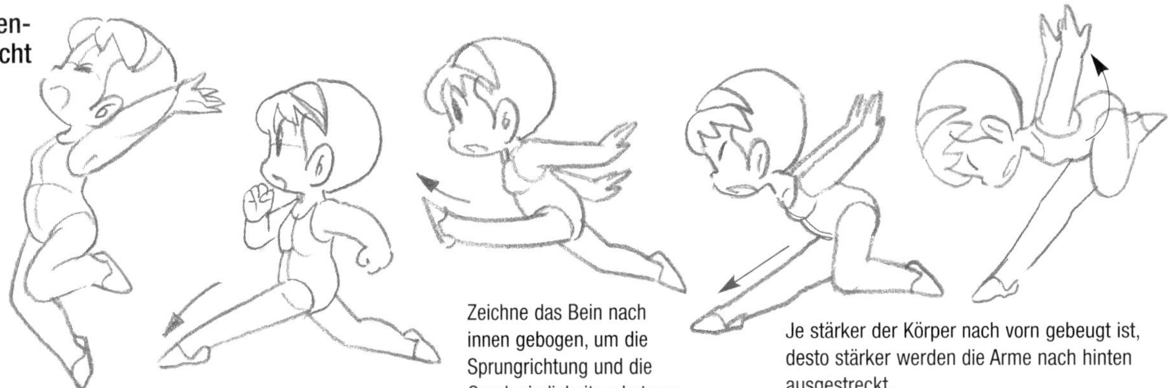

Zeichne das Bein nach innen gebogen, um die Sprungrichtung und die Geschwindigkeit zu betonen.

Je stärker der Körper nach vorn gebeugt ist, desto stärker werden die Arme nach hinten ausgestreckt.

Vorderansicht

Ein Schatten unter den Füßen erzeugt den Eindruck, dass der Charakter sich in der Luft befindet.

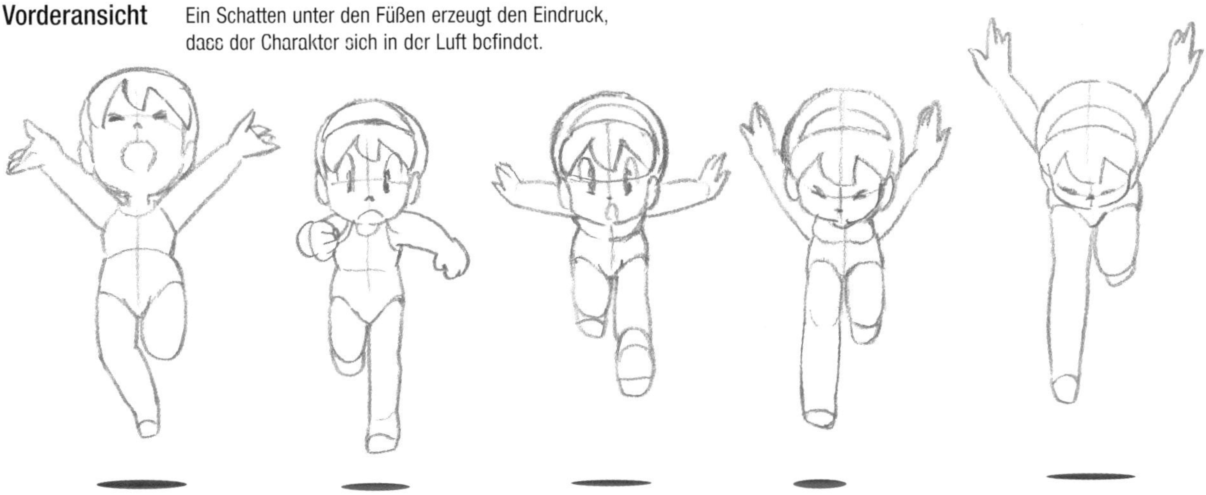

Schräge Seitenansicht

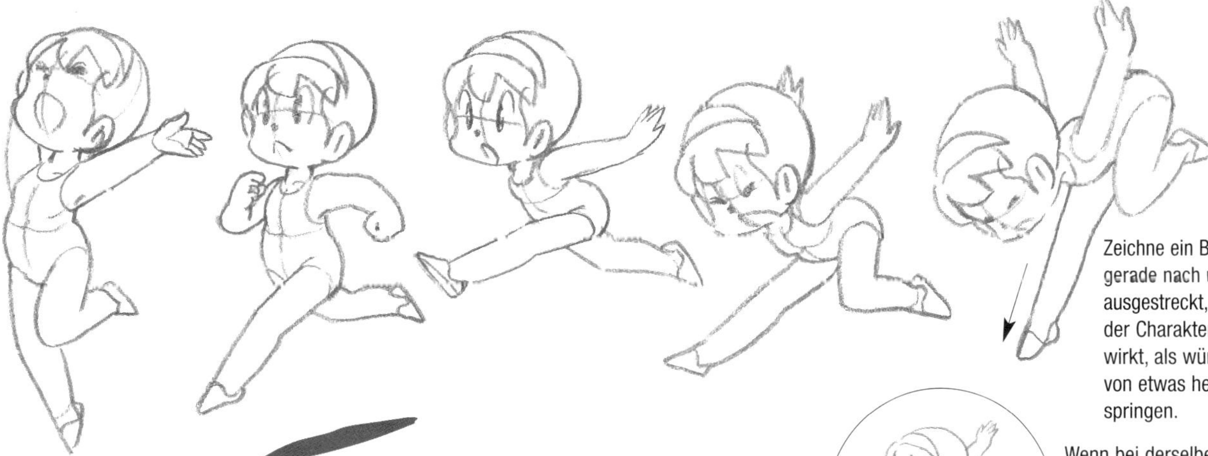

Zeichne ein Bein gerade nach unten ausgestreckt, damit der Charakter so wirkt, als würde er von etwas herabspringen.

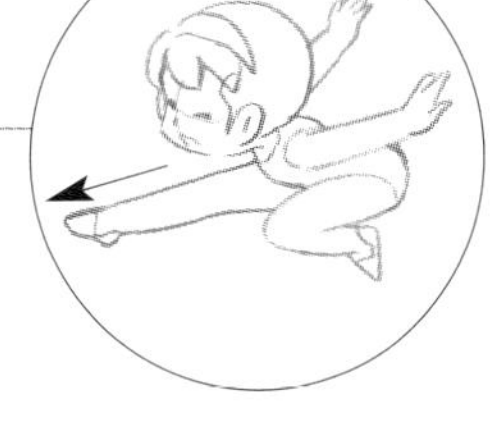

Wenn bei derselben Körperhaltung ein Bein nach vorn ausgestreckt wird, wirkt der Charakter, als würde er waagerecht nach vorn springen.

Der springende Charakter in aufrechter Haltung sieht genauso aus wie der laufende Charakter in aufrechter Haltung. Füg daher einen Schatten auf dem Boden hinzu, damit man erkennt, dass sich der Charakter in der Luft befindet.

Landen: fünf Posen

Wenn der Charakter nach hinten gelehnt ist, wirkt es, als würde er sanft aufkommen. Je weiter er nach vorn gelehnt ist, desto stärker wirkt der Aufprall (bzw. desto höher scheint der Absprung gewesen zu sein).

Zurückgelehnte Haltung | **Aufrechte Haltung** | **Nach vorn gelehnte Haltung** | **Stark nach vorn gelehnte Haltung** | **Waagerechte Haltung**

Seitenansicht

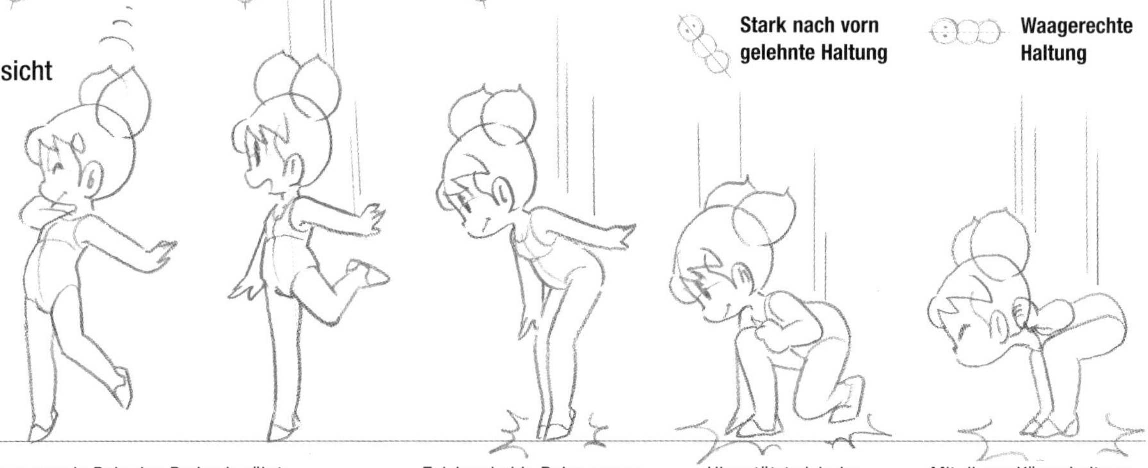

Indem nur ein Bein den Boden berührt, wird die Leichtigkeit des Sprungs betont.

Zeichne beide Beine ausgestreckt, um ein Gefühl von Schwere zum Ausdruck zu bringen.

Hier stützt sich der Charakter mit den Knien ab.

Mit dieser Körperhaltung landet der Charakter auf eine ungewöhnliche Art und Weise.

Vorderansicht

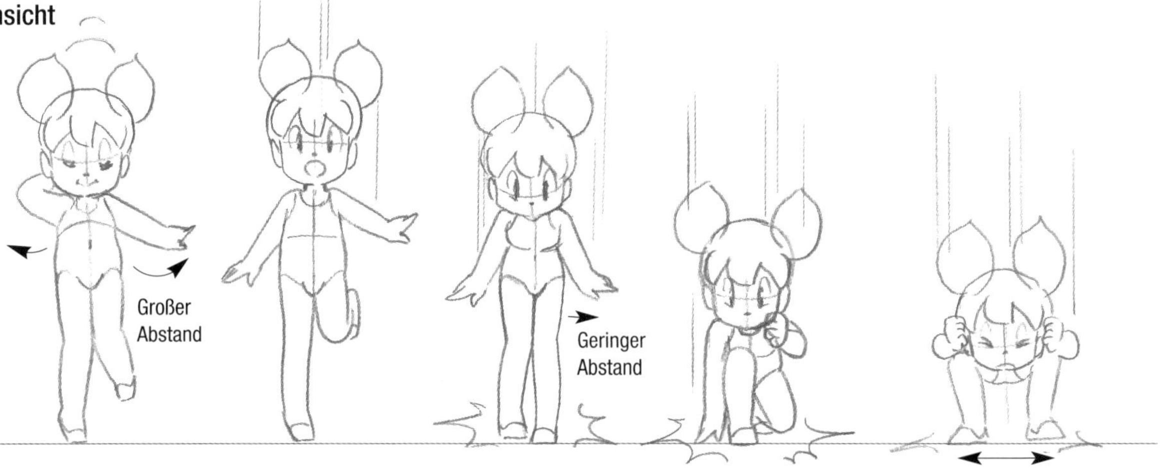

Je weiter der Abstand der Arme zum Körper ist, desto leichter wirkt die Landung.

Die Arme liegen nah am Körper an.

Die Hand berührt mit den Fingerspitzen den Boden.

Die Beine sind ungefähr auf Schulterbreite geöffnet.

Schräge Seitenansicht

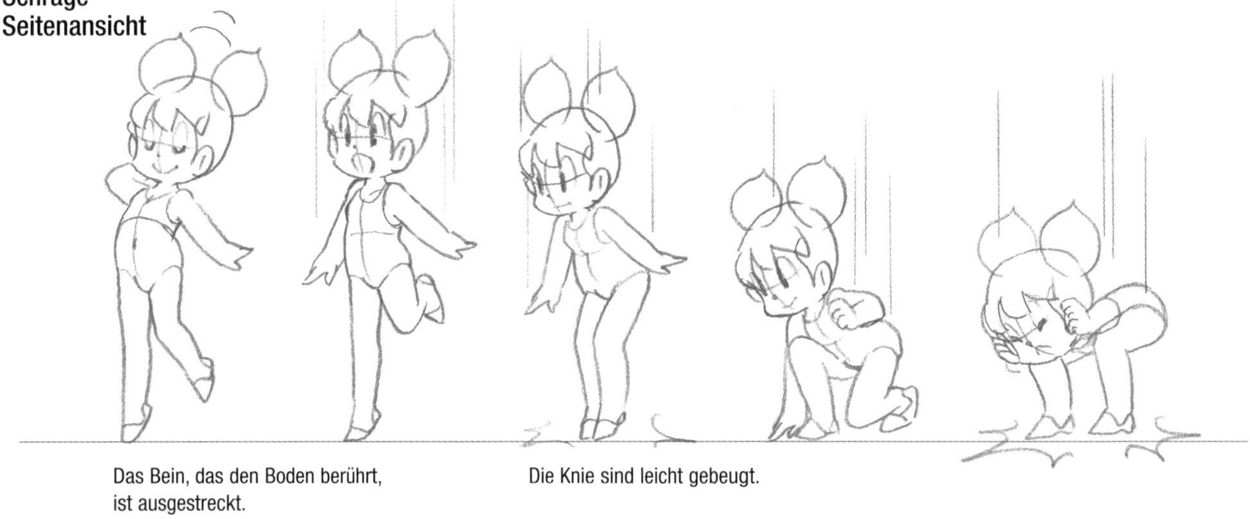

Das Bein, das den Boden berührt, ist ausgestreckt.

Die Knie sind leicht gebeugt.

Schräge Rückansicht

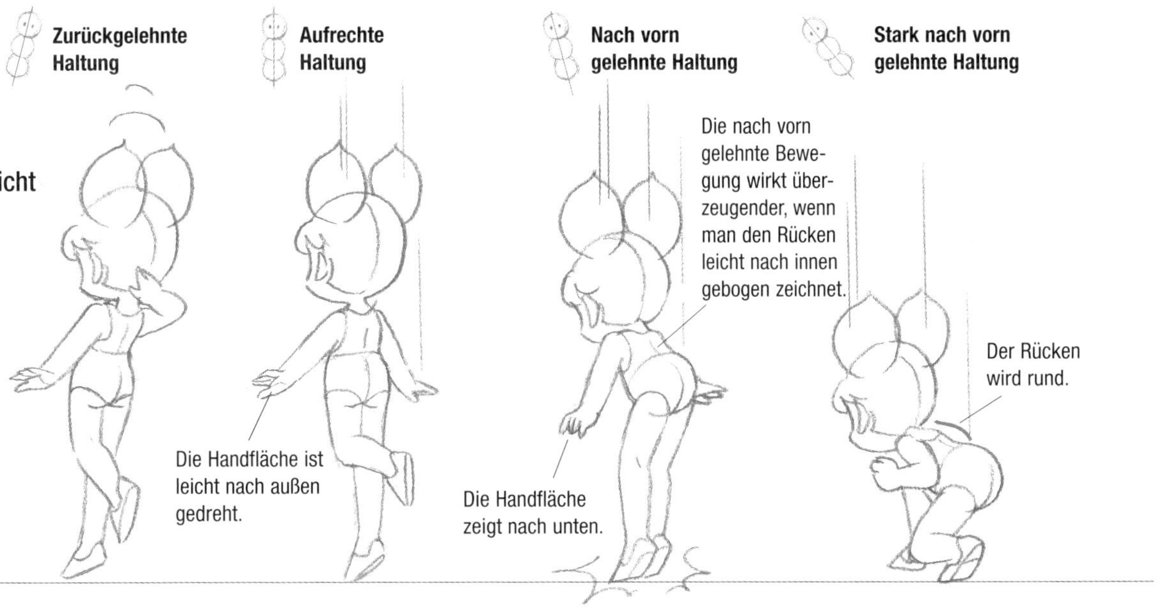

Rückansicht

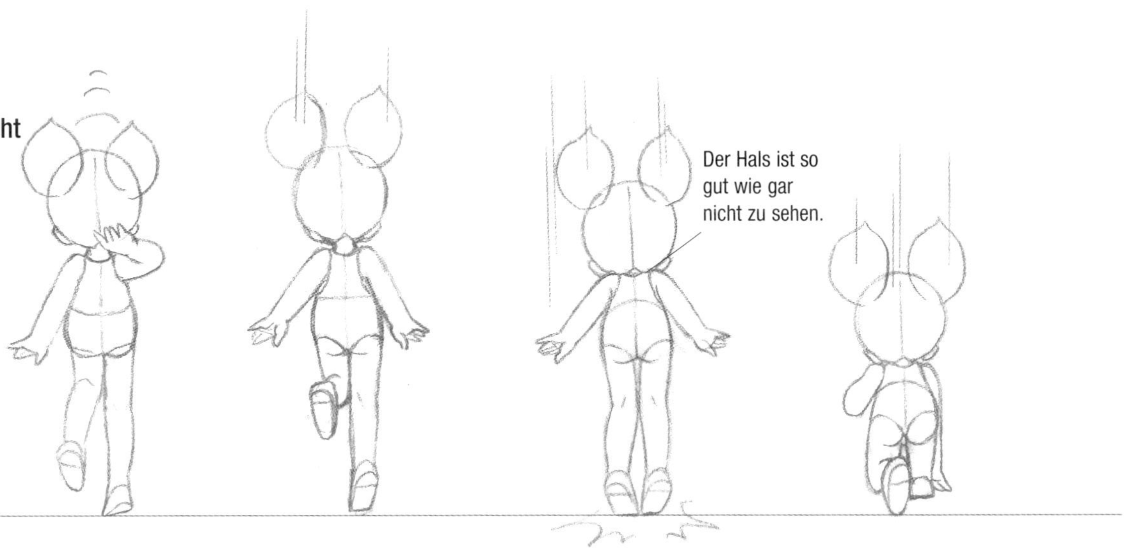

Die Haltung der Beine zeigt die Sprungrichtung an.

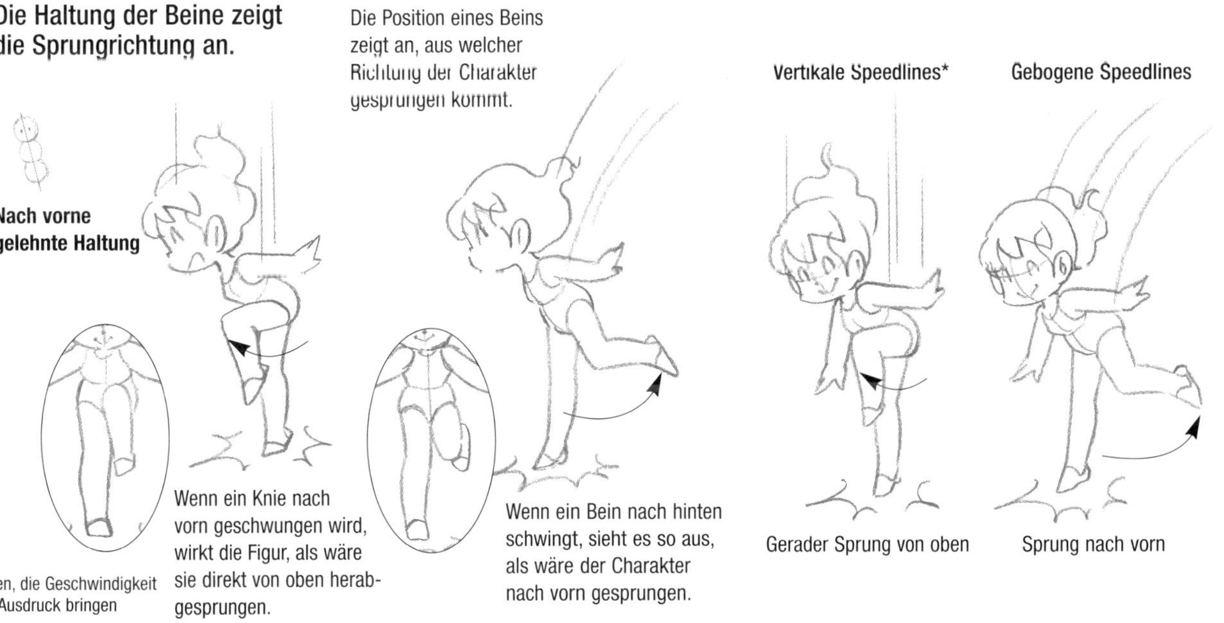

*Linien, die Geschwindigkeit zum Ausdruck bringen

Gesten stilisieren

Stilisierte Gesichtsausdrücke und Bewegungen sind wichtig, um alltägliche und unbewusste Bewegungen eines Charakters darzustellen.

Gähnen Zeichne einen großen geöffneten Mund.

Kopf-Körper-Verhältnis 1:4

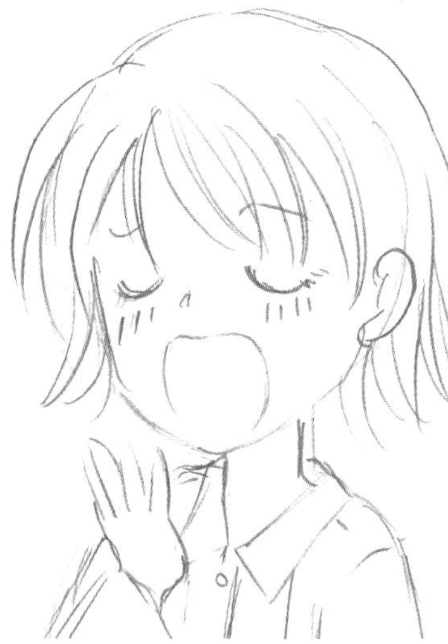

Ein Charakter wirkt niedlich, wenn er beim Gähnen nach unten schaut.

Kopf-Körper-Verhältnis 1:2
Der Mund nimmt mehr als die Hälfte des Gesichts ein.

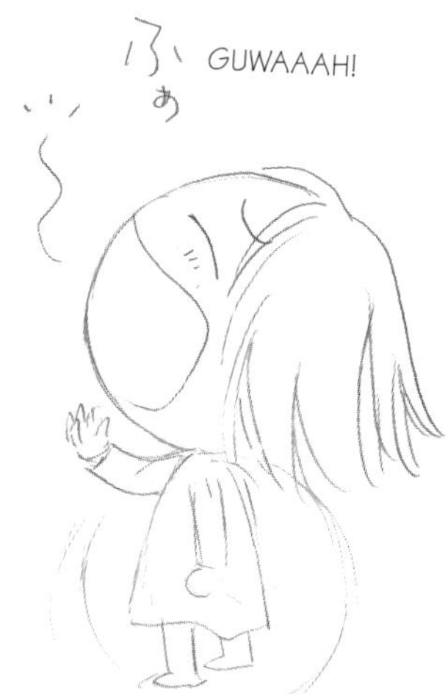

Während des Gähnens bewegt man seinen Kopf leicht nach hinten.

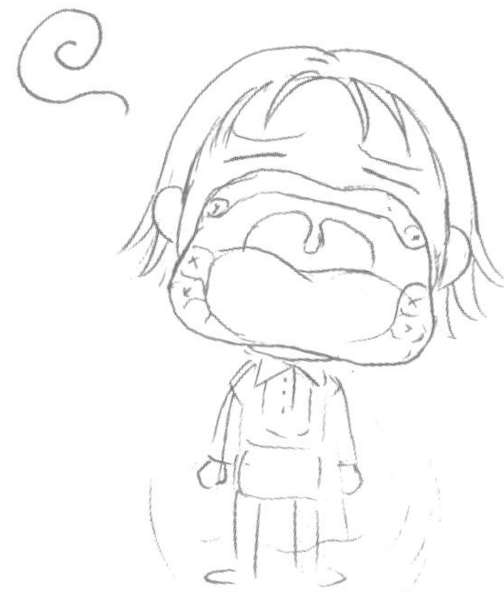

Hier ist der Mund so stark vergrößert, dass er sogar über die Konturen des Gesichts hinausgeht. Das Mundinnere wurde vereinfacht.

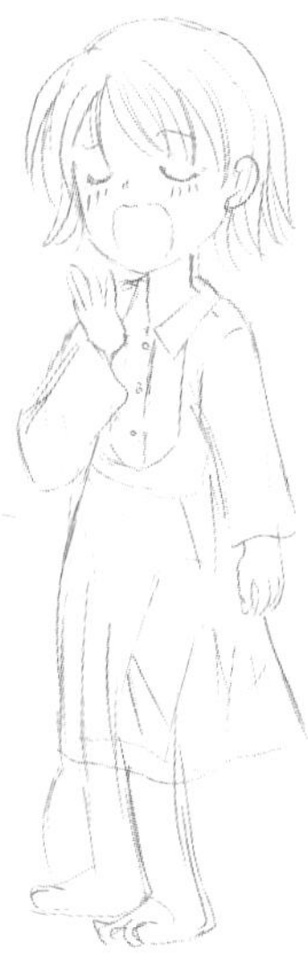

Am Anfang und Ende des Gähnens nimmt man eine normale Körperhaltung ein.

Kopf-Körper-Verhältnis 1:3
Der Mund nimmt ungefähr die Hälfte des Gesichts ein.

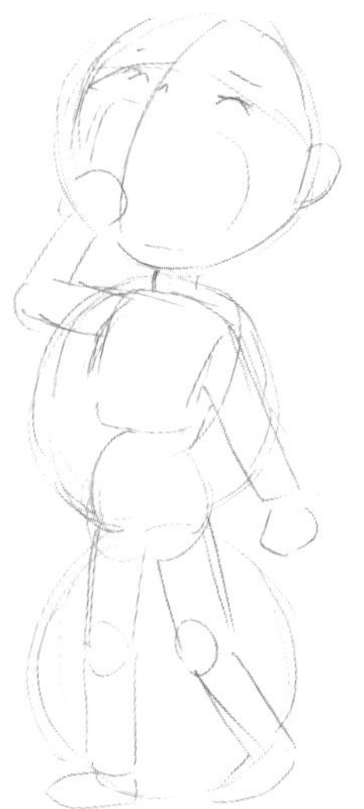

Bestimm die Größe des Mundes bereits, während du die groben Umrisse der Figur zeichnest, um eine Vorstellung von dem Gesichtsausdruck zu bekommen.

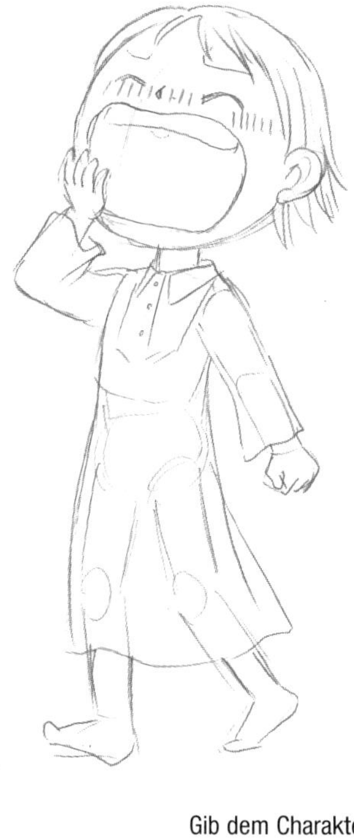

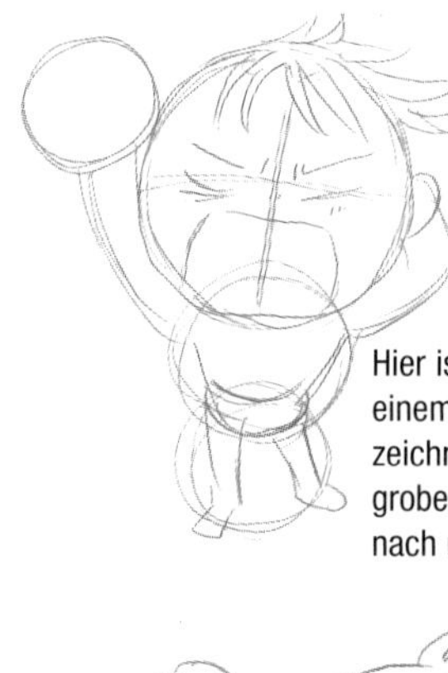

Hier ist das Gähnen aus einem hohen Winkel gezeichnet. Die Kreise der groben Umrisse werden nach unten hin kleiner.

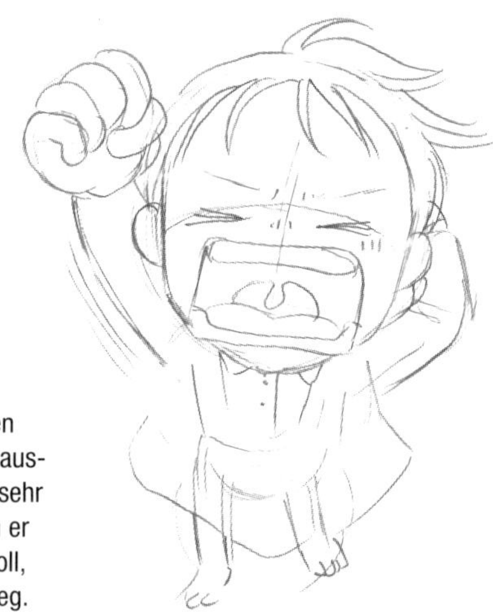

Gib dem Charakter einen angestrengten Gesichtsausdruck, wenn der Mund sehr stark geöffnet ist. Wenn er dabei niedlich wirken soll, lass das Mundinnere weg.

Niesen

Beim Niesen wird der ganze Körper unbewusst angespannt. Charakteristische Merkmale beim Niesen sind ausgestreckte Ellbogen und zusammengeballte Hände. Der Charakter lächelt nicht.

Kopf-Körper-Verhältnis 1:4

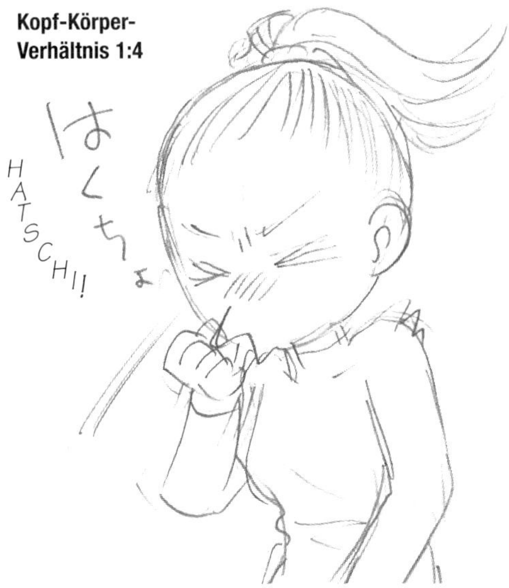

Kopf-Körper-Verhältnis 1:2

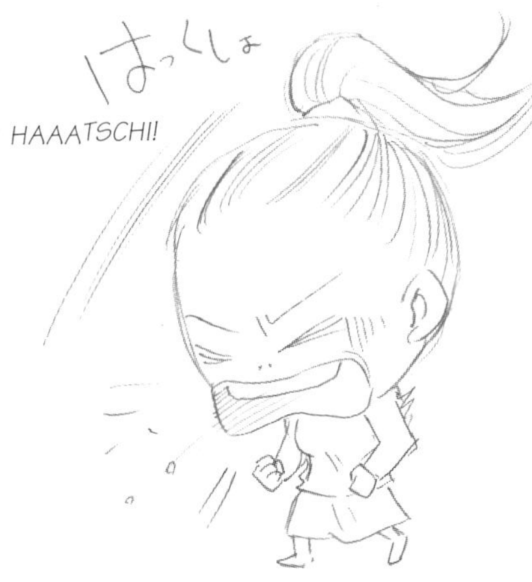

Hier wird das »Ha« von »Hatschi« im Gesicht betont. Zeichne die Mundwinkel übertrieben weit geöffnet.

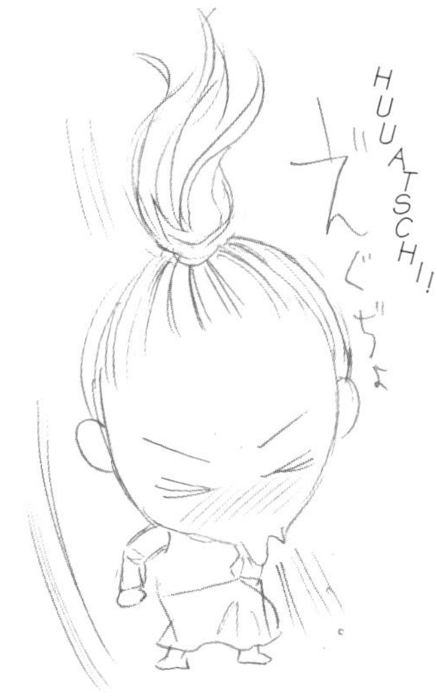

Hier wird das »tschi« von »Hatschi« durch den stark verzerrten Mund betont. Der Charakter atmet heftig und ruckartig aus. Zeichne daher den Mund stark stilisiert, als würde er »OOO« sagen.

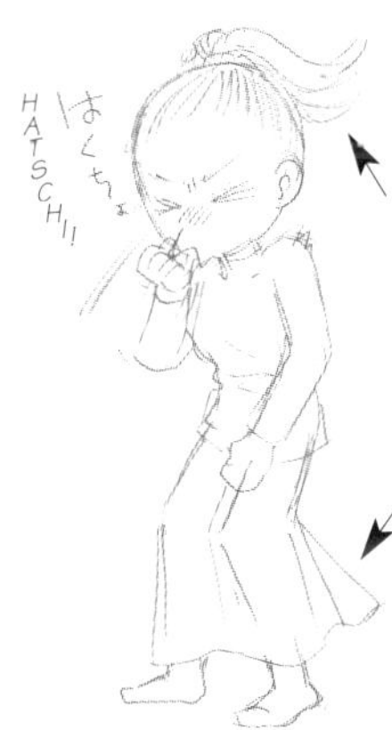

Der ganze Körper ist in Aktion. Zeichne daher bei einer stehenden Figur auch in den Haaren und im Rocksaum Bewegung ein.

Kopf-Körper-Verhältnis 1:3

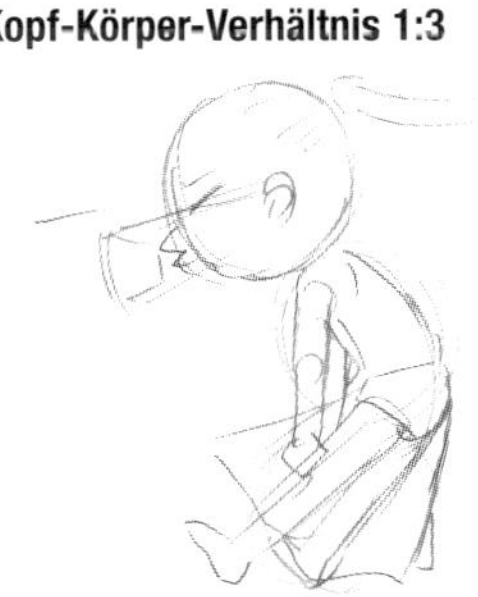

Hier niest der Charakter so stark, dass er seine Gesichtsmaske* wegpustet. Der Nieser sollte so stark wirken, dass der Charakter vom Boden abhebt. Daher ist der Körper zu einer U-Form stilisiert.

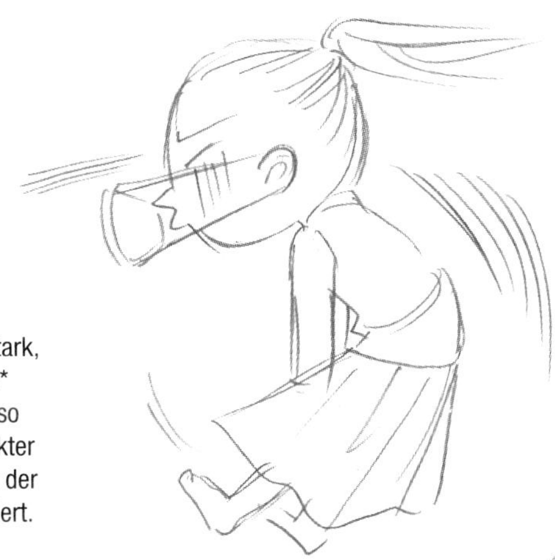

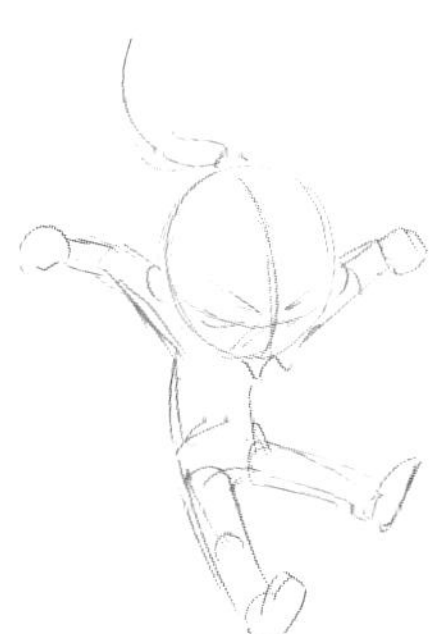

Die groben Umrisse gehören eigentlich zu der Bewegung »von oben herabspringen«. Man kann sie aber auch dazu verwenden, einen Charakter darzustellen, der mitten auf dem Weg von einem kräftigen Nieser überrascht wird.

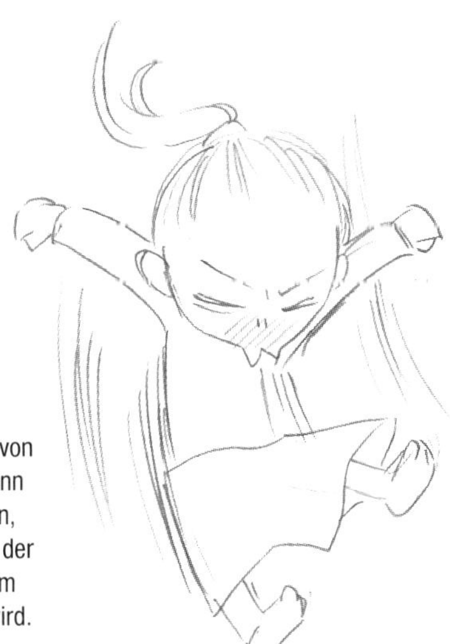

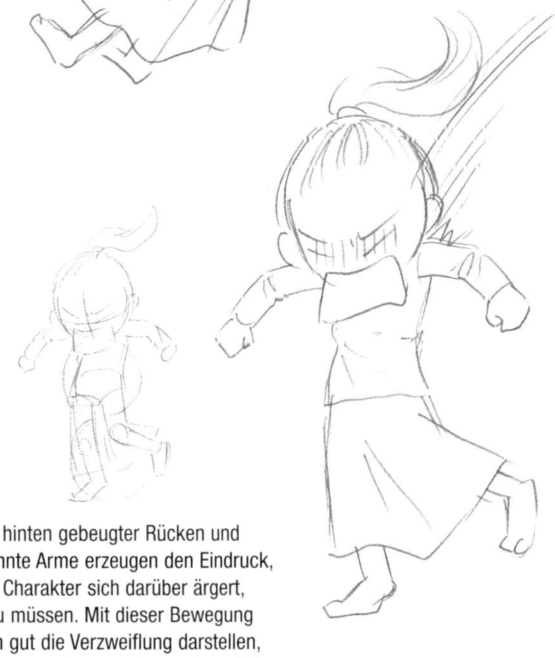

Ein nach hinten gebeugter Rücken und angespannte Arme erzeugen den Eindruck, dass der Charakter sich darüber ärgert, niesen zu müssen. Mit dieser Bewegung lässt sich gut die Verzweiflung darstellen, wenn ein Niesanfall gar nicht mehr aufhört.

*In Japan trägt man bei Erkältung eine Gesichtmaske, um andere nicht anzustecken.

Sich am Kopf kratzen / sich die Haare raufen

Dieser Ausdruck lässt sich für viele Situationen verwenden, von einem leichten Kratzen bis hin zu hysterischem Haareraufen.

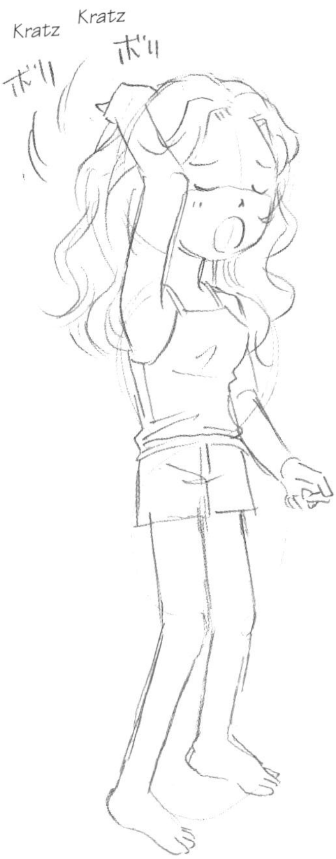

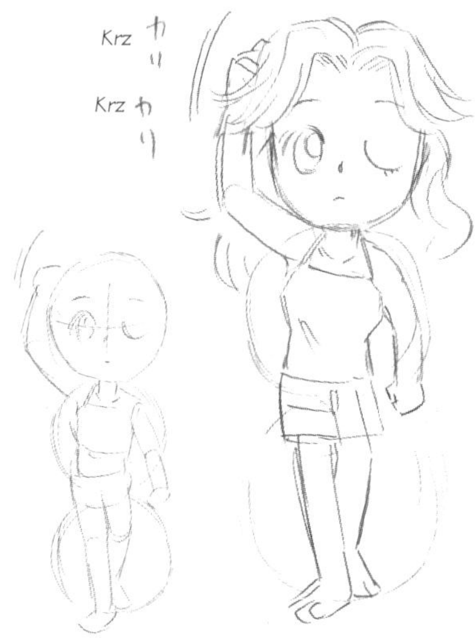

Dies ist eine typische Bewegung, wenn es am Kopf juckt. Der Charakter kratzt sich mit der Hand am Kopf.

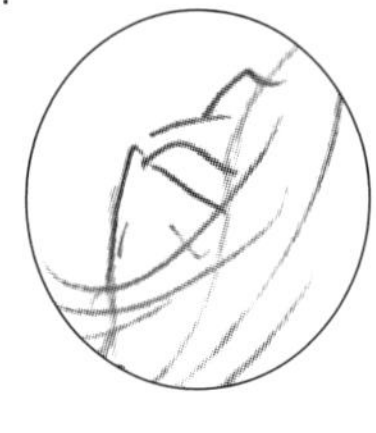

Die Hände sind nicht zu Fäusten geformt, sondern geöffnet. Zeichne ungefähr die Hälfte jedes Fingers im Haar verborgen.

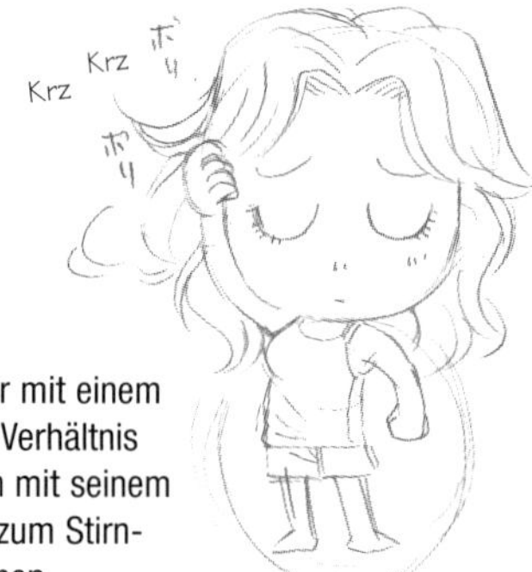

Ein Charakter mit einem Kopf-Körper-Verhältnis von 1:2 kann mit seinem Arm nur bis zum Stirnansatz kommen.

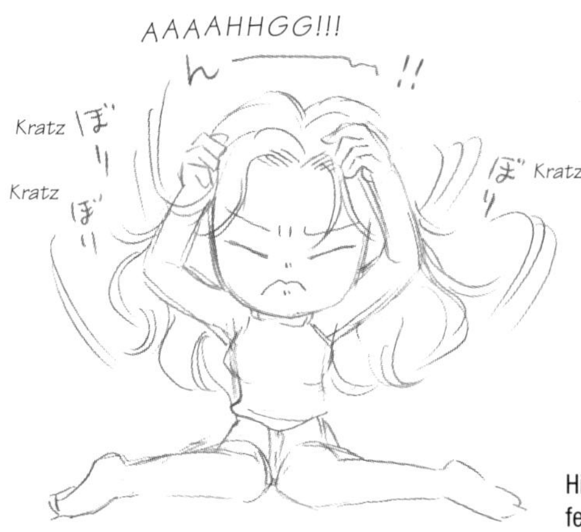

Diese Kreise dienen als Orientierung, wie lang die Beine von den Knien aus sein müssen.

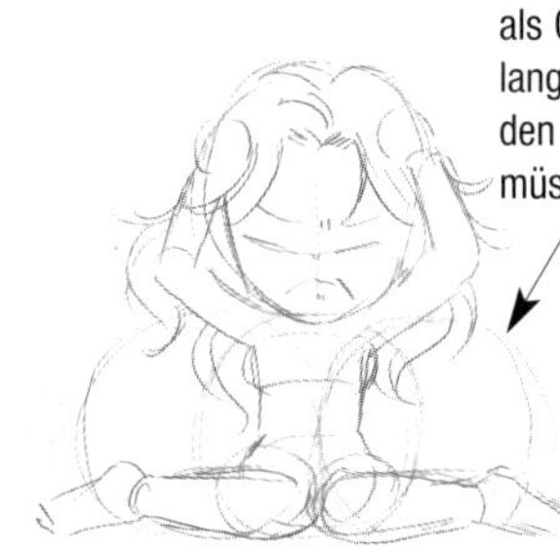

Hier sieht die Figur aus, als würde sie ihren Kopf festhalten. Speedlines und Soundwords sorgen für den Effekt der Bewegung und des Juckens.

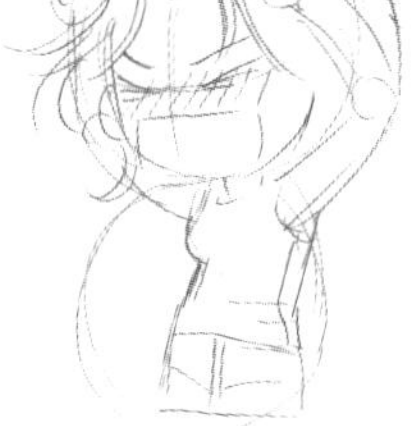

Hier sind vier Arme zu sehen. Der Charakter wirkt angestrengt, und auch ohne Speedlines kann man seine Verzweiflung gut erkennen.

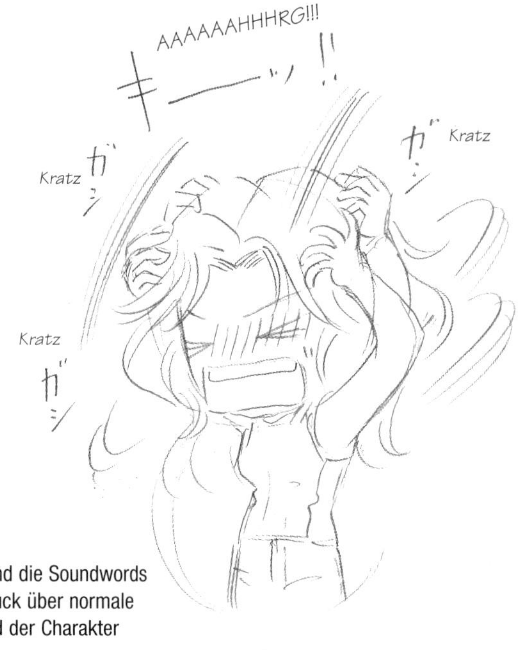

Durch die Speedlines und die Soundwords geht der Gesichtsausdruck über normale Verzweiflung hinaus und der Charakter wirkt geradezu panisch.

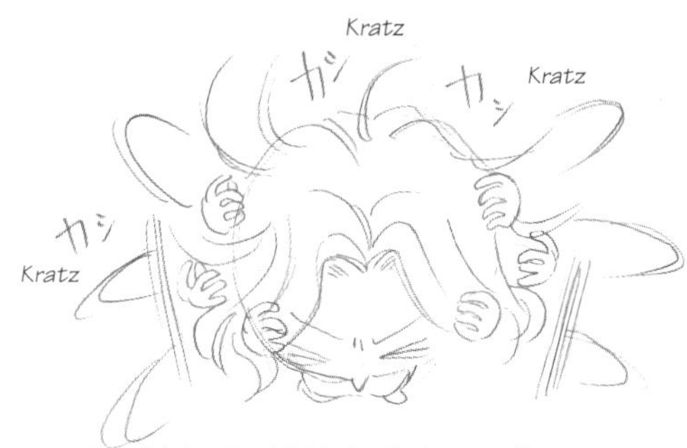

Hier ist das Gesicht beim Kratzen nach unten gerichtet. Lass die Arme weg und zeichne viele Hände, die am Kopf kratzen.

Linke Hand

Rechte Hand

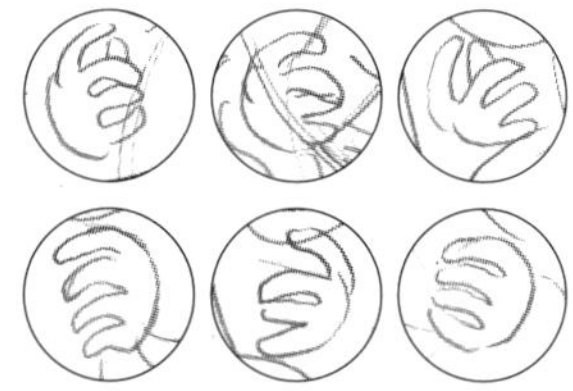

Winkel und Position der Finger sind bei jeder Hand anders. Zeichne alle Hände ungefähr gleich groß.

Schnelle Bewegungen zum Ausdruck bringen wie das Kratzen am Kopf

①

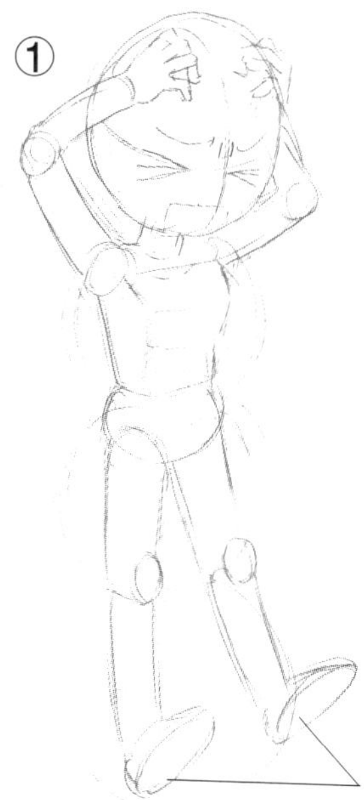

Dass nur noch die Fersen den Boden berühren, zeigt, dass der Charakter aufgebracht ist.

Hier sieht man eine starre Pose, die z.B. verwendet wird, wenn der Charakter geschockt ist. Die Hände halten den Kopf.

②

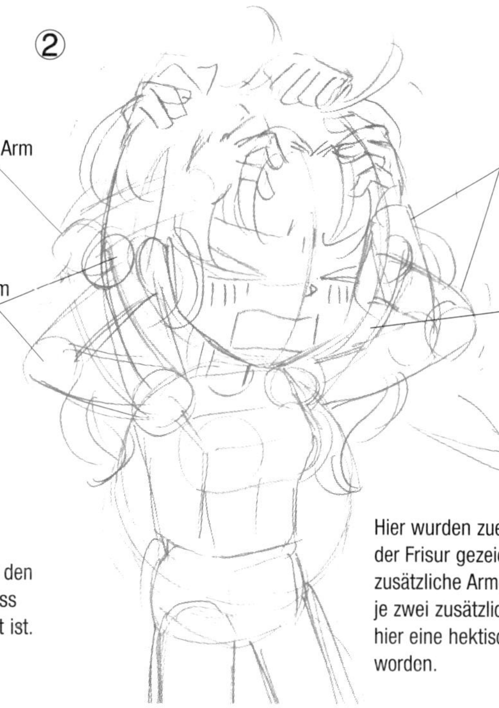

Zuerst gezeichneter Arm

Hinzugefügter Arm

Hinzugefügter Arm

Zuerst gezeichneter Arm

Diese Speedlines wurden hinzugefügt, um die Darstellung der Bewegung zu verdeutlichen.

Hier wurden zuerst die groben Umrisse der Frisur gezeichnet und anschließend zusätzliche Arme hinzugefügt. Nur durch je zwei zusätzliche Arme und Hände ist hier eine hektische Atmosphäre erzeugt worden.

③

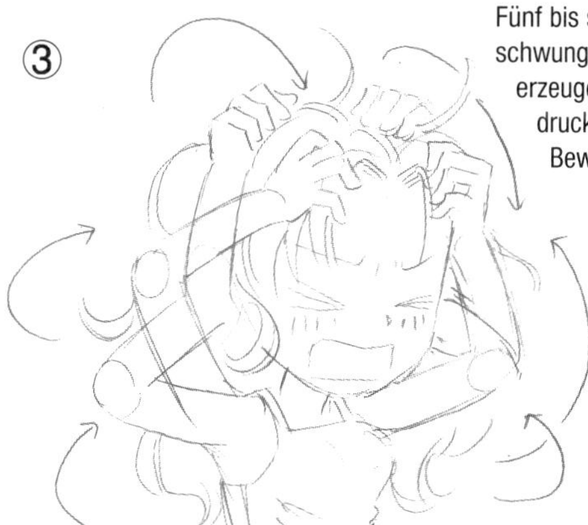

Skizze der Bewegung: Fünf bis sechs geschwungene Linien erzeugen den Eindruck extremer Bewegung.

④

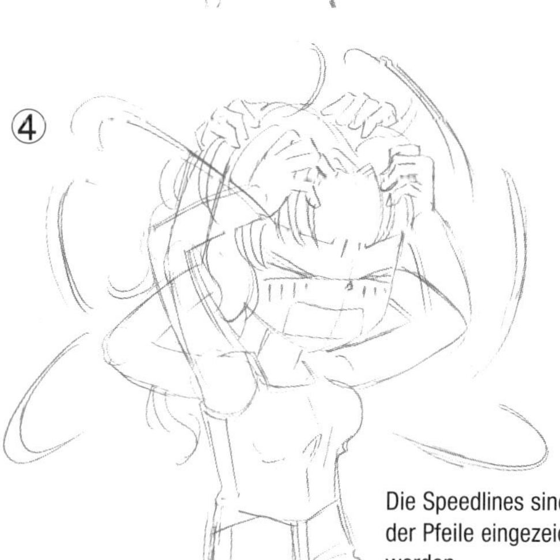

Die Speedlines sind entlang der Pfeile eingezeichnet worden.

⑤ Fertiges Bild

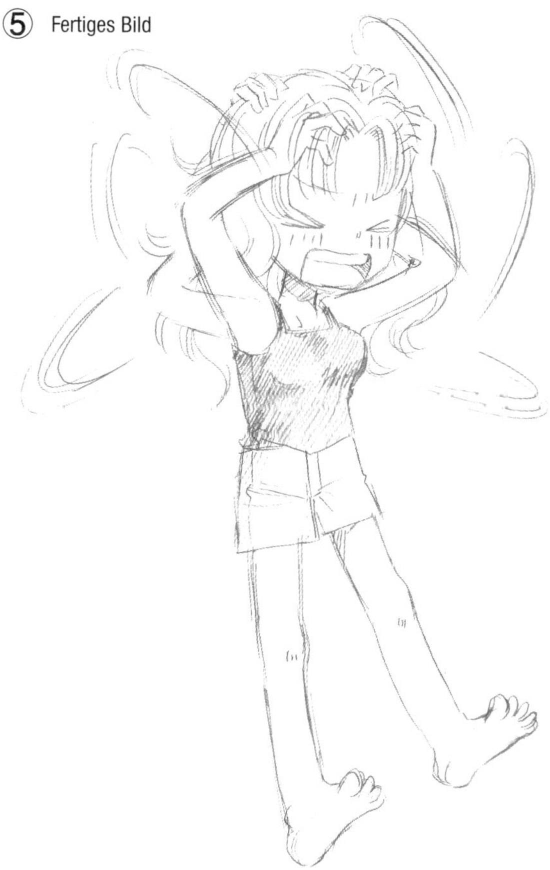

Essen verschlingen

Zeichne einen Charakter mit mehreren Köpfen und Körpern, um eine schnelle Bewegung darzustellen.

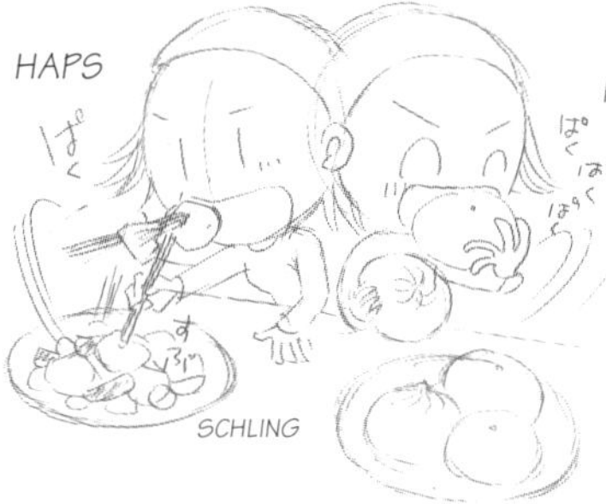

Dieser Charakter greift sich alles Essbare in seiner Reichweite. Die zwei Figuren geben der Szene ein Gefühl von Geschwindigkeit. Das Thema des Bildes ist »Hunger«.

Bei der zweiten Figur reicht es, wenn sie nur aus Kopf und Armen besteht.

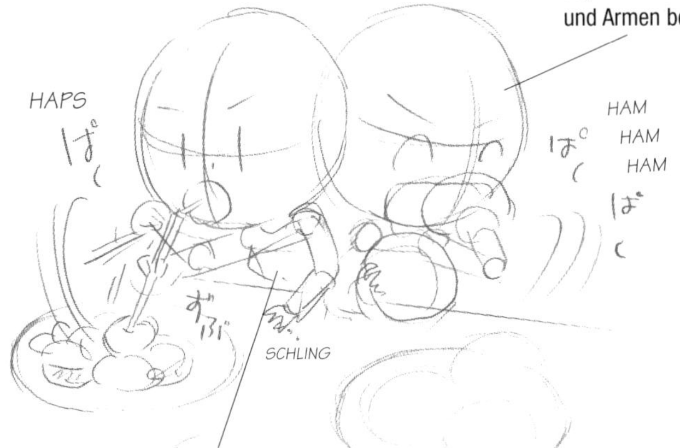

Die Hauptfigur sollte einen richtigen Körper haben.

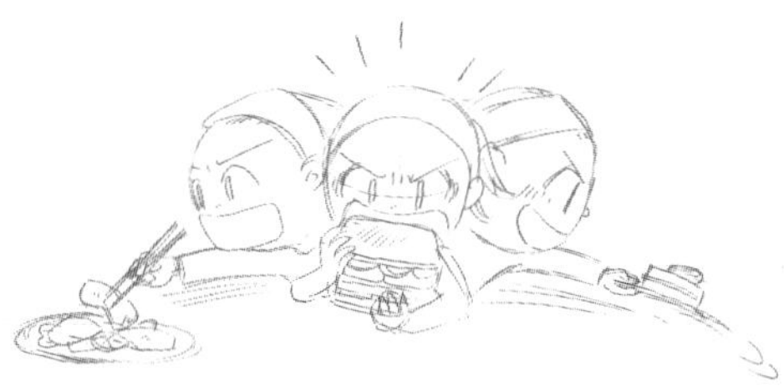

Die Teilung in drei Figuren bringt eine sehr schnelle Bewegung nach links und rechts zum Ausdruck. Das Thema dieses Bildes ist schon eher »Gier« als »Hunger«.

Speedlines auf der linken und rechten Seite bringen die schnelle Links-Rechts-Bewegung zum Ausdruck.

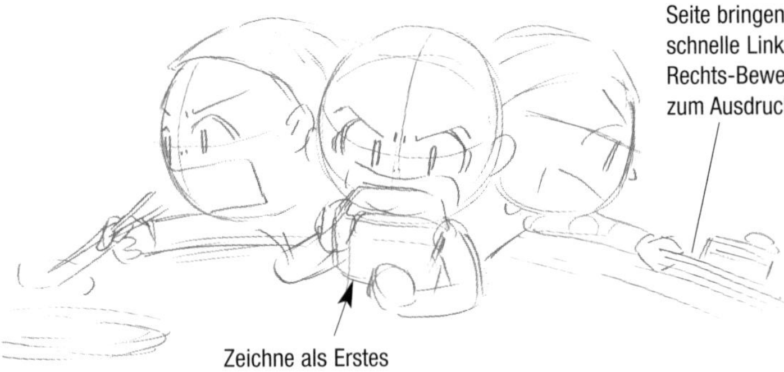

Zeichne als Erstes den Charakter in der Mitte.

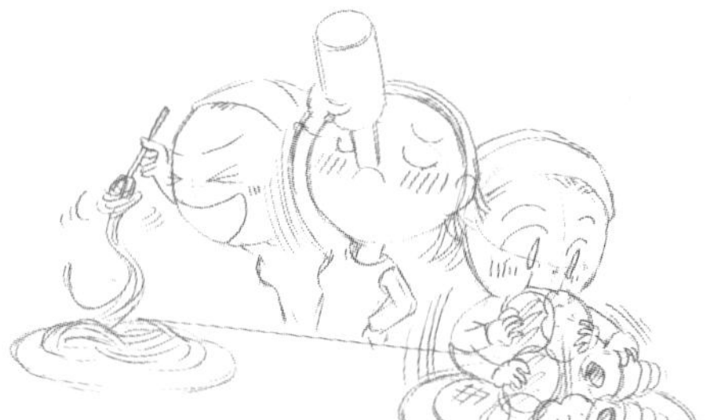

Der Charakter in der Mitte stürzt das Getränk aus der Flasche hinunter, während die Figuren links und rechts dem gesamten Bild eine Auf- und Abbewegung geben. Dadurch kommt die Szene trotz ihrer Hektik kurz zum Stillstand wie bei einer Stop-Motion-Animation. So entsteht ein Charakter, der ohne Rücksicht auf Verluste alles in sich reinschlingt.

Hier haben zwei der Figuren richtige Körper. Dadurch wird die Geschwindigkeit der Szene etwas verlangsamt.

Die Figuren links und rechts wurden nach der Figur in der Mitte gezeichnet.

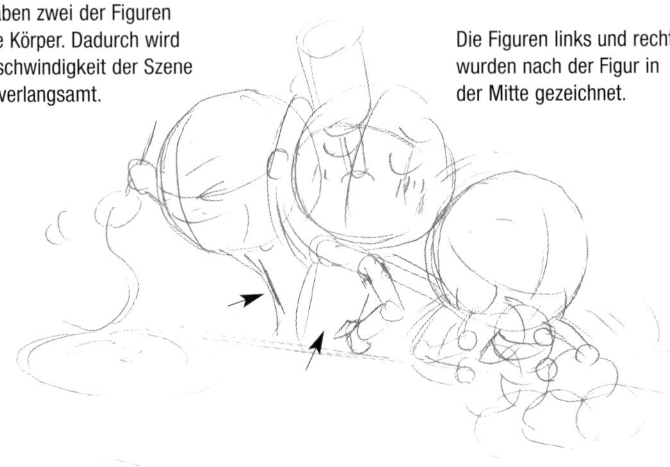

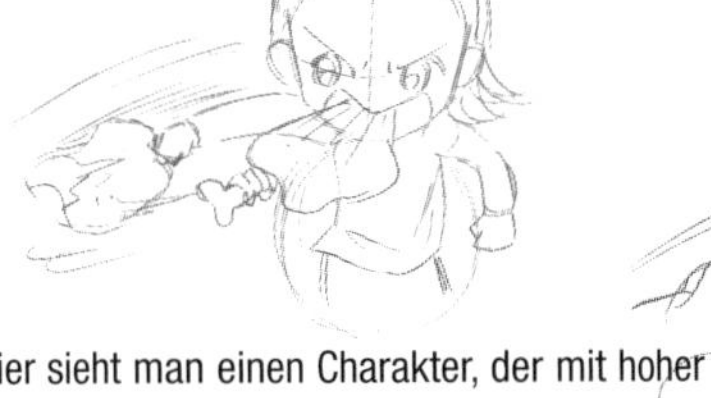

Hier sieht man einen Charakter, der mit hoher Geschwindigkeit ein Stück Fleisch verschlingt. Sowohl die Hand als auch die Fleischkeule sind mehrfach gezeichnet.

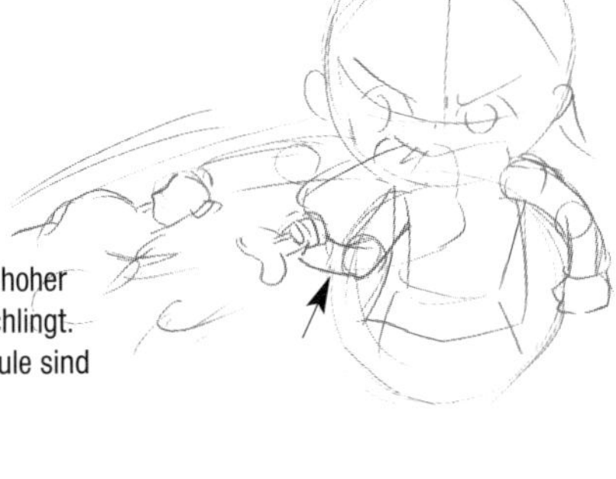

In der groben Skizze ist auch der Teil des Armes zu sehen, der nachher von der Fleischkeule verdeckt wird.

Mehrere Körper zeichnen

①

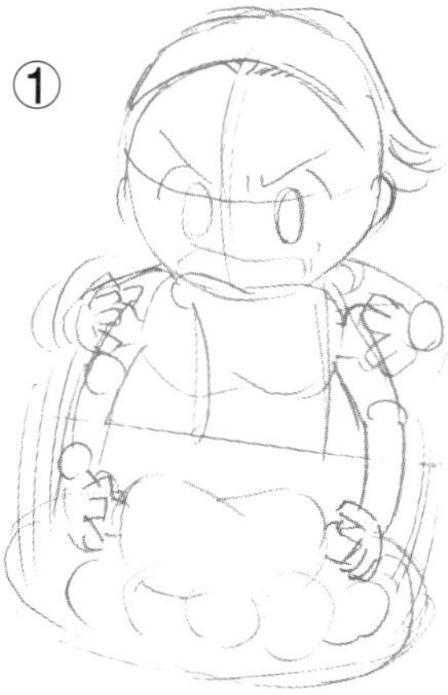

Zeichne als Erstes die Figur in der Mitte. Wenn diese Figur eine schnelle Bewegung ausführt, zeichne bereits in dieser Phase mehrere Arme oder Ähnliches ein.

②

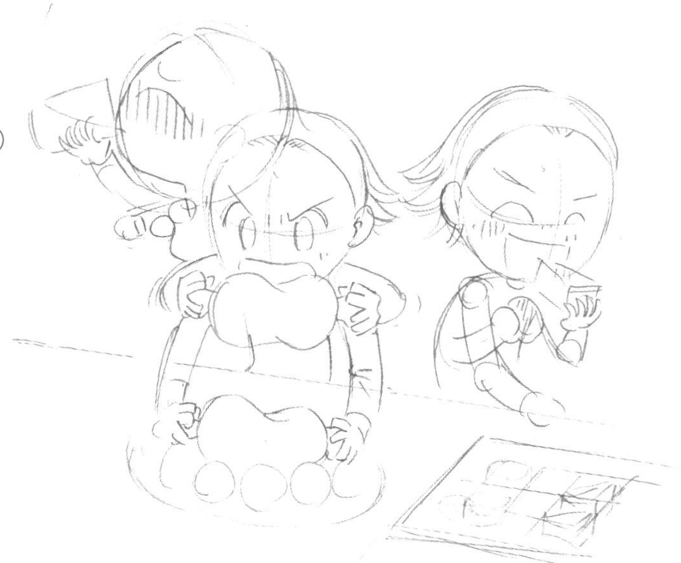

Zeichne die weiteren Bewegungen, die der Charakter ausführt. Die Zeichnung wird interessanter, wenn die beiden anderen Figuren andere Blickrichtungen und Posen einnehmen. Die Köpfe der Figuren sollten alle ungefähr gleich groß sein.

③

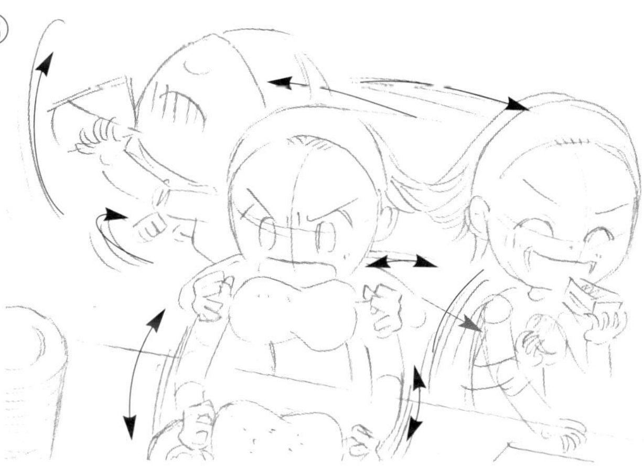

Zeichne Speedlines ein, um die schnellen Bewegungen hervorzuheben.

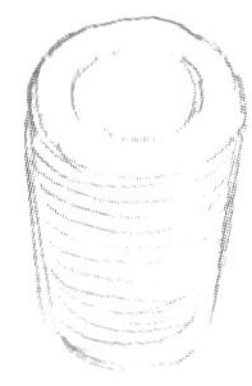

Hoher Tellerstapel

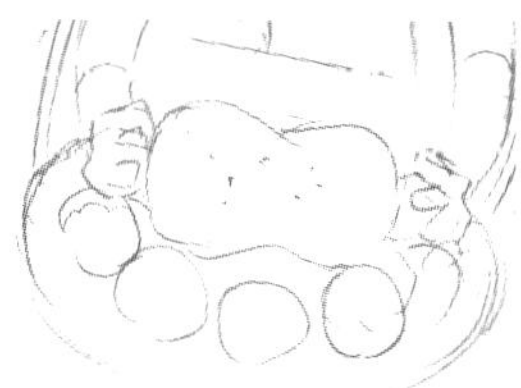

Riesige Fleischkeule

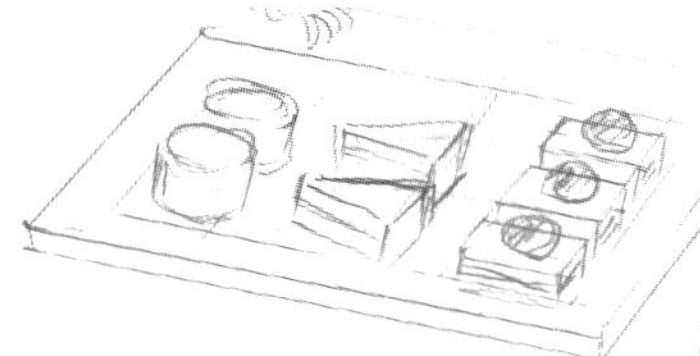

Eine riesige Platte Kuchen

Zeichne eine übertrieben große Menge an Essen, um die Szene zu verdeutlichen.

④

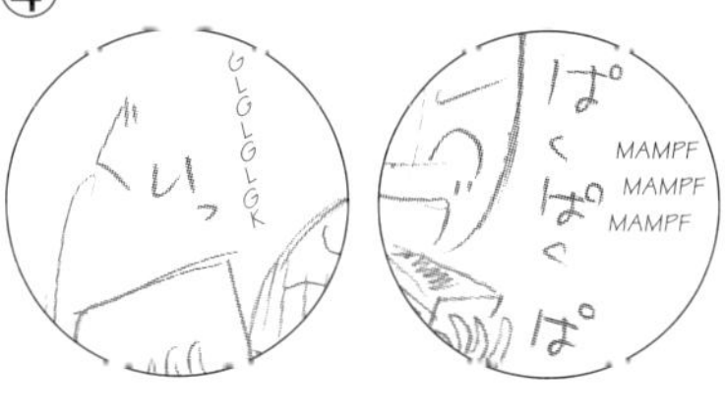

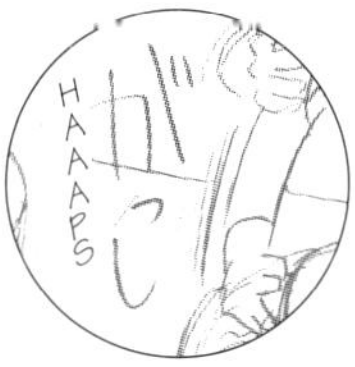

Füg kleine Details wie Soundwords hinzu, um die Zeichnung fertigzustellen.

⑤

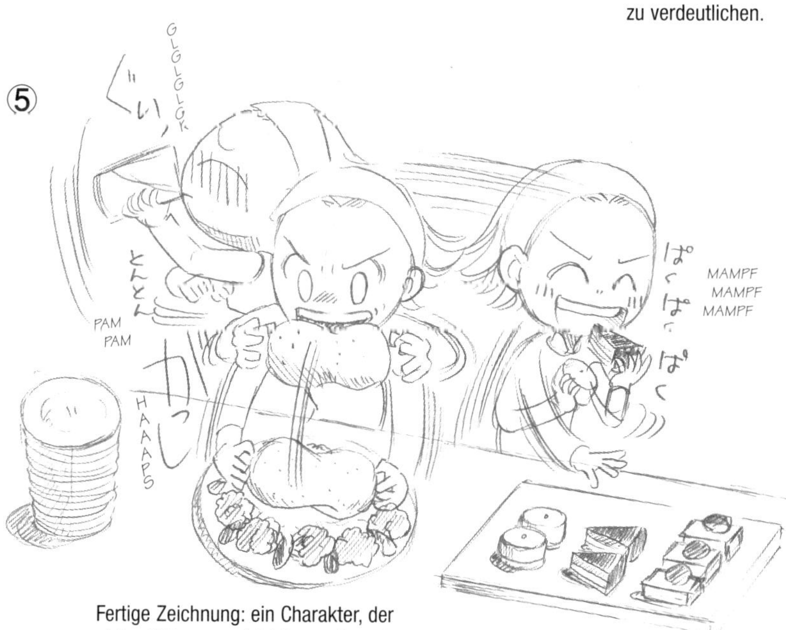

Fertige Zeichnung: ein Charakter, der sich mit Essen und Trinken vollstopft.

Emotionen stilisieren

Stilisierte Emotionen sind erst dann gerade richtig, wenn sie extrem übertrieben sind. Dafür werden sowohl das Gesicht als auch der Körper eingesetzt.

Fröhliche Emotionen

Dazu gehören Lachen, Freude, Glück etc.

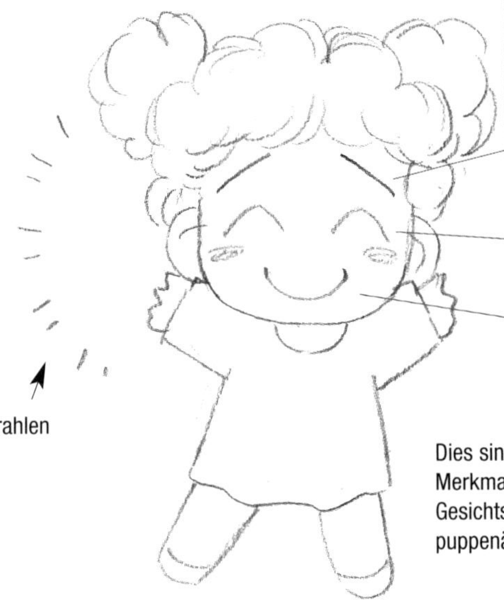

Strahlen

Die Augenbrauen sind schräg nach außen geneigt.

Die Augen sind zwei Bögen.

Die Mundwinkel sind nach oben gezogen (und formen ein »U«).

Dies sind die charakteristischen Merkmale für einen freudigen Gesichtsausdruck bei einem puppenähnlichen Charakter.

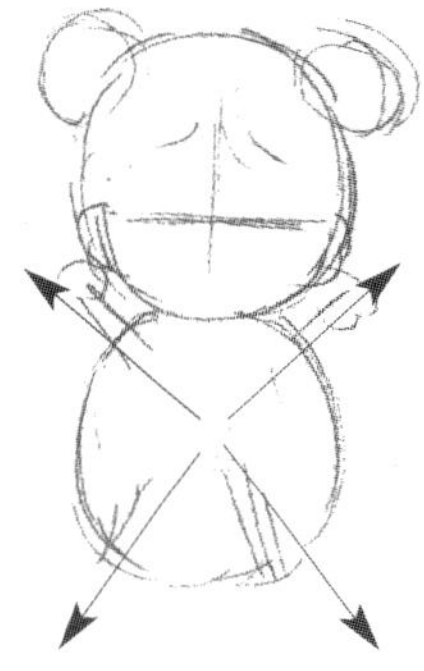

Die groben Umrisse der Pose zeigen, wie die Arme und Beine in alle vier Richtungen vom Körper abstehen.

Lächeln: verschiedene Ausdrücke des Munds

Drück freundliche, fröhliche oder glückliche Emotionen mit dem Mund aus.

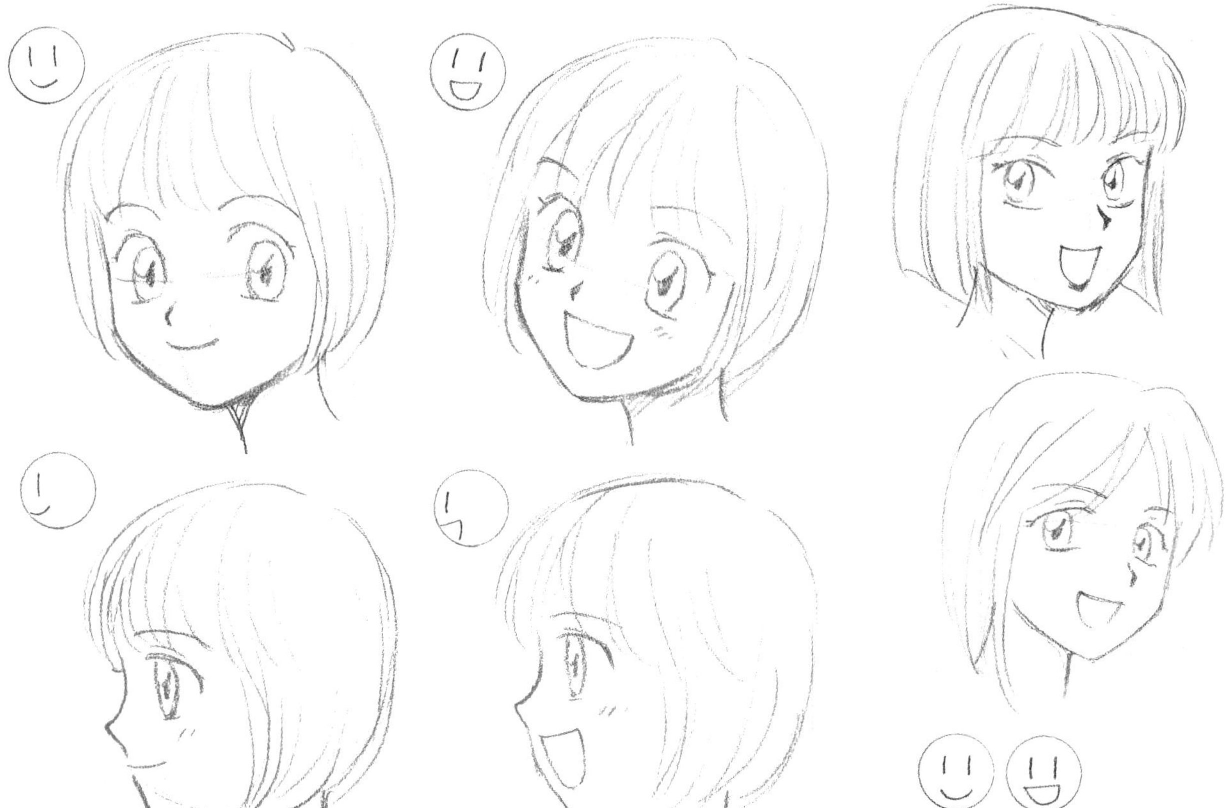

Egal, ob die Augen nach oben oder nach unten geneigt sind, wenn die Mundwinkel nach oben gezogen sind, wirkt der Charakter fröhlich.

Mit dem Körper Freude ausdrücken

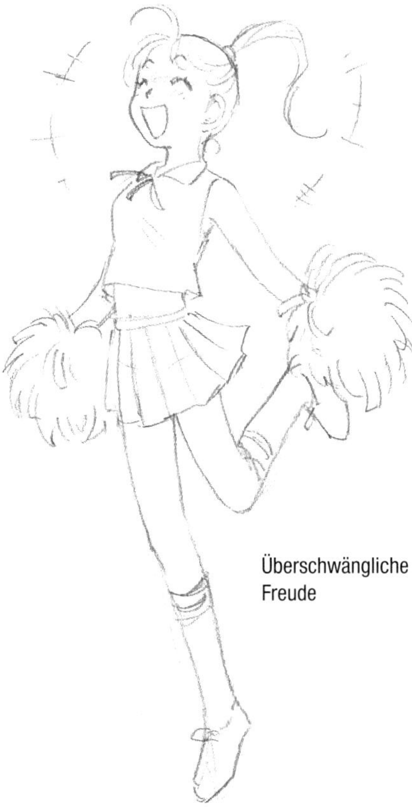

Überschwängliche Freude

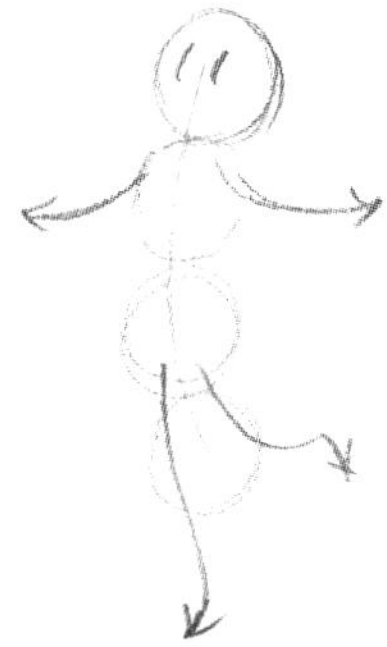

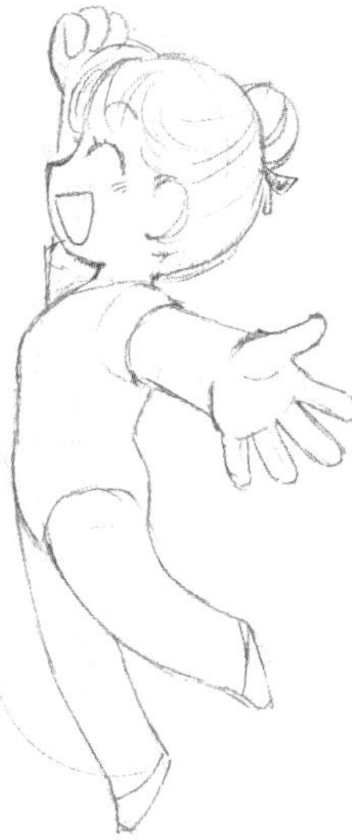

Stell eine fröhliche, glückliche Stimmung mit Hilfe eines nach hinten gebeugten Körpers dar.

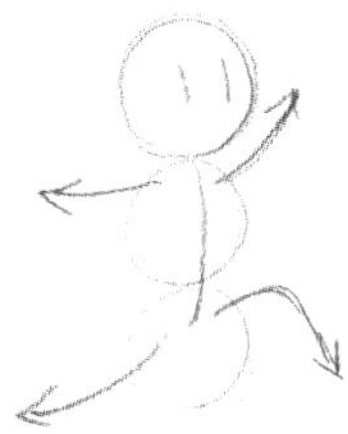

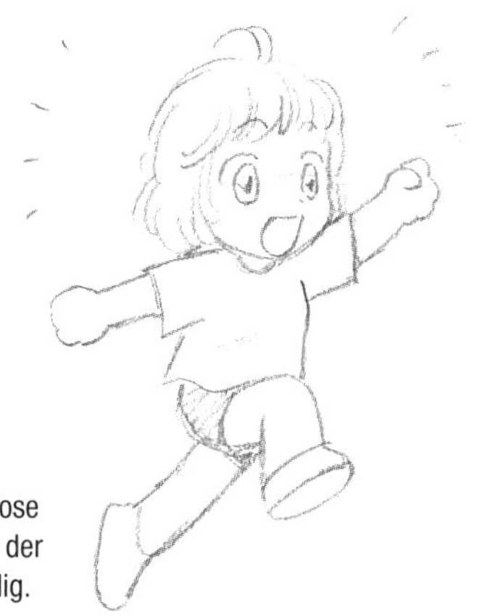

Wenn der Körper bei einer laufenden oder springenden Pose nach hinten gebeugt ist, wirkt der Charakter aufgeregt und freudig.

Freude -> Begeisterung -> Freudentanz: die Steigerung positiver Emotionen

Bei allen drei Emotionen wird der Körper nach außen gestreckt.

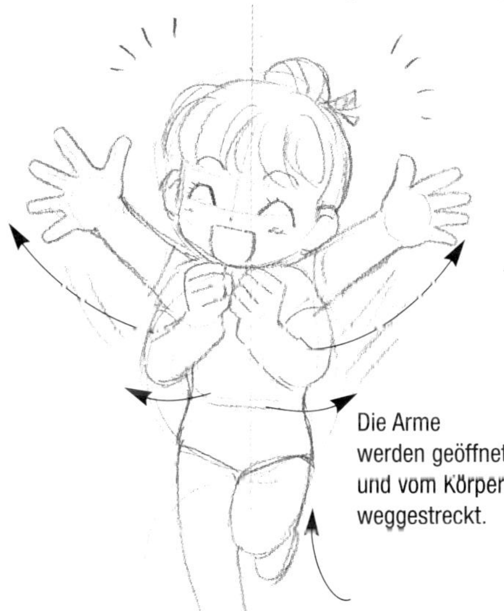

Die Arme werden geöffnet und vom Körper weggestreckt.

Indem ein Bein angewinkelt wird, wirkt der Charakter so, als würde er vor Freude in die Luft springen.

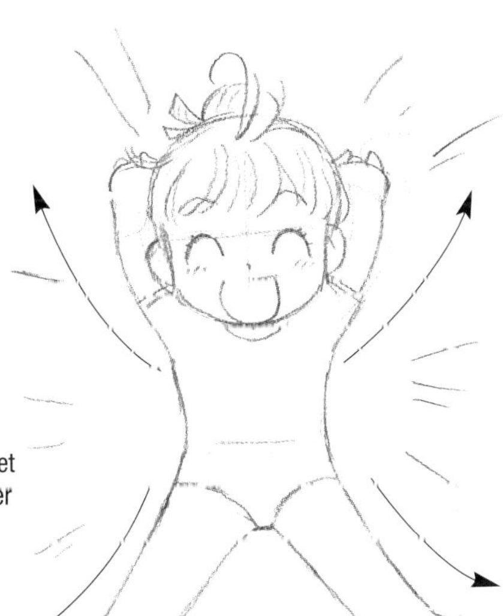

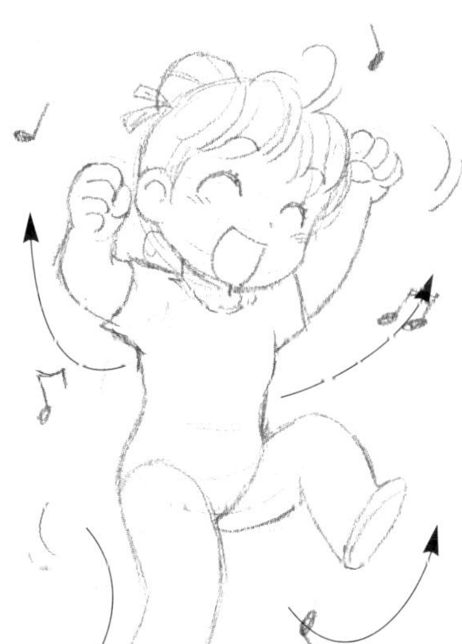

Freude: Der Charakter springt in die Luft und streckt beide Arme aus. Die weit geöffneten Handflächen und ausgestreckten Finger erzeugen eine fröhliche, überschwängliche Stimmung.

Begeisterung: Arme und Beine sind in vier Richtungen vom Körper weggestreckt.

Freudentanz: Der Charakter wedelt mit den Armen um den Kopf herum und bewegt alle Gliedmaßen.

Im Stehen lachen

Zeichne zuerst grobe Umrisse.

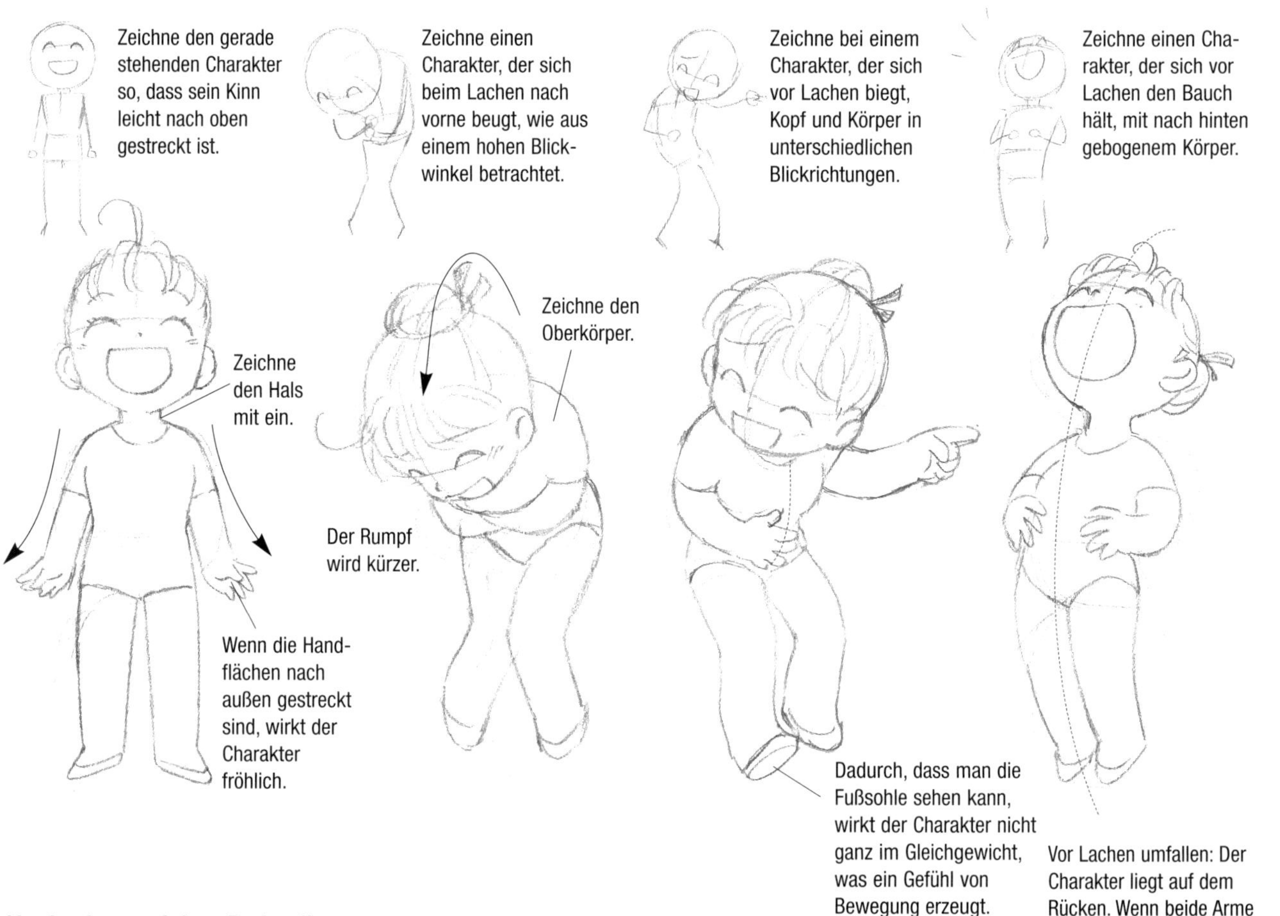

Vor Lachen auf dem Boden liegen

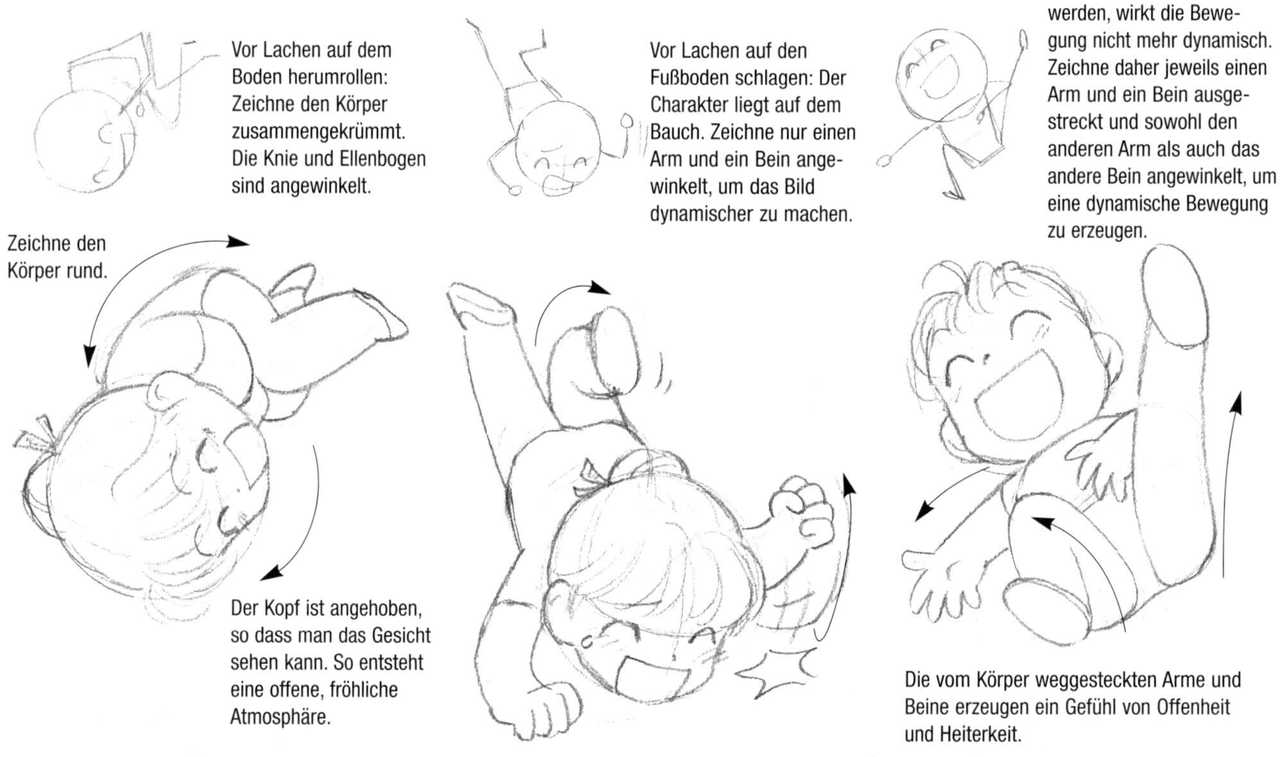

Ein lachendes Gesicht aus einem niedrigen Winkel

Je weiter das Kinn nach oben gereckt ist, desto stärker lacht der Charakter.

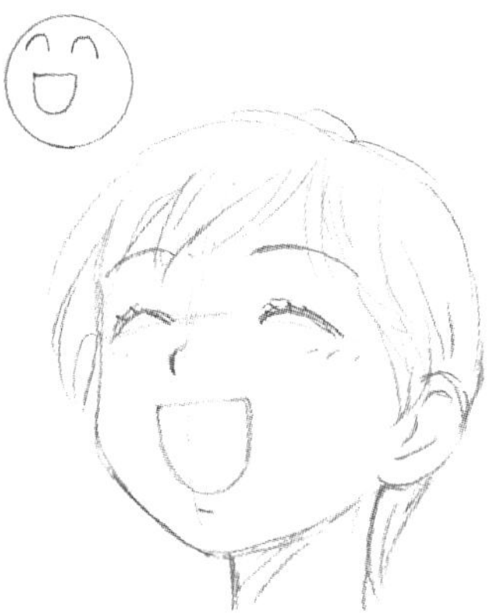

Leicht angehobenes Kinn: Die Unterseite des Kinns ist nicht zu sehen. Typische Kennzeichen sind die hakenförmige Nase und der lange Hals.

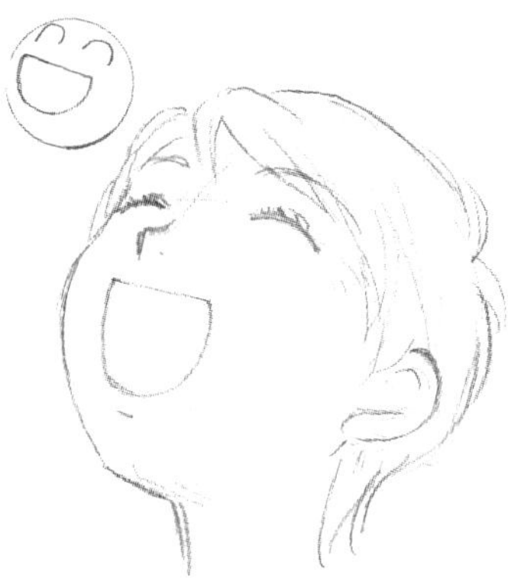

Stärker angehobenes Kinn: Das Gesicht wird aus einem niedrigen Winkel gezeichnet und die Unterseite des Kinns ist zu sehen.

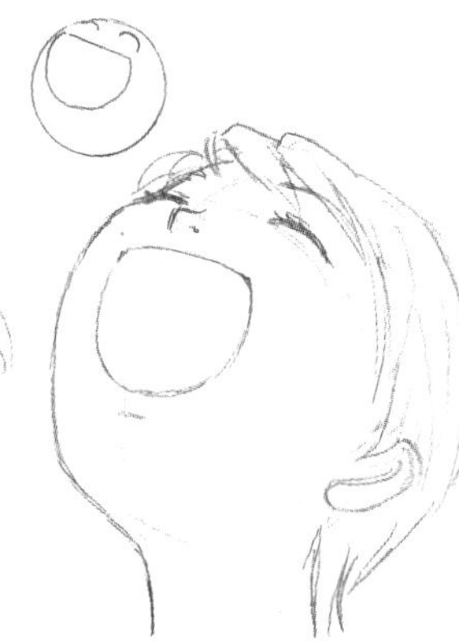

Stärker angehobenes Kinn: Die Gesichtsmerkmale oberhalb des Mundes werden immer kleiner.

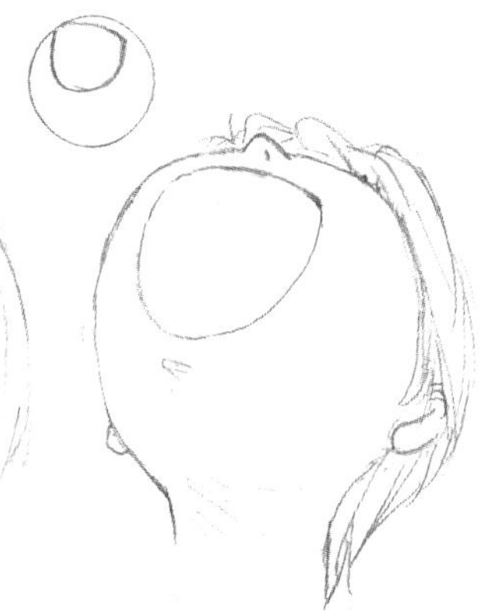

Vollständig zurückgebeugter Kopf: Man sieht nur noch den Mund und die Nase.

Spezielles Lächeln: verzerrte Augenbrauen und Münder

Wenn Mund und Augenbrauen asymmetrisch gezeichnet werden, verschwindet die fröhliche Atmosphäre. So lassen sich subtile Emotionen darstellen.

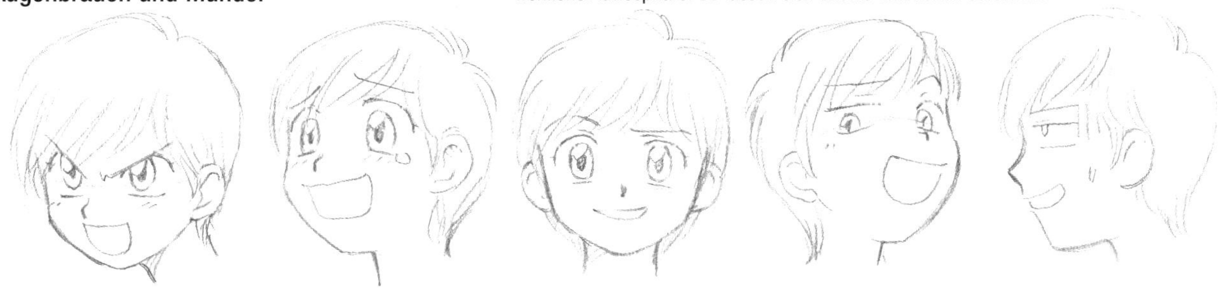

Fieses Lachen | Lächeln unter Tränen | Unterwürfiges Lächeln | Hänselndes Lächeln | Verkrampftes Lächeln

Fröhliche Möbel und Blumen

Nach außen gebogene Linien lassen sich auch bei nicht menschlichen Objekten dazu verwenden, um Fröhlichkeit auszudrücken.

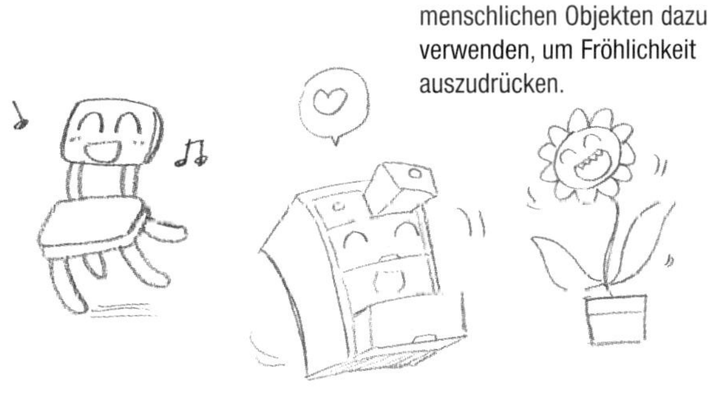

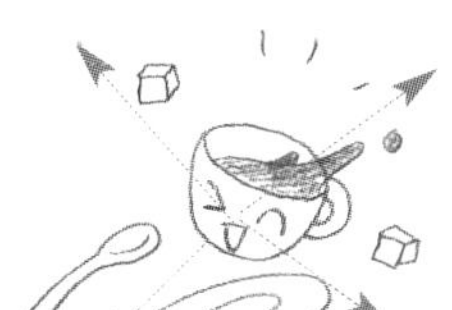

Um ein unbewegliches Objekt tanzend darzustellen, zeichne seine Einzelteile in alle vier Richtungen abstehend.

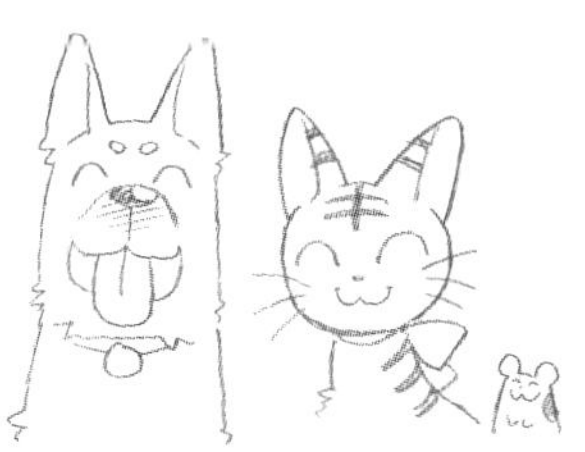

Zeichne Tiere mit lächelnden Mündern.

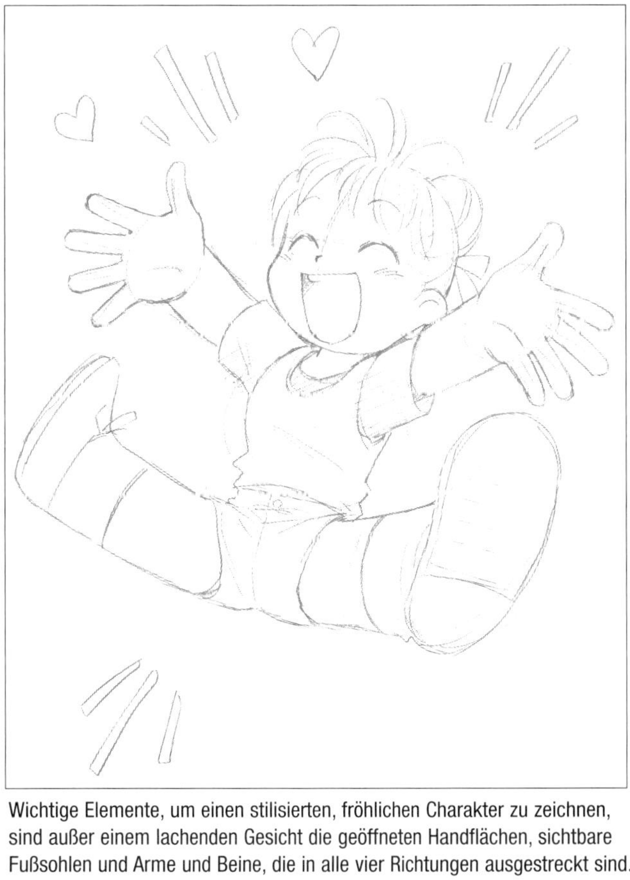

Wichtige Elemente, um einen stilisierten, fröhlichen Charakter zu zeichnen, sind außer einem lachenden Gesicht die geöffneten Handflächen, sichtbare Fußsohlen und Arme und Beine, die in alle vier Richtungen ausgestreckt sind.

Traurige Emotionen

Dazu gehören Erschöpfung, Traurigkeit, Einsamkeit, Angst etc.

Der Kopf ist nach unten gesenkt.

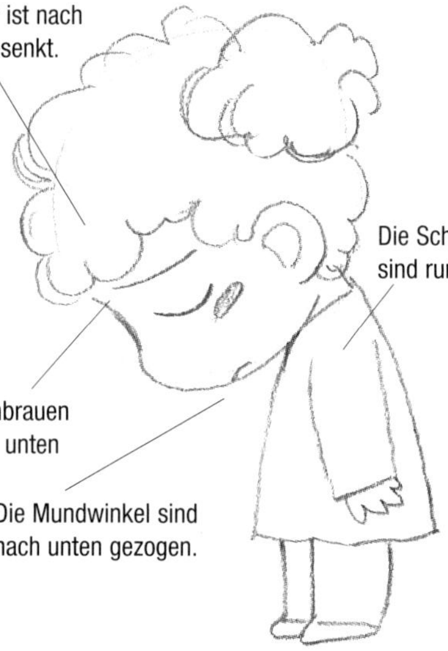

Die Schultern sind rund.

Die Augenbrauen sind nach unten gebogen.

Die Mundwinkel sind nach unten gezogen.

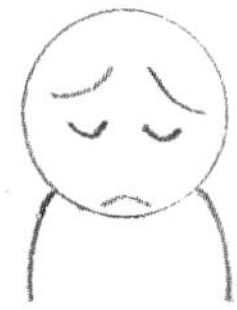

Durch den nach unten gesenkten Kopf und die hängenden Schultern ist der Hals nicht zu sehen.

Erschöpfte, niedergeschlagene Pose

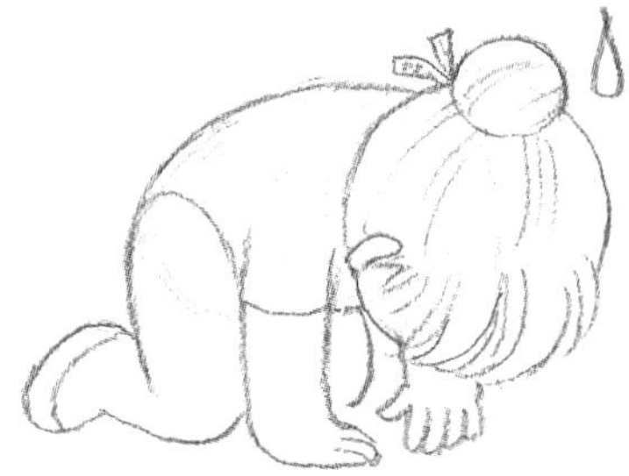

Die Schultern sind gekrümmt und der Charakter ist auf den Knien.

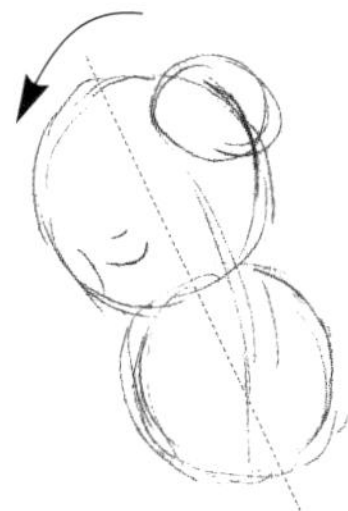

Stell dir für die groben Umrisse zwei Klöße auf einem nach vorne geneigten Spieß vor. Man verbindet mit traurigen Emotionen das Bild eines zurückgezogenen oder eingerollten Körpers.

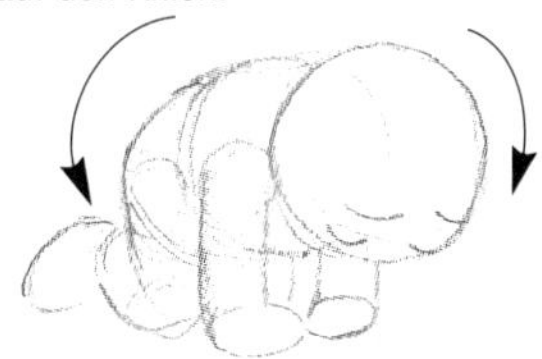

Wenn der Charakter niedergeschlagen ist, zeig den traurigen Gemütszustand, indem sich der ganze Körper »nach innen« bewegt.

Verschiedene Ausdrücke der Augenbrauen und des Mundes

Drück unglückliche Emotionen wie Angst, Einsamkeit oder Traurigkeit durch Veränderungen an Augenbrauen und Mund aus.

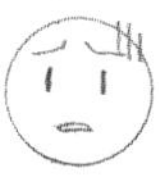

Sorge, Angst

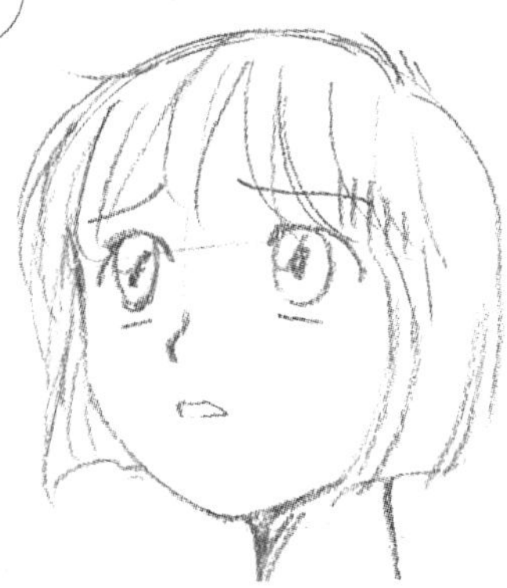

Einsamkeit, Schmerz

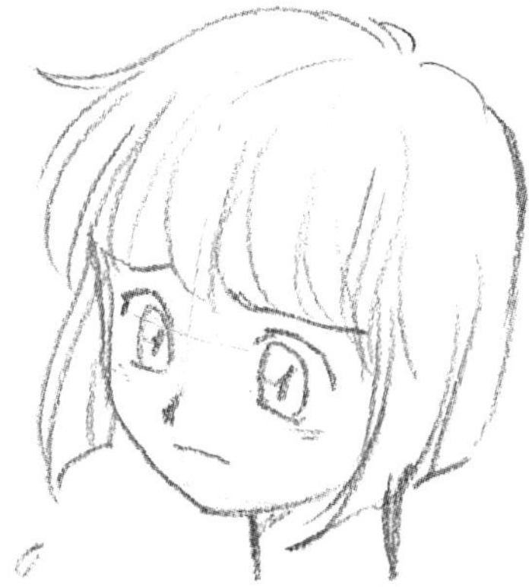

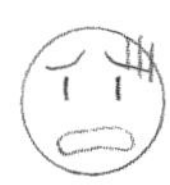

Stärkere Angst, Traurigkeit

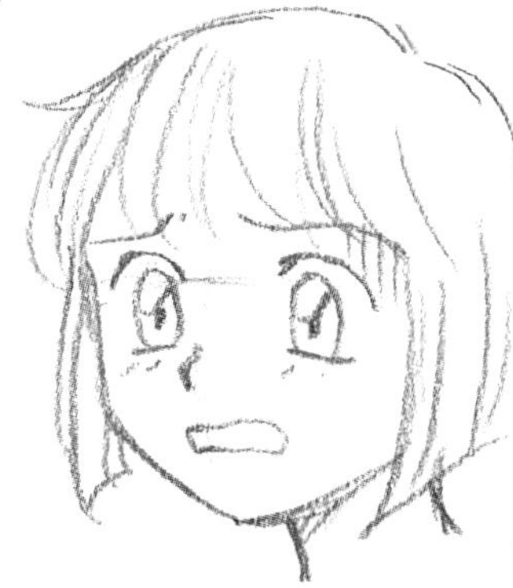

Stärkere Traurigkeit, kurz vorm Weinen

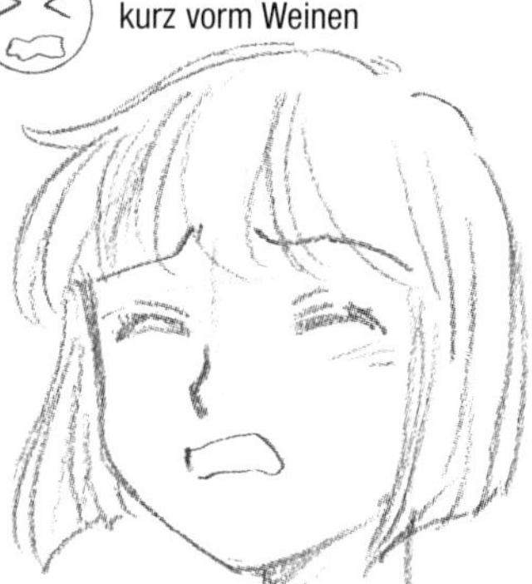

Weinen

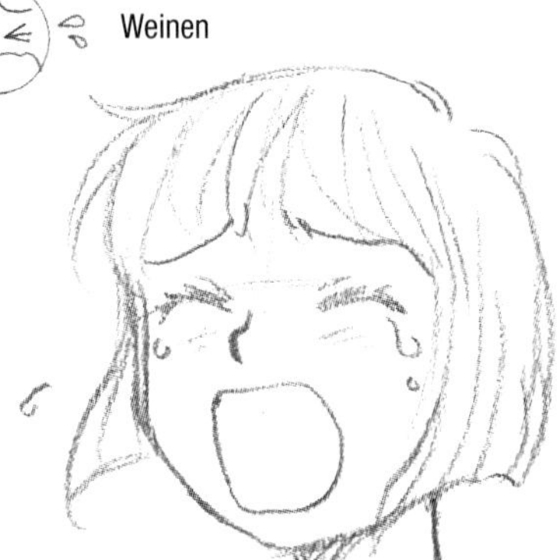

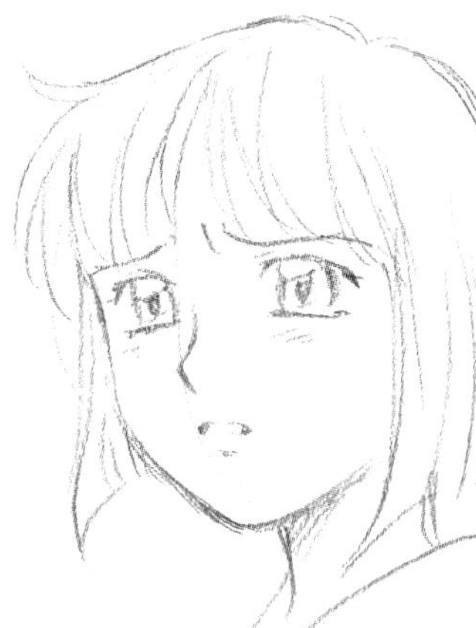

Die Augenbrauen sind so stark zusammengezogen, dass sich auf der Stirn eine Falte bildet.

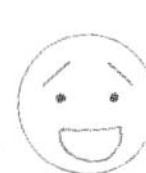

Fröhliche schräge Augenbrauen

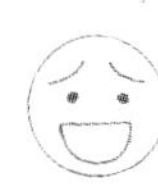

Traurige schräge Augenbrauen

Durch den Körper die verschiedenen Stufen der Angst ausdrücken

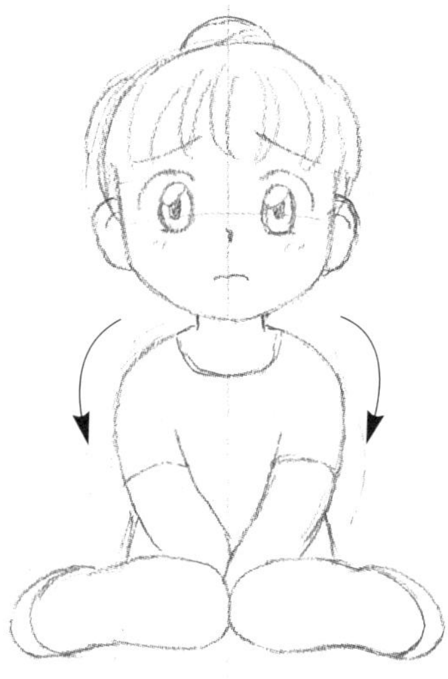

Ein wenig ängstlich: Die Schultern hängen herab und der Rücken ist rund.

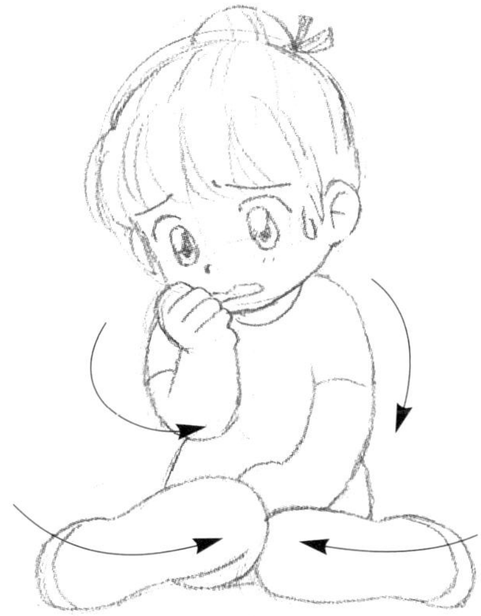

Angst: Der Kopf wird nach unten gesenkt (»nach innen«) und Arme und Beine näher an den Körper herangezogen.

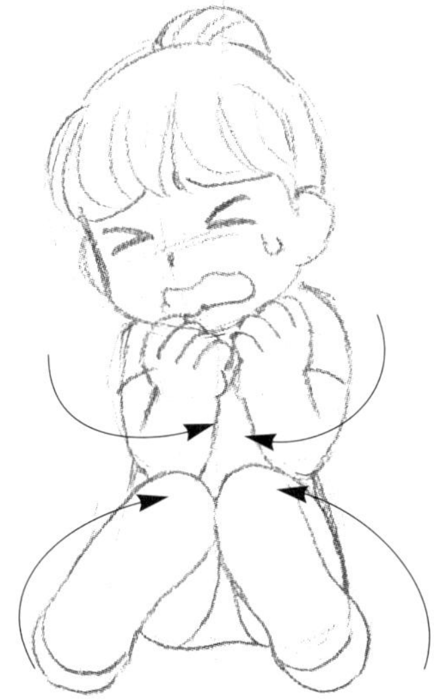

Extreme Angst: Arme und Beine werden nah an den Körper herangezogen, der Charakter kauert sich zusammen.

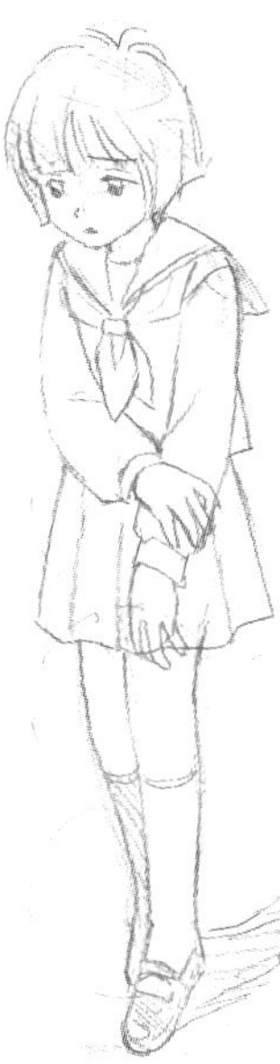

Details wie der runde Rücken, die dunklen Schatten oder die Perspektive aus einem hohen Winkel rufen eine bedrückte oder ängstliche Stimmung hervor.

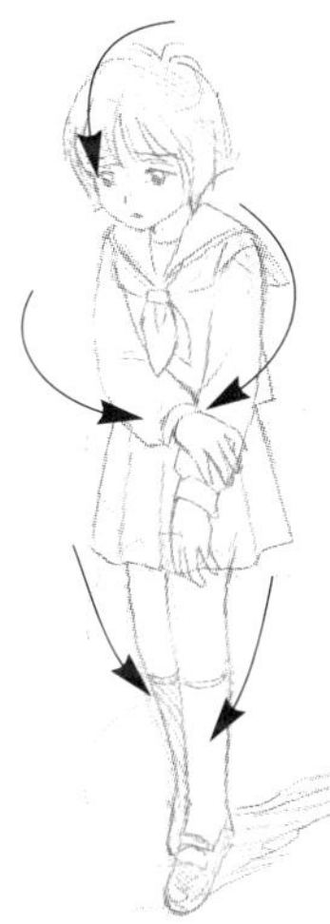

Zeichne Hals, Arme, Beine etc. auch bei einem stehenden Charakter zum Inneren des Körpers hin gerichtet, um ihn traurig und einsam wirken zu lassen.

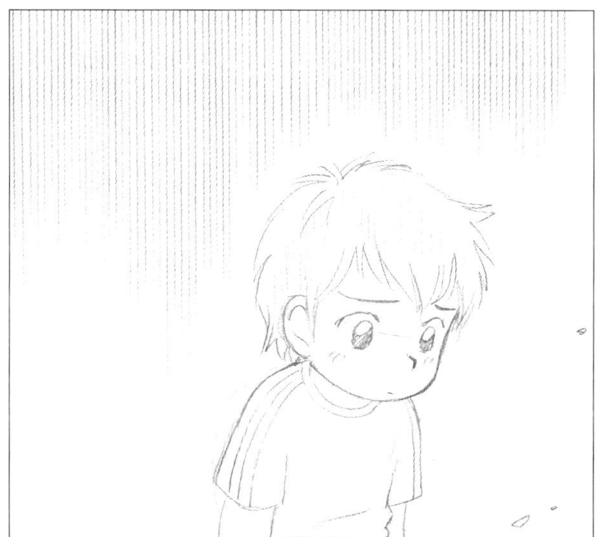

Wichtige Elemente, um einen traurigen, einsamen Charakter zu zeichnen, sind nach innen gebogene Augenbrauen, herabhängende Schultern und eine nach vorn gekrümmte Haltung. Zeichne die Füße auseinanderstehend, um eine einsame Stimmung hervorzurufen und zu zeigen, dass der Charakter dort ganz alleine steht. Mit geschlossenen Beinen würde die Pose eher entschuldigend wirken.

Unglückliche Tiere und Möbel

Das wichtigste Element ist der runde »Rücken«.

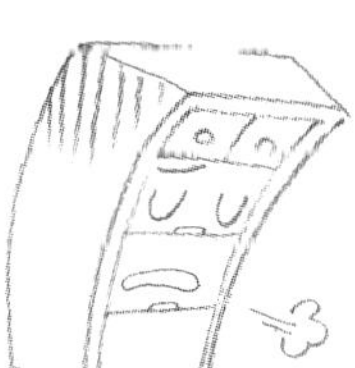

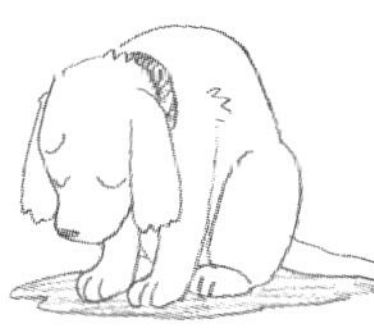

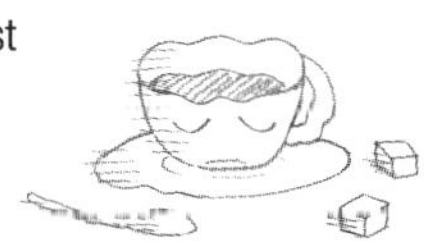

Der herabhängende Griff und die wellenförmigen Konturen der Tasse erzeugen eine traurige und einsame Stimmung.

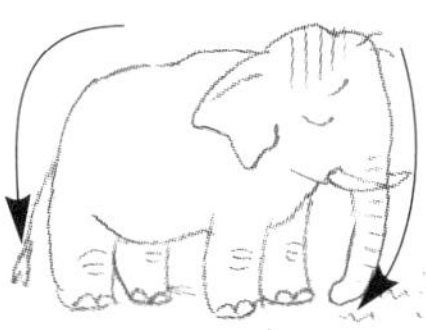

Verwende nach innen gerichtete Formen.

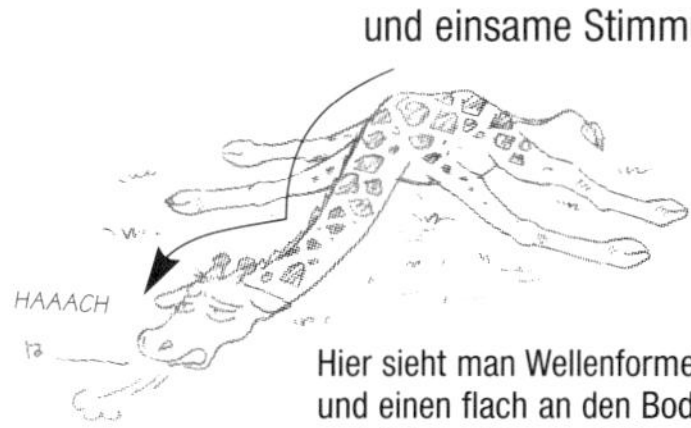

Hier sieht man Wellenformen und einen flach an den Boden gedrückten Körper als Ausdruck von Traurigkeit und Unwohlsein.

Wütende Emotionen

Dazu gehören Gereiztheit, Aggression, Wut, Zorn etc.

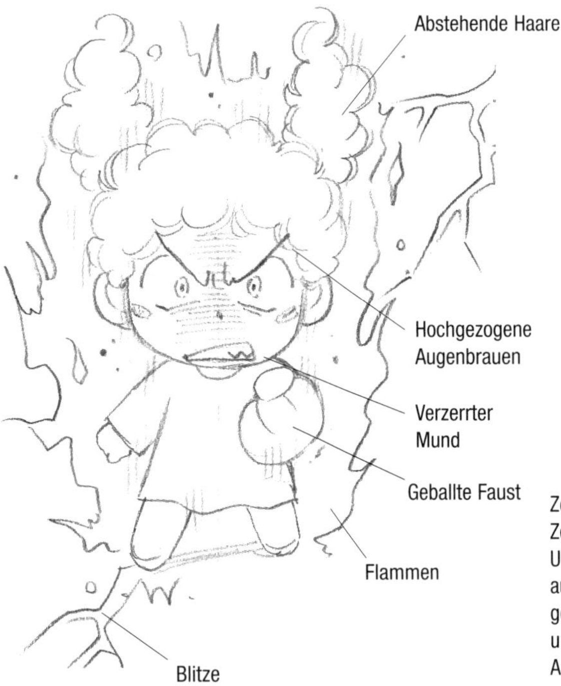

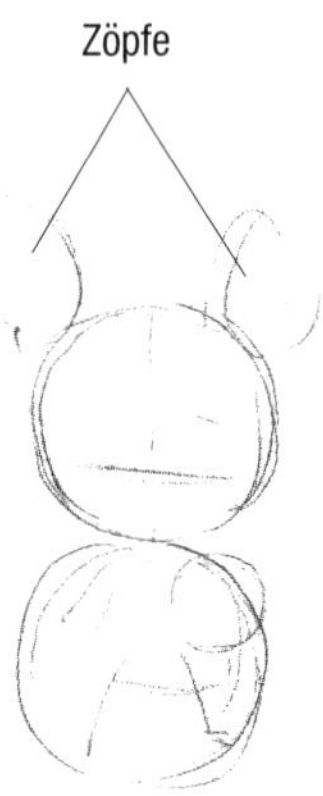

Zeichne die abstehenden Zöpfe bereits in den groben Umrissen mit ein. Zeichne aufgerichtete und nach vorn geneigte Körperhaltungen, um das Gefühl der Wut zum Ausdruck zu bringen.

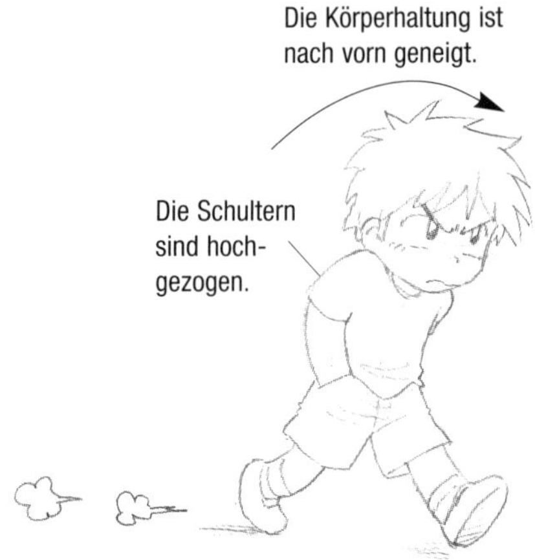

Hier sieht man einen Charakter, der ärgerlich und gereizt umherläuft. Wut ist ein Gemütszustand, bei dem man seine Energie nach außen richtet. Verwende daher für einen wütenden Charakter aggressive Körpersprache wie einen bis auf die Zehenspitzen aufgerichteten Körper oder hochgezogene Schultern.

Typische Symbole, die Wut ausdrücken:

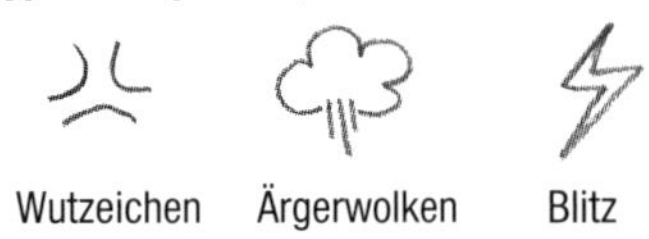

Wut: verschiedene Ausdrücke der Augenbrauen

Verwende nach oben gezogene Augenbrauen, um Unzufriedenheit, Genervtheit, Ärger und andere wütende Gesichtsausdrücke darzustellen.

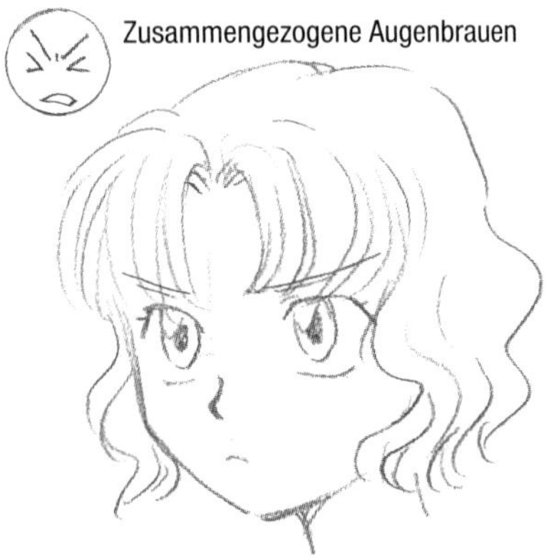

Eingeschnappt, leicht verärgert

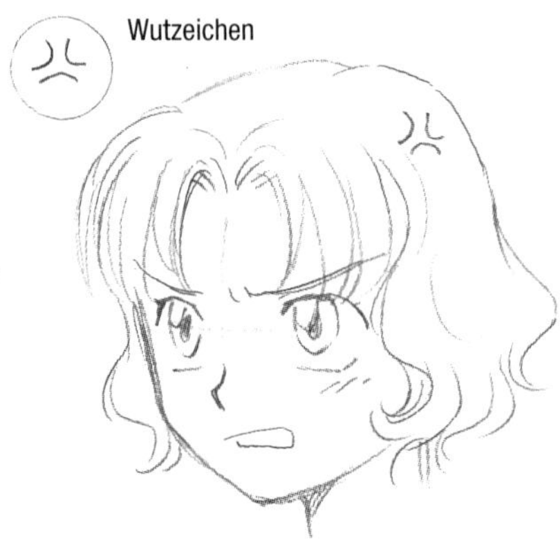

Genervt, stärker verärgert

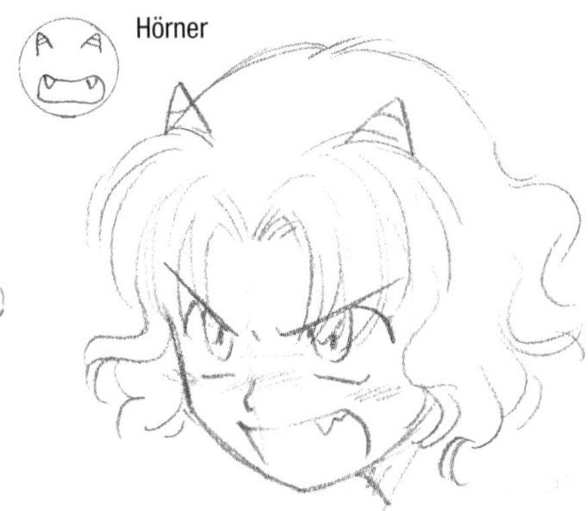

Wütend, sauer

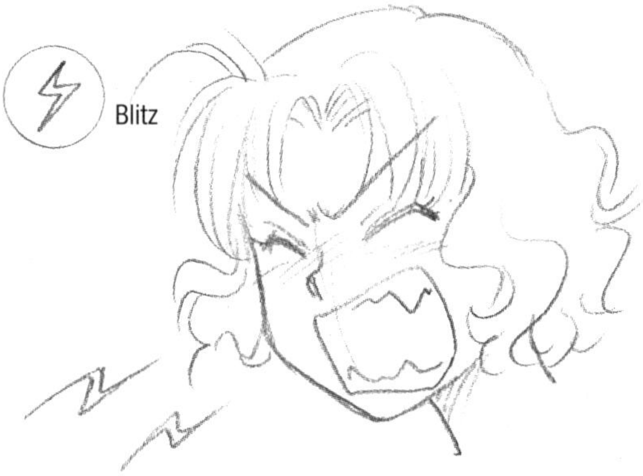

Richtig wütend, Rage

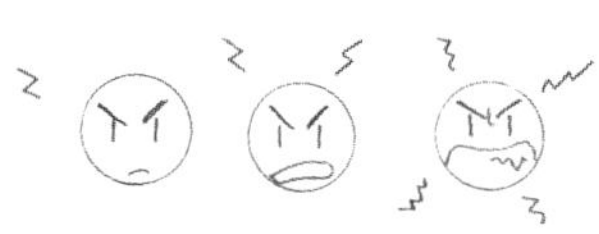

Je mehr Blitze man zeichnet, desto wütender ist der Charakter.

Viele Ärgerwolken lassen den Charakter richtig wütend wirkend

Wenn man wütend ist, spannt man meistens die Augenbrauen so stark an, dass sich zwischen ihnen Falten bilden.

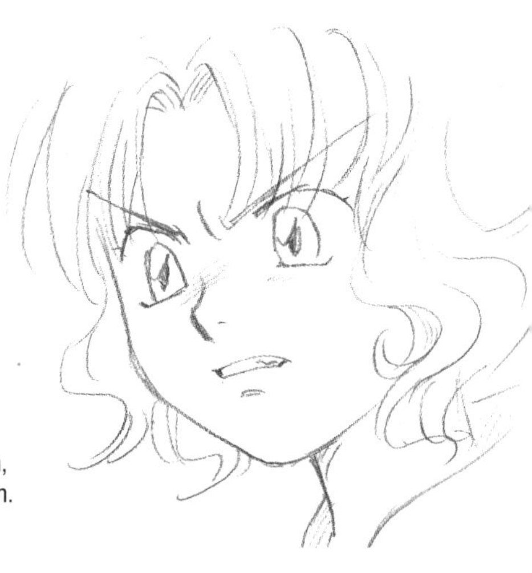

Mit dem Körper Wut ausdrücken

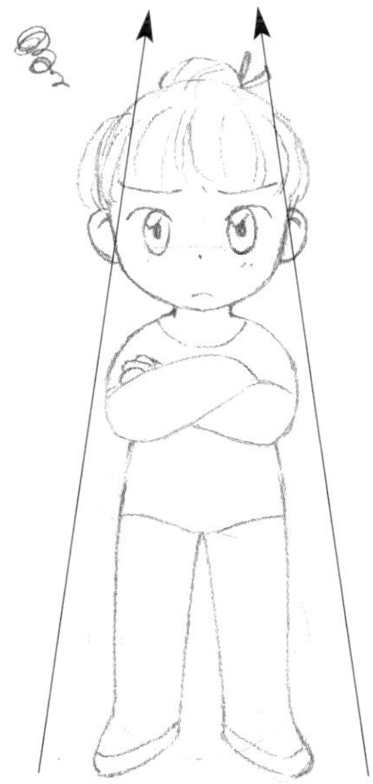

Unzufriedenheit: Die Beine sind geöffnet und die Arme vor der Brust verschränkt. Dadurch wird die Silhouette der Figur dreieckig, was eine verärgerte Stimmung widerspiegelt.

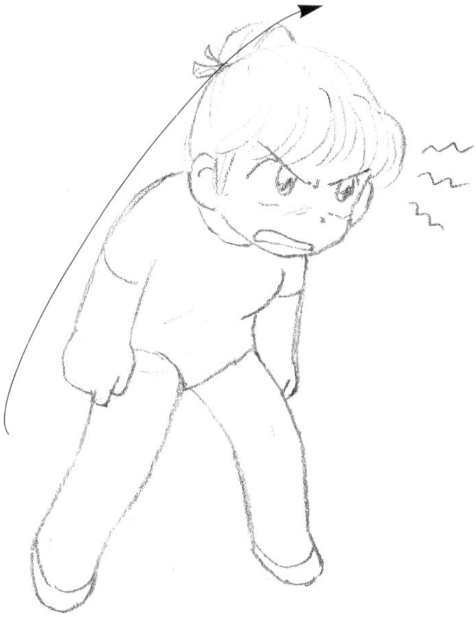

Knurren: Die nach vorn gelehnte Körperhaltung bringt zum Ausdruck, dass die Wut an die Oberfläche gekommen ist. Auch der Kopf wird nach vorn gestreckt.

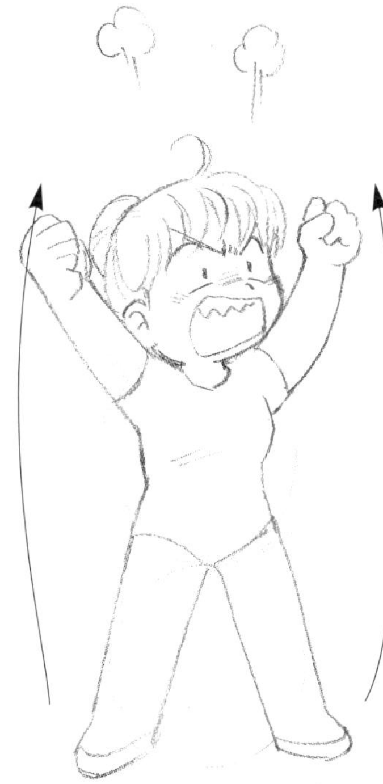

Wut, Nr.1: Der Charakter explodiert vor Wut. Das hoch gestreckte Kinn und das Gesicht zeigen, dass der Charakter herumbrüllt. Der ganze Körper drückt eine Explosivität aus.

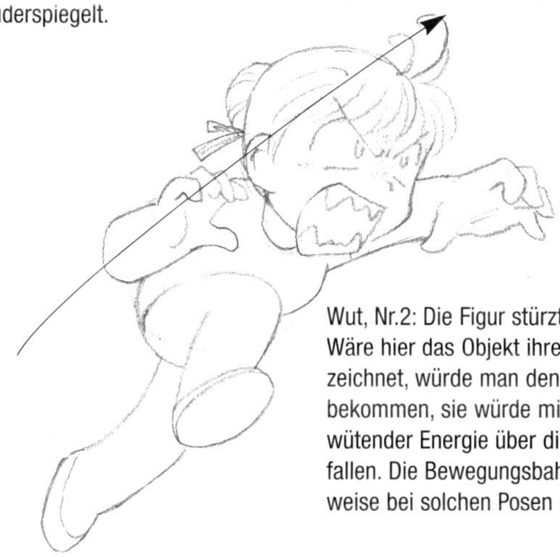

Wut, Nr.2: Die Figur stürzt nach vorn. Wäre hier das Objekt ihrer Wut eingezeichnet, würde man den Eindruck bekommen, sie würde mit einer Explosion wütender Energie über diese Person herfallen. Die Bewegungsbahn ist normalerweise bei solchen Posen geradlinig.

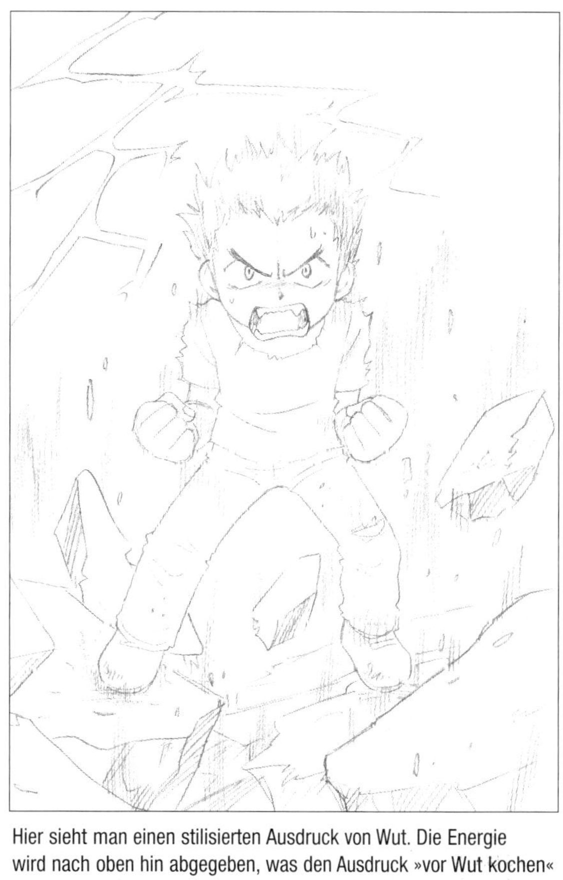

Hier sieht man einen stilisierten Ausdruck von Wut. Die Energie wird nach oben hin abgegeben, was den Ausdruck »vor Wut kochen« ziemlich passend macht. Zeichne abstehende Haare und angespannte Schultern. Die weit auseinanderstehenden Füße, die auf Höhe der Hüfte angewinkelten Arme, die nach vorn gebeugte Haltung, der ausgestreckte Hals und der starre Gesichtsausdruck sind alles Ausdrücke der Anspannung, die zur Wut gehört.

Der Bewegung eine Richtung geben

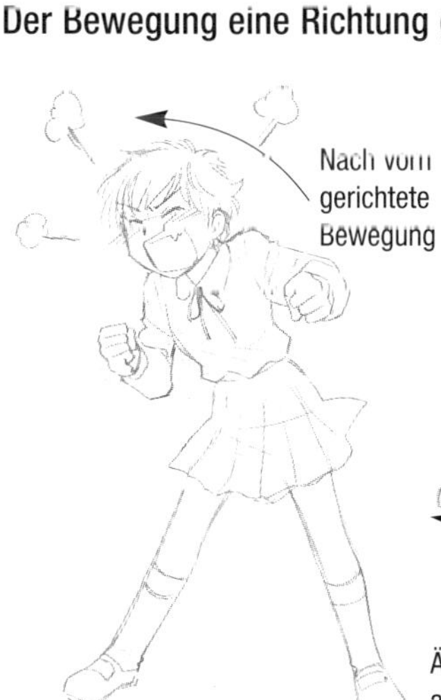

Eine nach vorn gerichtete Körperhaltung hat eine bestimmte Bewegungsrichtung. Allein, indem man den Körper des Charakters nach vorne neigt, bringt man eine wütende Bewegung zum Ausdruck.

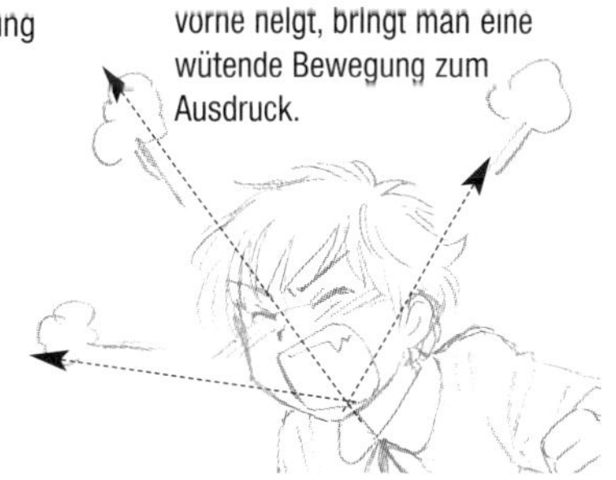

Ärgerwolken sollten von der Mitte des Körpers ausgehend dargestellt werden. Zeichne sie strahlenförmig um den Kopf herum ein.

Wut und Brüllen ausdrücken

Es ist wichtig, Auf- und Abbewegungen des Gesichtes darzustellen, wenn man ein wütendes Gesicht aus der Nähe zeichnet.

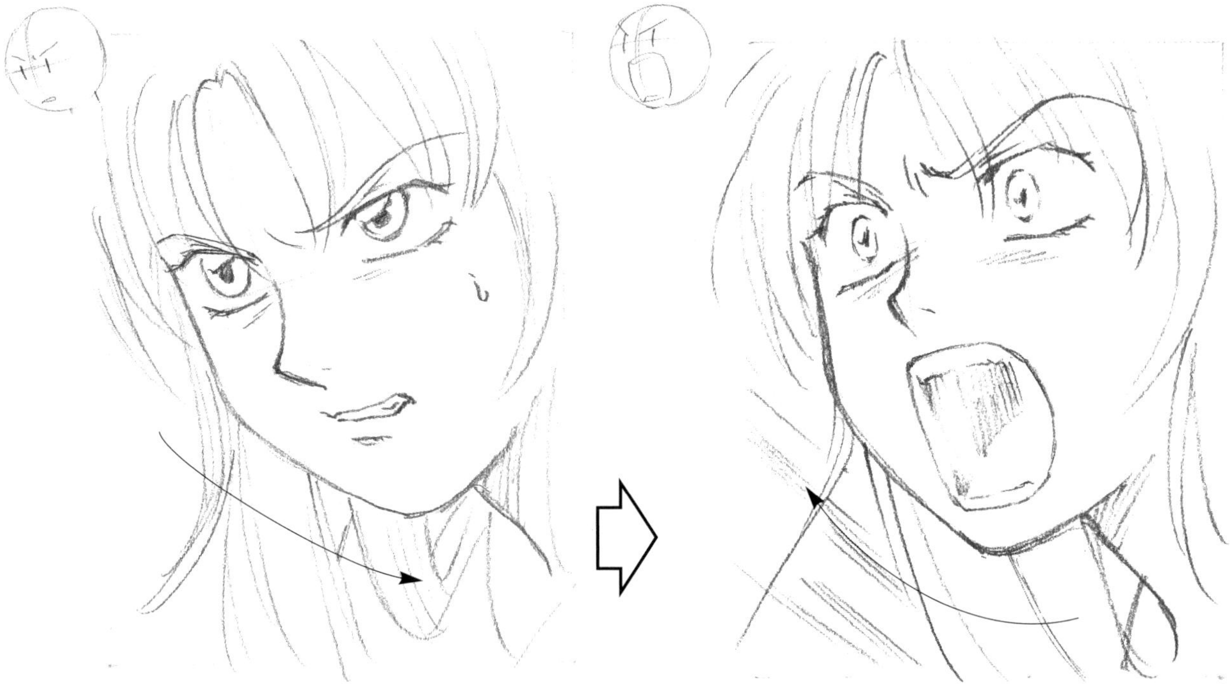

Der Charakter beißt die Zähne zusammen und das Gesicht senkt sich nach unten. Dies ist ein Ausdruck dafür, dass sich die Wut gerade aufbaut.

Der Charakter brüllt und rastet aus. Dabei hebt sich das Gesicht nach oben und zeigt nach vorne.

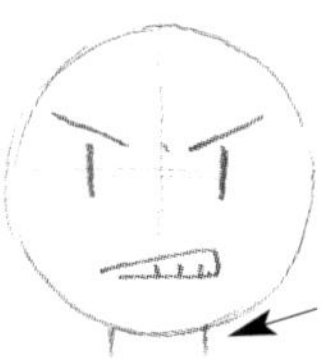

Zeichne den Mund schräg, um zusammengebissene Zähne darzustellen.

Zeichne die Figur so, dass man den Hals sehen kann.

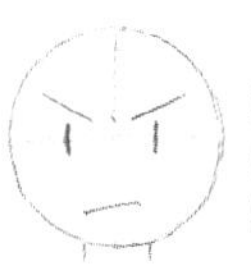

Ein geschlossener Mund drückt aus, dass der Charakter vor Wut kocht.

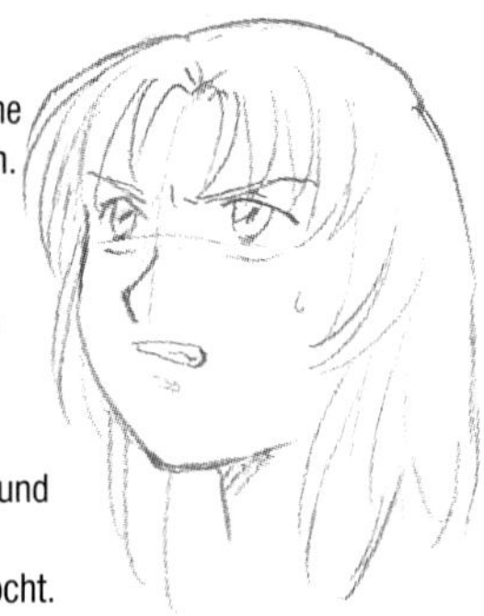

Zusammengebissene Zähne bei einem nach oben gerichteten Gesicht lassen den Charakter gequält wirken.

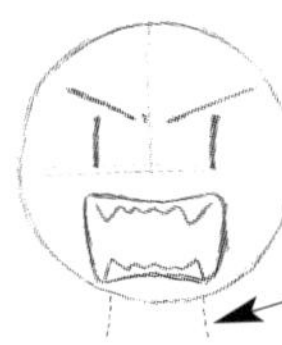

Zeichne den Mund trapezförmig, um das Brüllen darzustellen.

Normalerweise ist der Hals bei dieser Pose nicht zu sehen.

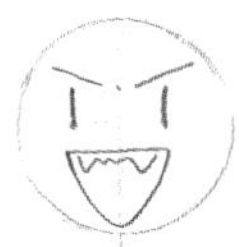

Ein dreieckiger Mund würde ein gehässiges Lachen darstellen.

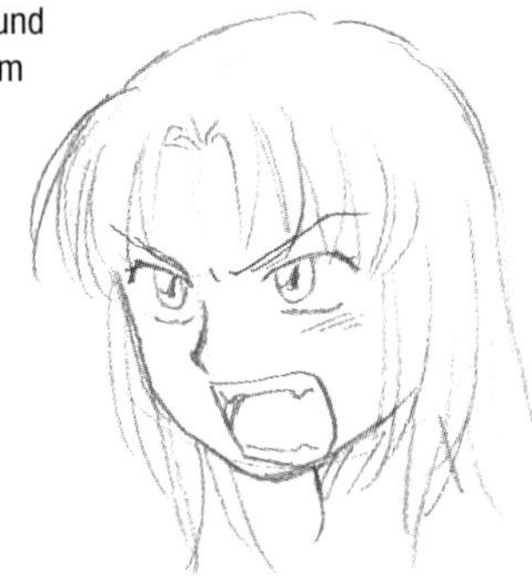

Wenn der Kopf nach unten gerichtet ist, sieht es so aus, als würde der Charakter wütend reden.

Das Mundinnere darstellen

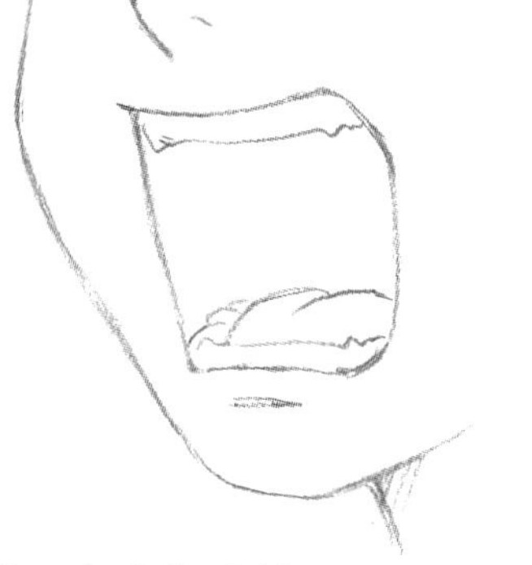

Normales Rufen: Zeichne die oberen und die unteren Zähne ein.

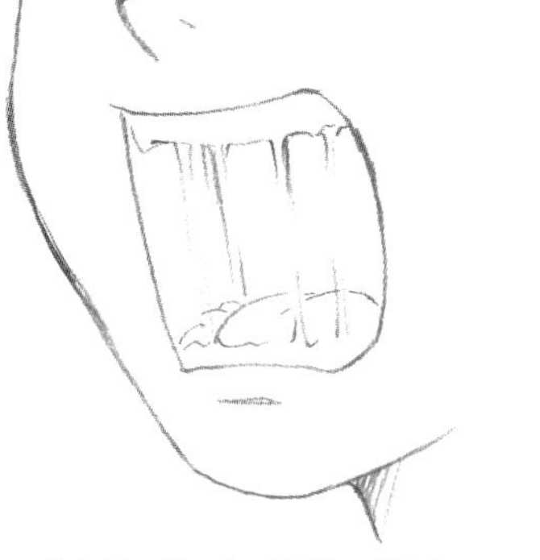

Leicht wütendes Brüllen: Zeichne einige der oberen und unteren Zähne so, als wären sie durch Fäden miteinander verbunden.

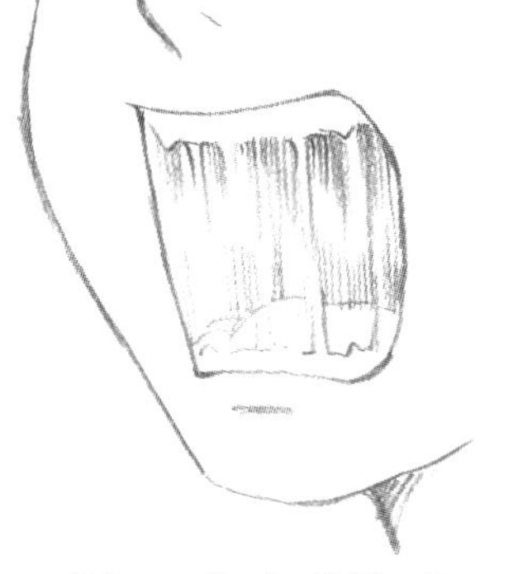

Extrem wütendes Brüllen: Verwende Schraffuren, um das Innere des Munds dunkler zu zeichnen. So erzeugt man den stärksten Effekt.

Erschrockene Emotionen

Dazu gehören Überraschung, Schrecken, Schock, Freude etc.

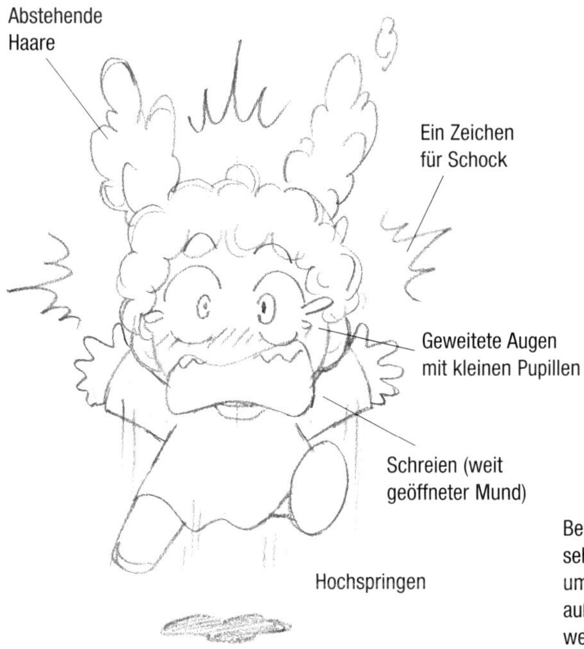

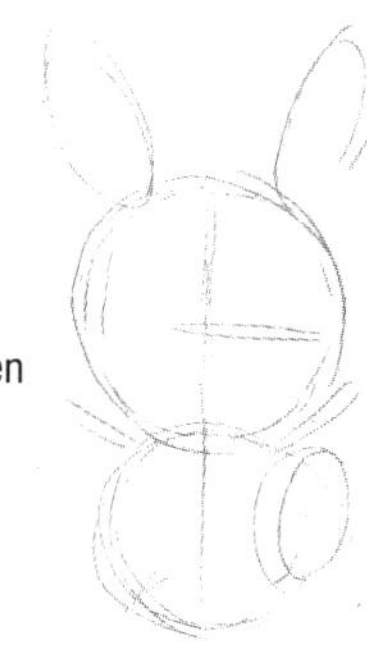

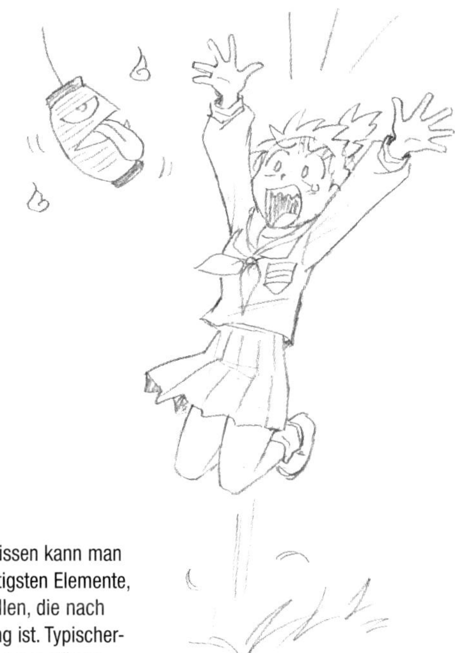

Bereits in den groben Umrissen kann man sehen, dass eins der wichtigsten Elemente, um Erschrecken darzustellen, die nach außen gerichtete Bewegung ist. Typischerweise sind dabei die Arme vom Körper weggestreckt, die Figur springt in die Höhe und die Haare stehen vom Kopf ab.

Erschrecken: Verschiedene Emotionen werden miteinander vermischt.

Erschrecken ist eine Mischung aus verschiedenen Emotionen wie Freude oder Ärger.

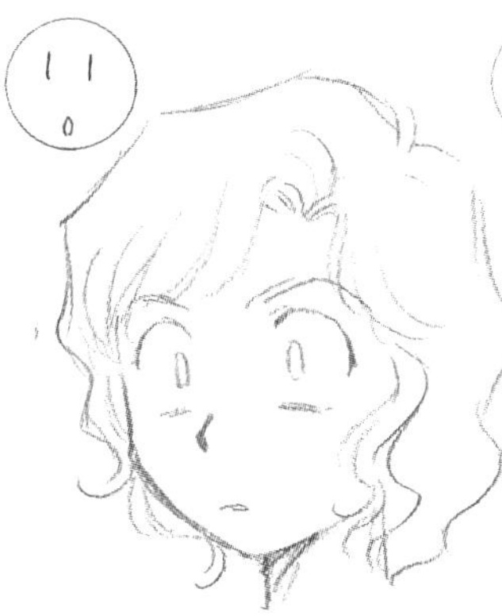

Verblüffung, Erstaunen

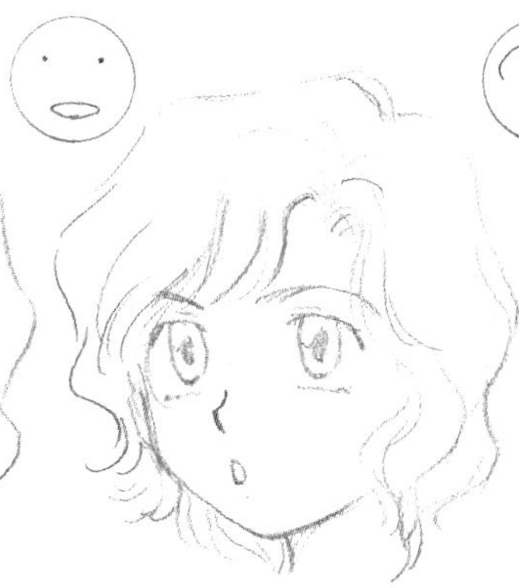

Sprachlose Verwunderung

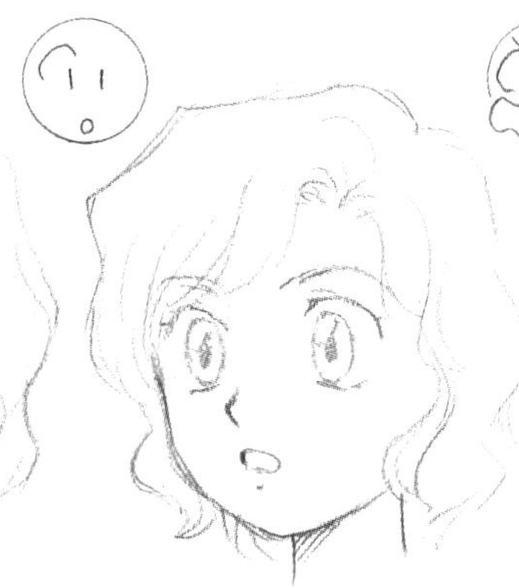

Überraschtes Erstaunen

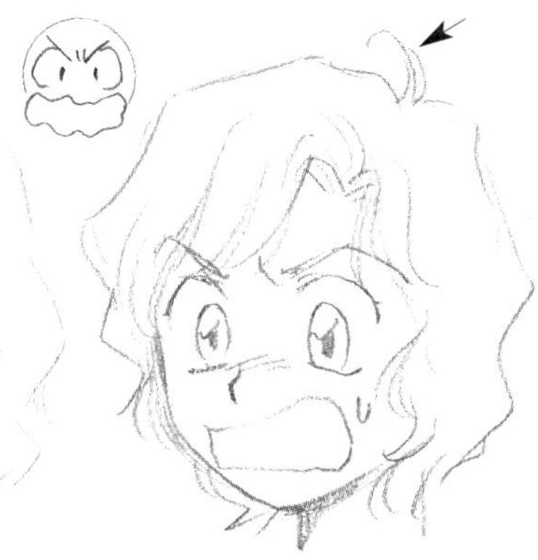

Erschrecken: Die abstehende Haarlocke ist eine typische Technik, um eine erschrockene Figur zu stilisieren.

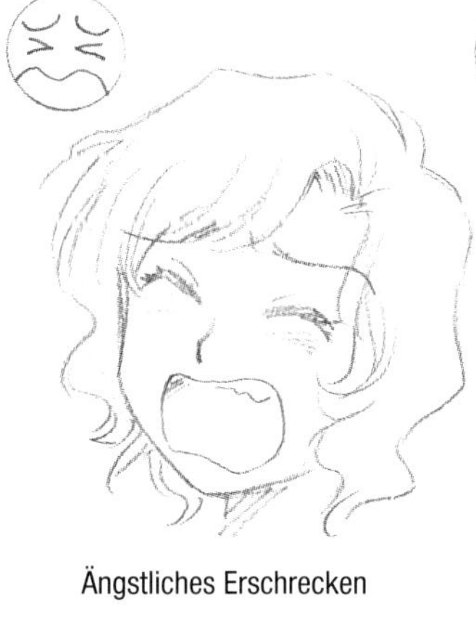

Ängstliches Erschrecken

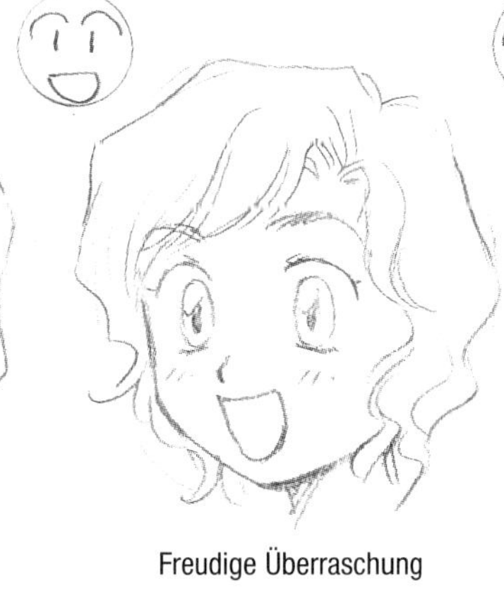

Freudige Überraschung

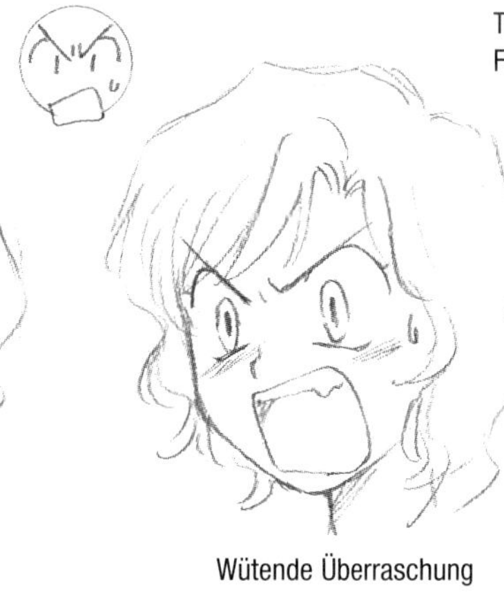

Wütende Überraschung

Mit dem Körper Erschrecken ausdrücken

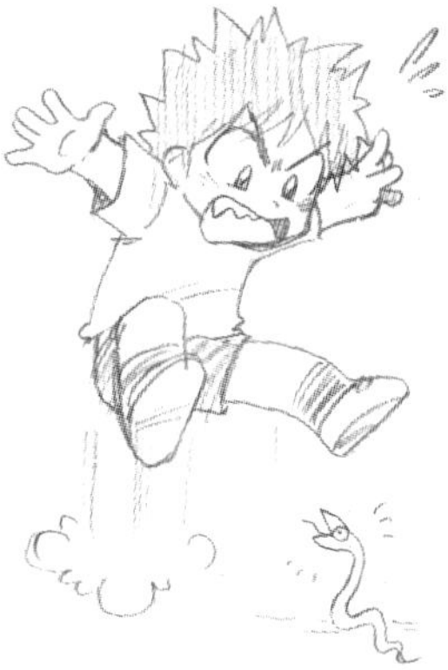

Man kann fast in jedem Detail dieses Charakters einen Ausdruck von Erschrecken erkennen, von der Stilisierung des Gesichts über die Art, wie der Oberkörper nach vorn gebeugt ist, bis hin zum Luftsprung. Weitere effektive Ausdrucksformen sind Schweißtropfen oder Tränen.

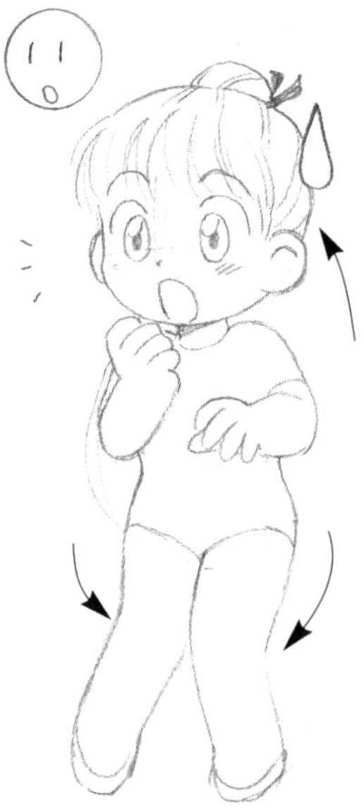

Erstaunen: Der Charakter ist leicht nach vorn gebeugt und die Arme befinden sich vor dem Körper.

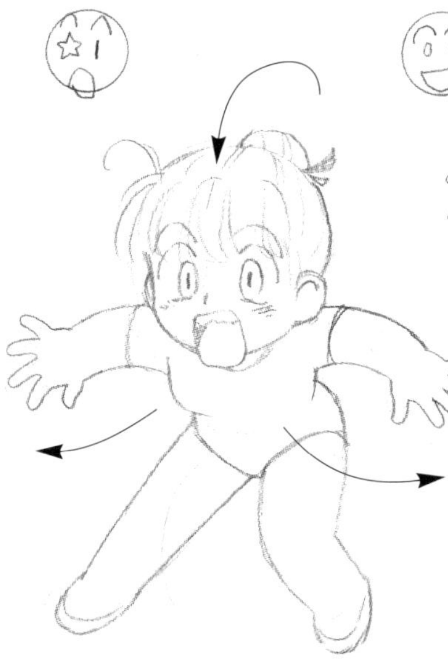

Extremes Erstaunen: Der Charakter drückt seine Hüfte nach hinten und breitet die Arme weit aus.

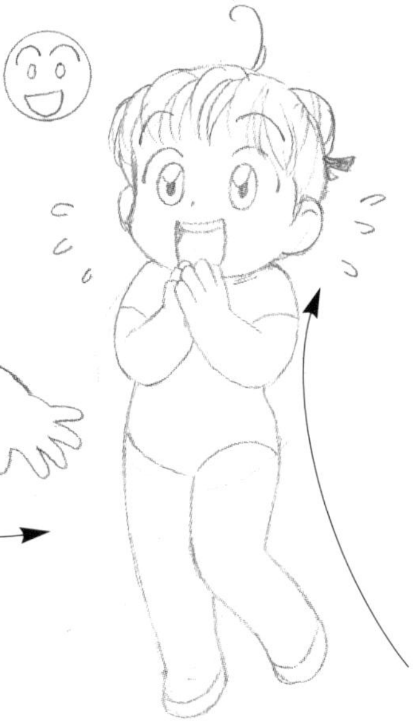

Freudige Überraschung: Der Charakter ist leicht nach hinten gebeugt und hat die Schultern hochgezogen.

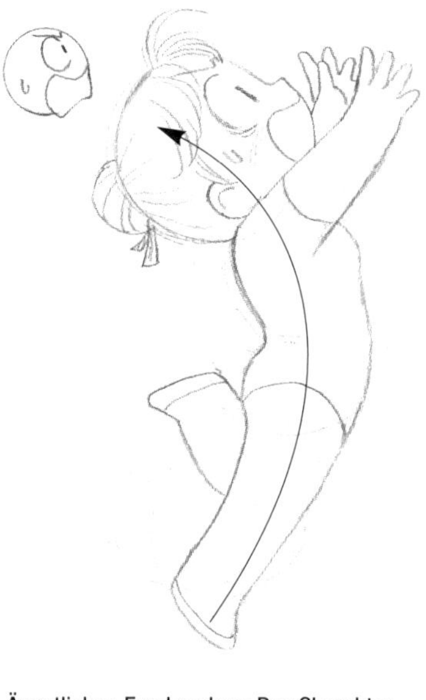

Ängstliches Erschrecken: Der Charakter wurde unerwartet von etwas von hinten überrascht und erschreckt sich furchtbar. Der Rücken ist nach hinten gebogen und die Arme sind in die Luft gestreckt.

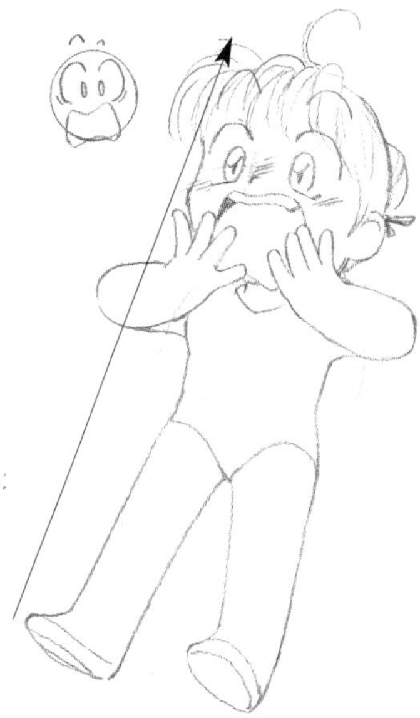

Schock: Der Körper ist vor Schreck erstarrt und bildet eine gerade Linie, als würde er beinahe nach hinten kippen. Im Manga ist der Charakter im nächsten Bild häufig ohnmächtig.

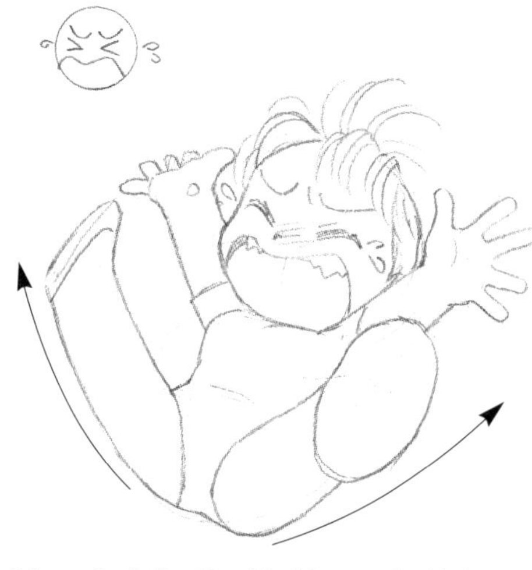

Extreme Panik: Der Charakter ist so geschockt, dass er zurückgeworfen wird. So kann extreme Panik ausgedrückt werden, wenn der Charakter im Kontext der Geschichte nicht ohnmächtig werden soll.

Niedliche Ausdrücke von Erschrecken

Schielende Augen und gerötete Wangen lassen den Charakter niedlich wirken. Dies funktioniert allerdings nur in Situationen, in denen sich der Charakter nur ein wenig erschreckt.

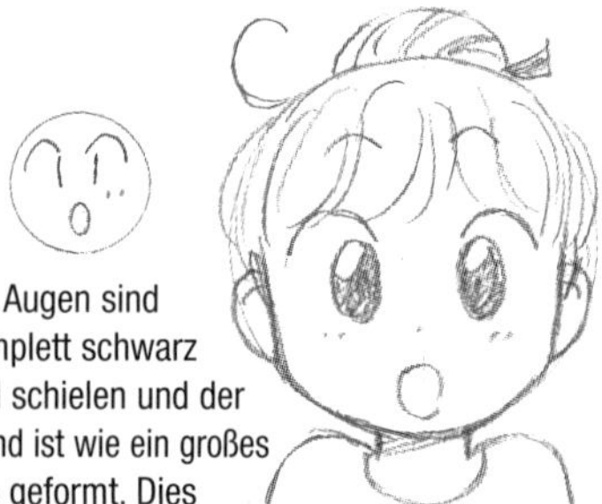

Die Augen sind komplett schwarz und schielen und der Mund ist wie ein großes »O« geformt. Dies erzeugt einen naiven Gesichtsausdruck.

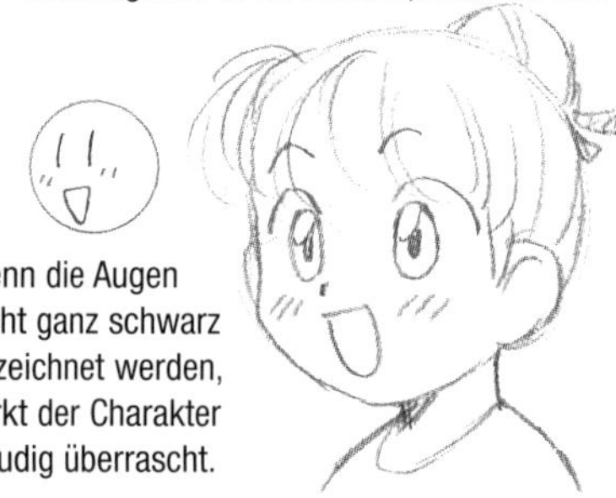

Wenn die Augen nicht ganz schwarz gezeichnet werden, wirkt der Charakter freudig überrascht.

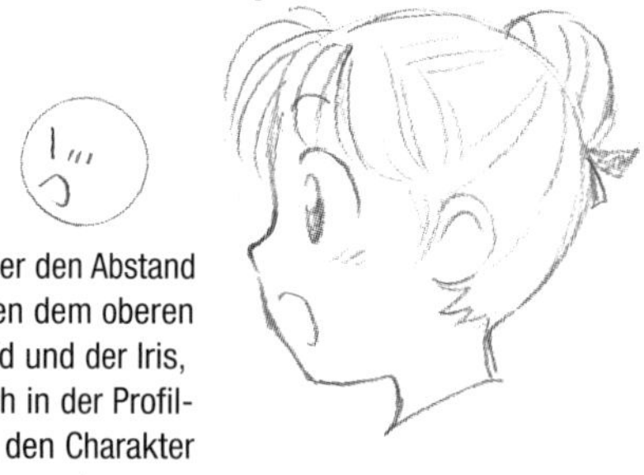

Vergrößer den Abstand zwischen dem oberen Augenlid und der Iris, um auch in der Profilansicht den Charakter so wirken zu lassen, als würde er schielen.

Vor Schreck das Herz aus der Brust springen lassen

Die drei wichtigsten Elemente sind die asymmetrischen Augen, der große Mund und die Tränen im Augenwinkel.

Gerade Bewegungen

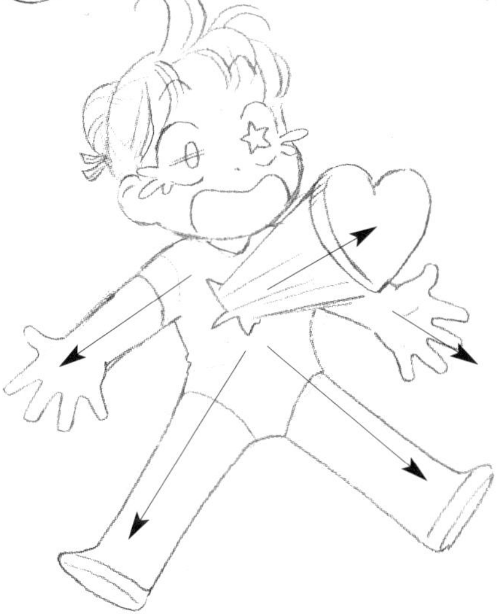

Die Arme und Beine stehen starr in alle Richtungen vom Körper ab. So wirkt der Charakter immer noch niedlich.

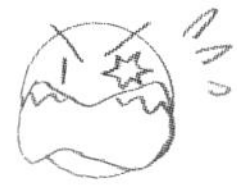

Gekrümmte Bewegungen

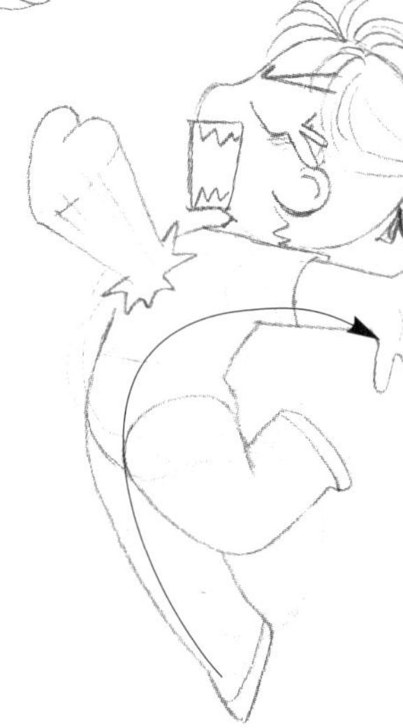

Hier ist der Charakter von etwas hinter ihm erschreckt worden, daher ist der Körper extrem nach hinten gebeugt. Der Charakter wirkt nun nicht mehr niedlich.

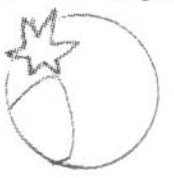

Gerade und gekrümmte Bewegungen

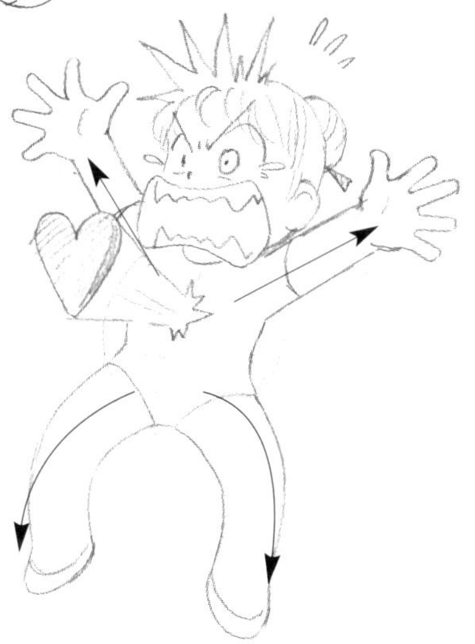

Dies ist die extremste Stilisierung. In dieser Darstellung ist das ursprüngliche Erscheinungsbild jedes Charakters zerstört.

Vom Schrecken erholen

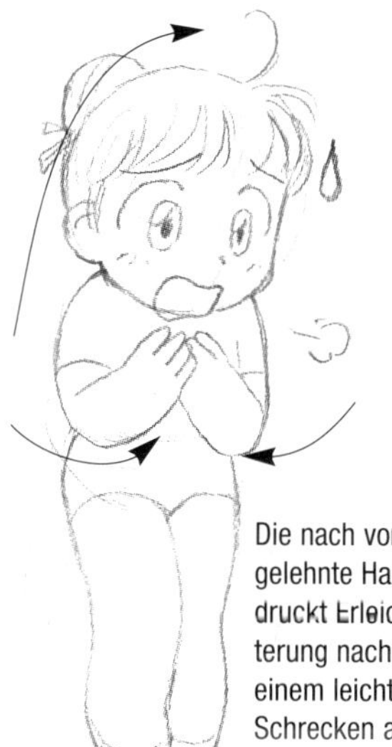

Die nach vorn gelehnte Haltung drückt Erleichterung nach einem leichten Schrecken aus.

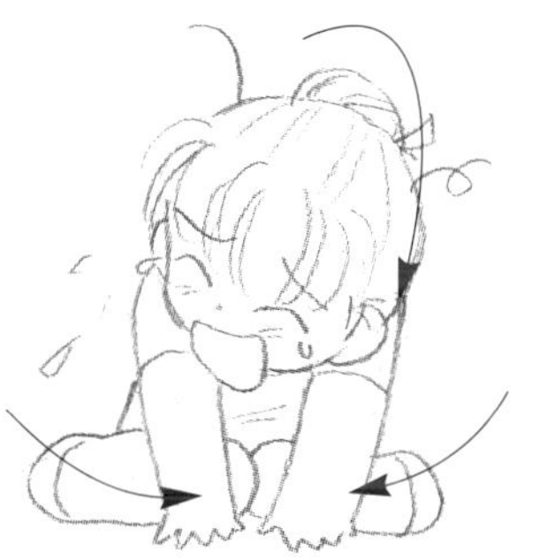

Die nach innen gerichtete Haltung drückt die Erschöpfung nach einem heftigen Schock aus, durch den eine große Menge an Energie freigesetzt wurde.

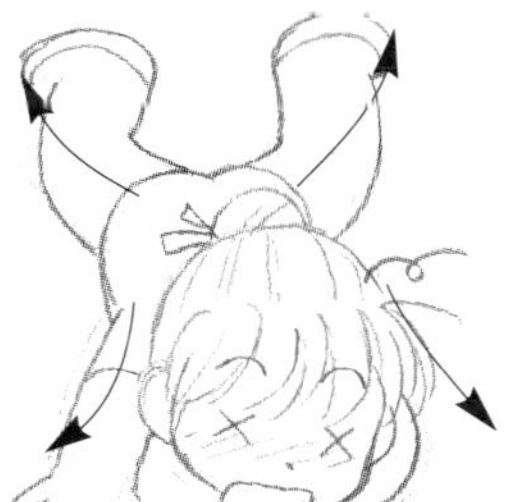

Nach einem extremen Schock bricht der Charakter zusammen und Arme und Beine sind in alle Richtungen vom Körper ausgestreckt.

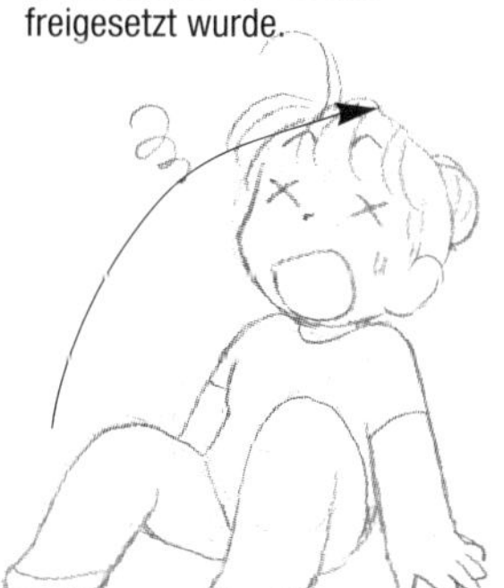

Der Charakter ist nach dem Schreck zusammengesunken und beugt den Rücken nach hinten.

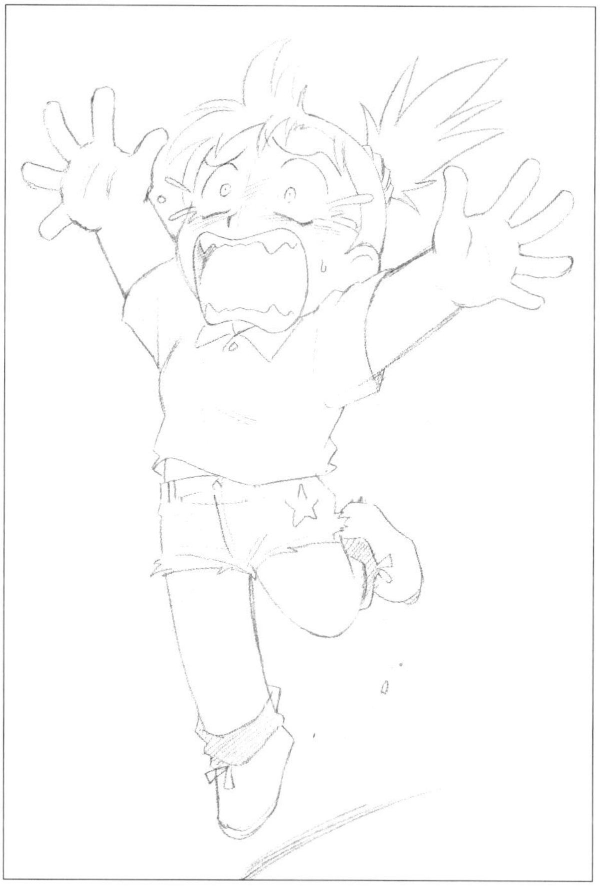

Der Charakter springt vor Schreck in die Luft. Obwohl der Kopf leicht nach hinten geneigt ist, kann man den Hals nicht sehen. So bekommt man den Eindruck, dass der Charakter vor Schreck den Hals eingezogen und seinen Körper stark angespannt hat. Doch nicht nur durch den Körper lässt sich der Schockzustand erkennen – auch die weit geöffneten Handflächen, die abstehenden Haare und die leicht zurückgebeugte Haltung der ganzen Figur verdeutlichen die Atmosphäre.

Gefühle, die mit dem ganzen Körper ausgedrückt werden

Nur kleine Bewegungen, wie die Ausrichtung des Körper nach innen oder außen oder die Blickrichtung nach oben oder unten, drücken die Gefühlslage des Charakters aus.

Posen, die eine düstere oder traurige Stimmung ausdrücken: nach innen gekehrt

Kopf-Körper-Verhältnis 1:2

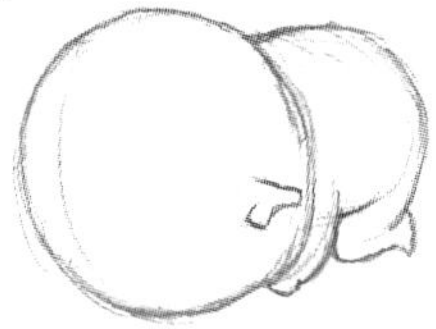

Der Körper ist zu einer Kugel zusammengerollt und der Kopf nach unten geneigt. Dies drückt extreme Verzweiflung oder Entmutigung aus.

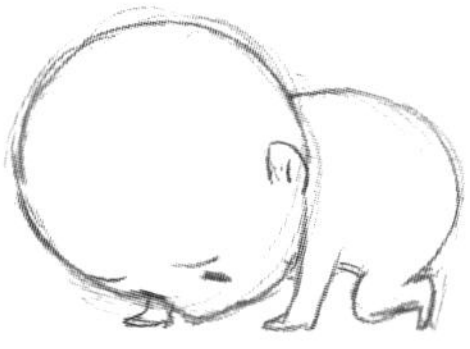

Der Charakter befindet sich auf allen vieren, was Traurigkeit und Enttäuschung ausdrückt.

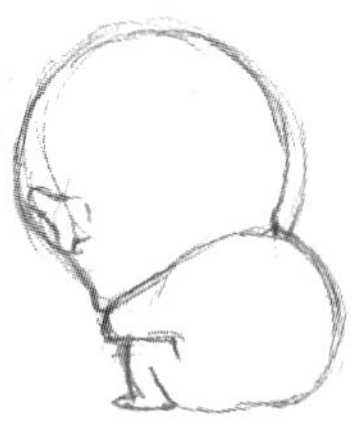

Hier macht der Charakter seinen Rücken rund und umschlingt die Knie mit den Armen. Allein dadurch, dass man sein Gesicht nicht sehen kann, wird bereits eine trübsinnige Stimmung erzeugt.

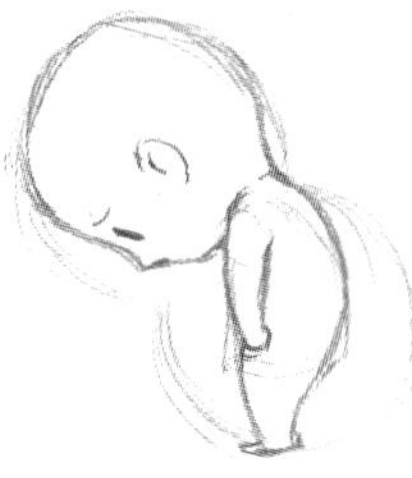

Der Charakter steht kraftlos mit einem runden Rücken und hängendem Kopf da. Dies ist eine typische Pose, um Enttäuschung darzustellen.

Kopf-Körper-Verhältnis 1:3

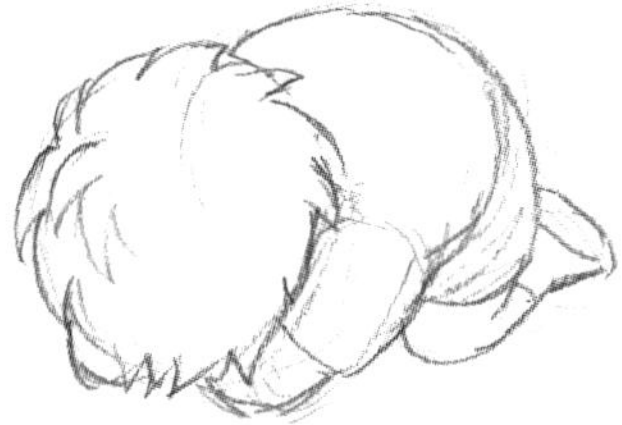
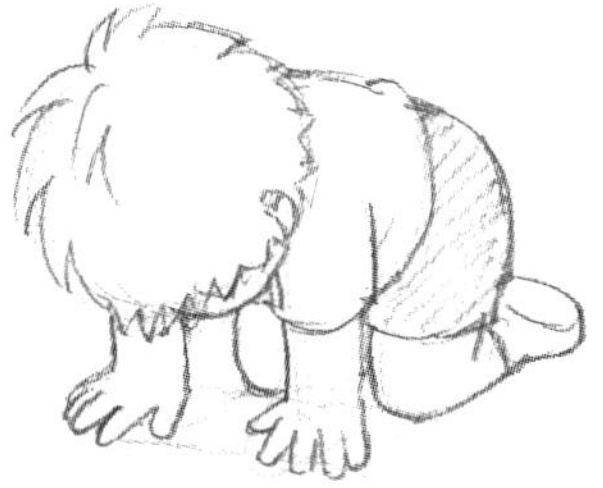
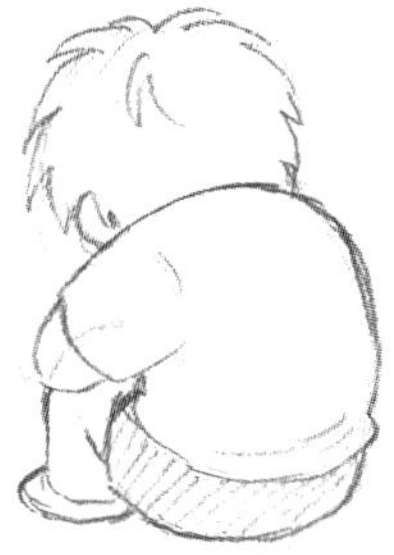
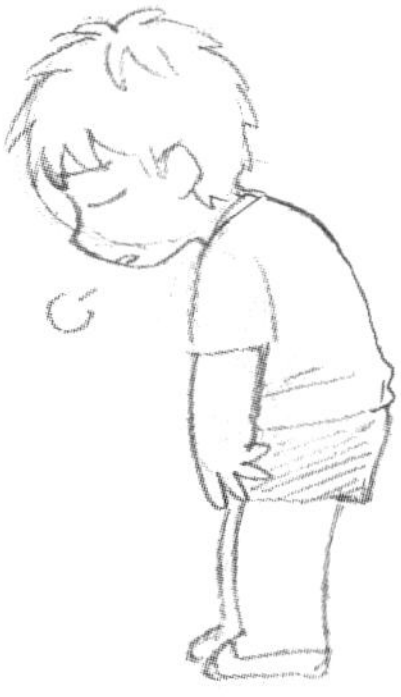

Kopf-Körper-Verhältnis 1:4

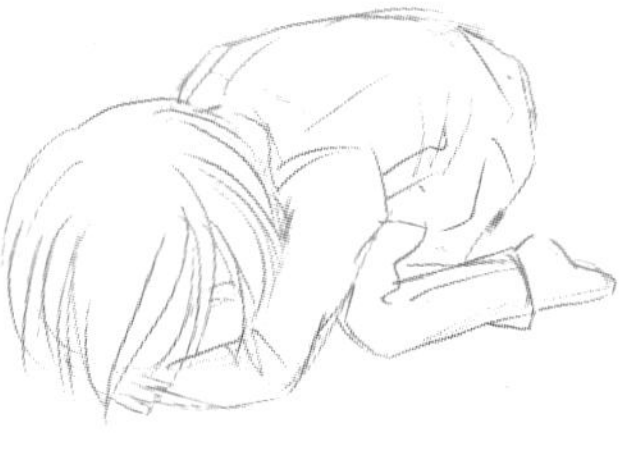
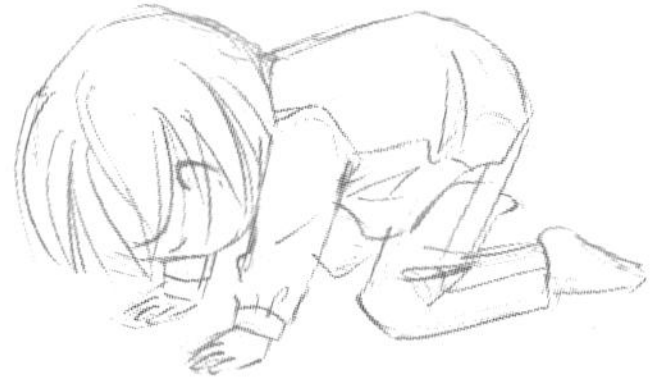
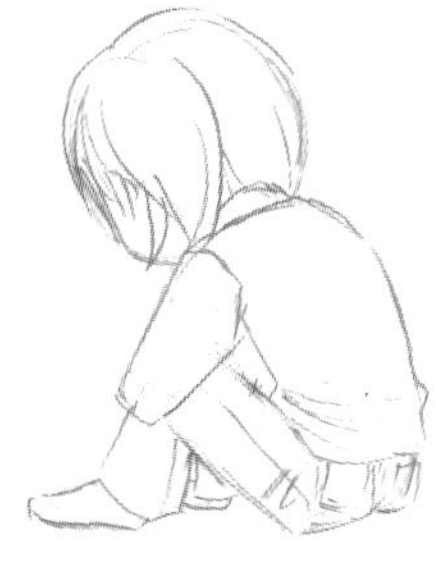
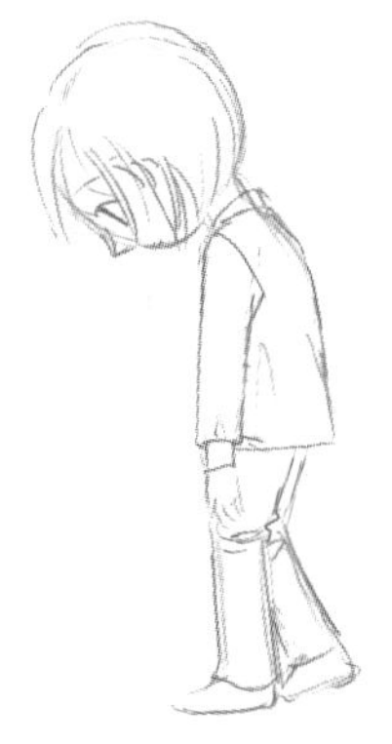

Der Effekt der Blickrichtung

Allein dadurch, dass der Kopf nach unten geneigt ist und die Augen zum Boden schauen, entsteht eine düstere Stimmung.

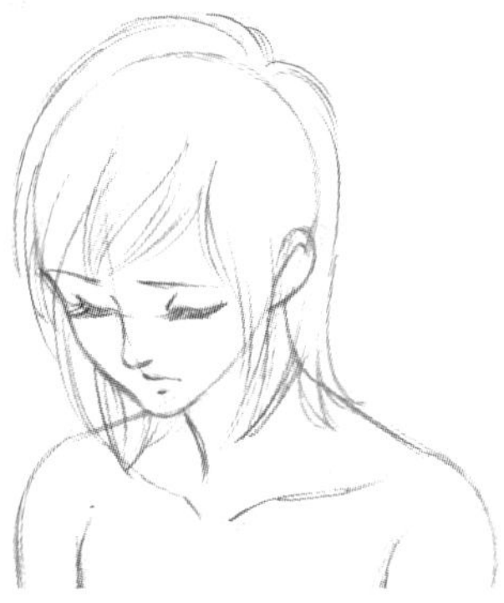
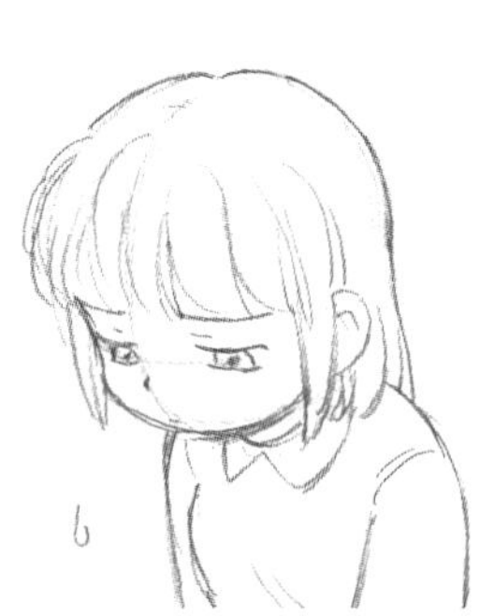
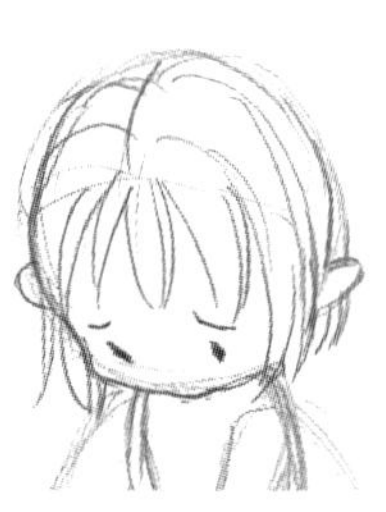
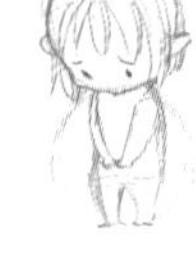
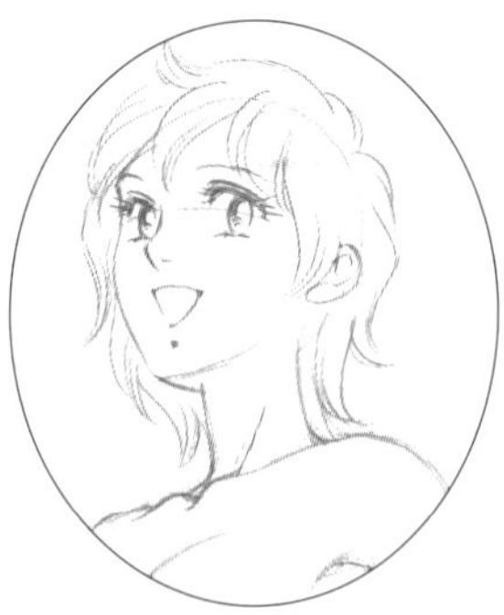

Wenn das Gesicht nach oben schaut, wird eine fröhliche Atmosphäre erzeugt.

Posen, die eine fröhliche Stimmung ausdrücken: nach außen gekehrt

Kopf-Körper-Verhältnis 1:2

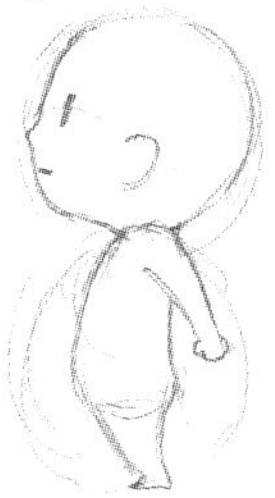

Ein gerade gestreckter Rücken und ein nach oben gerecktes Kinn drücken eine positive Stimmung aus.

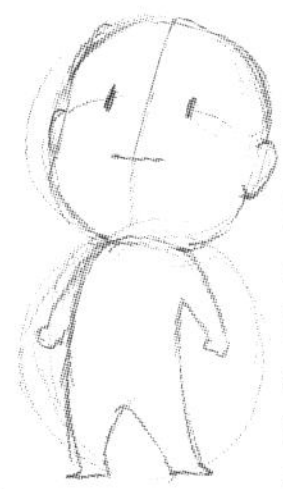

Ein Charakter, der mit zurückgebeugtem Rücken steht, wirkt ehrgeizig und voller Hoffnungen und Träume.

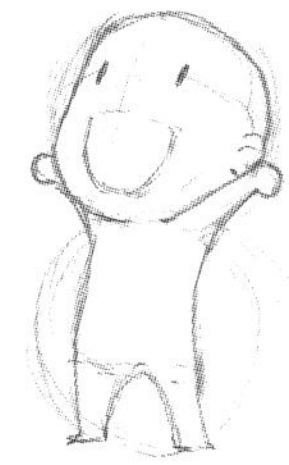

Eine Streckbewegung nach hinten lässt den Charakter entspannt, ausgeglichen und fröhlich wirken.

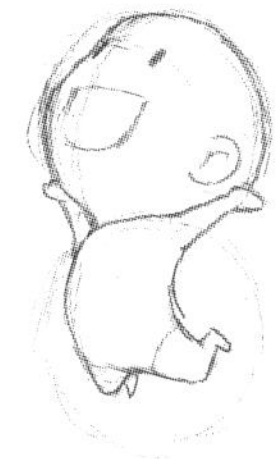

Ein Luftsprung drückt extreme Freude aus.

Kopf-Körper-Verhältnis 1:3

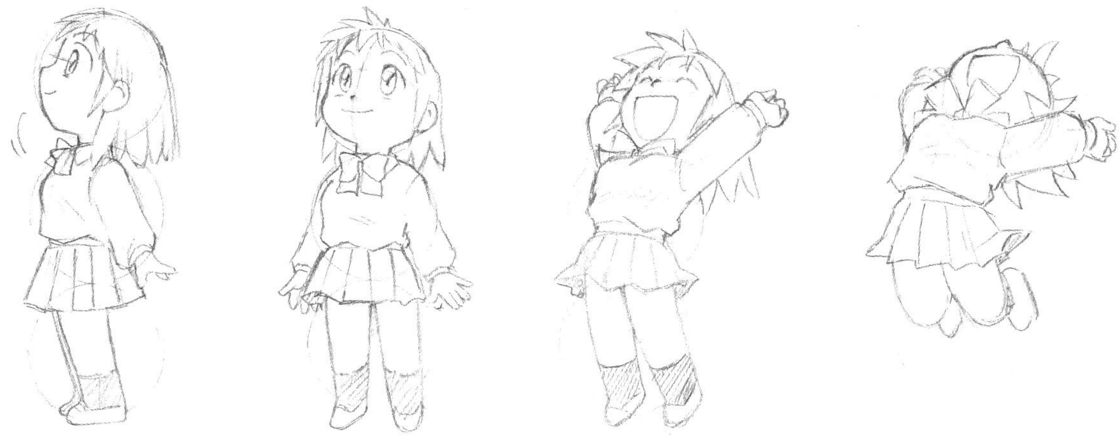

Kopf-Körper-Verhältnis 1:4

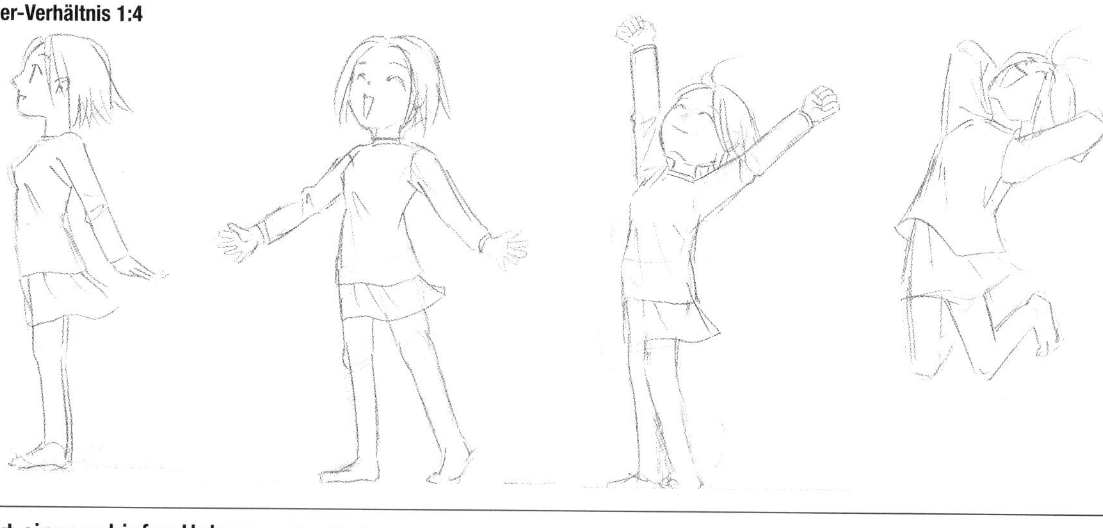

Der Effekt eines schiefen Halses

Den Kopf schief zu legen ist eine weitere Technik zum Stilisieren von Emotionen.

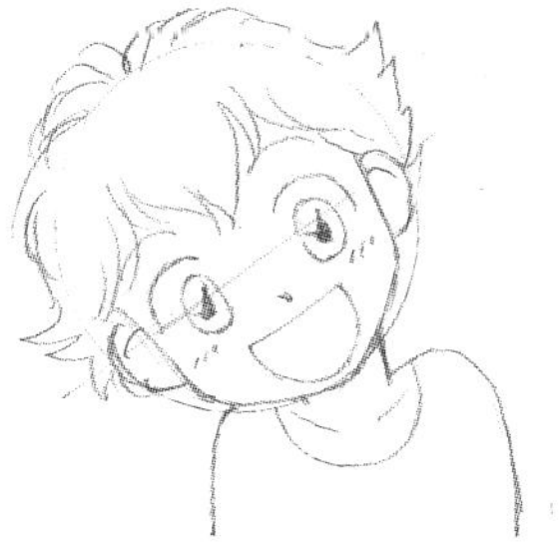

Fröhlich

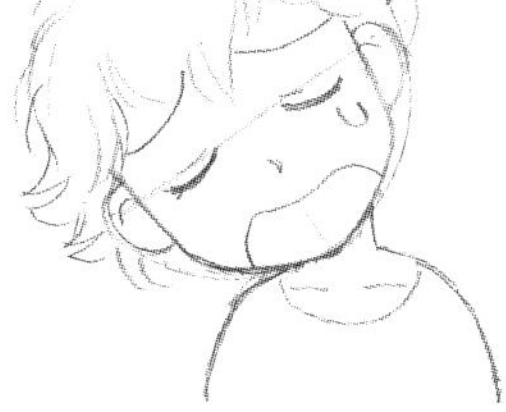

Traurig

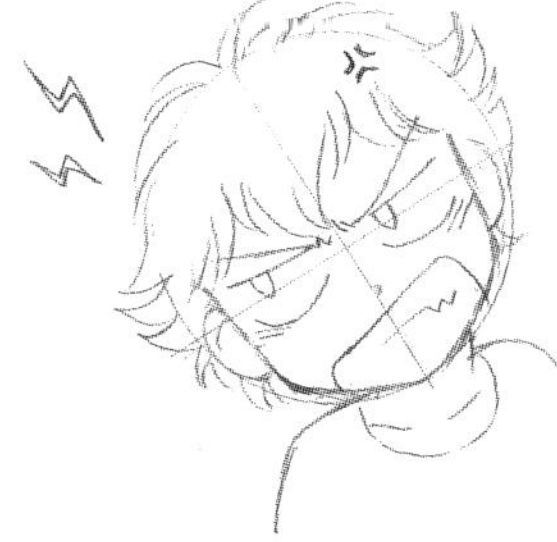

Wütend

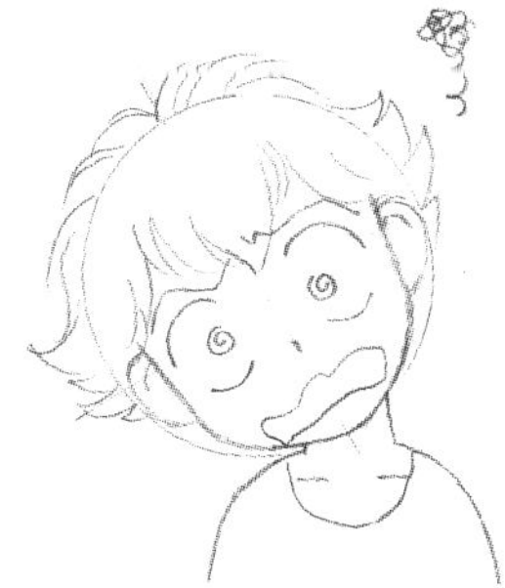

Erschrocken

Den Gesichtsausdruck mit Hilfe von Schatten übertreiben

Schattierungen im Gesicht werden verwendet, um die Unebenheiten des Gesichts zu betonen und die emotionale Stimmung zu verdeutlichen. Sie werden hauptsächlich bei Figuren mit einem Kopf-Körper-Verhältnis von 1:4 oder höher verwendet.

Durch Schattierungen die Dreidimensionalität betonen

Achte darauf, wo sich die Lichtquelle befinden soll, und zeichne die Schatten dementsprechend.

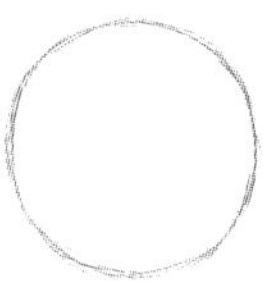

Normaler Kreis. Ohne Schattierungen kann keine Dreidimensionalität erzeugt werden.

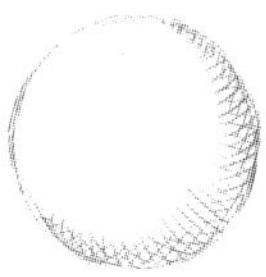

Mit den Schattierungen sieht der Kreis aus wie eine Kugel.

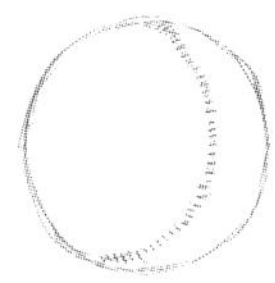

Hier ist nur der Rand des Schattens mit einer gestrichelten Linie dargestellt. Dies ist eine stark vereinfachte Technik, die sich z.B. gut für Chibi-Charaktere eignet.

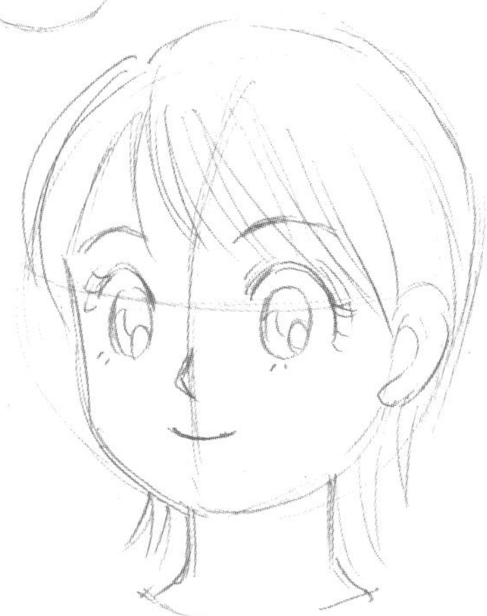

Ein normales Gesicht, bei dem keine Schatten verwendet werden.

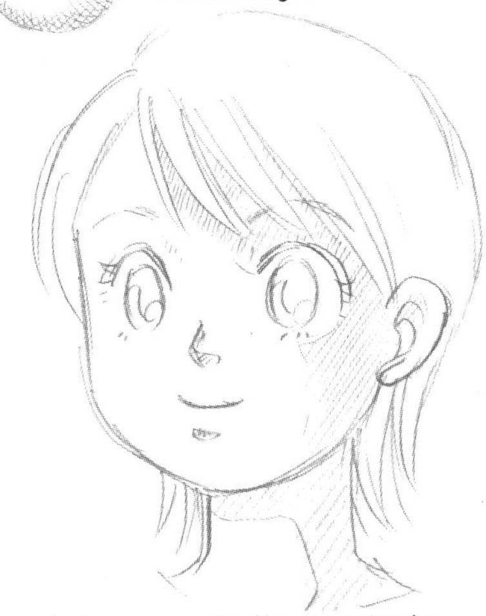

Indem man an den Haaren, unter der Nase, unter dem Kinn und an der Seite des Gesichts Schatten hinzufügt, gibt man dem Charakter mehr Tiefe.

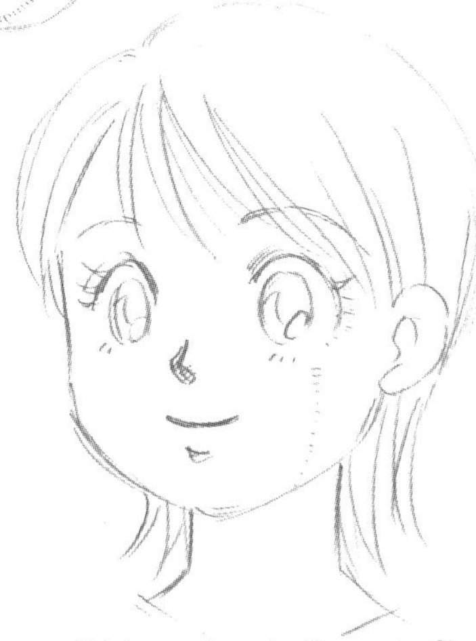

Zeichne entlang der Wange des Charakters eine gestrichelte Linie, um einen niedlichen Effekt zu erzeugen.

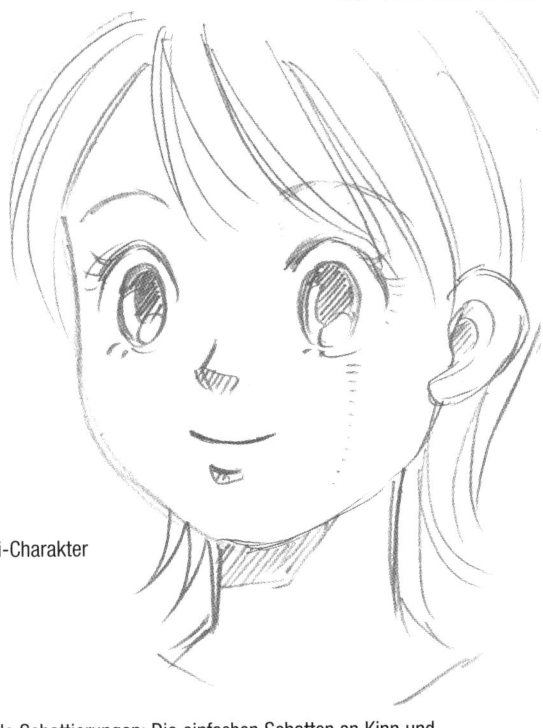

Chibi-Charakter

Simple Schattierungen: Die einfachen Schatten an Kinn und Nase können auch bei Chibi-Charakteren verwendet werden.

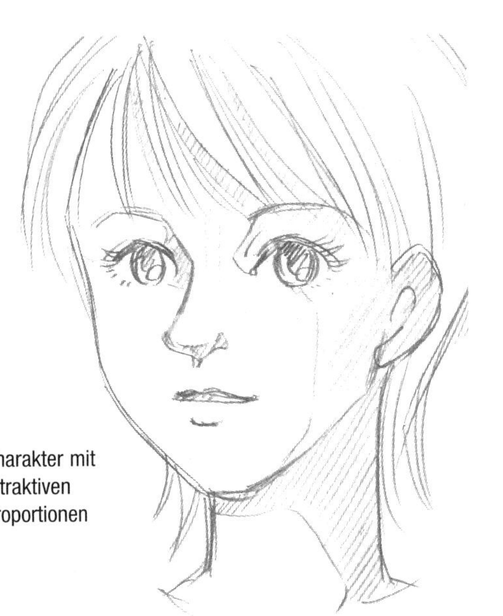

Charakter mit attraktiven Proportionen

Diese Art der Schattierung wird in realistischen Manga verwendet.

Den Gesichtsausdruck mit Schatten verstärken

Emotionen wie Erstaunen, Wut, Angst und Schrecken können durch den Einsatz von Schattierungen verstärkt werden.

Schatten, die Angst und Schrecken ausdrücken

Diese Schatten setzen eine Lichtquelle von unten voraus.

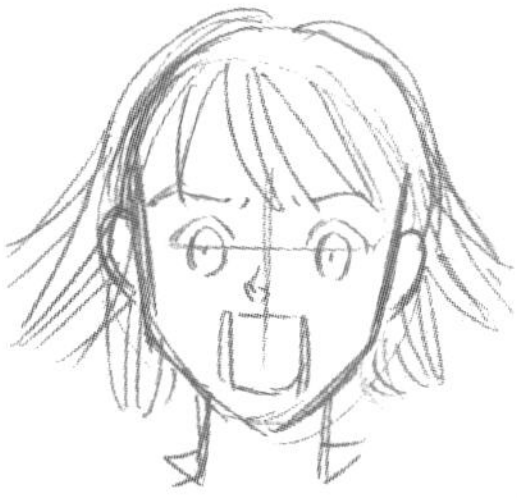

Vorderansicht ohne Schatten

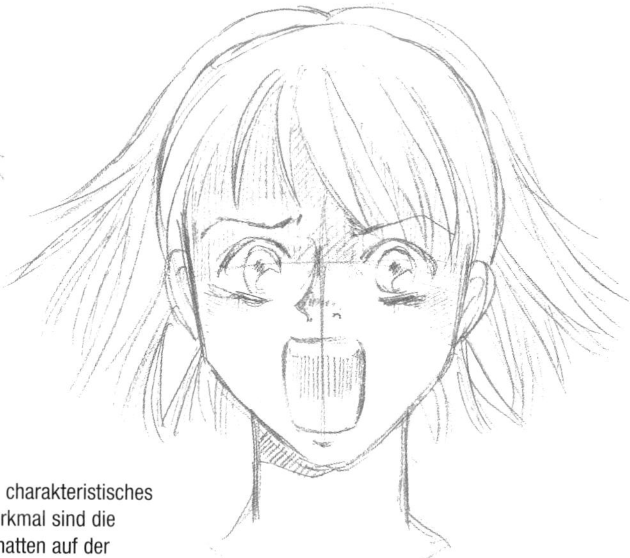

Ein charakteristisches Merkmal sind die Schatten auf der Mitte der Stirn.

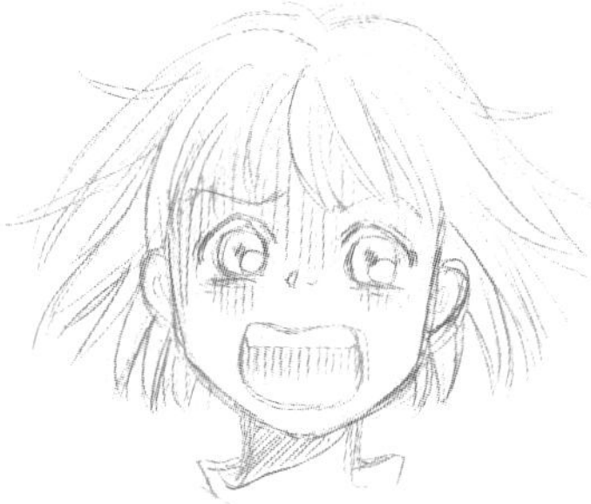

Bei einem Kopf-Körper-Verhältnis von 1:4 werden größtenteils vertikale Linien zum Schattieren verwendet.

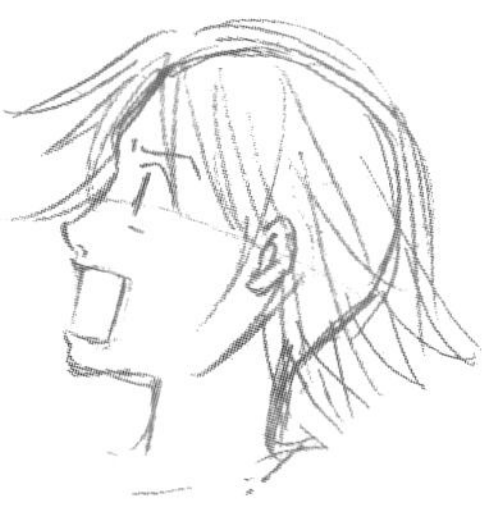

Seitenansicht ohne Schatten

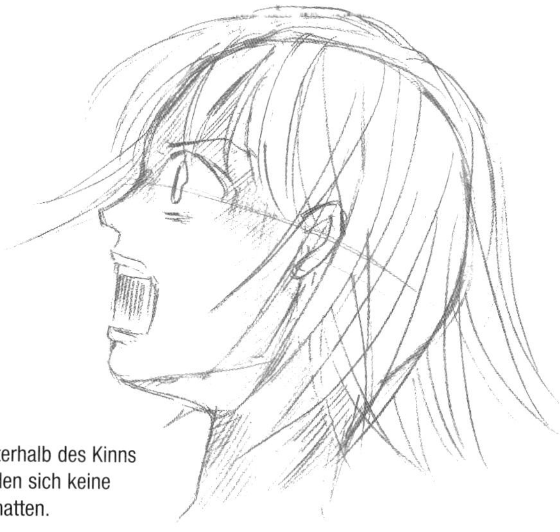

Unterhalb des Kinns bilden sich keine Schatten.

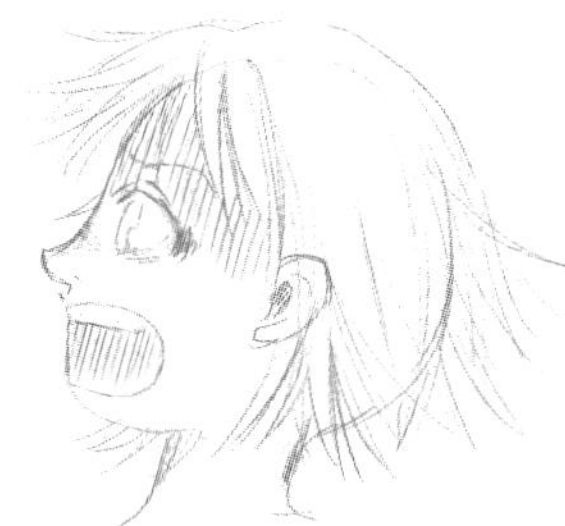

Wenn das Innere des Mundes dunkel gezeichnet wird, wirkt die Stimmung unheimlicher.

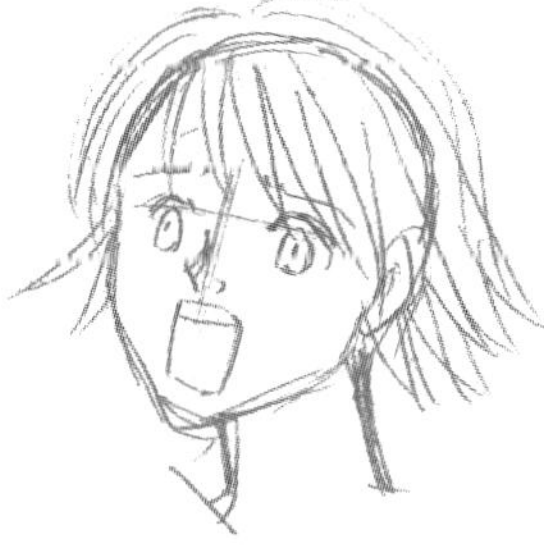

Schräge Seitenansicht ohne Schatten

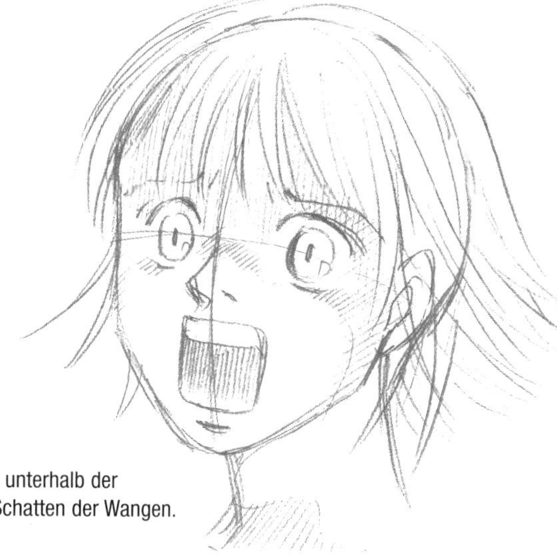

Die Schatten unterhalb der Augen sind Schatten der Wangen.

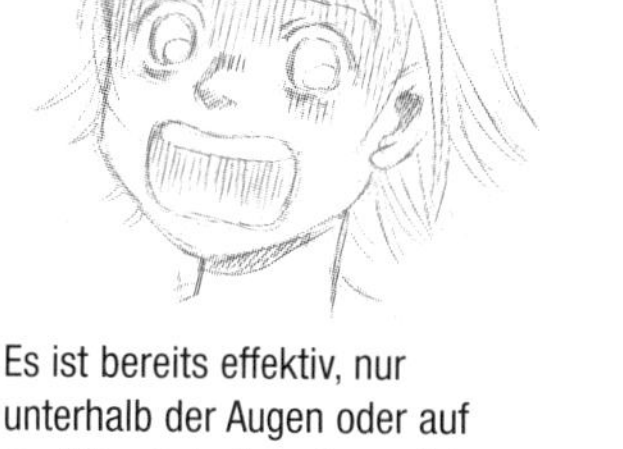

Es ist bereits effektiv, nur unterhalb der Augen oder auf der Stirn Schatten einzuzeichnen.

Schatten, die Wut ausdrücken

Diese Schatten setzen eine Lichtquelle voraus, die das Gesicht zu 70 Prozent von oben und zu 30 Prozent von unten beleuchtet. Setz auf der Stirn und unterhalb der Augen Schatten.

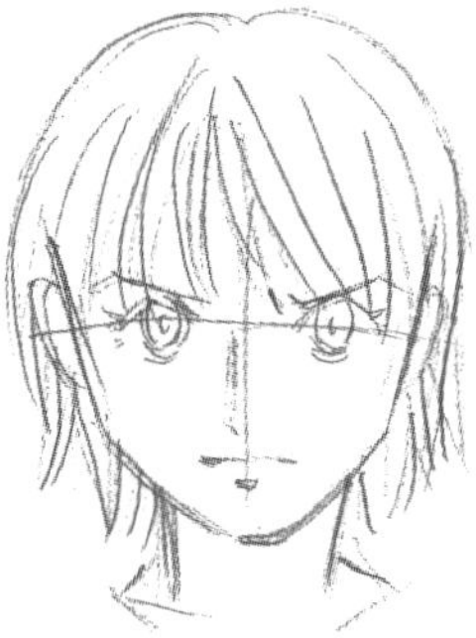

Vorderansicht
ohne Schatten

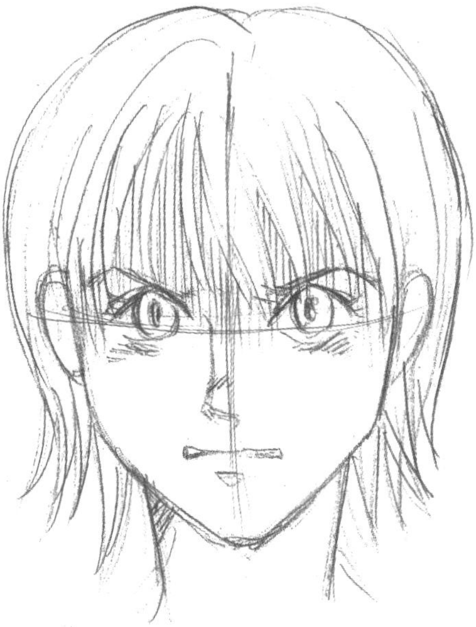

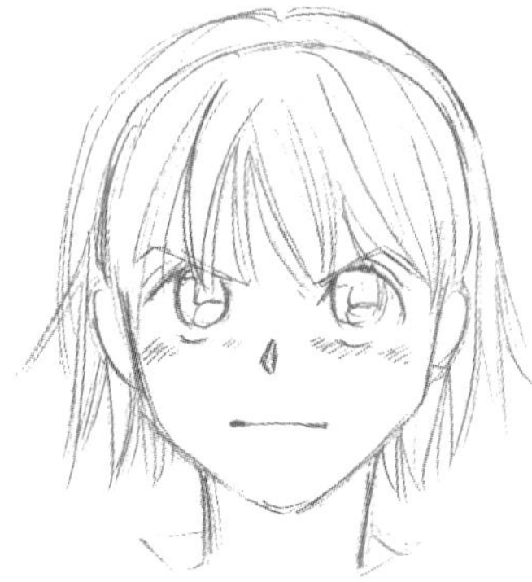

Bei einem Kopf-Körper-Verhältnis von 1:4 befinden sich unterhalb der Augen Schatten.

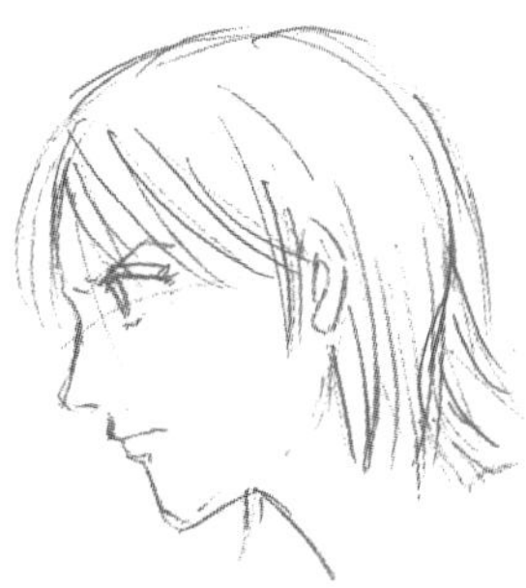

Seitenansicht
ohne Schatten

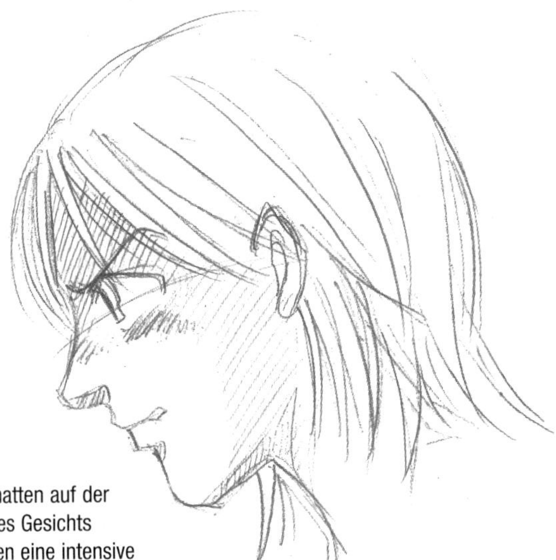

Die Schatten auf der Seite des Gesichts erzeugen eine intensive Atmosphäre.

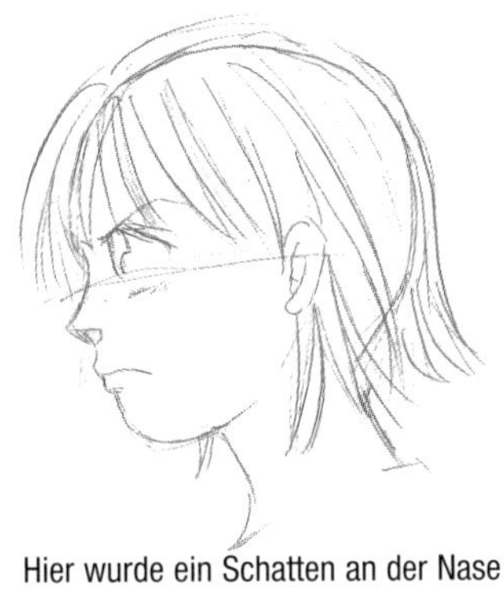

Hier wurde ein Schatten an der Nase hinzugefügt. Sei bei Schatten auf den Wangen vorsichtig, denn diese können einen Charakter übermäßig niedlich machen.

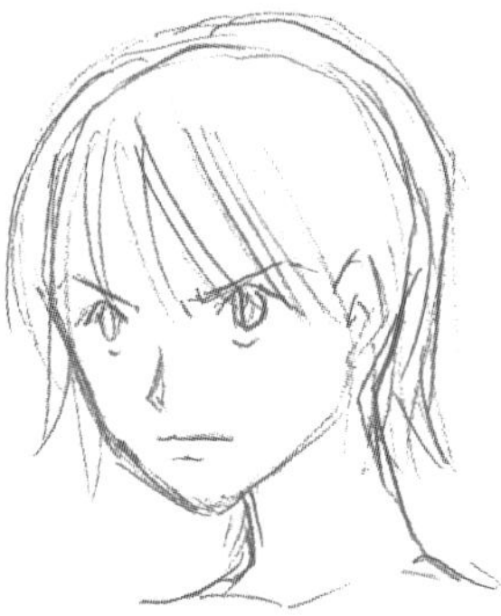

Schräge Seitenansicht
ohne Schatten

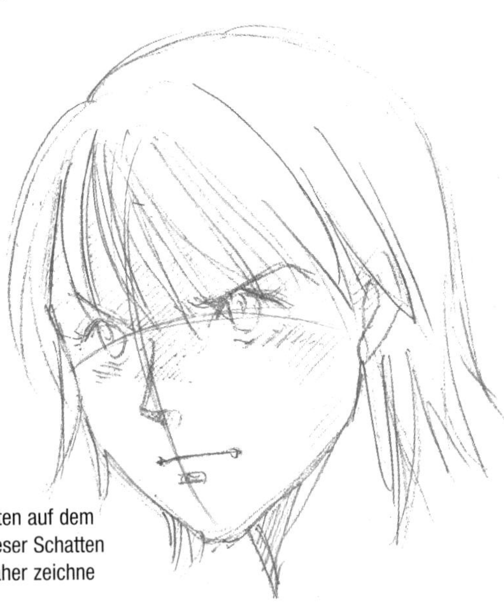

In Wirklichkeit würde kein Schatten auf dem Nasenrücken entstehen, aber dieser Schatten erzeugt einen schönen Effekt, daher zeichne ihn einfach ein.

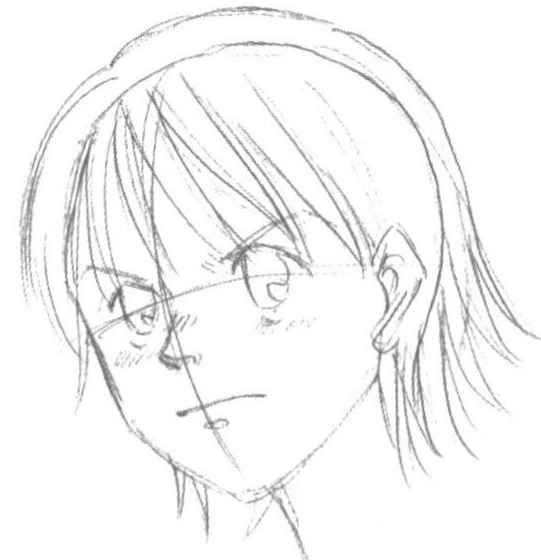

Die gestrichelten Schatten am Nasenansatz wirken überzeugend, da sie auch von den zusammengezogenen Augenbrauen stammen könnten.

Dramatisierende Schatten

Diese Schatten sind in Kombination mit dem Blickwinkel des Bildes sehr effektiv, um einen finsteren Blick, einen Schrei, einen nervösen Blick über die Schulter oder andere Gesichtsausdrücke zu dramatisieren.

Finsterer Blick: die Atmosphäre verstärken

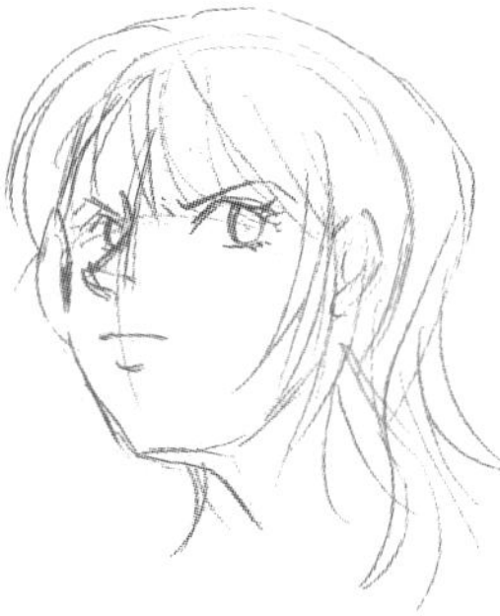

Niedriger Blickwinkel

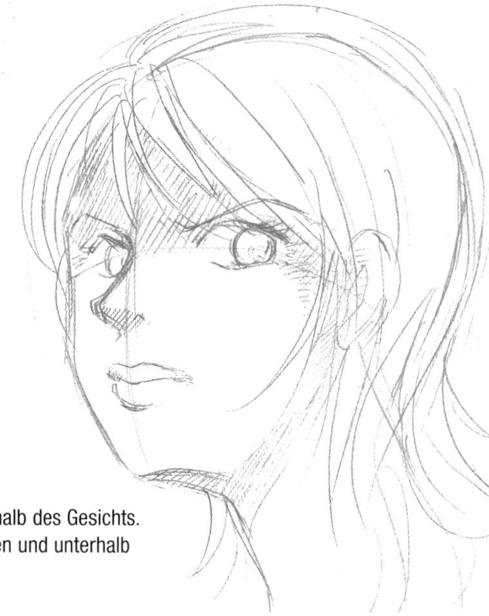

Die Lichtquelle befindet sich oberhalb des Gesichts. Füg Schatten an Stirn, Nase, Lippen und unterhalb des Kinns hinzu.

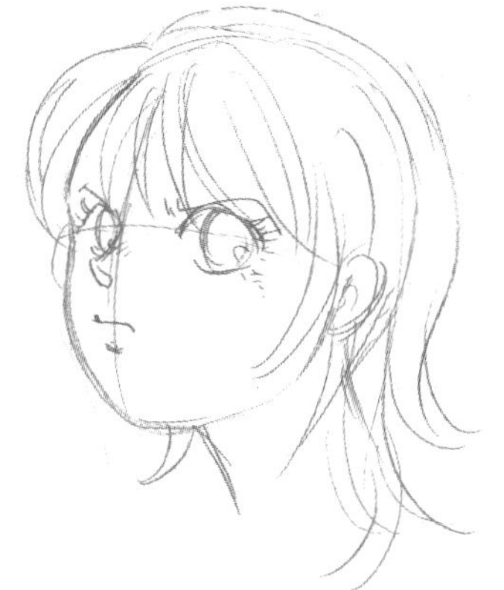

Füg bei einem Chibi-Charakter kleine Schatten unterhalb der Augen und an der Nase hinzu.

Schreien: den Ausdruck von Wut betonen

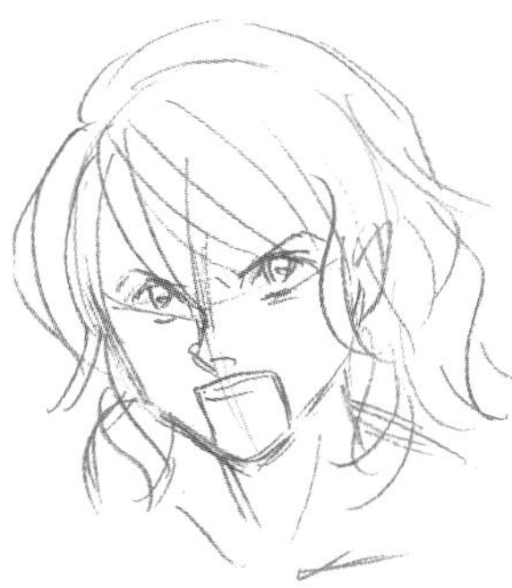

Hoher Blickwinkel

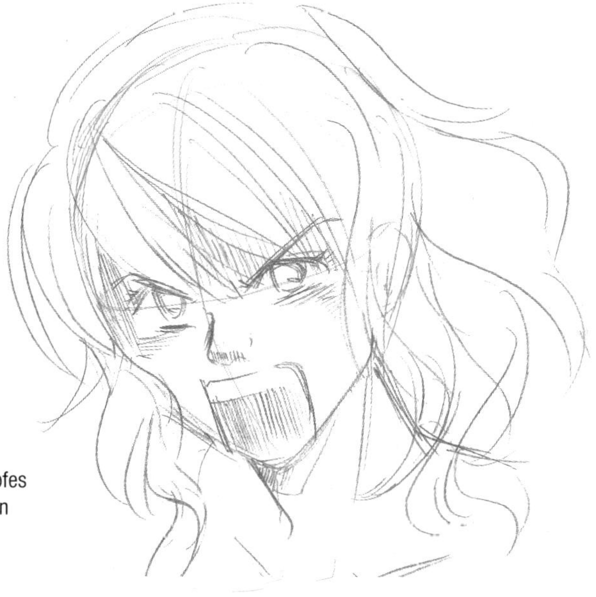

Leg hier eine Lichtquelle oberhalb des Kopfes fest und füge an der Stirn, unter den Augen und unterhalb des Kinns Schatten hinzu.

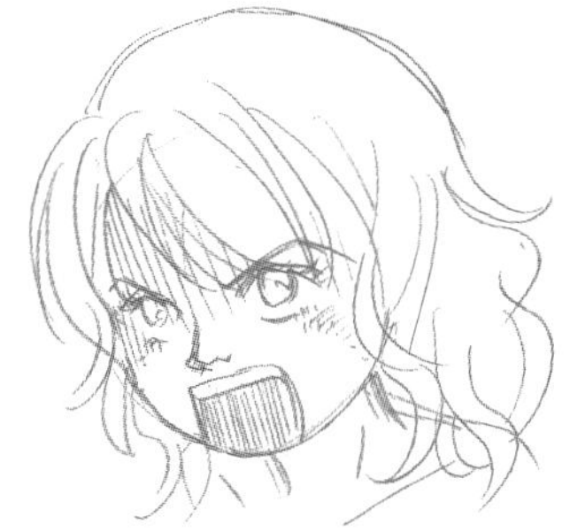

Hier sieht man vertikale Linien von der Stirn bis zu der Seite der Augen. Auch die Schatten unterhalb der Augen geben einen schönen Effekt.

Nervöser Blick über die Schulter: die Unsicherheit hervorheben

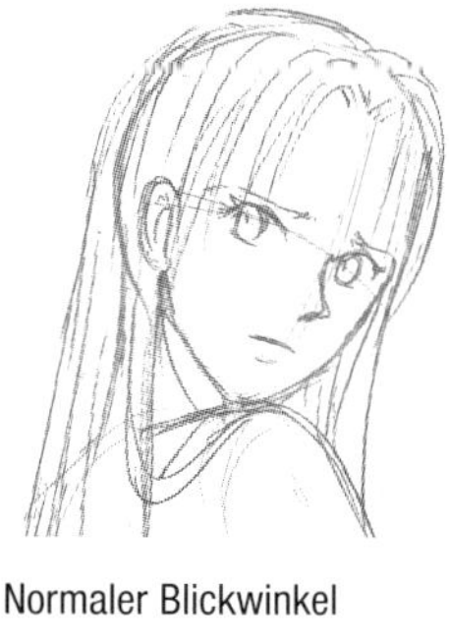

Normaler Blickwinkel

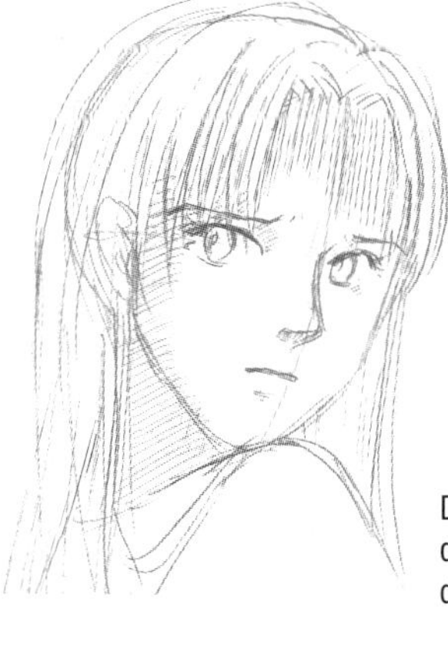

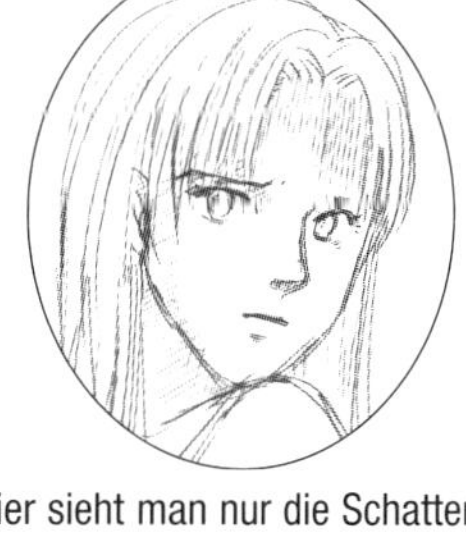

Hier sieht man nur die Schatten an der Stirn und unterhalb des Kinns (am Halsansatz).

Die Stirn und die Seite des Gesichts werden dunkel schraffiert.

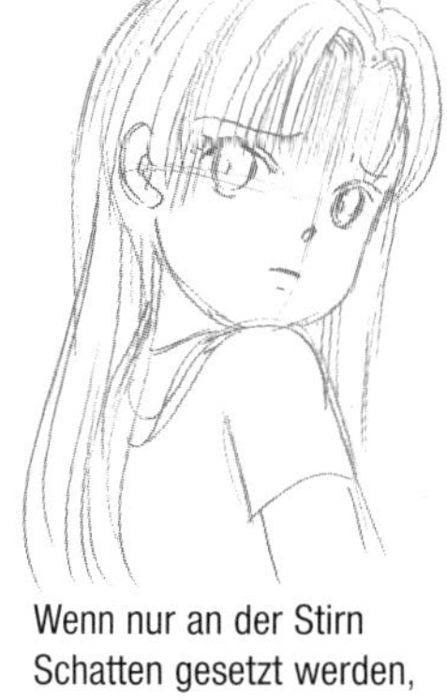

Wenn nur an der Stirn Schatten gesetzt werden, erhöht das den Eindruck von großer Sorge.

Emotionen und Bewegungen in der Vorskizze zum Ausdruck bringen

Die Darstellung von Emotion und Bewegung am Beispiel der Cover-Illustration

Emotionen und Bewegungen werden bereits in der groben Vorskizze erfasst. Die Cover-Illustration dieses Buches dient hier dafür, zu erklären, welche Emotionen und Bewegungen bereits in der Vorskizze eingezeichnet werden.

Die Augenbrauen sind nach außen gebogen, um einen freundlichen Gesichtsausdruck zu erzeugen.

Die Mundwinkel sind nach oben gezogen. Das Gesicht soll freundlich aussehen, ohne übertrieben zu wirken.

Durch die Chibi-Proportionen ist der Hals kaum zu erkennen.

Die Körperhaltung und die Stellung der Beine sind genauso gezeichnet wie bei einem Charakter, der läuft oder springt. Dies lässt die Bewegung des Charakters niedlich wirken.

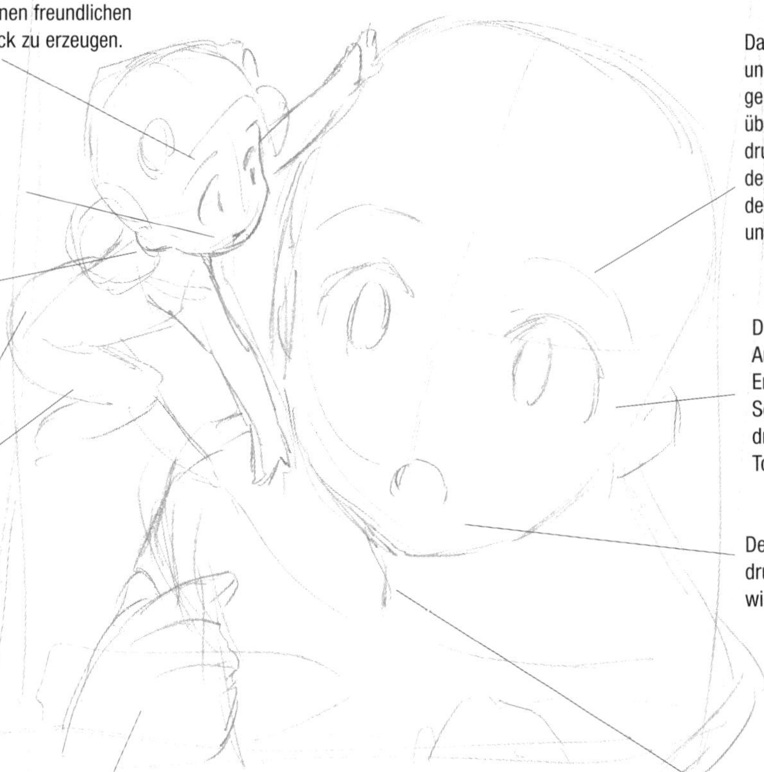

Dadurch, dass zwischen Auge und Augenbraue eine Lücke gelassen wurde, entsteht ein überraschter Gesichtsausdruck. Die einfache Rundung der schrägen Augenbrauen gibt dem Charakter einen Ausdruck unschuldiger Überraschung.

Die weit aufgerissenen Augen vermitteln Erstaunen. Ein leichtes Schielen gibt dem Ausdruck einen niedlichen Touch.

Der Mund ist als Ausdruck des Erstaunens wie ein »O« geformt.

Die leicht geballte Hand betont die niedliche Ausstrahlung und die Verlegenheit des Charakters. Sie gibt dem Bild außerdem Dynamik und lässt es nicht so starr erscheinen.

Der Hals ist einem Charakter mit attraktiven Proportionen entsprechend gezeichnet.

Die fertigen Umrisse

In den fertigen Umrissen sieht man die Gesichtsausdrücke und Bewegungen, die man bereits in der Vorskizze festgelegt hatte.

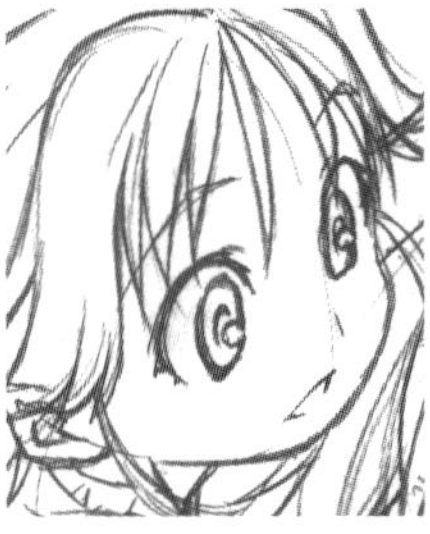

Bei der Feinabstimmung wurde der Mund im Vergleich zur Vorskizze verkleinert, um ein etwas zurückhaltenderes Lächeln darzustellen. Das Lächeln hat aber die gleichen Details behalten.

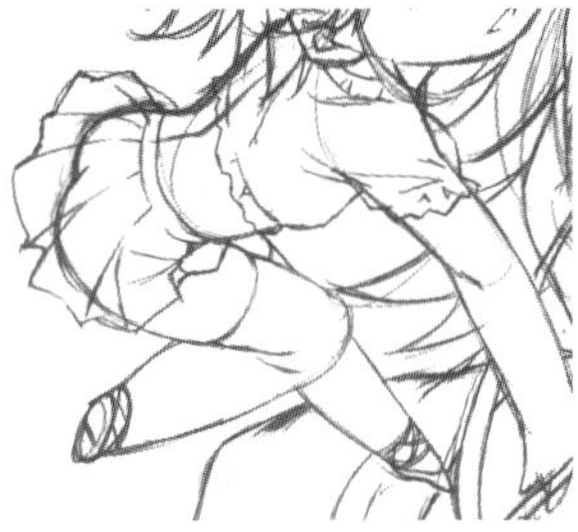

Durch die Bewegung des Rocks wirkt das Bild dynamischer.

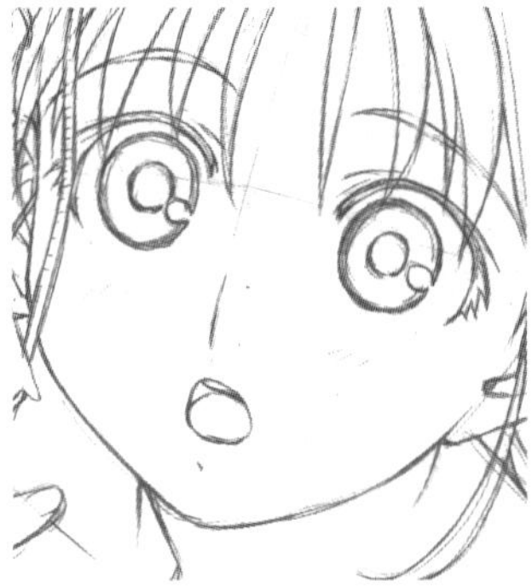

Auf den Wangen wurden gestrichelte Linien hinzugefügt, um eine leichte Rötung darzustellen.

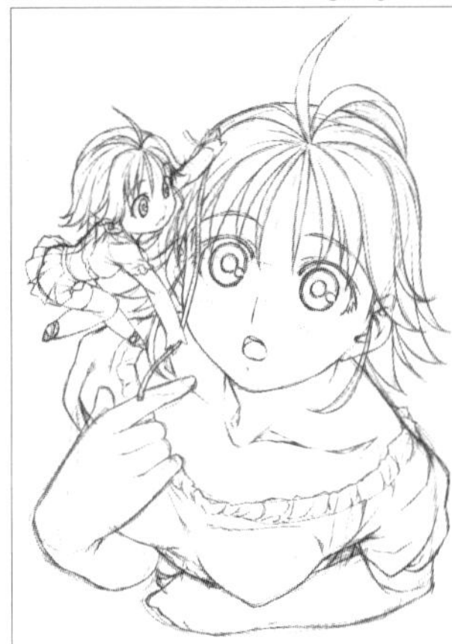

Fertige Reinzeichnung

Eine der wichtigsten Aufgaben der groben Vorskizze ist es, die Essenz der Stimmung und Gefühlsausdrücke herauszuarbeiten. Würde man es allerdings dabei belassen, würde das Reinzeichnen die Stimmung verwässern. Daher heißt das Reinzeichnen nicht nur, die Umrisslinien genau nachzuzeichnen, sondern auch kleine Akzente hinzuzufügen, wie die feinen Linien auf der Wange. So werden sowohl der Ausdruck der Emotion als auch die Niedlichkeit des Charakters verstärkt. Reinzeichnen bedeutet nicht einfach, die Linien der Vorskizze nachzumalen, und auch nicht, etwas, was man bereits erschaffen hat, »wiederzubeleben«, sondern etwas völlig Neues zum Leben zu erwecken.

Kapitel 4
Charakterdesign und Farbgebung

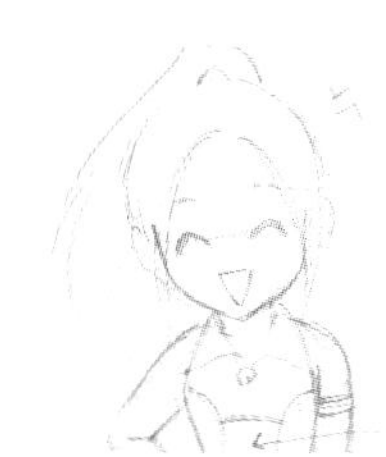

Das Skizzieren verschiedener Kopf-Körper-Verhältnisse findet bei vielen verschiedenen Charakterdesigns Anwendung. Die Fähigkeit, Unterschiede in Körpergröße, Körperbau und Proportionierung darzustellen, hilft einem Künstler, die Charaktere so zu gestalten, wie es zur Leserschaft und der Geschichte passt. In diesem Kapitel lernen wir am Beispiel des Charakterdesigns einer Familie, wie man Charaktere entwirft und die dazu passenden Proportionen wählt.

Charakterdesign wird nicht nur im Manga und Anime angewendet, sondern auch häufig für kleine Illustrationen, Maskottchen o.Ä. gebraucht. Da vor allem bei Illustrationen die Farbgebung eine wichtige Rolle spielt, widmen wir uns im zweiten Abschnitt des Kapitels den Techniken der Kolorierung auf Basis der Charakterdesigns.

Durch Charakterdesign die Rollen festlegen

Das Kopf-Körper-Verhältnis ist eine Technik, mit der man die Balance zwischen den Proportionen seiner Charaktere genau festlegen kann. Gib so jedem Charakter ein Gefühl von Individualität.

Eine Familie entwerfen

Eine Familie ist eine Ansammlung verschiedener Charakterskizzen, bei denen man die unterschiedlichsten Kopf-Körper-Verhältnisse anwenden kann. Stell dir den Charakter zuerst genau vor, bevor du mit dem Zeichnen beginnst.

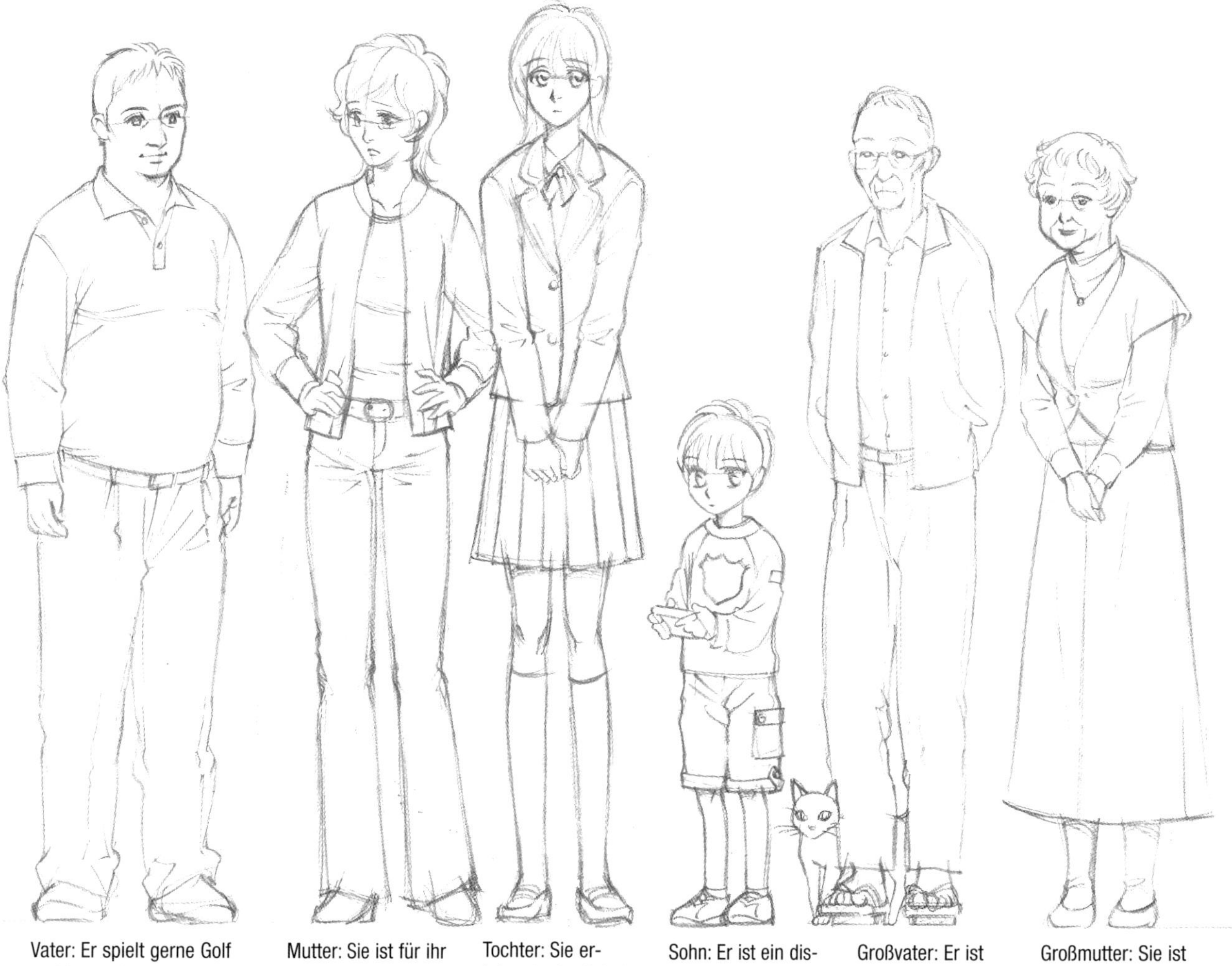

Vater: Er spielt gerne Golf und hatte als junger Mann einen sportlicheren Körperbau. Er ist bei der Arbeit, bei seinen Hobbys und als Vater weder besonders gut noch besonders schlecht, also ein echter Durchschnittstyp.

Mutter: Sie ist für ihr Alter noch sehr jung geblieben. Da sie sehr auf ihre Figur achtet, trägt sie gerne körperbetonte Kleidung.

Tochter: Sie erbringt in der Schule durchschnittliche Leistungen und ist auch sonst nicht besonders herausragend. Das einzig Auffällige an ihr ist ihre Körpergröße. Sie beneidet insgeheim ihre lebhafte Mutter und Großmutter.

Sohn: Er ist ein distanziertes, in sich gekehrtes Kind, das nicht viel von seinen Gefühlen nach außen lässt. Allerdings hat er einen starken Gerechtigkeitssinn. Er ist sowohl in der Schule als auch beim Sport sehr gut.

Großvater: Er ist sehr ruhig und wird beim Reden häufig von seiner Frau und seiner Tochter unterbrochen. Er mag Katzen und sammelt antike Waffen. Seine Katze hat ein schwarzes Fell.

Großmutter: Sie ist sanft und elegant, aber tendiert dazu, viel zu reden. Sie hat viele Freunde und Hobbys und liebt besonders die Gartenarbeit.

Unterschiede in der Körpergröße festlegen

Die Beschreibung des Charakters bestimmt dessen Körpergröße. Charaktere mit demselben Kopf-Körper-Verhältnis können sich in der Körpergröße unterscheiden, wenn sie unterschiedlich große Köpfe haben.

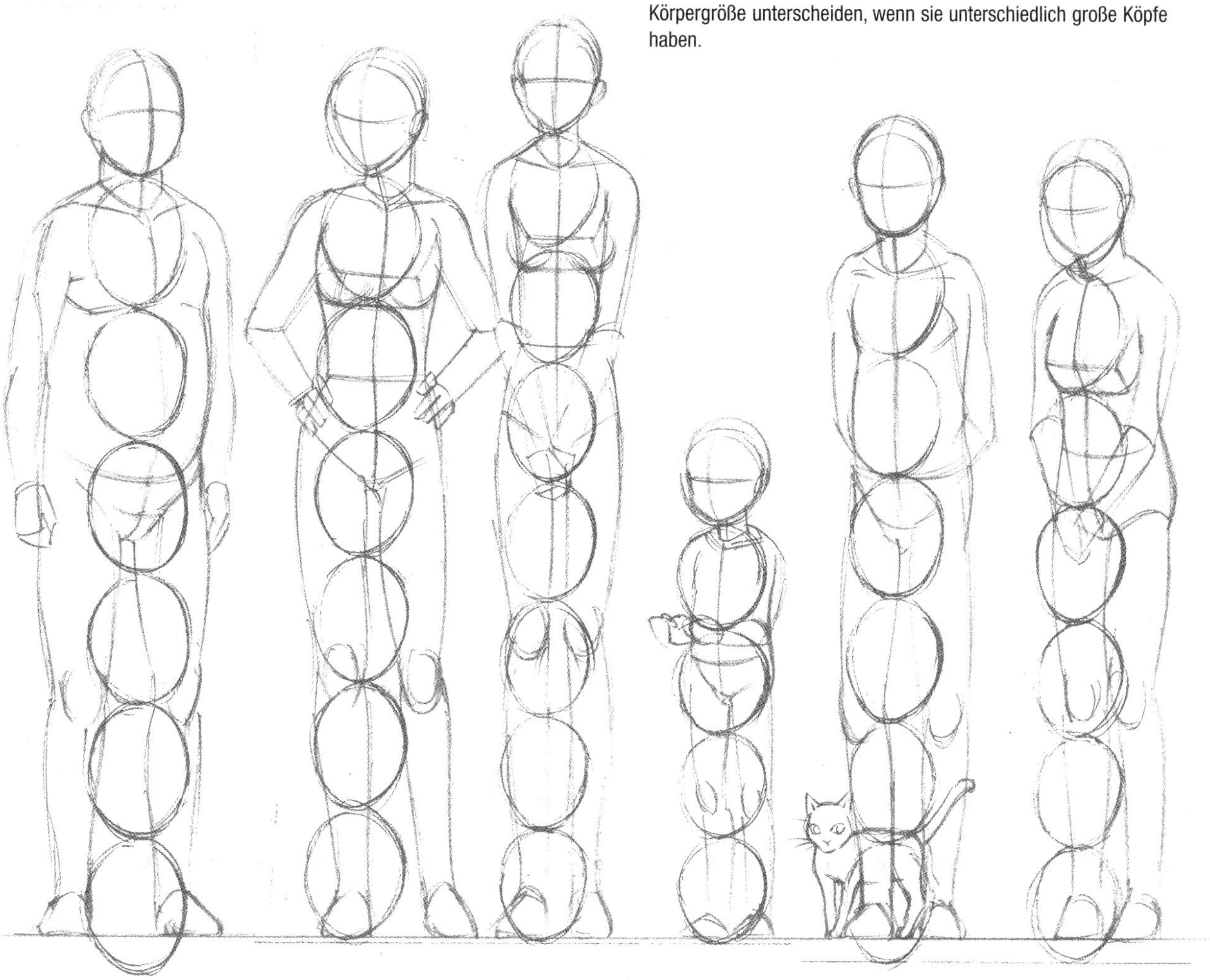

Vater: Kopf-Körper-Verhältnis 1:6,5. Er ist durchschnittlich, aber leicht übergewichtig. Wähl für dicke Charaktere immer ein etwas niedrigeres Kopf-Körper-Verhältnis.

Mutter: Kopf-Körper-Verhältnis 1:7. Sie ist ein besonders fröhlicher Typ. Mit diesem Kopf-Körper-Verhältnis wirkt sie schlank und aktiv.

Tochter: Kopf-Körper-Verhältnis 1:8. Da sie sehr groß ist, hat sie einen relativ kleinen Kopf bekommen, um im Vergleich zu ihren Eltern nicht übertrieben riesig zu wirken.

Sohn: Kopf-Körper-Verhältnis 1:5. Um einen coolen, intelligenten Eindruck zu machen, hat er einen relativ kleinen Kopf und lange Beine.

Großvater: Kopf-Körper-Verhältnis 1:7. Als Vater der Mutter hat er dasselbe Kopf-Körper-Verhältnis bekommen wie sie. Damit er auch wie ein alter Mensch wirkt, ist seine gesamte Größe etwas geringer und das Gesicht entsprechend kleiner gezeichnet.

Großmutter: Kopf-Körper-Verhältnis 1:7. Durch einen relativ kleinen Kopf und diese Proportionen wird der Eindruck einer lebendigen, fröhlichen alten Frau erzeugt.

Der Stammbaum in den Gesichtern

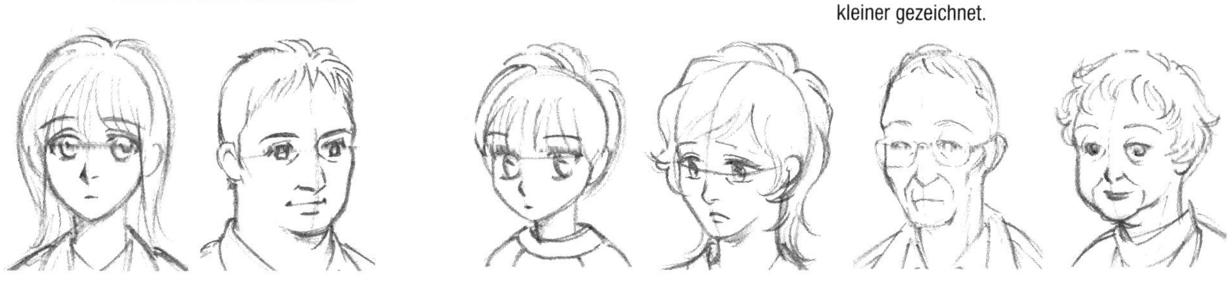

Die Augenbrauen und Augen der Tochter ähneln denen ihres Vaters. Die hängenden Augenlider hat sie sowohl von ihrem Vater als auch von ihrer Mutter.

Vater

Nase und Augenbrauen des Sohns ähneln denen der Mutter.

Die Mutter hat ihre Haare von der Großmutter geerbt.

Der Großvater ist der Vater der Mutter.

Die Großmutter ist die Mutter der Mutter. Von ihr stammen die hängenden Augenlider ihrer Enkeltochter.

Unbekleidete Skizzen

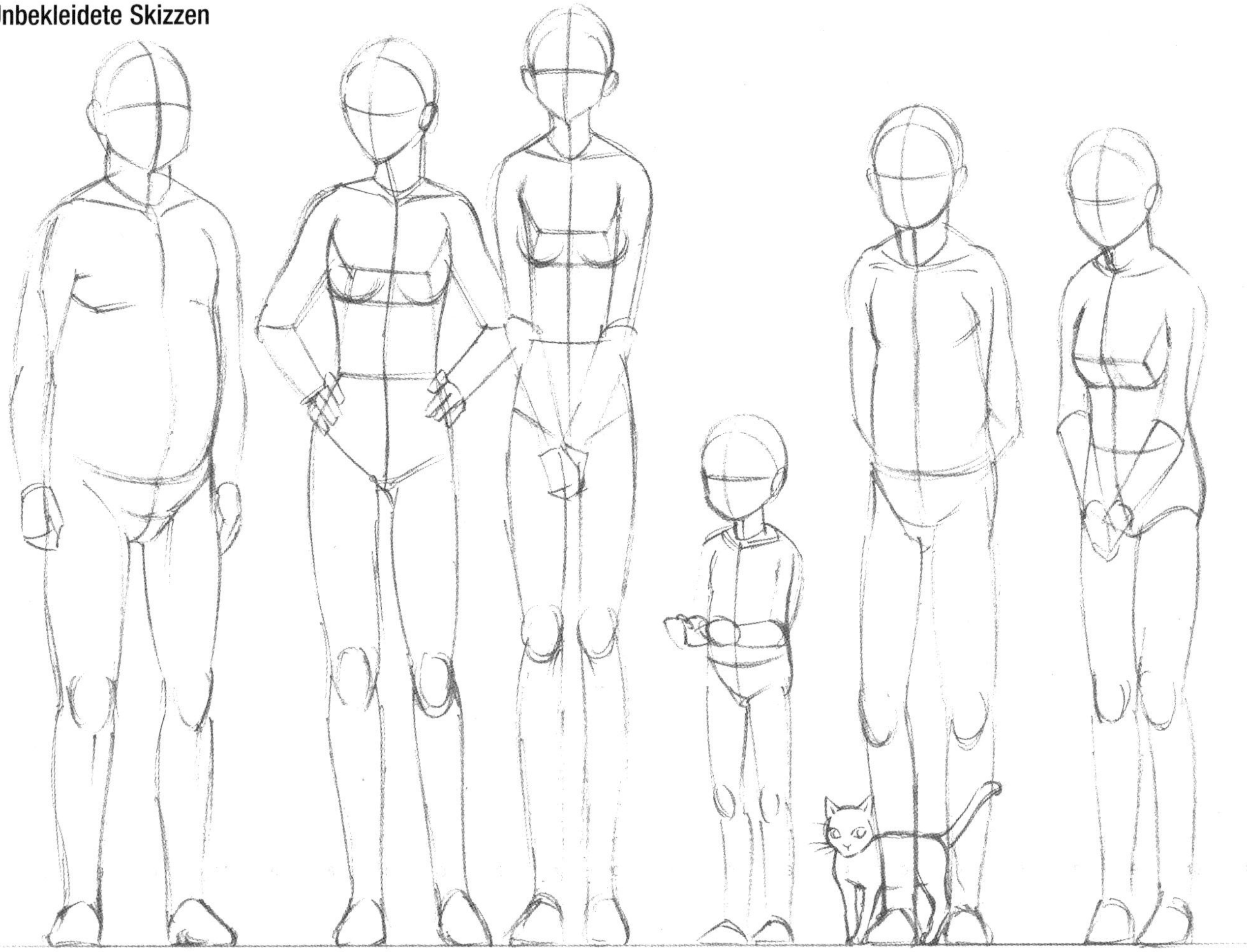

Bei der unbekleideten Vorskizze der Familie sieht man auch die kompletten Umrisse der Katze, die sich hinter den Beinen des Großvaters versteckt.

Die Balance der Proportionen überprüfen

Da man zuerst die Größe des Kopfes bestimmt, dann die Größe des Körpers und schließlich die Position des Schritts, bevor man die Figur richtig zeichnet, kann man eigentlich kaum etwas falsch machen. Trotzdem sollte man, wenn man eine große Anzahl an Charakteren zeichnet, die Proportionen noch einmal überprüfen, um sicherzugehen, dass diese den Vorstellungen tatsächlich entsprechen.

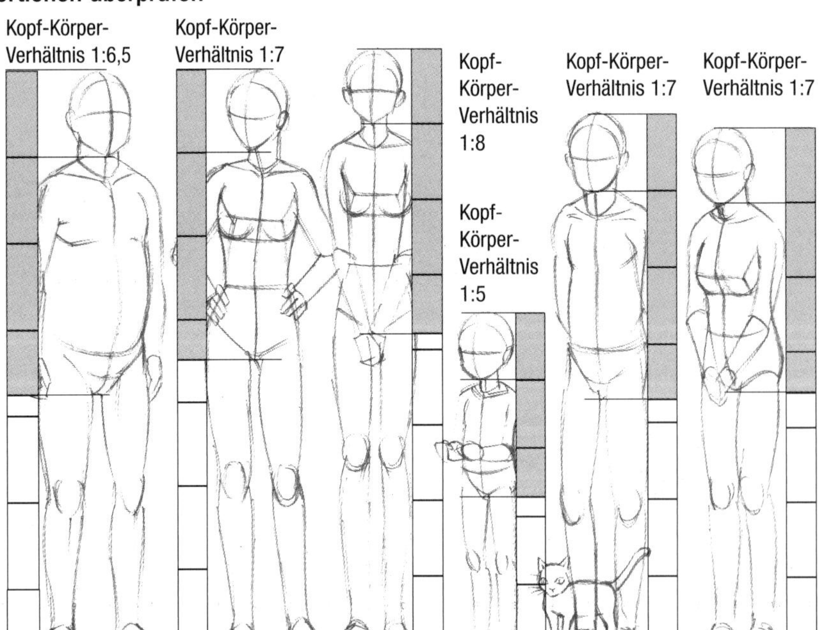

Kopf und Rumpf

Beine

Vater (Figur mit langem Rumpf): 55% Rumpf, 45% Beine.

Mutter (Ideale Figur): 50% Rumpf, 50% Beine.

Tochter (Figur mit langen Beinen): 45% Rumpf, 50% Beine.

Sohn (Figur mit langem Rumpf): 55% Rumpf, 45% Beine.

Großvater (Figur mit langem Rumpf): 55% Rumpf, 45% Beine.

Großmutter (Ideale Figur): 50% Rumpf, 50% Beine.

Kleidung zeichnen

Zeichne die Kleidung passend zu der Beschreibung der Charaktere.

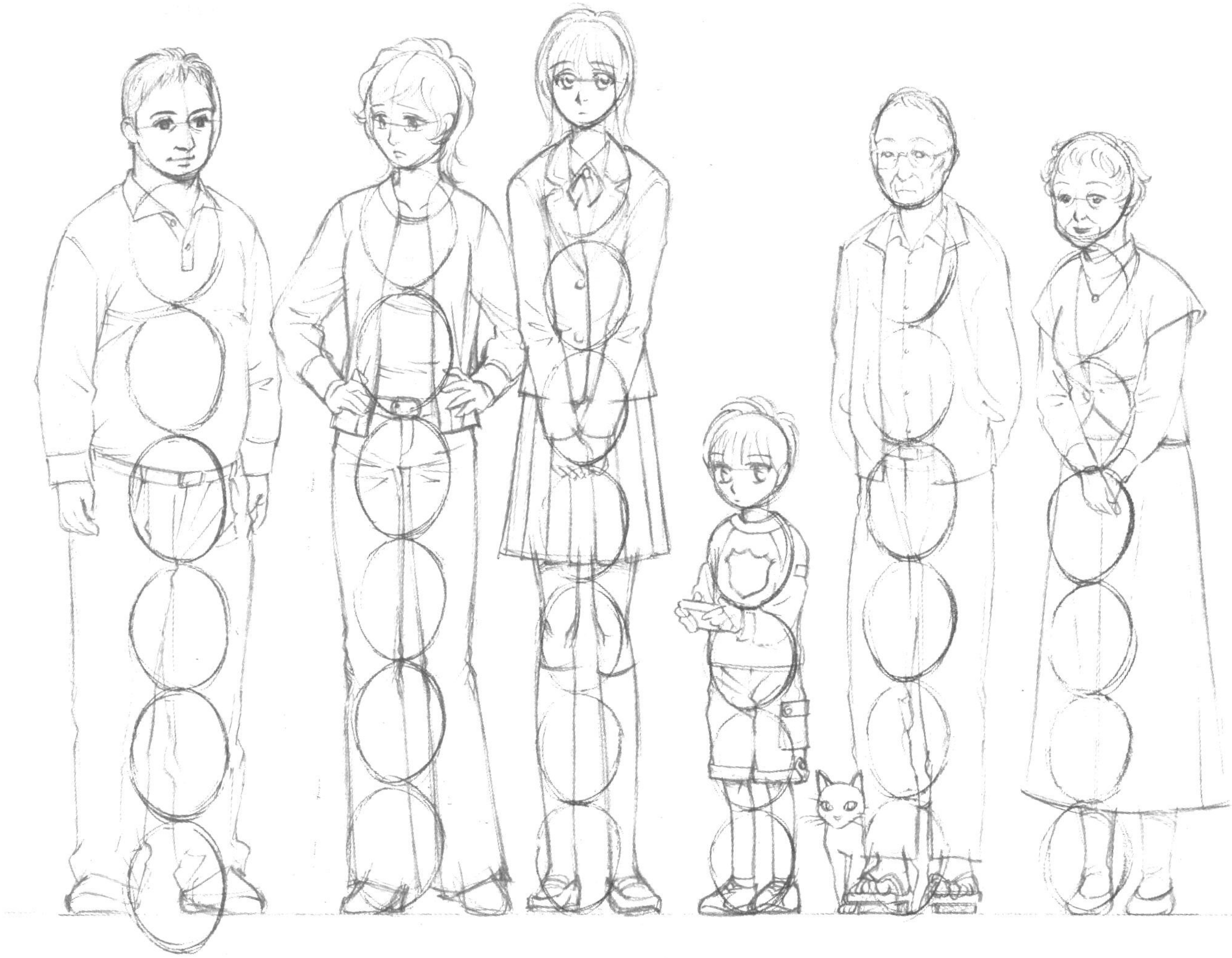

Die Höhe der Augen und Schultern überprüfen

Die Augenhöhe der wichtigen Charaktere, insbesondere der Hauptcharaktere, spielt eine große Rolle. So hilft es zum Beispiel in Gesprächsszenen, je nachdem ob man den Charakter nach oben oder nach unten schauen lässt, zu vermitteln, wer gerade mit wem spricht.

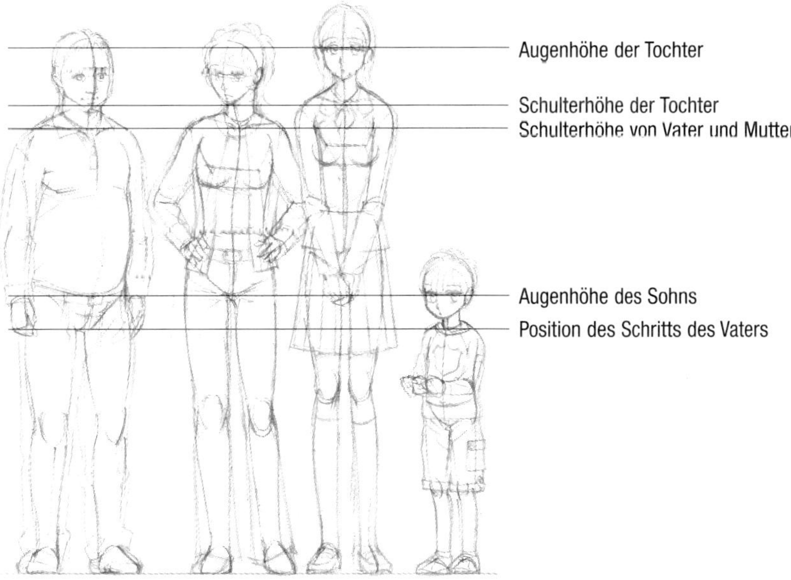

Eine Rolle entwerfen und gestalten

Der beeindruckende Vater

Bleib bei der Erstellung deiner Charakterdesigns immer der Situation, dem Persönlichkeitsprofil und der Rolle entsprechend flexibel.

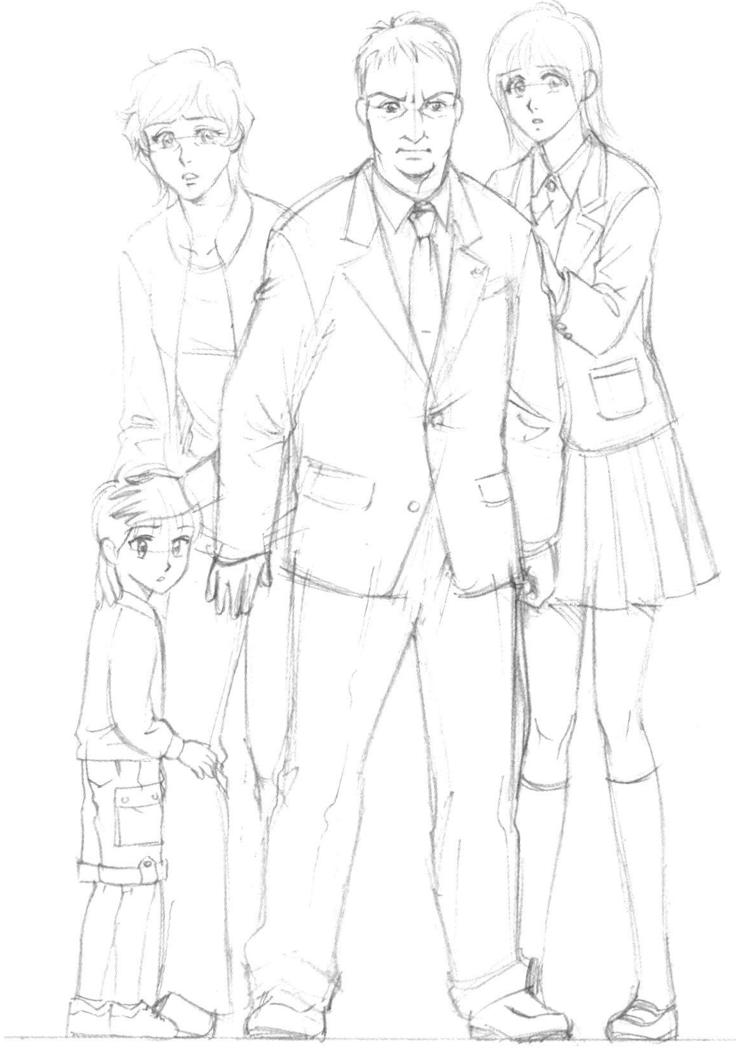

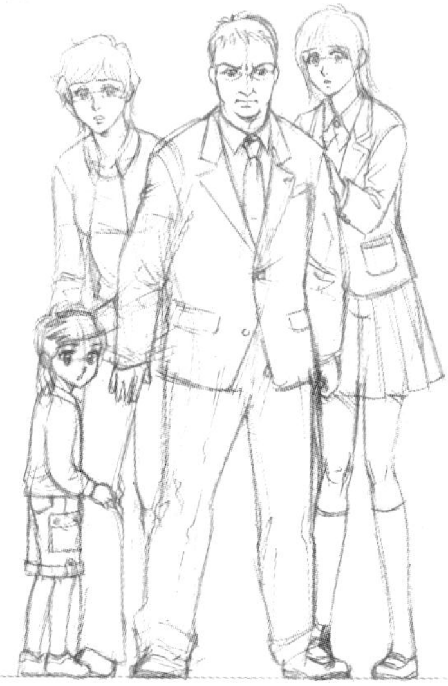

Situation: Der Vater, ein durchschnittlicher Büroangestellter, legt sich mit einem gewissenlosen Immobilienhai an. Der Vater ist als Hauptperson in der Mitte des Bildes platziert. Er hat eine gute Körperhaltung und einen ernsten, entschlossenen Gesichtsausdruck.

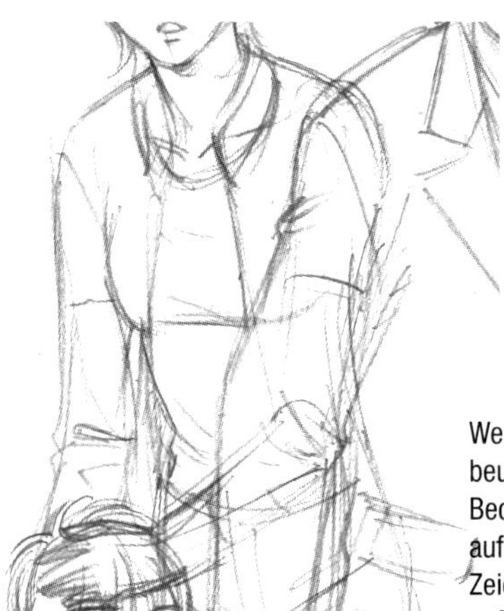

Damit der Hauptcharakter beeindruckender wirkt, sind die ihn umgebenden Personen sehr nah an seiner Seite gezeichnet.

Betrachte deine ursprünglichen Charakterdesigns.

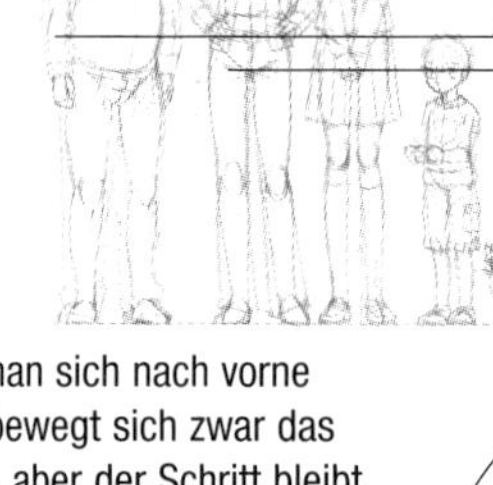

Wenn die Tochter direkt neben dem Vater steht, sollte erkennbar sein, dass sie größer ist als er. Überprüf daher, auf welcher Höhe sich ihr Schritt in Relation zu seinem befinden muss.

Überprüf, ob sich das Gesicht des Sohnes, der sich an seiner Mutter festhält, auf der richtigen Höhe befindet.

Wenn man sich nach vorne beugt, bewegt sich zwar das Becken, aber der Schritt bleibt auf derselben Höhe wie vorher. Zeichne den Schritt der Tochter auf derselben Höhe ein wie auf dem ursprünglichen Charakterdesign, um den Größenunterschied zwischen ihr und ihrem Vater hervorzuheben.

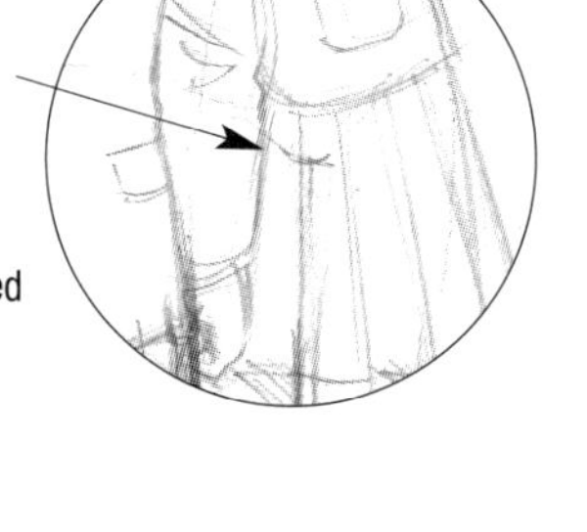

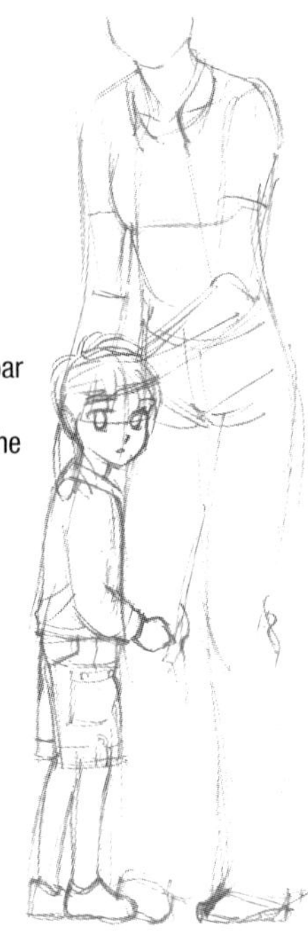

Die Hälfte des Körpers der Mutter wird von dem Vater verdeckt. Trotzdem wird in den groben Umrissen ihr Körper ganz gezeichnet, damit die Balance der Figur stimmt.

Veränderte Gesichtszüge

Typische Elemente des Gesichts, die sich mit dem Gesichtsausdruck verändern, sind die Pupillen, Augenbrauen, Mundwinkel und Falten.

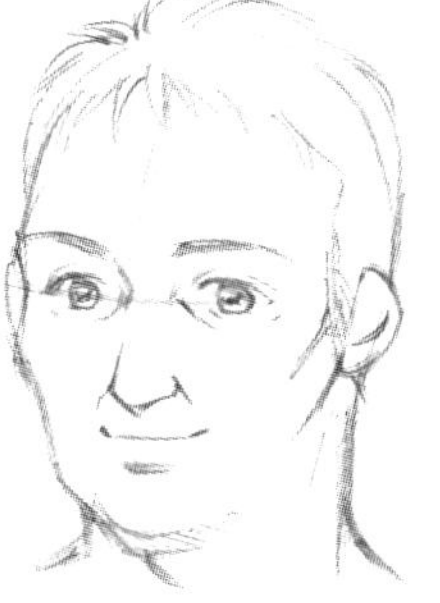

Der normale Vater: Er hat große Pupillen und freundliche Augenbrauen.

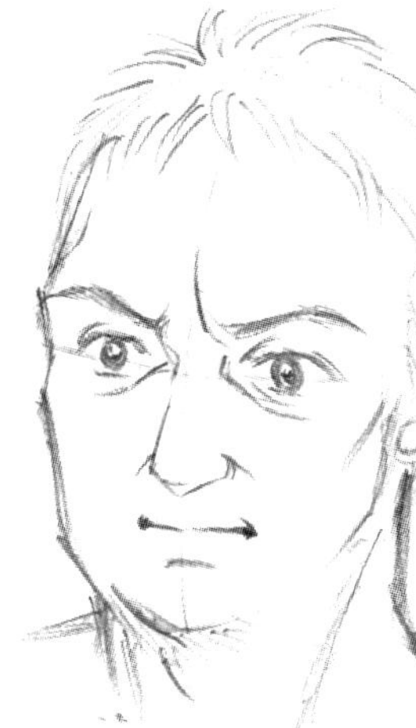

Der Vater in einer Gefahrensituation: Seine Pupillen werden kleiner, er zieht die Augenbrauen hoch und die Mundwinkel zusammen. Beton die Falten an der Stirn und unter den Augen und setz einen dunklen Schatten am Hals.

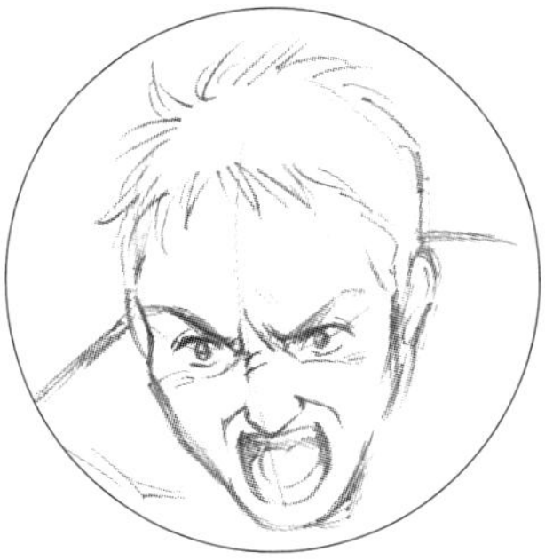

Durch einen Ausdruck von Wut, bei dem der Charakter z.B. mit weit aufgerissenem Mund brüllt, kann der ursprüngliche Eindruck eines Charakters effektiv verändert werden.

Je nach Situation können auch absurde Veränderungen an den Charakteren vorgenommen werden, wie hier im Fall einer actionlastigen Kampfszene.

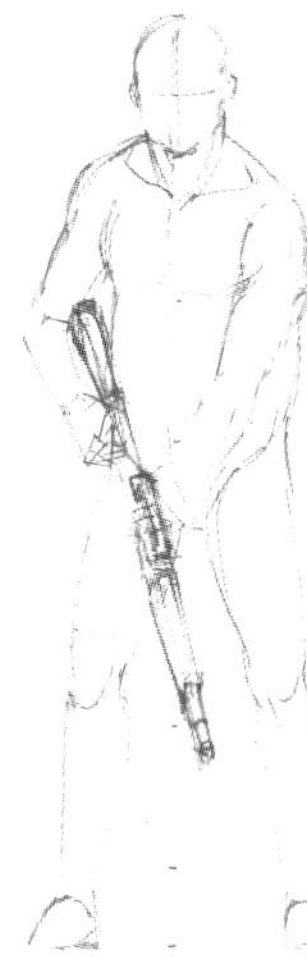

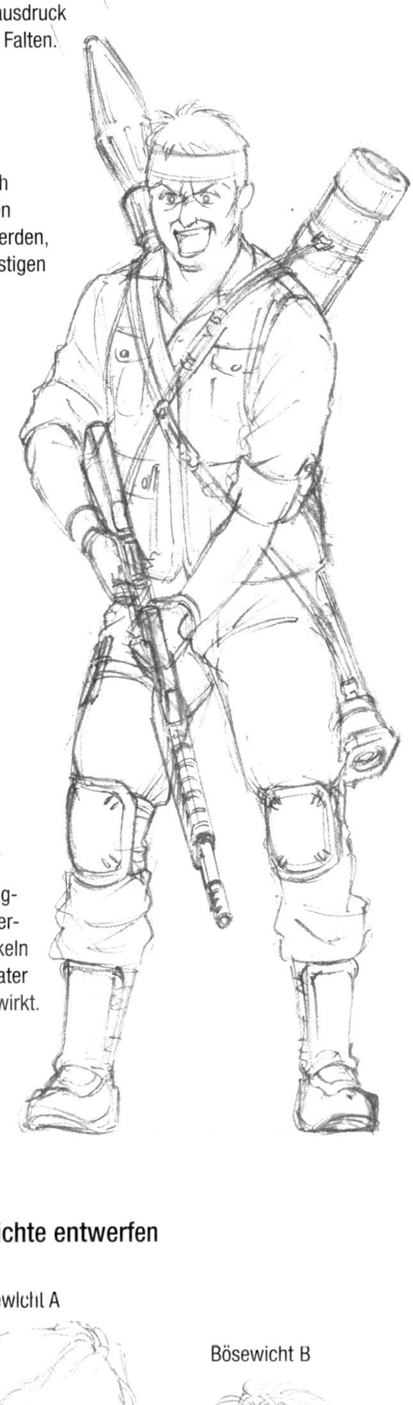

Hier wurden dem ursprünglichen untrainierten Körperbau ein paar kleine Muskeln hinzugefügt, damit der Vater als Soldat überzeugend wirkt.

Gesichtsausdrücke, die den Persönlichkeiten der Charaktere entsprechen

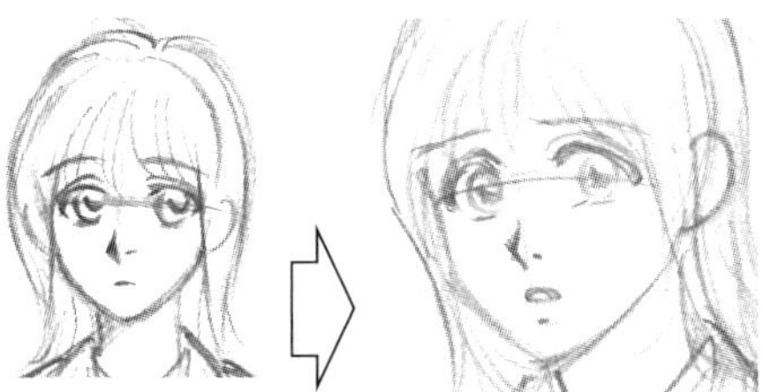

Tochter: große Augen, herabhängende Augenlider

Die nur leicht zusammengezogenen Augenbrauen und klar geöffneten Augen geben den Eindruck, dass die Tochter trotz einer innerlich aufsteigenden Unruhe die Stärke hat, den Gegner unverwandt anzusehen.

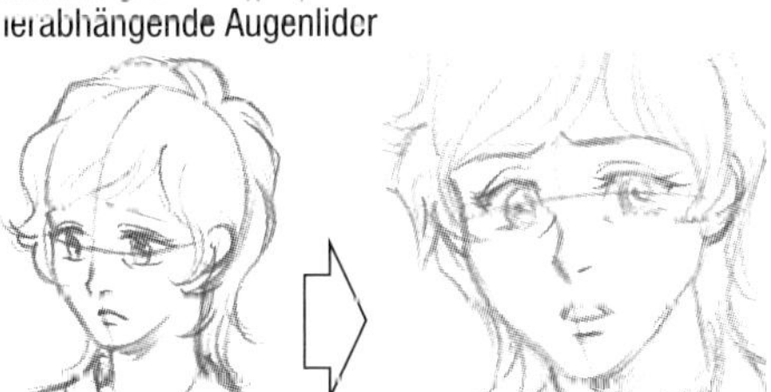

Mutter: herabhängende Augenlider

Die stark zusammengezogenen Augenbrauen und der frontale Blick lassen die Mutter stark wirken. Gleichzeitig wird so aber auch ihre innere Angst hervorgehoben.

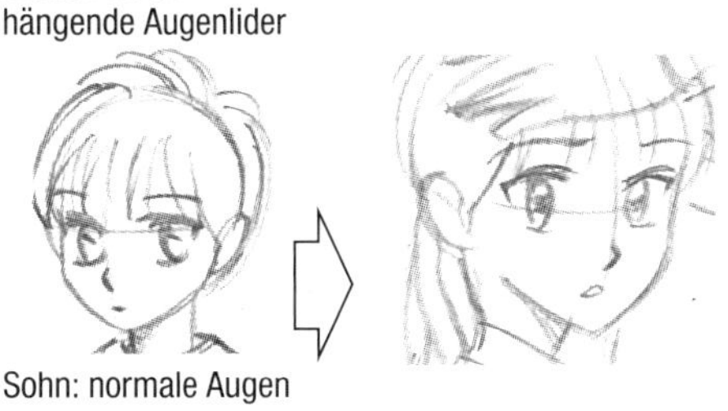

Sohn: normale Augen

Da der Sohn als ein cooler, abgebrühter Charakter entworfen wurde, sind seine Augenbrauen nur leicht zusammengezogen. Er wendet seinen Blick ab, was einen besorgten, aber doch distanzierten Eindruck macht.

Bösewichte entwerfen

Bösewicht A

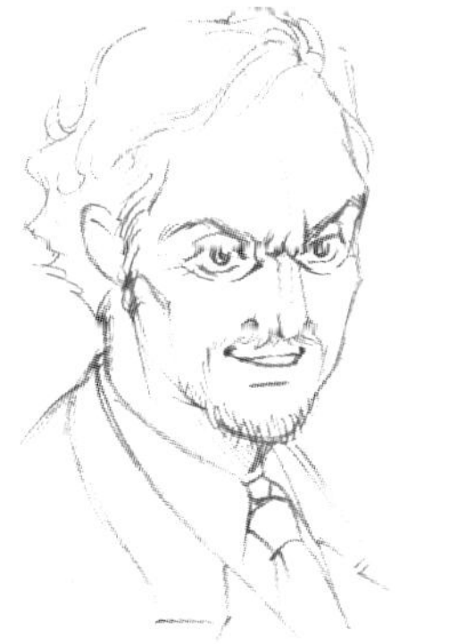

Bösewicht B

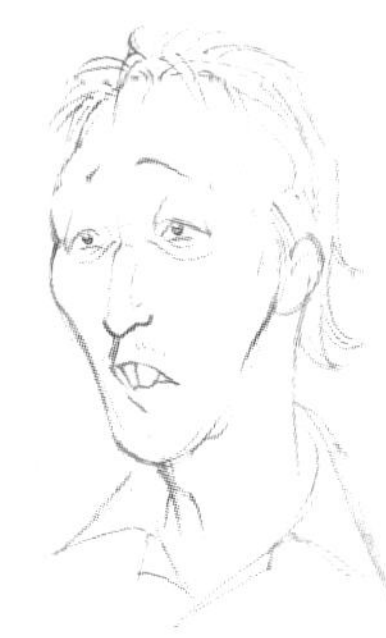

Erstell das Profil eines fiesen Schurken, der das friedliche Familienleben in Gefahr bringt und den Vater als Beschützer der Familie auf den Plan ruft.

Eine ungewöhnliche Familie

In einem außergewöhnlichen Notfall hält die Familie zusammen und kämpft gemeinsam. In so einem Fall sollte jeder Charakter seiner Persönlichkeit entsprechend eingekleidet und ausgerüstet werden. Verschaff dir ein vielfältiges Repertoire an unterschiedlichen Typen, indem du einige Charaktere stark veränderst und andere weniger stark.

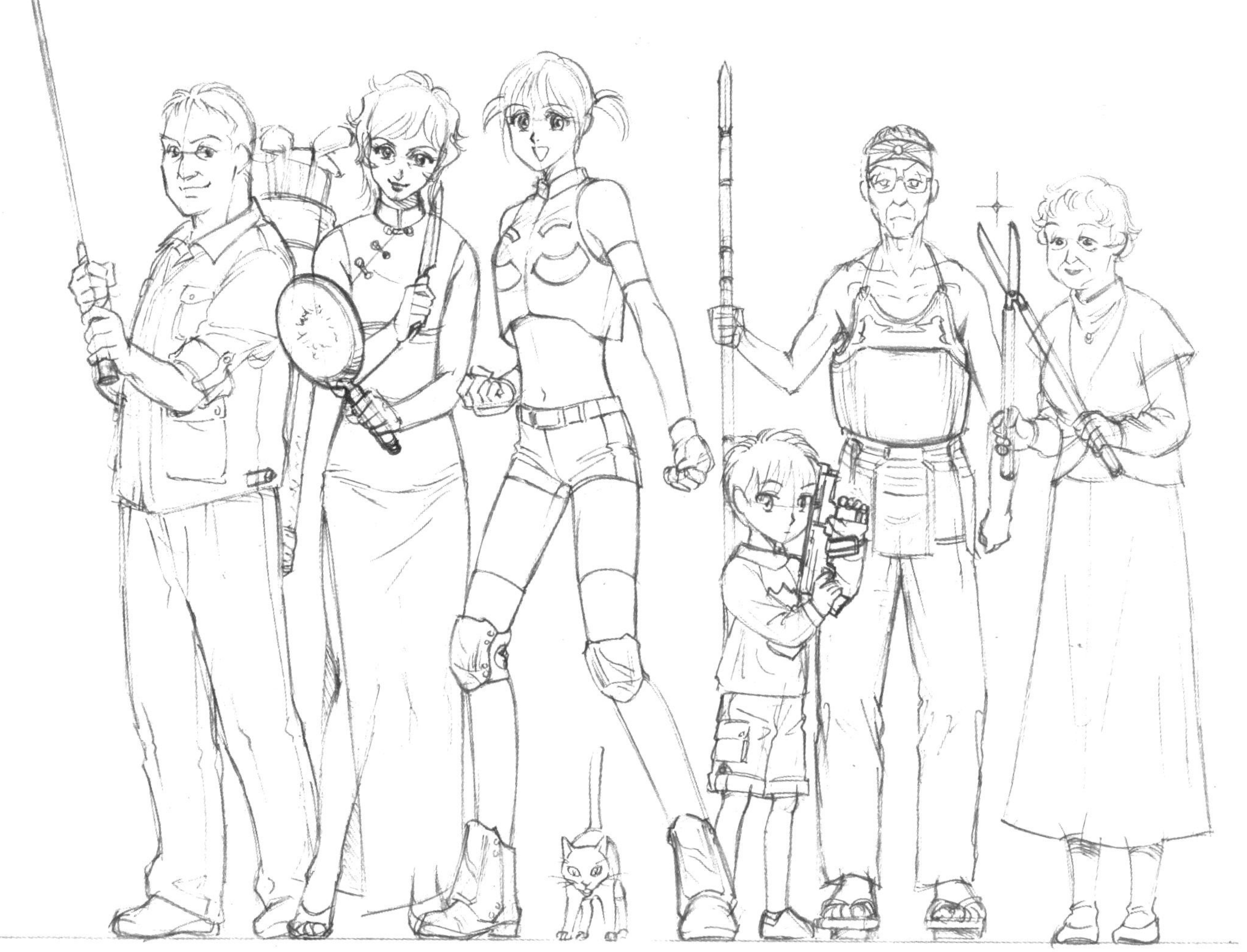

Stark veränderte Charaktere

Normal

Kampfbereit

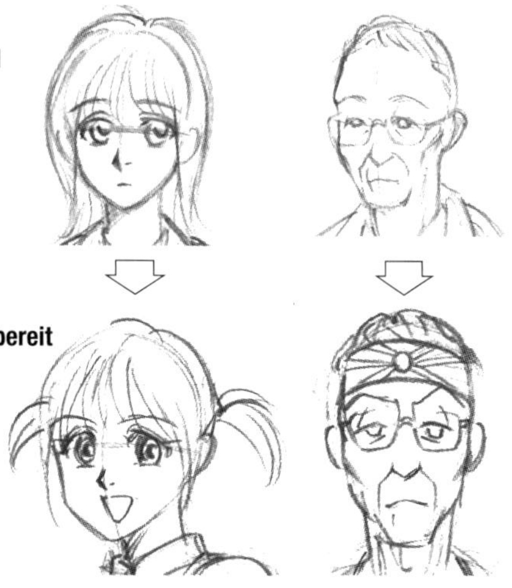

Im Notfall wird die Tochter plötzlich aktiv.

Der Großvater schreitet zur Tat, wenn es gefährlich wird.

Wenig veränderte Charaktere

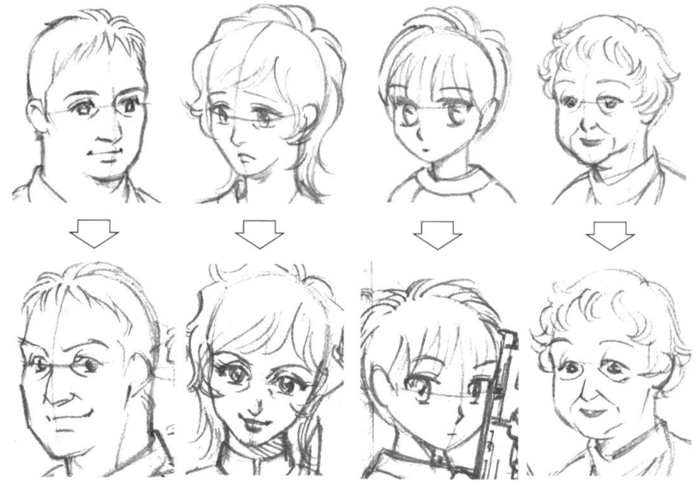

Der Vater fordert gerne sein Glück heraus.

Die Mutter ist zu jeder Schandtat bereit.

Der Sohn ist immer cool und abgebrüht.

Die Großmutter ist ruhig und gelassen, genau wie immer.

Durch Ausprobieren das richtige Charakterdesign finden

Je nachdem, wie sich die Handlung entwickelt, müssen die einzelnen Familienmitglieder noch einmal überarbeitet werden.

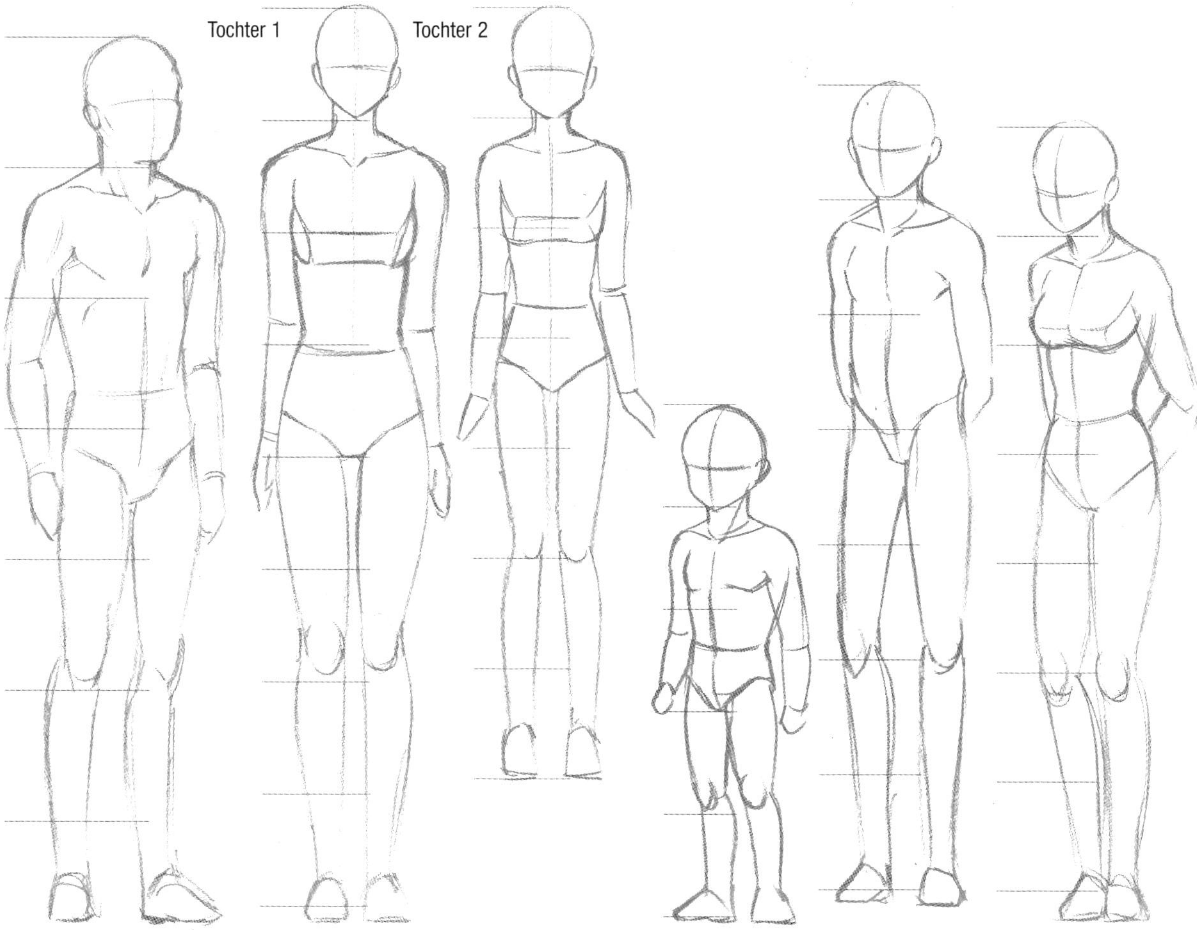

Das Kopf-Körper-Verhältnis des Vaters ist bei 1:6,5 gleich geblieben, aber der Körper ist jetzt schlanker. Charakteristisch ist sein großer Kopf.

Die Tochter hat ein Kopf-Körper-Verhältnis von 1:8 und hat einen stämmigen Körperbau mit relativ breiten Schultern.

Die Schultern sind zwar gleich breit geblieben, aber dafür sind sie jetzt gerade und hängen nicht mehr herab. Das Kopf-Körper-Verhältnis wurde verkleinert und ist jetzt 1:7. In der Geschichte soll sie sich verwandeln können.

Der Sohn hat das Kopf-Körper-Verhältnis von 1:5 behalten, ist jetzt aber muskulöser.

Der Großvater hat immer noch das Kopf-Körper-Verhältnis von 1:7, aber dafür jetzt längere Beine. Er erweckt den Eindruck, dass er kein ganz gewöhnlicher Opa ist.

Die Großmutter ist geradezu unnatürlich glamourös. Dadurch bekommt sie eine mysteriöse Aura, als wäre sie nicht von dieser Welt. Dies ist schon ein erster Hinweis auf weitere Story-Entwicklungen. Ihr Kopf-Körper-Verhältnis beträgt 1:7.

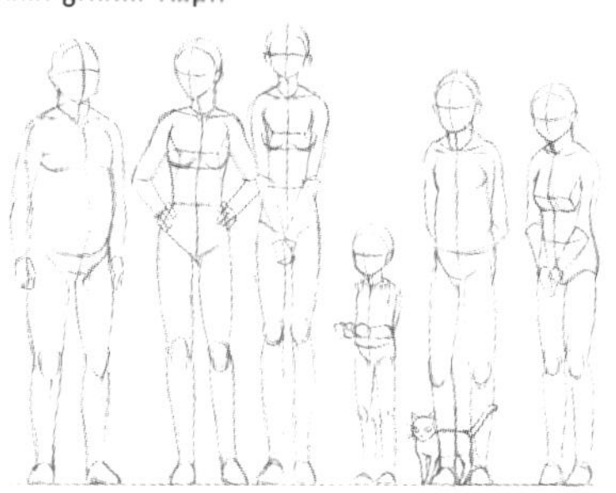

Das erste Charakterdesign

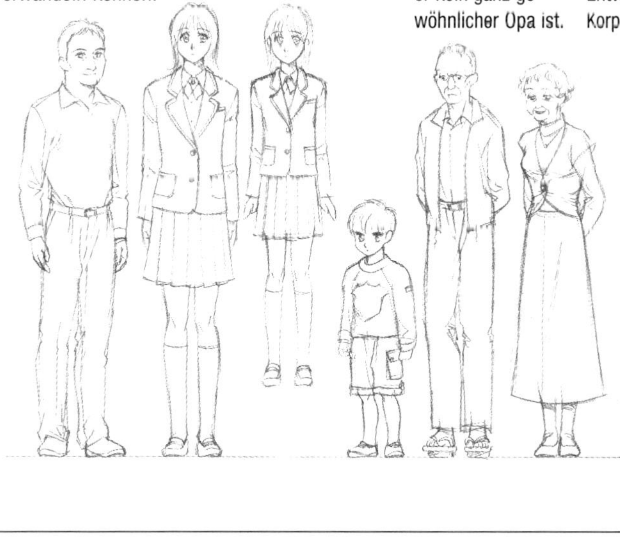

Da die Mutter in der Geschichte nicht mehr vorkommt, wurde ihr Charakterdesign auch nicht weiter angepasst.

Die Charaktere als Chibi-Figuren darstellen

Gib den Charakteren unterschiedliche Körpergrößen mit Kopf-Körper-Verhältnissen zwischen 1:3 und 1:4. Bereits halbe und Viertel-Kopflängen führen zu auffälligen Größenunterschieden.

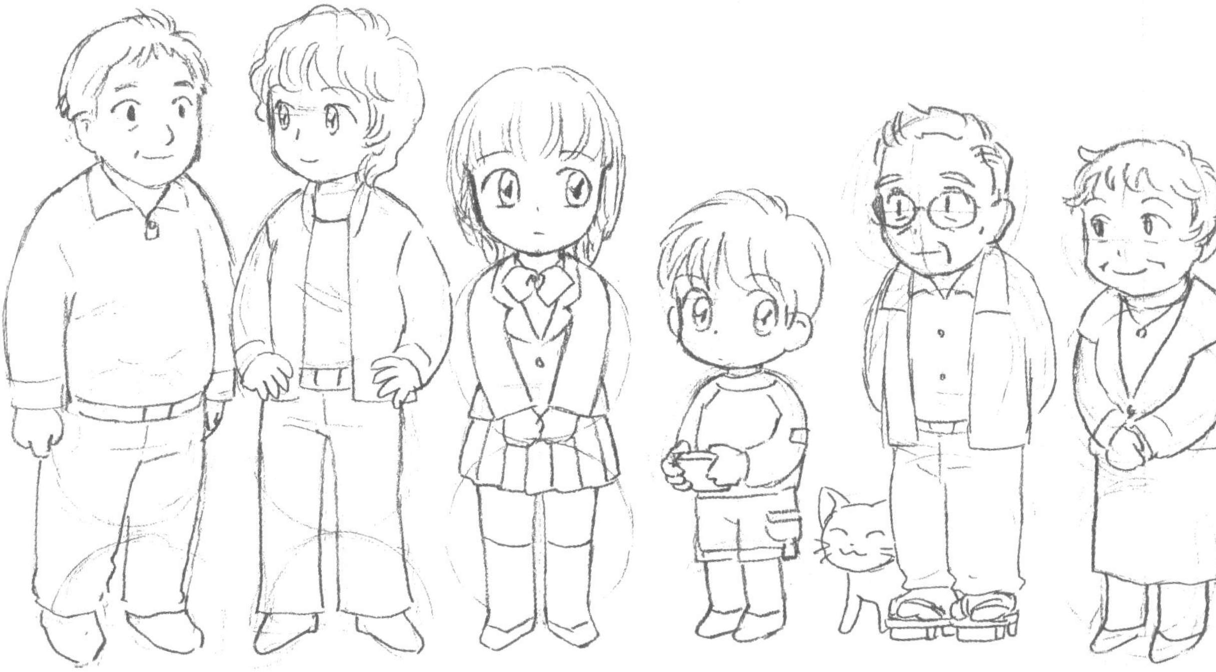

Vater: Kopf-Körper-Verhältnis 1:3

Mutter: Kopf-Körper-Verhältnis 1:3,5

Tochter: Kopf-Körper-Verhältnis 1:3

Sohn: Kopf-Körper-Verhältnis 1:2

Großvater: Kopf-Körper-Verhältnis 1:3

Großmutter: Kopf-Körper-Verhältnis 1:3

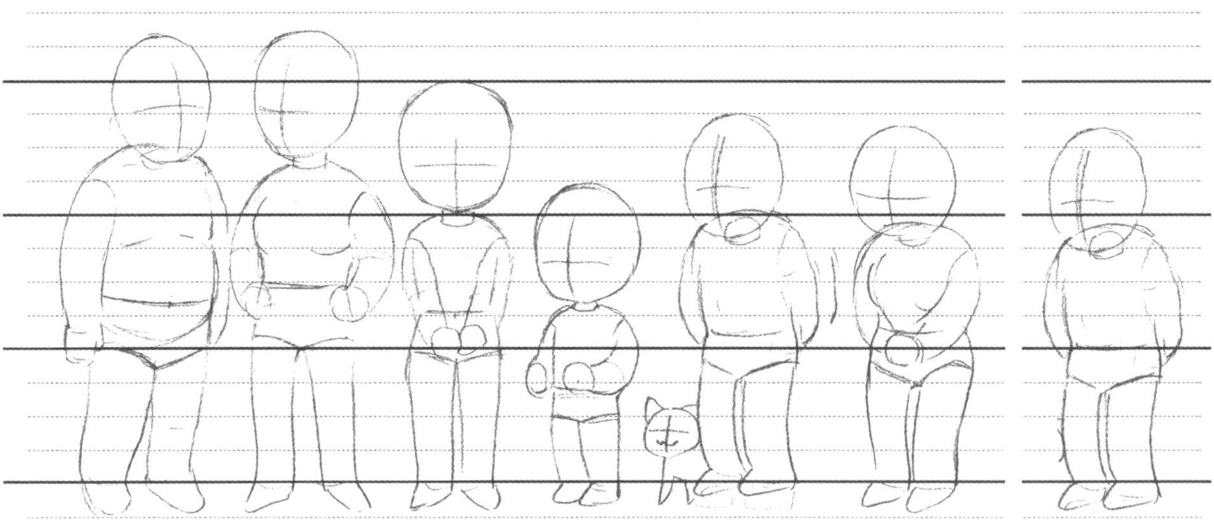

Vater und Mutter sind ungefähr eine Viertel-Kopflänge größer als die Tochter.

Die Tochter hat als Hauptcharakter ein Kopf-Körper-Verhältnis von 1:3.

Der Sohn ist um eine Dreiviertel-Kopflänge (also fast eine ganze) kleiner als seine Schwester.

Der Großvater ist zwar fast eine halbe Kopflänge kleiner als die Tochter, aber da er Geta* trägt, wirkt er einen Viertelkopf größer.

Die Großmutter ist eigentlich genauso groß wie der Großvater, aber da sie keine Geta trägt, wirkt sie kleiner.

Zum Vergleich: Großvater ohne Geta

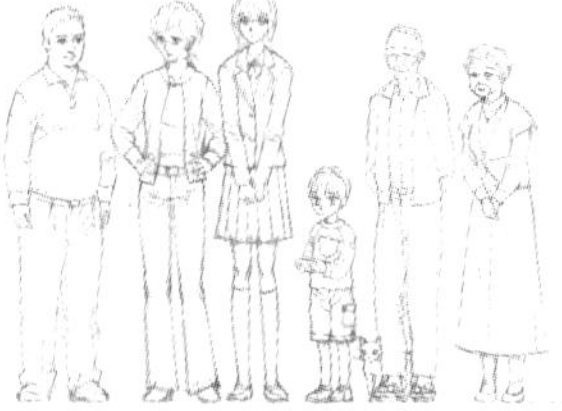

Die Familie mit attraktiven Proportionen

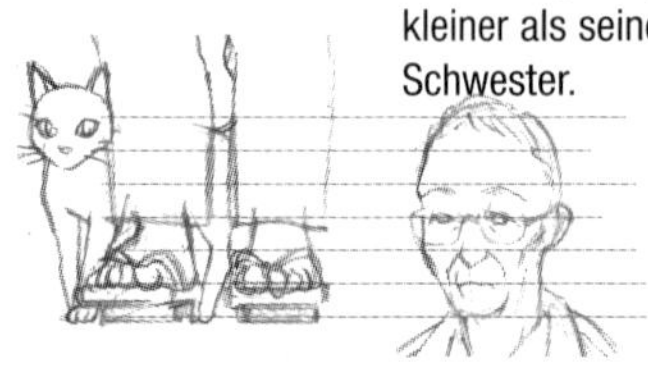

Bei attraktiven Proportionen sind die Geta ungefähr ein Sechstel einer Kopflänge hoch. Das entspricht ungefähr der halben Länge eines Ohrs und bewegt sich in einem realistischen Bereich.

*japanische Holzsandalen

Mangamäßige Charakterdesigns

Eine Mischung aus attraktiven Proportionen und Chibi-Proportionen

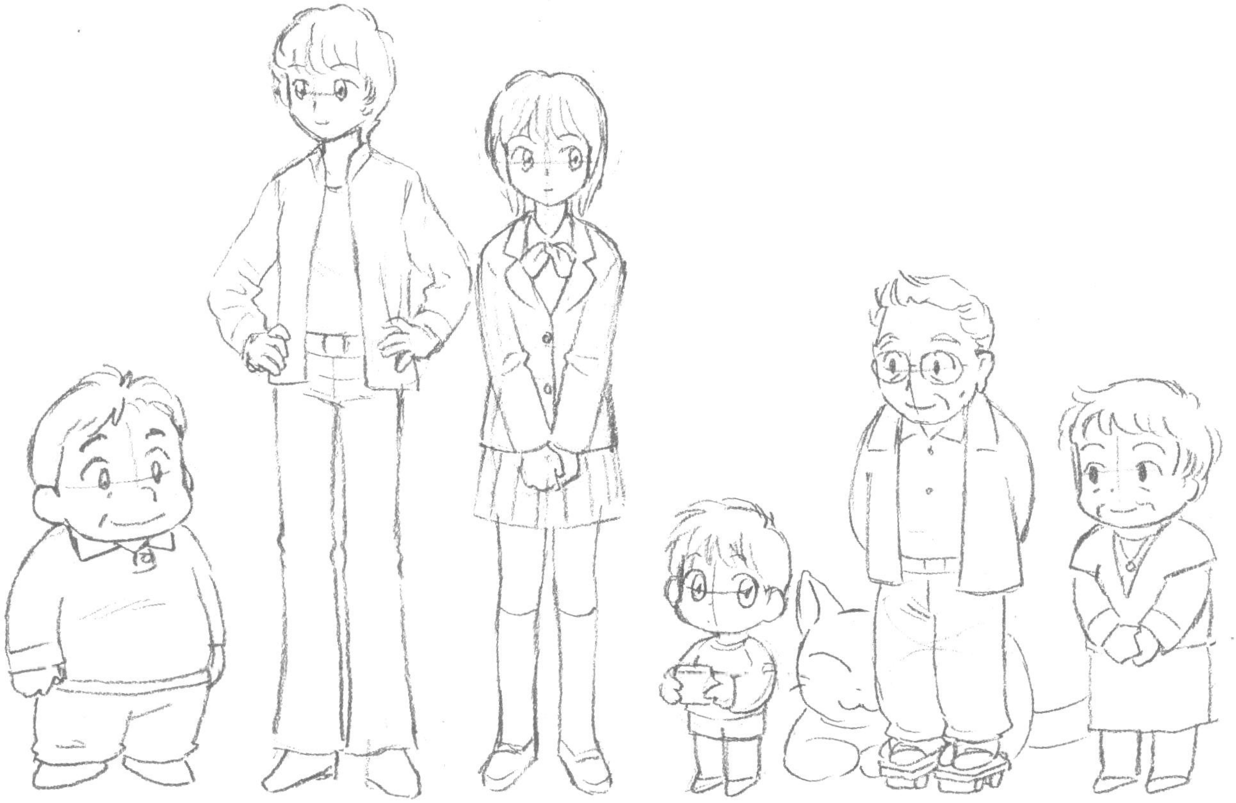

Vater: Kopf-Körper-Verhältnis 1:2,5 | Mutter: Kopf-Körper-Verhältnis 1:6 | Tochter: Kopf-Körper-Verhältnis 1:5,5 | Sohn: Kopf-Körper-Verhältnis 1:2 | Großvater: Kopf-Körper-Verhältnis 1:3,5 | Großmutter: Kopf-Körper-Verhältnis 1:3

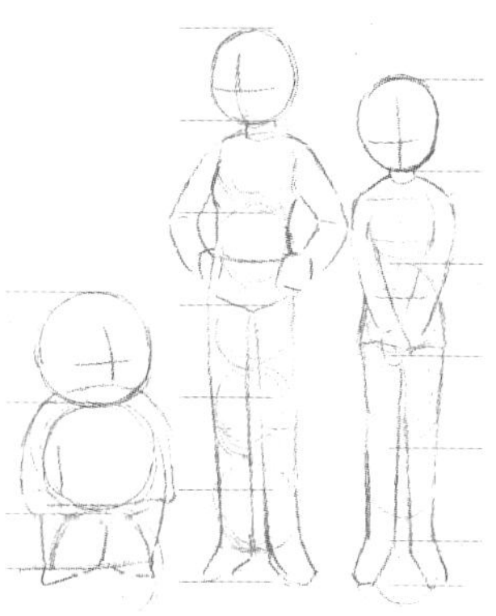

Der Vater hat einen großen Kopf, während der Sohn einen kleinen Kopf besitzt. Die Köpfe von Mutter, Tochter, Großvater und Großmutter sind alle ungefähr gleich groß.

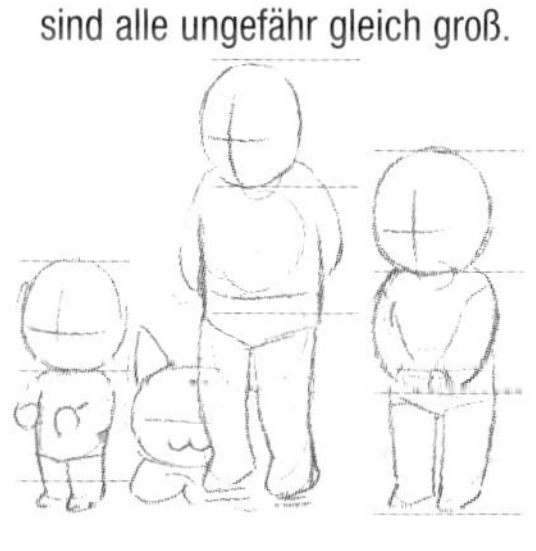

Größenunterschiede festhalten

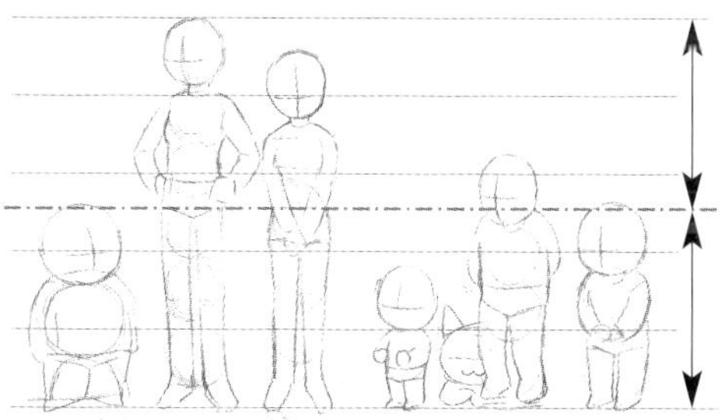

Die Mutter ist der größte Charakter. Diese Linie zeigt die Hälfte ihrer Körpergröße an.

Erfass die Größenunterschiede zwischen den Charakteren so, dass sie leicht voneinander zu unterscheiden sind.

Mangatypische Charakterstilisierung

Attraktiv | **Chibi** | **Gemischt**

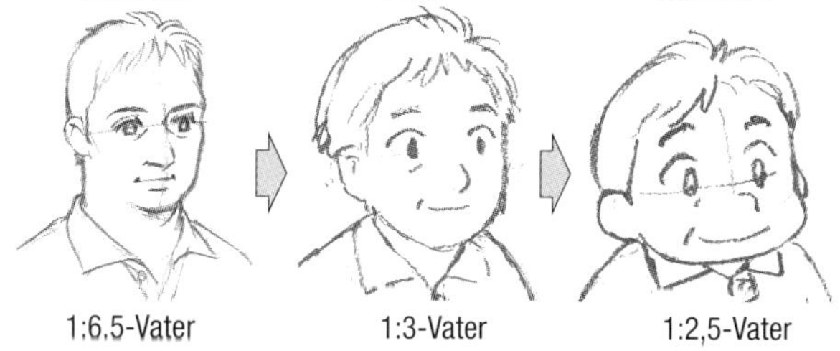

1:6,5-Vater | 1:3-Vater | 1:2,5-Vater

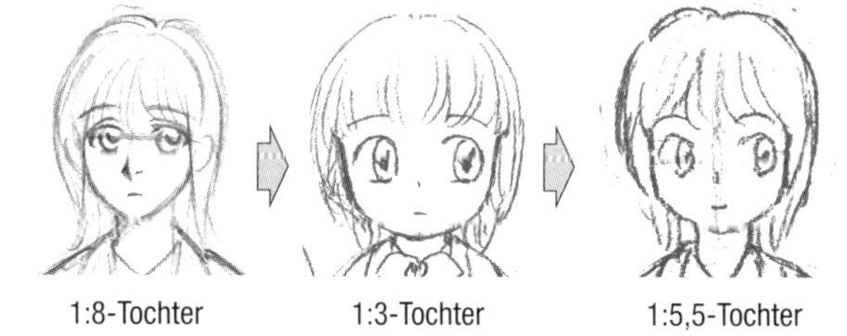

1:8-Tochter | 1:3-Tochter | 1:5,5-Tochter

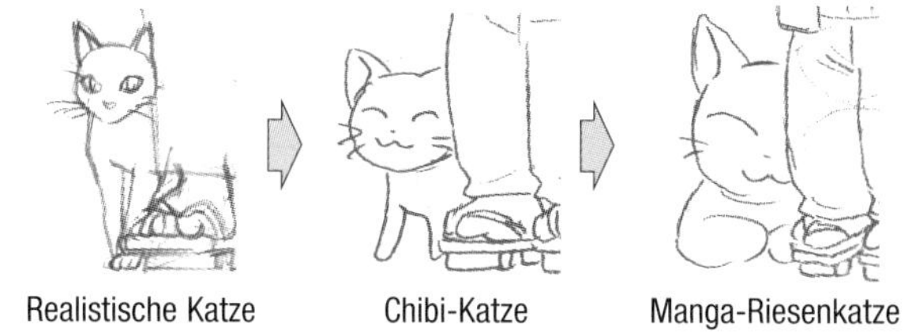

Realistische Katze | Chibi-Katze | Manga-Riesenkatze

Praxisbeispiel von Hiroko Shioda: Attraktive Charaktere zeichnen

Es heißt zwar, dass ein Kopf-Körper-Verhältnis von 1:8 ideale Proportionen aufweisen würde, aber man muss sich nicht sklavisch an diese Regel halten. Wähl die Proportionen, die dir gefallen.

Studie attraktiver Proportionen

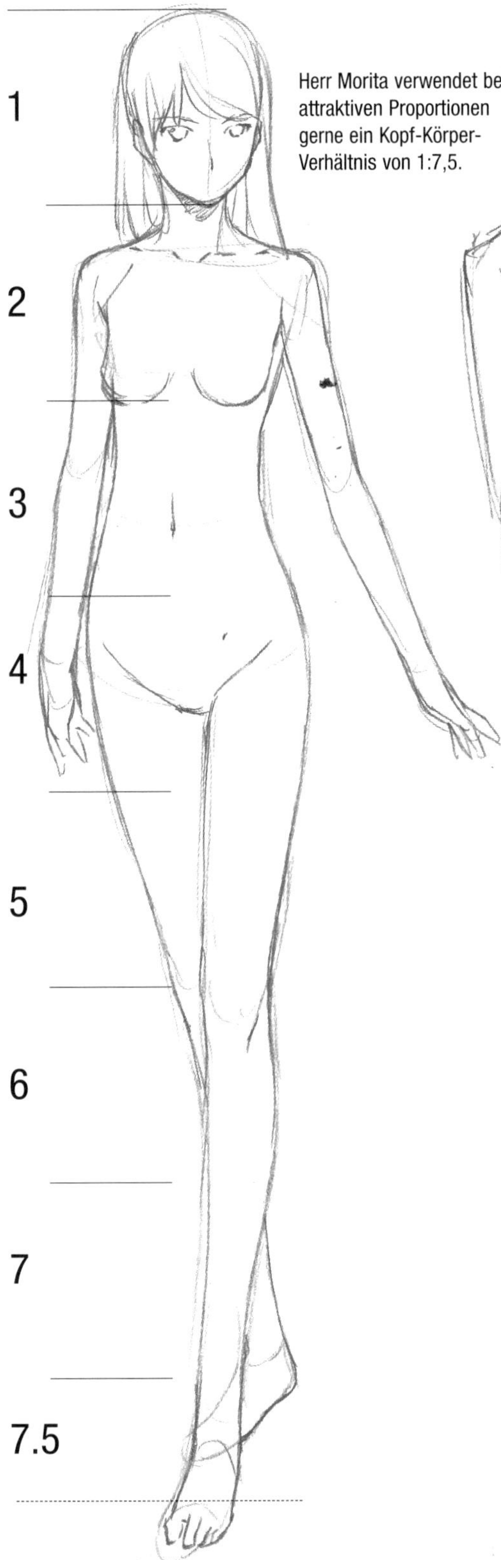

Herr Morita verwendet bei attraktiven Proportionen gerne ein Kopf-Körper-Verhältnis von 1:7,5.

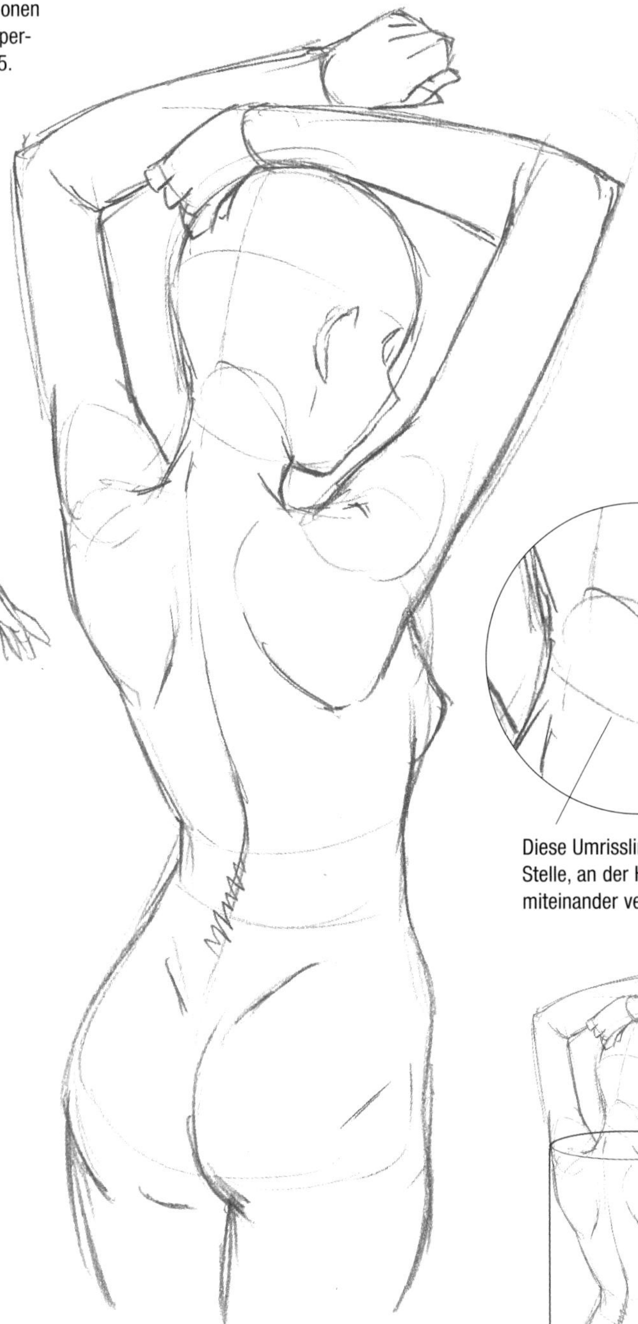

Diese Umrisslinie zeigt die Stelle, an der Hals und Kopf miteinander verbunden sind.

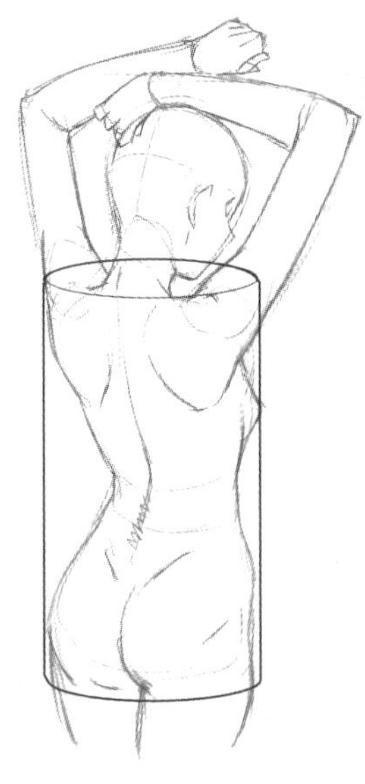

Herr Morita hat den Körper als Zylinderform erfasst. Der relativ hohe Blickwinkel sorgt dafür, dass die Richtlinien für Taille und Hüfte nach unten gebogene Kurven sind.

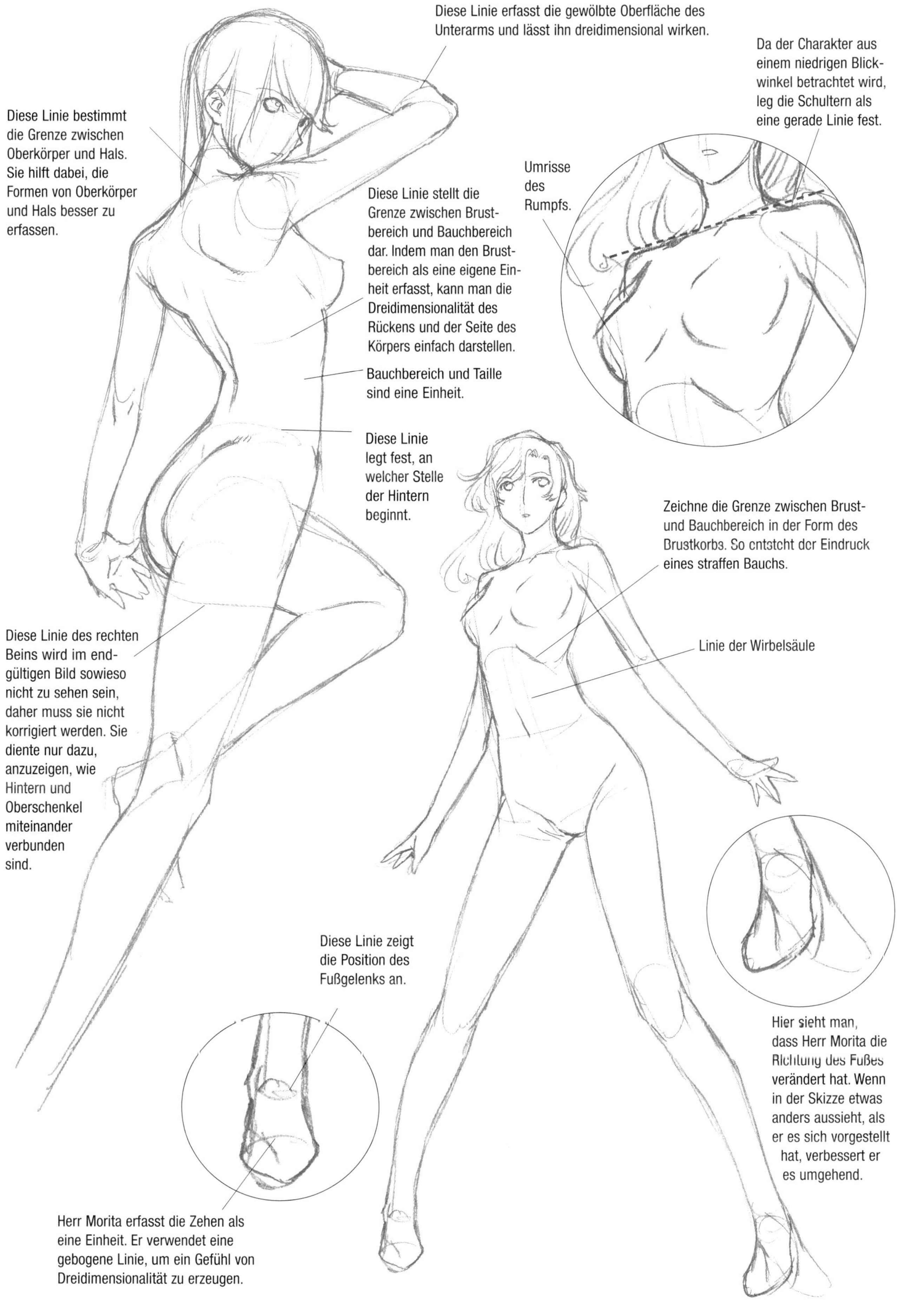
Diese Linie erfasst die gewölbte Oberfläche des Unterarms und lässt ihn dreidimensional wirken.
Da der Charakter aus einem niedrigen Blickwinkel betrachtet wird, leg die Schultern als eine gerade Linie fest.
Diese Linie bestimmt die Grenze zwischen Oberkörper und Hals. Sie hilft dabei, die Formen von Oberkörper und Hals besser zu erfassen.
Umrisse des Rumpfs.
Diese Linie stellt die Grenze zwischen Brustbereich und Bauchbereich dar. Indem man den Brustbereich als eine eigene Einheit erfasst, kann man die Dreidimensionalität des Rückens und der Seite des Körpers einfach darstellen.
Bauchbereich und Taille sind eine Einheit.
Diese Linie legt fest, an welcher Stelle der Hintern beginnt.
Zeichne die Grenze zwischen Brust- und Bauchbereich in der Form des Brustkorbs. So entsteht der Eindruck eines straffen Bauchs.
Diese Linie des rechten Beins wird im endgültigen Bild sowieso nicht zu sehen sein, daher muss sie nicht korrigiert werden. Sie diente nur dazu, anzuzeigen, wie Hintern und Oberschenkel miteinander verbunden sind.
Linie der Wirbelsäule
Diese Linie zeigt die Position des Fußgelenks an.
Hier sieht man, dass Herr Morita die Richtung des Fußes verändert hat. Wenn in der Skizze etwas anders aussieht, als er es sich vorgestellt hat, verbessert er es umgehend.
Herr Morita erfasst die Zehen als eine Einheit. Er verwendet eine gebogene Linie, um ein Gefühl von Dreidimensionalität zu erzeugen.

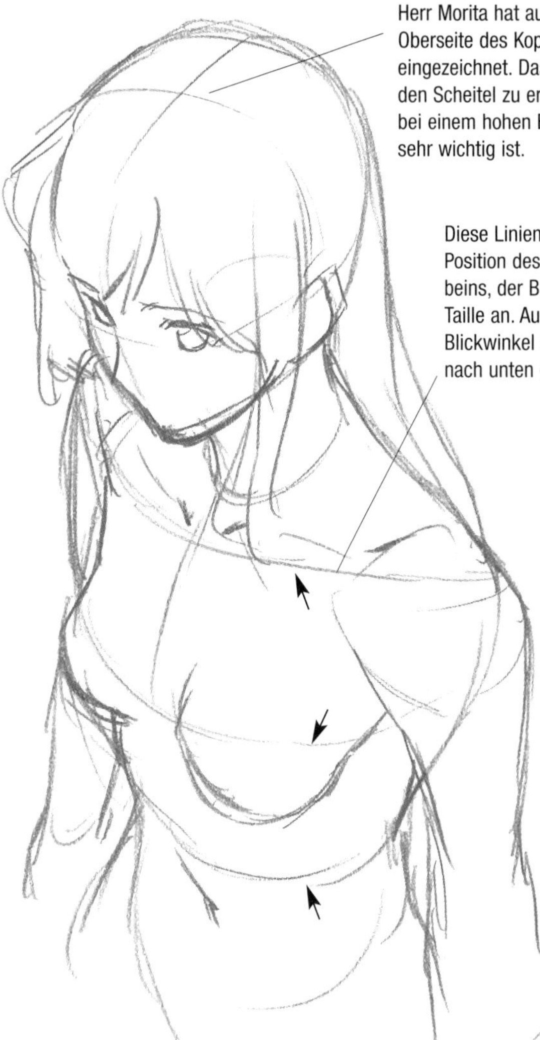

Herr Morita hat auf der Oberseite des Kopfes ein Kreuz eingezeichnet. Das hilft dabei, den Scheitel zu erfassen, was bei einem hohen Blickwinkel sehr wichtig ist.

Diese Linien zeigen die Position des Schlüsselbeins, der Brust und der Taille an. Aus einem hohen Blickwinkel sind die Linien nach unten gebogen.

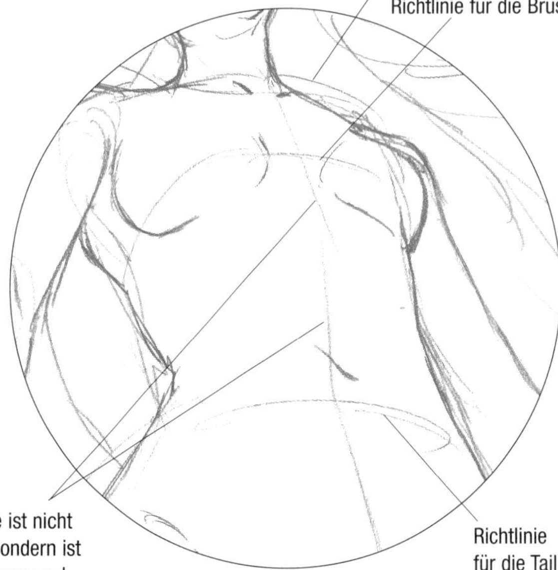

Richtlinie für die Schulter

Richtlinie für die Brust

Richtlinie für die Taille

Die Medianlinie ist nicht völlig gerade, sondern ist an die Erhebungen und Vertiefungen des Körpers angepasst.

Verwende nach oben gebogene Linien für die Richtlinien von Schulter, Brust und Taille. So kann man die Dreidimensionalität aus einem niedrigen Winkel besser erfassen.

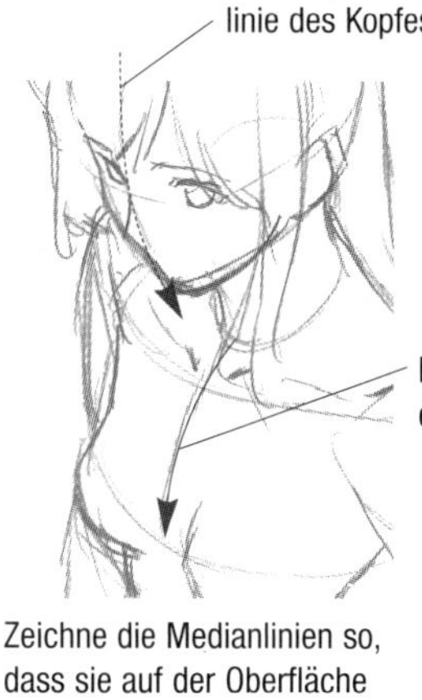

Richtung der Medianlinie des Kopfes

Richtung der Medianlinie des Brustbereichs

Zeichne die Medianlinien so, dass sie auf der Oberfläche entlanglaufen. Die Medianlinie des Brustbereichs ist nach außen gekrümmt, um die Tiefe des Rumpfes darzustellen.

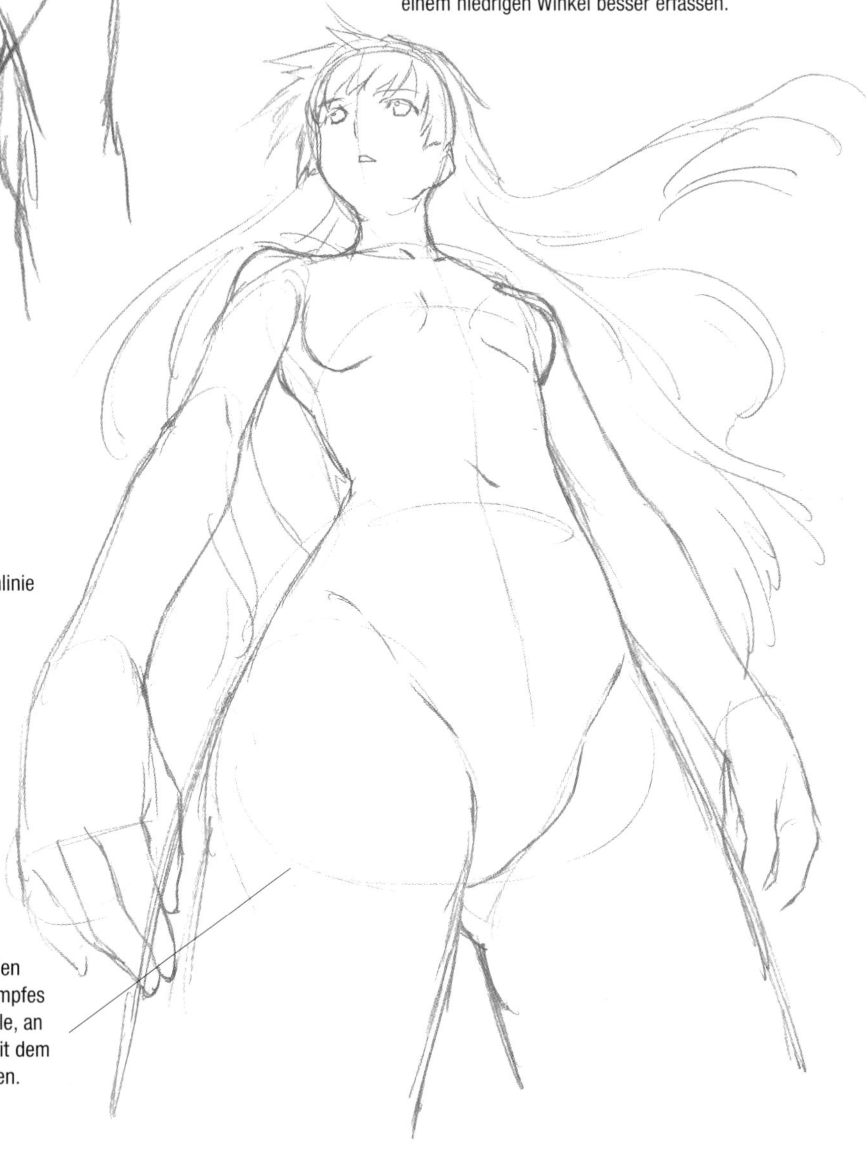

Diese Linie beschreibt den untersten Punkt des Rumpfes und gleichzeitig die Stelle, an der die Oberschenkel mit dem Rumpf verbunden werden.

Der tatsächliche Zeichenvorgang

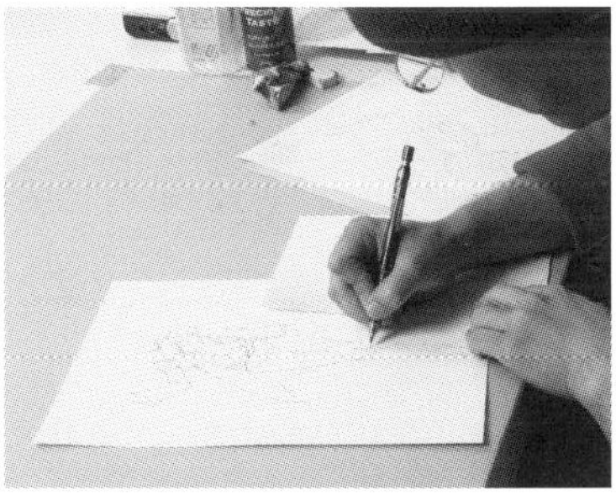

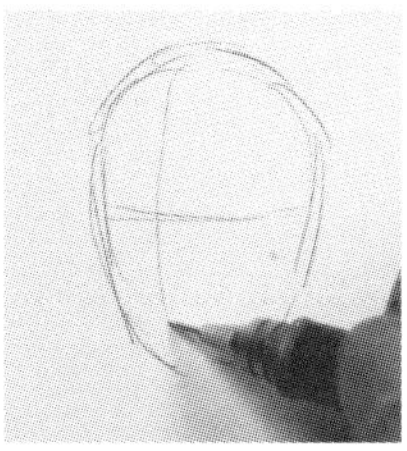

Das Grundgerüst für den Kopf besteht aus einem Kreis und einem Kreuz.

Die groben Umrisse von Kopf und Körper

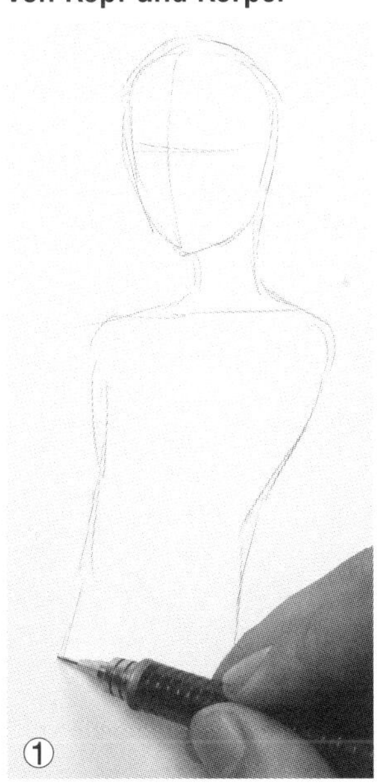

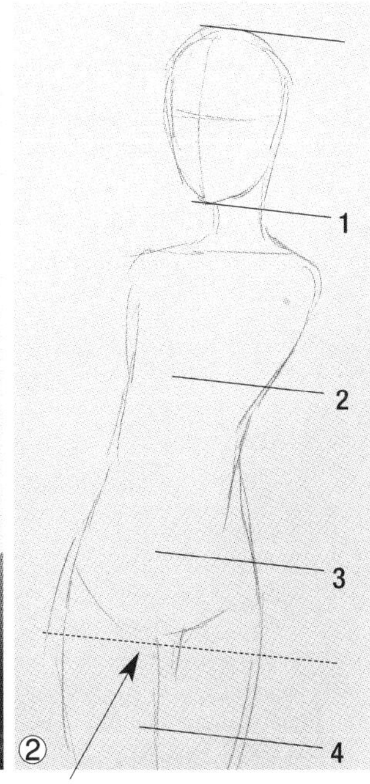

Herr Morita zeichnet den Schritt auf der Höhe von ungefähr 3,5 Kopflängen ein.

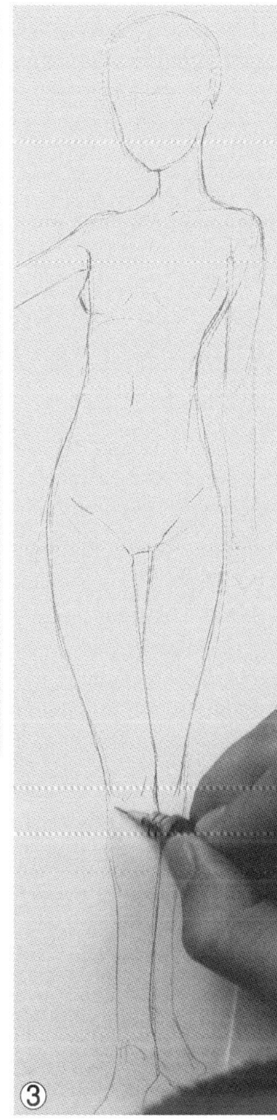

Die groben Umrisse des Körpers sind fertig.

Die Umrisse des Gesichts

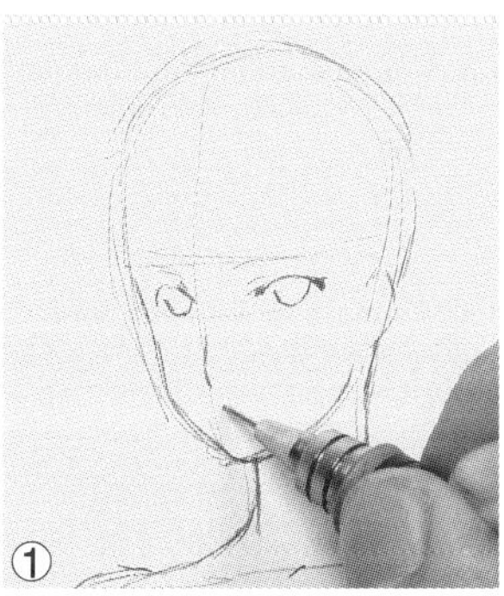

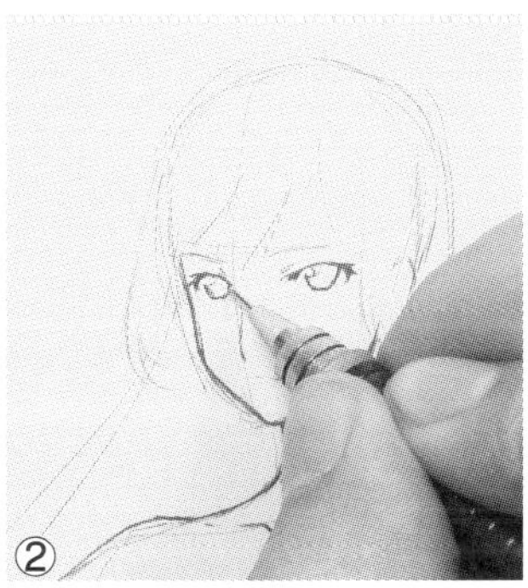

Herr Morita zeichnet die einzelnen Gesichtsmerkmale.
Bei dieser Vorzeichnung wird der Gesichtsausdruck festgelegt.

Die Umrisslinien korrigieren

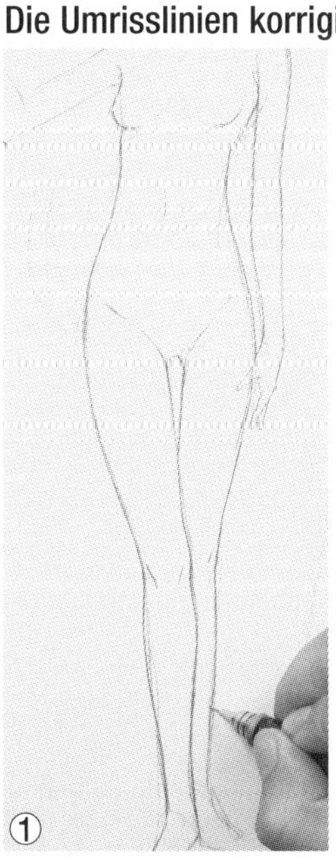

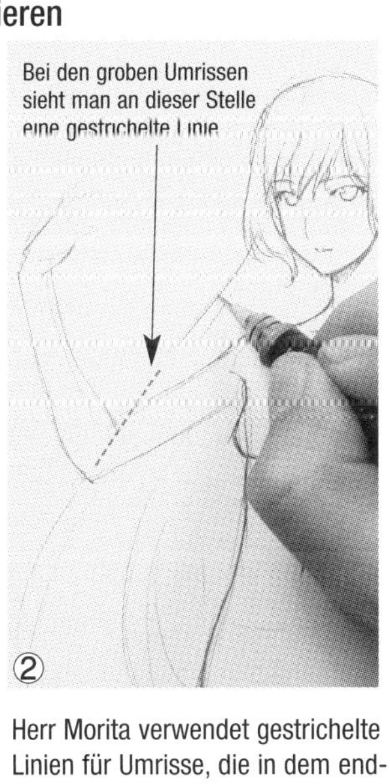

Herr Morita verwendet gestrichelte Linien für Umrisse, die in dem endgültigen Bild nicht sichtbar sind.

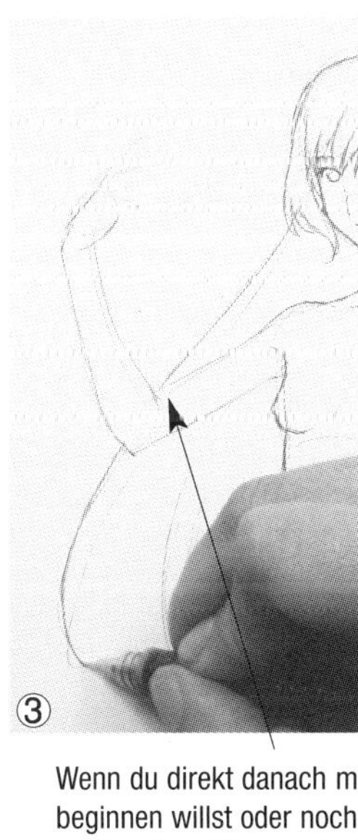

Wenn du direkt danach mit dem Tuschen beginnen willst oder noch nicht so lange zeichnest, zeichne die Linie einfach direkt durch den Arm hindurch.

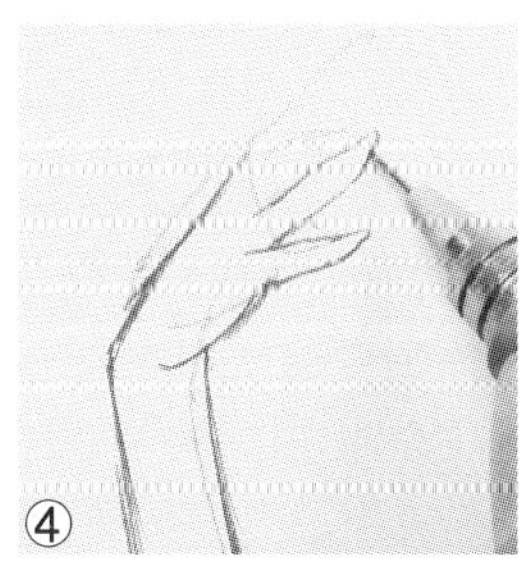

Die groben Umrisse sind eine Art Richtlinie für die genauen Formen des Körpers. Es ist wichtig, immer eine genaue Vorstellung davon zu haben, wie die einzelnen Körperteile, die man zeichnet, aussehen sollen.

Die fertige unbekleidete Vorzeichnung

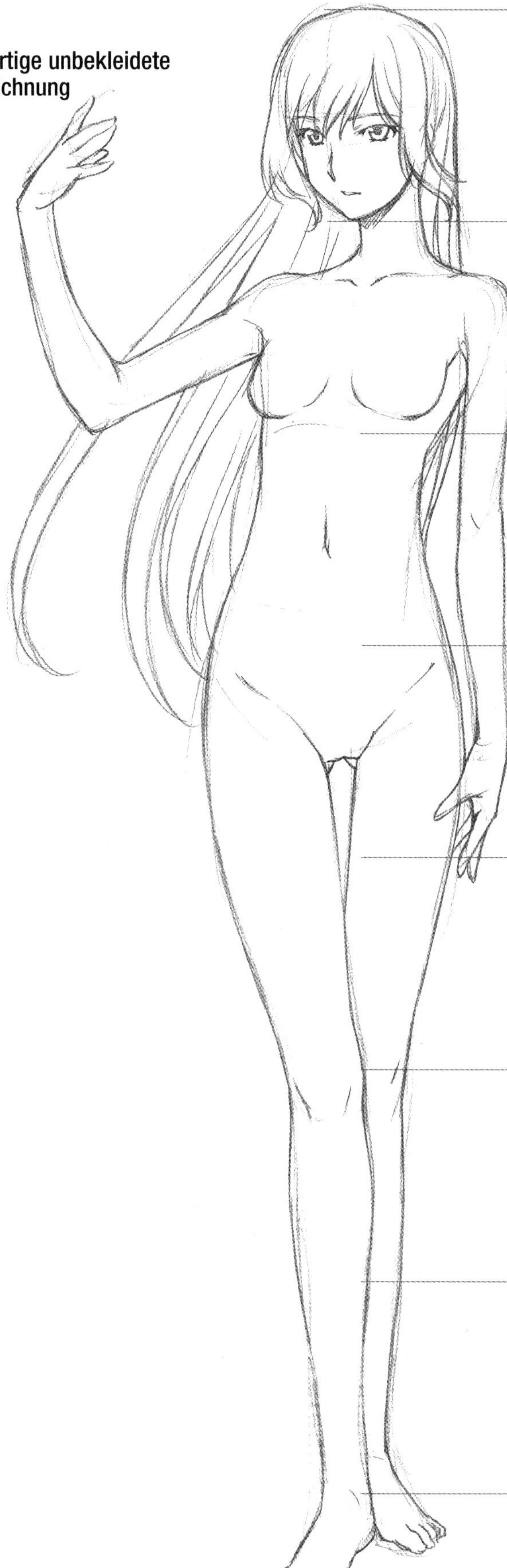

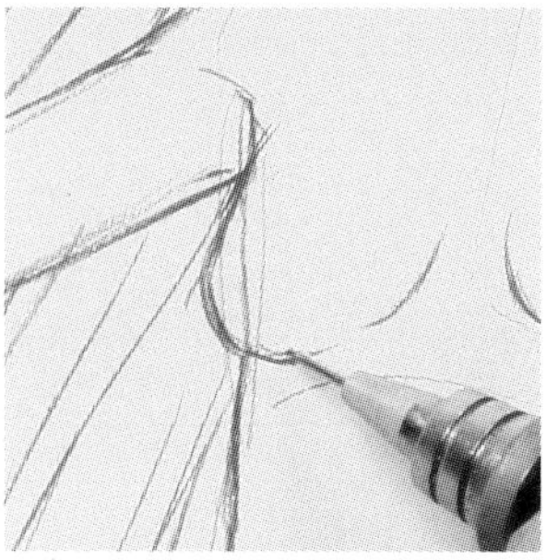

Herr Morita betont die Konturen unterhalb der Brust, um ihnen mehr Volumen zu geben und die Dreidimensionalität zu verstärken.

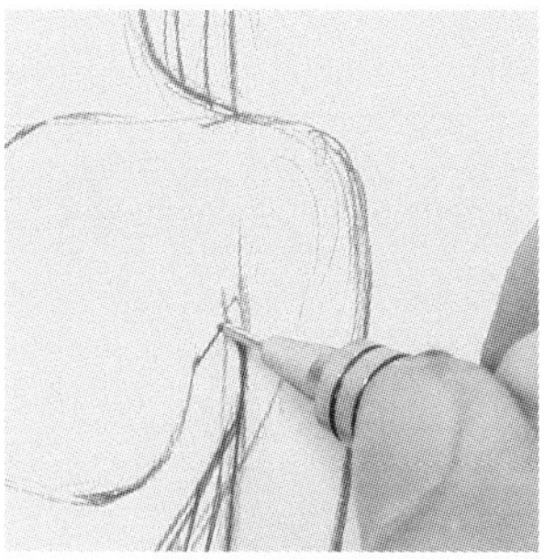

Hier sieht man den Muskel, der die Brust mit der Achsel verbindet. Diese Kontur lässt den Bereich um die Achsel herum und somit auch den ganzen Oberkörper plastischer wirken.

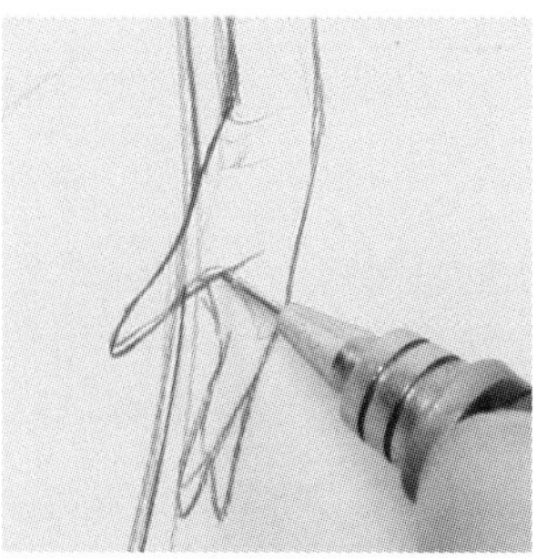

Indem die Ansätze der Finger einzeln betont werden, wirkt die Hand plastischer und bekommt mehr Tiefe.

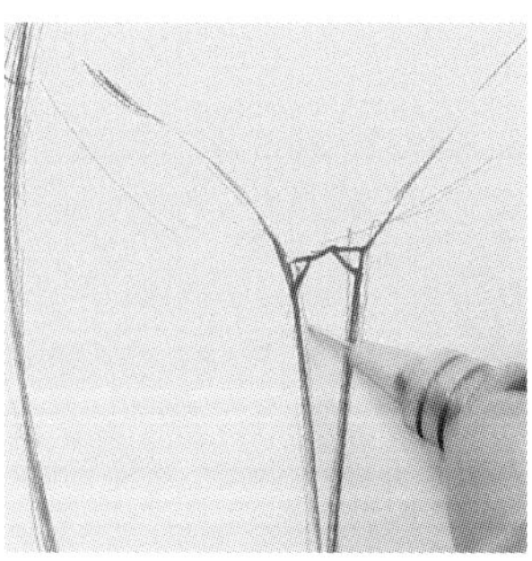

Durch die verstärkten Konturen an der Innenseite des Oberschenkels wird die dreidimensionale Zylinderform des Beins betont.

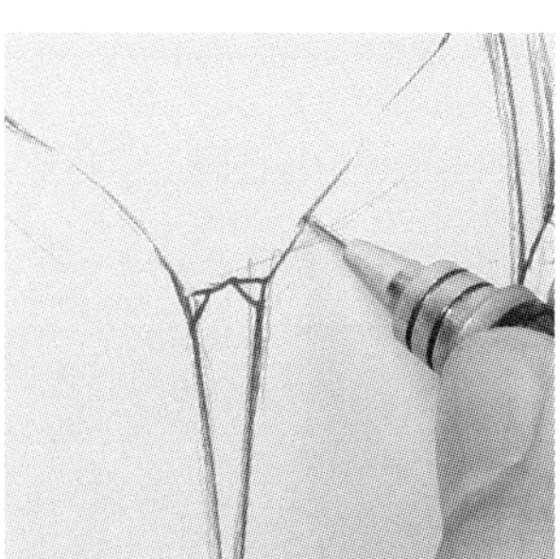

Diese Linie betont den Übergang von Oberschenkel zu Hüfte und lässt Unterleib und Beine plastischer erscheinen.

Das Kostüm zeichnen

Herr Morita zeichnet die Kleidung, indem er ein neues Blatt Papier über die unbekleidete Vorzeichnung legt und damit arbeitet.

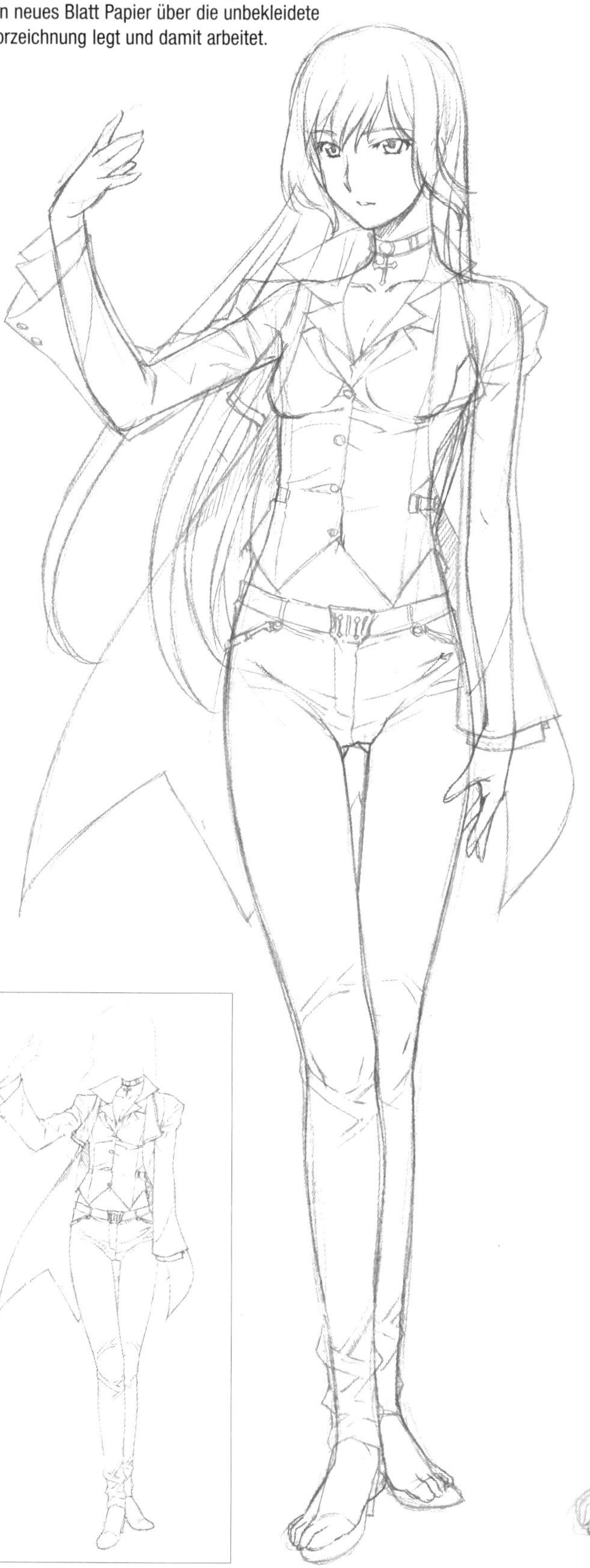

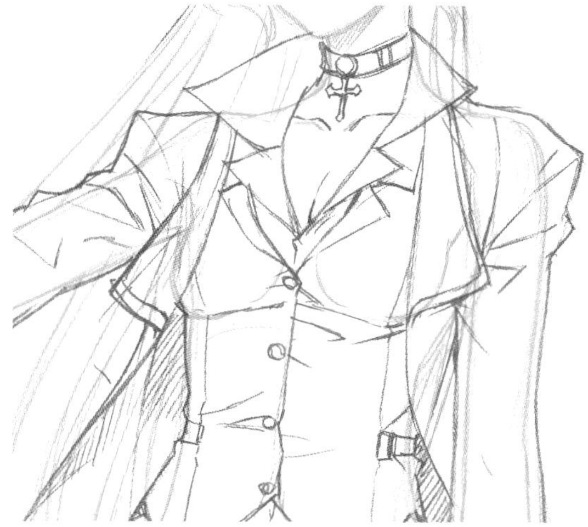

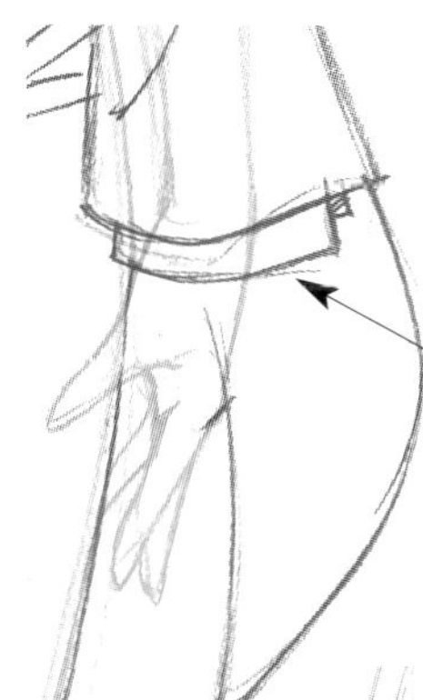

Um die schmalen, aber kräftigen Schultern der Figur darzustellen, hat Herr Morita eine Jacke mit Schulterpolstern gezeichnet. Er hat eine Lücke zwischen ihrer richtigen Schulter und der Jacke gelassen, um den Eindruck zu erwecken, dass dieser Charakter taffer ist, als man denkt.

Er verwendet für die Umrisse der Ärmel nach außen gebogene Linien, um die runde Form der Arme zu betonen.

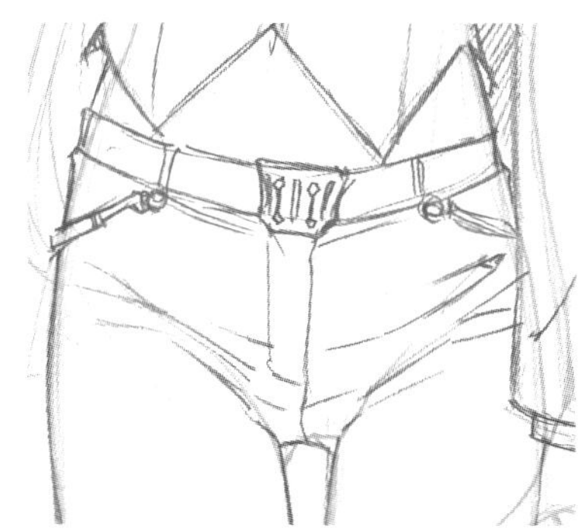

Der Gürtel wird mit leicht gebogenen Linien gezeichnet, um die Dreidimensionalität des Körpers zu erfassen. Auch für die Falten in der Hose verwendet Herr Morita hauptsächlich gebogene Linien, damit die Beine plastischer wirken.

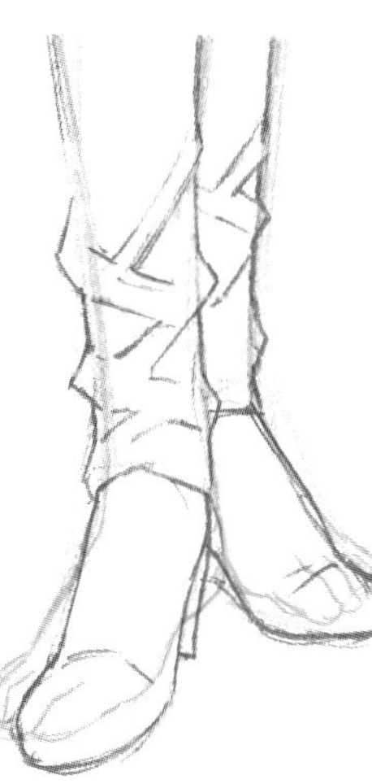

Die Schuhe verändern die Form der Füße. Zeichne Schuhe daher nicht genau über die Vorzeichnung der Füße, sondern wähl stattdessen lieber eine Form, die dir gefällt und den Fuß gut aussehen lässt.

Die Kleidung wurde auf ein anderes Blatt Papier gezeichnet.

Rasterfolie hinzufügen

Erstell zuerst eine Schattierungsvorlage, in der du genau einzeichnest, welche Stellen hell und welche dunkel sein müssen.

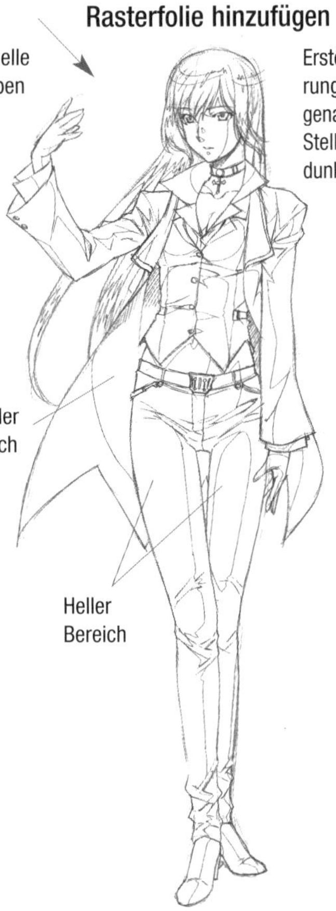

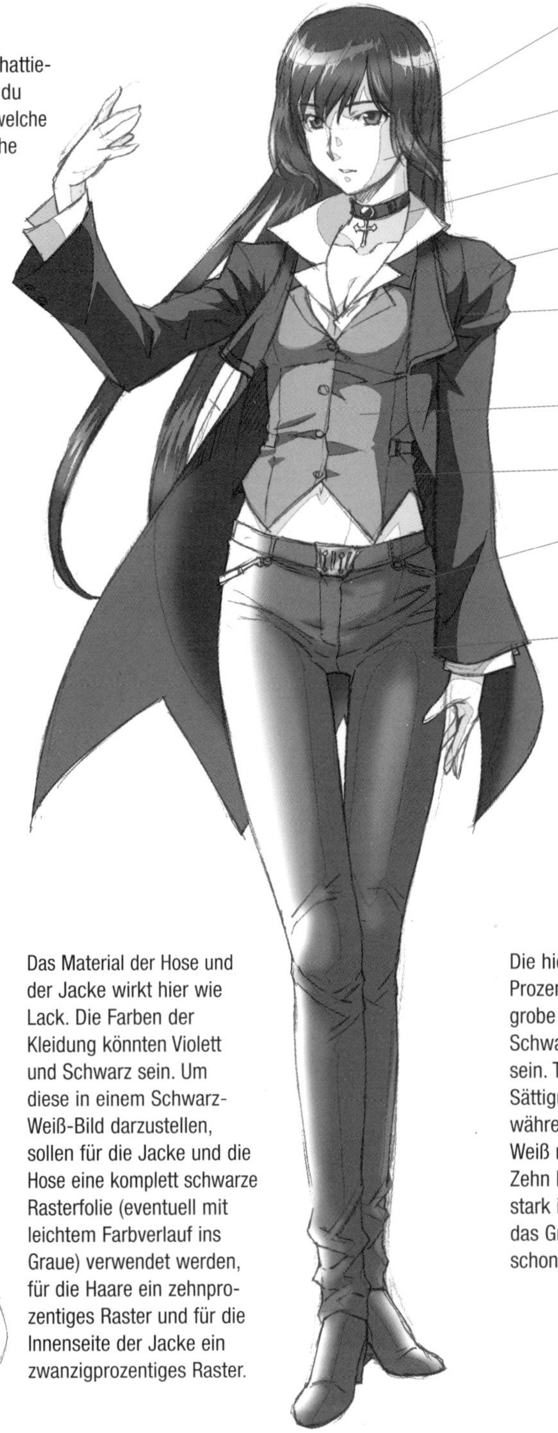

Zum Vergleich: Hier wurde die Rasterfolie genau so angebracht wie auf der Vorlage angezeigt. Obwohl die Lichtquelle gleich geblieben ist, sind hier das Material der Kleidung und die Lichtreflexionen anders dargestellt worden, so dass ein völlig anderer Eindruck entsteht.

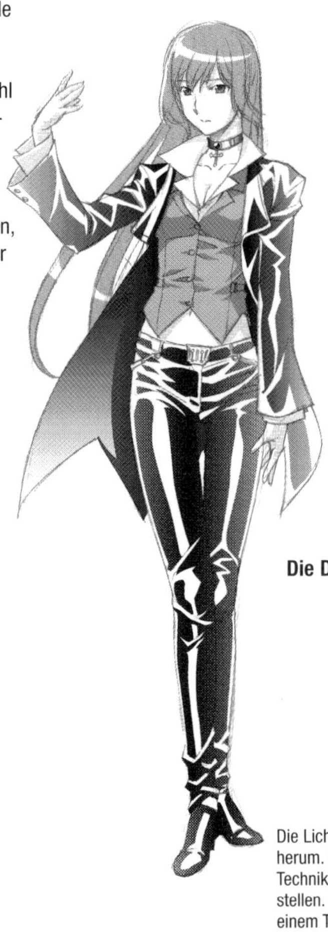

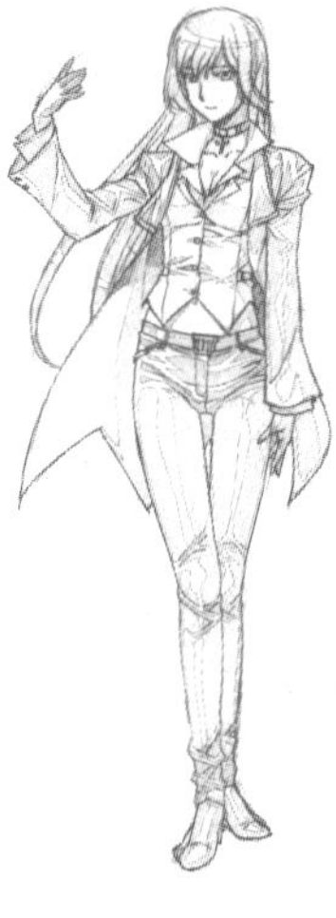

Das Material der Hose und der Jacke wirkt hier wie Lack. Die Farben der Kleidung könnten Violett und Schwarz sein. Um diese in einem Schwarz-Weiß-Bild darzustellen, sollen für die Jacke und die Hose eine komplett schwarze Rasterfolie (eventuell mit leichtem Farbverlauf ins Graue) verwendet werden, für die Haare ein zehnprozentiges Raster und für die Innenseite der Jacke ein zwanzigprozentiges Raster.

Die hier angegebenen Prozentzahlen sollen eine grobe Richtlinie für den Schwarzanteil in der Farbe sein. Tiefschwarz hat eine Sättigung von 100 Prozent, während die Sättigung bei Weiß null Prozent beträgt. Zehn Prozent tendiert also stark ins Weiße, während das Grau bei 80 Prozent schon relativ dunkel ist.

Die Darstellung der Haare

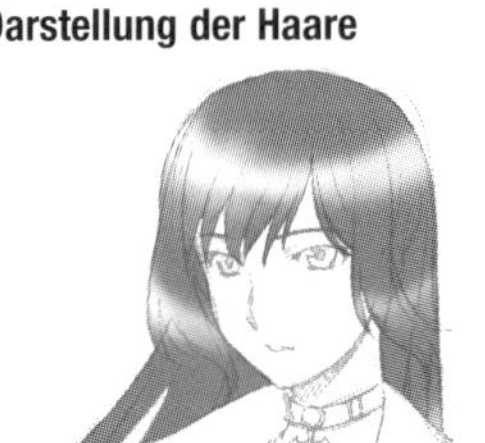

Die Lichtreflexionen bilden einen Ring um den Kopf herum. Dies ist die einfachste und grundlegendste Technik, um Lichtreflexionen in den Haaren darzustellen. Die Rasterfolie wird aufgeklebt und mit einem Tinten-Radiergummi (oder auch Sand-Radiergummi: etwas härter als ein Bleistift-Radiergummi) an den gewünschten Stellen entfernt.

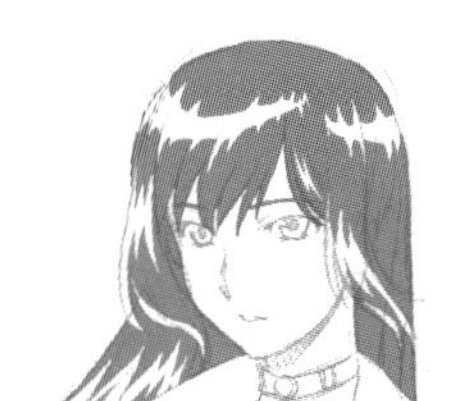

Hier sind die Lichtreflexionen als weiße gezackte Linien in den Haaren dargestellt. Dafür wird die Rasterfolie an den gewünschten Stellen weggeschabt.

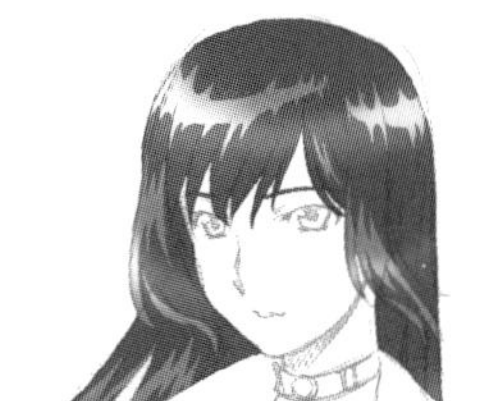

Bei dieser Variante wurde über die weißen gezackten Linien erneut Rasterfolie gelegt und an einigen Stellen wieder entfernt.

Die Kolorierung

Anime-Kolorierung

Grenz Schatten und Lichtreflexionen mit glatten Farbflächen deutlich ab, um eine typische Kolorierung wie im Anime zu erzeugen.

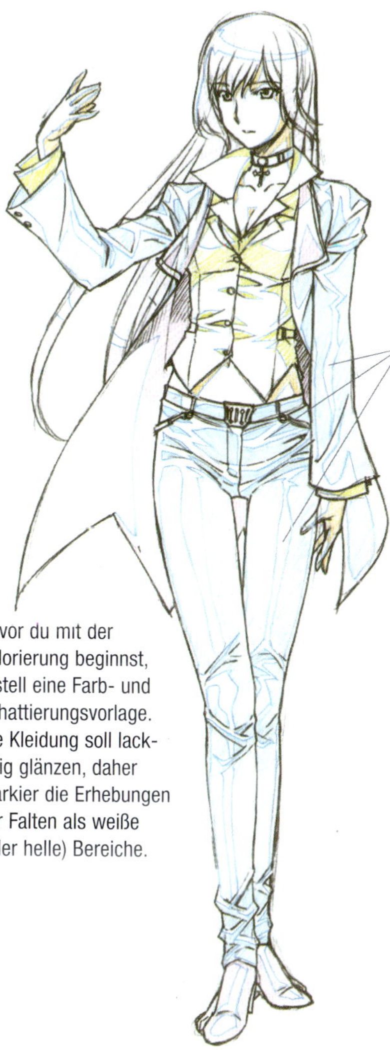

Bevor du mit der Kolorierung beginnst, erstell eine Farb- und Schattierungsvorlage. Die Kleidung soll lackartig glänzen, daher markier die Erhebungen der Falten als weiße (oder helle) Bereiche.

In der Schattierungsvorlage ist ganz genau eingezeichnet, wo sich Lichtreflexionen befinden müssen, damit das Material wie Lack wirkt.

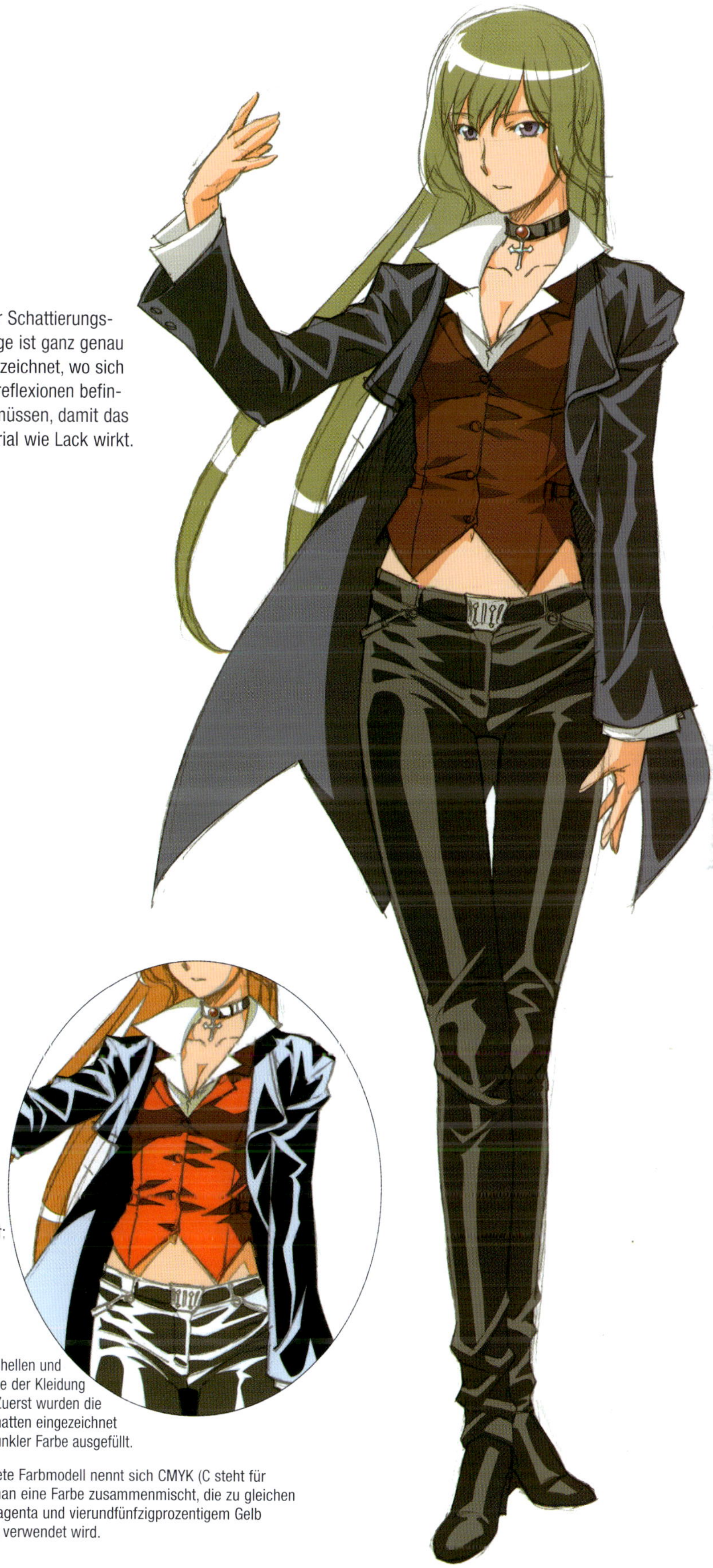

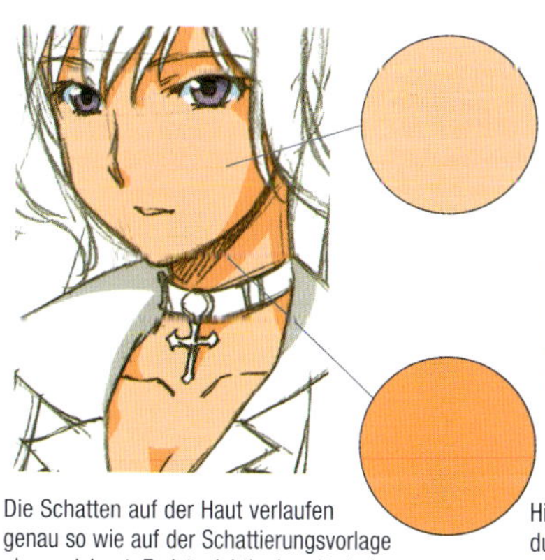

Hautfarbe:
C-0%
M-24%
Y-25%
K-0%

Schatten auf der Haut:
C-2%
M-47%
Y-54%
K-0%

Die Schatten auf der Haut verlaufen genau so wie auf der Schattierungsvorlage eingezeichnet. Es ist wichtig, bereits bei der Erstellung der Schattierungsvorlage ein dreidimensionales Bild vor Augen zu haben.

Hier wurden die hellen und dunklen Bereiche der Kleidung stärker betont. Zuerst wurden die Umrisse der Schatten eingezeichnet und dann mit dunkler Farbe ausgefüllt.

Die gängigste Drucktechnik ist der Vierfarbdruck – das dabei verwendete Farbmodell nennt sich CMYK (C steht für die Farbe Cyan, M für Magenta, Y für Gelb und K für Schwarz). Wenn man eine Farbe zusammenmischt, die zu gleichen Teilen aus zweiprozentigem Zyan, aus siebenundvierzigprozentigem Magenta und vierundfünfzigprozentigem Gelb besteht, erhält man den Farbton, der hier für die Schatten auf der Haut verwendet wird.

Variationen bei der Farbgebung

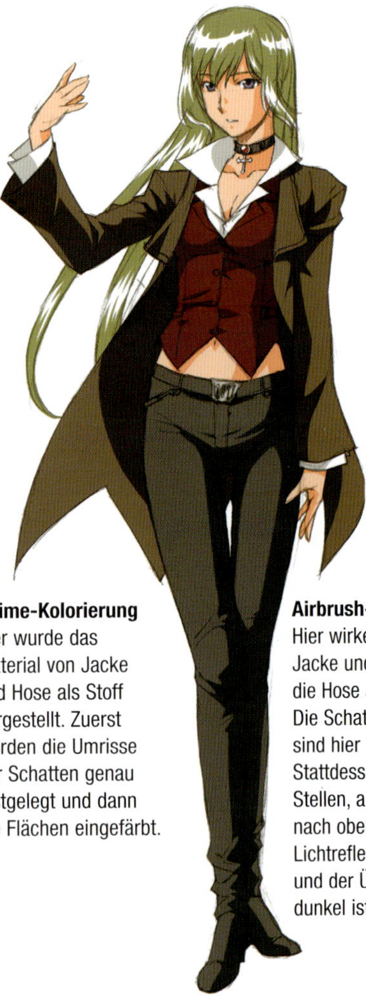

Anime-Kolorierung
Hier wurde das Material von Jacke und Hose als Stoff dargestellt. Zuerst wurden die Umrisse der Schatten genau festgelegt und dann die Flächen eingefärbt.

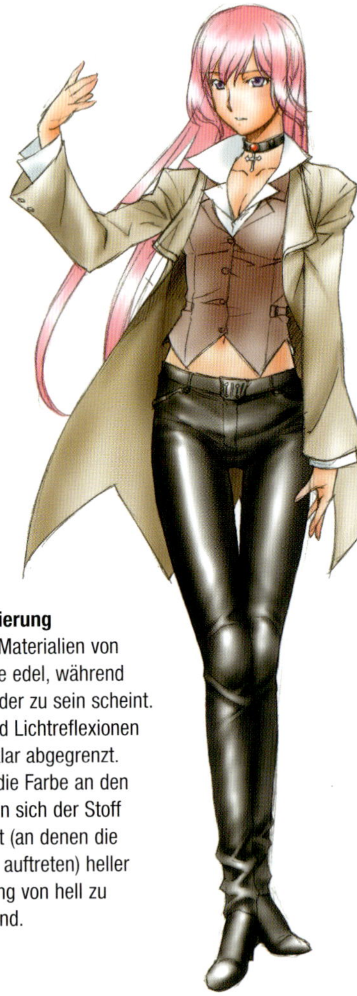

Airbrush-Kolorierung
Hier wirken die Materialien von Jacke und Weste edel, während die Hose aus Leder zu sein scheint. Die Schatten und Lichtreflexionen sind hier nicht klar abgegrenzt. Stattdessen ist die Farbe an den Stellen, an denen sich der Stoff nach oben wölbt (an denen die Lichtreflexionen auftreten) heller und der Übergang von hell zu dunkel ist fließend.

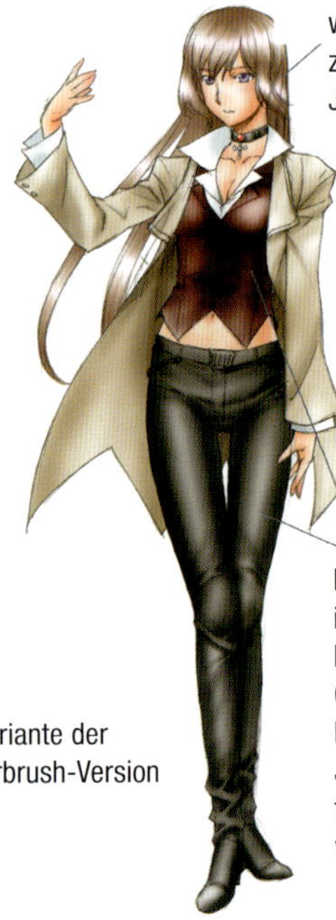

Die Haarfarbe wurde passend zur Farbe der Jacke verändert.

Die Farbe der Weste ist dunkler und die Hose hat einen stumpfen Glanz, um einen stärkeren Kontrast zur Jacke zu bilden. So fällt das Outfit auch von weitem auf.

Variante der Airbrush-Version

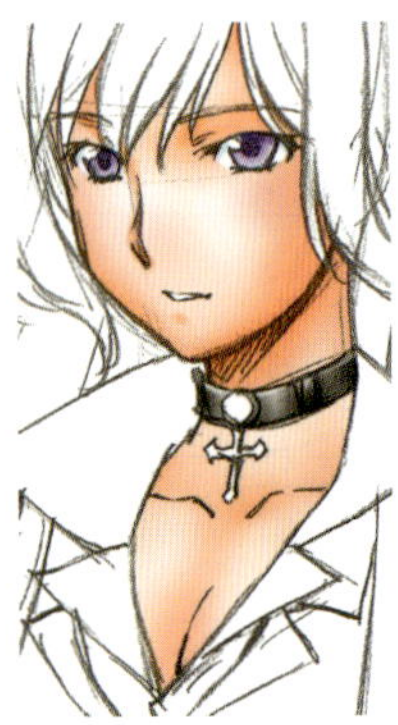

Die Schatten auf der Haut bei der Airbrush-Kolorierung

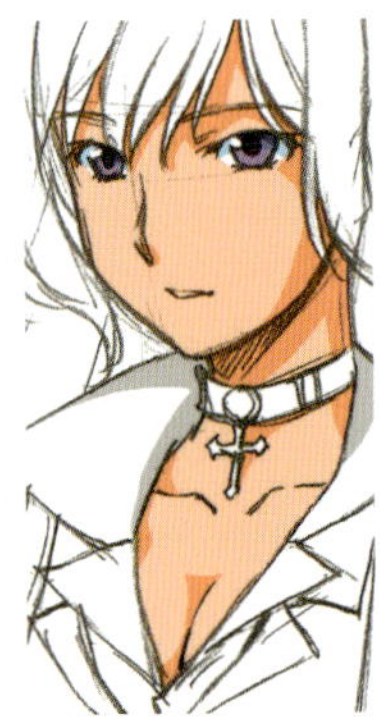

Die Schatten auf der Haut bei der Anime-Kolorierung

Durch die Darstellung von Licht und Schatten unterschiedliche Texturen erzeugen

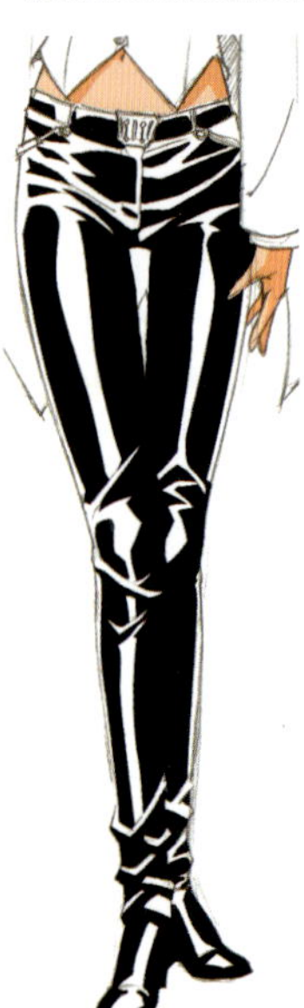

Lackhose: Beton den Kontrast zwischen Schwarz und Weiß stark.

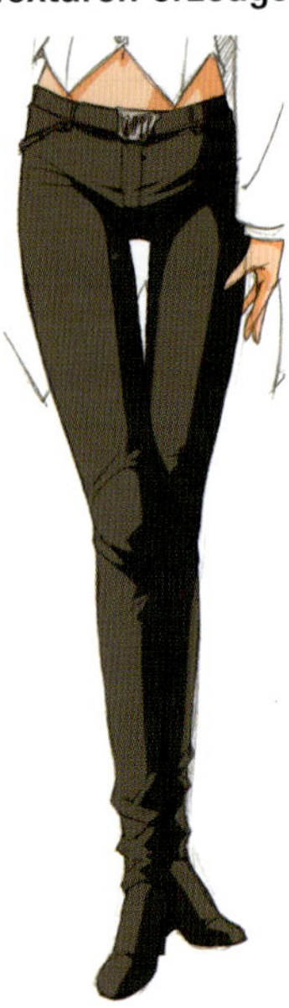

Jeans

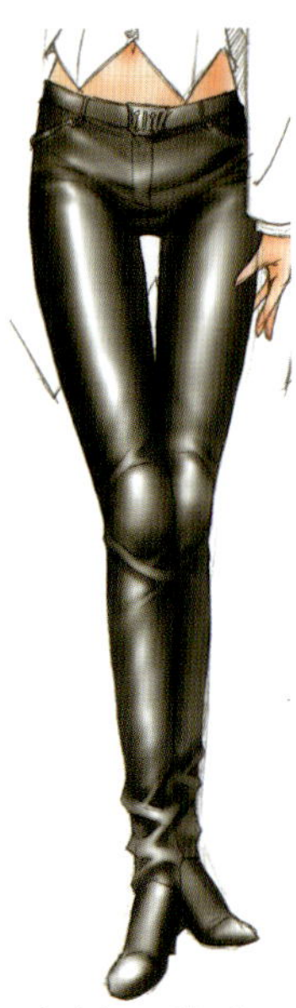

Lederhose: Füg einen hellen Glanzeffekt hinzu, der an den Seiten verschwimmt.

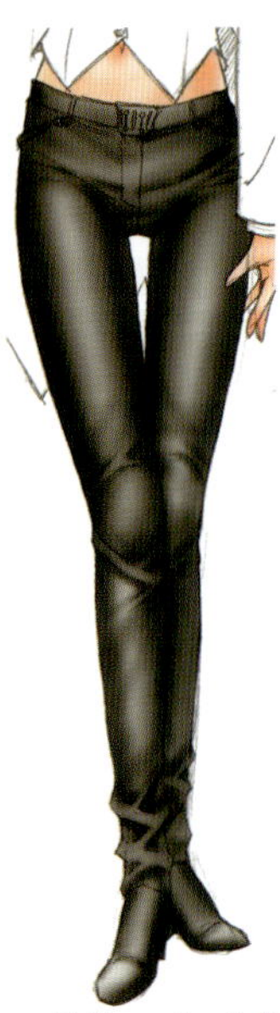

Stoffhose: Verwisch den Glanzeffekt.

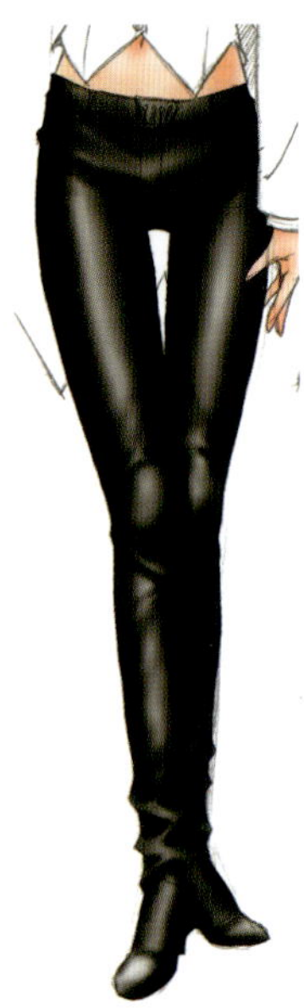

Latexhose: Beton den Kontrast zwischen Hell und Dunkel, indem du die Hose ganz schwarz einfärbst und die Grenzen zu den Lichtreflexionen verwischst.

Die Kolorierung der Cover-Illustration

Färb zuerst große Flächen ein.

Die grundlegenden Schritte

Färb bei einem großen Bild zuerst die Charaktere mit attraktiven Proportionen ein.

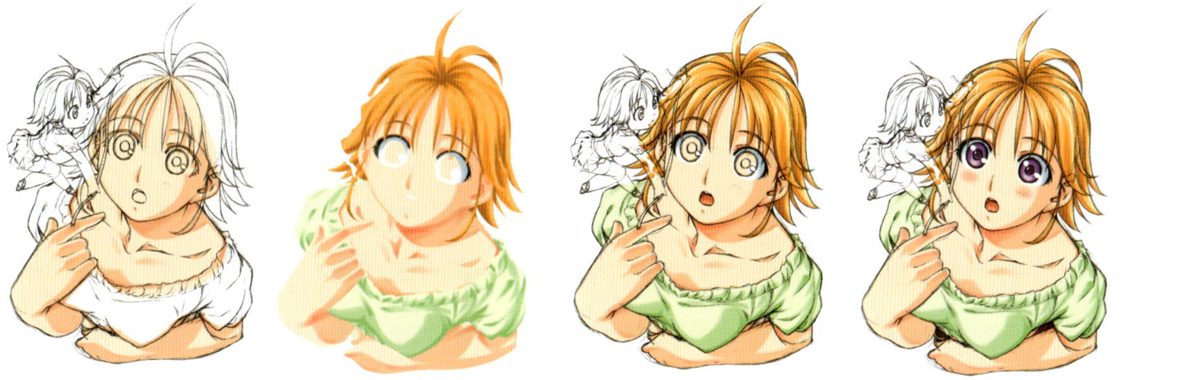

① Färb die Haut ein.

② Färb die Haare und die Kleidung.

③ Füg Lichtreflexionen in den Haaren hinzu und färb den Mund.

④ Färb die Augen ein und füg Lichtreflexionen hinzu. Gib den Wangen eine leichte Rötung, um das Bild fertigzustellen.

Durch die Kolorierung der Haut Dreidimensionalität erzeugen

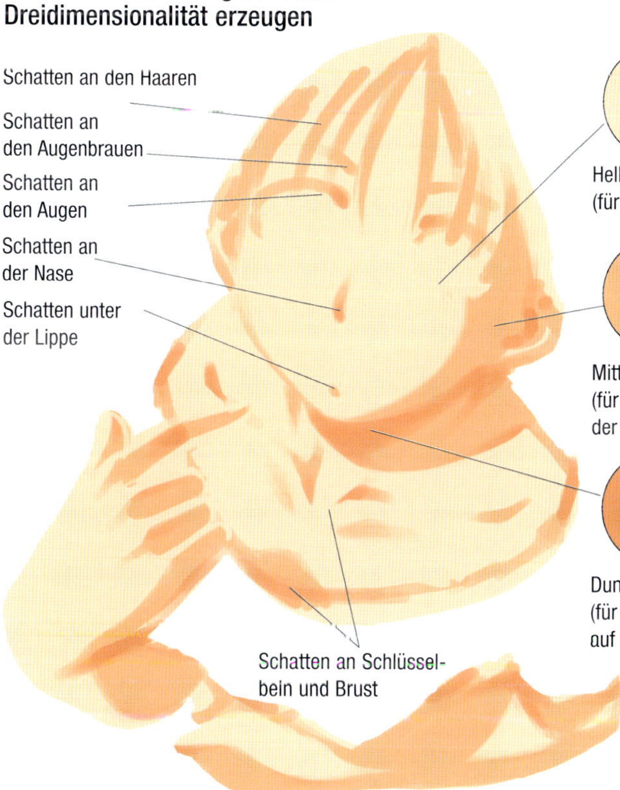

C-0%, M-10%, Y-19%, K-0%

Helle Hautfarbe (für normale Haut)

C-1%, M-30%, Y-40%, K-0%

Mittlere Hautfarbe (für Schatten auf der Haut)

C-6% M-48% Y-51% K-0%

Dunkle Hautfarbe (für tiefe Schatten auf der Haut)

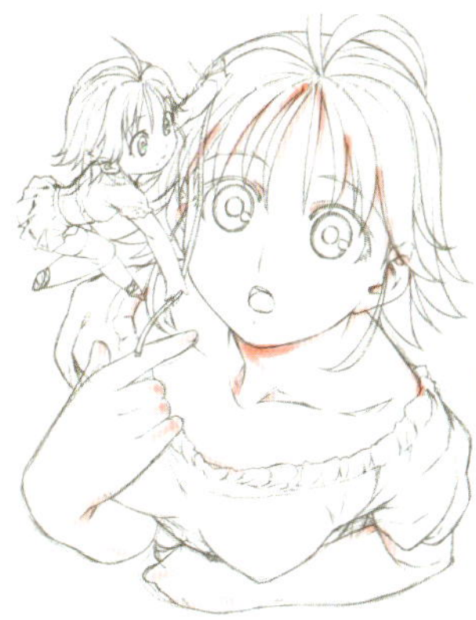

C-0%, M-53% Y-31% K-0%

Dunkle Farbe

C-0%, M-6% Y-2% K-0%

Helle Farbe

Setz dunkle Akzente am Haaransatz und unter dem Kinn, um die Figur plastischer wirken zu lassen.

Eine Farbe aus vier Grundfarben zusammenmischen

Bestandteile der hellen Hautfarbe:
C (Cyan): 0%
M (Magenta): 10%
Y (Gelb): 19%
K (Schwarz): 0%

Y (Gelb): 10% + M (Magenta): 10% ⇨ Fertige Hautfarbe

Durch die Kolorierung der Haare und Kleidung Dreidimensionalität erzeugen

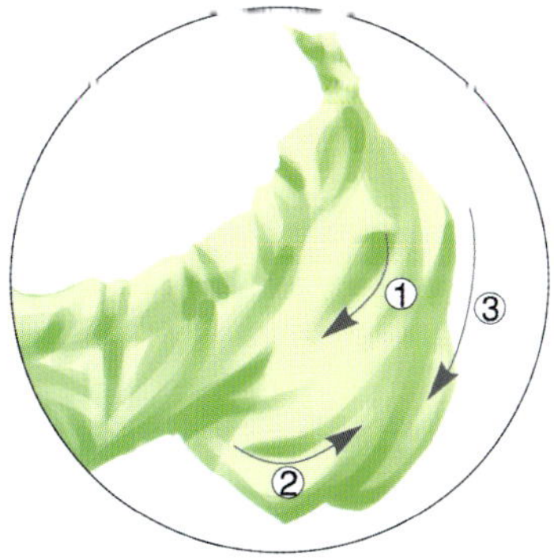

Stell dir den Arm als ein dreidimensionales Objekt vor und zeichne dunkle gebogene Linien ein, so dass sich helle und dunkle Farben abwechseln.

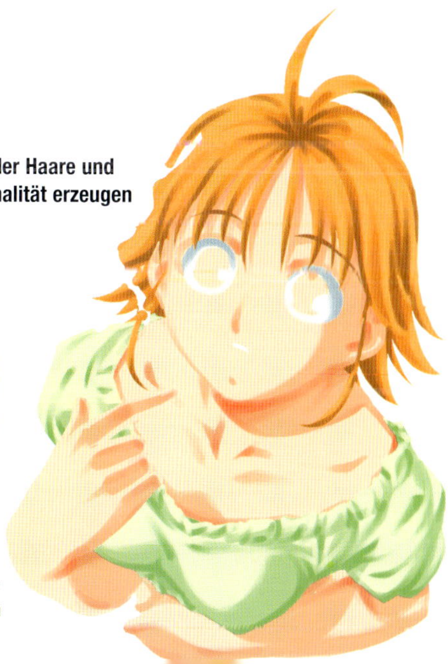

Die Chibi-Figur kolorieren

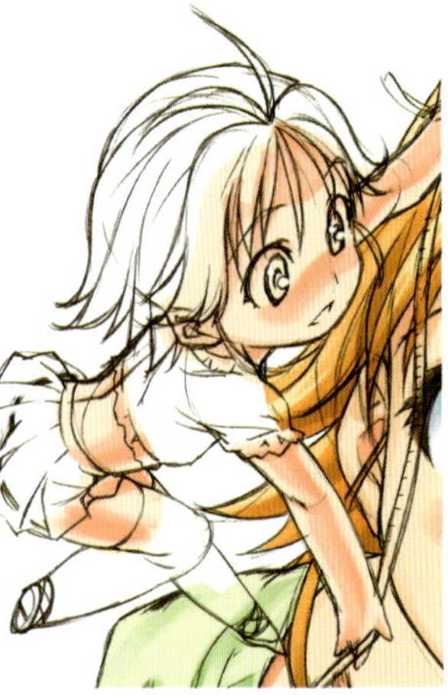

① Färb zuerst die Haut ein.

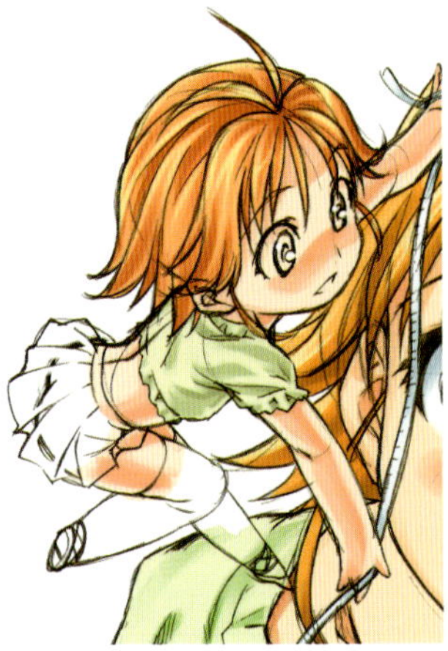

② Färb dann Haare und Kleidung ein.

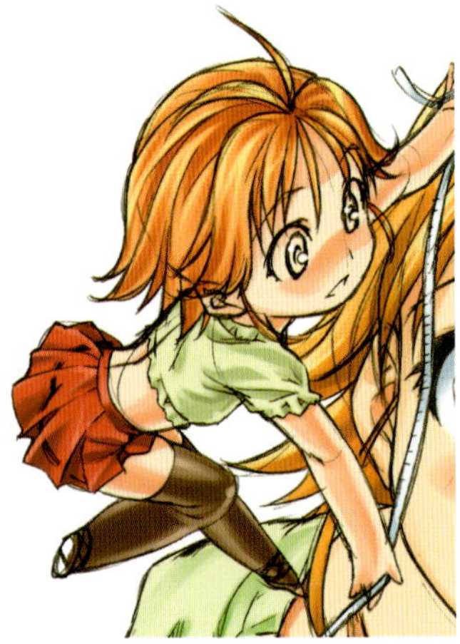

③ Als Letztes werden der Rock und die Strümpfe koloriert.

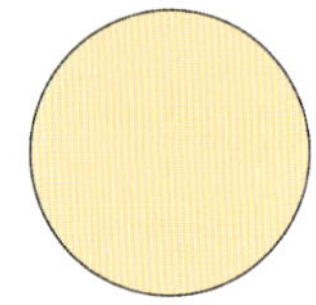

Hautfarbe des Charakters mit attraktiven Proportionen

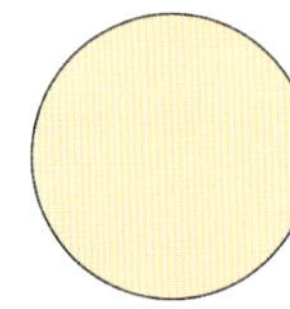

Die Hautfarbe des Chibi-Charakters ist etwas heller und gelbstichiger.

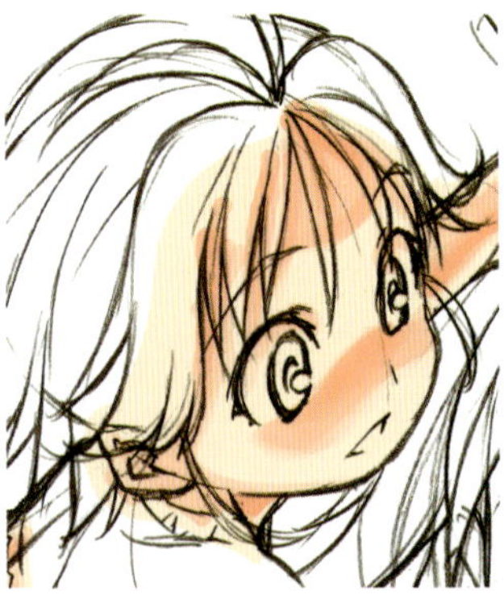

Kolorier die Haut so, dass die Figur plastisch wirkt. Platzier einen dunklen Hautton direkt neben dem hellen Hautton, um eine Lebendigkeit und Dreidimensionalität zu erzeugen.

Da das Gesicht klein ist, kolorier es mit einfachen, großen Flächen.

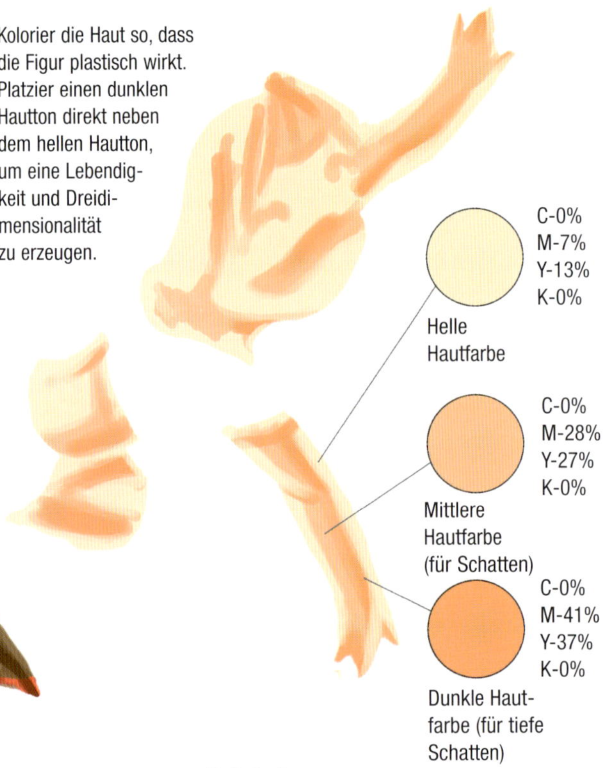

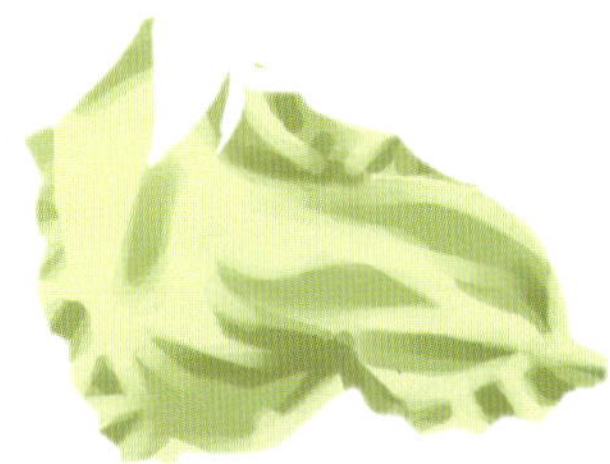

Verwende bei der Kolorierung der Kleidung große Schatten und heb so die Faltenwürfe hervor.

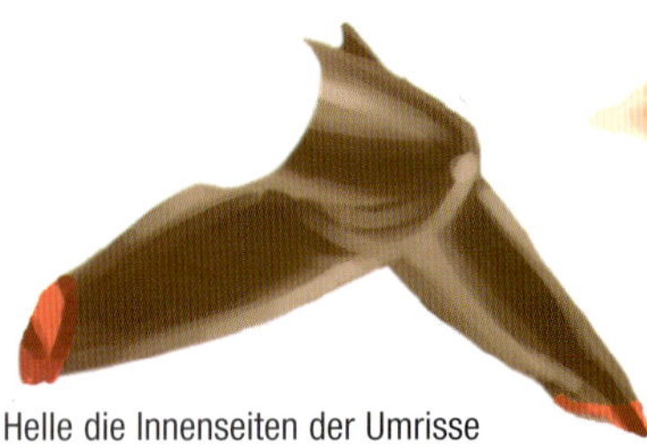

Helle die Innenseiten der Umrisse auf, um die Beine dreidimensional wirken zu lassen.

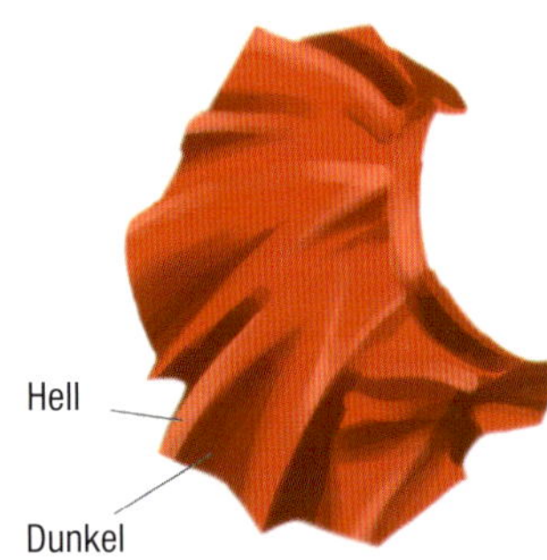

Stell die Rockfalten als Dreiecke dar und wechsle zwischen Hell und Dunkel ab.

Die Haare kolorieren

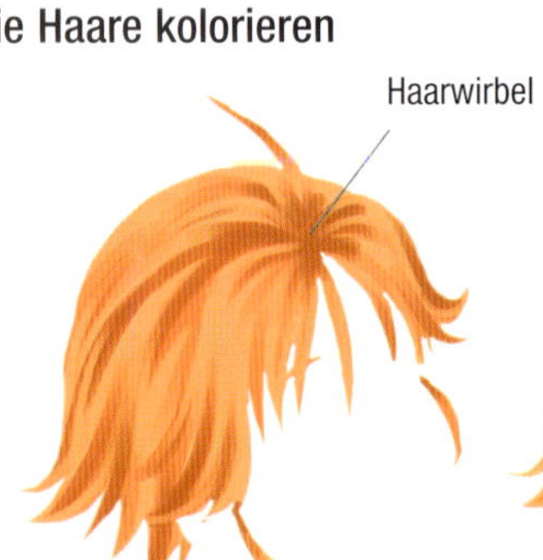

Färb die Frisur vom Wirbel in der Mitte ausgehend sternförmig ein und unterteil die Haare in einzelne Strähnen.

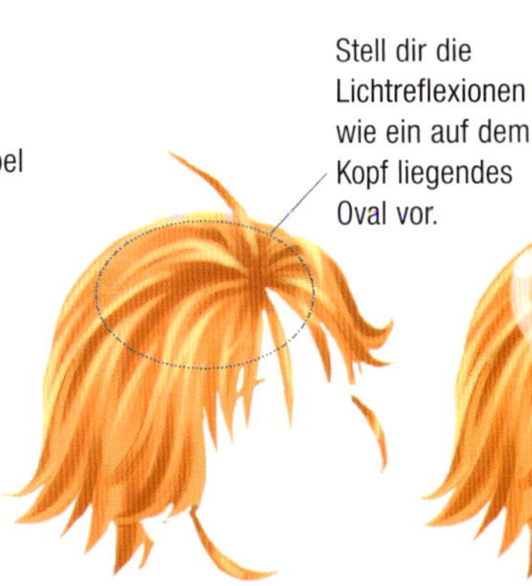

Füg nun an einzelnen Strähnen Highlights hinzu. Indem man die dunklen Strähnen mit helleren Strichen nachzeichnet, erzeugt man Dreidimensionalität.

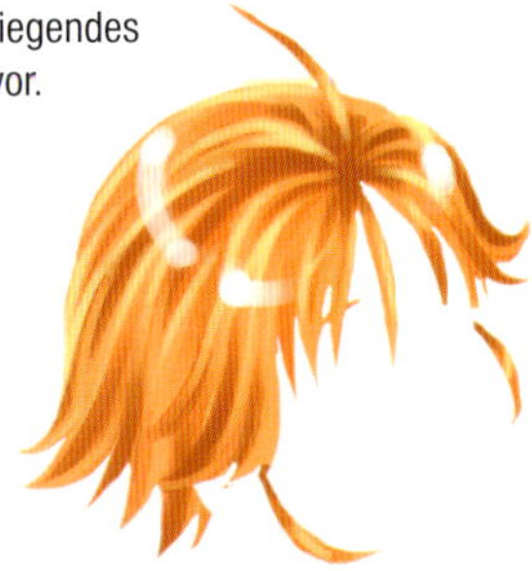

Stell dir ein auf dem Kopf liegendes Oval vor und füg dementsprechend weiße Lichtreflexionen in den Haaren hinzu.

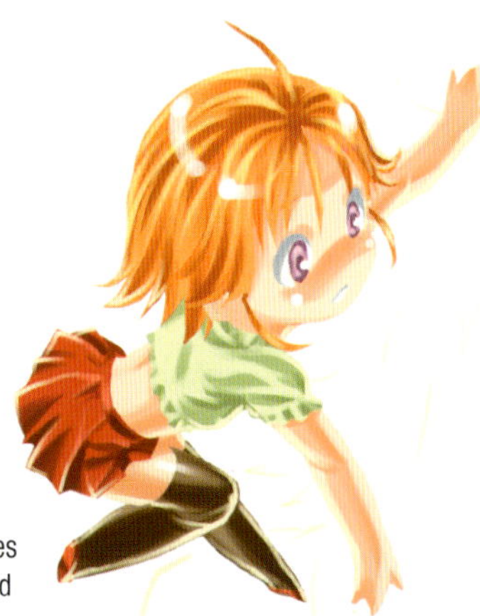

Fertiges Bild

Letzte Details: helle Umrandungen hinzufügen

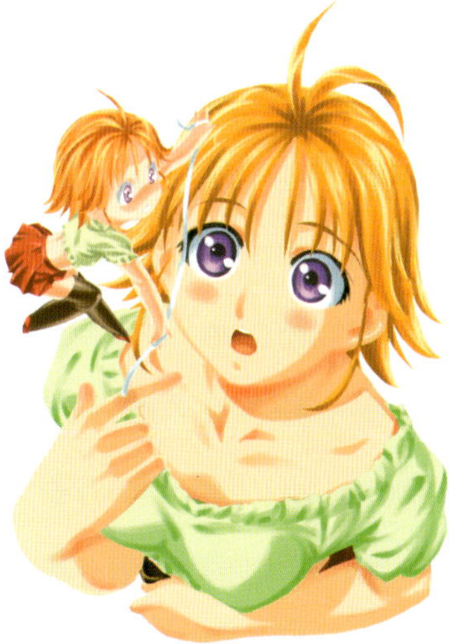

Das Bild ist noch nicht ganz fertig. Füg an einigen Konturen helle Linien hinzu, um den Kontrast zwischen Hell und Dunkel weiter zu verstärken.

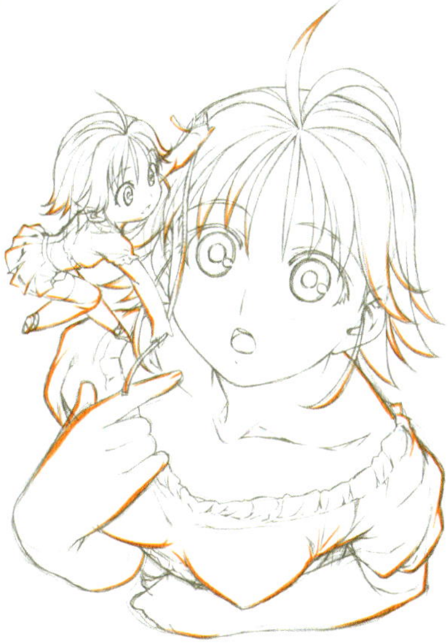

Stellen, an denen helle Linien hinzugefügt werden

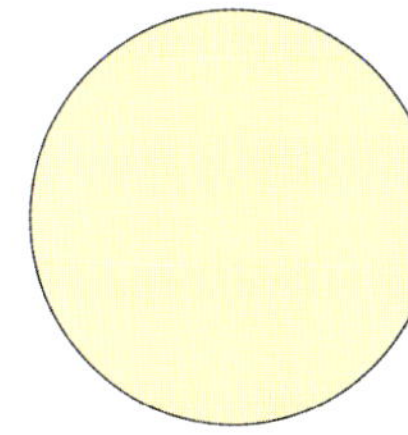

Die Linien, die links zu sehen sind, werden mit einem relativ hellen Gelb (Deckkraft ungefähr 16 Prozent) nachgezeichnet. Damit man besser erkennen kann, welche Linien gemeint sind, wurde auf der Skizze links ein dunkles Rot verwendet.

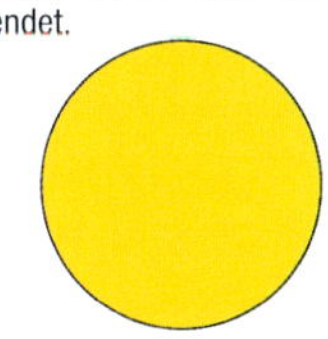

Zum Vergleich: ein Gelb mit hundertprozentiger Deckkraft. Um daraus ein Gelb mit 16 Prozent Deckkraft zu erzeugen, müsste man es ca. sechsfach verdünnen.

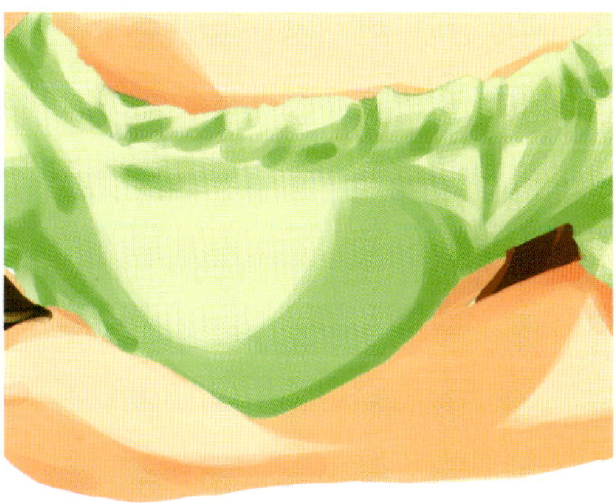

Bevor der Hell-Dunkel-Kontrast hervorgehoben wurde.

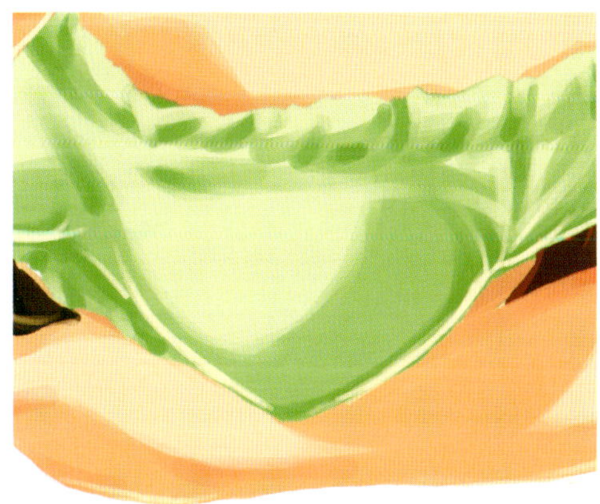

Nachdem die Umrisslinien mit dem hellen Gelb nachgezeichnet wurden.

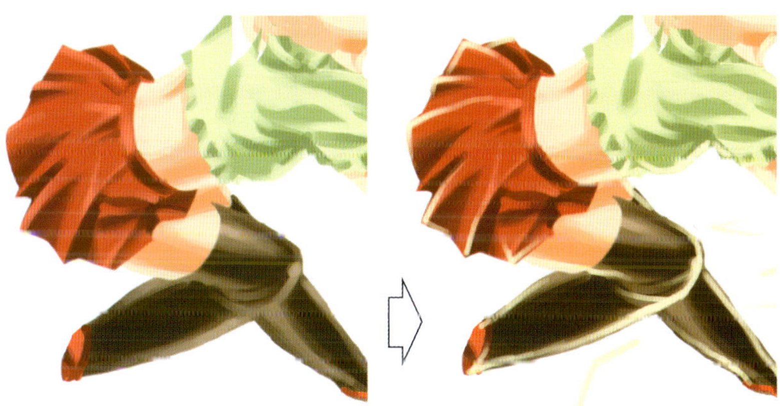

Auch der Rock und die Strümpfe werden durch helle Linien betont.

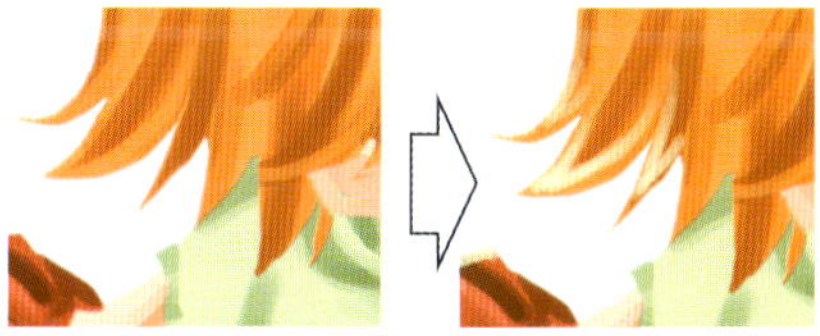

Da am Hinterkopf des Charakters gar keine hellen Farben zu sehen sind, wurden auch hier die Haarspitzen mit dem hellen Gelb nachgezeichnet.

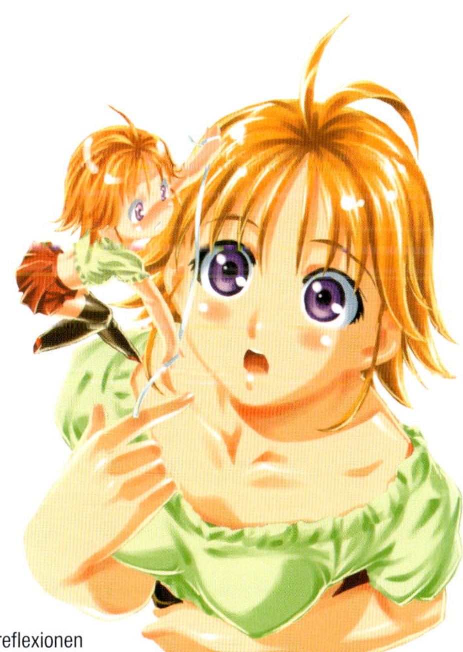

Nachdem die letzten Lichtreflexionen in die Haare und auf die Wangen gesetzt wurden, ist das Bild nun fertig.

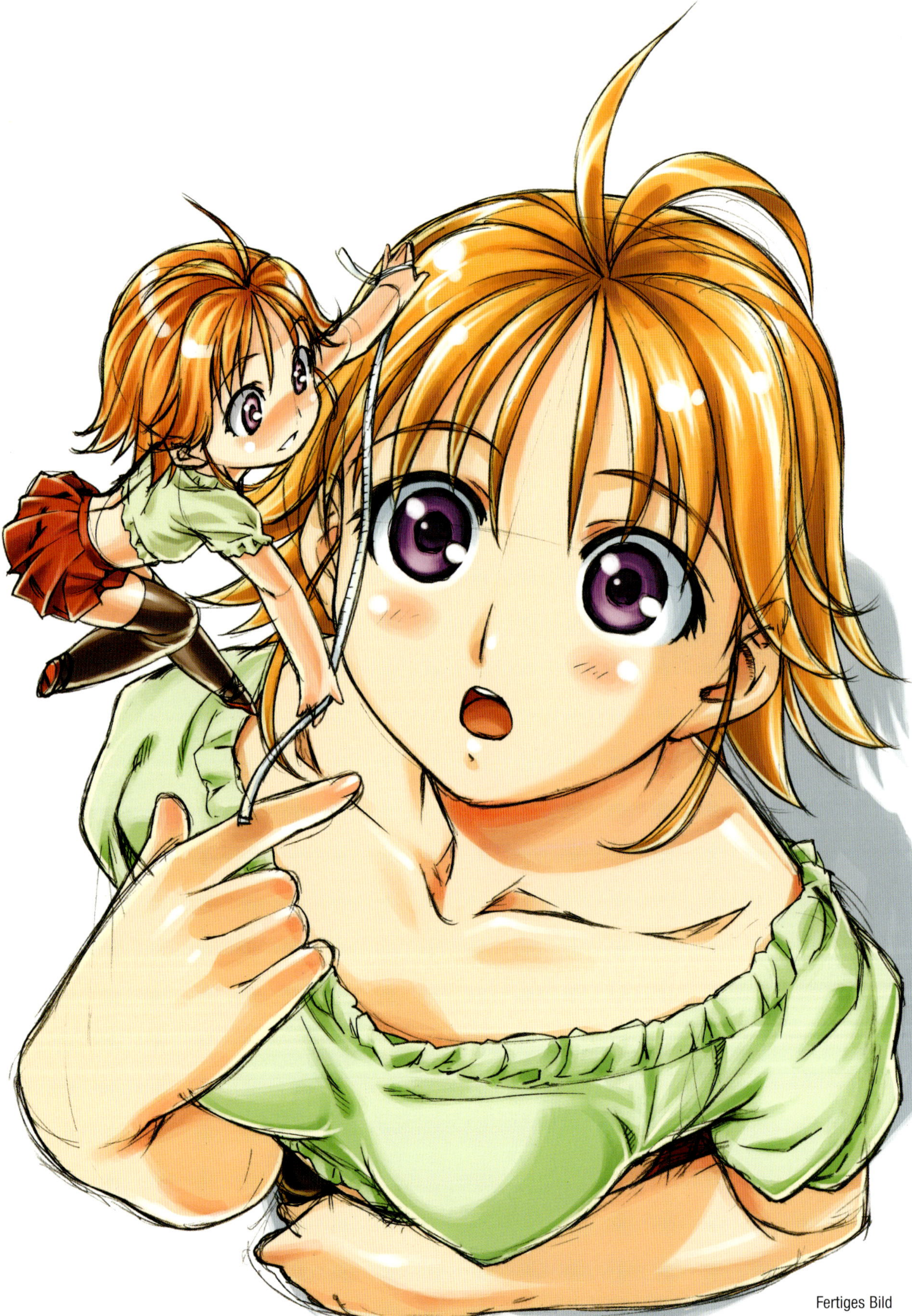

Fertiges Bild

Eine Kolorierung mit Buntstiften: Artwork von Hiroko Shioda

Eine Kolorierung mit den guten alten Buntstiften ist auch der erste Schritt, um eine Farbvorlage zu entwerfen. Hier betrachten wir die grundlegenden Schritte einer Kolorierung.

1. Haut und weiße Schatten einfärben

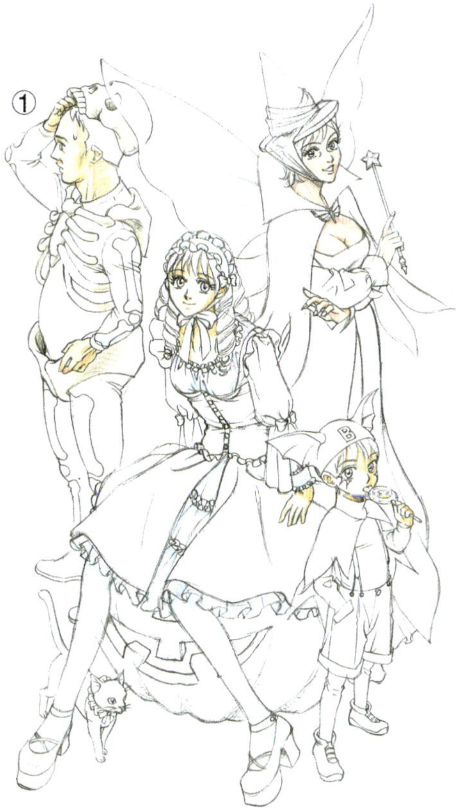

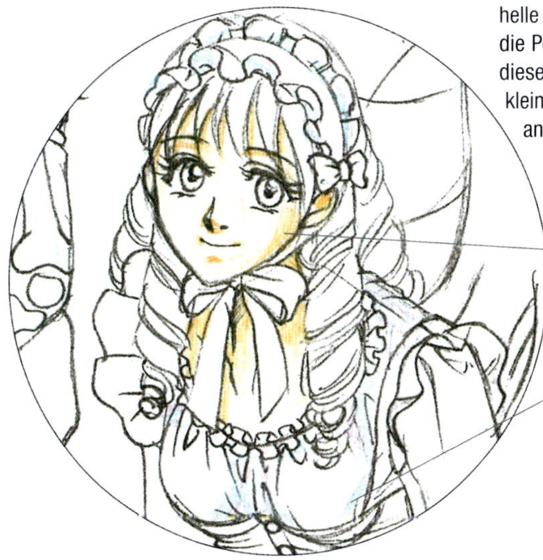

Färb als Erstes die Haut und andere helle Stellen ein. Bestimm zunächst die Position der Lichtquelle (in diesem Fall oben links) und füg kleine Schatten unter der Nase oder an der Seite des Gesichts hinzu.

Der Schatten auf der Haut ist ein bisschen dunkler als der originale Hautton.

Hiroko Shioda hat bereits kleinere Schatten an dem weißen Unterkleid hinzugefügt. Für Schattierungen auf weißem Stoff verwendet man meistens helle Grau- oder Blautöne, oder man orientiert sich an Farben, die sich in der Nähe der Kleidung oder des Körpers befinden.

2. Helle Farben hinzufügen

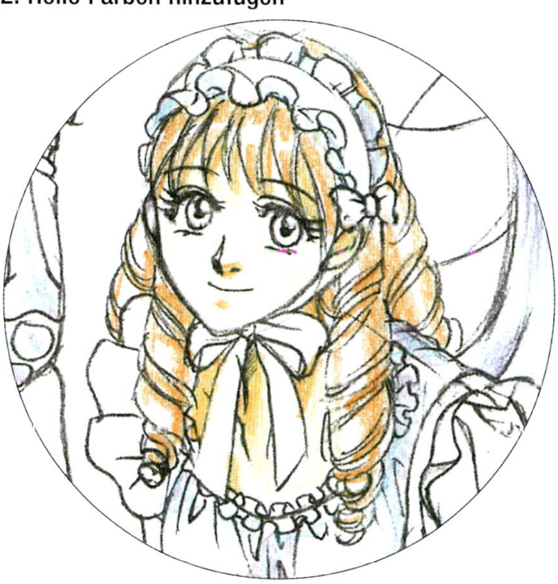

Füg als Nächstes helle Farben wie Gelb, Hellbraun, Hellblau, Violett etc. hinzu. Rot, Grün und Schwarz sind dagegen kräftige Farben. Hiroko Shioda trägt zunächst ganz leicht die hellen Farben auf und fügt dann an den Stellen, an denen Schatten entstehen sollen, zusätzliche Schichten hinzu, wodurch die Farbe immer dunkler wird.

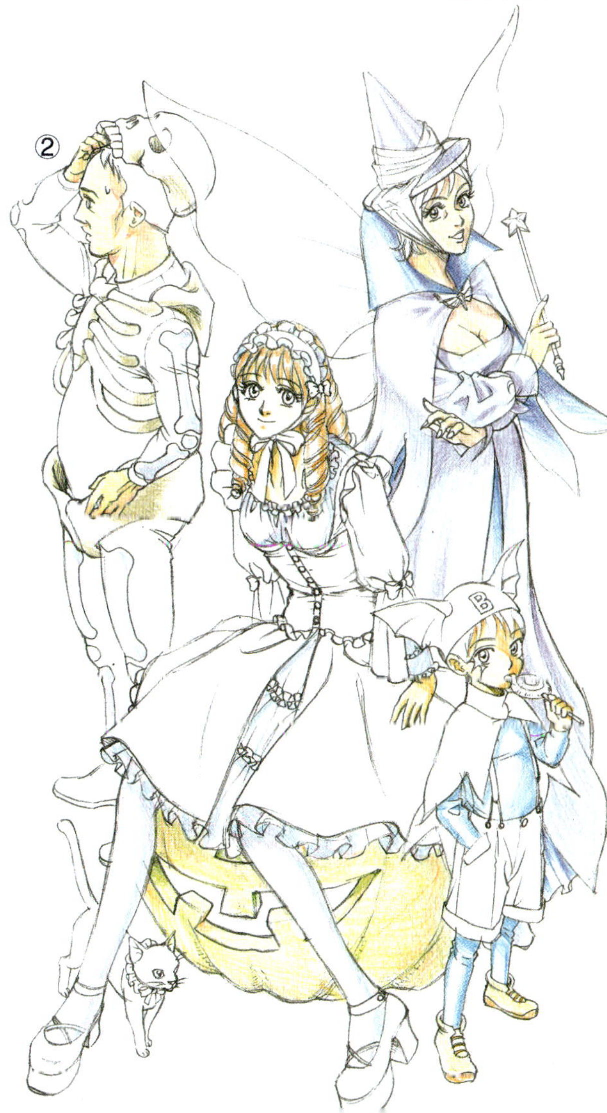

3. Dunkle Farben und feine Details hinzufügen

Als Letztes fügt Hiroko Shioda kräftige Farben wie Grün, Rot und Schwarz hinzu. Sie vermeidet es, zu stark aufzudrücken. Dabei ist der Trick, entspannt und ohne Kraftanstrengung langsam die Farbe aufzutragen. Sei dir beim Kolorieren immer bewusst, aus welcher Richtung die Lichtquelle kommt.

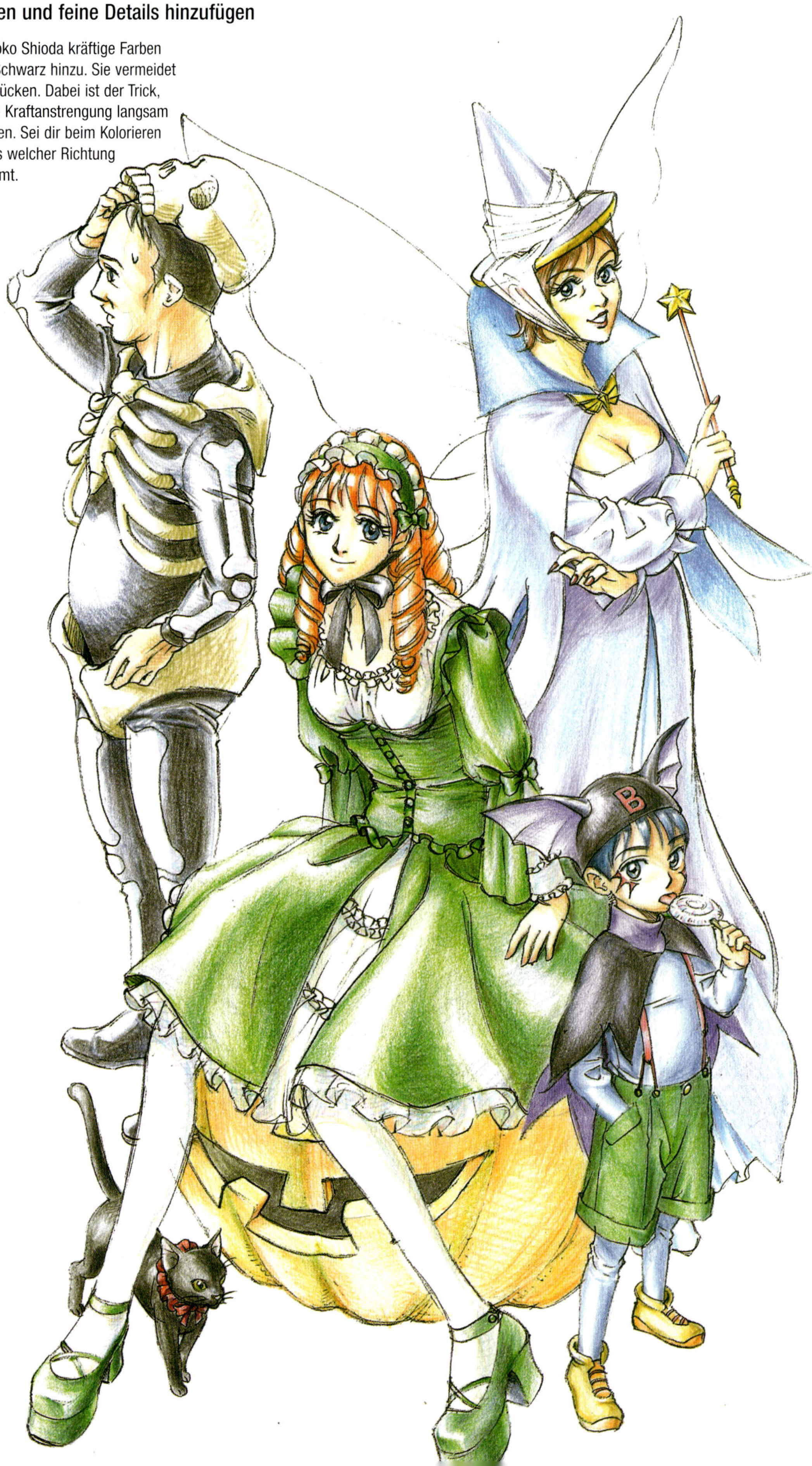

Ein Trick beim Kolorieren: zuerst die von der Lichtquelle entfernten Seiten einfärben

Lichtquelle

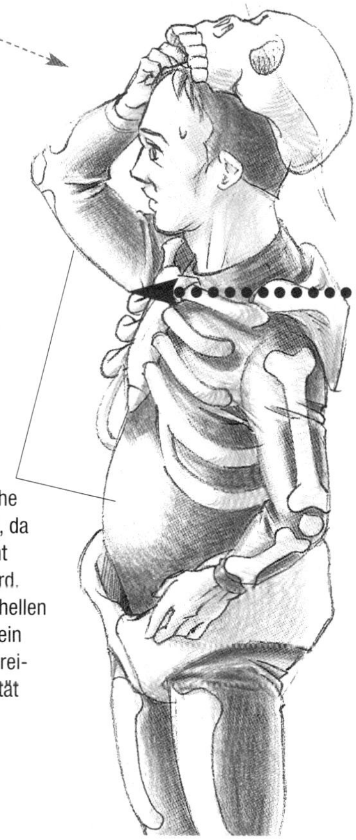

Richtung, in die sich Hiroko Shioda beim Kolorieren vorarbeitet

Die Erhebungen der Falten werden vom Licht angestrahlt und sind daher der hellste Bereich des Stoffs.

Diese Bereiche bleiben weiß, da dort das Licht reflektiert wird. Durch diese hellen Stellen wird ein Gefühl von Dreidimensionalität erzeugt.

Lichtquelle

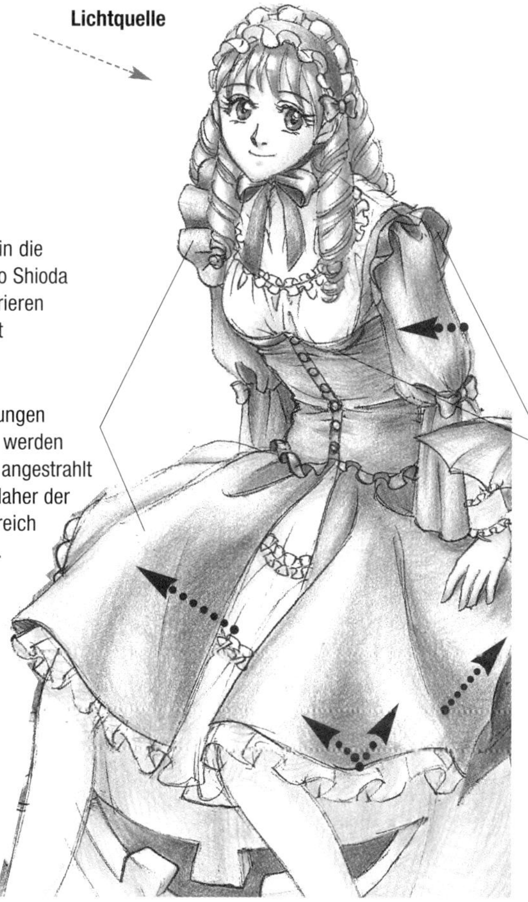

Die Bereiche unterhalb der Brust und auf der Unterseite der Rüschen an der Schulter liegen im Schatten. Färb sie daher dunkel ein.

Färb zuerst die dunklen Flächen ein und arbeite dich dann in Richtung des Lichtes vor.

Lichtquelle

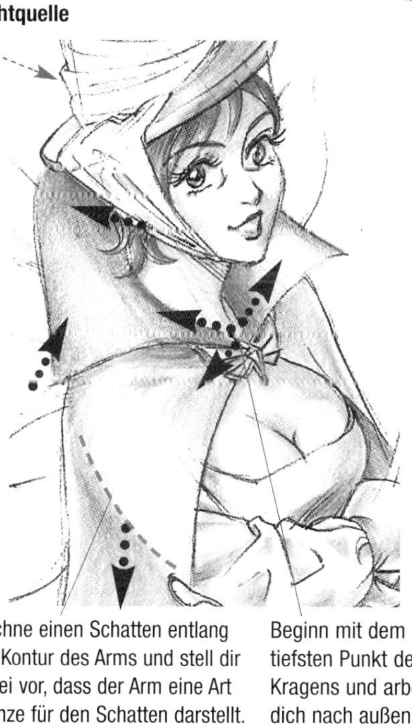

Lichtquelle

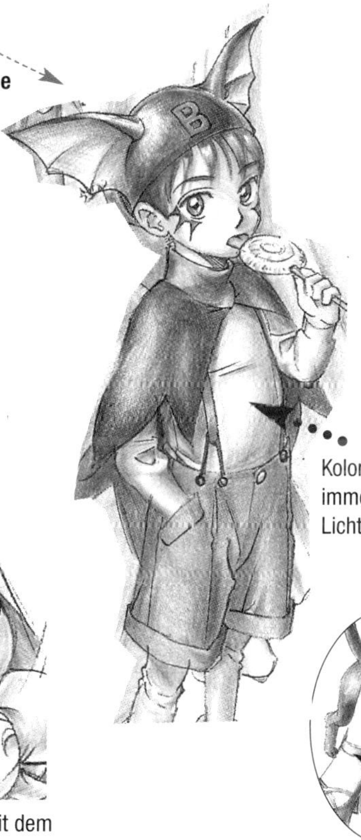

Kolorier deine Figuren immer in Richtung der Lichtquclle.

Zeichne einen Schatten entlang der Kontur des Arms und stell dir dabei vor, dass der Arm eine Art Grenze für den Schatten darstellt.

Beginn mit dem tiefsten Punkt des Kragens und arbeite dich nach außen vor.

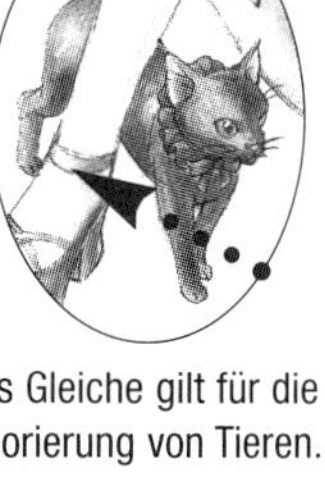

Das Gleiche gilt für die Kolorierung von Tieren.

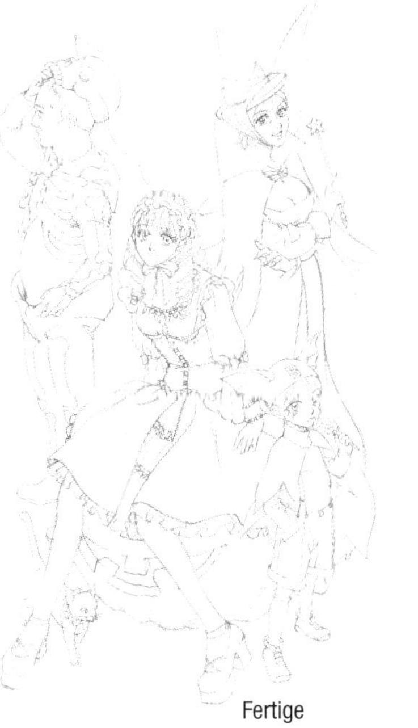

Fertige Vorzeichnung

Grundlagenskizze für die Kolorierung

Damit man in der Kolorierung die Dreidimensionalität der Charaktere erfassen kann, ist eine gute Vorskizze wichtig. Sei daher beim Skizzieren der Körper besonders sorgfältig.

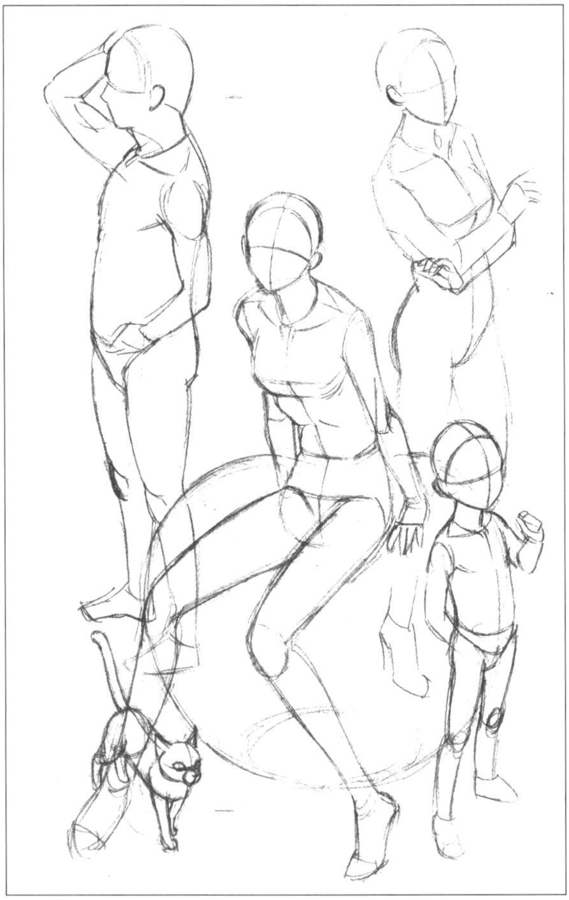

Grobe Skizze der Szene: Hier werden bereits die unbekleideten Vorskizzen der Charaktere erstellt.

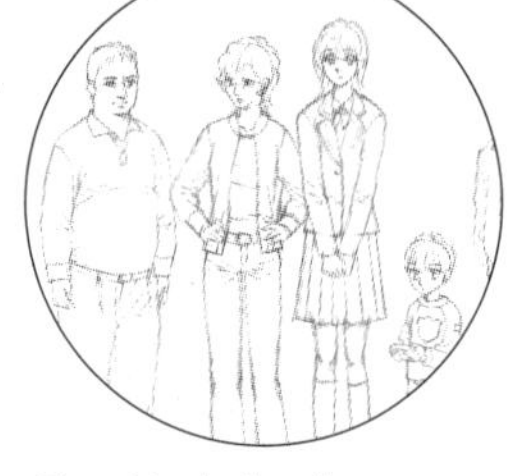

Charakterdesign der Familie (von Seite 152)

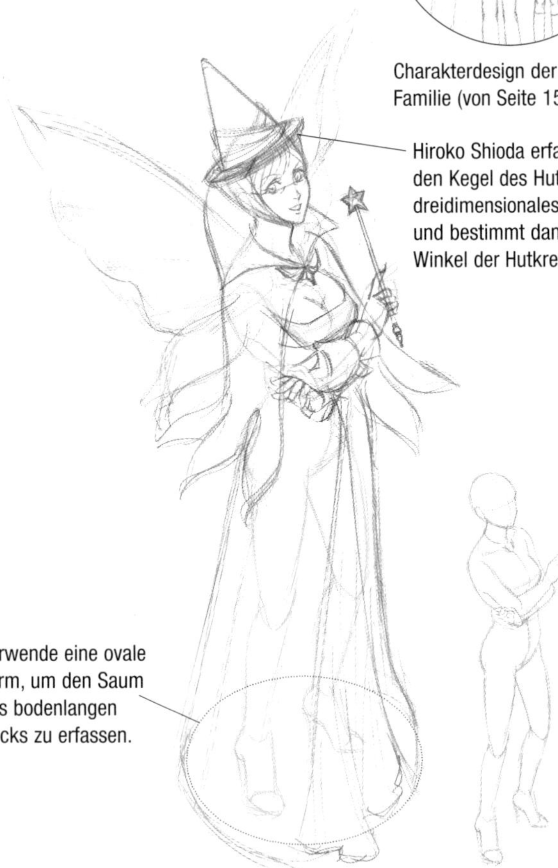

Hiroko Shioda erfasst den Kegel des Hutes als dreidimensionales Objekt und bestimmt dann den Winkel der Hutkrempe.

Verwende eine ovale Form, um den Saum des bodenlangen Rocks zu erfassen.

Es ist schwierig, bei einem langen Rock die Silhouette und die Proportionen richtig zu erfassen, daher zeichnet sie eine besonders sorgfältige unbekleidete Vorzeichnung.

Die Kostüme der Charaktere entwerfen

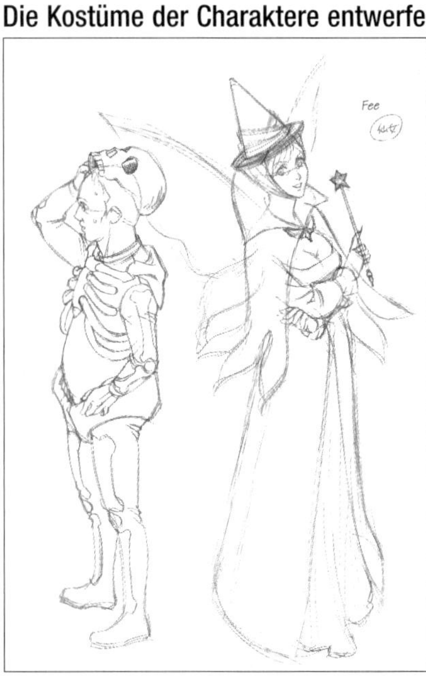

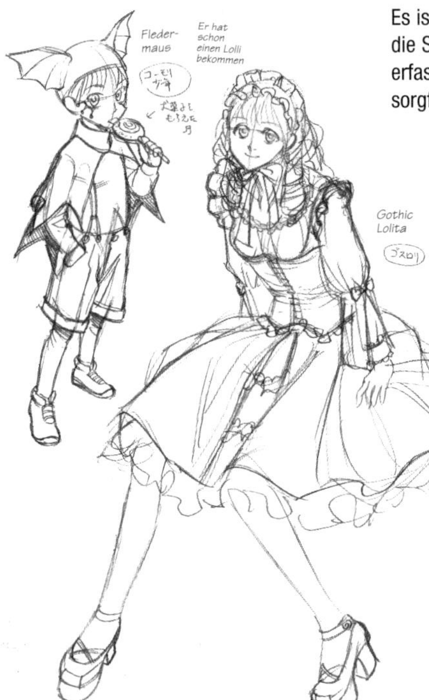

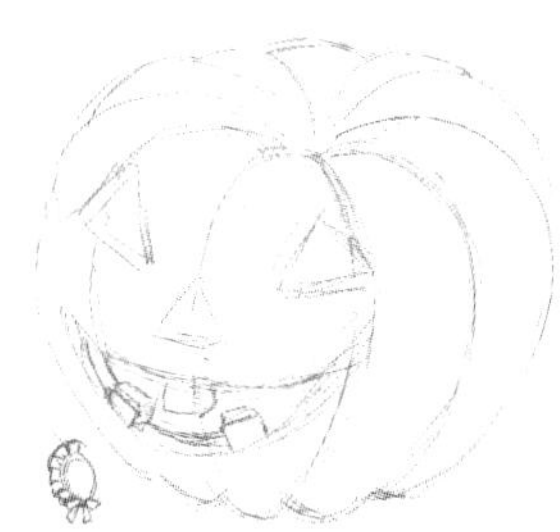

Um die Halskrause der Katze und den Kürbis zu zeichnen, hat Hiroko Shioda ein anderes Blatt Papier verwendet.

In dieser perspektivischen Zeichnung sieht man die groben Umrisslinien der Körper, der Kleidung und des Kürbisses.

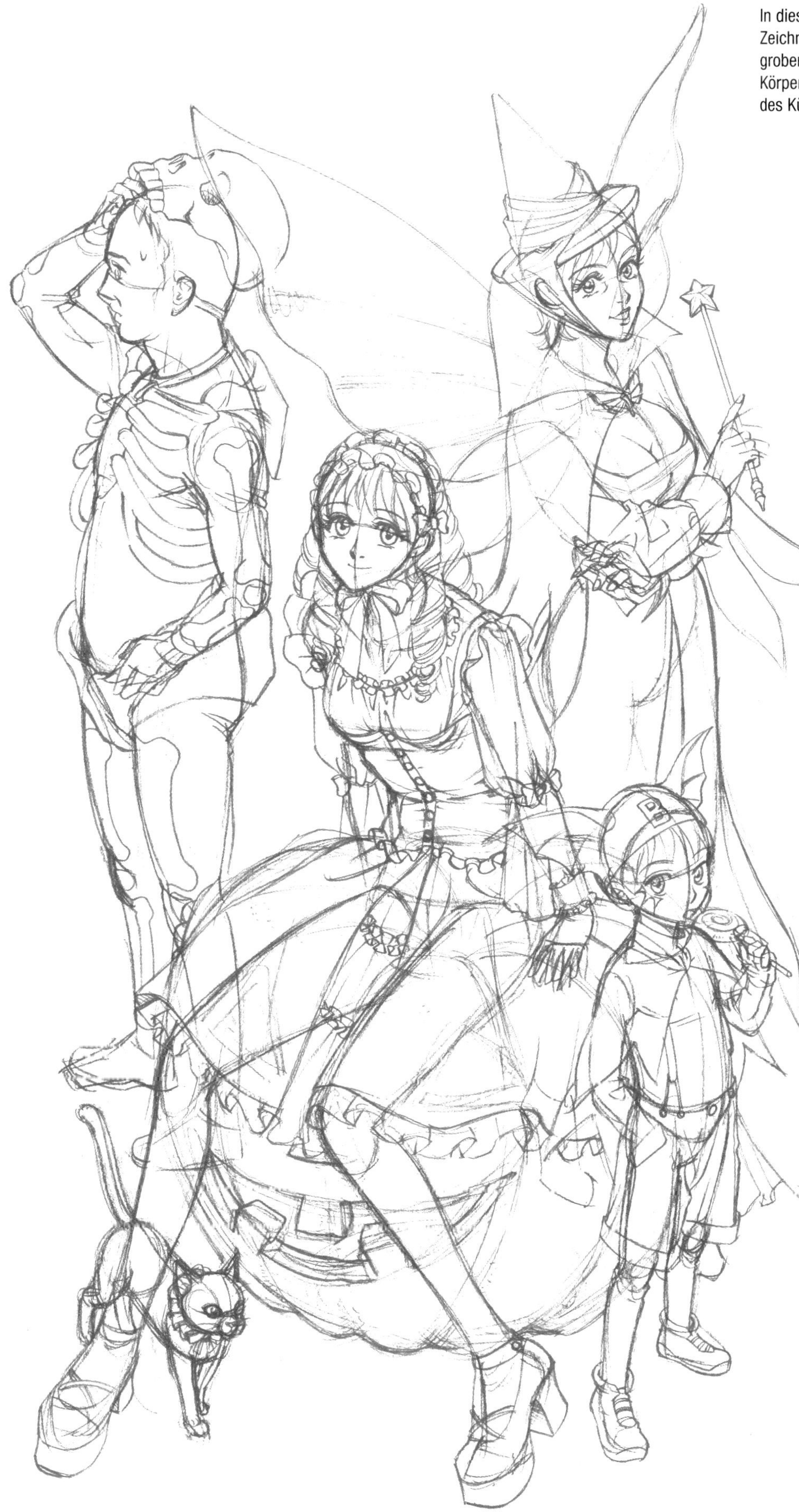

Ein Beispiel für spezielle Charaktere: Catgirls

Verwende die Grundlagen des Zeichnens von Manga-Skizzen und von Manga-Proportionen, um niedliche nicht menschliche Charaktere zu entwerfen.

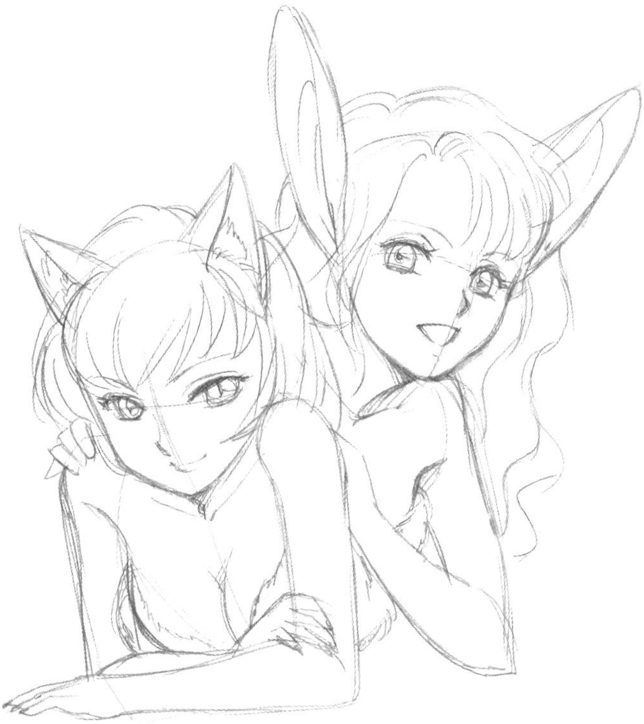

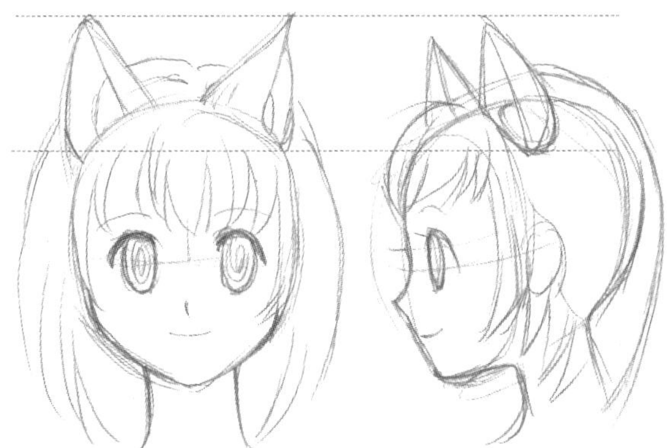

Hier sitzen die Ohren auf dem Kopf. Achte darauf, dass Ansatz und Spitzen der Ohren sich von vorne wie von der Seite auf derselben Höhe befinden.

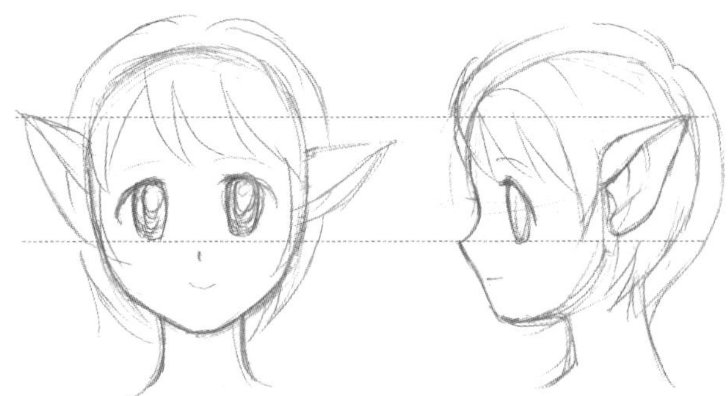

Hier sitzen die Ohren an der Seite. Sie befinden sich ungefähr an derselben Stelle wie menschliche Ohren.

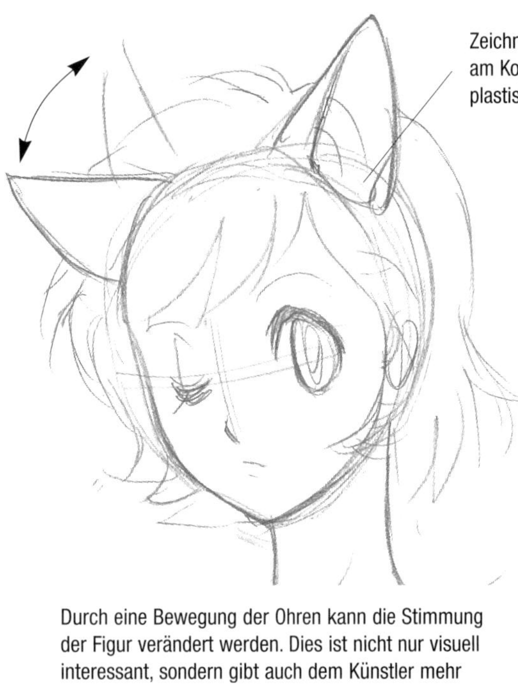

Zeichne den Ansatz der Ohren am Kopf oval, damit die Ohren plastischer wirken.

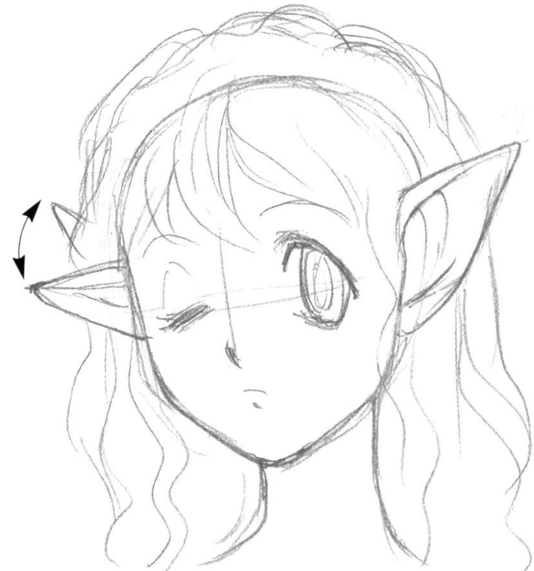

Durch eine Bewegung der Ohren kann die Stimmung der Figur verändert werden. Dies ist nicht nur visuell interessant, sondern gibt auch dem Künstler mehr Möglichkeiten, Emotionen zum Ausdruck zu bringen.

Schritt für Schritt ein Catgirl zeichnen

①

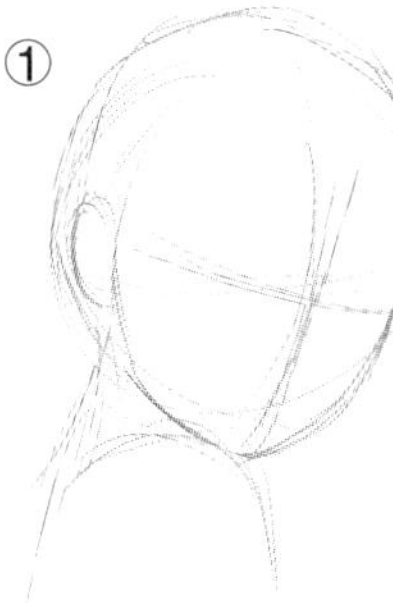

Beginn wie bei einem menschlichen Charakter zuerst mit den groben Umrissen des Gesichts aus Kreis und Kreuz.

②

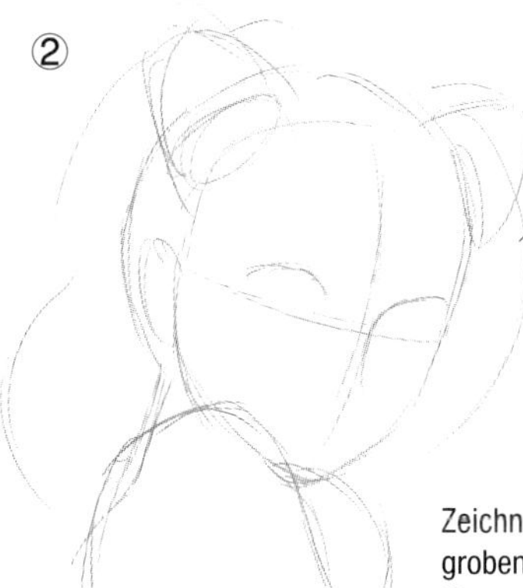

Diese Linien dienen als grobe Umrisse für die Haare.

Zeichne anschließend dic groben Umrisse der Augen, Ohren und Haare.

③

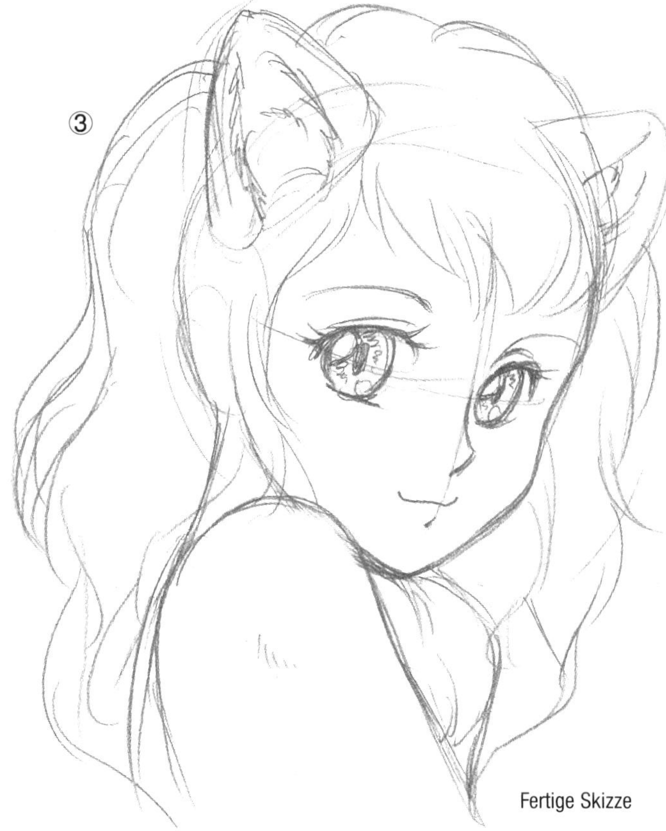

Fertige Skizze

Unterschiedliche Ohren

Verwende nicht nur Katzenohren, sondern auch Ohren von Hunden oder anderen Tieren.

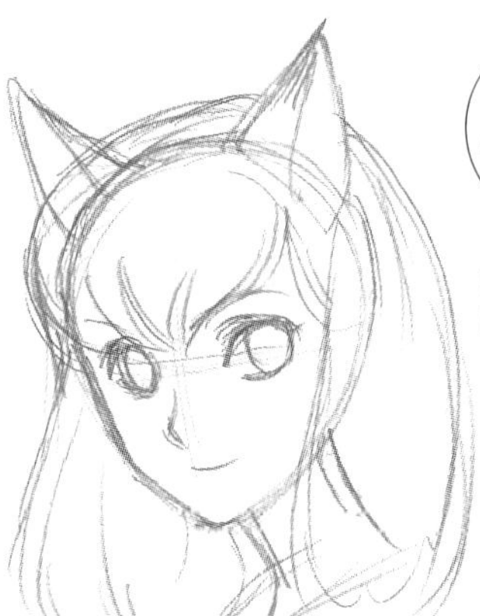

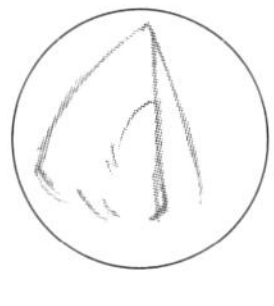

Dreieckige Ohren:
Hund, Katze, Fuchs

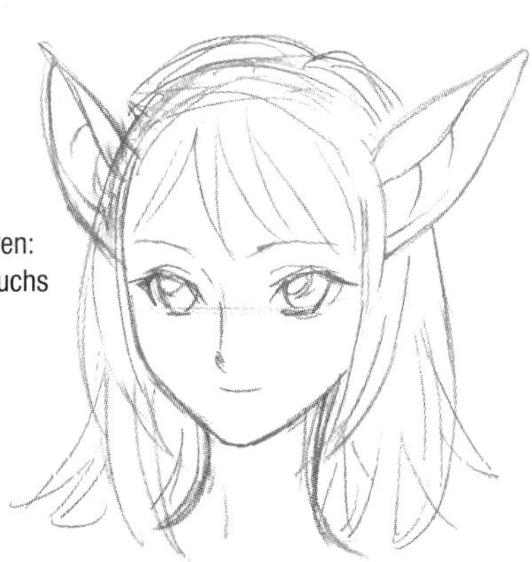

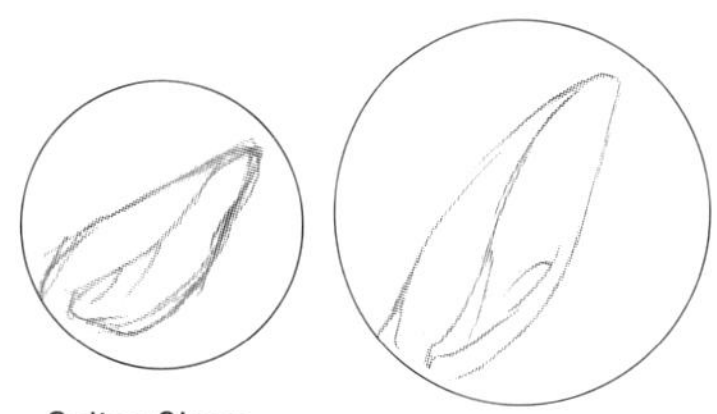

Spitze Ohren:
Reh, Giraffe, Wildschwein etc.

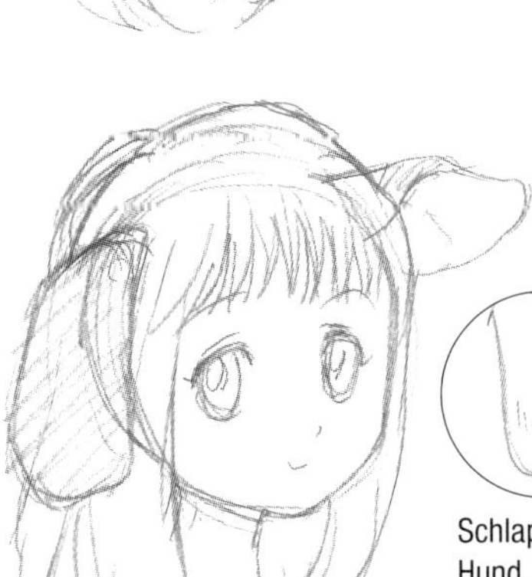

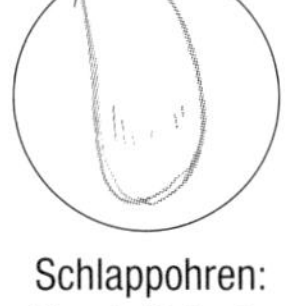

Schlappohren:
Hund, Elefant

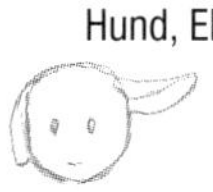

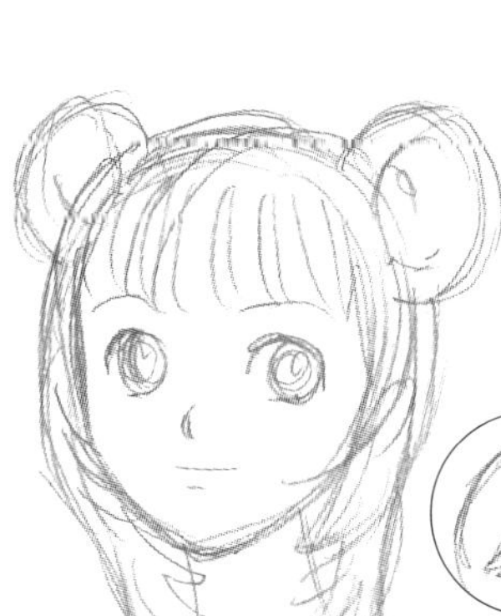

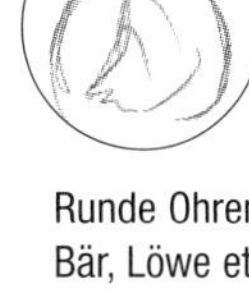

Runde Ohren:
Bär, Löwe etc.

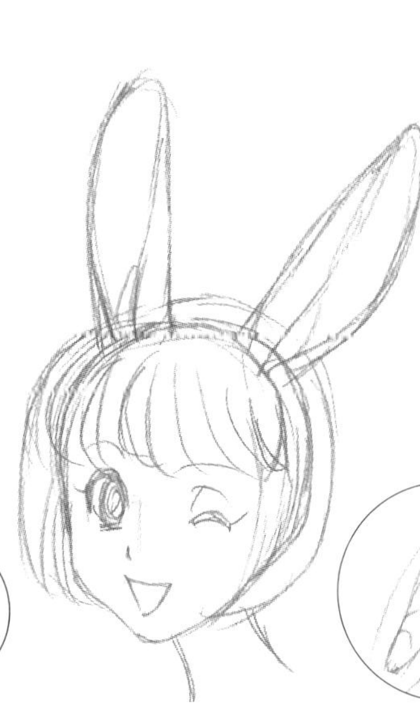

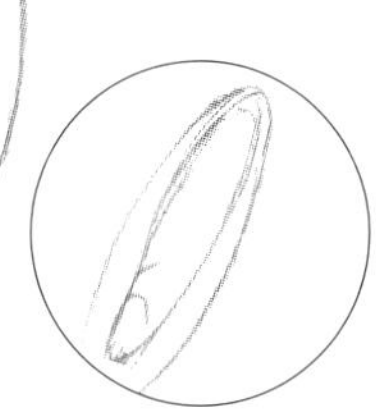

Lange Ohren:
Kaninchen, Hasen

Charaktere mit Schwänzen

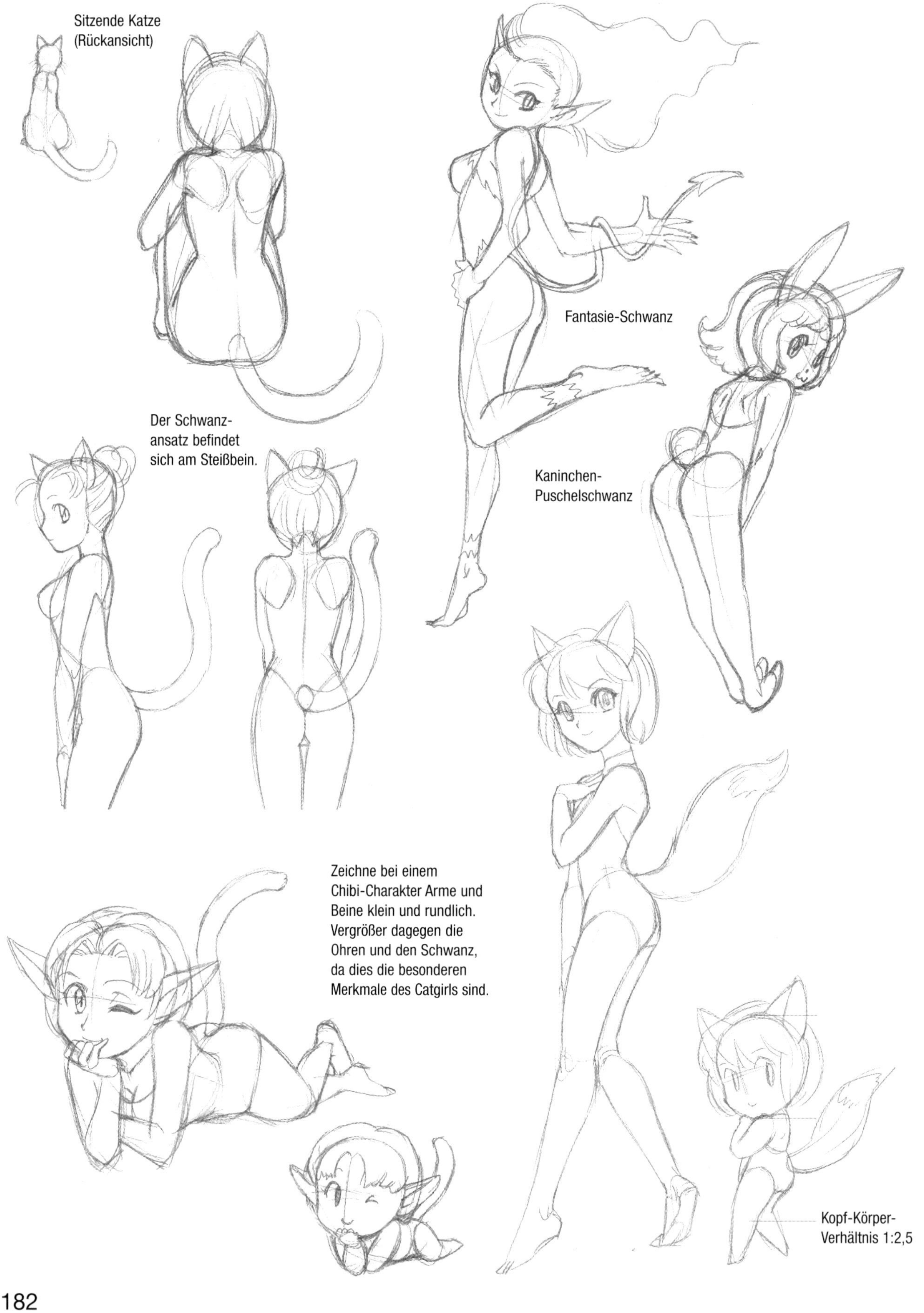

Zeichne bei einem Chibi-Charakter Arme und Beine klein und rundlich. Vergrößer dagegen die Ohren und den Schwanz, da dies die besonderen Merkmale des Catgirls sind.

Mitarbeiter

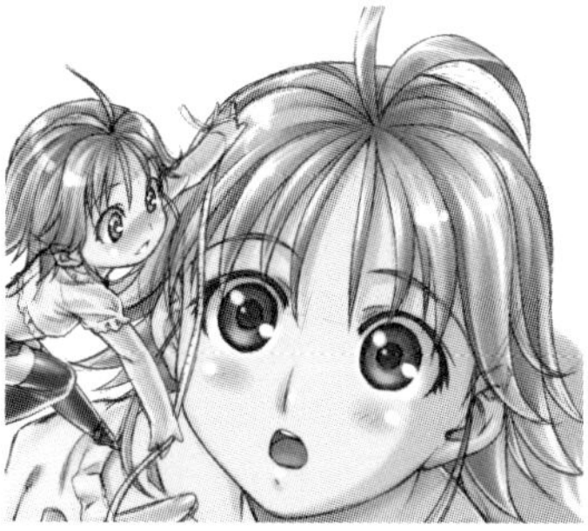

Entwurf: Kazuaki Morita
Kolorierung: Kazuaki Morita

Kazuaki Morita – Künstlerprofil
Geboren in der Präfektur Shizuoka

Auswahl seiner Werke:
- Charakterdesign und Artwork bei der PC-Spiele-Serie »Nachtschicht-Krankenschwestern«
- Charakterdesign, u.a. bei dem Playstation-2-Spiel »Berwick Saga«
- Co-Autor von »How to Draw Manga – Manga-Skizzen zeichnen«

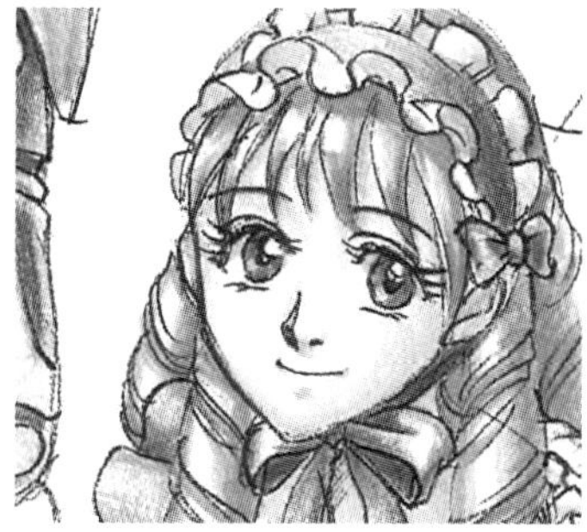

Entwurf: Hiroko Shioda
Kolorierung: Hiroko Shioda

Hiroko Shioda – Künstlerprofil
Geboren in Tokyo

An der Design-Fachschule Tokyo ausgebildete Grafikdesignerin, freiberufliche Mangaka und Illustratorin

Zeichnungen/Produktion:	Kazuaki Morita, Yumiko Deguchi, Hiroko Shioda, Kento Shimazaki, Tomo Otake, Kozue Onishi, Kiyoe Yokoyama, Katsumi Mochitsuki, Ryo Kitakami (in keiner bestimmten Reihenfolge)
Produktionsassistenz:	Takumi Takahashi, Haruki Takahashi, Shinnosuke Yusa
Produktionsmitarbeit:	Nobuko Miyamoto

Coverillustration:	Kazuaki Morita
Covergestaltung:	Hammerz Co., Ltd.
Deutsches Cover:	Sonnenfisch Production – Laura Bartels
Text & Gestaltung:	Hikaru Hayashi (Go office)
Textmitarbeit:	Hiroaki Yano
Fotos:	Yasuo Imai
Herausgeber:	Motofumi Nakanishi (Graphic-sha)

Profil des Autors

Hikaru Hayashi
Geboren in Tokyo
Abschluss an der Geisteswissenschaftlichen Fakultät der Städtischen Universität Tokyo im Hauptfach Philosophie, Vorsitzender und Präsident von Go office

Wichtigste Publikationen:
- How to Draw Manga - Weibliche Charaktere zeichnen
- Kostüm-Enzyklopädie, Band 1 (mit Co-Autor)
- Der Ultimative Manga Zeichenkurs (mehrere Bände)
- How to Draw Manga - Manga-Skizzen zeichnen (mit Co-Autoren)

Und vieles mehr…

In dieser Reihe bereits lieferbar:

Manga-Skizzen zeichnen
ISBN 978-3-551-75242-0

Perfekte Proportionen im Manga
ISBN 978-3-551-75243-7

Manga-Figuren entwickeln
ISBN 978-3-551-75244-4

Manga aus der richtigen Perspektive
ISBN 978-3-551-75245-1

Von Accessoires bis Zubehör im Manga
ISBN 978-3-551-75246-8

Manga in der dritten Dimension
ISBN 978-3-551-75247-5

Oberflächen und Strukturen im Manga
ISBN 978-3-551-75248-2

Süße Jungs im Manga
ISBN 978-3-551-75253-6

Ausdrucksstarke Skizzen im Manga
ISBN 978-3-551-75249-9

Manga-Geschichten entwickeln
ISBN 978-3-551-75254-3

Grundlagen der Manga-Kunst
ISBN 978-3-551-75255-0

Hübsche Mädchen im Manga
ISBN 978-3-551-75256-7

Lebendige Manga-Charaktere
ISBN 978-3-551-75257-4

Manga-Figuren in ihrer Umwelt
ISBN 978-3-551-75258-1

Ninja und Samurai
ISBN 978-3-551-75295-6

CARLSEN MANGA
Deutsche Ausgabe/German Edition
Carlsen Verlag GmbH · Hamburg 2010
Aus dem Japanischen von Cordelia von Teichman

How to Draw Manga, Sketching Manga Style Vol. 2: Logical Proportions, German Edition
by Hikaru Hayashi

This book was first designed and published in Japan in 2006 by Graphic-sha Publishing Co., Ltd.
This German edition was published in 2010 by CARLSEN Verlag GmbH.

Redaktion: Jonas Blaumann
Umschlag-Layout: Sonnenfisch Production, Laura Bartels
Satz: Janet Riedel
Herstellung: Tobias Hametner
Druck und Bindung: Everbest Printing Co., Ltd.

ISBN: 978-3-551-75243-7
Printed in China